Anton Gindely

Geschichte des dreissigjährigen Krieges

2. Band

Anton Gindely

Geschichte des dreissigjährigen Krieges
2. Band

ISBN/EAN: 9783743656697

Hergestellt in Europa, USA, Kanada, Australien, Japan

Cover: Foto ©ninafisch / pixelio.de

Weitere Bücher finden Sie auf **www.hansebooks.com**

GESCHICHTE

DES

DREISSIGJÄHRIGEN KRIEGES

VON

ANTON GINDELY.

ERSTE ABTHEILUNG:

GESCHICHTE DES BÖHMISCHEN AUFSTANDES
VON 1618.

ZWEITER BAND.

PRAG, 1878.
VERLAG VON F. TEMPSKY.

GESCHICHTE

DES

BÖHMISCHEN AUFSTANDES

VON 1618

VON

ANTON GINDELY.

ZWEITER BAND.

PRAG, 1878.
VERLAG VON F. TEMPSKY.

Druck der Bohemia, Actiengesellschaft für Papier- und Druckindustrie.

Vorwort.

Ich übergebe hier nach einer langen Unterbrechung den zweiten Band meiner Geschichte des böhmischen Aufstandes der Öffentlichkeit; der Grund der Verzögerung war theils ein unfreiwilliger, da mir ein längeres Unwohlsein die Fortsetzung der Arbeit verwehrte, theils lag er in den weit ausgreifenden archivalischen Arbeiten, denen ich mich von neuem unterziehen musste. Um mit voller Klarheit über die Zeit von 1618—1620 zu schreiben, genügte es nicht, dass ich meine Forschungen über den 30jährigen Krieg in Frankreich und Spanien fast beendet habe, ich musste schon jetzt die Arbeit auch in den zwei für diese Zeit bedeutendsten deutschen Archiven, dem von München und Dresden, bis zum Jahre 1630 in Angriff nehmen. Welchen Umfang aber eine derartige, auf die Politik aller bedeutenden Staaten von Europa sich beziehende Forschung gewinnt und welche Zeit sie beansprucht, bedarf wohl keiner Auseinandersetzung.

Unter den Quellen-Publicationen, deren ich mich bei meiner Arbeit bedienen konnte, nehmen eine hervorragende Stelle die von dem englischen Historiker Samuel Rawson Gardiner veröffentlichten zwei Bände ein („Letters" etc.), welche sich auf die Stellung Jakobs I von England zu Böhmen und zu dem Pfalzgrafen im Jahre 1618 und 1619 beziehen und wichtige Ergänzungen zu dem in München befindlichen und von mir benützten pfalzgräflichen Archive bieten. Noch mehr aber wurde ich zum Dank gegen Herrn Gardiner verbunden, als mir derselbe mit einer wahrhaft einzig dastehenden Bereitwilligkeit, für die ich nicht genug dankbar sein kann, seine aus dem englischen Staatsarchive und mehreren anderen bedeutenden Archiven geschöpften Abschriften über das Jahr 1620 und die Folgezeit zur Verfügung stellte. Bei der grossen Zahl der Abschriften ist mir damit nicht nur die Arbeit eines Jahres erspart, es sind mir auch Quellen zur Verfügung gestellt worden, die ich gewiss nicht alle aufgefunden hätte. Auf diese Weise ist es mir möglich geworden, über das Verhältniss Jakobs zu Philipp III von Spanien und zu seinem Schwiegersohne, dem Pfalzgrafen, vollständige Klarheit zu erlangen und so der Stellung Englands in dem grossen Drama des 30jährigen Krieges den richtigen Platz anzuweisen. Die Citate, die ich dem englischen Staatsarchive im dritten Bande dieses Werkes entlehnt habe, sind sammt und sonders das Verdienst Gardiners, dem ich nochmals meinen wärmsten Dank ausspreche.

Der dritte Band, auf den ich hier verweise, wird

bis zur völligen Niederwerfung des Aufstandes in den böhmischen Ländern und in Oesterreich reichen und so den ersten Akt des 30jährigen Krieges beschliessen. Ich habe diesen Band bereits zu Ende geschrieben, da ich aber wegen archivalischer Studien auf Reisen begriffen bin, so wird der Druck desselben erst nach meiner Rückkehr gegen Ende October beginnen.

Grosse Mühe hat mir bei meiner Arbeit die Auffindung der Quellen gemacht, die sich auf den österreichischen und ungarischen Aufstand im Jahre 1619 bis 1620 beziehen. Die Quellen hiefür sind meistentheils ausserhalb Oesterreichs zu suchen und es nimmt neben dem münchner Staatsarchive namentlich das dresdner eine hervorragende Stellung hierin ein. Keine der europäischen Regierungen hat mit einer solchen Sorgfalt alles auf die Geschichte der Zeit bezügliche Material zusammengehalten, wie dies die sächsische während des 30jährigen Krieges gethan hat. Ihre Gesandten sind in der Regel trefflich geschulte Männer gewesen, die ihre Augen und Ohren überall hatten und fleissig über das, was sie erfuhren, nach Hause berichteten und sich zugleich Abschriften der verschiedensten Schriftstücke von Freund und Feind zu verschaffen wussten. Daher kommt es, dass das dresdner Archiv Aufschlüsse über wichtige Fragen bietet, die man am allerwenigsten dort suchen würde. Unter den von mir zuletzt benützten Privatarchiven nehmen das der Grafen von Buquoy in Gratzen und das der Grafen von

Harrach in Wien durch eine zahlreiche Menge un‑
schätzbarer Dokumente eine hervorragende Stellung
ein. Herrn Regierungsrath Fiedler danke ich die
Mittheilung eines wichtigen, auf die Verhandlungen
Bethlens mit dem Kaiser bezüglichen Aktenstückes.

Bis zum Ausgange des 15. Jahrhundertes geschah
es nur zeitweise, dass sich die westlichen Staaten
Europa's durch ein gemeinsames Interesse verbunden
zeigten und dass das Resultat eines lokalen Kampfes
massgebend auf ihre Verhältnisse und Allianzen ein‑
wirkte. Seit dem 16. Jahrhundert macht sich jedoch
eine seitdem nie unterbrochene Gemeinsamkeit der
Interessen geltend. Der Sieg, den Karl V über den
Aufstand in Spanien beim Antritt seiner Regierung
erlangte, hatte nicht minder gewichtige Folgen für
Deutschland, als sein lang dauernder Kampf mit
Franz I. Jede Angelegenheit, welche die Bedeutung
von Frankreich, England und Spanien hob oder
schmälerte, jede Aenderung der Stellung, welche die
protestantische und katholische Partei in Deutschland
einnahm, war von den gewichtigsten Folgen für die
allgemeinen Verhältnisse begleitet und bewirkte, dass
die einzelnen Mächte sie nach ihren Wünschen zu
beeinflussen suchten. So stellt sich die äussere Geschichte
des westlichen Europa's seit dem 16. Jahrhunderte
als eine einheitliche dar und diese Einheitlichkeit
nimmt insbesondere mit dem Beginne des 30jährigen
Krieges einen ausgeprägten Charakter an.

Man wird aus meiner Arbeit ersehen, dass ich
die Stellung, welche die einzelnen Staaten Europa's

zum böhmischen Aufstande und zu dessen Folgen eingenommen haben, eingehend erörterte, namentlich ist dies im dritten Bande bezüglich Frankreichs und Englands der Fall. Zu den Untersuchungen über die innern Vorgänge in den österreichischen Ländern und zum Theil auch in Deutschland gesellten sich demnach auch die über das Einwirken der Hauptstaaten Europa's auf den Kampf, in dem die deutsche Linie der Habsburger in ihrer Existenz bedroht wurde. Die schwere Arbeit der umfassenden Forschung würde mir erleichtert worden sein, wenn ich mich bloss auf die Untersuchung der diplomatischen Beziehungen hätte beschränken und den gleichzeitigen Krieg nicht aus den archivalischen Quellen hätte studieren müssen. Leider hatte ich auch auf diesem Gebiete keine nennenswerthe Beihilfe, da die Geschichte der einzelnen Kriegsbegebenheiten zur Zeit des 30jährigen Krieges bisher — und zwar in Oesterreich vollständig, in Deutschland zum grössten Theil — der wissenschaftlichen Bearbeitung entbehrt. Es würde mir zur grossen Erleichterung dienen, wenn tüchtige militärische Schriftsteller sich der Lösung dieser Aufgabe für die Folgezeit unterziehen würden, speziell für Oesterreich wäre es eine Pflicht, da die Existenz und die Entwicklung der österreichischen Armee mit dem 30jährigen Kriege auf das innigste verbunden ist. Doch ist dies jedenfalls ein Wunsch, der viel zu spät realisirt werden würde, als dass ich seine Früchte geniessen könnte, und so will ich auch für die Folgezeit die Arbeit nach meinen Kräften weiter führen.

Ich bemerke abermals, dass ich mich nur auf die Citirung der wichtigsten Aktenstücke beschränkt habe, um den literarischen Ballast nicht zu sehr zu vermehren. Die Geschichte des böhmischen Aufstandes habe ich ungefähr auf Grund von 5—6000 bisher nicht benützten und in den verschiedensten europäischen Archiven befindlichen Aktenstücken niedergeschrieben. Die Abschriften befinden sich zum grossen Theil wohl geordnet im böhmischen Landesarchive und so glaubte ich mich auf den zehnten Theil der sonst nothwendigen Citate beschränken zu dürfen.

Anton Gindely.

Inhalt.

Erstes Kapitel.
Ferdinand II.

I Ferdinand vor dem Tode des Kaisers Mathias. Erzherzog Karl und die projektirte Heirat mit Elisabeth von England. Herzogin Maria von Baiern. Ihr Einfluss auf ihren Gemal. Ferdinand in Ingolstadt. Seine Absichten beim Antritte der Regierung. Seine Reformation in Steiermark, Kärnthen und Krain 1

II Ursachen, denen die Erfolge Ferdinands II zuzuschreiben sind. Seine fromme Lebensweise. Einfluss der Beichtväter und der geistlichen Rathgeber. Ferdinands Gutmüthigkeit. Seine Vorliebe für die Geistlichkeit. Die Musik und das Jagdvergnügen Theilnahme Ferdinands an der Regierung. Trägheit und Vergnügungssucht der wiener Staatsmänner. Unverantwortliches Gebahren mit den Staatseinkünften. Freigebigkeit des Kaisers. Behandlung der Gläubiger Das Heerwesen. Ferdinands äussere Erscheinung 10

Zweites Kapitel.
Die Erweiterung des Aufstandes über sämmtliche Länder der Krone Böhmens und über das Erzherzogthum Oesterreich.

I Gutachten des Fürsten von Anhalt und des Herzogs Maximilian von Baiern in der Interpositionsangelegenheit. Stellung Ferdinands zur Interposition. Seine Schreiben an die böhmischen Stände. Verhandlungen der Direktoren mit der schlesischen Gesandtschaft. Entscheidende Concessionen bezüglich Schlesiens. Die Oberlausitzer schliessen sich dem böhmisch-schlesischen Bündnisse an 26

II Bemühungen von Seite Böhmens, um Mähren zu gewinnen. Einmarsch des böhmischen Heeres unter Thurns Commando in Mähren. Waldstein und Nachod. Der Landtag in Brünn. Verhalten der mährischen Stände gegen den Kardinal Dietrichstein, den Fürsten von Liechtenstein, Herrn Karl von Žerotin und gegen die Jesuiten. Absetzung des Landeshauptmanns und Wahl von Direktoren. Anschluss der mährischen Streitkräfte an die böhmischen 37

III Verhandlungen Ferdinands II mit den niederösterreichischen Ständen. Oppositionelle Haltung der niederösterreichischen Protestanten, ihr Verhältniss zu den Katholiken. Die oberösterreichischen Protestanten bemächtigen sich der Regierung in Linz. Absendung einer oberösterreichischen Deputation nach Wien. Verhandlungen derselben mit den niederösterreichischen Protestanten und mit Ferdinand II. Werbungen in Oberösterreich. Tschernembl. Die Oberösterreicher besetzen Hohenfurt. Die Niederösterreicher senden Gesandte nach Brünn und Pressburg und treten in Verhandlungen mit Thurn . . 51

IV Die Truppen und die Geldmittel, mit denen Philipp III den Kaiser Mathias und den König Ferdinand unterstützte. Anmarsch von 12000 Mann aus Flandern, Lothringen und dem Elsass. Die Kriegsbereitschaft Ferdinands zu Ende Mai. Thurn zieht gegen Wien . . 66

V Aufregung in Wien. Ferdinands Vertrauen auf die Vorsehung. Verhandlungen der niederösterr. Protestanten. Denkwürdige Audienz am 5. Juni 1619. Die Kürassiere auf dem Burgplatz. Thurn vor Wien. Verstärkung der wiener Garnison. Die niederösterreichischen Protestanten bei Thurn. Die ungarische Deputation. Stanislaus Thurzo. Abmarsch Thurns 74

Drittes Kapitel.

Der Krieg in Böhmen im Sommer des J. 1619.

I Mansfeld rückt von Pilsen nach Záblat vor. Schlacht bei Záblat. Verluste Mansfelds. Folgen der Schlacht bei Záblat und Abmarsch der böhmischen Truppen von Rudolfstadt. Verlust von Frauenberg und Rosenberg. Soldforderungen der böhmischen Truppen. Bemühungen der Directoren das nöthige Geld zusammenzubringen. Confiscationen. Repressivmassregeln gegen die Katholiken. Klagen der Gutsbesitzer im südlichen Böhmen 90

II Buquoy rückt aus Budweis vor. Buquoy in Wien. Streifzüge des königlichen Heeres. Unordnung im böhmischen Heere. Wahl des Fürsten von Anhalt zum Obercommandirenden. Traurige Verhältnisse im böhmischen Heere. Soldforderungen desselben. Berathungen im Landtage zur Beschaffung des nöthigen Geldes. Liederlichkeit und selten vorgenommene Musterungen sind die Gründe, durch welche die Soldrückstände eine solche Höhe erreichten 108

III Dampierre in Mähren. Treffen von Wisternitz. Meuterei im königlichen Heere. Verstärkung des böhm. Heeres. Buquoy rückt vor.

Eroberung von Pisek. Auhalt bei dem böhmischen Heere. Rückzug der Böhmen nach Zalužan 121

Viertes Kapitel.
Die frankfurter Kaiserwahl.

I Abreise Ferdinands von Wien. Zusammenkunft in Salzburg mit dem englischen Gesandten Lord Doncaster. Parteinahme Jakobs für die Habsburger. Doncaster in Heidelberg. Wünsche des Pfalzgrafen und der pfälzischen Räthe. Doncaster in München. Verhandlungen in Salzburg 132
II Ferdinand in München. Bemühungen des heidelberger Kabinets um die Hinausschiebung der Kaiserwahl. Berathungen, um dies auf gewaltsame Weise herbeizuführen. Instruction der pfälzischen Gesandten zum frankfurter Wahltag. Berathungen der Kurfürsten in Frankfurt. Die böhmischen Gesandten vor Frankfurt. Einzug Ferdinands. Die geistlichen Kurfürsten geben den Gesandten der weltlichen Kurfürsten eine kurze Frist zur Einholung neuer Instructionen 145
III Pfälzische Versuche zur Gewinnung von Köln und Sachsen. Kur-Brandenburg. Verhandlungen Oñate's mit Doncaster. Trauttmansdorff. Abreise Doncasters. Überfall der solmischen Reiter 154
IV Beschluss des kurfürstlichen Collegiums in Angelegenheit der böhmischen Interposition. Verhandlungen über die Wahlcapitulation. Die Vorgänge bei der Kaiserwahl in der Bartholomäuskirche. Betrachtungen über die Kaiserwahl 162

Fünftes Kapitel.
Die böhmische Königswahl.

I Die Verhandlungen über die Conföderationsakte. Inhalt und Bedeutung derselben. Verhandlungen bezüglich der Absetzung Ferdinands. Stimmung in Mähren. Verhandlungen mit Erzherzog Leopold. Streitigkeiten auf dem böhmischen Landtage. Allgemeine Annahme der Conföderation. Beschlüsse des brünner Landtags . . 172
II Verhandlungen mit den Ober- und Niederösterreichern. Die niederösterreichische Gesandtschaft in Linz. Die Verhandlungen in Horn. Abschluss des Bündnisses in Prag. Die Verhandlungen zwischen Ferdinand und Albrecht. Die Horner beschliessen eine Gesandtschaft an Albrecht. Die niederösterreichischen Protestanten errichten eine Direktorialregierung. Gründe zur Absetzung Ferdinands. Die Absetzung wird beschlossen 187
III Ruppa und Hohenlohe werden in Kenntniss gesetzt, in welcher Weise der Herzog von Savoyen die böhmische Sache unterstützt habe.

Ruppa lässt den Herzog von Savoyen zur Bewerbung um die böhmische Krone zu. Anhalt und Dohna in Rivoli. Vertrag mit dem Herzog von Savoyen. Der Kurfürst von Sachsen. Die Hinneigung der Böhmen zu Sachsen. Gleichgiltige Haltung des Kurfürsten. Des Grafen Schlick Bemühungen für Sachsen. 200

IV Die Wahl des Pfalzgrafen in sicherer Aussicht. Abstimmung im böhmischen Landtage. Die böhmischen Nebenländer erklären sich für den Pfalzgrafen. Eindruck, den die Wahl des Pfalzgrafen verursacht. Friedrich empfängt in Amberg die Nachricht von seiner Wahl. Der Unionstag in Rothenburg. Berathung in Heidelberg. Annahme der Wahl 222

V Christoph von Dohna in England. Jakobs Ärger bei der Nachricht von der böhmischen Wahl. Sitzung des Staatsrathes am 30. Sept. und 2. October. Steigender Groll Jakobs. Bemühungen des Pfalzgrafen zur Gewinnung von Mainz, Sachsen und Baiern. Doncaster in Heidelberg. Der kais. Gesandte Graf Fürstenberg in Amberg. Liechtenstein in Berlin. Abreise Friedrichs nach Böhmen. Empfang in Waldsassen. Einzug in Prag. Vorbereitungen im Dom zur Krönung. Die Krönung. Missgünstige Urtheile über die Königin. Urtheil des Camerarius über die Verhältnisse in Böhmen. Die Ernennung der obersten Landesbeamten. Beschlüsse des Landtages 234

Sechstes Kapitel.

Bethlen Gabor.

I Der ungarische Reichstag umworben von den Parteien. Streit der Protestanten und Katholiken auf dem Reichstage. Auflösung des Reichstags. Bemühungen einiger ungarischer Edelleute, den Fürsten Bethlen für Böhmen zu gewinnen. Bethlens frühere Schicksale. Er entschliesst sich zum Bunde mit den Böhmen. Er benachrichtigt dieselben von seinem Entschlusse. Er tritt den Marsch aus Siebenbürgen an. Eroberung Kaschau's. Szechy rückt gegen Pressburg vor. Versammlung in Kaschau. Marcus Vaida in Prag. Bethlen rückt auf Pressburg los und nimmt die Stadt ein. 254

II Buquoy zieht aus Böhmen ab. Meuterei im böhmischen Heere. Bemühungen der Direktoren um Herbeischaffung der nöthigen Geldmittel. Einnahme von Bechin. Buquoy's Marschrichtung. Buquoy in Horn. Thurn in Neumühl. Vereinigung des böhmisch-mährischen und ungarischen Heeres. Treffen bei Ulrichskirchen. Verhandlungen in Pressburg über den weitern Angriff. Bethlens Geldforderungen und Anerbietungen und ihre Aufnahme in Prag. Operationen der verbündeten Truppen. Traurige Zustände in Wien. Das Bundesheer rückt gegen Wien. Rückzug desselben. Ursache dieses Rückzuges. Die Kosaken in Oberungarn 271

Siebentes Kapitel.
Der Unionstag in Nürnberg und die ständischen Verhandlungen in Brünn und Breslau.

I Streitigkeiten zwischen der Union und Friedrich von der Pfalz. Die Theilnehmer an dem nürnberger Tage. Absichten Friedrichs von der Pfalz bezüglich des nürnberger Correspondenztages. Minder freundliche Stellung des letztern zu den pfälzischen Wünschen. Beschluss, zu den Waffen zu greifen, und dessen Consequenzen. Der kaiserliche Gesandte Graf von Zollern in Nürnberg. Sein Empfang. Antwort der Union auf die kaiserliche Botschaft. 291

II Instruction für den Gesandten nach München. Antwort Maximilians. Replik und Duplik. Die österreichischen Gesandten in Nürnberg. Resultat des nürnberger Tages. Doncaster. Seine Reise nach Wien, Graz, Pontebba; seine Rückkehr nach England über Wien und Nürnberg 301

III Bemühungen Friedrichs von der Pfalz zur Erlangung der nöthigen Geldmittel. Die Reformation der Domkirche. Übler Eindruck dieses Vorganges. Abschätzige Bemerkungen über den pfälzischen Hofstaat. Friedrichs Reise nach Brünn. Die Katastrophe von Gitschin. Friedrichs Reise nach Olmütz. Sarkander. Friedrich in Breslau. . . 314

Achtes Kapitel.
Die Verhandlungen in Pressburg und ihre Folgen.

I Hohenlohe in Pressburg. Die böhmischen Gesandten bei Bethlen Bündniss zwischen Ungarn und Böhmen. Verhandlungen Bethlens mit dem Kaiser. Wahl Bethlens zum Fürsten von Ungarn. Der Kaiser ist zu grossen Zugeständnissen an Bethlen erbötig. Abschluss des Waffenstillstandes. Auflösung des Reichstags 338

II Gründe der Abreise Bethlens von Pressburg. Der Kaiser verweigert die bedingungslose Unterzeichnung der Verträge und theilt Bethlen die Bedingungen mit, unter denen er es thun würde. Der Kanzler Pechy. Bemühungen Bethlens, den Kaiser für die Gewährung des Waffenstillstandes in Böhmen zu gewinnen. Dohna und Wild in Kaschau. Der Kaiser weist die Forderungen Bethlens zurück. Bethlens Schreiben an Ferdinand. Bethlen entschliesst sich zur Wiederaufnahme der Feindseligkeiten gegen den Kaiser. Laminger in Kaschau 350

Neuntes Kapitel.
Die Entwicklung der kaiserlichen Allianzen.

I Die societas christianae defensionis oder der christliche Vertheidigungsbund. Spanien. Der Zuzug der Truppen aus Italien. Oñate's

und Erzherzog Albrechts Schreiben nach Spanien. Philipps III
Schwäche. Reformplan des spanischen Staatsrathes. Reise Philipps
nach Lissabon. Seine Erkrankung. Khevenhiller und Fray Louis de
Aliaga. Khevenhiller beim König. Entschlüsse Philipps III . . . 365
II Verhandlungen wegen Wiederaufrichtung der Liga. Bruneau's und
Erzherzog Leopolds Reise zu den deutschen Fürsten. Konvent von
Oberwesel. Verhandlungen Ferdinands mit Maximilian von Baiern.
Die Zusammenkunft in Eichstädt. Maximilian sagt dem Kaiser Hilfe
zu und schliesst mit ihm den Vertrag zu München am 8. Oktober
1619. Der Konvent von Würzburg 381
III Bemühungen den Papst zur Hilfeleistung heranzuziehen. Verspre-
chungen und Leistungen Pauls V. Sigismund von Polen und die
polnische Hilfe. Leukers Sendung nach Madrid. Sein Urtheil über
die spanischen Verhältnisse 397
IV Der Grossherzog von Florenz. Wake in Turin. Der Herzog von
Savoyen sucht Venedig für den Pfalzgrafen zu gewinnen. Der Herzog
sucht sich Spanien zu nähern und wünscht auch mit Ferdinand in
Unterhandlungen zu treten. Spanien verlangt vom Herzog den Durchzug für seine Truppen. Der Herzog bewilligt denselben. Er sieht
sich in seinen Erwartungen bezüglich Ferdinands getäuscht. Vergebliche Reise der ligistischen Gesandten nach Turin 406

Zehntes Kapitel.

Kursachsen und der Konvent von Mühlhausen.

I Bemühungen Ferdinands um die Bundesgenossenschaft Kursachsens.
Hoë von Hoënegg und seine Parteinahme. Kurfürst Johann Georg.
Zusammenkunft in Würzburg. Antwort der Liga an die Union. Verhandlungen zwischen dem Kaiser und Johann Georg. Zusammentritt des Konvents von Mühlhausen. Die ersten Begrüssungen. Beginn
der Verhandlungen. Sie beziehen sich hauptsächlich auf den Besitz
der geistlichen Güter. Unterzeichnung der Bundesurkunde am 22.
März 1620. Die Verhandlungen über die Achtserklärung 416
II Preising in Wien. Streit zwischen Wien und München über ein
mündlich gegebenes Versprechen des Kaisers. Beilegung des Zerwürfnisses. Ferdinand betraut den Kurfürsten von Sachsen mit der
Execution gegen die Lausitz und gegen Schlesien. Verhandlungen
über den Inhalt der Vollmacht. Die Achtserklärung wird über den
Pfalzgrafen nicht verhängt 432

Erstes Kapitel.

Ferdinand II.

I Ferdinand vor dem Tode des Kaisers Mathias. Erzherzog Karl und die projektirte Heirat mit Elisabeth von England. Herzogin Maria von Baiern. Ihr Einfluss auf ihren Gemal. Ferdinand in Ingolstadt. Seine Absichten beim Antritte der Regierung. Seine Reformation in Steiermark, Kärnthen und Krain.

II Ursachen, denen die Erfolge Ferdinands II zuzuschreiben sind. Seine fromme Lebensweise. Einfluss der Beichtväter und der geistlichen Rathgeber. Ferdinands Gutmüthigkeit. Seine Vorliebe für die Geistlichkeit. Die Musik und das Jagdvergnügen. Theilnahme Ferdinands an der Regierung. Trägheit und Vergnügungssucht der wiener Staatsmänner. Unverantwortliches Gebahren mit den Staatseinkünften. Freigebigkeit des Kaisers. Behandlung der Gläubiger. Das Heerwesen. Ferdinands äussere Erscheinung.

I

Als der böhmische Aufstand ausbrach und immer grössere Dimensionen annahm, beklagten es viele Katholiken, dass die Geschicke Oesterreichs in den Händen des unselbständigen und kranken Kaisers Mathias ruhten und sehnten die Herrschaft Ferdinands als die einzige und sichere Rettung aus den drohenden Gefahren herbei. Man erinnerte sich jetzt mit Vorliebe, wie derselbe die katholische Kirche aus ihrem Verfall in Steiermark, Kärnthen und Krain gehoben, wie muthig er den Bitten und Drohungen des protestantischen Adels widerstanden habe und unbeirrt auf sein Ziel losgegangen sei. Da es nicht unbekannt war, dass nicht bloss Mathias, sondern auch sein Minister, der Kardinal Khlesl, den böhmischen Aufstand nur in lässiger Weise bekämpften, so freute man sich auf katholischer Seite über die gegen den Kardinal verübte Gewaltthat, weil man mit Sicherheit erwartete, dass Ferdinand sich des ganzen Einflusses bemächtigen werde, über den

Khlesl verfügt und den er so schlecht ausgenützt hatte. In der That nahm der König bald nach der Gefangennehmung Khlesls einen hervorragenden Antheil an der Regierung, da keine Verfügung ohne seine Zustimmung getroffen wurde und alle einflussreichen Persönlichkeiten sich mehr um seinen Beifall kümmerten als um den des Kaisers selbst. Gleichwohl raffte auch jetzt die Regierung nicht alle Mittel zusammen, die ihr für den Kampf zu Gebote standen; die Befehle wurden lässig ertheilt und noch lässiger ausgeführt und es war sichtlich, dass man die Bewältigung des Aufstandes auf fremde Schultern wälzen wollte. Der Vorwurf mangelnder Energie und leichtsinnigen Gebahrens mit den beschränkten Einkünften traf aber jetzt nicht mehr den Kaiser allein, sondern auch seinen Vetter, wiewohl dieser zu seiner Entschuldigung anführen konnte, dass ihn die Rücksicht auf den Kaiser von der nothwendigen Sparsamkeit zurückhalte und derselbe Grund auch massgebend sei, wenn er sich der alten Räthe bediene, obwohl er deren aufrichtige Anhänglichkeit ebenso bezweifeln durfte wie ihre Fähigkeit zur Leitung der Geschäfte. Der Tod des Kaisers befreite ihn endlich von jeder Rücksicht und jedem Zwang, ihn allein trifft fortan Lob oder Tadel.

Wir wollen es nun versuchen, ein Bild von der Persönlichkeit und dem Charakter Ferdinands zu entwerfen, wie uns dasselbe nach jahrelangen Studien klar geworden ist. Allerdings gehört diese Schilderung zumeist dem J. 1619 und den nächstfolgenden Jahren an, so dass sie nicht darauf Anspruch erheben kann, sein ganzes Wesen nach allen Richtungen, wie sich solches bis zu seinem Tode entwickelte, zur Anschauung zu bringen. Wir fühlen uns aber schon jetzt genöthigt, sein nur halbfertiges Bild an die Spitze unserer Erzählung zu stellen, weil dasselbe wesentlich zum Verständniss seiner Handlungsweise und der folgenden Ereignisse beitragen dürfte.

Die Eltern Ferdinands waren Erzherzog Karl, der jüngste Sohn Kaiser Ferdinands I, und die Herzogin Maria von Baiern. Für Karl war ursprünglich eine weit glänzendere Heirat geplant worden, sein Vater wollte ihn mit der Königin Elisabeth von England vermählen und trat deshalb im J. 1559 mit derselben in Unterhandlungen. Es ist bekannt, in welcher Weise die englische Königin die verschiedenen Heiratsprojekte in die Länge zu ziehen wusste, wie sie die Hoffnungen der Freier nie ganz zerstörte, um den völligen Abbruch der Verhandlungen zu hindern. So geschah es auch hier. Ferdinand I bemühte sich durch mehrere Jahre vergeblich um eine feste Zusage; er konnte dieselbe ebenso wenig erlangen, als Maximilian II, der im J. 1565 für seinen Bruder die Werbung erneuerte. Man darf es indessen bezweifeln, dass Erzherzog Karl die Hand der Königin als ein besonderes Glück ersehnte, wenn er von den vertraulichen Beziehungen unterrichtet war, in denen damals der Graf Leicester zu der viel umworbenen Braut stand, und es konnten ihm dieselben nicht unbekannt sein, da Elisabeth selbst im Laufe der Verhandlungen einer missgünstigen Erklärung ihres Verhältnisses zu Leicester dadurch zu begegnen suchte, dass sie es dem Erzherzog gegenüber für ein schwesterliches erklärte. Wir wissen nicht, wie der Freier diese Erklärung aufnahm und ob sie ihn ganz überzeugte; auf alle Fälle übte der Glanz der Krone auf ihn oder auf Maximilian eine so starke Wirkung aus, dass die Verhandlungen noch immer fortgesetzt wurden, bis sie endlich wegen der steten Ausflüchte der Königin im J. 1567 zum Stillstand kamen und Karl sich nach einer anderen Braut umsah. Diesmal lenkten nicht politische Rücksichten seine Wahl, sondern die eigene Neigung; die Auserkorene war seine Nichte, die Herzogin Maria von Baiern.

Die junge, erst zwanzigjährige Fürstin war die Tochter des Herzogs Albrecht von Baiern und der Erzherzogin Anna, einer Schwester des Erzherzogs Karl. Die beiderseitige Neigung der Brautleute siegte über die entgegenstehenden Schwierigkeiten; der Papst ertheilte den Dispens und so wurde mit Zustimmung Maximilians II die Ehe geschlossen. Sonderbarer Weise wandelte Elisabeth kurz vorher die Lust an, die Verhandlungen, mittelst deren sie den Erzherzog neun Jahre lang gehänselt hatte, nochmals anzuknüpfen, obwohl sie zur selben Zeit auch dem Herzog von Anjou Hoffnung auf ihre Hand machte. Als man in Wien, gewitzigt durch die früheren Erfahrungen, ihre Anträge nicht weiter beachtete und Karl zum Abschluss seiner Ehe mit Maria schritt, erregte dies den

Zorn Elisabeths, vielleicht weniger deshalb, weil ein Freier sie verlassen, als weil man sich nicht länger von ihr täuschen liess. Die Ehe zwischen Karl und Maria wurde eine wahre Musterehe, in der beide Ehegatten ihr Glück suchten und fanden. Die junge Frau, die im elterlichen Hause das schönste Familienleben genossen hatte und von Eltern und Geschwistern hochgehalten worden war, gründete sich in Graz an der Seite ihres Gatten eine ähnliche Häuslichkeit. Was ihre Anlagen betrifft, so besass sie ein scharfes Urtheil und eine grosse Willensstärke, der sich ihre Umgebung und zunächst ihr eigener Gatte beugten. Sie gebar ihm 15 Kinder, von denen drei frühzeitig starben und eines erst nach dem Tode des Vaters zur Welt kam. Der Verkehr der beiden Ehegatten unter einander und mit ihren Kindern war der herzlichste und liebevollste. Maria wurde von allen geliebt und geachtet und es konnte dies nicht anders sein, da sie mit aufopfernder Hingebung für das Wohl und das Fortkommen ihrer Kinder sorgte. Ihr Briefwechsel, den sie mit ihrem ältesten Sohn führte, wenn sie zeitweilig von Graz abwesend war, bietet hiefür ebenso zahlreiche wie ehrenvolle Beweise. Immer von neuem erkundigte sie sich nach den Studien ihres jüngeren Sohnes Maximilian und ertheilte Weisungen für ihn und seine Lehrer, die alle zu emsiger Thätigkeit mahnten und ebenso war sie um ihre Töchter und deren Ruf besorgt und deshalb unermüdlich in der Ertheilung der nöthigen Ermahnungen, auf dass Zucht und Anstand von ihnen nicht verletzt würden.

Der Einfluss, den die Erzherzogin auf ihren Gatten und ihre Kinder ausübte, war vor Allem ein religiöser. Obwohl Karl nicht in die Fusstapfen seines Bruders Maximilian II trat und die Protestanten keineswegs begünstigte, zeigte er ihnen gegenüber doch auch keine tiefe Feindseligkeit und war z. B. in den Heiratsverhandlungen mit Elisabeth erbötig, sich mit einem privaten Gottesdienst zu begnügen, wenn die öffentliche Ausübung desselben in England Aergerniss erregen sollte, ja er wollte sogar seine Gemahlin in den anglikanischen Gottesdienst begleiten, wenn solches gewünscht würde. Solche Nachgiebigkeit lag nicht im Charakter seiner Gattin, die sich im Hause ihres Vaters eine unwandelbare Anhänglichkeit an den katholischen Glauben angeeignet hatte und die sich auch freute, dieselbe äusserlich kundzugeben. Wie schwärmte sie für den katholischen Gottesdienst und dessen Pracht, wie oft erbat sie sich von ihrem Vater oder Bruder Kunstwerke, die sie zur Ausschmückung ihrer Kapelle oder zur Ausstattung der Altäre bedurfte. Die Befriedigung dieser Wünsche erfüllte sie mit weit grösserem Behagen, als die Ankunft von kostbaren Kleiderstoffen und sonstigen Luxusgegenständen, die sie sich häufig von München kommen liess. In jeglicher Beziehung suchte sie demnach auf ihren Gatten einzuwirken, dass er sich dem drohenden Untergange der katholischen Kirche in Innerösterreich widersetze.

Schon vor seiner Heirat hatte der Erzherzog die Absicht gefasst, in Graz ein Collegium für die Jesuiten zu begründen; diese Absicht trat nun bald ins Leben und unter dem Schutze Maria's, die mit den Jesuiten schon von ihrer Heimat her befreundet war, entfalteten dieselben eine Wirksamkeit, deren rasch zunehmende Bedeutung den Lutheranern viel zu denken gab. Trotzdem sah sich Karl genöthigt, den stürmischen Forderungen des protestantischen Adels, der nicht bloss das freie Religionsbekenntniss, sondern auch freie Religionsübung verlangte, auf dem Landtage in Bruck an der Mur nachzugeben und das mündliche Versprechen zu ertheilen, dass er diese Freiheit nicht antasten werde. Unter dem Einflusse seiner Frau, die je länger je mehr Macht über ihn gewann, reute ihn später sein Versprechen und er suchte sich dessen zu entledigen, wozu er von seinem Schwager, dem Herzog Wilhelm V von Baiern, ununterbrochen aufgemuntert wurde. Der letztere entwickelte in seinen Briefen einen vollständigen Plan, wie der Erzherzog theils durch friedliche Massregeln, theils durch Zwang und Gewalt sein Versprechen zurücknehmen könnte, und gab zu diesem Ende den Rath, sich in Graz frühzeitig mit einer katholischen Garnison zu versehen, um allen Widerstand niederschlagen zu können. Karl kam diesen Rathschlägen zwar nicht vollständig nach, aber was er that, zeigte, dass er entschlossen war den Kampf aufzunehmen. So reformirte er seinen Hofstaat, in dem sich trotz Maria's Drängen noch immer viele Lutheraner befanden und erliess in seinen Städten scharfe Verordnungen gegen das Luthertum, indem er namentlich den Grazern den Besuch der benachbarten protestantischen Kirchen verbot. Allen diesen Massregeln setzte er dadurch die Krone auf, dass er der Thätigkeit der Jesuiten in Graz einen noch weitern Spielraum eröffnete und zu diesem Zwecke eine Universität daselbst begründete, die ihrer Verwaltung übergeben wurde. Mitten unter der Aufregung, die durch diesen und andere Schritte in Steiermark hervorgerufen wurde und die sich sogar zu offenem Widerstande steigerte, starb er im J. 1590.

Bei dem Tode des Erzherzogs Karl war sein ältester Sohn Ferdinand zwölf Jahre alt. Es versteht sich, dass seine Mutter auf seine Erziehung den meisten Einfluss übte und dieselbe in streng kirchlicher Weise leitete. Nachdem er seinen ersten Unterricht in Graz erhalten hatte, wurde er einige Monate vor dem Tode seines Vaters auf die Universität in Ingolstadt geschickt und traf dort mit seinem um sechs Jahre älteren Vetter, dem Herzog Maximilian von Baiern zusammen, der gleichfalls der Studien halber daselbst weilte. Fünf Jahre brachte er an dieser Bildungsstätte zu und benützte seine Zeit so emsig, dass er bei einer mit ihm angestellten Prüfung den Preis über seine Mitschüler davontrug. Ob die Prüfung mehr auf den Schein berechnet war als auf eine wirkliche Kundgebung der erlangten Kenntnisse, lässt sich natürlich nicht sicherstellen, jedenfalls zeigte die Vorliebe Ferdinands für Mathematik, die man in Ingolstadt an ihm rühmte, dass er wenigstens in dieser Richtung seinen Studien mit Ernst oblag. Die Jesuiten konnten aber auch von ihrem Zögling rühmen, dass er nichts von dem frommen Eifer eingebüsst habe, den er mitgebracht hatte; seine Bethätigung als Vorsänger beim Gottesdienst, seine Theilnahme bei Bittgängen als Kreuzträger, seine äussere Erscheinung im Büssergewande bei dem 40stündigen Gebet verfehlten nicht, Aufsehen zu erregen und zahlreiche Zuschauer herbeizulocken. Tausend Dukaten, die er während eines Faschings erhalten hatte, um damit einige Lustbarkeiten mitzumachen, verwendete er für den Bau eines neuen Altars und zeigte so, dass seine Frömmigkeit nicht bloss äusserlich sei, sondern dass er seinen Begierden die Zügel anzulegen wisse.

Obwohl Ferdinand seine Grossjährigkeit erst mit dem 18. Jahr erlangen sollte, übernahm er doch mit kaiserlicher Erlaubniss die Regierung bald nach seiner Rückkehr aus Ingolstadt, also mit noch nicht vollendetem 17. Jahre. Er trat die Regierung mit dem festen Vorsatze an, sie in streng katholischer Weise zu führen und trug damit der bis jetzt auf ihn geübten Einwirkung Rechnung. Tag für Tag war ja während seiner ganzen Studienzeit in ihm der Grundsatz befestigt worden, dass nur in dem treuen Ausharren bei der Kirche Heil zu finden sei. Sein gläubiges Gemüth saugte sich an diesen Lehren fest und wenn er eines Beispieles bedurfte, so hatte er ein solches an seinem Oheim, dem Herzog Wilhelm, der ihm vor seinem Abgang von Ingolstadt eine ernste Mahnung ertheilte, wie er bei dem Antritte seiner Regierung alles auf katholischem Fusse einrichten solle. Was konnte Ferdinand, auf den Eltern, Verwandte, Erzieher und Freunde in einer Richtung einwirkten, der nie den leisesten Verkehr mit Andersgläubigen unterhielt, und dessen passive Anlage ein selbständiges Urtheilen und Handeln keineswegs begünstigte, anderes thun, als den Entschluss fassen, sich in der Richtung zu bewegen, die ihm als die einzig heilbringende gewiesen worden war?

Wollte er diesem Vorsatze nachkommen, so stand ihm ein schwereres Stück Arbeit bevor, als ehedem seinem Vater; denn während er in Ingolstadt weilte, war trotz alles Eifers seiner Mutter und seines Vormundes der Protestantismus zu neuer Entfaltung gelangt. In Graz bekannten sich im J. 1596 nur noch drei Personen öffentlich zum Katholicismus und auch unter den Hofleuten hatte die lutherische Richtung wieder die Herrschaft gewonnen. Es war so weit gekommen, dass man in vielen Städten keine katholischen Räthe mehr duldete, dass man hie und da keinen Katholiken als Bürger aufnahm, ja dass der blosse Verkehr mit Katholiken in Verruf brachte. Da man am kaiserlichen Hofe die Gesinnung des Erzherzogs kannte und wusste, dass er die längere Dauer dieser Zustände nicht dulden werde, fürchtete man sich vor den Folgen seines ungezügelten Eifers und glaubte ihn deshalb vor übereilten Schritten warnen zu müssen. Er verschob auch vorläufig die beabsichtigte Reform und beschloss, sich durch eine Wallfahrt auf sein Werk vorzubereiten. Zu diesem Zwecke unternahm er im J. 1598 eine Reise nach Italien, auf der er in Ferrara mit dem Papste Clemens VIII zusammentraf und von diesem in der zuvorkommendsten Weise behandelt wurde. Von da richtete er seine Schritte nach Loretto und hier legte er nach der Versicherung seines Beichtvaters Lamormain das Gelübde ab, dass er selbst mit Gefahr seines Lebens alle Sekten und Irrlehren aus den von ihm ererbten Ländern vertreiben wolle. Nachdem er auch in Rom und Florenz einen Besuch gemacht hatte, kehrte er nach Graz zurück.

Wenn man bedenkt, dass Ferdinand entschlossen war, Länder, die beinahe ganz protestantisch waren, wieder katholisch zu machen und dabei die Unzulänglichkeit der Zwangsmittel ins Auge fasst, die damals jeder Regierung zu Gebote standen, so weiss man nicht, worüber man mehr staunen soll, ob über seine Entschlossenheit oder über die Furchtsamkeit der von ihm bedrohten Stände, die sich selbst dann nicht zum Widerstande aufrafften, als der Kaiser den Böhmen den Majestätsbrief ertheilte und sein Bruder Mathias den Oesterreichern, Mährern und Ungarn ähnliche Concessionen gewähren musste. Nachdem Ferdinand die Prädikanten aus den Städten abgeschafft und alle Proteste, Bitten und Verwendungen des Adels unbeachtet gelassen hatte, duldete er später auch in der Laienwelt keinen Anhänger des lutherischen Bekenntnisses, so dass dasselbe im Laufe des folgenden Jahrzehndes stetig an Boden verlor und sich bloss auf den Adel beschränkte.

Dass Ferdinand in seinen Bemühungen von den Jesuiten und von den Bischöfen von Lavant und Seckau auf das eifrigste gefördert wurde und dass ihm seine Mutter mit Rathschlägen, Mahnungen und Warnungen zur Seite stand und sich über die sichtlich hervortretenden Erfolge freute, ist selbstverständlich. Als sie im Winter 1598—9 mit ihrer Tochter, der 14jährigen Margarethe, nach Spanien reiste, um der Vermählung der letzteren mit Philipp III von Spanien beizuwohnen, schrieb sie Woche für Woche an ihren Sohn und munterte ihn in jedem Briefe auf, auf dem betretenen Wege auszuharren, entschlossene

Männer mit der Durchführung seiner Befehle zu beauftragen und jede Massregel mit seinem Beichtvater zu berathen. Den Beichtvater sollte er überhaupt von allen Vorkommnissen verständigen, ihm jegliche Mittheilung machen, wie sie nur dem bewährtesten Diener und Rathgeber und dem theuersten Freunde anvertraut werden kann. Sie bedachte nicht, dass sie damit die Selbständigkeit ihres Sohnes untergrub und ihn der Belehrung, die das Leben und der Verkehr mit andern unterrichteten Personen bietet, unzugänglich machte. Ihrer eigenen Einsicht und Thatkraft hat dieser einseitige Verkehr nicht geschadet: sie blieb bis zu ihrem Ableben die entschlossene, kluge und umsichtige Frau, die sie stets gewesen und die im äussersten Falle das Netz beschränkter Rathschläge durchgerissen hätte. Deshalb fürchtete sie nichts für ihren Sohn und begrüsste dessen steten Verkehr mit dem Beichtvater als eine Garantie für das treue Ausharren bei der Kirche und für das entschlossene Vorgehen gegen die Ketzer. Bei ihrem im J. 1608 erfolgten Tode konnte diese von ihrem Sohne mit unendlicher Hochachtung verehrte Frau überzeugt sein, dass derselbe in dem begonnenen Werke nicht innehalten werde. Sein Name war jetzt in Europa allgemein bekannt, von den Katholiken bewundert, von den Protestanten gehasst. Man glaubte auf katholischer Seite in ihm einen Mann von hervorragender Thatkraft gefunden zu haben, dem man mit Beruhigung die Leitung der Geschäfte in die Hand legen könne; Philipp III von Spanien wurde hauptsächlich durch das Vertrauen in Ferdinands Kraft und Entschlossenheit zu den grossen Opfern veranlasst, mit denen er seine Sache später stützte.

Wir begreifen, dass ferner Stehende über Ferdinands Thatkraft in so günstiger Weise urtheilten, wenn sie die Resultate seiner Thätigkeit betrachteten, wir begreifen auch, dass diese Meinung zur Zeit des böhmischen Aufstandes vorhielt und man von ihm allein und nicht von Mathias und Khlesl die Beendigung der unglückseligen Wirren erwartete, da er nie zu furchtsamen Verhandlungen die Hand geboten hatte, sondern trotz der ungünstigsten Lage ein Vertrauen zur Schau trug, das auf seine Umgebung imponirend einwirken musste. Wenn man aber nicht bloss sein Auftreten als Regent

von Innerösterreich, sondern auch das als Kaiser einer genauen
Prüfung unterzieht, wenn man auf Grund verlässlicher Berichte
seiner vertrauten Anhänger und Bewunderer seine Thätigkeit im
Einzelnen, seine Zeiteintheilung, sein Auftreten gegen seine
Umgebung, die Ordnung oder Unordnung in seiner Verwaltung,
in seinem Finanz- und Kriegswesen eingehend untersucht,
dann gewinnt man die Ueberzeugung, dass die grossen Erfolge,
die er während seiner Regierung erlangte und die man auf
Rechnung seiner Thatkraft setzen möchte, nur als das Resultat
der Erbärmlichkeit seiner anfänglichen Gegner, der allseitigen
Hilfe seiner auswärtigen Freunde, vor Allem aber seines Vertrauens auf die göttliche Vorsehung, das ihn in den furchtbarsten Gefahren nicht schwanken liess, anzusehen sind.
Vielleicht wird die nachfolgende Schilderung diese Anschauung
verdeutlichen.

II

Um zu zeigen, wie wenig Zeit Ferdinand jener Arbeit
zuwandte, die ihm als Herrscher oblag, wollen wir etwas
näher die Art und Weise beschreiben, wie er seinen religiösen
Pflichten nachkam, als er den Kaiserthron bestieg. Die Quellen
für unsere Angaben sind zahlreich und verlässlich; wir schöpfen
theils aus den Gesandtschaftsberichten, theils aus mancherlei
gleichzeitigen, durch den Druck veröffentlichten Schriften,
unter denen die des kaiserlichen Beichtvaters Lamormain, der
über die Lebensweise seines erlauchten Beichtkindes eine Art
biographischen Abrisses verfasst hat, den hervorragendsten Platz
einnimmt. Wenn es irgend einen verlässlichen Berichterstatter
gab, so war dies Lamormain, der durch 38 Jahre ein intimer Zeuge
von Ferdinands Lebensweise war und ihm 15 Jahre lang als
Gewissensrath zur Seite stand. Das Innere Ferdinands lag so
offen vor ihm, wie ein aufgeschlagenes Buch und wenn er auch
in panegyrischer Weise über ihn berichtet, so unterliegen die
Thatsachen, die er erzählt um so weniger einem Zweifel, da
sie auch von anderer Seite bestätigt werden.

Nach diesen allseitig erhärteten Nachrichten widmete Ferdinand einen grossen Theil des Tages dem Gebete und dem Kirchenbesuch. Wenn er des Morgens aufgestanden war, nahm seine Andacht eine Stunde in Anspruch, im Laufe des Vormittags wohnte er zwei Messen bei, versäumte auch nie den Nachmittagsgottesdienst und widmete während des Tages eine halbe Stunde der Gewissenserforschung und brachte dann vor dem Schlafengehen noch eine halbe Stunde im Gebete zu. An Sonn- und Feiertagen versäumte er nie, zwei Predigten anzuhören, eine italienische und eine deutsche, und auch an Wochentagen besuchte er häufig zu demselben Zwecke die Kirche. Dass er jede Woche einmal das h. Abendmal zu sich nahm, ist beinahe selbstverständlich und ebenso begreiflich ist es, dass sich seine Andacht an diesem Tage in noch auffälligerer Weise bethätigte. Die gebotenen Fasten hielt er streng und pünktlich ein und that noch ein Uebriges aus freiem Willen dazu. Wo es die Erfüllung einer religiösen Pflicht galt, scheute er keine Unbequemlichkeit, weder Hitze noch Kälte, weder Wind noch Wetter. Wenn er ausfuhr und einem Priester begegnete, der das allerheiligste Sakrament zu einem Kranken trug, stieg er stets aus dem Wagen, beugte sein Knie auf der kothigen oder staubigen Strasse, begleitete dann den Priester zum Kranken und von diesem in die Kirche zurück. Er machte auch alle Processionen und Bittgänge persönlich mit, trotzdem es deren in jener Zeit übermässig viele gab; so dauerte z. B. die Fronleichnamsprocession acht Tage und jedesmal konnte man ihn entblössten Hauptes mit einem Windlicht in der Hand sich daran betheiligen sehen. Während einer von Urban VIII angeordneten Jubiläumsprocession regnete es so heftig, dass die Umgebung des Kaisers ihn beschwor, zu Hause zu bleiben; er liess sich jedoch nicht zurückhalten und betheiligte sich am Rundgange unter strömendem Regen, so dass sein durchweichter Hut ihm ins Angesicht herunterfiel und das Wasser ihm in den Nacken floss. Alles dies beachtete er nicht und barg nur seine Hände unter dem nassen Mantel. Sein Beichtvater Lamormain versäumte nicht, den Tod des Schwedenkönigs in der Schlacht bei Lützen als den Lohn Gottes für so viel Frömmigkeit zu erklären.

Seine Mussestunden widmete Ferdinand mit Vorliebe der

geistlichen Lektüre; so las er, ehe er die Kaiserwürde erlangte, sechsmal das Leben der Heiligen von Surius durch und auch später blieb er sich in seiner Vorliebe für dieses Werk treu. Dazu las er die Geschichte der Ordensstifter, der Christenbekehrungen und Christenverfolgungen in Indien, Japan und China und bestürmte seinen Beichtvater stets um die Mittheilung ähnlicher Schriften. Als dieser im Laufe der Jahre mit nichts Neuem mehr aufwarten konnte, pflegte der Kaiser zu einigen liebgewordenen Schriftstellern zu greifen, obgleich er deren Betrachtungen durch häufiges Lesen auswendig erlernt hatte. Dass Thomas von Kempis und auch die Bibel, namentlich die Psalmen unter den vom Kaiser besonders eifrig gelesenen Büchern nicht fehlten, bedarf wohl nicht erst der Bemerkung.

Nicht zufrieden mit allen diesen frommen Uebungen widmete Ferdinand einen Theil seiner Zeit der Verehrung der Heiligen. Täglich betete er die Litanei zu ihren Ehren, empfahl sich ihrem Schutze und trug zu diesem Zwecke ein Reliquienkästchen am Halse mit sich herum. Die höchste Verehrung zollte er aber der allerheiligsten Jungfrau, indem er ihre Festtage mit besonderem Eifer feierte, ihrer stündlich im Gebete gedachte, sie als die Generalissima seines Heeres angesehen wissen wollte und streng auf die Bestrafung jener drang, die sich eines Raubes an einer Marienkirche schuldig gemacht hatten.

So wie Ferdinand sich im Gebete und in der frommen Betrachtung von keinem Mönche überbieten liess, so wollte er ihnen auch nicht in der Abtödtung seines Fleisches nachstehen. Vor seiner ersten Heirat und im Wittwerstande trug er häufig ein härenes Busskleid, um sich gegen fleischliche Anfechtungen zu sichern und in der That steht sein Ruf in dieser Beziehung makellos da, denn keiner der zahlreichen in Wien beglaubigten Gesandten konnte an seinen, nach derartigen Nachrichten lüsternen Hof etwas berichten, was Ferdinands Ruf geschädigt hätte. Lamormain rühmte sogar von Ferdinand, dass er nie ein Mädchen angelegentlich betrachtet und nie eine Frau allein in Audienz empfangen habe. In der Fastenzeit überbot er noch die gewöhnliche Strenge gegen sich selbst,

indem er sich geisselte; gewiss ist es, dass nach seinem Tode
durch längere Zeit eine Geissel aufgehoben wurde, die mit
seinem Blute gefärbt war. Wohlgerüche, die man in jener
Zeit leidenschaftlich liebte, so dass man die Zimmer mit köst-
lichem Räucherwerk anfüllte, waren aus seiner Nähe verbannt.
Bei diesem durch und durch in religiöser Weise geregelten
Leben und bei der damit verbundenen Gläubigkeit Ferdinands
wird man es begreiflich finden, dass er sich in Bezug auf ir-
dische Grösse, so sehr er sie auch lieben mochte, ascetischen
Anschauungen hingab. So versicherte er seinen Beichtvater,
dass er bei feierlichen Belehnungen oder bei Gelegenheiten,
wo die Menge bewundernd auf seine Majestät blicke, stets die
Worte im Munde führe: „Herr, mein Herz hat sich nicht erhöht, ich bin ein Wurm und kein Mensch, ein Abscheu der
Menschen und ein Auswurf des Pöbels." Man wird es nach
allem dem auch begreiflich finden, dass er von seiner eigenen
kaiserlichen Würde mitunter in verächtlicher Weise sprach,
wie er denn einmal behauptete, er finde zwischen einem Ko-
mödianten und einem Kaiser nur den Unterschied, dass ersterer
durch einige Stunden auf der Schaubühne einen Monarchen
spiele, der Kaiser aber sein Leben lang, der Unterschied liege
nicht in der Sache, sondern nur in der Zeitdauer.

Seiner Gläubigkeit gab Ferdinand auch dadurch Ausdruck, dass er in allen Angelegenheiten, die eine kirchliche
Beziehung hatten, den Rath seines Beichtvaters einholte. War
der Gegenstand besonders wichtig, so beriet er sich mit einem
theologischen Collegium, das, so viel uns bekannt ist, stets
dem Jesuitenorden angehörte. Er wollte auf diese Weise seine
Regierung streng nach kirchlichen Principien regeln, doch ging
es dabei nicht ohne einige Selbsttäuschungen ab. Die Jesuiten
und nach ihnen der Kaiser waren davon überzeugt, dass man
die Protestanten unter keinen Umständen dulden dürfe, ihre
Ueberzeugung hätte ihnen also jede Transaction verbieten
müssen; dennoch trugen sie den Verhältnissen Rechnung, wenn
dabei ein nicht gut zu machender Nachtheil drohte. Als z. B.
von Ferdinand vor seiner Krönung zum König von Böhmen
die Bestätigung des Majestätsbriefes verlangt wurde, gaben die
Jesuiten in Prag ihr Gutachten dahin ab, dass er zwar den

Majestätsbrief nicht hätte ertheilen dürfen, aber den ertheilten bestätigen könne. Die Krone von Böhmen, die auf dem Spiele stand, liess sie diesen Ausweg finden und Ferdinand liess sich ihn gefallen. Ebenso lautete das Gutachten der wiener Jesuitentheologen im J. 1620 dahin, dass Ferdinand den niederösterreichischen Ständen ihre religiösen Freiheiten bestätigen könne, und wohl dürften dieselben Gründe zu dieser Entscheidung geführt haben, die für die prager Theologen massgebend waren. Nach den Versicherungen seines Beichtvaters Lamormain hatte Ferdinand öfters schriftlich und mündlich die Erklärung abgegeben, dass er „lieber Wasser und Brod essen, lieber mit Weib und Kind zum Bettelstab greifen, lieber sich in Stücke zerreissen lassen wollte," als ein Unrecht gegen seine Kirche dulden, ja dass er augenblicklich vom Thron herabsteigen würde, wenn dies die Ehre Gottes erfordern würde. Die in so allgemeiner und unbedingter Weise ausgesprochene Opferwilligkeit Ferdinands in allen Lagen, wo dies die Ehre Gottes oder sein Gewissen fordern würde, bestand in diesen zwei bestimmten Fällen die Probe nicht, und ebenso wenig bewährte sie sich in einem dritten Falle, wo sogar sein Beichtvater ihm das Opfer mit allem Eifer und aller Strenge zumuthete. Es geschah dies im J. 1635, als man von Wien aus Unterhandlungen mit Kursachsen einleitete, die bekanntlich zum prager Frieden führten. Man weiss bis jetzt noch nichts davon, dass damals eine Möglichkeit für den Kaiser vorhanden war, Frankreich von der weitern Theilnahme an den deutschen Händeln abwendig zu machen, wenn er diesen Dienst mit der Abtretung des Elsasses erkaufen wollte. Im Falle er sich zu diesem Opfer entschloss, brauchte er mit Sachsen nicht zu verhandeln und die Lausitz nicht an dasselbe abzutreten. In Rom wünschte man, dass der Kaiser die französischen Forderungen befriedige; Papst Urban VIII wollte auf diese Weise Frankreich mächtiger machen und die Lausitz den protestantischen Händen entreissen. Damals bekam Lamormain von Rom eine Instruction, in diesem Sinne auf den Kaiser einzuwirken und ihm die Wiedererwerbung und Rekatholisirung der Lausitz als ein Gott wohlgefälliges Werk hinzustellen, um dessentwillen der Elsass geopfert werden könne. Aber wie sehr sich auch Lamormain bemühen mochte, diesmal nützten ihm alle seine Mahnungen nichts. Der Kaiser fühlte sich als Habsburger und als deutscher Fürst, der in den Bourbonen seinen Erbfeind sah, dem er keinen Zoll breit Bodens gönnen dürfe. Familientraditionen und nationaler Widerwille übten über Ferdinand ihre Herrschaft aus und er brachte sonach nicht das Opfer, von dessen Gottgefälligkeit er theoretisch überzeugt war.

Auch darin bethätigte Ferdinand seine Gläubigkeit und zwar mit mehr Consequenz, als wir eben gefunden haben, dass er stets ein offenes Herz für die Bitten der Armen hatte, allerdings nur jener, mit denen er in persönliche Beziehungen trat. Wenn er Jemanden auf der Strasse erblickte, dessen Bittgesuch er eben erledigt hatte, ging er auf ihn zu, theilte ihm dies mit und wies ihn an diesen oder jenen Herrn, der die Expedition zu besorgen habe. Er duldete es nicht, dass seine Hofleute den Bettlern den Zugang zu den Quartieren wehrten, die er auf seinen oft wiederholten Jagden aufsuchte, und da seine Freigebigkeit allgemein bekannt war, fanden sich an allen Orten, wo er sein Nachtlager aufschlug, ganze Schaaren von Bettlern ein. Nicht bloss einmal im Jahre, wie dies noch heute an katholischen Höfen üblich ist, bewirthete er selbst die Armen; in Graz pflegte er die Armenhäuser mehrmals im Jahre zu besuchen, den Bewohnern derselben persönlich die Speisen vorzusetzen und sich mit den einzelnen zu besprechen, indem er sich nach ihrer Heimat oder Krankheit erkundigte und sie durch einige wohl angebrachte Worte zu trösten suchte; oder er lud arme Bürger in sein Schloss ein und leistete ihnen da mit seiner Frau und seinen Kindern die nöthigen Dienste. Er begründete zahlreiche Armenhospitäler und beschäftigte sich mit dem Gedanken, Advokaten anzustellen, welche die Armen in ihren Rechtsstreitigkeiten vertreten sollten. Bei seinen Jagden war er darauf bedacht, den Bauern den Schaden zu ersetzen, den der grosse Wildstand ihnen verursachte; er sorgte persönlich dafür, dass ärztliche Hilfe und Verpflegung denjenigen zu Theil werde, die bei einer Jagd verwundet wurden. Ueberhaupt dehnte sich seine Sorgfalt und Güte auf alle Personen aus, mit denen er in persönliche

Beziehungen trat, vor allen natürlich auf seine Minister und Höflinge. Alle seine Hofleute von oberst bis zu unterst baten ihn, Pathenstelle bei ihren Kindern zu übernehmen; regelmässig gab Ferdinand dieser Bitte nach und hielt die Kinder entweder über dem Taufbecken oder band ihnen bei der Firmung die Firmbänder um und führte sie dem Bischofe zu.

Dass sich bei dieser religiösen Richtung des Kaisers der geistliche Stand bei ihm nicht nur des grössten Ansehens, sondern auch einer liebevollen Freundschaft erfreute, ist selbstverständlich. Vor jedem Geistlichen zog er den Hut ab und reichte ihm die Hand, erlaubte aber nie, dass sie ihm geküsst werde. Seinem Beichtvater Lamormain erklärte er häufig, wenn er gleichzeitig einem Priester und einem Engel begegnen würde, so würde sein erster Gruss dem Priester gelten. Für Lamormain hegte er überhaupt die grösste Hochachtung; so oft derselbe kam, um ihm die Beichte abzunehmen, erwartete er ihn am Eingange des Zimmers mit entblösstem Haupte und trug selbst den Stuhl herbei, auf dem jener sich niederlassen sollte. Geistliche Gesellschaft suchte Ferdinand ebenso gern wie häufig auf; es war etwas gewöhnliches, dass er die Morgen- oder Abendandacht in einem der wiener Klöster verrichtete, und dann als Gast bei der Klostertafel zum Frühstück oder zum Abendessen blieb und eine und die andere Stunde mit den einfachen Ordensmitgliedern verplauderte. Man begreift, wie manchem von ihnen der Kamm schwoll, wenn er den Kaiser als seinen Hausfreund und sich selbst als seinen Vertrauten ansehen durfte. Die häufigsten Besuche Ferdinands galten den Jesuiten und Kapuzinern, und wir glauben gern, dass es ihm am wohlsten in dieser Gesellschaft war, weil er fühlte, wie sich ihm die einzelnen mit dankbarer Bewunderung nahten, ein Genuss, den er sich nicht versagen zu müssen glaubte.

Bei der grossen Gewissenhaftigkeit, mit der Ferdinand dem Gebete oblag, sollte man meinen, dass keinerlei leidenschaftliche Vergnügungssucht in seiner Seele Platz greifen konnte. Rauschenden Ergötzlichkeiten blieb er allerdings sein ganzes Leben über abhold, aber dem Vergnügen, das die Musik und die Jagd ihm bieten konnten, gab er sich mit rücksichtsloser Lust hin. Die Vorliebe für Musik erbte sich unter den Habsburgern seit Ferdinand I fort; alle Fürsten dieses Hauses bis auf Karl VI brachten dieser Neigung grosse Opfer und vielleicht die grössten Ferdinand II selbst, der aus Nah und Fern hervorragende Musiker an seinen Hof zog, sie in kaiserlicher Weise beschenkte und sich dafür täglich in der Kirche und in der Burg durch ihr ausgezeichnetes Spiel zur Andacht stimmen oder erheitern liess. Mit noch mehr Leidenschaft gab er sich aber der Jagd hin; auch diese Neigung theilte er mit seinen Eltern, namentlich mit seiner Mutter. Nach den Versicherungen Lamormains verbrachte er jede Woche zwei Tage auf der Jagd, nach den Berichten ausländischer Gesandten aber vier Tage. Ob nun die eine oder die andere Angabe richtig ist oder ob die Wahrheit in der Mitte liegt, jedenfalls war Ferdinand ein Jäger von seltener Ausdauer, den selbst die dringendsten Geschäfte nicht abhalten konnten, sich an der Hirschjagd oder Wildschweinhetze zu vergnügen. Seine Briefe, die er mit seinem ehemaligen Studiengenossen, Maximilian von Baiern, wechselte, sind stets trocken gehalten und berühren nur die politischen Angelegenheiten des Augenblicks. Wenn Ferdinand aber in denselben einmal die Gefühlsseite anschlägt und seinem Vetter, Schwager und späterem Schwiegersohne Kunde von seinen persönlichen Erlebnissen giebt, dann ist es allemal eine Jagdgeschichte, irgend ein Hirsch, der vier Zentner und darüber gewogen und den er eigenhändig erlegt habe, worüber natürlich Maximilian seine Verwunderung auszudrücken nicht unterlässt. Über das von Ferdinand erlegte Wild wurde ein sorgfältiger Katalog geführt und eine Abschrift hievon Jahr aus Jahr ein dem Kurfürsten von Sachsen zugeschickt, der für diese Aufmerksamkeit bei seiner eigenen Jagdlust das rechte Verständniss hatte.

Nach diesen Mittheilungen könnte allerdings der Verdacht auftauchen, dass Ferdinand seine Zeit nur dem Gebet und der Jagd gewidmet habe; derselbe wäre jedoch nicht ganz begründet. Die Zeit, die er in Wien zubrachte, theilte er streng zwischen Gebet und Arbeit und da er täglich um die fünfte Morgenstunde aufstand, verfügte er zu letzterem Zwecke über eine ziemliche Anzahl von Stunden. Die Art und Weise, wie

er die Regierung führte, zeigt jedoch, dass er zum Gehorchen
und nicht zum Befehlen erzogen, oder anders gesagt, zum
Mönch und nicht zum Kaiser herangebildet worden war. Man
hatte ihn in Ingolstadt zu sehr am Gängelbande geführt, zu
sehr an die Übung seiner religiösen Pflichten gewöhnt und
nicht zur Arbeit angehalten, und so fehlte ihm für letztere
zwar nicht die Lust, aber das Verständniss. Misstrauen in die
eigene Kraft und Einsicht war die Veranlassung, dass er nie und
nirgends selbständig in die Regierung eingriff und dem Herrn
von Eggenberg einen Einfluss gönnte, der diesen nach den
Versicherungen der auswärtigen Gesandten zum absoluten
Herrn über den Kaiser machte; jedenfalls hat Ludwig XIII
dem Kardinal Richelieu gegenüber mehr Selbständigkeit bewahrt,
als Ferdinand in seinem Verhältniss zu Eggenberg.

Die eigentliche Theilnahme Ferdinands an der Regierung
beschränkte sich hauptsächlich darauf, dass er stets allen
Sitzungen des Geheimrathes beiwohnte und hier im Verein mit
den bedeutendsten Würdenträgern über die wichtigsten Angelegenheiten entschied. Nie traf er aber eine selbständige
Entscheidung, indem er sich entweder gegen seine Räthe
gestellt oder auch nur der Minorität angeschlossen hätte: stets
schloss er sich der Majorität an. Seinem Beichtvater gegenüber
entschuldigte er sein mangelhaftes Selbstvertrauen mit den
Worten: es sei besser, den Räthen als dem eigenen Kopfe zu
folgen, wenn auch der Erfolg manchmal ungünstig sei. Dieselbe
Unselbständigkeit zeigte Ferdinand auch im Verkehre mit den
protestantischen Parteihäuptern Oesterreichs oder mit den fremden Gesandten, die mit ihm im J. 1620 vor der Schlacht am
weissen Berge verkehrten: nie gab er ihnen eine eingehende
Antwort, stets verschob er dieselbe auf weitere Berathungen oder
wies die Fragenden an seine Minister, und dass er nach dem J. 1620
an Selbständigkeit nicht gewann, bedarf wohl keiner Erwähnung.
Den Aeusserlichkeiten der Regierung ging er aber nicht aus
dem Wege; nie wich er dem Verkehre mit fremden Gesandten
oder mit seinen Unterthanen aus, er war zu allen Tageszeiten,
des Morgens, Mittags und Abends bereit, Audienzen zu ertheilen,
er unterhielt sich dann auch gern mit den Personen, die sich
bei ihm eingefunden hatten, und zwar ohne Unterschied des

Ranges, ja er zeigte eine Vorliebe für den Verkehr mit niedrig gestellten Personen, wie er z. B., wenn er in einer Stadt seinen Einzug hielt und dabei ein Baldachin über ihm getragen wurde, fröhlich und wohlgemuth mit den Trägern ein Gespräch anknüpfte und so die freundliche Seite seines Wesens unverhüllt hervortreten liess. Mit der Theilnahme an den Sitzungen des Geheimrathes, mit der Ertheilung von Audienzen und mit dem freundlichen Verkehr mit seinen Unterthanen war aber Ferdinands Antheil an der Regierung erschöpft; denn dass er fleissig die zahlreichen an ihn eingelaufenen Bittschriften las und sogar dabei seinen Schlaf abkürzte, das kann man wohl in die Reihe seiner frommen Handlungen, aber nicht in die seiner erspriesslichen Regierungsmassregeln setzen.

Obwohl diese Lässigkeit und Unselbständigkeit des Kaisers mit der Zeit zunahm, so trat sie doch schon in den J. 1619 und 1620 grell hervor und veranlasste damals einen der Brüder des Kaisers, den Erzherzog Karl, zu heftigen Vorwürfen, denn dieser glaubte nur die Nachlässigkeit Ferdinands für das ununterbrochene Steigen der Gefahr und für den Mangel an Mitteln zur Abwehr derselben verantwortlich machen zu müssen. Jedenfalls war sie Schuld daran, dass die hohen und niedrigen Beamten sich nur wenig um ihre Pflichten kümmerten. Die bequeme Art, mit der man in Wien die Geschäfte erledigte, weil das Auge des Herrn nicht streng über der pünktlichen Pflichterfüllung wachte, forderte den Spott der fremden Gesandten heraus. So erzählt der bairische Gesandte Leuker, der in Wien fast täglich mit den einzelnen Geheimräthen verhandeln musste, dass er nie einen derselben in einem Amtslokale getroffen habe, sondern dass er sich, wenn er mit ihnen sprechen wollte, am Vormittag in der kaiserlichen Anticamera einfinden musste. Hier ergingen sich die hohen Herren, schwatzten mit diesem über ein Geschäft, mit jenem über die Ereignisse des Tages und das alles so laut und unbefangen, dass Leuker häufig um die Ertheilung einer Audienz im Palast des betreffenden Herrn ersuchen musste, um das Geheimniss der Verhandlung zu wahren. Sobald das Mittagmahl, das nach damaliger Sitte früh gehalten wurde, vorbei war, hatte alle

Arbeit ein Ende und die Zeit wurde fortan nur dem Vergnügen, dem Trunk und dem Spiel gewidmet. Vielleicht hätte die unzureichende Theilnahme Ferdinands an der Regierung und die Faulheit oder Vergnügungssucht seiner hervorragenden Rathgeber dem österreichischen Staatswesen noch keine unheilbaren Wunden geschlagen, wenn er mit den Staatseinkünften in haushälterischer Weise umgegangen wäre. Aber hier kommen wir auf den schwersten Fehler zu sprechen, den sich Ferdinand während seiner Regierung zu Schulden kommen liess. Es scheint nicht, als ob man ihn in Ingolstadt gelehrt hätte, dass ein Fürst in seinen Ausgaben seine Einkünfte nicht überschreiten dürfe, denn schon als er die Regierung von Steiermark antrat, kamen bei ihm Neigungen zu Tage, die mit seinen Einkünften nicht im Einklange standen. Der venetianische Gesandte Soranzo, dessen Bericht dem J. 1614 angehört, beschuldigt ihn geradezu einer verschwenderischen Lebensweise, und in der That gab er mit seiner zahlreichen Dienerschaft und seinem glänzenden Marstall, mit seiner Vorliebe für die um theures Geld angeworbenen Musiker und mit seiner in prachtvoller und kostspieliger Weise befriedigten Jagdlust schon bei Lebzeiten des Kaisers Mathias zu diesen Vorwürfen gegründete Veranlassung. Zu welchen furchtbaren Auslagen ihn namentlich die Jagdlust verleitete, ergibt sich aus den Nachrichten über das zu diesem Zwecke unterhaltene Personale. Neben den zahlreichen in den einzelnen Provinzen und auf den einzelnen Gütern angestellten Jägern und Jagdgehilfen unterhielt er später in Wien 150 kunstfertige Jäger und Falkner nebst einer zahllosen Hundemeute.

Allein selbst die Auslagen für die Hofhaltung würden vielleicht zu ertragen gewesen sein, wenn sich zu diesen nicht eine unberechnete und verderbliche Freigebigkeit gesellt hätte: schon im J. 1619 liess er den Aebten der reichdotirten niederösterreichischen Klöster die Zahlung von 40.000 Gulden nach, zu der sie bis dahin verpflichtet waren, obwohl er sich damals in äusserster Geldnoth befand und doch in erster Linie verpflichtet war, seine Einkünfte festzuhalten und zur Abwehr der ihn bedrohenden Gefahren zu verwenden. Allein für die

Ausstattung von Kirchen und Klöstern und für die Belohnung seiner Günstlinge und Anhänger kannte seine Freigebigkeit weder Mass noch Gränze. Jede grössere Geldsumme, die in seinen Besitz geriet, war schon nach 24 Stunden unter seine Günstlinge vertheilt. Selbstverständlich konnte er dieser Leidenschaft als Beherrscher von Steiermark oder in der Zeit vor der Schlacht auf dem weissen Berge nur in beschränktem Masse fröhnen, aber nachher ging es um so schlimmer zu. Wenn es uns gestattet sein sollte, der Erzählung vorzugreifen und einige der späteren Zeit angehörigen Beispiele hier anzuführen, um die angeborene Gutmüthigkeit Ferdinands schon jetzt klar vor Augen zu stellen, so möchten wir darauf hinweisen, wie er nach dem J. 1620 binnen vier Jahren einen grossen Theil der konfiszirten Güter unter seine Günstlinge und Diener verschleuderte oder an die Kirche verschenkte, so dass er im J. 1625 ärmer war als je vordem. Das Einkommen des Fürsten von Eggenberg, das ursprünglich kaum nennenswerth war, steigerte er durch fortgesetzte Schenkungen auf jährlich 600.000 Thaler und in ähnlicher Weise häufte er auf die Kirche Reichthümer, die an die Tage des frühen Mittelalters mahnten. Es war ihm nicht genügend, wenn er seine Unterthanen für die katholische Kirche gewann, er wollte dieselbe auch mächtig und glänzend wissen, um so, wie er häufig erklärte, das hundertjährige Unrecht, das die Protestanten an dem geistlichen Gut in Oesterreich begangen hätten, wieder gut zu machen. Zu diesem Ende erhöhte er die Einkünfte der verschiedenen Kapitel und Klöster und vervierfachte die Dotation des prager Erzbisthums, indem er sie auf 24.000 Gulden erhob und diese Einkünfte in konfiszirten Gütern anwies. Aber nicht bloss die alten Stiftungen brachte er durch seine Freigebigkeit zu neuem Glanze, er übertraf auch alle seine Vorgänger durch neue Stiftungen. So führte er in Oesterreich, Steiermark und Böhmen den Barnabiten-, Camaldulenser-, Paulaner- und Carmeliterorden ein und begründete auch für die reformirten Augustinermönche, für die Benediktiner von Monserato in Spanien, für die Serviten und Franziskaner der irischen Ordensprovinz neue, mehr oder weniger zahlreiche Klöster. Am glänzendsten sorgte er jedoch für die Jesuiten, deren Dotationen er da, wo sie bereits bestanden, bedeutend erhöhte und für die er noch zehn neue Niederlassungen theils in den böhmischen, theils in den deutschen Ländern begründete. Als der Jesuitenorden im J. 1773 aufgehoben wurde, besass er in Böhmen einen riesigen Grundbesitz, von dem es nachweisbar ist, dass ihm die grössere Hälfte von Ferdinand II geschenkt worden war. Man begreift, wie diese verschwenderische Freigebigkeit zuletzt den Unwillen seines Sohnes hervorrufen musste, obwohl derselbe von den Jesuiten in grenzenloser Verehrung für den Vater erzogen worden war. Als der Kaiser ihn einmal frug, mit welchem Gegenstande er sich gerade beschäftige, soll derselbe geantwortet haben, dass er darüber nachdenke, ob der Sohn die von seinem Vater verschleuderten Güter wieder zurückverlangen könne, eine Antwort, die auf Ferdinand II zwar im Augenblicke einen tiefen Eindruck machte, aber eine Aenderung in seinem Gebahren nicht hervorbrachte. Unbedachte Freigebigkeit war einmal der Grundzug seines Wesens. Unter seinen Anhängern wurde er deshalb nicht wenig gerühmt und man sprach nur von der „angebornen Gutmüthigkeit" des Kaisers; man kann in der That diese Eigenschaft an ihm rühmen, ohne deshalb bezweifeln zu dürfen, dass sie tausendmal schlimmere Folgen nach sich zog, als der ärgste Geiz.

Diese Folgen zeigten sich schon im J. 1620, als Ferdinand trotz der grossen Hilfe, die ihm Spanien, der Papst und die deutsche Liga angedeihen liessen, zu Zwangsanlehen greifen musste, um seinen Bedürfnissen zu genügen; und nach dem J. 1620 zeigten sie sich darin, dass von der Bezahlung der Gläubiger, denen man zwangsweise das Geld abgepresst oder die man unter allerlei Vorwänden zu freiwilligen Anlehen vermocht hatte, keine Rede war. Man hatte in Wien kein Gefühl für das schwere Unrecht, das man beging, als man sich im J. 1620 der dortigen Waisengelder bemächtigte und später ihre Rückzahlung immer weiter hinausschob und die vorhandenen Mittel zu Geschenken verschleuderte. Als Gnade mussten es einzelne Gläubiger ansehen, wenn sie durch die Mithilfe eines Protektors zu einer Abschlagszahlung kamen. Lamormain meinte zwar, es hätte dem Kaiser ebenso geziemt, Schenkungen zu machen, wie

Schulden zu bezahlen, und das erstere sei sogar in der Lage, in der der Kaiser war, vorzuziehen; indessen wurde diese Meinung nur von denjenigen getheilt, die ihre Hand im kaiserlichen Säckel hatten, andere Personen, wie z. B. der venetianische Botschafter Venier, fanden es dagegen scandalös, dass ein Herrscher, der auf Heiligkeit Anspruch mache, seine Gläubiger so behandeln könne.

Die andere trübe Folge der verschwenderischen Gebahrung mit den Einkünften zeigte sich in dem österreichischen Heerwesen. Schon der Umstand, dass der Kaiser nie energisch in das Armeecommando eingriff, zog die übelsten Folgen nach sich, da die Obersten und Generale sich wie unabhängige Fürsten geberdeten und tausendfache Verstösse gegen die Disciplin geübt wurden. Unberechenbare Nachtheile standen jedoch mit dem Mangel einer pünktlichen Soldzahlung in Verbindung. Das kaiserliche Heer in den J. 1619 und 1620 war aus zwei Theilen zusammengesetzt: für den einen Theil zahlte Spanien den Sold, für die Besoldung des anderen Theiles, der hauptsächlich aus polnischen und ungarischen Reitern bestand, sollte Ferdinand aufkommen. Da er dies aber nicht that, wurden die Reiter für ihren Unterhalt hauptsächlich auf die Plünderung des Gegners angewiesen, was unendliches Weh für Freund und Feind zur Folge hatte. Die Unordnung im kaiserlichen Heerwesen war der Grund, weshalb der böhmische Aufstand erst mit Hilfe der Liga niedergeworfen werden konnte. Welche schweren Nachtheile der Mangel einer ordentlichen Vorsorge für die Heeresbedürfnisse später im Gefolge hatte, wird fast auf jeder Seite der weiteren Geschichtserzählung zu Tage treten.

Wenn wir also in wenigen Worten die hier entwickelte Charakteristik Ferdinands zusammenfassen wollten, so würde sie dahin lauten: dass er ein frommer Mann war, der seine Anschauungen und Handlungen nach kirchlichen Grundsätzen regelte, die leider für die schweren Staatsaufgaben nicht ausreichten, weil sie ihm nicht das Verständniss derselben vermittelten, und dass bei der ängstlichen Sorgfalt, mit der er jede Sünde mied, sein Gewissen erforschte und dem Gebete oblag, seine Thatkraft zu Grunde ging. Sein mangelhaftes Selbstvertrauen und seine Frömmigkeit machten ihn allmälig zu einem Spielball in den Händen seiner Günstlinge und seiner geistlichen Rathgeber, die seine Gunst zu ihrer Bereicherung und zur Begründung ihrer Herrschaft missbrauchten. Es ist dies letztere nicht etwa bloss unsere eigene Meinung, wir wiederholen nur die Worte des Kardinals Harrach, eines Zeitgenossen Ferdinands, der die Jesuiten in einer an den Papst gerichteten Klageschrift beschuldigt, dass sie die ihnen günstige Gesinnung des Kaisers zur Begründung einer absoluten Herrschaft über Oesterreich ausgebeutet hätten. Man darf also Ferdinand weder für das Gute noch für das Böse, das unter seinem Regiment geschah, in erster Linie verantwortlich machen, da seine Handlungsweise überall den Stempel des auf ihn geübten Einflusses trägt. Wiewohl er und Philipp II. in ihren Zielen so ziemlich übereinstimmten, gab es doch kaum zwei verschiedenere Charaktere: der letztere einsam und unnahbar und sowohl gegen die Gesammtheit seiner Gegner, wie gegen die Einzelnen hart und grausam, der erstere gesprächig, gutmüthig und zuvorkommend gegen seine zahlreichen Freunde und Günstlinge und seine Gutmüthigkeit vielfach auch gegen einzelne seiner politischen und religiösen Gegner bekundend.

Die Schilderung von Ferdinands äusserer Gestalt, die wir aus dem J. 1621 und 1630 besitzen, zeigt ihn als einen Mann von mittlerer Grösse, gedrungener und kräftiger Gestalt, röthlich blondem Haar und blauen Augen. Da er an Kurzsichtigkeit litt, suchte er diesem Fehler zu begegnen, indem er sich eines Augenglases bediente, das er bald in der Hand trug, bald am Schwertknauf angebunden hatte. Kleidung und Schnitt des Haares mahnten an einen Spanier, aber sein ganzes Auftreten, seine Freundlichkeit und Höflichkeit gegen Alle, die ihm nahten, zeigten nach den Versicherungen der venetianischen Botschafter, dass sein Wesen nichts weniger als spanisch sei. Nahrung nahm er reichlich zu sich und auch dem Weine sprach er zu. Seine erste, um vier Jahre ältere Frau war die Schwester Maximilians von Baiern, also eine Base; für seine zweite Frau, die mantuanische Prinzessin Eleonore, die sich durch ungewöhnliche Schönheit auszeichnete und die er im Alter von 43 Jahren heiratete, während sie selbst deren erst 23 zählte, zeigte er eine grosse Liebe und brachte alle nicht den Geschäften gewidmete Zeit in ihrer Gesellschaft zu. Während der Jahre, über die wir jetzt berichten werden, hatte er noch nicht zum zweiten Male geheiratet und verbrachte einige seiner müssigen Stunden in Gesellschaft der Familien Eggenberg, Harrach oder Lobkowitz; auch mit dem spanischen Gesandten, dem Grafen Oñate, unterhielt er einen lebhaften Verkehr; im Ganzen genommen blieb ihm jedoch für gesellige Unterhaltungen nur wenig Zeit übrig, abgesehen davon, dass er auch keine sonderliche Neigung für dieselben kundgab. Die wiener Burg, der Jagdplatz, die Kirche und das Kloster, das waren die Orte, wo Ferdinand fast ausschliesslich sein Leben zubrachte.

*) Die Quellen, aus denen wir für unsere Charakteristik Ferdinands geschöpft haben, sind: Lamormains Virtutes Ferdinandi, Khevenhillers Annales Ferdinandei, das anonyme Werk: Status particularis regiminis Ferdinandi II, die venetianischen seither durch den Druck veröffentlichten Gesandschaftsrelationen, vor allem aber die spanischen Gesandschaftsberichte im Archiv von Simancas und die Berichte der bairischen und sächsischen Gesandten in den Archiven von München und Dresden. Einige Anhaltspunkte bot auch der von Hurter veröffentlichte Briefwechsel zwischen Ferdinand II und seiner Mutter und Caraffa's Relation.

Zweites Kapitel.

Die Erweiterung des Aufstandes über sämmtliche Länder der Krone Böhmens und über das Erzherzogthum Oesterreich.

I Gutachten des Fürsten von Anhalt und des Herzogs Maximilian von Baiern in der Interpositionsangelegenheit. Stellung Ferdinands zur Interposition. Seine Schreiben an die böhmischen Stände. Verhandlungen der Direktoren mit der schlesischen Gesandtschaft. Entscheidende Concessionen bezüglich Schlesiens. Die Oberlausitzer schliessen sich dem böhmisch-schlesischen Bündnisse an.

II Bemühungen von Seite Böhmens, um Mähren zu gewinnen. Einmarsch des böhmischen Heeres unter Thurns Commando in Mähren. Waldstein und Nachod. Der Landtag in Brünn. Verhalten der mährischen Stände gegen den Kardinal Dietrichstein, den Fürsten von Liechtenstein und Herrn Karl von Žerotin und gegen die Jesuiten. Absetzung des Landeshauptmanns und Wahl von Direktoren. Anschluss der mährischen Streitkräfte an die böhmischen.

III Verhandlungen Ferdinands II mit den niederösterreichischen Ständen. Oppositionelle Haltung der niederösterreichischen Protestanten, ihr Verhältniss zu den Katholiken. Die oberösterreichischen Protestanten bemächtigen sich der Regierung in Linz. Absendung einer oberösterreichischen Deputation nach Wien. Verhandlungen derselben mit den niederösterreichischen Protestanten und mit Ferdinand II. Werbungen in Oberösterreich. Tschernembl. Die Oberösterreicher besetzen Hohenfurt. Die Niederösterreicher senden Gesandte nach Brünn und Pressburg und treten in Verhandlungen mit Thurn.

IV Die Truppen und die Geldmittel, mit denen Philipp III den Kaiser Mathias und den König Ferdinand unterstützte. Anmarsch von 12000 Mann aus Flandern, Lothringen und dem Elsass. Die Kriegsbereitschaft Ferdinands zu Ende Mai. Thurn zieht gegen Wien.

V Aufregung in Wien. Ferdinands Vertrauen auf die Vorsehung. Verhandlungen der niederösterr. Protestanten. Denkwürdige Audienz am 5. Juni 1619. Die Kürassiere auf dem Burgplatz. Thurn vor Wien. Verstärkung der wiener Garnison. Die niederösterreichischen Protestanten bei Thurn. Die ungarische Deputation. Stanislaus Thurzo. Abmarsch Thurns.

I

Die Verhandlungen über die friedliche Beilegung des böhmischen Streites waren bei Lebzeiten des Kaisers Mathias so weit gediehen, dass der 14. April 1619 für den Beginn derselben festgesetzt wurde. Der böhmische Landtag hatte im

Monate März die Ausgleichsbedingungen festgesetzt und wie weit die ständischen Forderungen auch gehen mochten, so bedrohte doch keine einzige das von den Habsburgern in Anspruch genommene Erbrecht und es liess sich sonach über dieselben verhandeln. Aus eben diesem Grunde fürchtete die pfälzische Partei und vor allen der Fürst von Anhalt, dass die Verhandlungen zu einem Resultate führen und alle Anstrengungen, die man gemacht hatte, um dem Hause Habsburg die böhmische Krone zu entwinden, ebenso vergeblich sein würden, wie im J. 1608. Kurz vor dem Tode des Kaisers oder vielleicht erst nach demselben bemühte sich Anhalt deshalb, die böhmischen Stände für eine Verschärfung der Bedingungen zu gewinnen und fertigte zu diesem Behufe selbst einen Entwurf an. Darnach sollten die Stände ausser den von ihnen gestellten Bedingungen *) auch noch verlangen, dass der König ohne Einwilligung der Stände keine Schulden machen, ohne ihre Zustimmung kein Volk werben und keine Festungen bauen solle, dass die Klostergüter verkauft werden und die Aemter nur nach dem Rathe der obersten Landesbeamten und der Beisitzer der Landrechte besetzt werden sollen, und dass endlich nie mehr bei Lebzeiten eines Königs über dessen Nachfolger verhandelt werden solle. **) Auf diese letzte Bedingung hatte es Anhalt besonders abgesehen, da sie ihm als Handhabe dienen sollte, um wenigstens in der Zukunft die Habsburger aus Böhmen zu verdrängen. Bezüglich der anderen Bedingungen kann man nicht sagen, dass sie mit einem wohlgeordneten Staatswesen nicht vereinbarlich seien; dennoch wäre es den Königen schwer gewesen, in dieselben einzuwilligen, so z. B. in die Forderung, dass sie ohne Bewilligung des Landes keine Schulden machen dürften. Bei den plötzlichen und dringenden Bedürfnissen, die sich namentlich in Ungarn kundgaben, und bei der Widerwilligkeit sämmtlicher Stände der österreichischen Länder, für dieselben aufzukommen, blieb

---

*) Die Bedingungen sind im Band I. S. 477 u. flg. erörtert.
**) Verzeichniss der Punkte, so auf dem Interpositionstag zu Eger vorgebracht werden sollen. Concept mit eigenhändigen Bemerkungen des Fürsten von Anhalt im münchner StA. $\frac{548}{10}$.

den Herrschern beim besten Willen oft nichts anderes übrig, als Schulden zu machen und später die einzelnen Länder um die Anerkennung derselben zu ersuchen.

Eine ähnliche, dem Interpositionswerk ungünstige Stellung nahm, allerdings vom entgegengesetzten Standpunkte, der Herzog Maximilian von Baiern ein. Wir haben erzählt, *) wie er alle Einladungen zu dem egerer Interpositionstag beharrlich zurückwies und nur auf die dringendsten Bitten Ferdinands gegen Ende Januar so weit nachgab, dass er seine Theilnahme zusagte, aber von vornherein von derselben keinen Ausgleich des Streites erwartete und deshalb seinen Schwager aufforderte, in den Rüstungen nicht innezuhalten. Auch zu dieser fraglichen Theilnahme hatte er sich nur deshalb bereit erklärt, weil die deutschen Bischöfe und der päpstliche Hof dies von ihm mehr oder minder heftig verlangten und es an Vorwürfen wegen seiner Gleichgültigkeit nicht fehlen liessen. Es lag ihm daran, den Papst zu überzeugen, dass es nicht Gleichgültigkeit sei, welche ihn von der Theilnahme an dem Interpositionstag zurückhalte, sondern die Voraussicht, dass er wegen seiner streng kirchlichen Anschauungen das Scheitern und nicht das Gedeihen der Verhandlungen herbeiführen würde; deshalb schickte er einen eigenen Gesandten nach Rom ab und wählte hiezu den später in der diplomatischen Welt ziemlich bekannt gewordenen Kapuziner P. Hiacynth. Er gab demselben den Auftrag, den Papst seiner treuesten Anhänglichkeit an die Kirche zu versichern und zugleich darüber zu belehren, dass die gegenwärtigen Wirren in Deutschland der Beginn eines Kampfes seien, in dem es sich um die Existenz der katholischen Kirche handle. Die Kirche müsse sich zu Opfern verstehen und alle ihre Schätze hergeben, und ebenso müsse der Papst, der reicher sei als irgend einer seiner Vorgänger, bereitwillig die katholische Sache wider ihre Feinde unterstützen. Der Streit in Böhmen drehe sich nicht bloss um den Majestätsbrief, sondern um weitere Ansprüche der Protestanten. Dürfe der Herzog, der in seinem Lande die Protestanten nicht dulde, in Eger die Vermittlerrolle spielen und sich zur

---

*) Bd. I, 466.

Aufrechthaltung der von Böhmen verlangten erweiterten Freiheiten verpflichten?*) — Maximilian verlangte deshalb vom Papste so gut wie von Ferdinand, dass sie beide unterdessen alle Mittel aufbieten sollten, um bei dem voraussichtlichen Scheitern der Verhandlungen den Gegnern die Stirn bieten zu können. Die Absendung des P. Hiacynth geschah wenige Tage vor dem Tode des Kaisers; unzweifelhaft begrüsste Maximilian von Baiern denselben ebenso wie sein Gegner der Fürst von Anhalt als einen glücklichen Zufall, durch den der egerer Interpositionstag bei Seite geschoben werden könne.

Es kam nun auf Ferdinand an, in welcher Weise er den Erwartungen seines aufrichtigen Freundes und seines eifrigsten Gegners entsprechen würde: ob er nach dem Tode des Kaisers an dem Interpositionstag festhalten oder alsbald jede fremde Vermittlung in dem Streite mit Böhmen ablehnen werde. Seiner innersten Uiberzeugung nach wollte er nichts von Verhandlungen wissen, aber durfte er dies schon jetzt offen bekennen, da er schwächer war als seine Gegner und erst in einigen Wochen mit Hilfe Spaniens denselben die Stirn bieten konnte? Es handelte sich für ihn darum, zwei bis drei Monate zu gewinnen und vorläufig über die Zulassung oder Nichtzulassung der Interposition keine bindende Erklärung abzugeben. Gleich nach dem Tode des Kaisers war er erbötig, die Waffen ruhen zu lassen und in der That hing es im April nur von den Direktoren ab, ob der Kampf unterbrochen werden sollte oder nicht. Aber dieses Anerbieten, das durch die Schwäche des königlichen Heeres ohnedies geboten war, konnte nur dann eine Wirkung haben, wenn Ferdinand gleichzeitig die egerer Interposition ihren Fortgang nehmen liess. Da dies jedoch nicht seine Absicht war und er dies nicht bekennen konnte, musste er versuchen, ob er nicht durch Verhandlungen, zu denen selbstverständlich die Reichsfürsten nicht zugezogen werden sollten, die Böhmen so lange hinhalten könnte, bis die von Spanien ihm in Aussicht gestellte Truppenhilfe angelangt sein würde. Seine

---

*) Münchner Reichsarchiv. Tom. III. Additio ad informationem pro patre Hiacyntho.

jetzigen Zuschriften nach Böhmen schienen die Frage wegen der Interposition offen zu lassen, denn er gedachte ihrer weder in freundlichem noch feindlichem Sinne. In dem ersten Schreiben, das er nach dem Tode des Kaisers an die böhmischen Stände richtete, sprach er die Hoffnung aus, dass sie ihn nunmehr als ihren Herrn und König anerkennen würden, da er von ihnen gekrönt sei und bei dieser Gelegenheit versprochen habe, später einen Revers auszustellen, in dem er sich zur Aufrechthaltung aller ihrer Rechte und Freiheiten verpflichten werde. Er wolle, so hiess es weiter, demnächst eine Gesandtschaft nach Prag abordnen und durch diese einige Mittheilungen an die Stände gelangen lassen.*) Welcher Art dieselben sein sollten, wurde nicht gesagt. Gleichzeitig mit diesem an die böhmischen Stände überschickten Schreiben bestätigte Ferdinand alle obersten Landesbeamten, die unter Mathias zu dieser Stellung gelangt waren, in ihren Aemtern und nahm sonach keine Rücksicht darauf, dass die Regierungsgewalt sich factisch in den Händen der Direktoren befand. Den Oberstburggrafen Adam von Sternberg forderte er auf, nach Iglau zu kommen, da seiner Ankunft und weiterer Befehle gewärtig zu sein und namentlich den bei der Krönung bedungenen Revers in Empfang zu nehmen.

Wenn Ferdinand hoffte, dass man in Böhmen auf die versprochenen Mittheilungen geduldig warten und vielleicht seinen Brief beantworten und dadurch sich in die von ihm gewünschten fruchtlosen Verhandlungen einlassen werde, so hatte er sich getäuscht. Auch die böhmischen Direktoren wollten von dem Fortgange des egerer Interpositionstages nichts wissen, da sie nur mit Widerstand in denselben eingewilligt hatten; um wie viel weniger waren sie also geneigt einen neuen Verkehr mit Ferdinand anzuknüpfen, da sie wohl einsahen, wie wenig günstige Bedingungen er ihnen biete. Als ihnen demnach der Oberstburggraf den ihm gewordenen Auftrag kundgab und ihnen das für die Stände bestimmte Schreiben überreichte, bekam er von ihnen zur Antwort, dass

---

*) Skala III, 92.

sie damit nichts zu schaffen hätten *) und deuteten auf diese
Weise ihre Absicht an, dass sie keine weiteren Verhandlungen
einleiten wollten, weil sie den Thron als erledigt betrachteten.
Einige der hervorragenderen prager Persönlichkeiten billigten
zwar diesen Entschluss nicht und wollten sich in Verhandlungen mit Ferdinand einlassen, aber dies nur unter Bedingungen, die dem anhaltischen Entwurf entlehnt waren.**)

Bevor noch Ferdinand von der feindlichen Gesinnung, die
unter den Direktoren gegen ihn herrschte, benachrichtigt
wurde, unterzeichnete er den versprochenen Revers, durch den
er sich zur Aufrechthaltung der böhmischen Privilegien und
also auch des Majestätsbriefes verpflichtete. Wie er sich vor
der Krönung zu dem Versprechen bezüglich der künftigen
Unterzeichnung nicht ohne langwierige Vorberathungen entschlossen hatte, so ging auch diesmal die wirkliche Unterzeichnung nicht ohne eingehende Erörterung aller Gründe und
Gegengründe vor sich; auch der Beichtvater wurde zu Rathe
gezogen und befragt, und da er die Unterzeichnung empfahl,
weil nur so ein grösseres Uebel verhütet werden könnte, schob
Ferdinand dieselbe nicht länger auf. Der Kanzler Zdeněk von
Lobkowitz verweigerte aber auch jetzt seine Unterschrift wie
bei dem Majestätsbriefe, angeblich deshalb, weil seine Unterzeichnung keine Giltigkeit hätte, da ihm nicht unter Beobachtung der gesetzlichen (nur in Prag giltigen) Formalitäten die
Kanzlerwürde von neuem übertragen worden sei. Der von
Ferdinand unterzeichnete Revers wurde dem Obersthofmeister
Adam von Waldstein mit dem Auftrage zugeschickt, ihn den
Ständen zukommen zu lassen. Waldstein überschickte ihn
den Direktoren, erhielt ihn aber von diesen uneröffnet zurück,
weil die Adresse nicht richtig sei und gegen die Stellung der
zwei höheren Stände verstosse, die gewissermassen mit den Städten in eine Linie gestellt würden.***) Diese Beschwerde war rich-

---

*) Sächs. StA. Lebzelter an Schönberg dd. $\frac{25.\ \text{März}}{4.\ \text{April}}$ 1619.

**) Lebzelter an Schönberg dd. $\frac{27.\ \text{März}}{6.\ \text{April}}$ 1619. Sächs. StA.

***) Lebzelter an Schönberg dd. $\frac{6.}{16.}$ April 1619, Sächs. StA. — Skála III, 98.

tig, da die Adresse den Ansprüchen der höheren Stände auf eine
hervorragende Titulatur nicht die herkömmliche Rechnung
trug; aber nicht diese formalen Gründe veranlassten die
Direktoren zur Ablehnung des Reverses, sondern die Sorge,
dass sie sich durch die Annahme desselben Hindernisse in
dem gegen Ferdinand beabsichtigten Kampfe schaffen würden.
Wenn der Revers dem Lande die Aufrechthaltung aller Privilegien anbot und dies allgemein bekannt wurde, so konnte
man nicht von vornherein die weiteren Verhandlungen mit Ferdinand ablehnen. Von diesen wollte man aber auch aus dem Grunde
nichts wissen, weil ein längeres Hinausschieben der Entscheidung wegen der gefährdeten finanziellen Lage des Landes
nicht rathsam war. Man suchte es demnach so viel als möglich
zu verheimlichen, dass Ferdinand einen Revers ausgestellt
habe und in der That gelangte dies nur zur Kenntniss einer
geringen Anzahl von Personen.

Wenn die Direktoren hofften, dass Ferdinand durch die
Zurückweisung seines Reverses beleidigt sein und fortan jede
weitere Verhandlung abbrechen und sie in ihren Plänen nicht
stören würde, so täuschten sie sich vorläufig, denn da sich
seine Angelegenheiten im Monat April von Tag zu Tag ver-
schlechterten, weil sich der Aufstand auch über Mähren aus-
zubreiten drohte, und er noch immer keine Vermehrung seiner
Streitkräfte von Spanien erlangt hatte, so glaubte er noch nicht
alle Brücken des Verständnisses abbrechen zu dürfen. Deshalb
1619 entschloss er sich am 22. April zu einem neuen Schreiben
an die böhmischen Stände,*) in dem er dieselben aufforderte,
Gesandte an ihn nach Wien zu schicken, mit denen er über
einen Ausgleich verhandeln wolle. Zum erstenmale gab er
also zu, dass ein Streit zwischen ihm und seinen Unterthanen
bestehe und dass zu dessen Beilegung Verhandlungen nothwendig seien. Ja er wollte zwei oder drei Wochen später diese
Verhandlungen nicht einmal auf sich und die böhmischen
Stände beschränken, sondern zu den in Vergessenheit gera-
thenen Interponenten zurückgreifen, von denen er allerdings

---

*) Wiener St. A. Boh. Ferdinand an die böhmischen Stände dd. 21. Mai
1619. —

nur Sachsen und Baiern zulassen wollte.*) Aber so wenig
die Direktoren seinen Revers angenommen hatten, so wenig
liessen sie sich durch sein Schreiben vom 22. April zur Absendung
von Gesandten nach Wien bewegen.

Von dem Entschlusse Ferdinands, Baiern und Sachsen
als Vermittler zuzulassen, zu dem er sich erst im Mai bei
steigender Gefahr aufgerafft hatte, hatten die böhmischen
Direktoren wahrscheinlich keine Kenntniss erhalten; aber
selbst wenn dies der Fall gewesen wäre, wären sie in
ihrer Feindseligkeit nicht schwankend geworden. Sie waren
entschlossen, Ferdinand unter keiner Bedingung zur Regierung
zuzulassen und so waren sie und der König durch
unversöhnliche Feindschaft getrennt. Um ihren auf den Sturz
der habsburgischen Herrschaft gerichteten Plan ausführen
zu können, bemühten sie sich um die Beschleunigung
der auf dem Märzlandtage beschlossenen Werbungen und um
die Organisation des Landesaufgebotes. Die Häupter der Bewegung
und namentlich die Generale entwickelten seit Anfang
April einen ungewöhnlichen Eifer, um dieser Aufgabe zu genügen
und deshalb lehnte auch Graf Hohenlohe im Namen
Thurns und Ruppa's jene Zusammenkunft mit Anhalt, die dieser
für den 10. April in Taus bestimmt hatte, mit der Erklärung
ab, dass sie jetzt keine Zeit zu dieser Reise hätten.**) Ihre
Zeit war aber nicht bloss durch die Sorge für die Vermehrung
der Streitkräfte in Anspruch genommen, noch mehr beschäftigte
sie der Wunsch, den Aufstand auf alle Länder der böhmischen
Krone auszudehnen und womöglich auch Oesterreich
und Ungarn für denselben zu gewinnen. Dazu waren
Reisen und persönliche Besprechungen oder zahlreiche Zuschriften
nöthig und es erforderte eine fieberhafte Thätigkeit,
um rasch an dieses Ziel zu gelangen und davon die gewünschten
Vortheile einzuernten. Die Erreichung des Zieles

---

*) Münchner StA. Maximilians Antwort dem kaiserlichen Gesandten, gegeben den 6. Juni 1619. — Wiener StA. Kursachsen an Ferdinand dd. $\frac{17.}{27.}$ Mai 1619. — Ebend. Strahlendorf an Ferdinand dd. 28. Mai 1619.

**) Bernburger Archiv, Hohenlohe an Anhalt dd. 26. März/5. April 1619. — Bd. I., S. 451.

lag in dem Bereiche der Möglichkeit, wenn man erwog, dass die Stände der übrigen Länder dem Kaiser jede Unterstützung zur Bewältigung des böhmischen Aufstandes beharrlich verweigert und zum Theil innige Beziehungen zu Böhmen unterhalten hatten. Konnten sich die Direktoren nicht mit Recht der Hoffnung hingeben, dass sie die übrigen Länder für den Anschluss an ihre Sache gewinnen könnten, da ja die Wünsche und Ziele aller ständischen Corporationen dieselben waren und sie alle gleichmässig von Ferdinand in ihrer protestantischen Entwicklung bedroht waren?

Den Anfang mit der Revolutionirung der übrigen Länder machten die Direktoren mit Schlesien, bezüglich dessen es sich, da es für den Aufstand schon gewonnen war, eigentlich nur darum handelte, dass das bisherige Bündniss fester geknüpft werde. Da auch die Schlesier ein gleiches wünschten, so begegnete man sich auf halbem Wege. Die schlesischen Fürsten hatten noch bei Lebzeiten des Kaisers eine Gesandtschaft, an deren Spitze der Herzog Wenzel von Münsterberg stand, nach Prag abgeordnet, um sich durch dieselbe an dem egerer Interpositionstag zu betheiligen. Als die Gesandtschaft auf der Reise nach Prag begriffen war, erhielt sie die Nachricht von dem Tode des Kaisers und da sie glaubte, dass die Interposition doch stattfinden würde, setzte sie ihre Reise fort. In Prag angelangt fand sie allerdings, dass man dort nicht für den Frieden gestimmt sei, gleichwohl liessen sich die Gesandten mit den Direktoren in mancherlei Unterhandlungen ein, die den Zweck hatten, sich über ihre beiderseitigen Forderungen zu verständigen, wenn es trotz allem doch zur Interposition kommen sollte. Der Herzog von Münsterberg und seine Kollegen wurden von den Friedensbedingungen verständigt, die man von böhmischer Seite in Eger stellen wollte; dagegen legten die schlesischen Gesandten zwei Schriften vor: die erste berichtete über zahlreiche seit dem Majestätsbriefe vorgekommene Bedrückungen, die andere enthielt die politischen Beschwerden,[*]) deren Abstellung man von schlesischer Seite verlangen wollte.

---

[*]) Palm, Acta publica 1619. Beilage IV., S. 226 und Beilage V., S. 253. — Skála III, 24—31.

Die Direktoren hatten jetzt eine passende Gelegenheit, sich die Schlesier zum Danke zu verpflichten, wenn sie sich im Namen des böhmischen Landtags, dessen spätere Zustimmung nicht zu bezweifeln war, zur Abstellung der erhobenen Beschwerden erboten. Bezüglich der religiösen Angelegenheiten bedurfte es keines Opfers von böhmischer Seite, denn ihre eigene Sicherheit hing mit der gleichen Rechtssicherheit in Schlesien zusammen, anders war es mit den politischen Beschwerden, da die Schlesier die Zeit für gekommen hielten, um den von ihnen angefeindeten böhmischen Prärogativen ein Ende zu machen und eine vollständige Parität in den Ländern der böhmischen Krone herbeizuführen. Sie verlangten, dass fortan bei der Neubesetzung des Thrones den Schlesiern neben den Böhmen eine entscheidende Stimme eingeräumt werde (wobei selbstverständlich Böhmen nicht als Erb-, sondern als Wahlreich angesehen werden sollte), sie verlangten ferner eine solche Einrichtung der Kanzlei — des Ministeriums des Innern in jenen Tagen — dass jedes Landes Privilegien dabei geschont werden, oder deutlicher gesagt, dass die möglichste Gleichstellung der einzelnen Länder bei der Besetzung der einzelnen Stellen in der Kanzlei und bei der Geschäftsführung zur Geltung kommen sollte, ein Verlangen, das sie schon unter Mathias erhoben hatten, ohne dass sie damit vollständig durchgedrungen wären. Ihre letzte erwähnenswerthe Forderung bezog sich auf das Fürstenthum Troppau, das die Schlesier als zu ihnen gehörig angesehen und deshalb das Begehren der Mährer nach demselben abgewiesen wissen wollten.

Obwohl namentlich die ersten zwei Forderungen tief in die bisher von Böhmen geübten Prärogative einschnitten und mit ihrer Bewilligung die schwachen Bande, die das böhmische Staatswesen als einen Einheitsstaat zusammenhielten, zerrissen wurden, und an die Stelle desselben das Verhältniss der Personalunion treten musste, so fügte man sich in Prag doch in das Unvermeidliche. Die Direktoren stellten am 22. April eine Schrift aus, worin sie den Schlesiern die Abstellung ihrer politischen Beschwerden in der Weise, wie diese es verlangten, zusagten und das Versprechen gaben, dass der Landtag diese Erklärung später gutheissen werde. Durch diese

Nachgiebigkeit hatten sie die schlesischen Gesandten für sich gewonnen und dieselben waren erbötig, an den Verhandlungen des baldigst einzuberufenden Generallandtages, an dem die politischen und religiösen Verhältnisse sämmtlicher Länder ohne Rücksicht auf Ferdinand geregelt werden sollten, theilzunehmen.

1619 Wenn sie trotzdem schon am 13. Mai von Prag fortreisten, so geschah es nur deshalb, weil sich der Zusammentritt des Generallandtages verzögerte und weil sie mittlerweile zu Hause über ihre Verrichtungen Bericht erstatten mussten.*) In Böhmen konnte man nun gewiss sein, dass Schlesien von dem Bündnisse nicht ablassen und alle Aufforderungen Ferdinands ihm als dem nunmehrigen Herzog Gehorsam zu leisten, abweisen werde.

In der That, als Ferdinand an den Herzog Johann Christian von Brieg, der das Oberamt in Schlesien unter Mathias verwaltet hatte und sonach als Statthalter desselben in diesem Lande angesehen werden konnte, die Aufforderung richtete, sich jetzt für ihn (Ferdinand) beeiden zu lassen und so seine Rechte auf Schlesien anzuerkennen, wiesen die Fürsten und Stände dieses Verlangen zurück. Indem sie zugleich erklärten, dass sie dem Könige die Uebernahme der Regierung in Schlesien nicht zugestehen könnten, suchten sie diese thatsächliche Absetzung mit dem Vorwand zu rechtfertigen, dass Ferdinand zur Regierung in Schlesien nicht früher zugelassen werden dürfe, bevor er dieselbe in Böhmen und Mähren angetreten habe, an ihm sei es, die dort bestehenden Hindernisse zu entfernen, dann wolle man ihn gern als Herrn anerkennen.**) Dass der Bischof von Breslau, der Erzherzog Karl, diesem Beschlusse seine Zustimmung verweigerte, half ebenso wenig, wie die Erklärung der Stadt Breslau, dass sie trotz dieses Beschlusses an Ferdinand festhalten wolle.

Während die schlesische Gesandtschaft noch in Prag weilte, kam auch eine Gesandtschaft aus der Oberlausitz daselbst an,

---

*) Relatio prima dd. 13. Mai 1619 bei Palm, Acta publica. — Ebend. Recess zwischen den Direktoren zu Prag und den schlesischen Gesandten dd. 22. April 1619. — Skála III, 104 u. flg.

**) Ferdinand an das schlesische Oberamt dd. 17. April 1619. — Die schlesischen Fürsten und Stände an Ferdinand dd. 1. Mai 1619 bei Palm, Acta publica.

die um die Aufnahme in das böhmisch-schlesische Bündniss ersuchte und sonach ihren Anschluss an den böhmischen Aufstand anbot. Dieser Schritt war durch den Grafen Johann Albin Schlick vorbereitet worden: er war Anfangs April im Auftrag der Direktoren nach Bauzen gereist und hatte die auf einem Landtage versammelten Stände um den Anschluss an Böhmen ersucht. Sein Gesuch fand bei dem Adel willige Aufnahme, dagegen wollten die Städte nichts davon wissen und blieben auch bei ihrer Weigerung, als Schlick sie durch Drohungen zur Nachgiebigkeit zu bringen suchte. Der Adel beschloss jetzt seine Sache von den Städten zu trennen und eine eigene Gesandtschaft nach Prag abzuordnen, um durch dieselbe die Verhandlungen einzuleiten. Er war erbötig, Böhmen mit einer Truppenhilfe zu unterstützen und verlangte als Entgelt, dass auch für die Oberlausitz ein die religiösen Freiheiten garantirender Majestätsbrief ausgestellt werde, und dass den Lausitzern in der Königswahl und in der Kanzleifrage gleiche Rechte wie den Schlesiern eingeräumt würden. Welche Antwort ihnen auf diese Forderungen zu Theil wurde, wissen wir nicht anzugeben, jedenfalls aber begrüssten die Direktoren das Ersuchen der Lausitzer um die Aufnahme in den böhmisch-schlesischen Bund mit Freuden, denn es erweiterte sich dadurch das Gebiet, über das sie bei der Bekämpfung Ferdinands verfügen konnten.*)

II

Von grösster Wichtigkeit für das Gedeihen des Aufstandes war der Anschluss von Mähren, auf den man bisher so fest und doch vergeblich gehofft, weil Karl von Žerotín seinen ganzen Einfluss für die kaiserliche Sache aufgeboten hatte. In Böhmen glaubte man jetzt nicht anders zum Ziele zu kommen, als wenn man einen bewaffneten Einfall in das Nachbarland versuchen und damit den Ständen die Gelegenheit bieten

---

*) Die verschiedenen Schriftstücke, welche die oberlausitzer Gesandtschaft betreffen, bei Palm, Acta publica 1619. — Schreiben Schlicks dd. Budisin, 8. April 1619, Sächs. StA.

würde, ihren Sympathien für den Aufstand ungehindert Ausdruck zu geben. Zu diesem gewaltsamen Auftreten wurde man durch zahlreiche Nachrichten aus Mähren und durch vorhergehende Verhandlungen mit einzelnen Edelleuten aufgemuntert, so dass man mit Gewissheit einen vollständigen Erfolg erwarten durfte. Karl von Žerotín, von einem Freunde benachrichtigt, welchen Plan man zum Verderben der habsburgischen Herrschaft ausgebrütet, *) erschrak zwar über diese Anzeige, legte ihr aber keine solche Bedeutung bei, wie sie es verdiente. — Von Böhmen wurde der beabsichtigte Schlag dadurch vorbereitet, dass man nicht bloss die geheimen Verhandlungen mit den gleichgesinnten Freunden fortsetzte, sondern mit Žerotín selbst noch einen Versuch machte, um ihn zu gewinnen. Mit Zustimmung der Direktoren richtete Budowec ein Schreiben an denselben, das ziemlich scharf gehalten war und den mährischen Magnaten mit Vorwürfen überhäufte und hie und da durch ironische Bemerkungen verletzte. Diese unkluge Zuschrift erbitterte aber nur den auf seine Einsicht stolzen Mann, so dass er die Vorwürfe in heftiger Weise zurückwies und als nun Budowec in einem zweiten Schreiben durch eine sanftere und einschmeichelnde Sprache den alten Freund von dem betretenen Wege abzulenken suchte, hatte dieses keinen Erfolg mehr. **)

Es war dies übrigens nicht der einzige Versuch einer auf Žerotín geübten Einwirkung, noch ein zweiter wurde gleichzeitig von dem Markgrafen von Jägerndorf unternommen. Schon im Februar hatte derselbe den mährischen Magnaten zu einer Unterredung eingeladen, deren Zweck unschwer zu errathen war. Da Žerotín bei seiner Stellung zum wiener Hofe dieser Einladung nur mit Zustimmung Ferdinands nachkommen konnte, so suchte er um dieselbe nach und als ihm dieselbe von Ferdinand ertheilt wurde, ward Tag und Ort der Zusammenkunft auf den 3. April nach Neuhaus bestimmt, wo der Markgraf an der Spitze der schlesischen Hilfstruppen eben

---

*) Corr. Žer. Karl von Žerotín an Kardinal Dietrichstein dd. 27. März 1619.
*) Sächs. St.A. Copia literarum Baronis de Budewitz ad Car. de Žerotín dd. 17. April 1619.

sein Hauptquartier aufgeschlagen hatte. Als sich Žerotín einfand, wurde er vom Markgrafen mit Vorwürfen empfangen, dass seine Haltung nicht im Einklange mit den Hoffnungen stehe, die man von ihm hegen durfte und zu denen er insbesondere durch einige Aeusserungen im Anfange d. J. 1618 berechtigt habe. Der Angeschuldigte bestritt, dass seine Aeusserungen auf die gegenwärtige Sachlage Anwendung finden könnten; er besprach darauf eingehend mit dem Markgrafen die Situation und wurde nicht wenig nachdenklich, als er nicht zweifeln konnte, dass die ganze Bewegung auf die Beseitigung der habsburgischen Regierung gerichtet sei. Der Markgraf verhehlte seinem Gaste nicht, dass man auf böhmischer Seite entschlossen sei, Mähren mit Gewalt in den Aufstand hineinzuziehen und drang in ihn, seine Stellung zu ändern. Aber Žerotín hielt nicht nur tapfer gegen alle Ueberredungskünste und Beweisgründe Stand, sondern bemühte sich selbst, den Markgrafen für Ferdinand zu gewinnen und glaubte, wie er an letzteren berichtete, sogar ein Resultat erzielt zu haben. Die Böhmen hatten dem Markgrafen einige nicht näher bekannte Versprechungen gemacht, die einigen Andeutungen zufolge ihm einen Gewinn an Land und Leuten verhiessen. Žerotín warnte ihn, diesen Versprechungen zu trauen, wies ihn an Ferdinand, der seine Dienste besser zu lohnen wissen werde und bewirkte — wenn sein Bericht genau ist — dass der Markgraf nachdenklich wurde und sich einer Verhandlung mit Ferdinand zur Sicherung seiner Privatinteressen nicht ungeneigt zeigte. Es ist indessen schwer zu sagen, wie weit dieser Wankelmuth ging. Der Markgraf mag die Ueberzeugung gewonnen haben, dass auf Žerotín nicht mehr zu rechnen sei und so wollte er ihn vielleicht auf gute Art los werden, da der beabsichtigte aber noch nicht gelungene Anschlag auf Mähren einige Vorsicht erheischte.*) Ferdinand war mit dem Bericht über den Verlauf der Zusammenkunft nicht unzufrieden und gern erbötig, dem Markgrafen einen allerdings bescheidenen Lohn in Aussicht zu stellen. Žerotín gab dies demselben mit

---

*) Corr. Žer. Žerotín an den Markgrafen von Brandenburg dd. 5. April 1619, an Ferdinand dd. 6. April 1619; an Hartwich von Stietten dd. 18. April 1619.

sichtlichem Vergnügen kund und erbat sich eine neuerliche Zusammenkunft, in der das Nähere besprochen werden könnte.*) Die rasche Entwicklung der Ereignisse machte jedoch diesen Verhandlungen ein Ende und schnitt überhaupt die letzten Fäden ab, durch die der mährische Patriot an seine ehemaligen Freunde geknüpft war.

In Wien war man entschlossen, den allfälligen Gefahren in Mähren durch die Berufung eines Landtags nach Brünn zu begegnen und denselben um eine Unterstützung für Ferdinand zu ersuchen. Kam man mit diesem Gesuche auch vielleicht zu keinem Ziele, so war es doch von Wichtigkeit, wenn der Landtag die Rechte Ferdinands auf die Herrschaft über die Länder der böhmischen Krone anerkannte und in dieser Beziehung hoffte man keinem Widerstande zu begegnen. Žerotin, der um seine Meinung über die Zweckmässigkeit der Berufung eines Landtages befragt wurde, missbilligte dieselbe nicht,**) hielt es aber für unbedingt nöthig, dass Ferdinand sich zu den Verhandlungen persönlich einstelle, weil nur so ein glückliches Resultat erreicht werden könne. Mit Rücksicht auf den Angriff, mit dem die Böhmen Mähren bedrohten, riet er übrigens schon zwei Tage vordem, dass man den mährischen Truppen, die hauptsächlich in Brünn und Olmütz dislocirt waren, eine passendere Aufstellung gebe und ermahnte zu diesem Zwecke den Kardinal Dietrichstein, dem von den mährischen Ständen der Oberbefehl über die Truppen übertragen worden war, die nöthigen Anordnungen zu treffen. Dem Kardinal fehlte jedoch die nöthige Entschlossenheit Angesichts der steigenden Gefahr, er entschuldigte sich mit dem Mangel an Vollmacht und liess die Truppen in ihren Standplätzen, so dass das Land an der Grenze gegen Böhmen jedweder Vertheidigung entbehrte.***)

Während Ferdinand und seine Anhänger ängstlich den nächsten Ereignissen in Mähren entgegensahen, fassten die

---

†) Corr. Žer. Žerotin an den Markgrafen Johann Georg dd. 19. April 1619.
*) Wiener StA. Boh. Karl von Žerotin an Ferdinand dd. 8. April 1619.
***) Corr. Žer. Žerotin an den Kardinal Dietrichstein dd. 6. April 1619. — Wiener St. A. Trauttmannsdorff an Ferdinand dd. 10. April 1619. — Ebend. Dietrichstein an Ferdinand dd. 10. April 1619, Nikolsburg.

böhmischen Direktoren einen entscheidenden Beschluss und schickten am 18. April dem Grafen Thurn in das Lager vor Budweis den Befehl zu, den Zug nach Mähren anzutreten. Er folgte dem Auftrage unverweilt, marschirte an der Spitze eines Theiles der geworbenen Truppen ab, die Hohenlohe, der in Rudolfstadt zur Beobachtung Buquoy's zurückgelassen wurde, entbehren zu können glaubte, und traf in Deutschbrod am 22. April ein. Auf dem Marsche schloss sich ihm ein Theil des nunmehr organisirten Landesaufgebots an, so dass sich die Gesammtzahl der Mannschaft, über die Thurn verfügte, auf 8—10.000 Manu belief.*) Durch vertraute Boten hatte er den mährischen Adel von der bevorstehenden Entscheidung in Kenntniss gesetzt und aufgefordert, entweder nach Deutschbrod zu kommen, oder sich an der Grenze zu versammeln. Noch hatte Thurn Deutschbrod nicht verlassen, als sich bei ihm Abgesandte aus Iglau einstellten, welche ihm die Versicherung gaben, dass die Stadt ihre Thore für ihn offen halte. In der That konnte er am 23. April seinen Einzug in dieselbe halten, die Einwohner empfingen ihn mit den lebhaftesten Sympathien und auch von dem mährischen Adel hatte sich ein Theil zu seiner Begrüssung eingefunden. Schon am andern Tag setzte er sich mit seinen Streitkräften weiter in Bewegung ohne den mindesten Widerstand zu finden. Seine Aufnahme war überall eine gleich sympathische und er konnte den Direktoren in Prag die Versicherung geben, dass mit Ausnahme von 3—4 Personen der gesammte Adel Mährens und alle Städte auf seine Seite zu treten bereit seien.**)

---

*) Skála III, 121. — Nach den Nachrichten des sächs. StA. (Lebzelter an Schönberg dd. $\frac{13.}{23.}$ April 1619) verfügte Thurn über ein Regiment geworbener Knechte, 600 Reiter und 5000 Mann des Landesaufgebots. Skála gibt die Gesammtzahl bis auf 16000 Mann an. Wir halten diese Nachricht gegenüber der genauen und gleichzeitigen Angabe des sächsischen Gesandten für unrichtig.

*) Skála, III, 122 — Sächs St. A. Schreiben Thurns dd. 27. April (9171 B. XII fol. 239). — Ebend. Lebzelter an Schönberg dd. $\frac{17.}{27.}$ April 1619.

— Ebend. Lebzelter an Schönberg dd. $\frac{19.}{29.}$ April 1619.

Als Thurn in Znaim anlangte, fand sich daselbst in der That ein grosser Theil des mährischen Adels ein und es wurde ausgemacht, dass das Bündniss zwischen Mähren und Böhmen auf dem brünner Landtag, den Ferdinand mittlerweile für Anfang Mai berufen hatte, abgeschlossen werden solle. Die Katholiken waren vor Schrecken wie gelähmt, schon suchten ihre Häupter, der Kardinal Dietrichstein und der Fürst von Liechtenstein, sich mit der Bewegung auf einen bessern Fuss zu stellen; der erstere schickte einen vertrauten Diener, den Meister Balthasar, an Thurn ab und liess ihm sagen, dass er gegen ein Bündniss mit Böhmen nichts einzuwenden habe, er lobte sogar die Oberösterreicher für ein ähnliches Vorgehen: so sehr war ihm der Schrecken in die Glieder gefahren. Der Fürst von Liechtenstein begehrte im Namen der Katholiken sicheres Geleite zu dem bevorstehenden Landtage und versprach gleichfalls, dass er das Bündniss mit Böhmen befördern wolle. Nur Herr von Žerotin beharrte in seiner Rolle: auf einem Landgute zurückgezogen lebend belästigte er die Führer der Bewegung weder mit Rathschlägen noch verläugnete er seine jüngste Vergangenheit durch Versprechungen, sondern wartete auf den Zusammentritt des Landtages in Brünn, um da seine Stimme, und zwar gewiss nicht im Sinne Thurns zu erheben. *)

Während des Marsches des böhmischen Heeres nach Znaim waren die mährischen Truppen ruhig in ihren Quartieren geblieben, da ihnen vom Kardinal Dietrichstein keine anderen Weisungen zugekommen waren. Es war demnach zu erwarten, dass dieselben dem Beispiele des Landtags folgen und sich den Böhmen anschliessen würden, falls dies der Landtag thäte. Die Reiterei stand unter dem Kommando zweier Obersten, des Herrn Georg von Náchod und des Herrn von Sedlnický und hatte ihr Quartier bei Brünn. Die Fussknechte dagegen unterstanden dem Befehle Albrechts von Waldstein, des später so berühmt gewordenen Feldherrn, und waren in Olmütz stationirt. Náchod und Waldstein waren Anhänger Ferdinands und als solche bei der Entwicklung

---

*) Sächs. StA. Thurn an die Direktoren dd. 1. Mai 1619, Znaim.

der Dinge in einer äusserst kritischen Lage, da ihr unmittelbarer Vorgesetzter, der Kardinal, sie ohne Weisungen liess und sie in einigen Tagen auf Befehle von Brünn gefasst sein mussten, die ihnen den Anschluss an Thurn auftrugen, wenn sie nicht vielleicht des Kommando's enthoben wurden. Keiner von beiden wollte sich aber dieser Eventualität aussetzen und beide wollten deshalb den Versuch wagen, die von ihnen kommandirten Truppen für Ferdinand zu retten. Unzweifelhaft wurde durch geheime Boten zwischen beiden der Plan verabredet und ein und derselbe Tag (der 30. April) 1619 für die Durchführung bestimmt.

Náchod wollte dem Übereinkommen dadurch nachkommen, dass er an dem bezeichneten Tage den Ausmarsch seines Reiterregiments aus Brünn und der Umgebung anordnete. Als er sich selbst an die Spitze desselben stellte, um es in der Richtung gegen Olmütz zu führen, leistete dieses wohl Gehorsam und folgte seinem Führer bis auf eine gewisse Entfernung von der Stadt. Hier sah sich aber Náchod plötzlich von seinen Offizieren umringt und der Oberstlieutenant Stubenvoll richtete die Frage an ihn, ob er im Auftrage der Stände den Marsch angetreten habe und verlangte, falls dem so sei, die Vorweisung dieses Befehles. Als Náchod in höchster Verlegenheit erwiederte, dass er einem Auftrage des Landeshauptmannes gemäss handle, bestritt Stubenvoll die Auktorität dieses angeblichen Befehles, da die Stände allein über die Verwendung ihrer Truppen zu entscheiden hätten und schimpfte zuletzt den Obersten einen Schelm und Verräther. Die übrigen Offiziere und die Mannschaft billigten Stubenvolls Auftreten und kehrten unter dessen Kommando in ihre früheren Standplätze zurück. Der Oberst aber, allein gelassen und froh, mit dem Leben davon gekommen zu sein, floh nach Wien.*)

Die Nachricht von diesem Ereignisse langte schon Tags darauf in Znaim an, wo Thurn eben mit dem mährischen Adel

---

*) Skála, III 124 und flgd. — Bernburger Arch. B, IV, $\frac{\text{Vol. XII}}{89}$ Verlauf in Mähren vom 30. April 1619. — Sonst mehrfache Nachrichten im sächs. St. A.

seine Zusammenkunft feierte. Das Misslingen des náchod'schen Anschlags erfüllte alle mit grosser Freude; die Stände beschlossen, ihre Abreise nach Brünn unverzüglich anzutreten, um die Landtagsverhandlungen zu beschleunigen. Thurn benachrichtigte frohlockend die böhmischen Direktoren von dem eingetretenen Umschwunge und forderte sie auf, nur ja rasch ihre Gesandten nach Brünn abzusenden, damit das Bündniss zwischen Böhmen und Mähren endlich zur Wahrheit werde. — Für die Sicherheit der von Znaim abreisenden Edelleute sorgte Herr Peter Sedlnický, der ihnen mit dem grössten Theile seines Reiterregiments das Geleite nach Brünn gab und also von vornherein jede Verbindung mit Waldstein und Náchod aufgegeben hatte.

In Brünn hatten sich mittlerweile wegen des bevorstehenden Landtags der Kardinal Dietrichstein, Fürst Liechtenstein, Karl von Žerotín und ein bedeutender Theil des katholischen Adels eingefunden. Ihre ohnedies gedrückte Stimmung wurde durch den misslungenen Handstreich Náchod's nur noch trüber und sie hielten es für passend, die Gegner durch freundliches Entgegenkommen milder zu stimmen. Als sich der aus Znaim kommende Adel Brünn auf etwa anderthalb Meilen genähert hatte, sah er einen Zug katholischer Edelleute zu seiner Begrüssung aus der Stadt heranziehen und durfte in diesem Schritte weniger einen Akt der Höflichkeit als der Anerkennung seiner beginnenden Herrschaft erblicken. In Brünn angelangt hielten die protestantischen Stände eine kurze Berathung in einem der Stadthäuser, aus dessen Fenstern darauf Herr Ladislaus Welen von Žerotín an die vor dem Hause versammelte Menge die Frage richtete, ob sie mit den Ständen eins sein wolle. Als die Antwort, wie vorauszusehen war, zustimmend lautete, wurden die Stadtthore gesperrt, um einen Ueberfall unmöglich zu machen. Nach dieser Sicherheitsmassregel verfügte sich der protestantische Adel, dem sich mittlerweile die Deputirten verschiedener Städte, namentlich aber die brünner Bürgerschaft angeschlossen hatte, auf den Kohlmarkt und bildeten hier einen grossen Kreis und legten unter freiem Himmel den Eid ab, dass sie mit Gut und Blut ihre Interessen wahren und einander beistehen würden.

Am selben oder am folgenden Tage traf die Nachricht in Brünn ein, dass Waldstein mit seinem Regimente einen ähnlichen Streich wie Náchod durchführen wollte, aber gleicherweise dabei gescheitert sei.

Man weiss aus Waldsteins glänzender Laufbahn, dass seine gewaltthätige Entschlossenheit, die nie etwas von Skrupeln oder Rücksichten wusste, einer der Haupthebel seiner Erfolge war. Sie kam ihm nicht erst auf der Höhe seiner Laufbahn, sondern leitete dieselbe ein. Nachdem er den Entschluss gefasst hatte, sich auf Ferdinands Seite zu stellen, berief er am 30. April Mittags seinen Oberstlieutenant und befahl ihm, sich noch am selben Tage mit neun Fähnlein auf den Marsch zu begeben, er selbst werde ihm mit dem zehnten alsbald nachfolgen. Seine Absicht war, mit dem Regimente die ungarische Grenze zu gewinnen und da einen Pass für die Hilfstruppen, die Ferdinand aus Ungarn erwartete und die zu Dampierre stossen sollten, offen zu halten. Der Oberstlieutenant begab sich auf den Marsch; da er aber Waldstein nicht kommen sah und dessen Absichten vermuthete und durchkreuzen wollte, weil er mit seinen Sympathien auf ständischer Seite stand, kehrte er nach Olmütz zurück. Als er am Abend daselbst ankam, wurde Waldstein über diesen Streich so wüthend, dass er auf den Ungehorsamen lossprengte und ihn mit dem Degen durchbohrte, so dass er todt vom Pferde sank. Diese Entschlossenheit setzte alles in Schrecken, Waldstein ernannte sofort einen zweiten Oberstlieutenant und befahl ihm, mit den neun Fähnlein augenblicklich Olmütz zu verlassen und nach einem bezeichneten Orte abzumarschiren. Der Befehl wurde ohne Zögern ausgeführt.

Als es spät Abends geworden war, verfügte sich Waldstein mit militärischer Assistenz zu dem Beamten, welcher die ständische Kasse in Olmütz in seiner Obhut hatte und verlangte die Herausgabe des gesammten Geldes, das sich auf 96.000 Thaler belief. Da der Beamte sich weigerte dies zu thun, drohte ihm Waldstein mit dem Tode, worauf demselben nichts übrig blieb, als nachzugeben. Das Geld wurde rasch auf einige bereitstehende Wagen geladen und nun trat Waldstein mit dem Reste des Regiments noch in der Nacht den Marsch an, holte die übrige

Mannschaft ein und zog gegen die ungarische Grenze weiter. Als die mährischen Stände, die, wie gleich erzählt werden wird mittlerweile die Herrschaft an sich gerissen hatten, von diesem Streich erfuhren, sandten sie eine Reiterabtheilung dem waldstein'schen Regimente nach, um dasselbe zur Rückkehr zu bewegen. Sechs Fähnchen, die ohnedies nur widerwillig ihrem Obersten gefolgt waren, wurden glücklich ereilt und zurückgebracht, der Rest des Regiments hielt entweder treu zu Ferdinand oder zerstreute sich; Waldstein aber eilte mit dem erbeuteten Gelde nach Wien und stellte es dem Könige zur Verfügung.

Am Tage nach jener feierlichen Eidesleistung begaben sich die mährischen Stände in die Wohnung des Kardinals und fragen ihn, ob er als der vom Landtage für die Landesvertheidigung ernannte General von dem Verrathe Náchods und Waldsteins, der eben ruchbar geworden war, Kenntniss gehabt habe? Bevor der Kardinal noch Zeit gefunden hatte, seine Unschuld zu betheuern, was er mit gutem Gewissen thun konnte, bedrohten ihn einige Edelleute mit dem Schicksale der böhmischen Statthalter und wiesen auf das Fenster, von wo man ihn herunterwerfen würde. Dietrichstein erschrak zu Tode und betheuerte mit aller der Uebertreibung, welche ihm die Angst eingab, dass er keine Ahnung, geschweige denn eine Mitschuld an dem Entschlusse der beiden Obersten gehabt habe. Er war erbötig, sein Amt niederzulegen, damit die Stände ihre Vertheidigung nach Belieben sichern könnten und versprach, sich mit ihnen gegen Jedermann treu und fest verbinden zu wollen. Die demüthigen Versicherungen des sonst so stolzen und herausfordernden Kirchenfürsten beschwichtigten die Mordgedanken, wenn solche ja ernstlich vorhanden waren und die Stände entfernten sich, um Herrn Karl von Zerotín in seinem Hause einen ähnlichen Besuch abzustatten. Hier wiederholte sich die beim Kardinal abgespielte Szene, nur bewahrte Zerotín eine entschlossene Haltung und stellte einfach jede Mitschuld in Abrede. Zuletzt wurde der Fürst von Liechtenstein aufgesucht, Beschuldigungen wurden auch gegen ihn, doch nicht mit gleicher Heftigkeit erhoben und der Abschied gestaltete

sich ziemlich freundlich, da der Fürst nicht nur seine Unschuld
betheuerte, sondern auch versprach, dass er fortan mit den
Ständen auf Leben und Tod verbunden sein wolle und dieses
Versprechen mit einem Handschlag besiegelte. *) Jedenfalls
regelten die Stände noch am selben Tage ihr Verhalten gegen
Liechtenstein in freundlicherer Weise als gegen den Kardinal
und gegen Žerotín, denn während sie den ersteren seiner Freiheit nicht beraubten, verhängten sie über die beiden letzteren
am Abend einen Hausarrest und liessen sie in ihrer
Wohnung durch eine Abtheilung Musketiere überwachen. Als
Dietrichstein von dieser Massregel in Kenntniss gesetzt wurde,
wiederholte sich die frühere Jammerszene, er klagte und
weinte und erbot sich, ausser Landes zu gehen, nach Italien
oder wohin man sonst wolle; allein er erreichte dadurch keine Aenderung seines Schicksals. Würdig benahm sich Žerotin; er liess die Haft ruhig über sich
ergehen und warnte nur die Gegner vor einer Verletzung
der ständischen Freiheiten, indem sie so nur gegen sich selbst
wütheten.

Von diesem Augenblick an hatte übrigens Žerotin seine
Rolle ausgespielt, er gehörte nun zu den politisch Todten. Er
hatte mit seltener Ausdauer den Frieden zu erhalten und die
Gegensätze zu versöhnen gesucht, unbekümmert darum, dass
er sich die Sympathien seiner Partei entfremdete und sich dem
Verdachte aussetzte, als ob er ein Verräther an der eigenen
Ueberzeugung geworden wäre. Nachdem es zum äussersten
gekommen war und die Parteien nur auf ihren gegenseitigen
Untergang abzielten, war seine Friedensmission zu Ende.
Seine wahre Neigung und sein religiöses Bekenntniss hätte
ihn jetzt den Protestanten in die Arme führen müssen, er
wollte aber nichts von dieser Verbindung wissen. Ob seine

---

*) Skála, III, — Bernburger Arch. B. IV, Vol. XII. Verlauf in Mähren
vom 30. April 1619. — Sächs. StA. Höens Schreiben an die österreichischen Stände über seine Verrichtung in Mähren dd. 14. Mai, Wien 1619.
— Ebend. Bericht über die neuesten Vorgänge in Brünn, verfasst von
einem Vetter des Grafen Heinrich Mathias Thurn (B. XII fol. 415—16).
D'Elvert, Beitrag zur Geschichte der Rebellion, Reformation u. s. w.
Bd. I. S. 14.

Ueberzeugung von der Verwerflichkeit der Gründe, die zum Aufstande geführt hatten, so tief war, dass sie durch nichts erschüttert werden konnte oder ob er vielleicht den neuen Familienbanden, in die er durch eine Heirat mit dem waldsteinschen Geschlechte gerathen war, zu sehr Rechnung trug, wer mag dies wissen? Jedenfalls gehörte er jetzt zur Partei des Königs, aber nicht mehr wie früher als thätiges Mitglied in dessen Rathe, sondern als stummer Schützling. Ferdinand, von den Ständen auf das äusserste bedroht, brauchte keine Vermittler mehr, sondern energische Feldherren, und als der Sieg sich für ihn erklärt hatte, brauchte er nur Untersuchungsrichter und Reformationscommissäre, die dem zu Boden liegenden Gegner vollends den Kopf zertraten. Damit kam dann die Zeit für Dietrichstein, um sich an jenen zu rächen, die seine Demüthigung gesehen und seiner weibischen Thränen gespottet hatten; für Žerotin kam aber der Moment, wo er das Antlitz der Menschen floh und zu täglich neuer Pein sich die Frage vorlegte, ob seine Parteinahme nicht mehr eine Folge eitler Ueberschätzung und unberechtigter Nachgiebigkeit als gewissenhafter Prüfung gewesen sei.

So stürzte auch in Mähren der Rest des habsburgischen Ansehens zusammen. Das Land, welches bisher durch die dem dynastischen Interesse ergebenen obersten Beamten mit Mühe von der Betheiligung an dem Aufstande zurückgehalten worden war, war jetzt entschlossen, sich eine eigene Regierung zu geben und seine Kräfte in die böhmische Wagschale zu legen. Kaum gab es einen Menschen, der nach diesem Umschwunge die Sache Ferdinands nicht verloren gab, ja Dietrichstein verstieg sich in seinem Gefängnisse schon zu Vorwürfen gegen den König. In seinen Briefen, die er fast täglich nach Wien abschickte, tadelte er die Eigenmächtigkeit Waldsteins auf das heftigste, brandmarkte die Beschlagnahme des Geldes als eine frevelhafte Handlung, missbilligte den Angriff, den Ferdinand mit Dampierre's Truppen gegen Mähren zu beabsichtigen scheine, verwarf dessen aggressive Politik, deren nunmehr am Tage liegenden traurigen Resultate er vorausgesehen und prophezeit zu haben behauptete und verlangte, dass Ferdinand augenblicklich das von Waldstein geraubte Geld ersetze, damit

nicht das äusserste eintrete und nicht unschuldiges Blut —
mit welcher Umschreibung er zunächst nur das seinige meinte
— vergossen werde. Er war sogar erbötig, selbst die
96000 Thaler den Ständen zu ersetzen, wenn Ferdinand sie
ihm wenigstens vorstrecken würde. Der letztere wurde durch
die Jammerbriefe des Kardinals in eine arge Verlegenheit gesetzt;
sein Verstand musste ihm sagen, dass jetzt auch Mähren
verloren und das von Waldstein erbeutete Geld das einzige
sei, was ihm von diesem Lande übrig geblieben und nun
sollte er es hergeben und den Gegnern selbst die Mittel zum
weitern Kampfe bieten? In seinem Zweifel befragte er seine
Räthe um ihr Gutachten; einige empfahlen ihm, den Bitten
des Kardinals Gehör zu geben, Eggenberg widersprach. Der
König entschied sich für die Meinung der ersteren und schrieb
an den gefangenen Kirchenfürsten, dass das betreffende Geld
zur Disposition der mährischen Stände stehe und sie es von
Wien abholen lassen könnten. Ein Vetter des Kardinals, Graf
Dietrichstein, besorgte darauf auf eigene Gefahr den Transport
des Geldes und machte dadurch der Angst des Gefangenen
ein Ende.*)

Die eigentlichen Berathungen der mährischen Stände, die
sich am 4. Mai als förmlicher Landtag konstituirten, begannen 1619
damit, dass sie einige missliebige Personen von der Verwaltung
der obersten Landesämter entfernten und sich der Regierungsgewalt
vollends bemächtigten. Der erste, der dem Hasse der
Stände zum Opfer fiel, war der Landeshauptmann Ladislaw
von Lobkowitz, der zugleich das Versprechen geben musste,
sich ohne Vorwissen der Stände nicht aus Brünn entfernen
zu wollen. Nachdem der Kardinal auf sein Generalat und die
Verwaltung der ständischen Kasse Verzicht geleistet hatte,
trafen die Stände auch in dieser Beziehung die nöthigen Vorkehrungen.
Mit dem Kommando über die einzelnen Regimenter

*) Wiener St. A. Boh. Dietrichstein an Ferdinand dd. 3., 6. und 7. Mai
1619. — Ebend. Ferdinand an Dietrichstein dd. 8. Mai 1619. — Simancas $\frac{712}{84}$ Oñate an Philipp dd. 19. Mai 1619. — Sächs. St. A. Zeidler
an Kursachsen dd. $\frac{16.}{26.}$ Mai 1619.

wurden neben Sedlnický die Herren Friedrich von Tiefenbach und Ladislaw Welen von Žerotin betraut; der erstere reorganisirte das waldstein'sche Regiment, der letztere das náchod'sche. Hierauf wurde beschlossen, die Jesuiten, die auch in Mähren angesiedelt waren, für alle Zukunft aus dem Lande zu verbannen. Am folgenden Tag erschien eine ständische Kommission unmittelbar vor dem Mittagsmahle im Jesuitenkollegium, theilte den Vätern den über sie gefassten Beschluss mit und forderte sie auf, alsbald den Wanderstab zu ergreifen. Als ihnen die Bitte, man möge sie wenigstens die Mahlzeit abhalten lassen, abgeschlagen wurde, griffen sie ohne weiteres Zögern zu Hut, Mantel und Stab und zogen paarweis aus der Stadt hinaus. Kaum waren etwa anderthalb Stunden seit ihrem Abzuge verflossen, als in dem ihnen gehörigen und in der Vorstadt gelegenen Hofe Feuer ausbrach, das sich rasch über die benachbarten Häuser ausbreitete und an 100 derselben in einen Schutthaufen verwandelte. Natürlich klagte man die Jesuiten an, dass sie das Feuer angelegt und so Rache für ihre Behandlung genommen hätten. Die Stände schickten ihnen eine Reiterabtheilung mit dem Befehle nach, nach Brünn zurückzukommen, um sie über ihre etwaige Mitschuld auszuforschen. So kamen die Väter schon nach einigen Stunden wieder in die Stadt zurück und mussten sich einem längeren Verhöre unterziehen. Da dasselbe aber für die erhobene Beschuldigung keinen Anhaltspunkt lieferte, so wurden sie noch am selben Tage entlassen und traten darauf endgiltig ihre Abreise an.*)

Nachdem die Stände auf diese Weise diejenigen Angelegenheiten besorgt hatten, welche am dringendsten eine Ordnung zu erheischen schienen, zogen sie ihr künftiges Verhältniss zu Böhmen und zu dem gegen Ferdinand gerichteten Aufstande 1619 in Berathung. Schon am 4. Mai hatte sich bei ihnen im Auftrage der protestantischen Stände von Ober- und Niederösterreich ein Abgesandter (Maximilian Hoen) eingefunden und sie um ein Bündniss ersucht; am 6. trafen zu gleichem Zwecke

---

*) Sächs. St. A. Bericht der böhm. Gesandten an die Direktoren dd. 9. Mai 1619. — Skála III, 132. Letzterer gibt das Datum für die Abreise der Jesuiten falsch (um 2 Tage zu früh) an.

zwölf Abgesandte aus Böhmen ein, an deren Spitze sich der Präsident der Direktorialregierung Wenzel Wilhelm von Ruppa befand. Am 8. Mai wurde die böhmische Deputation in feierlicher Audienz im Landhause empfangen, bei welcher Gelegenheit Ruppa das Wort führte und die Stände zum Anschluss an Böhmen und zur Vereinigung ihres Kriegsvolkes mit dem böhmischen aufforderte. Seine Ansprache beantwortete der mährische Oberstlandkämmerer dahin, dass die Stände unverzüglich den Vorschlag in Erwägung ziehen würden; im übrigen versicherte er die Böhmen der innigsten Freundschaft.*)

Zwei Tage nach dieser Audienz organisirten die Stände ihre Regierung nach böhmischem Muster, indem sie dieselbe 30 Direktoren anvertrauten; 12 gehörten dem Herren-, 12 dem Ritterstande an, 6 wurden aus der Bürgerschaft gewählt. Am folgenden Tage wurde den böhmischen Deputirten die Antwort ertheilt, dass die Mährer bereit seien, mit ihnen in ein Bündniss zu treten und ihre Truppen mit den böhmischen zu vereinigen. Eine gleiche Zusage wurde dem österreichischen Gesandten gegeben. So hatte sich auch Mähren dem Aufstande angeschlossen und seine Kräfte gegen Ferdinand in die Wagschale geworfen.**)

III

Von böhmischer Seite war man entschlossen, die mährische Allianz unmittelbar zu einem Angriff auf das Erzherzogthum

---

*) Skála III, 133 lässt bei der Audienz der böhmischen Gesandten auch den Grafen Thurn zugegen sein und erzählt dann mit vielen Details, es wäre bezüglich Dietrichsteins und Žerotíns, die auch im Landtage anwesend gewesen seien, bald eine zweite Auflage des Fenstersturzes erfolgt, derselbe aber durch Thurns Intervention verhindert worden. Die ganze Erzählung scheint auf einem falschen Gerücht zu beruhen. Über die gleichzeitigen Vorgänge stehen uns sehr zahlreiche Korrespondenzen zu Gebote, von denen keine etwas von diesem doch so wichtigen Vorfalle weiss; ferner scheint Thurn gar nicht nach Brünn gekommen zu sein, gewiss war er am 8. Mai, auf welchen Tag Skála dieses Ereigniss verlegt, nicht in Brünn, sondern in Tasswitz bei Znaim, wie ein von ihm am selben Tage verfasster Brief (im sächsischen Staatsarchiv) beweist.

**) Sächs. St. A. Höens Bericht an die österreichischen Stände dd. 14. Mai 1619. — d'Elvert Beiträge Bd. I, S. 20.

Oesterreich zu verwerthen, nachdem man mit dessen Ständen seit Monaten mannigfache Verbindungen angeknüpft hatte, die nun ausgenützt werden sollten. Da die Entfremdung zwischen dem protestantischen Theil der Stände und dem Könige Ferdinand mittlerweile grosse Dimensionen angenommen hatte, so war die Hoffnung auf einen raschen und vollständigen Sieg nur zu berechtigt.

Die ersten Regierungsmassregeln, die Ferdinand unmittelbar nach dem Tode des Kaisers Mathias vornahm, betrafen Niederösterreich. Er beauftragte den Landmarschall Ursenbeck, 1619 die Stände für den 21. März auf das Landhaus zu berufen, und wiewohl derselbe sich hiezu nicht für befugt hielt, weil sein Amt mit dem Tode des Kaisers erloschen war, fügte er sich doch dem Verlangen und lud die Stände zu einer Sitzung ein. Katholiken und Protestanten folgten der Einladung, doch verwahrten sich die letzteren dagegen, dass dieselbe von dem Herrn von Ursenbeck ausgegangen sei, weil er dazu keine Berechtigung habe und die Berufung in diesem Falle von „den Verordneten" hätte geschehen sollen. Ferdinand, der von dieser Verwahrung benachrichtigt wurde und sie gerechtfertigt fand, suchte durch ein freundliches Auftreten der Missstimmung unter den Protestanten zu begegnen. Er versprach ihnen, dass er ihren Wünschen genügen wolle und ersuchte dagegen, dass sie sich in Gemeinschaft mit den Katholiken zur Entgegennahme einiger Mittheilungen in der Burg einfinden möchten.

Schon der heftig auflodernde Streit um die unbedeutende Formfrage deutete an, dass die Protestanten zu einem entschiedeneren Auftreten als bisher entschlossen seien und es zeigte sich dies schon am folgenden Tage, als einige aus ihrer Mitte jede Gemeinschaft mit den Katholiken und folglich auch jedes gemeinsame Erscheinen bei Hofe ablehnten, so lange ihren Glaubensbeschwerden nicht abgeholfen sein würde. Dem inständigen Zureden des Herrn von Ursenbeck gelang es indessen, sie von ihrer Opposition abzubringen, so dass sie sich am 1619 25. März bei der anberaumten Audienz einfanden. In dem Empfangssaale der Burg wurde ihnen in Ferdinands Gegenwart von dem Bischofe von Lavant die Mittheilung gemacht, dass

Erzherzog Albrecht, der Erbe des verstorbenen Mathias, verschiedener Gründe wegen nicht nach Wien kommen könne und deshalb in Voraussicht dieses Falles schon bei Lebzeiten des Kaisers eine Vollmacht ausgestellt habe, durch die er seinen vielgeliebten Vetter den König Ferdinand mit der Regierung über Oesterreich betraute. Ferdinand ergriff nun selbst das Wort, indem er den Ständen die Berücksichtigung dieser Mittheilung empfahl und ihnen darauf eine schriftlich verfasste Proposition überreichte, deren Berathung der nächste Gegenstand ihrer Thätigkeit sein sollte.

Die Stände beider Religionsparteien verfügten sich ins Landhaus und hörten da die Verlesung der von dem Erzherzog Albrecht zu Gunsten Ferdinands ausgestellten Vollmacht und der Proposition des letzteren an, in der sie zur Leistung der herkömmlichen Huldigung für Albrecht aufgefordert wurden. Die Einleitung der entsprechenden Verhandlung unterbrach Herr Hans Jörger, indem er im Namen seiner protestantischen Glaubensgenossen erklärte, dass dieselben mit den Katholiken nicht gemeinsam verhandeln würden, so lange ihren Religionsbeschwerden nicht vollständig abgeholfen sein würde. Die Protestanten waren entschlossen, die Thätigkeit des Landtags und den Gang der Administration durch die Nichtanerkennung der von Albrecht ausgestellten Vollmacht zu stören, um auf diese Weise zum Siege zu gelangen. In keinem entscheidenderen Augenblicke konnten sie ihre Opposition ins Werk setzen, als in dem gegenwärtigen, denn jedenfalls musste eine schwere Verwirrung einreissen, wenn die Frage, wem die Regierung in Oesterreich gebühre — gleichgiltig, ob mit Recht oder Unrecht — zu einem Gegenstand des Streites wurde. Nach der Erklärung Jörgers erhoben sich die Protestanten und entfernten sich in einen andern Saal des Landhauses. Der niederösterreichische Landtag war zerrissen und einigte sich fortan nur in Ausnahmsfällen zu Gesammtsitzungen.[1])

Schnelligkeit in der Fassung der Beschlüsse und darauf folgendes rasches Handeln war im 17. Jahrhunderte nicht Sache

---

*) Sächs. St. A. Was nach Mathias' Tode im Landhaus vom 20.—25. März fürgegangen. Ebend. Zeidler an Kursachsen dd. $\frac{6.\text{Apr.}}{27.\text{März}}$ 1619.

der politischen Parteien und so dürfen wir uns nicht wundern, dass die Protestanten vorläufig sich einige Ruhe gönnten und 1619 die weitere Berathung und Beschlussfassung auf den 15. April verschoben, angeblich um sich in grösserer Vollzähligkeit zu versammeln, thatsächlich aber, weil sie sich wahrscheinlich mit den Oberösterreichern in's Einvernehmen setzen wollten. Die Katholiken, die von diesem Beschlusse in Kenntniss gesetzt wurden, hätten wohl für sich allein auf die Proposition Ferdinands antworten und sich zur Huldigung erbieten können; allein sie unterliessen dies auch und vertagten ihre weiteren Berathungen gleichfalls bis zum 15. April.*)

Während man in Wien dem Wiederbeginn der ständischen Berathungen nicht ohne Misstrauen und Sorge entgegensah, nahmen die Berathungen des oberösterreichischen Landtages, der in Linz seit Anfang April zusammengetreten war, eine höchst bedeutsame Wendung, die jedenfalls den grössten Einfluss auf das weitere Verhalten der niederösterreichischen Protestanten gewinnen musste. In Linz erfreuten sich die Herren von Tschernembl und Gotthard von Starhemberg des grössten Einflusses und wie sie schon im Jahre 1608 den damaligen Streit zwischen Rudolf und Mathias zum Verderben der herrschenden Dynastie auszunützen gedachten, so wollten sie auch die jetzigen Verhältnisse dazu benützen, um sowohl ihre Glaubensinteressen wie ihre Macht und Bedeutung auf Kosten der landesfürstlichen Rechte sicherzustellen. Tschernembl empfahl zu diesem Zwecke seinen Standesgenossen, sich der Regierung unter dem Vorwande zu bemächtigen, dass der Erzherzog Albrecht, der wahre Erbe, ausser Landes sei und keine Mittelsperson in diesem Falle befugt sei, anstatt der Stände die Regierung bis zur Ankunft des Erbherrn zu führen. Offenbar hatte er diesen Plan schon bei Mathias' Lebzeiten entworfen, denn unmittelbar nachdem die Nachricht von dem Ableben des Kaisers nach Linz gelangt war, traf der von ihm beherrschte ständische Ausschuss Anstalten, um die Regierung

---

*) Sächs. St. A. Aus Wien dd. 22. April 1619. Ebend. Aus Wien dd. 23. April 1619. — Ebend. Zeidler an Kursachsen dd. $\frac{4.}{14.}$ April. — Ebend. Aus Wien dd. 15. April 1619.

des Landes in seine Hand zu nehmen, indem er die erzherzoglichen Beamten in Linz zur Übergabe des Schlosses aufforderte. Diesen eigenmächtigen Schritt rechtfertigte Tschernembl später durch ein eigenes Gutachten, in dem er aus dem Verlaufe der österreichischen Geschichte den Nachweis zu liefern suchte, dass die Stände nach dem Ableben mehrerer Fürsten an der Verwaltung einen hervorragenden Antheil genommen hätten. Wer indessen das Unfertige, Zusammenhanglose und Widersprechende der mittelalterlichen Verfassungen kennt, weiss, dass sich in ihnen häufig genug Beweise für die entgegengesetzten Rechtsanschauungen und Auffassungen finden, so dass die Gründe, die Tschernembl für seine Behauptungen anführte, mit nicht minder gewichtigen Gegengründen bekämpft werden konnten.

Gleichzeitig mit der faktischen Besitzergreifung der Regierungsgewalt hatte der oberösterreichische Ausschuss einen Landtag auf den 2. April ausgeschrieben und hievon den König 1619 Ferdinand mit der Aufforderung verständigt, dass er Kommissäre an denselben abordnen solle, falls er etwas bei den Ständen anzubringen habe. Ferdinand folgte der Einladung, indem er die Herren Georg von Teufel und Nikolaus von Grünthal nach Linz abschickte und durch dieselben den Ständen die Mittheilung machen liess, dass er von dem Erzherzog Albrecht zu seinem Stellvertreter und Plenipotentarius ernannt worden sei und dem zu Folge von ihnen die Huldigung begehre. Mit Ausnahme des Prälatenstandes gab es jedoch Niemanden auf dem Landtag, der dieser Forderung Gehör gegeben oder sie gar unterstützt hätte. Man bekräftigte sich vielmehr wechselseitig in den Ansprüchen an die Leitung der Geschäfte und that in dieser Richtung einen entscheidenden Schritt durch die Wahl eines Landeshauptmanns, dem nicht nur die Verwaltung des Landes, sondern auch die Aufsicht über die Kammergüter übertragen wurde. Die Wahl zu diesem Amte traf den Herrn von Pohlheim, der die Stelle eines Landeshauptmanns unter Mathias bekleidet hatte und vorläufig auch von Ferdinand hiezu designirt war, so dass die Stände dadurch ihrer Opposition einigermassen den scharfen Stachel benahmen. Die Prälaten, die diese eigenmächtigen Schritte und vor allem die neu eingerichtete Verwaltung nicht anerkennen wollten, sonderten sich von den übrigen Ständen ab und so war auch in Oberösterreich die Trennung im Landtage zur Thatsache geworden. War schon zu erwarten, dass dieses entschlossene Vorgehen der Oberösterreicher auf die Niederösterreicher einen bedeutenden Eindruck ausüben werde, so musste derselbe noch verstärkt werden, wenn sie Kunde von der Haltung bekamen, die man in Linz in dem böhmischen Streite einzunehmen gedachte. Die Niederösterreicher hatten in ihren Zuschriften an Mathias aus ihren Sympathien für Böhmen kein Hehl gemacht, die Oberösterreicher bezeugten dieselben jetzt durch die That. Ferdinand hatte seinen Kommissären auch den Auftrag gegeben, den Landtag in Linz um freien Durchzug für seine Truppen, die er gegen Böhmen verwenden wollte, zu ersuchen. Welches Schicksal seine Bitte haben würde, zeigte die herzliche Aufnahme der böhmischen Gesandten, des Herrn Radslaw d. j. Wchýnský und des Peter Miller von Milhausen, welche gleichzeitig in Linz eintrafen und die Stände um den Anschluss an Böhmen ersuchten. Man war bereit, dieser Bitte nachzugeben, beschloss deshalb die Vervollständigung der Rüstungen und betraute den Herrn Gotthard von Starhemberg mit der Leitung des gesammten Heerwesens. Als Ferdinand von diesen Beschlüssen hörte, verwies er den Oberösterreichern ihre Eigenmächtigkeit, bewirkte aber damit nichts anderes, als dass sie ihm Tags darauf erwiederten, sie seien bereit, die Sache der Böhmen als eine gerechte bis zum letzten Blutstropfen zu vertheidigen.

Man konnte sich in Linz vernünftigerweise keine Hoffnung machen, dass Ferdinand sich zur Anerkennung der neu eingerichteten Regierung herbeilassen werde. Wenn man sich dennoch zur Wahl einer Deputation entschloss, die dieses Ansuchen persönlich an ihn stellen sollte, so war man dabei hauptsächlich von der Absicht geleitet, mit den niederösterreichischen Ständen in Verbindung zu treten und sie zu einem gleich energischen Auftreten aufzufordern. Als diese

---

*) Skala III. 115 u. flg. — Sächs. StA. 7170 Buch x Fol. 305. Zeidler an Kursachsen dd. 27. März a. St. 1619 Wien. — Ebend. Buch XII. Fol. 76. Zeidler an Kursachsen dd. 4. April a. St. 1619 Wien.

Deputation, an deren Spitze sich Herr Karl Jörger befand, in Wien eintraf, fand sie die niederösterreichischen Stände bereits wieder versammelt. Noch bevor sich die Deputation Zutritt zu dem Könige verschafft hatte, um demselben ihr Anliegen vorzutragen, ersuchte sie den niederösterreichischen Landtag um die Gewährung einer Audienz, welchem Begehren willfahrt wurde, so dass die getrennten Stände am 23. April einer gemeinsamen Sitzung beiwohnten. Herr Jörger, der das Wort führte, deutete die Stellung an, welche die Stände sämmtlicher habsburgischen Länder in der böhmischen Streitfrage einnehmen sollten: von jedem weitern Kampfe sollte abgesehen werden und die Stände von Oesterreich, Mähren und Ungarn sich zusammenthun, um Ferdinand zum Frieden zu mahnen und die Vermittlung in die Hand zu nehmen. Am Schlusse theilte Jörger mit, dass sich die Stände in Linz der Regierungsgewalt bemächtigt hätten, weil sie hiezu durch ähnliche Vorgänge in älterer Zeit berechtigt seien. Seine Auseinandersetzung enthielt zwar nicht die Aufforderung an Niederösterreich zu einem ähnlichen Vorgehen, allein sie liess keine andere Deutung zu.

1619

Zwei Tage später übermittelte die linzer Deputation den niederösterreichischen Protestanten eine zweite Botschaft, die als an die eng verbundenen Freunde gerichtet sich offen über die einzuhaltende Politik aussprach und so den protestantischen Operationsplan enthüllte. Nachdem im Eingange der Botschaft die Niederösterreicher aufgefordert wurden, auf ihren religiösen Forderungen zu beharren und die Huldigung nicht zu leisten, so lange ihre sämmtlichen Freiheiten nicht sattsam gesichert wären, schloss sich an diese Mahnung die Mittheilung, dass man in Oberösterreich einen Bund mit Böhmen abgeschlossen (d. h. ihnen eine bestimmte darauf bezügliche Zusage gethan) habe. Man möge es den Oberösterreichern nicht verübeln, wenn sie mit diesem Entschlusse nicht auf Niederösterreich gewartet, sondern eilig die von den Böhmen zum Bündnisse gebotene Hand erfasst hätten und nun in gleichem Sinne auf Ungarn und Mähren einwirkten. Um diesem Bündnisse die nöthige Kraft zu geben, sollten sich die Niederösterreicher demselben anschliessen und rasch die nöthigen Rüstungen anstellen.*) — Man sieht, in welcher Weise Tschernembl — denn nur nach seinen Entwürfen wurde diese zweite Botschaft verfasst — das weitere Vorgehen der Stände regeln wollte, und wie er bereits auf Anwendung von Gewaltmitteln bedacht war. Man begreift demnach auch die Besorgnisse, die man auf oberösterreichischer Seite hatte, dass dieser Operationsplan ruchbar werden könnte, und deshalb war die Mittheilung desselben von der Bitte um Geheimhaltung begleitet. Herr von Traun, den die niederösterreichischen Protestanten zum Präsidenten in ihren Berathungen gewählt hatten, erwiederte der linzer Deputation, dass man ihre Vorschläge in Berathung ziehen werde.

Wenige Augenblicke darauf fand sich die Deputation bei Ferdinand ein, um ihrem Auftrage gemäss den König um die friedliche Beilegung des böhmischen Streites und um die Anerkennung der von den Ständen eingerichteten Regierung zu ersuchen. Auf den ersten Wunsch erwiederte Ferdinand, dass er alle Zeit Frieden gesucht und zu diesem Ende nach des Mathias Tode wiederholt nach Böhmen geschrieben habe, von den dortigen Ständen aber keiner Antwort gewürdigt worden sei. Er sei demnach berechtigt, auch seine „Schanze" wahrzunehmen und das zu thun, was zur Erhaltung seiner Rechte nothwendig sei. Die Oberösterreicher wurden demnach mit ihrer Friedensvermittlung abgewiesen und nicht besser ergieng es ihnen mit ihrem Wunsche nach Anerkennung der von ihnen errichteten Regierung. Ferdinand vermied es zwar, dieselbe als ungesetzlich und revolutionär zu bezeichnen, aber er verweigerte ihre Anerkennung mit der Bemerkung, dass so wie er den ständischen Freiheiten keinen Abbruch thun wolle, so werde er auch nichts billigen, was seinem Hause zum Nachtheile gereichen könnte. **)

Wie sehr die Oberösterreicher auf diese abschlägige Antwort gefasst waren, ergibt sich daraus, dass sie, ohne sie zu erwarten, auf der Bahn der selbständigen Leitung ihrer Ange-

---

*) Sächs. StA. Der oberösterr. Stände andere Audienz bei den niederösterr. evangel. Ständen dd. 25. April 1619.

**) Sächs. StA. Der oberösterr. Deputation erste Audienz bei Ferdinand dd. 25. April 1619.

legenheiten entschlossen vorwärts gingen. Ihr Kriegsoberster Gotthard von Starhemberg liess sich die Anwerbung frischer Truppen angelegen sein und traf gleichzeitig Anordnungen bezüglich der Aushebung und Musterung des allgemeinen Landesaufgebotes, das man unter die Fahnen berufen wollte. Im Einverständnisse mit den Ständen ordnete er gegen Ende April 300 Mann nach Böhmen ab, welche das Kloster Hohenfurt besetzten, um von diesem Posten aus den Zuzug des Kriegsvolkes, das Ferdinand in Deutschland werben liess, zu verhindern. Gleichzeitig liess er alle Pässe in Oesterreich besetzen, um auch da den Einmarsch fremder Truppen, die etwa aus Tirol vorrücken konnten, zu erschweren. Er traf mit einem Worte solche Massregeln, die keinen Zweifel aufkommen liessen, dass zwischen den böhmischen und den oberösterreichischen Parteihäuptern eine vollständige Einigung erzielt sei. Mit den böhmischen Generalen Thurn und Hohenlohe trat er in die vertrautesten Beziehungen und berichtete an den ersteren, wie sympathisch man in Niederösterreich das entschlossene Auftreten des linzer Landtages begrüsse und dass man daselbst wünsche, er (Starhemberg) möge mit seiner Mannschaft vorrücken und sich der Städte Krems und Stein bemächtigen.*) Er könne dies jedoch nicht thun, weil er dadurch andere Pässe entblössen und dem fremden Kriegsvolk den Zugang nach Oesterreich eröffnen würde. An Thurn sei es deshalb, mit möglichster Eile nach Niederösterreich vorzurücken, wo man seiner wie eines Messias harre. Gegen Hohenlohe drückte Starhemberg den Wunsch nach einer Zusammenkunft aus, um ein völliges Einverständniss in politischer und militärischer Beziehung herbeizuführen. In seinem Feuereifer riet er ihm, den Obersten Saldern bei seiner Truppenwerbung zu unterstützen, da er gewiss sein könne, dass ihn die Niederösterreicher mit seiner ganzen Mannschaft in Dienst nehmen würden. Thatsächlich bemühte sich der genannte Oberst um diese Zeit um die Anwerbung von 3000 Mann zu Fuss und 500 Reitern.**)

---

*) Sächs. StA. Starhemberg an Thurn dd. 28. April 1619; Starhemberg an Hohenlohe dd. 28. April 1619.

**) Sächs. StA. Lebzelter an Schönberg dd. $\frac{23.\text{ April}}{3.\text{ Mai}}$ 1619.

Ferdinand, der von allen auf sein Verderben abzielenden Massregeln einige, wenn auch unvollkommene Kenntniss hatte und wusste, dass der eigentliche Leiter der oberösterreichischen Stände Herr von Tschernembl sei, wollte den Versuch machen, ob sich derselbe nicht gewinnen lasse und lud ihn deshalb zu einer Besprechung nach Wien ein. Es unterliegt keinem Zweifel, dass die freundliche Art und Weise, die Ferdinand in seinem persönlichen Auftreten charakterisirte, auf Tschernembl ihren Eindruck nicht verfehlt und ihn vielleicht von der Verfolgung seiner politischen Pläne abgehalten hätte. Nicht aus Besorgniss für die eigene Sicherheit, sondern aus Misstrauen gegen die treuherzigen Manieren Ferdinands mag deshalb Tschernembl die Einladung abgelehnt haben. Er liess sich aber die Gelegenheit nicht entgehen und richtete einen Mahnbrief an Ferdinand, worin er ihn zur Aenderung seiner bisherigen Politik aufforderte: er sollte alle weiteren Werbungen einstellen, sein Volk abdanken und Ausschüsse aus allen Ländern zu sich einladen, denen er die Vermittlung in dem böhmischen Streit ruhig anvertrauen könnte. Seine Zeit werde vollauf durch die böhmische Frage in Anspruch genommen werden und deshalb solle er, schon um sich zu entlasten, auf die Regierung von Oesterreich, die ihm zur Zeit ohnedies nicht gebühre, Verzicht leisten. *)

Wenige Tage später glaubte Tschernembl den Eindruck dieses Schreibens durch ein zweites — das an Umfang einer Abhandlung gleichkam — vervollständigen zu müssen, in dem er die Frage, wem die Regierung jetzt gebühre, ausführlich erörterte. Er behauptete, dass die Stände nur verpflichtet seien, ihrem Erbherrn, also dem Erzherzog Albrecht zu gehorchen, zur Anerkennung einer bevollmächtigten Mittelsperson seien sie dagegen nicht verpflichtet, abgesehen davon, dass die Vollmacht von Erzherzog Albrecht ohne ihr Mitwissen ausgestellt worden und es auch fraglich sei, ob derselbe nach dem Tode des Kaisers nicht andern Sinnes geworden sei. Im Interesse der regierenden Dynastie liege es, dass die Regierung des Landes im Falle der Minorennität des

---

*) Tschernembl an Ferd. II. dd. 11. Mai 1619. Kopie im brünner Archiv.

Herrschers oder bei seiner Verhinderung von den Ständen und nicht von einer dritten Person geführt werde. — Auf den böhmischen Streit übergehend empfahl er dem Könige nochmals die unverzügliche Berufung der ständischen Ausschüsse aus allen seinen Ländern, unter deren Beihilfe Ausgleichsverhandlungen in Wien eingeleitet werden könnten, deren glückliches Resultat durch entsprechende Massregeln, wie die Entlassung des Kriegsvolkes und die Ausdehnung der Religionsfreiheit auf Steiermark, Kärnthen und Krain wesentlich gefördert werden würde. Ferdinand würde sich da durch nicht bloss die Herrschaft über alle seine Länder sichern, sondern auch zur Kaiserkrone gelangen. Das ganze Schreiben durchdringt ein solcher Ton der Ueberzeugung, dass man fast meinen könnte, Tschernembl habe das Gelingen seines Planes für möglich gehalten, nämlich die Schaffung eines protestantischen Staates unter einem katholischen Oberhaupte. *)

Noch wusste Ferdinand nicht, dass er mit der Berufung Tschernembls eine Fehlbitte gethan hatte, als ihm die Nachricht zukam, dass die Oberösterreicher Hohenfurt besetzt hätten und damit thatsächlich in die Reihe seiner Gegner getreten seien. Er berief desshalb die linzer Deputation, die noch immer in Wien weilte, zu sich und klagte im Tone eines beleidigten Vaters, dass er eine derartige Feindseligkeit „um sie nicht verdient habe, da er ihnen sein Leben lang" nichts zuwider gethan. Er wollte den feindseligen Schritt nicht als einen definitiven Bruch, sondern als eine unbedachte Uebereilung ansehen und bat die Deputation, ihren Einfluss anzuwenden, dass derselbe wieder rückgängig gemacht werde. *)

Mittlerweile hatten auch die niederösterreichischen Protestanten das Beispiel und die Rathschläge ihrer linzer Standesgenossen beherzigt und seit ihrer abermaligen Zusammenkunft in Wien den König mit verschiedenen Bitten behelligt, deren jede einzelne nur eine feindliche Deutung zuliess. So verlangten auch sie, Ferdinand möchte von allen weiteren Rüstungen ab-

---

*) Tschernembl an Ferd. dd. 20. Mai 1619. Archiv des k. k. Minist. des Innern.

*) Sächs. StA. Antwort Ferdinands in der zweiten Audienz dd. 3. Mai 1619. Antwort Ferd. in der dritten Audienz dd. 7. Mai 1619.

lassen, die aus Ungarn im Anzuge befindlichen Truppen wieder zurückschicken und überhaupt alles in Oesterreich stehende Kriegsvolk entlassen. Um dieselbe Zeit fassten sie den Beschluss, das gewünschte Bündniss mit Böhmen einzugehen, und schickten deshalb Gesandte nach Mähren, um dieses Land zu einem ähnlichen Vorgehen zu veranlassen, weil sie glaubten, dass Mähren an Ferdinand festhalten wolle, was thatsächlich nicht mehr der Fall war. Maximilian Höen sollte in Brünn die Versicherung abgeben, dass Oesterreich kraft der vor elf Jahren abgeschlossenen Conföderation bereit sei, wie ein Mann aufzustehen und Mähren bei seinen Freiheiten zu schützen, dagegen eine gleiche Hilfeleistung verlange. Es klang diese Versicherung wie eine Einladung, dass die Mährer ihr Kriegsvolk nach Oesterreich schicken und den Grafen Thurn bei seinem Zuge dahin unterstützen sollten.*) Auch Ungarn suchten die Niederösterreicher für ein ähnliches Vorgehen zu gewinnen: Zacharias Starzer wurde nach Pressburg geschickt und sollte sich dort beim Palatin über die Hilfe beschweren, die man Ferdinand durch Gestattung von Werbungen zukommen lasse.**) Da von ihm keine günstigen Berichte einliefen, ***) beschloss man in Wien die rasche Absendung einer aus ober- und niederösterreichischen Protestanten zusammengesetzten Deputation, an der sich neben Starzer auch Andreas Thonradl und Hans Ulrich von Starhemberg betheiligten. Sie sollten den Palatin und die einzelnen Comitate und Standesgenossen an die vor 11 Jahren vor Prag (zu Štěrbohol) abgeschlossene Conföderation erinnern und von ihnen die Wahl einer Deputation verlangen, die im Verein mit den Deputirten anderer Länder den Ausgleich des böhmischen Streites betreiben sollte. Auch den Abschluss eines Bündnisses mit Böhmen sollte sie den Ungarn nahe legen und hiebei auf das Beispiel von Ober-

---

*) Sächs. StA. Maximilians Höen's Schreiben an die ober- und niederösterreichischen Stände dd. 14. Mai 1619.

**) Sächs. StA. Zeidler an Kursachsen dd. $\frac{29.\ April}{9.\ Mai}$ 1619.

***) Katona XXX, 8.

und Niederösterreich hinweisen.*) Obwohl die Bitte der österreichischen Gesandtschaft durch ein Schreiben der mährischen Stände unterstützt wurde, erreichte dieselbe bei dem Palatin Forgach doch nicht ihren Zweck. Die einzige Hoffnung der Gegner Ferdinands beruhte fortan auf dem Reichstage, der am 26. Mai zusammentreten sollte. Man fürchtete sich am königlichen Hofe vor dem Zusammentritt desselben und wollte ihn vertagen; aber auf die Warnung des Palatins, der dies für gefährlicher erklärte als die Eröffnung des Reichstages, stand man in Wien von diesem Auskunftsmittel ab. **) 1619

Ebenso wie in der äusseren Politik befolgten die Niederösterreicher auch in der Ordnung ihrer eigenen Angelegenheiten das von Oberösterreich gegebene Beispiel und suchten deshalb die Massregeln zu durchkreuzen, durch die Ferdinand sich der Regierung in Niederösterreich bemächtigt hatte. Zu diesem Ende lehnten sie die ihnen zugemuthete Huldigung in einer an Ferdinand überreichten Zuschrift mit der Entschuldigung ab, dass sie sich hierüber vorerst mit Erzherzog Albrecht ins Einvernehmen setzen müssten, auf jeden Fall sie aber nicht leisten würden, so lange ihren verschiedenen Beschwerden nicht abgeholfen, die Gerichte nicht von Katholiken nnd Protestanten zu gleichen Theilen besetzt und die Zustimmung zu dem von den Böhmen angesuchten Bündnisse nicht ertheilt worden sei.***) Gleichzeitig traten sie in den Verhandlungen, die am 30. April mit den Katholiken über einen zu treffenden Ausgleich wieder begonnen hatten, schroffer als je auf. Denn als die Katholiken, geschreckt durch die offenkundige Verbindung, die sich zwischen den Protestanten aller Länder anbahnte, am 14. Mai eine Erklärung abgaben, in welcher sie die von ihnen bisher beharrlich zurückgewiesene Duldung protestantischer Unterthanen auf ihren Gütern zugestehen wollten und damit den Stein des Anstosses entfernt und die Einheit des Landtages wieder hergestellt zu haben glaubten, genügte dieses Zugeständniss den Prote- 1619

---

*) Sächs. StA. Instruction für die österreichischen Gesandten zur Reise nach Ungarn dd. 11. Mai 1619.
**) Sächs. StA. Aus Wien dd. 22. Mai 1619.
***) Raupach, Evangel. Oesterreich.

stanten nicht mehr. Sie behaupteten, dass die Katholiken dasselbe durch unannehmbare Zusätze verklausulirt hätten und als die letzteren am 16. Mai eine neue Erklärung abgaben, die den Protestanten nach ihrer eigenen Versicherung genügt hätte, wenn sie früher gegeben worden wäre, stellten sie jetzt in einer Zuschrift, die unter dem Namen der „Erläuterung" eine gewisse Berühmtheit erlangte, ausser anderen auch die Forderung auf, dass ihnen zu den städtischen Aemtern freier Zutritt gestattet und die Universität auf Grundlage völliger Gleichberechtigung organisirt werde. Diese an und für sich nicht anfechtbaren Forderungen bedrohten aber die Katholiken in ihrer Existenz, denn es war gewiss, dass, wenn sie zugestanden wurden, die Protestanten binnen wenigen Jahren die Herrschaft an sich reissen und gegen die Katholiken keine Duldung üben würden. Diese offenbare Folge einer weiteren Nachgiebigkeit veranlasste die Katholiken, vorläufig auf die Zuschrift der Protestanten keine Antwort zu geben und ihre Einladung zur Theilnahme an dem Bündnisse mit Böhmen ebenfalls mit Stillschweigen zu übergehen.

Lange konnten sich aber die Katholiken nicht in Schweigen hüllen, da ihnen jetzt die Gefahr einer gewaltsamen Niederwerfung drohte, die jeder weitern Verhandlung ein Ende gemacht hätte. Graf Thurn, dessen Einbruch in Oesterreich seit länger als 14 Tagen erwartet und zum Theil herbeigesehnt wurde, rückte endlich von Znaim her ein und schlug sein Lager vor der Stadt Laa auf, die durch eine kleine Besatzung für Ferdinand vertheidigt wurde. Die österreichischen Katholiken suchten Angesichts der drohenden Gefahr die Protestanten zu gemeinschaftlichen Vertheidigungsmassregeln zu bereden; predigten aber damit nur tauben Ohren. Nur so viel erlangten sie, dass die Protestanten eine eigene Botschaft an

---

*) Raupach, Evangelisches Oesterreich. — Sächs. StA. Verzeichniss, was vom 22. April bis auf den 4. Mai 1619... (in Wien) verhandelt worden. — Ebend. Zeidler an Kursachsen dd. $\frac{29.\ April}{9.\ Mai}$ 1619. — Ebend. Forts. der Verhandlungen in Wien am 10. Mai 1619. — Ebend. Zeidler an Kursachsen dd. 14. Mai 1619.

Thurn abschickten und ihn von dem Einbruch in Oesterreich abmahnten.*) Jedenfalls entsprach diese Botschaft nicht den Absichten der protestantischen Wortführer und man muss sie um so mehr für eine erheuchelte halten, als die Gesandten den Grafen zugleich von dem Entschlusse der Oesterreicher, mit Böhmen in ein Bündniss zu treten, in Kenntniss setzen sollten und wenige Tage später eine zweite Gesandtschaft an Thurn abgeordnet wurde, die ihn nicht mehr von dem Vorrücken abmahnen, sondern nur die Bedingungen erörtern sollte, unter denen Oesterreich mit Böhmen in ein Bündniss treten wollte.**) Ja es mögen diesmal sogar vertrauliche Besprechungen zwischen Thurn und den Gesandten stattgefunden haben, die seinen weitern Marsch beschleunigen sollten; jedenfalls wird diese Vermuthung durch die späteren Ereignisse sattsam bestätigt. Auf die Bedingungen, die Oesterreich für das Bündniss mit Böhmen stellte, ging Thurn gern ein und erklärte, dass dasselbe auf dem prager Generallandtag, der auf den 15. Juni berufen sei, zum Abschluss gebracht werden könnte. Aber so glatt sich auch die Verhandlungen für Thurn anliessen, so trat seinem Vorrücken in Oesterreich doch ein unangenehmes Hinderniss entgegen und das war die Stadt Laa, deren er sich wegen Mangels an Belagerungsgeschütz nicht bemächtigen konnte. Eine Deputation der niederösterreichischen Katholiken, die sich bei ihm einfand, befreite ihn aus der Verlegenheit.***) Er versicherte dieselbe nämlich, dass er von der Belagerung Laa's ablassen werde, wenn Ferdinand seine Besatzung aus der Stadt abberufen würde; ja er liess sogar durchblicken, dass er um diesen Preis überhaupt nicht weiter

---

*) Archiv des k. k. Minist. des Innern, Instruction für die niederösterr. Gesandten der evangelischen Stände zur Reise zum Grafen Thurn dd. 11. Mai 1619.

**) Sächs. StA. Memorial für Zacharias Starzer, was er bei Thurn thun solle, dd. 22. Mai 1619. — Ebend. Zeitung aus Wien dd. 22. Mai 1619. — Ebend. Zeidler an Kursachsen dd. $\frac{16.}{26.}$ Mai 1619. Skala III. 150.

***) Sächs. StA. die Abgesandten der 4 katholischen Stände Niederösterreichs an Thurn dd. 16. Mai 1619. — Ebend. Antwort Thurn's dd. 20. Mai 1619. — Londorp. I, 459.

vorrücken werde. Die Katholiken hatten nun nichts eiligeres
zu thun, als in Ferdinand zu dringen, Laa aufzugeben.

IV

Man sollte vermuthen, dass Ferdinand eine derartige
Forderung, wie die der Räumung von Laa mit Entrüstung
zurückgewiesen habe, denn welche traurige Folgen musste es
für ihn haben, wenn er dem Feinde freiwillig das Feld räumte,
ja wenn er sich nur in Unterhandlungen über einen so schimpflichen Antrag einliess. Dennoch glaubte der König auch diese
bittere Pille verschlucken zu müssen, weil er durch die Verhandlungen Zeit gewann, seine furchtbar herabgekommenen
Streitkräfte zu stärken. Es ist erzählt worden, dass das kaiserliche Heer im Winter so zusammengeschmolzen war, dass
Buquoy im März 1619 kaum über 5000 Mann gebot. Allerdings wurde seit der Zeit mit grosser Anstrengung gerüstet
und Werbungen in Ungarn, Deutschland, Flandern, Lothringen und Italien angestellt; allein trotzdem waren die Streitkräfte, über die Ferdinand im Mai verfügte, nur unbedeutend
stärker geworden, da alle diese Werbungen noch nicht zum
Abschluss gekommen oder die geworbenen Truppen erst im
Anmarsch begriffen waren. Es war nicht Ferdinands Schuld,
dass man die Werbungen so spät angestellt hatte oder so langsam mit denselben vorwärts gekommen war, da Spanien fast
allein das nöthige Geld lieferte oder die Truppen bezahlte und
der König Philipp nicht zu grösserer Eile angespornt werden
konnte; alles, was er that, musste man ja als Gnade ansehen.
Einige Nachweise über die Hilfe, welche der Kaiser Mathias
von Spanien erlangt hatte und auf welche Ferdinand bei
seinem Regierungsantritte rechnen konnte, werden zeigen, in
welcher Abhängigkeit von Spanien die österreichischen Regen-
ten sich befanden.

Als der kaiserliche Gesandte in Spanien, Graf Khevenhiller, von seinem Herrn die Nachricht von dem Beginn des
böhmischen Aufstandes erhielt, wurde er zugleich beauftragt, den
König Philipp III um Hilfe anzuflehen. Obwohl der Gesandte

bei seinem Ansuchen auf bedeutende Schwierigkeiten stiess, die in der Ebbe des spanischen Staatsschatzes ihre gute Begründung hatten, so gelang es ihm doch, über dieselben obzusiegen. Der König entschloss sich, die Truppen, die auf spanische Kosten in Friaul gegen die Venetianer in Bereitschaft standen, noch weiter zu unterhalten, sie dem Kaiser zur Verfügung zu stellen und ihn gleichzeitig auch mit Geld zu unterstützen. Aus den uns zu Gebote stehenden Nachrichten ergibt sich, dass Philipp III dem Kaiser bis zum 14. August 300,000 Dukaten zur Verfügung stellte. Die Absendung der ganzen Summe verzögerte sich nicht sehr lange, denn schon im Anfang November war sie in Oñate's Händen; doch ist nicht klar genug, ob nicht aus derselben die Unterhaltung der Hilfstruppen bestritten werden musste und nur der Rest dem Kaiser zu Gute kam.*) An diese an und für sich schon bedeutende Unterstützung schloss sich das Versprechen, dass, wenn die Noth grösser werden sollte, Philipp seinem Vetter aus Italien Truppen zu Hilfe schicken werde. Gewiss hatten die Berichte des Grafen Oñate das meiste Verdienst an dieser Bereitwilligkeit des spanischen Hofes, doch beschleunigte jedenfalls die anerkannte Gewandtheit Khevenhillers das Resultat. Als Oñate Nachricht von den Entschlüssen seines Herrn bekam, erbat er sich von dem Kaiser Patente zur Anwerbung von 3000 Mann,**) die sonach ausser den früher in Friaul verwendeten spanischen Hilfstruppen gegen die Böhmen kämpfen sollten. Trotzdem hielt man in Wien diese Unterstützung für unzureichend und beschloss daher noch einen zweiten Gesandten nach Madrid abzuschicken. Man wählte hiezu einen Italiener, Cesare Gallo, der als Augenzeuge der in Wien herrschenden Noth den spanischen König durch seine Schilderungen zu noch grösseren Opfern bewegen sollte.***) Eine ähnliche Bitte sprach auch Erzherzog Maximilian auf seinem Todtenbette aus.

1618

1618

---

*) Wiener StA. Spanien 1618. — Khevenhiller an Mathias dd. 14. August 1618, Madrid. — Wiener StA. Spanien 1619. Khevenhiller an Mathias dd. 2. Febr. 1619.
**) Wiener StA. Boh. V. Oñate an den Kaiser dd. 22. October 1618.
***) Ebend. Boh. V. Sendung Cesare Gallo's nach Spanien.

Die Ankunft Gallo's, seine traurigen Berichte, die nur zu sehr durch die Nachricht von Buquoy's Rückzug nach Budweis bestätigt wurden, verursachten zwar in Madrid eine grosse Bestürzung, würden aber vielleicht nicht die gewünschte Wirkung hervorgebracht haben, wenn sich nicht die erzherzogliche Nonne in Madrid, Margaretha, für den Kaiser verwendet hätte. Stets unterstützte sie in wichtigen Augenblicken die Bitten der deutschen Habsburger bei König Philipp III mit dem ganzen Heiligenschein, der ihr einsames Leben in einem strengen Karmeliterkloster umgab und nie war es dringender nöthig, diesen ganzen Einfluss aufzubieten. Der König entschloss sich also mit Aufbietung aller seiner Mittel dem deutschen Vetter zu helfen und hielt an diesem Entschlusse fest, obwohl derselbe von seinem Staatsrathe bekämpft wurde. In den ersten Tagen des J. 1619 konnte Khevenhiller dem Kaiser berichten, dass der König von Spanien für ihn eine neue Armee von 7000 Mann in den Niederlanden anwerben lassen wolle und schon vier Wochen später berichtete er ihm, dass Philipp ihm ausserdem 600.000 Dukaten zugeschickt habe und dieselben bereits auf dem Wege nach Wien seien. Ob Mathias noch über das Geld verfügen könnte, wissen wir nicht anzugeben. Die neu angeordneten Werbungen kamen ihm jedenfalls nicht mehr zu

1619 Gute, da sie im Mai noch nicht zu Ende gekommen waren.

Mit dieser so beträchtlichen Unterstützung glaubte Philipp jedoch seiner Verpflichtung noch nicht genügt zu haben. Gleichzeitig mit der Anordnung der niederländischen Werbungen liess er an seinen Statthalter in Neapel, den Herzog von Osuña, den Befehl ergehen, Werbungen anzustellen, um auch von Italien aus Truppen nach Oesterreich zu senden. Osuña

1619 kam dem Auftrage nach und schon am 3. April langte in Wien ein Bote mit der Nachricht an, dass der Herzog zu Ferdinands Disposition 16.000 Mann Infanterie und 1000 Mann Cavallerie in Bereitschaft halte und weitere Werbungen anstellen wolle. So erfreulich diese Nachrichten für Ferdinand waren, so war er doch wieder besorgt, dass der Anmarsch spanischer Regimenter auf deutschem Boden eine furchtbare Aufregung zur Folge haben würde, er hätte sich deshalb gern den Beistand des italienischen Volkes verbeten. Aber seine augenscheinliche

Noth und der stürmische Eifer Oñate's, der seine Bedenken nicht begreifen konnte, zwangen ihm die Zustimmung zur Annahme der Italiener ab. Oñate erleichterte ihm dieselbe dadurch, dass er sich an Philipp III mit der Bitte wandte, jenes Volk nicht unter spanischer Fahne seinen Einmarsch in Deutschland anstellen zu lassen.*) Gleichzeitig oder kurze Zeit darauf langte von dem Herzog von Feria aus Mailand die Nachricht an, dass auch er Truppen für Ferdinand bereit halte und auch an ihn erging die Bitte, dieselben nicht unter spanischen Abzeichen durch Tirol marschiren zu lassen. Oñate glaubte die Truppenzahl, die aus Mailand und Neapel Ferdinand zu Hilfe kommen würde, auf 14—16.000 Mann anschlagen zu dürfen. Indem er darüber an Philipp III berichtete, fügte er abermals die Bitte hinzu, der König möge nur Alles thun, um den Marsch der Truppen zu beschleunigen, Ferdinand habe die Überzeugung, wenn ihm nicht rasch und ausreichend geholfen werde, so sei er verloren. **)

In Wien hatte man gehofft, dass die Werbungen in den Niederlanden zum mindesten im April beendet sein würden und der Abmarsch der Truppen nach Oesterreich im Anfange Mai vor sich gehen könne. Gleichwohl verzögerte sich derselbe noch mehrere Wochen; Erzherzog Leopold ersuchte erst am 16. Mai den Herzog Maximilian von Baiern, er möchte bei dem Durchzuge bereitwillige Dienste leisten und Schiffe und Flösse bei Günzburg bereit halten, damit die Truppen auf der Donau bis Passau gebracht werden könnten. In seinem Schreiben gab er die Stärke der durchziehenden Truppen auf 9000 Mann Infanterie und 15—1800 Reiter an. Dass diese Zahl um einige Tausend Mann die von Spanien angekündigte Hilfe übertrifft, findet darin seine Erklärung, dass Ferdinand auf eigene Rechnung Werbungen und zwar in Lothringen

---

*) Simancas: Oñate an Philipp III. dd. 3. April 1619. —

**) Simancas: Oñate an Osuña dd. 12. April 1619. — Oñate an Philipp III dd. 21. April 1619. — Münchner StA. $\frac{50}{23}$ Erzh. Leopold an Max dd. 16. Mai 1619. — Wiener StA. Boh. VII. Leopold an Ferdinand dd. 18. Mai 1619. —

und im Elsass hatte anstellen lassen.*) Um seinerseits alles aufzubieten, hatte Ferdinand auch Werbungen in Oesterreich angeordnet und auf diese Weise 500 Musketiere zusammengebracht, und ebenso wurden für seine Rechnung in Ungarn und Kroatien gegen 6000 Reiter angeworben: Gelang allen in den verschiedenen Ländern des In- und Auslandes geworbenen Truppen der Einmarsch in Böhmen, so konnte Ferdinand nach den Berechnungen des sächsischen Gesandten über 30.000 Mann frischer Truppen verfügen. Allein im Mai waren nur die Werbungen in Ungarn und Oesterreich beendet, so dass Ferdinand die Reiter, die aus Ungarn herangezogen kamen, dem Grafen Buquoy zu Hilfe schicken konnte, während er mit den in Oesterreich geworbenen Musketieren die wiener Garnison verstärkte. Erst in den letzten Tagen des Mai und im Anfang Juni langten die in den Niederlanden und im Elsass geworbenen Truppen an der österreichischen Grenze an und rückten über Passau und den goldenen Steig in Böhmen ein. Sie hatten den weiten Marsch von ihren Werbeplätzen zumeist unter der Leitung des Obersten Marradas angestellt, der seine kriegerische Tüchtigkeit dadurch bewies, dass er jeden Zusammenstoss mit den Truppen des Markgrafen von Baden und des Herzogs von Würtemberg, die beide nicht übel Lust hatten, über das heranziehende Kriegsvolk herzufallen, vermied.**) Was die italienischen Hilfstruppen betrifft, so blieben diese den ganzen Sommer über in Italien stehen und verstärkten erst im Beginne des J. 1620 die kaiserliche Armee.

Selbst im Juni 1619 hatten also die Streitkräfte Ferdinands nur eine Verstärkung von kaum 16.000 Mann erfahren, also nicht 30.000 Mann, wie sie der sächsische Gesandte schon für den Monat Mai in Aussicht gestellt hatte. Die Böhmen

---

*) Münchner StA. Erzherzog Leopold an Maximilian dd. 16. Mai 1619. — Ebenderselbe dd. 18. Mai 1619. — Wiener StA. Boh. VII. Leopold an Ferdinand dd. Ensisheim, 18. Mai 1619.

**) Ferdinand an Buquoy dd. 13. April 1619, Archiv von Gratzen. — Ferdinand an Buquoy dd. 12. April 1619, Wiener StA. — Jaquot an Buquoy dd. 9. Mai 1619, Archiv von Gratzen. — Marradas an Buquoy dd. 10. Mai 1619, Archiv von Gratzen. — Ebend. Marradas an Buquoy dd. 11., 12., 14. und 17. Juni 1619. — Wiener StA. Marradas an Buquoy dd. 5. Juni 1619.

hatten dagegen seit dem Monate März alle Anstrengungen gemacht, um die Lücken in den Regimentern durch neue Werbungen auszufüllen und gleichzeitig auch das allgemeine Aufgebot angeordnet. Ende April war man mit diesen Rüstungen grösstentheils fertig geworden und verfügte über 15.000 Mann zu Fuss und 3700 Reiter, worin wahrscheinlich die schlesische Hilfe mit eingerechnet ist. Das Landesaufgebot hatte sich nur zum Theile eingestellt und bildete namentlich die grössere Hälfte der Armee des Grafen Thurn, aber man rechnete mit Gewissheit darauf, dass es zu Ende Mai beisammen sein und dann in seiner Gesammtstärke aus 14.000 Mann zu Fuss und 5000 Reitern bestehen werde.*)

Aus diesen Mittheilungen ersieht man, dass Ferdinand im Augenblicke, wo Thurn bei Laa stand, also in der ersten Hälfte des Monats Mai, nicht über die Mittel zum Widerstande verfügte und dass er um jeden Preis Zeit gewinnen musste, um seinen verschiedenen Hilfstruppen Gelegenheit zum Anmarsch zu verschaffen. Hielt doch Oñate selbst Alles für verloren.**), wenn Thurn in Oesterreich einrücken würde, und seiner Meinung schlossen sich unzweifelhaft die meisten Rathgeber des Königs an. Man begreift es demnach, dass Ferdinand die verlangte Räumung von Laa nicht mit Entrüstung von sich wies, sondern sich in Verhandlungen einliess, wiederholt an den Bedingungen mäkelte, um Zeit zu gewinnen, und deshalb noch zweimal die katholischen Deputirten zu Thurn reisen liess, und dass er endlich den angebotenen Vergleich annahm. Derselbe lautete dahin, dass die Stadt der Obhut solcher Truppen, welche in Eid und Pflicht der niederösterreichischen Stände wären, anvertraut werden solle. Da solche Truppen nicht zur Verfügung standen, so entband Thurn zwei Fähnlein böhmischen Fussvolks ihrer Pflicht und liess sie für den Dienst der niederösterreichischen Stände vereiden. Am 29. Mai gelangte Thurn auf die besprochene Weise in den Besitz von Laa. ***)

---

*) Münchner StA. Verzeichniss des böhmischen Kriegsvolkes im Monat April 1619.
**) Archiv von Simancas, Oñate an Philipp dd. Wien, den 19. Mai 1619
***) Sächs. StA. Aus Wien dd. 2. Juni 1619.

Was vorauszusehen war geschah; Thurn trat nach Hinwegräumung dieses Hindernisses an der Spitze einer Armee, die ungefähr 10.000 Mann zählte, am 31. Mai den Marsch nach Wien an. Es war das ein Entschluss von grosser Tragweite; er gab dadurch Böhmen den Angriffen Buquoy's zu einer Zeit preis, wo diesem beträchtliche Streitkräfte aus Deutschland zu Hilfe zogen, aber er glaubte einerseits, dass es dem Grafen Hohenlohe gelingen würde, ihn bei Budweis festzuhalten, andererseits schmeichelte er sich mit der Hoffnung einer raschen Entscheidung bei Wien. Nahm man allein Rücksicht auf die militärischen Verhältnisse, so war diese Hoffnung nicht gerechtfertigt. Zur Vertheidigung Wiens verfügte Ferdinand gegen Ende Mai über 2.000 Mann, ungerechnet den Beistand, welchen die zahlreiche und zur Hälfte katholische Bürgerschaft leisten konnte. Auch waren bedeutende Verstärkungen im Anzuge, die binnen einer Woche die Garnison verdoppeln konnten; dazu kamen die ungarischen Hilfstruppen, die statt ihren Zug zu Buquoy fortzusetzen den Feind durch ununterbrochene Angriffe belästigen und ihm die Zufuhr abschneiden konnten. Zudem fehlte es dem Grafen Thurn an Belagerungsgeschütz, ein Mangel, der sich schon bei Laa in einer geradezu beschämenden Weise geltend gemacht hatte. Unter solchen Umständen konnte er an die Belagerung einer so festen Stadt wie Wien um so weniger denken, als nur die Hälfte seiner Armee aus geworbenen Truppen bestand, während die andere Hälfte wohl dazu diente, die Ziffer zu vergrössern, aber keine bedeutenden Dienste zu leisten im Stande war. Das alles mag Thurn noch besser gewusst haben, als es hier beschrieben werden kann; wenn er trotzdem vor dem Vormarsch nicht zurückschrak, so geschah dies, weil er den Sieg auf dieselbe Weise zu erlangen hoffte, auf welche er Mähren erobert und Laa bezwungen hatte. Nicht Waffengewalt, sondern die Gunst der protestantischen Stände sollte ihm den Weg nach Wien bahnen.*)

Am 31. Mai rückte also Thurn mit seiner Armee von Laa vor und schickte, um sich des Donauüberganges zu bemäch-

---

*) Ueber das Vorrücken Thurns nach Oesterreich und über die Verhandlungen mit den österr. Ständen enthält auch Skala III viel wichtiges Material, auf das wir hier verweisen.

tigen, am 2. Juni die zwei mährischen Regimenter Tiefenbach
und Žerotin gegen Fischamend ab. Sie langten tief in der
Nacht oder gegen Morgen an der linksseitigen Uferstelle an
und machten vor einem dichten Gebüsche Halt, das ihre
Anwesenheit den Bewohnern des gegenüber liegenden Ufers
verbarg. Mehrere Offiziere und eine kleine Anzahl Soldaten
verkleideten sich als Winzer und Bauern und begaben sich
darauf zu einer nahegelegenen Fähre, auf der sie sich nach
dem rechten Ufer überführen liessen. Als sie daselbst in
solcher Zahl gelandet waren, dass sie sich den Führleuten
überlegen fühlten, bemächtigten sie sich sämmtlicher Schiffe
und vier grösserer Überfuhrplätten und schickten diese an
das jenseitige Ufer. Ein heimliches Einverständniss mit dem
Besitzer von Fischamend, dem Freiherrn von Teufel, erleichterte
dieses Unternehmen und beseitigte fast jegliche Gefahr bei
demselben. Die erstaunten Fischamender wagten keinen Widerstand und so wurde nun mit möglichster Eile ein Theil der
Reiterei und des Fussvolks übergeschifft.

Als Thurn von dem glücklichen Gelingen in Kenntniss
gesetzt wurde, kam er mit dem Rest seiner Armee herangezogen
und brachte den grössten Theil seiner Truppen auf das rechte
Ufer. Er brauchte zwei Tage dazu, da die Donau gerade hoch
ging und zu wenig Transportmittel vorhanden waren. Die
Bagage liess er unter Bedeckung auf einer Insel zurück, theils
weil er sich mit ihrer Überschiffung nicht aufhalten wollte,
theils weil sich ihm diese Massregel für den Fall empfahl, als
ein Rückzug nothwendig sein sollte. Gleichzeitig besetzte er
das mit Mauern versehene Städtchen Grossenzersdorf, das
ungefähr eine Meile abwärts von Wien am linken Donauufer
gelegen ist und bedrohte durch alle diese Massnahmen nicht
allein Wien, sondern auch die Marschroute der ungarischen
Hilfstruppen, die zu Ferdinands Unterstützung herbeieilten.
Schon am 1. Juni hatten ungefähr 2500 ungarische Reiter
Wien passirt und waren nach Krems gezogen, um von
dort aus zu Dampierre zu stossen. Eine noch grössere Abtheilung, etwa 4000 Reiter zählend, zog am 4. Juni gegen Fischamend heran, um denselben Weg zu nehmen. Thurn beschloss
sie anzugreifen und eröffnete gegen sie ein Gefecht, dessen

ganze Gefahr und Last hauptsächlich Welen von Žerotín mit seinem Reiterregiment zu tragen hatte. Der Erfolg war den Böhmen günstig, denn die Ungarn wurden nach einem Verlust von 70 Mann zum Rückzuge gezwungen.*) Am folgenden Tage näherte sich Thurn den wiener Vorstädten und da er dieselben unbesetzt fand, bemächtigte er sich in der Nacht vom 5. auf den 6. Juni der ihm nächstgelegenen Theile und erwartete nun von Wien aus ein Zeichen zu weiterer Thätigkeit.**)

1619

V

Als die Nachricht von dem Abmarsche Thurns von Laa in Wien bekannt geworden war, bot diese Stadt das Bild der furchtbarsten Aufregung. Die Aussicht auf eine Belagerung machte die Bürger schon an und für sich bestürzt; ihre Furcht wurde aber noch bedeutend durch die Erzählungen jener vergrössert, die sich aus den benachbarten Dörfern und Städtchen vor den Ungarn und Böhmen geflüchtet hatten und desto haarsträubenderes von deren Auftreten zu erzählen wussten, je weniger sie sie zu Gesichte bekommen hatten. Die Lage der Dinge gestaltete sich für Ferdinands persönliche Sicherheit zu einer äusserst gefährlichen, da er sich nicht bloss vor dem äusseren Feinde, sondern auch vor dem innern zu hüten hatte und nicht wissen konnte, ob und welche Verabredungen die protestantischen Stände und ihr Anhang mit dem Feinde getroffen haben mochten. Was er zu seiner Vertheidigung thun konnte, that er, indem er mehr als je auf die Verstärkung der Besatzung bedacht war und am 3. Juni an Buquoy den Befehl ergehen liess,***) sobald die in Flandern geworbenen Verstärkungen eingetroffen sein würden, sich alsbald von Budweis auf den Weg nach Wien zu machen um diese Stadt von dem Feinde zu befreien. Er selbst war vor-

1619

---

*) Skala III 153 — Sächs. StA. 9171, XIV, Fol. 57. Thurn an die böhm. Direktoren dd. 10. Juni 1619. — Ebend. XIII, Fol. 365. Nachrichten aus Wien dd. 3. Juni 1619. Archiv von Simancas 712. Relacion del sitio de Viena.

**) Sächs. StA. Aus Wien dd. 10. Juni 1619.

***) Ferdinand an Buquoy dd. 3. Juni. Archiv von Gratzen.

läufig entschlossen, nicht von der Stelle zu weichen, sondern
im Vertrauen auf Gott der Gefahr ins Gesicht zu sehen. Es
war nicht ererbter Stolz, nicht die Erinnerung an die Grösse
seines Hauses, die ihn nicht wanken liess, wohl aber die Anhänglichkeit an seine Kirche, für deren von Gott erwähltes Werk-
zeug er sich in diesem Augenblicke halten mochte. In heissem
Gebete suchte er den nöthigen Trost und in der That fand ihn
in diesen Tagen sein Beichtvater bei einem Besuche hingestreckt
vor einem Crucifixe. „Ich habe," so erklärte er dem erstaunten
Pater, „die Gefahren erwogen, die mich allseitig bedrohen und
da ich keine menschliche Hilfe weiss, so bat ich Gott um
Hilfe; ist's aber Gottes Wille, so mag ich in diesem Kampfe
zu Grunde gehen." Wir besitzen über diese Scene zwar nur
den Bericht des Beichtvaters; aber wenn wir ihn mit der
ganzen Lebensweise Ferdinands zusammenhalten, so scheint
uns jeder Zweifel an seiner Glaubwürdigkeit ausgeschlossen.*)

Während Ferdinand vorzugsweise im Gebete Trost und
Hilfe suchte, versuchten die niederösterreichischen Katholiken,
ob sie nicht durch neue Verhandlungen der drohenden Gefahr
begegnen könnten. Das Schweigen, in welches sie sich gegenüber den am 22. Mai an sie gestellten Forderungen ihrer 1619
protestantischen Standesgenossen gehüllt hatten, schien ihnen
nicht mehr zweckmässig und so richteten sie am 3. Juni an
die letzteren eine Botschaft, in der sie dieselben zu einer
Besprechung über die noch ausstehenden Differenzpunkte
einluden. Da die Einladung in einem vielverheissenden Tone
geschah, glaubten die Protestanten sie nicht ablehnen zu
dürfen und erklärten sich bereit, einen Ausschuss von zwölf
Personen zu der folgenden Conferenz abzuschicken. Man kann
wohl annehmen, dass die Katholiken jetzt zu den weitesten
Concessionen entschlossen waren — selbst auf die Gefahr hin
später zu Grunde zu gehen — aber man begreift, dass sie
vor allem wissen wollten, ob sich die Protestanten mit ihnen
verbinden und den weiteren Angriffen Thurns begegnen würden.
Es wurde ihnen aber nicht einmal die Gelegenheit gegeben,
die den Protestanten angebotenen Bedingungen zu formuliren.

---

*) Lamormain: Virtutes Ferdinandi. Katona, XXX.

Denn als sich am 4. Juni die beiderseitigen Ausschüsse zusammenfanden, verlangten die Protestanten zuerst zu wissen, wie sich die Katholiken gegenüber dem ihnen zugemutheten Bündnisse mit Böhmen verhalten würden, ob sie demselben beitreten wollten oder nicht. Die Katholiken weigerten sich auf diese Frage zu antworten und wollten die Unterredung auf die österreichischen Differenzpunkte lenken und so hatte die Conferenz kein anderes Resultat, als dass beide Parteien in grösserem Groll als je zuvor sich trennten, wenngleich noch eine Zusammenkunft für den folgenden Tag verabredet wurde. Als auch in dieser bezüglich des böhmischen Bündnisses keine Einigung erzielt wurde, fassten die Protestanten einstimmig den Beschluss, die Verhandlungen mit den Katholiken aufzugeben. Am folgenden Morgen, den 5. Juni, benachrichtigten sie hievon die Katholiken mit der Erklärung, dass sie fortan eine eigene Kasse führen und ein eigenes Regiment zur Besorgung ihrer Angelegenheiten errichten würden. Gegen die zehnte Vormittagsstunde verfügten sie sich in die Burg, um Ferdinand von diesen Beschlüssen in Kenntniss zu setzen und ihm eine Schrift zu überreichen, in der sie ihr Bündniss mit Böhmen zu rechtfertigen suchten. Zum Wortführer bei dieser Audienz wählten sie den Herrn Paul Jakob von Starhemberg; doch betheiligten sich noch mehrere andere Personen an der nun folgenden denkwürdigen Unterredung, die in der Erinnerung der Zeitgenossen und später in den Geschichtsbüchern eine so hervorragende Rolle spielt.

Als nämlich die niederösterreichischen Protestanten von dem Könige empfangen wurden und Paul Jakob von Starhemberg die erwähnte Schrift überreicht und hiebei einige empfehlende Worte gesprochen hatte, ergriffen auch einige andere Edelleute das Wort, von denen nur Herr Andreas Thonradl namentlich bekannt ist; doch dürften wir nicht irre gehen, wenn wir unter den Rednern die Herrn Karl Teufel, Karl Puchheim und Georg Andreas von Hofkirchen vermuthen. Die Unterredung nahm bald eine leidenschaftliche Wendung, der unterwürfige Ton, der den Verkehr zwischen Souverainen und Unterthanen charakterisirt, machte einer herausfordernden Sprache Platz, wobei sich insbesondere Herr Thonradl hervor-

that. Die spätere, allerdings unbegründete Sage beschuldigt
ihn, dass er in seiner Unehrerbietigkeit den König an den
Knöpfen seines Wamses gefasst und zur Nachgiebigkeit gegen
die protestantischen Forderungen gedrängt habe. Gewiss ist
nur, dass die Stände vom Könige verlangten, er solle den weiteren Krieg gegen Böhmen aufgeben und damit wahrscheinlich
alle die Konsequenzen in den Kauf nehmen, die ihm Tschernembl
in seinem Memorandum angerathen hatte, und dass sie sich
über ihre katholischen Standesgenossen beschwerten, denen sie
die Ursache der Trennung in die Schuhe schoben.

Die heftige Sprache der Protestanten und ihre in der böhmischen Frage auf sein Verderben abzielende Forderung liessen
dem Könige über den furchtbaren Ernst der Situation keinen
Zweifel. Er stand allein den Ständen gegenüber: keiner seiner
Rathgeber war an seiner Seite, der für ihn das Wort ergriffen
und den Sturm von seiner Person abgelenkt hätte. Sollte er
der Heftigkeit gleiche Heftigkeit entgegensetzen, sollte er auf
die Drohungen mit Anklagen antworten oder die Audienz abbrechen? Seine ascetischen Studien und Anlagen verwerthete
er bei dieser Gelegenheit in unbewusster und doch meister-
hafter Weise. Keinen Augenblick verliess ihn die nöthige Ruhe:
in massvoller Weise tadelte er die Anwesenden wegen ihrer
Verbindung mit den Böhmen, sogar zu Bitten liess er sich
herab und suchte die Protestanten von dem betretenen Wege
abzulenken; zeitweise appellirte er an ihren Patriotismus, indem
er sie bat, sich mit ihm zur Abwehr des nahenden Feindes zu
vereinen, um das Land von den Leiden einer Invasion zu befreien; aber er erfuhr immer wieder, dass seine Worte jeder
Wirkung entbehrten.*)

So hatte diese Scene nahezu eine Stunde gewährt und die
Bitterkeit derselben sich für Ferdinand immer mehr verschärft,
als mit einemmale ein Wechsel eintrat. Ein oder zwei Tage
vorher hatte der König den Befehl gegeben, dass zur Verstärkung
der wiener Garnison die kleinen Besatzungen einiger benachbar-

---

*) Archiv von Simancas, Beilage zu einem Brief Oñates dd. 12. Juni. —
Sächs. StA. Aus Wien dd. 11. Juni 1619. — Raupach Evang. Oesterreich.
— Sächs. StA. Aus Wien dd. 10. Juni 1619.

ten Plätze nach Wien einrücken sollten, um die Vertheidigung dieser Stadt zu erleichtern; die Ausführung dieses Befehls kam gerade im gelegensten Momente. Während Ferdinand in dem Audienzsaal der grössten Demüthigung ausgesetzt war, die ihm persönlich in seinem ganzen Leben widerfuhr und das Ende des Streites sich gar nicht absehen liess, hörte man plötzlich das Geräusch einer rasch herankommenden Reitertruppe.

Es waren vier Cornets eines Kürassierregiments, das erst in der Bildung begriffen war und über welches später Dampierre als Oberst das Commando führte. Sie hatten sich Tags vorher in der Stärke von 400 Mann aus Krems auf den Weg gemacht und langten um die eilfte Vormittagsstunde in Wien an, wo sich der Arsenalhauptmann Gilbert von Saint-Hilaire an ihre Spitze stellte. Eine glückliche Fügung des Schicksals bewirkte, dass dieser Franzose, der mit der Wittwe Karls IX von Frankreich, der Tochter Kaiser Maximilians II nach Oesterreich ausgewandert war, dem Fürsten seines neuen Heimatlandes einen Dienst leisten konnte, den ihm dieser nie vergass. Unter seinem Commando ritten die Kürassiere in schnellem Galopp, der unter der Bevölkerung Wiens allgemeines Erstaunen und bei den Protestanten Entsetzen hervorrief, nach der Burg und stellten sich daselbst im Hofe auf. *)

---

*) Hurter fühlte das Bedürfniss, über die denkwürdige Scene des 5. Juni mehr Licht zu verbreiten, indem er an den gedruckten Berichten die nöthige Kritik übte und durch eingehende archivalische Studien neues Material herbeizuschaffen und so den Sachverhalt richtig zu stellen suchte. Dennoch ist bei ihm die Erzählung des ganzen Verlaufs durch schwere Irrthümer verunstaltet, deren Schuld wir nicht ihm, sondern den von ihm benützten mangelhaften Quellen zur Last legen müssen. Der erste und gröbste Irrthum ist der, dass er die Scene auf den 11. Juni 1619 verlegt, während sie thatsächlich am 5. stattgefunden hat; sie gieng der Ankunft Thurns vor Wien voraus, während sie Hurter fast an das Ende seines Aufenthaltes vor Wien setzt. Dies allein beweist am besten, wie wenig ihm die Reihenfolge der Ereignisse in diesem Falle bekannt ist. Ferner lässt Hurter die Audienz bis gegen Abend dauern und meint, diese Zeitbestimmung verdiene „die vollste Glaubwürdigkeit", indem er sich auf eine an Ferdinand von Seite der Protestanten gerichtete Schrift beruft, worin sie sagen, dass sie (die Stände) zu Hof bis gegen Abend verblieben seien. Auch in dieser Beziehung irrt er; denn abgesehen

Ihr Erscheinen verfehlte seine Wirkung im Audienzsaale
nicht. Die protestantischen Stände, die durch ihr brüskes

> von den positiven Angaben der uns zugänglichen Schriftstücke, welche
> der Audienz nur die Zeit zwischen 10—11 Uhr Morgens zuweisen, ist
> Hurters Irrthum dadurch erklärlich, dass den Ständen am Nachmittag
> desselben Tages eine zweite Audienz ertheilt wurde, in Folge deren sie
> sich wieder in der Burg einfanden und daselbst bis gegen Abend ver-
> weilt haben mochten. Endlich meint Hurter, Saint-Hilaire der Anführer
> der Reiterschaar, die Ferdinand vor der weitern Bedrückung der Stände
> rettete, sei vielleicht kein Franzose, sondern ein Deutscher gewesen und
> auch sein Name, der zu jener Zeit Santhelier geschrieben wurde, laute
> mit seinem Ausgange mehr deutsch als französisch und nur spätere Willkür habe die französische Orthographie „Saint-Hilaire" eingeführt. Auch
> hierin hat er Unrecht: Gilbert de Saint-Hilaire war als junger Mann
> mit der Tochter Kaiser Maximilians II, Elisabeth, der Witwe Karls IX,
> von Frankreich nach Oesterreich gezogen und war da in die Dienste der
> habsburgischen Fürsten getreten. Er hatte in Burgund eine Besitzung,
> um deren Überlassung nach seinem ungefähr im Jahre 1633 erfolgten
> Tode seine Söhne bei der französischen Regierung ansuchten, da die
> Auswanderung ihres Vaters ihren Erbansprüchen entgegen stand. Die
> Beweisstücke für unsere Behauptungen finden sich in der diplomatischen
> Correspondenz im Ministerium der auswärtigen Angelegenheiten in
> Paris. — Was nun unsere Quellen betrifft, die wir bei unserer Erzählung
> benützen, so rühren sie vom spanischen und sächsischen Gesandten in
> Wien her (Simancas 712, Relacion del sitio de Viena hasta el Miercoles
> 12 de Junio. — Sächs. StA. 9171, XIII Fol. 408—9. Aus Wien dd
> 10. Juni 1619 und ebend. Fol. 377—80. Aus Wien dd. 11. Juni 1619),
> die beide ausserordentlich gut über die täglichen Vorgänge unterrichtet
> waren und beide sich in Wien befanden. Der spanische Gesandte berichtete am 12. Juni über die Ereignisse vom 5—12. Juni, der sächsische
> sandte zwei Berichte, den einen vom 10. Juni, den andern vom 11. datirt nach Dresden ab. Alle diese Berichte, unter dem frischen Eindrucke
> der Ereignisse von gut unterrichteten Männern verfasst, stimmen völlig
> überein, aus ihnen und einigen sonst noch sichergestellten Nachrichten,
> die auch Hurter mittheilt, stellten wir unsere Erzählung zusammen. Es
> ergibt sich aus denselben, dass die Scene in der Burg ernst war, doch
> alles jenes theatralischen Gepränges ermangelte, von dem Wessenberg zu
> erzählen weiss. Niemand griff also Ferdinand am Knopfe an und Niemand sprach die Drohung aus, den König in ein Kloster einsperren zu
> wollen. Die betreffende Stelle im Berichte des spanischen Gesandten
> lautet wörtlich: „Los Lutheranos a 5 (de Junio) entraron en la junta de
> los Catolicos y diziendo que ya que no se habian podido concertar, separarian la caja comun y el gobierno y mirarian por lo que les conviniese. De aqui fueron al Rey a decirle otro tanto y segun lo que se

Auftreten dem Könige Angst einjagen und ihn zur Nachgiebigkeit bewegen wollten, waren ihrerseits selbst nicht ohne Sorge vor einem Handstreich der katholischen Partei. Bevor sie in die Burg gegangen waren, hatte man sie vor diesem Schritte gewarnt, eine Anzahl Handwerksburschen hatte sie im Landhause um Gotteswillen gebeten, die Burg nicht zu betreten, man werde sie daselbst gefangen nehmen, ihre Hinrichtung sei eine beschlossene Sache. Dieses Gerücht mochte insofern der Aufgeregtheit der Protestanten seinen Ursprung verdanken, als sie wohl fühlten, dass ihre auf den Untergang Ferdinands berechneten Schritte auch für diesen einen Grund abgeben konnten, ihnen mit gleicher Münze heimzuzahlen. Das plötzliche Heransprengen einer Reiterschaar, die von dem Fenster des Audienzsaales zu erblicken war, liess sich in diesem Sinne deuten und in der That erblickten die Protestanten darin ein übles Anzeichen. Schon raunten sich einige erschrocken zu, dass es um sie geschehen sei; ihre Sprache, vor einem Augenblicke kühn bis zur Verwegenheit, änderte sich plötzlich und wie mit einem Zauberschlag traten die Formen des zwischen Fürst und Unterthanen üblichen Verkehrs in ihre Geltung. Nach einigen Phrasen, die diesem Verhältnisse entsprachen, empfahlen sich die Deputirten; ihr Erscheinen auf der Strasse beruhigte ihre Gesinnungsgenossen, denn in der Stadt meinte man bereits, dass ihnen etwas Schlimmes begegnet sei.

Ferdinand, der sich jetzt einem gewissen Sicherheitsgefühl hingeben konnte, verkannte nicht das Gefährliche seiner Lage und beschloss deshalb, die Verhandlungen mit den Protestan-

---

ha oydo del de la Torre y la opinion general se cree, que los Luteranos o algunos particulares le clamaron con animo de darle entrada en esta ciudad y forzar al Rey a que hiziese la paz recibiendo las condiciones que le quisiesen poner. Mas fue Dios servido, que al mismo punto, que los Luteranos estaban hablando con el Rey, llegaron a la plaza de palacio cuatrocientos cavallos y a la ciudad otros tantos infantes, que se habian clamado de los presidios vecinos, con lo qual se turbaron y hablaron mas modestamente." Der Schluss zeigt zugleich, dass die Kürassiere nicht zufällig und auch nicht von Dampierre abgeschickt nach Wien kamen, sondern dass ihnen der Befehl von Wien aus zugekommen war.

ten fortzuführen, wie sehr er sich auch von ihnen beleidigt fühlen mochte. Kaum hatten sich dieselben also von ihm entfernt, so schickte er ihnen nach und lud die Herrn von Starhemberg und Traun zu einer neuen Besprechung ein, in der er sich zum Vermittler in dem Streite mit den katholischen Ständen erbot. Dagegen verlangte er zum Lohne für diese Vermittlung und für die damit wahrscheinlich im Zusammenhange stehende Befriedigung der protestantischen Wünsche, dass sich die Stände ohne Unterschied der Confession vereinen sollten, um den Grafen Thurn zum Rückzuge aus Oesterreich zu bewegen; bis drei Uhr Nachmittags wollte er der Zustimmung der Protestanten gewärtig sein. Als Starhemberg und Traun die gehabte Unterredung ihren Glaubensgenossen mittheilten, wurde der königliche Vorschlag einstimmig abgelehnt und Ferdinand am Nachmittag hievon verständigt.*)

In der Nacht, die diesem denkwürdigen Tage folgte, erreichte endlich Thurn die Vorstädte von Wien und schlug sein Hauptquartier zuerst in der Landstrasse und später in dem Favoritenpalast, der jetzigen Vorstadt Wieden, auf.**) Die katholischen Privatschreiben und Druckschriften jener Zeit beschuldigen durchgehends die protestantischen Stände, dass sie mit dem Grafen Thurn eine Verabredung getroffen hätten, der zu Folge sie ihm den Zugang nach Wien durch Verrath erschliessen wollten. Man wird nie im Stande sein, genau zu ergründen, wie weit die bezüglichen Versprechungen und Vorbereitungen gereicht haben; aber dass ein Einverständniss mit Thurn bestand und dass ihm Hoffnung gemacht wurde, man werde ihm ein Thor öffnen und die Stadt seiner Gewalt überliefern, ergibt sich theils aus den Vorwürfen, die Thurn später gegen die Stände erhob und in denen er sie beschuldigte, dass sie die gemachten Versprechungen nicht

---

*) Raupach, Evangel. Oesterreich. — Sächs. StA. Aus Wien dd. 11. Juni. Dieses letztere Schreiben berichtet, dass die Audienz nicht am Nachmittag, sondern am folgenden Morgen stattgefunden habe. Raupach berichtet dagegen offenbar nach verlässlichen gleichzeitigen Nachrichten, dass die Audienz sowohl am Nachmittag (5. Juni) wie am Morgen (6. Juni) stattgefunden habe. — Wir folgen seinen Angaben.
**) Pešina Mars Moravicus zweiter Theil. MS. des prager Domkapitels.

eingehalten hätten, theils aus seinem Schreiben an die böhmischen Direktoren, in dem er angibt, er habe gehofft, man werde ihm ein Thor von Wien öffnen und mindestens eine Stunde mit Gewalt offen halten, bis er sich dadurch den Eingang in die Stadt gebahnt haben würde.*) Wie dem nun auch gewesen sein mag, die Verstärkung, die die wiener Garnison in den letzten Tagen und namentlich am 5. Juni erfuhr, schüchterte die Protestanten ein, und was sie in der Nacht auf den 6. nicht wagten, konnten sie später nicht mehr thun, weil Ferdinand jetzt hinreichend gerüstet war.

1619   Als die Bewohner Wiens am 6. Juni Morgens die Bastei betraten, konnten sie sehen, wie sich die böhmisch-mährische Armee in der Vorstadt Landstrasse und den zunächst liegenden Gegenden ausbreitete. Ferdinand gab jeden Versuch zur Vertheidigung der Vorstädte auf und konzentrirte seine Kräfte in der innern Stadt, deren einen Ausgang, das Rothenthurmthor, er ungesperrt liess, um so den Zusammenhang mit dem Lande zu unterhalten und die Zufuhr von Lebensmitteln, so lange dies anging, zu ermöglichen. Zu diesem Zwecke wurde auch der Prater besetzt gehalten und von hier aus schon am 6. Juni mit dem angreifenden Feinde scharmuzirt.**) Die Anstrengungen zur Erhöhung der Garnison wurden auch jetzt nicht ausgesetzt, sondern in- und ausserhalb Wiens betrieben. Unter den Bürgern, die zu einem guten Theile katholisch waren, gab es viele, die bei der Vertheidigung des heimischen Heerdes ihre Arme dem Könige zur Verfügung stellen wollten; ein Appell an ihren Patriotismus hatte zur Folge, dass

---
*) Sächs. StA. Thurn an die Direktoren dd. 10. Juni 1619. — Die betreffende Stelle von Thurns Brief lautet etwas unklar wie folgt: „Nachmals habe ich mich ganz in die Vorstädt zu Wien logirt zu dem End, dass ich gehofft, hab auch Tag und Nacht prakticirt, ob man mir ein Thor geöffnet und mir ein Stund mit Macht aufgehalten hätte, so wollte ichs auf Passauerisch und vielleicht noch besser gemacht haben. Es hat es aber Gott nicht also haben wollen, dann durch dies Mittel wäre dem ganzen Wesen geholfen worden." — Ebend. Aus Wien dd. 10. Juni 1619.
**) Wir können nicht gut begreifen, wie dies möglich war, da Thurn mit seinen Truppen auf der Landstrasse stand und sonach zwischen Wien und dem Prater postirt war, allein die Quellen geben dies an und wir wiederholen nur die betreffenden Angaben.

aus ihnen drei Compagnien zu Fuss und zwei Reitercornets
gebildet werden konnten. Auch unter den Studenten, die unter
dem Einflusse der Jesuiten herangebildet worden waren, zeigte
sich eine grosse Opferwilligkeit; wer Waffen tragen konnte,
griff zu denselben, und so wurde aus ihnen ein Corps von
400 Mann gebildet. Zuletzt kamen zu der bereits vorhandenen
Mannschaft noch 500 Mann vom Lande und so geschah es,
dass sich die wiener Garnison, die am 5. Juni nicht ganz 1619
4000 Mann zählte, eine Woche später auf ungefähr 5500 Mann
belief; der wohlunterrichtete sächsische Gesandte schätzte sie
sogar zuletzt auf 6000 Mann. Gegenüber diesen Zahlen ist
es klar, dass wenn sich Thurn nicht durch Verrath Wiens
bemächtigen konnte, für ihn keine Aussicht vorhanden war,
dies mit Gewalt thun zu können. Seine Truppen waren der
wiener Besatzung an Zahl nur unbedeutend überlegen, ihre
Stärke belief sich nur auf 8000 Mann, da Thurn in den von
ihm besetzten Orten mehrere Tausend Mann zurück gelassen
hatte; er konnte demnach weder an die Einschliessung der
Stadt noch an einen ernsten Angriff denken, da er über kein
Belagerungsgeschütz verfügte, ja vielleicht kaum mehr als eine
oder zwei Karthaunen mitführte.

Der Befehlshaber über die wiener Garnison, dessen Namen wir nicht anzugeben vermögen, richtete am 6. oder 7.
Juni durch einen Parlamentär an Thurn die Frage, welche 1619
Absicht ihn nach Wien geleitet habe. Letzterer erwiederte,
dass er ihm das Recht zu einer solchen Frage nicht zugestehe,
weil er ihn überhaupt in seiner Würde als Kommandanten
nicht anerkenne, da durch den Tod des Kaisers ein Interreg-
num eingetreten sei und die ganze Regierung von Rechts-
wegen den Ständen gebühre. — Ferdinand bot darauf auch den
Protestanten die Gelegenheit, dieselbe Frage an Thurn zu
richten. Am 6. Juni hatten sich dieselben wieder zur Audienz
bei ihm eingefunden, und ohne dass wir im Stande wären,
Verlässliches über den Inhalt der Unterredung zu berichten,
scheint doch so viel sicher zu sein, dass sie sich erboten haben eine
Deputation an den Grafen Thurn abzuschicken und ihn zu
fragen, weshalb er gegen Wien gezogen sei, und dass Ferdinand dies Anerbieten annahm. Beiderseits war es offenbar auf

6*

Täuschung abgesehen: dem König handelte es sich um nichts anderes, als Zeit zu gewinnen, bis Buquoy herangezogen sein würde, den Protestanten dagegen um einen Vorwand zu einer vertraulichen Besprechung mit Thurn. Als sie nun mit Erlaubniss des Königs den Grafen in seinem Lager besuchten und ihn um die Ursache seines Einmarsches in Oesterreich befragten, gab er ihnen zur Antwort, dass er durch diesen Einmarsch Böhmen von den weiteren Kriegsdrangsalen befreien und ein Bündniss mit den Ständen aller Länder zur Herstellung eines allgemeinen Friedens habe anbahnen wollen. Was ausserdem zwischen den Ständen und dem Grafen Thurn verhandelt und besprochen wurde, lässt sich theils vermuthen, theils ergibt es sich aus den Ereignissen der folgenden Tage. Mancher Vorwurf wurde von Thurn erhoben, dass die Stände nicht eingehalten hätten, was sie ihn erwarten liessen; im übrigen bestärkte man sich wechselseitig zum Ausharren auf dem betretenen Wege. Die Niederösterreicher sagten abermals die Beschickung des böhmischen Generallandtages zu und versicherten, dass sie in ihren Rüstungen fortfahren würden, wie denn in der That dieselben jetzt energisch in Angriff genommen wurden.*)

Als die Deputirten von ihrer Unterredung mit Thurn nach Wien zurückkamen, nahmen sie keinen Anstand, in den Bericht, den sie dem König hierüber erstatteten, unverholen ihre Verhandlungen mit Thurn einzugestehen und sich mit seinen Forderungen einverstanden zu erklären, so namentlich mit der, dass Ferdinand die Waffen niederlegen und den Grafen Thurn in seiner Friedensmission nicht weiter stören möge. Sie verhehlten auch nicht, dass sie ihre Rüstungen fortsetzten und verlangten schliesslich eine rasche und unumwundene Entscheidung bezüglich ihrer Forderungen, um darnach ihre weiteren Massregeln treffen zu können. Aber rasche Entscheidungen lehnte der König im Frieden ab, um wie viel mehr jetzt, wo ihm alles daran gelegen war, Zeit zu gewinnen und seine Feinde vom Angriffe abzuhalten. Deshalb schnitt er

---

*) Archiv von Simancas, Beilage zu Oñate's Schreiben dd. 12. Juni 1619. — Sächs. StA. Aus Wien dd. 10. Juni 1619.

ihnen nicht jede Hoffnung ab, stellte aber immer neue Zwischenfragen, um die Verhandlungen so lange hinauszuziehen, bis Buquoy herangekommen sein würde. Die Stände wiederholten mittlerweile ihre Besuche im böhmischen Lager, wo sie stets des herzlichsten Empfanges gewiss sein konnten; sie liessen sich sogar von ihren Frauen begleiten, um ihnen den Genuss eines militärischen Schauspiels zu verschaffen.

Wie sehr sich auch der Graf Thurn über die freundliche Gesinnung der niederösterreichischen Protestanten freuen und für die Zukunft auf die Wirksamkeit derselben rechnen mochte, für den Augenblick war er überzeugt, dass sie ihm nicht zum Ziele verhelfen und er sich zu einem beschämenden Rückzuge von Wien gezwungen sehen würde. In Böhmen selbst wünschte man seine schleunige Rückkehr. Graf Hohenlohe geriet über die Truppenzuzüge, mit denen sich Buquoy seit Ende Mai fast täglich verstärkte, in so schwere Besorgnisse, dass er am 6. Juni den Direktoren schrieb, sie möchten Thurn aus Oesterreich zurückrufen, weil er sich sonst gegen Prag zurückziehen müsste. Noch bevor die Direktoren die entsprechende Weisung an Thurn abgehen liessen, erhielt dieser (am 8. oder 9. Juni) so klägliche Nachrichten aus Böhmen,*) dass er augenblicklich dahin aufgebrochen wäre, wenn er sich nicht verpflichtet gefühlt hätte, die Ankunft einer ungarischen Deputation, die für den 10. Juni angesagt war, zu erwarten, da die Anknüpfung directer Beziehungen zu den ungarischen Ständen für die böhmische Sache von der grössten Wichtigkeit war. Es kam jetzt Alles darauf an, durch die Deputation mit dem ungarischen Reichstage in Verbindung zu treten und abermals zu versuchen, was im vorigen Jahre nicht gelungen war, nämlich die Ungarn zur Theilnahme an dem böhmischen Aufstand zu vermögen.

---

*) In einigen Geschichtsbüchern wird der Verlust der Schlacht bei Zablat, in der Mansfeld am 10. Juni von Buquoy geschlagen wurde, als die Ursache angegeben, weshalb sich Thurn von Wien zurückgezogen habe. Diese Annahme ist unrichtig. Aus den uns zugänglichen Korrespondenzen des sächsischen Staatsarchivs, aus Skála und anderen Akten ist es unzweifelhaft, dass Thurn schon am 9. oder 10. Juni selbständig den Entschluss zum Rückzuge fasste, wie dies auch nach den von uns angegebenen Streitkräften Thurns und Ferdinands nicht anders möglich war.

Als der Reichstag in Pressburg zusammengetreten war, hatte Ferdinand ihn aufgefordert, die Aufbietung der ungarischen Insurrection in Berathung zu ziehen; er stellte sich also, als glaube er an die Treue der Ungarn und an ihre Bereitwilligkeit, ihm gegen seine Widersacher zu helfen.*) Die öffentliche Meinung in Ungarn hatte sich jedoch seit Jahresfrist bedeutend geändert; man durfte nicht bloss bezweifeln, dass der Reichstag auf den Wunsch Ferdinands eingehen werde, sondern musste für Ferdinand selbt das Äusserste befürchten. Schon hatten die Comitate ihre Feindseligkeit dadurch geäussert, dass sie den Abmarsch eines Theiles der Truppen, die für den königlichen Dienst geworben waren, zu hindern suchten und auf dem Reichstage machte sich gleich von vornherein eine so gefährliche Stimmung geltend, dass selbst der Palatin dem Könige den Rath zur schleunigen Auflösung desselben ertheilte. Dazu konnte sich Ferdinand nicht entschliessen, da diese Massregel nicht mindere Gefahren im Gefolge hatte, als die weiteren Verhandlungen. Aus demselben Grunde wies er auch einen Antrag des Reichstages nicht zurück, der die Insurrection ablehnte, sich aber dafür erbot, durch eine Deputation Verhandlungen mit dem Grafen Thurn und überhaupt mit den Böhmen zur Herbeiführung eines Ausgleiches einzuleiten. Mit Zustimmung des Königs wählte der Reichstag diese Deputation, welche aus dem Grafen Stanislaus Thurzo, dem pressburger Probste Thomas Balasfi und aus fünf anderen Personen bestand.**) Der Reichstag beabsichtigte jedoch keineswegs die Interessen Ferdinands zu unterstützen, sondern wollte durch seine Gesandten nur Fühlung mit den Böhmen bekommen und im Falle Ferdinand dieselben mit den Unterhandlungen betrauen und deshalb nach Prag abschicken würde, wünschte er, dass daselbst über ein Bündniss zwischen Böhmen und Ungarn verhandelt und dann erst der Streit zwischen Ferdinand und Böhmen, allerdings in einer den letzteren zusagenden Weise beigelegt würde. Der Erzbischof von Gran, Peter Pazman, der Ferdinand von diesen gefährlichen Absichten un-

---

*) Katona, XXX, 23 und 24.
*) Katona, XXX, 29.

terrichtete, warnte ihn vor den ungarischen Unterhändlern und überhaupt vor allen Verhandlungen mit den Böhmen, es sei denn, dass Thurn sich mit seiner Armee aus Oesterreich zurückziehen und damit den Beweis liefern würde, dass es ihm und den Böhmen ernstlich um den Frieden zu thun sei.*)

Der Erzbischof von Gran hatte mit seinen Warnungen und Beschuldigungen nur zu sehr Recht, wenn er ein Mitglied der nach Wien abgeschickten Deputation ins Auge fasste, und zwar den Grafen Stanislaus Thurzo. Zum erstenmale trat jetzt dieser Mann in hervorragender Weise auf dem politischen Schauplatze auf und zwar als heftiger Gegner der habsburgischen Herrschaft, die er ebenso aus nationalen wie aus religiösen Gründen anfeindete. Tiefere Überzeugungen scheinen ihn dabei nicht geleitet zu haben, sondern nur die Rücksicht auf eigenen Gewinn, der ihm bei einem Sturze Ferdinands zu winken schien. Zu dieser abträglichen Beurtheilung seines Wesens glauben wir durch den Umstand berechtigt zu sein, dass er bald nach der Schlacht auf dem weissen Berge seine Anschauung änderte, katholisch wurde und einen der eifrigsten Anhänger Ferdinands abgab. Jetzt, wo er zu seinen Gegnern gehörte, beeilte er sich, mit dem Grafen Thurn in persönliche Beziehungen zu treten, um den gewünschten Umsturz vorzubereiten. Im Verein mit den andern ungarischen Gesandten machte er sich auf die Reise nach Wien und besuchte mit ihnen den Grafen Thurn in seinem Lager. Die Unterredung mit dem letzteren schien zunächst das Interesse des Königs zu wahren, indem die Ungarn Thurn Vorwürfe machten, dass er mit seinem Heere den König belagere und ihn in dem freien Verkehr mit Ungarn hindere. Dann stellten sie an ihn die Frage, ob er mit den nöthigen Vollmachten zu Friedensverhandlungen versehen sei, und boten dabei ihre guten Dienste als Vermittler an. Thurn erwiederte, dass er zum Abschluss eines Bündnisses, welches alle Stände des habsburgischen Besitzes umschliessen solle, bevollmächtigt sei; erst nach Abschluss dieses Bündnisses könne von Friedensverhandlungen die Rede sein, weil sich

---

*) Codex epistolaris Petri Pazmani, herausgegeben von Frankl.

sämmtliche Stände an denselben betheiligen müssten. Einen vorläufigen Waffenstillstand machte er von dem Abzuge des königlichen Heeres aus Böhmen und der Entlassung der für Ferdinands Dienst angeworbenen Truppen abhängig. Diese officiellen Verhandlungen waren schliesslich von vertraulichen Besprechungen begleitet, in denen Thurn den königlich gesinnten Theil der Deputation mit spitzen Worten angriff, den andern Theil aber für die böhmische Sache zu gewinnen suchte.*)

Thurzo spielte bei dieser Besprechung, so weit es bekannt ist, keine besonders hervortretende Rolle; als sich aber die übrigen Gesandten entfernten, blieb er zurück und hatte während der darauf folgenden Nacht mit dem Grafen Thurn eine entscheidende Unterredung. Wenn wir dem Berichte einer unterrichteten Persönlichkeit**) glauben dürfen, so forderte Thurzo den Grafen zur Ausdauer auf und versprach ihm, dass Ungarn sich mit seinem ganzen Einfluss für einen günstigen Ausgleich bei König Ferdinand verwenden, oder wenn dieser nicht zu Stande kommen würde, sich mit Waffengewalt auf die böhmische Seite stellen werde. Wir zweifeln nicht, dass diese Versicherungen den Inhalt der nächtlichen Unterredung ausmachten, denn Thurzo bemühte sich fortan auf das eifrigste Ungarn zum Anschlusse an Böhmen zu bewegen.

Die ungarische Deputation erstattete mittlerweile dem Könige Bericht über den Erfolg ihrer Verhandlung mit Thurn und stellte die Frage an ihn, ob er sich ihre Vermittlung gefallen lassen wolle. Bei den Forderungen, die Thurn so klar und unumwunden präcisirt hatte, gab es in der That wenig oder nichts zu vermitteln, und der König würde, wenn er seiner Meinung Ausdruck gegeben hätte, allem weitern Gerede ein Ende gemacht haben. Da er es jedoch immer noch vorzog, seine Gegner hinzuhalten, so liess er sich die angebotene Vermittlung gefallen, setzte aber zur Bedingung, dass nichts von ihm verlangt werde, was gegen seine Würde verstosse.

---

*) Archiv von Gratzen: Jaquot an Buquoy dd. 14. Juni 1619. — Sächs. StA. Antwort Thurns den ungarischen Gesandten gegeben dd. 10. Juni 1619. — Ebend. Antwort Thurns an die ungarischen Stände dd. 10. Juni 1619. — Katona XXX, 30 und flg.

*) Jaquot an Buquoy dd. 14. Juni 1619. Gratzner Archiv

Wenn er durch diese scheinbare Nachgiebigkeit Zeit gewinnen wollte, so hatte er dies nicht mehr nöthig, da Thurn sich nach der Unterredung mit den ungarischen Gesandten zum eiligen Rückzug nach Böhmen anschickte. Vor seinem Abzuge hatte er noch eine letzte Besprechung mit einer niederösterreichischen Deputation, an der sich namentlich Herr Hans Ludwig von Kufstein betheiligte und die ihn um Auskunft über seine Verhandlungen mit den Ungarn ersuchte.*) Wir vermuthen, dass Thurn die Hoffnungen andeutete, die er sich auf Thurzo's Versprechungen bezüglich Ungarns machte, und dass er schliesslich auch die Niederösterreicher zur Ausdauer ermahnte. Sie hatten zwar seine Hoffnungen nicht erfüllt, und ihm den Zugang nach Wien nicht eröffnet, allein ihre Gesinnung blieb ihm nach wie vor freundlich. Diesen Trost nahm er auf den Rückzug mit sich, den er thatsächlich in der Nacht auf den 14. Juni gegen Schwechat antrat, wo er die Donau übersetzte und von da nach Böhmen zurückging. 1619

Auf diese Weise war die Gelegenheit zur gänzlichen Niederwerfung Ferdinands, wie sie sich nie günstiger geboten hatte, ungenügend ausgebeutet und dem böhmischen Aufstand war dadurch der schwerste Schlag versetzt worden.

---

*) Wiener StA. Relation der Gesandtschaft bei dem Grafen Thurn.

Drittes Kapitel.

Der Krieg in Böhmen im Sommer des J. 1619.

I Mansfeld rückt von Pilsen nach Záblat vor. Schlacht bei Záblat. Verluste Mansfelds. Folgen der Schlacht bei Záblat und Abmarsch der böhmischen Truppen von Rudolfstadt. Verlust von Frauenberg und Rosenberg. Soldforderungen der böhmischen Truppen. Bemühungen der Directoren das nöthige Geld zusammenzubringen. Confiscationen. Repressivmassregeln gegen die Katholiken. Klagen der Gutsbesitzer im südlichen Böhmen.
II Buquoy rückt aus Budweis vor. Buquoy in Wien. Streifzüge des königlichen Heeres. Unordnung im böhmischen Heere. Wahl des Fürsten von Anhalt zum Obercommandirenden. Traurige Verhältnisse im böhmischen Heere. Soldforderungen desselben. Berathungen im Landtage zur Beschaffung des nöthigen Geldes. Liederlichkeit und selten vorgenommene Musterungen sind die Gründe, durch welche die Soldrückstände eine solche Höhe erreichten.
III Dampierre in Mähren. Treffen von Wisternitz. Meuterei im königlichen Heere. Verstärkung des böhm. Heeres. Buquoy rückt vor. Eroberung von Pisek. Anhalt bei dem böhmischen Heere. Rückzug der Böhmen nach Zalužan.

I

Während Ferdinand in Wien der ihm von Thurn drohenden Gefahr glücklich entronnen war, rückten die in Flandern und im Elsass geworbenen Truppen in einzelnen Abtheilungen in Böhmen ein und verstärkten die Armee des Grafen Buquoy so beträchtlich, dass Hohenlohe sich den ärgsten Besorgnissen hingab. Da Mansfelds Anwesenheit in Pilsen nicht länger 1619 nothwendig war, liessen ihm die Direktoren gegen Ende Mai den Befehl zukommen, sich mit seinen Truppen nach dem Süden zu begeben, offenbar um die Strasse von Passau nach Böhmen zu besetzen und so den für Buquoy bestimmten Zuzügen den Durchzug durch den Böhmerwald abzuschneiden. Für die Lösung dieser Aufgabe machte sich aber Mansfeld viel zu spät auf den Weg. Als Buquoy einen Theil seiner Verstärkungen an sich gezogen hatte, hätte er eigentlich dem Mahnrufe Ferdinands nachkommen und den Marsch nach Wien antreten sollen; statt dessen scheint er es für wichtiger gehalten zu haben, den gegenüberstehenden Feind anzugreifen, weil er wahrscheinlich erwartete, dass dies den Rückzug Thurns beschleunigen würde. Nachdem er in Budweis eine hinreichende Garnison zurückgelassen hatte, trat er mit einem aus Reiterei und Fussvolk bestehenden Corps von 5000 Mann den Marsch gegen Moldautein an, um sich dieses Ortes zu bemächtigen.*) Auf dem Wege bekam er durch einen im Hauptquartier Mansfelds befindlichen Spion die Nachricht,**) dass letzterer von Hohenlohe den Befehl erhalten habe, seine Leute zu sammeln und mit ihnen zu der Hauptarmee zu stossen; dies bewirkte, dass Buquoy seine Marschrichtung änderte und seine Schritte nach Netolitz lenkte.

Mansfeld hatte in der That den betreffenden Befehl erhalten und zog deshalb seine über einen ziemlich weiten Umkreis zerstreuten Truppen zusammen und koncentrirte sie bei Protiwin. Von hier war er nach Rudolfstadt in das böhmische Hauptquartier geritten***) und hatte dort mit dem Grafen Hohenlohe die letzten Verabredungen über den Weitermarsch und Anschluss an die Hauptmacht getroffen. Am 8. Juni ging er wieder nach Protiwin zurück, blieb da bis zum 10., an welchem Tage er um 4 Uhr Morgens mit seinem Corps den Marsch nach Rudolfstadt antrat, von wo ihn eine Wegstrecke von ungefähr 5 Meilen trennte. Die Stärke seines Corps belief sich auf ungefähr 3000 Mann und zwar bestand es aus vier Reitercompagnien und acht Fähnlein Fussvolk, an Artillerie hatte er eine Kanone bei sich. Er war ungefähr anderthalb Meilen weit bis Zablat gekommen, als er die Nachricht erhielt, dass eine Abtheilung von 30 Musketieren, die zu seinem Corps gehörig und in Netolitz stationirt war, von dem Feinde über-

---

*) Die Stärke des buquoy'schen Corps wird übereinstimmend in den spanischen Quellen (Archiv von Simancas) und in den Berichten des sächsischen Gesandten aus Prag (StA. 9171, XIII, 338) auf 5000 Mann angegeben.
**) Skála, III, 160.
***) Sächs. StA. 9171, XIV, Fol 267. Relation Walpurgs über das Gefecht bei Záblat.

fallen worden sei. Dieser Ueberfall war von Buquoy ausgeführt worden, der mittlerweile bis Netolitz vorgedrungen war. Einem ziemlich verlässlichen Berichte zu Folge soll nun Buquoy durch einen bestochenen Bauer dem Grafen Mansfeld die Nachricht zugeschickt haben, dass Netolitz von einer ungarischen Reiterabtheilung attaquirt werde, dass sich die bedrohten Musketiere tapfer vertheidigten und den Grafen dringend um Hilfe ersuchten.*) Ob nun Mansfeld durch diese List vermocht wurde, einem Feinde entgegenzugehen, der ihm weit überlegen war und ob er überhaupt das Wagniss nicht für gross hielt, lässt sich nicht sicherstellen; gewiss ist, dass er rasch mit einem Theile seiner Truppen Zablat verliess und nach Netolitz eilte, um den Seinigen Rettung zu bringen. Kaum hatte er jedoch eine Viertel Meile zurück gelegt, so stiess er auf den heranrückenden Feind, dessen Ueberlegenheit er nach kurzem Gefechte zu seinem Schrecken bemerkte. Rasch zog er sich jetzt nach Zablat zurück, verbarrikadirte das Dorf und postirte in dasselbe sein ganzes Fussvolk; die Reiterei aber theilte er in zwei Abtheilungen, stellte sie rechts und links vor dem Dorfe auf und nahm selbst seinen Platz am linken Flügel. Sein einziges Geschütz postirte er ebenfalls vor das Dorf und erwartete nun die kommenden Dinge.

Alle diese Vorsichtsmassregeln hatte Mansfeld ziemlich unbelästigt ausführen können, da Buquoy sich mit dem Angriffe nicht beeilte, sondern zuerst Detachements nach Wodňan und Frauenberg abschickte, um dem Gegner die Flucht nach der einen und der andern Seite zu verlegen. Ueber eine Stunde lang wurde also das Gefecht von den Königlichen nur lässig geführt, auch wurden sie etwas von den Schüssen zurückgescheucht, welche Mansfeld aus seinem Geschütz gegen sie abfeuern liess. Nachdem Buquoy aber die gewünschten Vorkehrungen getroffen hatte, gieng er um die Mittagszeit energisch zum Angriffe über. Den ersten und entscheidenden Stoss führte die Reiterei aus und zwar ein wallonisches Kürassierregiment, mit dessen Anführung Albrecht von Waldstein

---

*) Sächs. StA. 9171, XIV, Fol. 115. Hauptmann Kherosch an den Kurfürsten von Sachsen dd. 27. Juni 1619.

betraut war, der nun zum erstenmale auf böhmischem Boden kämpfte; er griff den feindlichen linken Reiterflügel mit Ungestüm an und brachte ihn nach kurzem Kampfe in Unordnung. Gleichzeitig warfen sich die ungarischen Reiter, die Ferdinand dem Grafen Buquoy zugeschickt hatte, auf den rechten Flügel und zwar mit solcher Wucht, dass der Feind nach allen Seiten zersprengt und in die Flucht gejagt wurde. Mansfeld, der die Unordnung bemerkte und trotz der Bedrängniss, in die ihn der waldstein'sche Angriff versetzte, Stand halten wollte, suchte seine gesammte Reiterei in einen Haufen zu vereinen, um dann zu thun, was die Umstände erheischten, allein er kam nicht zum Ziele. Das Beispiel des rechten Flügels wirkte ansteckend auf seine Abtheilung; die ganze Reiterei wandte sich zur Flucht und war nur auf ihre Rettung bedacht. Mansfeld, das Vergebliche seiner Bemühungen einsehend, ritt nur von 15 Reitern begleitet gegen das Dorf zurück, um sich dem daselbst verbarrikadirten Fussvolk anzuschliessen konnte jedoch wegen der aufgethürmten Hindernisse in das Dorf nicht gelangen. Während er nach einer zugänglichen Stelle suchte, stiess er auf eine feindliche Schaar, durch die er genöthigt wurde, sich in einen Garten ausserhalb des Dorfes zu flüchten, wo auch ein Theil seines Fussvolkes eine Zufluchtsstätte gesucht hatte.

An dem bisherigen Gefechte hatte das mansfeldische Fussvolk keinen andern Antheil genommen, als dass es gegen einen Theil der fliehenden Reiter, die es irrthümlich für Feinde ansah, seine Geschosse abfeuerte und dadurch den Schrecken und die Verwirrung der Flüchtlinge nur vermehrte. Während nun die Fussknechte hinter ihren Barrikaden den Angriff des Feindes erwarteten, bemerkten sie auf einmal zu ihrem Entsetzen, dass das Dorf am unteren Ende in Brand gerathen sei. Die Königlichen hatten absichtlich das Feuer angelegt, das sich in Folge der grossen an diesem Tage herrschenden Hitze und Trockenheit in den mit Stroh bedeckten Häusern und in dem dürren Holz der Barrikaden rasch verbreitete. Schon nahte das Feuer dem Orte, wo die Munitionsvorräthe aufgehäuft waren, so dass sich das gesammte Fussvolk in der Gefahr befand, entweder von Rauch erstickt, oder von dem explodirenden Pulver verbrannt zu werden. In dieser äussersten Noth bemühte sich jeder Einzelne, so gut er konnte, die Barrikaden zu übersteigen oder unter den Wägen, aus denen sie theilweise gebildet waren, durchzukriechen und einen freien Raum zu gewinnen. Das Unternehmen gelang so ziemlich der ganzen Mannschaft, als sie aber ausserhalb des brennenden Dorfes stand, sah sie den Feind von beiden Seiten herankommen, um ihr den Rückzug abzuschneiden. Drei Kompagnien (etwa 900 Mann) schlugen den Weg gegen das nördlich gelegene Protiwin ein, um einen Wald zu gewinnen und sich so vor den Angriffen der Reiterei zu retten. Ehe sie jedoch die ersehnte Zufluchtsstätte gewonnen hatten, wurden sie von den ungarischen Reitern und einer Abtheilung Kürassiere erreicht, zersprengt und fast sammt und sonders niedergehauen. Insbesondere waren es die Ungarn, die keine Gefangenen machten und selbst Weiber und Kinder, die sich im Gefolge der Flüchtenden befanden, niederhieben.

Der andern Abtheilung des mansfeldischen Fussvolkes, die ungefähr 1500 Mann zählte, gelang es, einen Garten hinter Zablat zu gewinnen, dessen Zaun sie vor den Angriffen der feindlichen Kavallerie sicherte. Mansfeld, der sich dieser Abtheilung zugesellt hatte, verliess sie wieder, da er fürchten musste, mit ihr eingeschlossen zu werden und in die Hände des Feindes zu fallen. Dieser Gefahr durfte er sich aber um keinen Preis aussetzen, da er fürchten musste, dass der gegen Erzherzog Leopold im J. 1609 begangene Verrath an ihm gerächt werden würde.*) Er beschloss deshalb sein Heil in schleuniger Flucht zu suchen und stellte diese, unterstützt von ungefähr 15 berittenen Begleitern, gegen Protiwin an. Da er erkannt worden war, setzten ihm die Ungarn und die Wallonen nach; kleine Abtheilungen erreichten ihn zweimal, beidemal gab es ein hartnäckiges Gefecht, so dass zuletzt nur noch er und sechs Begleiter dem Feinde entrannen. Er eilte über Protivin nach Moldautein, das von einer Abtheilung des böhmischen Aufgebots besetzt war. Als er in die Nähe der Stadtthore herangesprengt kam, hielten ihn die auf den Mauern

---

*) Band I, S. 389.

befindlichen Wehrleute für einen feindlichen Offizier und schossen auf ihn. Glücklicherweise waren damals die Gewehre nicht so präcis wie heutzutage, das Missverständniss löste sich noch zeitlich genug, er wurde in die Stadt eingelassen und dadurch gerettet.

Was das Fussvolk betrifft, das in dem umzäunten Garten vorläufig Schutz gefunden hatte, so griff Dampierre dasselbe mit der ungarischen Reiterei an, wurde aber von dem Feuer der feindlichen Musketiere zurückgeworfen. Man begnügte sich nun auf königlicher Seite, den Garten zu cerniren und verharrte in dieser Position bis gegen Abend. Nachdem sich die eingeschlossenen Truppen durch sechs Stunden behauptet hatten und Rettung von keiner Seite nahte, beschlossen sie, mit dem Feinde zu unterhandeln, ohne weiter auf den Zuspruch der Offiziere zu hören, die zu weiterer Ausdauer mahnten. Ein Parlamentär wurde zu Buquoy abgeschickt und benachrichtigte ihn von dem Entschlusse der Mannschaft; Buquoy kam in Begleitung Dampierre's, Waldsteins und des Herzogs von Sachsen-Lauenburg heran und versprach der Mannschaft gegen Niederlegung der Waffen Schonung des Lebens und später freien Abzug, falls sie sich mit einem Monatssold auslösen würde. Auf das hin ergaben sich die Eingeschlossenen. Nach der Weise jener Zeit suchte man die Gefangenen zum Uebertritt in die königlichen Dienste zu bewegen und erreichte bei den meisten ohne Schwierigkeit diesen Zweck, denn wer hätte für die Gefangenen das Lösegeld erlegt, wenn die Direktoren nicht einmal dem kämpfenden Heere einen Monatssold auszuzahlen vermochten? Gleichwohl harrten auch viele bei ihrer Fahne aus, aber sie wurden durch eine harte Behandlung mürbe gemacht. Nur ungefähr 130 Personen, darunter die meisten Offiziere, die entweder das Lösegeld erschwingen konnten, oder von Buquoy aus einer Art von Grossmuth freigelassen worden waren, kehrten nach kurzer Gefangenschaft wieder zur böhmischen Armee zurück.

Auf diese Weise hatte Buquoy einen vollständigen Sieg über Mansfeld davongetragen und das 3000 Mann zählende feindliche Corps vernichtet; 1200 Mann waren gefallen, 1400 Mann in Gefangenschaft gerathen und der Rest war zersprengt.

Auch die Beute war beträchtlich, fast sämmtliche Proviantwägen, 300 an Zahl, waren in Buquoy's Hände gefallen, die Beute an Gold und sonstigen Werthsachen, die in den Bagagewägen oder an den Todten und Gefangenen gemacht wurde, berechnete man auf den Werth von 100.000 Gulden. Mansfeld soll allein 30.000 Thaler an baarem Gelde und Silbergeschirr im Werthe von 20.000 Thaler eingebüsst haben.*) Doch glückte es ihm, dass der Wagen, der die Hauptkasse mit den werthvollsten Sachen enthielt, im Ganzen ungefähr 30.000 Gulden, fast wie durch ein Wunder den Nachstellungen der Feinde entging. Der Löwenantheil an der Beute war den Ungarn zugefallen, die im Plündern die hurtigsten und erbarmungslosesten waren.**)

Wenn die Schuld der Niederlage in erster Linie dem Grafen Mansfeld beigemessen werden muss, weil er sich unvorsichtig einem fast doppelt so starken Feinde entgegengestellt und jede Deckung vernachlässigt hatte, so kann man eigentlich einen noch härteren Vorwurf gegen den Grafen Hohenlohe erheben. Als Mansfeld von dem Ueberfalle bei Netolitz Kunde erhielt und sich zum Entsatze der eingeschlossenen Musketiere auf den Weg machte, benachrichtigte er den Grafen von seinem Entschluss und von der Möglichkeit, dass sich ein grösseres

---

*) Sächs. StA. Lebzelter an Schönberg dd. 9./19. Juni 1619, Prag.
**) Unsere Erzählung über das Gefecht bei Netolitz und Zablat schöpfen wir aus zwei entgegengesetzten, aber übereinstimmenden Quellen: aus dem Berichte Skála's III, 161 und flg., und aus dem Berichte, der aus den offiziellen Nachrichten Buquoy's von Oñate zusammengestellt und nach Spanien geschickt wurde (Simancas 2504/128 Aviso de Budweis dd. 19. Junio). Mit diesen Berichten stimmt auch ein im sächs. StA. befindliches und aus Pisek vom 11. Juni 1619 datirtes Schreiben 9171, XIII, Fol. 338 überein. Sonst haben wir noch vor uns einen im kuttenberger Archiv und endlich einen zweiten im sächs. StA. befindlichen Bericht, in denen manche nicht unwesentliche Notiz enthalten ist. Ütterodt bringt auf Grund der Acta Mansfeldica und anderer Quellen etwas verschiedene, zum Theil auch unrichtige Daten, denen wir mit Rücksicht auf unsere unmittelbar nach der záblater Schlacht verfassten Berichte nicht weiter gefolgt sind. Das betreffende Dorf Záblat, bei dem die Schlacht geschlagen wurde, ist nicht das bei Prachatitz gelegene nunmehrige Städtchen Záblat, wie Ütterodt vermuthet, sondern das etwa eine Meile östlich von Wodňan gelegene Dorf Gross-Záblat.

Gefecht entspinnen könnte. Obwohl nun eine Hilfe nicht hätte
eintreffen können, um die Niederlage bei Zablat hintanzuhalten,
so hätte wenigstens die Gefangennahme der 1500 Musketiere,
die sich bis zum Abend wehrten, verhütet werden können.
Allein weder Hohenlohe noch Fels, der ihm zur Seite stand,
thaten das, was die Sachlage erheischte. Einzelne Gerüchte
beschuldigten sie sogar, dass sie die Niederlage Mansfelds nicht
ungern gesehen hätten, weil ihnen dieser Abenteurer zu ehrgeizig
war. In Prag wollte man mit Bestimmtheit wissen,
dass Ulrich Wchýnský, der unter Fels ein Regiment kommandirte,
dem bedrängten mansfeldischen Corps zu Hilfe eilen
wollte, daran aber durch ein direktes Verbot seines Befehlshabers
gehindert worden sei.*)

Die Niederlage bei Záblat fügte dem Aufstande schwere
Nachtheile zu. Bei der geringen Truppenzahl, über welche
die Böhmen verfügten, war die Vernichtung eines Corps von
3000 Mann nicht nur äusserst empfindlich, es fiel auch der
Umstand bedeutend in die Wagschale, dass die Niederlage
eine so vollständige war, wie man sie in dem ganzen bisherigen
Kriege noch nicht erlebt hatte. Je weiter die Kunde
von ihr sich in Böhmen verbreitete, desto grösser wurde
die allgemeine Trauer, trübe Ahnungen und schwere Sorgen
bemächtigten sich der Gemüther in einem Grade, wie dies
seit dem Ausbruche des Aufstandes noch nicht der Fall gewesen
war. Es war das nach den günstigen Nachrichten aus
Mähren und Oesterreich eine bittere Enttäuschung; man hatte
sich der Hoffnung hingegeben, mit der Kunde von der Eroberung
Wiens überrascht zu werden und nun musste man
selbst für Prag zittern. Die Direktoren sahen sich genöthigt,
der um sich greifenden Entmuthigung entgegenzutreten und

---

*) Zeitung aus Prag dd. 18. Juni 1619. Bernburger Archiv. — Sächs. StA.
Lebzelter an Schönberg dd. 4./14. Juni 1619, Prag. Es heisst in einigen
Berichten, dass Ulrich Wchýnský dennoch die königlichen Truppen attakirt
habe, als sie mit ihrer Beute nach Budweis zogen und ihnen den grösseren
Theil derselben abgejagt habe. Wir können dieser Nachricht, die
auch Skála bezweifelt, nicht recht trauen, weil das siegreiche königliche
Heer nicht so leicht seine Beute hätte fahren lassen, von einem grössern
Gefechte aber nichts verlautet.

schickten zu diesem Zwecke in alle Kreise Böhmens Patente, in denen sie die Bedeutung der Niederlage bei Záblat leugneten und behaupteten, dass die Verluste auf beiden Seiten gleich gross gewesen seien. Solche offizielle Lügen waren jedoch damals ebenso wenig im Stande, die Wahrheit zu verbergen, wie heute; der flüchtige Mansfeld, der von Moldautein nach Pisek und von da nach Prag eilte, und seine wenigen Begleiter, die sich mit ihrem Anführer in Verwünschungen gegen Hohenlohe überboten, sorgten durch ihre Reden am besten dafür, dass der richtige Sachverhalt überall bekannt wurde.

Die Niederlage von Záblat entschied endlich auch das Schicksal der seit einem halben Jahre betriebenen Belagerung von Budweis. Seit Thurn sich von Hohenlohe getrennt hatte und nach Mähren gezogen war, konnte man eigentlich nur noch von einer Beobachtung von Budweis reden, und als seit Ende Mai Buquoy Verstärkung über Verstärkung erhielt, konnte auch davon keine Rede mehr sein. Seine Lage war die gesichertere, er konnte sich frei bewegen und hatte an der Stadt einen festen Stützpunkt, während die böhmische Armee in Rudolfstadt in solche Schwierigkeiten geriet, dass sie nach den verlässlichen Berichten des sächsischen Gesandten in Prag eigentlich mehr belagert war, als dass sie den Feind belagert hätte. Da auch trotz aller in den Monaten April und Mai wiederholten Bitten und Drohungen noch immer kein Kreuzer zur Bezahlung des rückständigen Soldes in das böhmische Lager abgeschickt wurde, erreichte die Desorganisation daselbst eine betrübende Höhe. Die Soldaten liefen nach der Versicherung des schlesischen Mustercommissärs, also eines offiziellen Augenzeugen, zum Theil ganz nackt herum *), so sehr waren sie in Folge der vorangegangenen Strapatzen in ihrer Kleidung herabgekommen. Da nun die von Mansfeld gehoffte Verstärkung misslungen war, konnte Hohenlohe nicht länger daran denken, sich mit seinen herabgekommenen Truppen in Rudolfstadt zu halten und der Rückzug wurde für ihn eine zwingende Nothwendigkeit. Indem er beschloss, Rudolfstadt zu verlassen, sorgte er nicht nur für seine eigene Sicherheit, sondern folgte

---

*) Sächs. StA. Lebzelter an Schönberg dd. 4./14. Juni 1619, Prag.

auch den Mahnungen der Directoren, die ihn durch einen eigenen Boten aufforderten, zur Deckung der Hauptstadt herbeizueilen. *)

Der Abmarsch der böhmischen Truppen von Rudolfstadt erfolgte am 15. Juni Morgens und zwar plötzlich, weil Hohenlohe in Erfahrung gebracht hatte, dass der Feind einen Angriff beabsichtige und er denselben um keinen Preis abwarten wollte. Der Aufbruch war von Scenen begleitet, die von der moralischen Herabgekommenheit des Heeres sattsam Zeugniss ablegten; die hungernden Soldaten fielen über die Marketender her und plünderten deren Vorräthe. Man gab sich nicht einmal besondere Mühe, die gesammte Bagage in Sicherheit zu bringen und vorauszuschicken, sondern begnügte sich mit der Zerstörung derselben, um sie wenigstens für den Feind unbrauchbar zu machen, oder verbrannte, was man nicht weiter schleppen wollte. Kaum bemerkte Buquoy in Budweis die auflodernden Feuer, so deutete er sie richtig als Zeichen des bevorstehenden Rückzugs und eilte mit seinen Truppen herbei, um die Böhmen an demselben zu hindern und ihnen wenn möglich eine zweite Schlappe beizubringen. Er bewirkte jedoch nur, dass Hohenlohe seinen Marsch beschleunigte und schon fast eine halbe Meile entfernt war, als die königlichen Truppen herangezogen kamen. Es entspann sich ein kleines Gefecht, in dem die Verfolger einen Verlust von etwa 70 Mann erlitten, worauf die Böhmen ungehindert weiter zogen, weil Buquoy die Verfolgung in den waldigen Gegenden für gefährlich hielt.

Durch den Abmarsch des böhmischen Heeres war das südwestliche Böhmen schutzlos den königlichen Truppen preisgegeben und diese nützten den Vortheil im vollsten Masse aus. Zuerst wurde das Lager bei Rudolfstadt geplündert, denn bei dem eiligen Abzuge hatten die Böhmen doch nicht alles zerstören können, was der Beute werth war. **) Hierauf sandte Buquoy noch am selben Abend 100 Mann und zwei Kanonen nach Frauenberg, um sich dieses Schlosses, das den Herrn

---
*) Hollach und Fels an die Direktoren dd. 16. Juni 1619 im sächs. StA. 9171, XIII, Fol. 375.
**) Skála, III, 170.

von Malowec gehörte, zu bemächtigen. Dasselbe hatte eine feste Lage und war deshalb von dem benachbarten Adel zur Aufbewahrung aller seiner Kostbarkeiten benützt worden und hatte zu seiner Sicherheit auch eine Besatzung von 30 Musketieren. Da an eine erfolgreiche Vertheidigung jetzt nicht mehr zu denken war, bat Herr von Malowec um einen Waffenstillstand von zwei Tagen, offenbar um mit den werthvollsten Sachen zu flüchten, und als ihm dieser verweigert wurde, verliess er mit der Besatzung in der Nacht vom 16. auf den 17. Juni das Schloss. Die königlichen Truppen fanden in demselben eine ungeheure Beute an baarem Gelde, an Gold, Silber, kostbaren Kleinodien und Kleidungen, deren Gesammtwerth auf 300.000 Thaler veranschlagt wurde. Es bedurfte mehr als dreier Tage, um die ganze Beute nach Budweis in Sicherheit zu bringen. So gab man dem Feinde mit unbegreiflicher Sorglosigkeit und Verblendung eine Werthsumme preis, welche die Direktoren seit Wochen vergeblich zur Bezahlung des Heeres zusammenzubetteln suchten.*)

Doch nicht genug damit, am folgenden Tage griff eine ungarische Reiterabtheilung das Schloss und die Stadt Rosenberg an, wo dem Gerüchte nach noch mehr Reichthümer aufgehäuft waren als in Frauenberg. Rosenberg wurde durch eine Besatzung von mehr als 400 Mann wahrscheinlich heimischen Landvolkes vertheidigt und diese scheint sich tapfer gewehrt zu haben und bis auf den letzten Mann niedergehauen worden zu sein. Eine unermessliche Beute an kostbaren Sachen, namentlich aber an Rind- und Schafvieh (an 3000 Stück), das von weit und breit hier zusammengetrieben und geborgen worden war, fiel in die Hände der Sieger, die ihre Beute auf mehr als eine Million (Gulden?) schätzten.*) Man

---

*) Ueber die grosse Beute heisst es nach dem Berichte Buquoy's im Archive von Simancas 2504, 128: Unsere Truppen (d. h. die königlichen) hallaron (im Schlosse) muchas joyas, dineros oro y plata y otras cosas, que fue estimado en mas de 300,000 taleros y a sido tanta cantidad que mas de tres dias fueron menester para passarla aca" (nach Budweis).

*) Simancas 2504, 128. „El lunes siguiente entraron los Hungaros en la ciudad y castillo de Rosenberg adonde mataron mas de 400 hombres y hallaron tantas riquezas, que hizo daño al enemigo de mas de un millon de ganado grande i chiquo."

verkaufte im königlichen Lager in den folgenden Tagen einen
Ochsen um zehn, eine Kuh um drei Realen und einen Hammel
um zehn Pfennige. Der ganze budweiser und prachiner Kreis
wurde von der ungarischen Reiterei förmlich durchrast, ein
Ort nach dem andern angegriffen und geplündert und die
Streifzüge zuletzt sogar bis in die Nähe von Pilsen und Karl-
stein ausgedehnt. Die Ungarn machten sich hiebei gräulicher
Schandthaten schuldig, zahlreiche und über jeden Zweifel er-
habene Zeugnisse berichten, dass sie bei vielen Gelegenheiten
Frauen und Kinder in Menge hingemordet und überhaupt eine
so unmenschliche Grausamkeit an den Tag gelegt haben, dass
Buquoy selbst darüber auf das höchste empört war. Seine
Bemühungen, solchen wahrhaft viehischen Gewaltthaten ein Ende
zu machen, wurden aber von den Ungarn offen missachtet.*)

Hohenlohe und Fels hatten mittlerweile den Marsch gegen
Wittingau fortgesetzt, sich darauf nördlich gewendet und waren
am 17. Juni bei Soběslau in der Stärke von ungefähr 8000 Mann 1619
angekommen. Hier hatten sie vorläufig Halt gemacht, um dem
Grafen Thurn, dessen Ankunft von Wien über Neuhaus erwartet wurde, die Hand bieten zu können. Buquoy machte
Miene, als ob er den Böhmen einen Vorsprung auf dem Wege
nach Prag abgewinnen wolle, denn er wandte sich jetzt gegen
Moldautein, bemächtigte sich dieses Ortes und marschirte darauf
gegen Tabor. Am 20. kam es hier zu einem Gefechte zwischen den böhmischen Truppen unter Wchýnský's Anführung
und der königlichen Vorhut, dessen Vortheil sich die ersteren
zuschrieben.

Hatte schon die Niederlage bei Záblat und die Nachricht
von dem Rückzuge Thurns von Wien die Stimmung im Lande
verdüstert, so wurde sie durch die Kunde von den weiteren
Erfolgen der königlichen Waffen noch mehr darniedergedrückt.
Zu allem dem machten sich jetzt auch die finanziellen Schwierigkeiten in einem Masse geltend, dass man für die weitere Treue
und Kampflust der Truppen die ernstesten Befürchtungen hegen
musste. Die Unzulänglichkeit der Hilfsmittel, die sich schon
im Beginn des Aufstandes herausstellte, hatte sich seit dem

---

*) Drastische Beweise hiefür weiter unten.

Monat Mai zu einer völligen Insolvenz zugespitzt. Es zeigte sich, dass wenn alle im J. 1618 votirten Steuern richtig eingegangen wären, dennoch die eingegangenen Verpflichtungen nicht gedeckt werden könnten, um wie viel weniger also, da nur ein Theil der Steuern eingezahlt worden war. Am 31. Januar 1619 betrug der den Soldaten und Offizieren nicht ausgezahlte Rest ihrer fälligen Soldforderungen 492.408 Gulden und diese Summe steigerte sich in der folgenden Zeit monatlich um 210.000 Gulden, und weder auf die alte noch auf die neue Schuld war seit Monaten ein Heller ausbezahlt worden. *) Seit Anfang Mai liefen von den böhmischen Truppen in Rudolfstadt ununterbrochene Klagen untermischt mit Drohungen ein. Da es in den vom langen Kriege ausgesogenen Gegenden nichts zu rauben gab, mussten die Soldaten zu den sonderbarsten Mitteln greifen, um ihr Leben zu fristen. Dahin gehörte unter andern, dass sie einen Theil ihrer Waffen beim Marketender versetzten, um sich von ihm die nöthigen Nahrungsmittel geben zu lassen. Man konnte Reitercompagnien sehen, deren Mannschaft weder Pistolen noch Sporen noch Reiterstiefel hatte, alle diese Requisiten waren wie in einem Magazine in den Pfandleihanstalten der Marketender aufgeschlichtet. Die unvollständig bewehrte Mannschaft konnte nicht einmal die Wache beziehen, geschweige denn dem Feinde entgegentreten. Dass solche wahrhaft scandalöse Verhältnisse eintreten konnten, zeigt von einem Mangel in der obersten Leitung, der selbst nicht durch die finanziellen Schwierigkeiten genügend entschuldigt werden kann.

Man unterschätzte in Prag nicht das Gefährliche einer solchen Sachlage und bemühte sich schon gegen Ende Mai derselben abzuhelfen. In erster Linie sollte ein Anlehen, in zweiter Linie Confiscationen helfen. Die Direktoren selbst beschlossen, mit gutem Beispiele voranzugehen, und in der That schossen sie eine Summe von 60.000 Thalern zusammen, die sie dem Lande leihen wollten. Die prager Städte folgten dem Beispiele; die Altstadt streckte 15.000, die Neustadt und

---

*) Sächs. StA. 9175, IX, Fol. 268. Verzeichniss, was allenthalben uff den Böhmischen Krieg...... gangen. — Ebend. 9171, XIII, Fol. 81. Lebzelter an Schönberg dd. 16./26. Mai 1619. Prag. Schreiben aus Prag dd. 8. Juni 1619.

Kleinseite je 10.000 Thaler vor, die Juden folgten einem deutlichen Winke und verstanden sich zu einem ausserordentlichen Beitrage von 12.000 Thalern, einzelne Bürger, um ähnliche Darlehen ersucht, boten 50—150 Thaler. Da sich aber viele von den wohlhabendsten jeder Beisteuer entschlugen, erliessen die Direktoren an die Bürgermeister die Aufforderung, die säumigen Bürger persönlich vorzuladen, sie ernstlich zu ermahnen und sich mit leeren Ausflüchten nicht abspeisen zu lassen; ja die Direktoren gaben den Befehl, dass man ihnen jene namhaft mache, die sich trotzdem zu keinem Darlehen verstehen wollten und liessen so deutlich merken, dass man den Hartnäckigen wohl auf andere, in revolutionären Zeiten übliche Weise beizukommen wissen werde. In ähnlicher Weise wurden auch die übrigen königlichen Städte um freiwillige Darlehen ersucht; sie zeichneten sich nicht besonders aus und da auch der Adel seine ohnedies nicht übermässig gefüllte Tasche zuhielt, so war das Resultat des improvisirten Nationalanlehens ärmlich genug. Mehr als eine Million Gulden waren zur Zahlung dringender Schulden nöthig und man hatte wenig Hoffnung, auch nur den fünften Theil durch die freiwilligen Darlehen zu decken.*)

Unter solchen Umständen beschlossen die Direktoren, noch von einem andern Mittel Gebrauch zu machen, nämlich von der Confiscation des gesammten geistlichen Grundbesitzes der katholischen Kirche. Durch öffentliche Patente liessen sie verkündigen, dass jeder, der eine bestimmte Summe für die Landesbedürfnisse hergeben wolle, sich dafür irgend eine beliebige geistliche Herrschaft, ein Dorf oder ein Stück Grund und Boden je nach seiner Auswahl und nach der Grösse des dargeliehenen Betrages in Pfand und Nutzgenuss nehmen dürfe. Gleichzeitig wurden sämmtliche Klöster und katholische Präbendaten aufgefordert, ein Verzeichniss ihres gesammten von Grund und Boden, von Kapitalien, von Zehenten und Zinsen herrührenden Einkommens einzuliefern, offenbar zu dem Zwecke, um den Direktoren die Wahl zu erleichtern,

---

*) Böhmisches Statthaltereiarchiv: Die Direktoren an den altstädter Rath und Bürgermeister dd. 28. Mai 1619. — Sächs. StA. Lebzelter dd. 16./26. Mai, Prag. — Dann Schreiben aus Prag dd. 8. Juni 1619.

wornach sie zuerst greifen könnten. Die Mönche jener Klöster, für deren Güter sich rasche Abnehmer fanden, geriethen plötzlich in die äusserste Noth. Aus dem erzbischöflichen Gebäude wurden alle Einrichtungsstücke und Wertsachen verkauft und dann das Gebäude selbst zum Verkauf ausgeboten.*). Man mag seiner Zeit diese Massregel mit tausend Gründen vertheidigt und mit dem Drucke entschuldigt haben, der ehedem auf den Protestanten lastete und der jetzt einen Gegendruck zur Folge habe, man mag gesagt haben, dass die Rettung des Staates das höchste Gebot sei, neben dem alle andern Rücksichten verschwinden mussten; immer doch liess sich nicht ableugnen, dass der neue protestantische Staat in Böhmen die Katholiken zur Rechtlosigkeit verdamme. Alles Unrecht, das einst den Protestanten in Böhmen zugefügt worden war, bekam ein Gegengewicht in den Leiden, mit denen sie jetzt die Katholiken heimzusuchen begannen und von denen die Güterconfiscation nur der einleitende Schritt war.

Die über den geistlichen Besitz verhängte Confiscation hatte zur Folge, dass die Direktoren jetzt von mehreren Seiten Geldanbote bekamen. Städte und Edelleute, die über einen Barschatz verfügten oder verfügen zu können glaubten, wollten die Gelegenheit nicht vorübergehen lassen, um für einen geringen Preis ihren Besitz dauernd zu vergrössern; Eger und Nürnberg zeigten sich bereit, auf die Kaufschillinge, die leider alle mehr versprochen als bar bezahlt wurden, den Direktoren ein Anlehen zu bewilligen, und so hoffte man in Prag, dass man durch diese combinirten Finanzoperationen die Mittel in die Hand bekommen werde, um den grössern Theil der Soldschulden zu tilgen. Als man jedoch die Nachricht erhielt, dass die böhmische Armee unter Hohenlohe sich nach Soběslau zurückgezogen habe und sich bei den Truppen ein meuterischer Geist geltend mache, sah man ein, dass man nicht länger auf Nürnberg und Eger warten dürfe, sondern alles verfügbare

---

*) Die betreffenden Akten im böhm. Statthaltereiarchiv im Fascikel Militare 1618—20, ferner im kuttenberger Archiv: Zuschrift des sedlecer Konvents an die Kuttenberger dd. 15. Juni 1619. — Bezeichnend in dieser Beziehung ist insbesondere die Zuschrift der Direktoren an den Abt des Karlsklosters in Prag dd. 30. Mai 1619.

Geld nach Soběslau schicken müsse. Da aber ein Theil der durch Zwangsanlehen und Confiscationen erworbenen Summen wieder eine andere Verwendung gefunden hatte, so brachte man keinen ganzen Monatssold zusammen, denn es fehlten dazu noch 32.000 Gulden. Als das Geld in Soběslau ankam und die Soldaten erfuhren, dass ihnen nicht einmal ein Monatssold ausbezahlt werden würde, erreichte ihre Unzufriedenheit den höchsten Grad. Die Reiterei nahm eine drohende Haltung an und erklärte, wenn nicht binnen wenigen Tagen der Rest des einmonatlichen Soldes und binnen drei bis vier Wochen nicht weitere zwei Monate ausbezahlt werden würden, so wolle sie das Lager verlassen und sich selbst helfen. Hohenlohe schickte den Obersten Wchýnský eilig nach Prag und beschwor die Direktoren den Rest des Soldes zu schicken. Die drohende Gefahr bewirkte, dass acht Tage später die fehlenden 32.000 Gulden in Soběslau eintrafen.[*]

Die Angst vor der Meuterei des Heeres war nicht die einzige Sorge, welche die Direktoren bedrückte; sie begannen für die Sicherheit der Hauptstadt zu zittern, da ihnen jeder Tag Kunde von dem weiteren Vormarsche Buquoy's brachte und Hohenlohe selbst vor einem Handstreich desselben auf Prag warnte.[**] In ihrer Besorgniss beeilten sie sich, die Vertheidigungsmittel der Hauptstadt zu vervollständigen; auf ihren Befehl wurden am Laurenziberge und in der Nähe des Schlosses neue Schanzen aufgeworfen und aus dem Zeughause die Kanonen auf die öffentlichen Plätze geführt, um mit ihnen die Wälle zu armiren; die zwei in Prag befindlichen Fähnlein Fussvolk sollten durch neue Werbungen auf fünf erhöht werden, vor Allem aber wurden die Bürger zu den äussersten Anstrengungen aufgefordert, um bei der Vertheidigung der Stadt mitzuhelfen. Eine allgemeine Musterung der waffenfähigen Bürgerschaft wurde angeordnet, bei der sich die Verpflichteten wohl bewehrt und ziemlich zahlreich einfanden. Um das gesunkene Vertrauen zu heben, verbreitete man absichtlich

---

[*] Sächs. StA. Lebzelter an Schönberg dd. 20/30. Juni 1619. — Ebend. derselbe an denselben dd. 26. Juni a. St. 1619.

[**] Schreiben der böhmischen Generale an die Direktoren dd. 16. Juni 1619 Sächs. StA.

Gerüchte von vielfachen Unterstützungen, die nach Böhmen im Anzuge seien; so hiess es, mit Thurn kämen 4000 Ungarn und andere 10,000 seien bereit, dem ersten Rufe zu folgen; von der Union wurde bald erzählt, dass sie mit 4000 Mann, bald dass sie mit 20.000 Mann zu Hilfe eile, und was das wichtigste war, dass sie der desperaten Finanzlage des Landes mit einem Darlehen von 400.000 Gulden aufhelfen wolle.*) Aber durch diese Lügen fühlten sich die Direktoren ebenso wenig ermuthigt, wie durch die eilig angeordneten Vertheidigungsmassregeln. Ihre Sorge wuchs stetig und machte sich in Klagen Luft, die gegen den Pfalzgrafen und den Fürsten von Anhalt gerichtet waren. Sie begannen den in Prag sich herumtreibenden pfälzischen Agenten vorzuwerfen, man habe sie mit Hoffnungen und Versprechungen geködert und trotzdem nicht das geringste gethan, um die Verstärkungen für Buquoy an dem Marsche nach Böhmen zu hindern.**)

Die steigende Verlegenheit der Direktoren verriet sich auch in der zunehmenden Härte, mit der man die Katholiken behandelte. Man legte denselben zur Last, dass sie seit der záblater Niederlage ihre Schadenfreude nicht verbergen könnten und sich mit dem Feinde zum Untergange des Landes verschworen hätten. Die Mönche von St. Jacob auf der Altstadt wurden beschuldigt, den Sieg Buquoy's mit einem Tedeum gefeiert zu haben und die Nonnen im Georgskloster auf dem Hradschin verdächtigte man, dass sie dem Feinde den Zutritt in die Stadt eröffnen könnten. Dem niederen Volk waren derartige Gerüchte willkommen, um seinem Hass gegen die Katholiken Ausdruck zu geben; gegen die genannten Mönche wurden so bedrohliche Reden geführt, dass diese es vorzogen, sich für einige Zeit aus Prag zu entfernen. Da es unter der prager Bürgerschaft namentlich auf der Kleinseite viele Katholiken gab, so wurde erwogen, was mit ihnen geschehen sollte. Einige von den Direktoren meinten, man solle sie entwaffnen, andere widerrieten diese beleidigende Massregel; der Pöbel war da-

---

*) Lebzelter an Schönberg dd. 12./22. Juni 1619, Sächs. St.A. - Ebend. derselbe an denselben dd. 16./26. und 9./19. Juni 1619.
**) Bernburger Archiv: Peblis an Anhalt gegen Ende Juni 1619.

gegen mit noch radikaleren Vorschlägen bei der Hand.*) Thatsache ist, dass jetzt auch alle katholischen Laien von Angst erfüllt waren und dass sie zwar nicht für ihr Leben, wohl aber für ihr Vermögen fürchteten und ihre Vertreibung aus Böhmen voraus sahen. Die zuletzt von den Direktoren getroffenen Massregeln hatten zwar nicht im entferntesten einen grausamen Charakter und lassen sich bei der Lage der Dinge vollständig begreifen, sie mussten aber doch die Katholiken beunruhigen und erbittern. Ein Dekret der Direktoren an die prager Städte ordnete an, dass gegen verdächtige Personen — und das waren alle Katholiken — eine strenge Polizei geübt, dieselben entweder aus der Stadt verwiesen oder verhaftet werden sollten. Um diesem Dekrete mehr Nachdruck zu geben, verfügte man gleichzeitig die Verhaftung des Oberstlandhofmeisters Adam von Waldstein, der noch immer im Auftrage Ferdinands in Prag zu vermitteln suchte und sonach als eine Art Gesandter anzusehen war, und die des Adam Riesenberg von Janowitz, der der Hinneigung zu Ferdinand verdächtig war. Ein zweites Dekret bestimmte, dass sämmtliche katholische Bürger auf die Rathhäuser vorzurufen und eidlich zu befragen seien, ob sie die Stadt gegen die Angriffe der königlichen Truppen vertheidigen würden. Ein drittes Dekret ordnete endlich die Absetzung aller auf den königlichen Gütern angestellten katholischen Amtleute und deren Ersetzung durch Protestanten an.**)

Zu all' diesen Sorgen und Kümmernissen der Direktoren gesellte sich zuletzt noch der Übelstand, dass ihnen die letzten Junitage Gäste zuführten, die sie in die ärgste Verlegenheit brachten. Fünfzig Edelleute, deren Güter im südlichen Böhmen lagen und die durch die Ueberfälle von Frauenberg und Rosenberg und die Plünderung des prachiner Kreises um all ihre Habe gekommen waren und vorläufig alle Subsistenzmittel eingebüsst hatten, fanden sich mit dem unglücklichen Herrn von Malowec an der Spitze in Prag ein und bestürmten die

---

*) Sächs. StA. Lebzelter an Schönberg dd. 12./22. Juni 1619, Prag. — Ebend. derselbe an denselben dd. 16./26. Juni und dd. 20./30. Juni 1619. —

**) Die betreffenden Dekrete und Haftbefehle im böhm. Statthaltereiarchiv im Fascikel Militare 1618—1620.

Direktoren mit Klagen und Vorwürfen. Sie übertrieben nicht, wenn sie behaupteten, dass sie platterdings nicht wüssten, wovon ihr Leben zu fristen, sie verlangten Unterstützung und die Anweisung geistlicher Güter zum Nutzgenuss und Ersatz. In dem Sitzungssaale der Regierung kam es zwischen den erbitterten Klägern und den eingeschüchterten Direktoren zu einer Scene, bei der es manchem von den letzteren „nicht wohl" zu Muthe wurde.*) Was sollte man thun: sollte man das wenige Geld, das man für die Soldaten sammelte, unter diese „Armen" vertheilen, oder sollte man ihnen die geistlichen Güter überantworten und so die einzige Hypothek verschleudern, auf die man ein Anlehen kontrahiren konnte? Man vertröstete sie vorläufig, wie man die Soldaten so lange vertröstet hatte; die Folge aber war, dass die Katholiken in doppeltem Grade für ihr Vermögen zu zittern begannen und jeder von ihnen dem Aufstande gram wurde, wenn er es bis dahin noch nicht gewesen.

II

Die Ereignisse auf dem Kriegsschauplatze nahmen mittlerweile eine Wendung, durch welche die unmittelbare Bedrohung von Prag ein Ende hatte. Buquoy setzte seinen Angriff gegen Tabor nicht länger fort und gab auch das weitere Vordringen gegen Prag auf, da er unterdessen die Nachricht erhalten hatte, dass Thurn sich von Wien zurückgezogen habe. Denn da er nun gewärtig sein musste, dass letzterer zu Hohenlohe stossen werde, durfte er sich nicht der Gefahr aussetzen, von den durch ihre Vereinigung ihm überlegenen feindlichen Generalen im Rücken gefasst zu werden. Er zog sich deshalb gegen Budweis zurück und beschränkte sich darauf, alle jene Plätze zu erobern, die noch im feindlichen Besitze waren und die seine Verbindung mit dem Erzherzogthum unterbrachen. Zu diesen gehörte das dem Herrn von Schwamberg gehörige Gratzen, das hart an der österreichischen Grenze liegt und eine wichtige Strasse beherrschte. Reiche Getreidevorräthe waren in diesem Schlosse

---

*) Sächs St.A. Lebzelter an Schönberg dd. 24. Juni a. St. 1619, Prag, 1619.

aufgespeichert, das mit einer entsprechenden Besatzung unter
dem Kommando eines Herrn von Slawata versehen war. Buquoy
griff dasselbe am 25. Juni mit überlegenen Kräften an, so dass 1619
die Besatzung nach kurzem Widerstande unter der Bedingung
freien Abzuges kapitulirte. Ueber 10.000 Strich Getreide und
4000 Strich Haber nebst andern Werthsachen fielen in die
Hände des Siegers, der unmittelbar darauf auch das in Oesterreich gelegene aber von den Böhmen besetzte Weitra angriff
und erstürmte. Damit hatte er den letzten Ort, den die Feinde
in seinem Rücken besassen, eingenommen und die Verbindung
mit Wien hergestellt.

Schon am 29. Juni richtete Buquoy seine Angriffe wieder 1619
gegen Norden, indem er das einige Tage zuvor geplünderte
Städtchen Wesseli vollends zerstörte und ein gleiches Schicksal
einem andern bei Budweis liegenden Städtchen bereitete. Auch
Wittingau, den letzten grösseren Ort, der von dem riesigen
schwambergischen (ehemals rosenbergischen) Besitz noch un-
verwüstet war, bedrohte er mit demselben Schicksal, musste
aber diese Absicht aufgeben und mehr auf seine eigene Defensive bedacht sein, da Thurn endlich nach einem 14tägigen
Marsche mit seiner Armee herangezogen kam und am 29. Juni
in Neuhaus eintraf. An dem folgenden Tage vereinigte er sich
mit Hohenlohe und beide schlugen am 2. Juli ihr Hauptquartier
in Lomnitz auf. Sie verbreiteten übertriebene Gerüchte über
die Stärke ihrer Armee, indem sie dieselbe auf 40.000 Mann
angaben, während sie sich thatsächlich kaum auf 30.000 Mann
belief, und auch dies nur, wenn das böhmische Landesaufgebot
vollständig unter den Fahnen stand. Es hatte übrigens nicht
wenig Mühe gekostet, diese Abtheilung festzuhalten, da der
Landtagsbeschluss für das Aufgebot nur einen dreimonatlichen
Dienst festgesetzt hatte und dieser Termin Anfangs Juli abgelaufen war. Nur die energischen Vorstellungen Thurns und
die augenscheinlich wachsende Gefahr hatte den an der Spitze
des Aufgebots befindlichen Adel zu dem Versprechen vermocht,
noch weitere zwei Monate zu dienen.*)

---

*) Sächs. StA. Lebzelter an Schönberg dd. 20./30. Juni, dd. 24. und 26.
Juni a. St. — Skála III, 172.

Während die böhmischen Truppen ihr Lager bei Lomnitz aufschlugen, postirte sich Buquoy mit seinem Heere wieder bei Budweis. Die königlichen Truppen verhielten sich jetzt ruhig, weil Buquoy nach Wien gereist war, um mit Ferdinand vor dessen Abreise nach Frankfurt den weiteren Feldzugsplan zu berathen. Buquoy langte in Begleitung einiger Obersten, der Grafen Collalto, Colloredo und Maximilians von Liechtenstein und escortirt von einer Reiterabtheilung am 7. Juli in Wien an. An diesem und dem folgenden Tage wurden eifrige Berathungen gepflogen, deren Resultat aus den folgenden Ereignissen ersichtlich ist. Es wurde nämlich festgesetzt, nicht nur die Verstärkung des Heeres auf alle Weise zu betreiben, sondern auch den Kriegsschauplatz zu erweitern. Dampierre sollte sich mit einem Theil des Heeres von Buquoy trennen, in Mähren einfallen und den ständischen Rüstungen daselbst ein Ende machen. Durch diesen Angriff hoffte man nicht nur die Böhmen zu einer Trennung ihrer Streitkräfte zu nöthigen, sondern auch mit einigen glücklichen Schlägen den Abschluss des Krieges zu beschleunigen.*)

Die Abwesenheit Buquoy's und der genannten Regimentskommandanten hätte für Thurn eine passende Gelegenheit abgegeben, einen Schlag gegen die königlichen Truppen auszuführen. Auf böhmischer Seite gefiel man sich jedoch in absoluter Unthätigkeit und unterbrach dieselbe höchstens damit, dass man sich ab und zu mit gesammter Macht vor dem Lager aufstellte und einen Angriff des Feindes erwartete. Dieser dachte vorläufig nicht an eine Schlacht, sondern vertrieb sich die Zeit mit Streifzügen in die noch unverwüsteten Gegenden, ohne daran im mindesten gehindert zu werden. Ein Kavalleriedetachement wagte sich sogar nach dem nur fünf Meilen von Prag entfernten Beneschau und erhöhte von neuem die Angst der Hauptstadt. Rathlos fragte man sich daselbst, was die eigenen Truppen thäten, warum sie bei Lomnitz stünden und den Feind nicht angriffen? Die Antwort, welche auf diese und ähnliche Klagen in Prag einlief, lautete stets dahin, dass man beabsichtige, dem Feinde eine Hauptschlacht anzubieten,

---

*) Sächs. StA. 9172, XIV, Bericht aus Wien dd. 9. Juli 1619.

dass derselbe sie aber stets meide und sich in die Wälder verkrieche.

Es waren das jedoch nur Ausflüchte zur Beschönigung der steigenden Fäulniss im böhmischen Feldlager. Die wahre Ursache der Unthätigkeit lag in dem Mangel eines einheitlichen Kommando's, in der Unfähigkeit der Generale, in der schlechten Beschaffenheit des Aufgebots und in den meuterischen Zuständen des Heeres, hervorgerufen durch die permanente Unordnung in der Bezahlung desselben. Thurn, Hohenlohe und der Markgraf von Jägerndorf kommandirten selbstständig das ihnen untergebene Volk, auch Fels scheint nur auf eigene Faust gehandelt zu haben und so war platterdings von einer einheitlichen Leitung des Krieges keine Rede. Es fehlte auf diese Weise an einer straffen Zusammenfassung der einzelnen Heerestheile und an einem pünktlichen Gehorsam aller Unterfeldherren gegenüber dem obersten Anführer, somit an den unerlässlichen Vorbedingungen eines Erfolges. Fast noch schädlicher wirkte der Mangel einer einheitlichen Heeresverwaltung. Beim Beginne des Aufstandes schien es, als ob Hohenlohe die Stellung eines Kriegsministers einnehmen und von Prag aus Alles, was auf die Ergänzung, Verpflegung und Besoldung der Truppen Bezug hatte, leiten sollte. Schon nach kurzer Zeit wurde er aber auf den Kriegsschauplatz berufen und seitdem war von einer einheitlichen Verwaltung des Heerwesens keine Rede. Hatte ein General ein Anliegen, so reiste er nach Prag, verhandelte da mit den Direktoren und kehrte erst nach kürzerer oder längerer Frist zu seinen Truppen zurück. Später benützten die Generale jede noch so wenig gerechtfertigte Gelegenheit, um das Lager zu verlassen und sich in Prag herumzutreiben. Thatsächlich kam Hohenlohe diesmal am 15. Juli daselbst an, ihm folgte einige Tage später Thurn und mit ihm fanden sich auch der Oberst Ulrich Wehýnský, der Oberstlieutenant Graf Schlick und mehrere andere höhere Offiziere ein. Auch Mansfeld trieb sich seit der záblater Schlacht zumeist in Prag herum und wartete, bis die neu von ihm betriebenen Rüstungen ihn in den Stand setzen würden, wieder ins Feld zu rücken. Zu allen diesen Herren gesellte sich zuletzt der Markgraf von Jägerndorf, der am 23. Juli in Prag eintraf, so dass thatsächlich sämmtliche Generale daselbst versammelt waren.*) Kann es wohl Wunder nehmen, wenn unter solchen Verhältnissen die Offiziere das Beispiel ihrer Vorgesetzten befolgten und unter allerlei Vorwänden für längere oder kürzere Zeit das Lager verliessen, um sich gütlich zu thun. Und das alles geschah zu einer Zeit, wo Buquoy wieder zu seinem Heere zurückgekehrt war und zu einem entscheidenden Schlage ausholte, während gleichzeitig Dampierre seinen Angriff auf Mähren vorbereitete.

Man begreift es daher, dass man in Prag mit der Entwicklung, welche das Heerwesen genommen hatte, unzufrieden wurde und sich mit dem Gedanken beschäftigte, ob das Oberkommando über die Truppen der verbündeten Länder nicht anderen Händen als den bisherigen anzuvertrauen sei. In der That brachten die Direktoren am 6. und 7. August diesen Gegenstand auf dem Generallandtage zur Berathung. Man konnte darüber nicht im Zweifel sein, dass sich Graf Thurn für seinen Posten nicht eigne; seine militärischen Fähigkeiten waren zweifelhaft geworden und er stand nicht hoch genug, um die Eifersüchteleien hervorragender Parteihäupter der andern Länder genugsam bekämpfen zu können. Die Aufmerksamkeit war schon längst auf den Fürsten von Anhalt gerichtet, der für das Oberkommando die nöthige Erfahrung zu besitzen schien, da er in Frankreich die dem König Heinrich IV zugeschickten deutschen Hilfstruppen kommandirt hatte, abgesehen davon, dass seine langjährige Verbindung mit den Häuptern der böhmischen Bewegung dringend einen Lohn erheischte. Die Direktoren schlugen demnach den Landgrafen von Anspach und den Fürsten von Anhalt zu Oberfeldherren vor, bemerkten aber zugleich, dass der erstere kaum das Kommando annehmen würde, da er im Dienste der Union stehe und sonach allein auf Anhalt zu hoffen sei. Anhalt war schon vor mehr als Monatsfrist von den Absichten der Direktoren unterrichtet und geneigt, den Ruf anzunehmen, wenn ihm günstige Bedingungen gestellt würden.**) Da gegen die Über-

---

*) Die betreffenden Daten in den sächs. StA.
*) Palm, Acta publica 1619 S. 339. Collectio Camerariana in der Münchner Hofbibliothek. Geheimes Memoire für Achaz von Dohna dd. 4./14. Juli 1619.

tragung des Oberkommando's an Anhalt von den böhmischen
Nebenländern keine Einsprache erhoben wurde, so verständigte
man den in Prag weilenden Herrn Achaz von Dohna davon,
der hierüber an den Pfalzgrafen und an Anhalt berichtete. Der
Pfalzgraf gab in etwas gewundener Weise seine Zustimmung
zu dieser Wahl und auch Anhalt wollte nicht gleich eine feste
Zusage geben; offenbar wollten beide erst wissen, welche Richtung die nächsten Beschlüsse des Generallandtages nehmen und
ob man Ferdinand absetzen und zu einer Neuwahl schreiten
würde. Auch über den Zustand des böhmischen Heerwesens
wollte Anhalt genau unterrichtet sein: über die Truppenzahl,
die Soldverhältnisse, die Artillerie und das Proviantwesen. Wir
bemerken, dass man sich in Prag nicht beeilte, dem Fürsten
die gewünschten Aufschlüsse zu bieten, weil ihn dies nur von
der Übernahme des Kommando's abgeschreckt hätte, man hoffte
aber zuversichtlich, dass er dasselbe übernehmen werde, sobald dem Pfalzgrafen die Krone angeboten werden würde.
In dieser Voraussetzung irrte man sich um so weniger, als Anhalt schon vor der vollzogenen Königswahl erklärte, dass er
bereit sei, den angetragenen Posten anzunehmen und dies dem
pfälzischen Angeten Achaz von Dohna mittheilte. Doch
ging die förmliche Ernennung des Fürsten zum obersten Kommandirenden erst am 5. November vor sich, an welchem Tage
die böhmischen Stände der Armee die Nachricht zukommen
liessen, dass Anhalt im Einverständnisse mit den böhmischen
Nebenländern zum Oberfeldherrn erwählt worden sei. Der Gehalt, der ihm in dieser Stellung bewilligt wurde, betrug
10.000 Gulden monatlich.*)

Vorläufig wurde durch die beabsichtigte Wahl eines Oberkommandanten der Desorganisation, die im böhmischen Heere
immer weiter um sich griff, kein Einhalt gethan. Es ist er-

---

*) Memorial für Achaz von Dohna dd. 6./16. August 1619, Amberg. — Collectio Camer. in der Münchner Hofbibliothek. — Ebend. Anhalt an Achaz von Dohna dd. 16./26. August 1619. — Münchner StA. Memorial des Fürsten von Anhalt für Herrn von Dohna dd. 18. Sept. 1619 Heidelberg in puncto der Bestallung. Ebend. IX. 401. Anhaltische Weisungen, aus denen hervorgeht, dass der Monatssold mit 10.000 Gulden stipulirt war.

zählt worden, dass die Truppen des Landesaufgebotes auf die dringende Bitte des Grafen Thurn eingewilligt hatten, noch weitere zwei Monate zu dienen. Als nun im Juli ein völliger Stillstand in den Operationen eintrat, wurden sie des Lagerlebens überdrüssig, wollten sich an ihr Versprechen nicht weiter binden und verlangten ihre Entlassung. Es blieb nichts anderes übrig, als einen Theil von ihnen zu beurlauben und sich mit dem Versprechen zu begnügen, dass sie sich im Nothfall wieder bei den Fahnen einfinden würden. Diejenigen Gutsherren, deren Unterthanen ihrer Pflicht noch weiter oblagen, fühlten sich durch diese Vorgänge doppelt bedrückt und sprachen Ende Juli im Landtage die Drohung aus, dass sie nicht gesonnen seien, eine Last zu tragen, von der sich andere losgemacht hätten. Es kamen hiebei die ärgerlichsten Dinge zur Sprache; die ärmeren Gutsbesitzer beschuldigten den reicheren Adel, dass er sich der Kriegspflicht entziehe und sich unter dem erbärmlichen Vorwande erheuchelter Krankheit der persönlichen Betheiligung am Aufgebote entschlage.*) Der Gipfel schmachvoller Verwirrung wurde aber erreicht, als auch die Offiziere der noch im Lager befindlichen Landwehr auszureissen anfingen und die Mannschaft nunmehr fast ohne Führung war.**) Da die Offiziere die ordentliche Besoldung und Verpflegung der betreffenden Landwehrabtheilungen allein zu besorgen hatten, so kann man sich denken, in welcher Verfassung sich dieselben befanden. Unwillkürlich musste man fragen, ob Böhmen von einem ganz herabgekommenen Geschlechte bevölkert und ob die Erinnerung an die kriegerischen Leistungen früherer Zeiten nicht mehr im Stande sei, die Schamröthe in das Gesicht der Enkel zu treiben. Wie konnte man von fremden Söldlingen -- und das waren zum grossen Theile die geworbenen Truppen -- einen Sieg über Buquoy erwarten, wenn die Eingeborenen selbst sich so schmählich in der Vertheidigung des eigenen Heerdes benahmen?

In der That schienen auch die Soldtruppen der Auflösung entgegen zu gehen und so die von ihnen vielfach ausgesprochene

---

*) Sächs. StA. 9171, XIV. Aus Lomnitz dd. 15. Juli 1619. — Skála III, 202.
**) Skála III, 300.

Drohung zur Wahrheit werden zu wollen. Der Monatssold, den
sie nach langem Streit erlangt hatten, war verbraucht und
das feierliche Versprechen, binnen drei bis vier Wochen
zwei neue Monatsraten folgen zu lassen, unerfüllt geblieben. Die
Noth im Lager wurde täglich grösser, der Soldat dachte mit
Schaudern daran, dass die warme Jahreszeit bald zu Ende
gehen und er kaum im Stande sein werde, die Blösse des
Leibes zu decken. Die düstere Stimmung und das wachsende
Elend riefen Anfangs August typhöse Krankheiten hervor,
denen täglich 40—50 Soldaten erlagen.*) Die Überlebenden
dachten an nichts anderes, als an den rückständigen Sold und
an die Mittel, wie sie sich zu ihrem Recht verhelfen könnten.
Nachdem über die von ihnen zugestandene Frist von vier
Wochen bereits zwei neue Wochen verstrichen waren und sich
noch immer kein Zahlmeister blicken liess, waren sie entschlossen, nicht länger ruhig zu bleiben, sondern ihren Obern
den Gehorsam aufzusagen. Als die Generale Anfangs August
wieder zum Heere zurückkehrten, wusste keiner von ihnen,
wie weit er sich bei einem feindlichen Angriff auf den Gehorsam desselben verlassen könne. Colonna von Fels musste sich
von den Soldaten arge Beschimpfungen gefallen lassen, ohne diese
Verhöhnung der Disziplin strafen zu können. Boten auf Boten
wurden nach Prag geschickt, und die Direktoren um Geld
bestürmt, zuletzt reiste Fels selbst dahin, um durch seine Anwesenheit der Forderung mehr Nachdruck zu geben.**)

Alle diese Nachrichten bewirkten endlich, dass das Directorium alles vorräthige Geld zusammenraffte und auf diese
Weise einen halben Monatsold zusammenbrachte und denselben — statt des versprochenen zweimonatlichen — ins Lager
abschickte. Als das Geld daselbst anlangte, steigerte es die
Wuth der Soldaten, statt sie zu dämpfen und sie weigerten sich, es anzunehmen. Am 15. August versammelten sich
die Regimenter im freien Felde, um sich zu berathen, wie sie
sich selbst helfen könnten. Vergeblich suchte Thurn sie zu
beschwichtigen und an ihre Pflicht zu mahnen; die Versammlung

---
*) Sächs. StA. 9172, XV. Lebzelters Bericht dd. 28. Juli/7. Aug. 1619.
**) Ebend. Lebzelters Bericht dd. 31. Juli/10. Aug. 1619.

hörte nicht auf seine Worte und beruhigte sich erst etwas, als Hohenlohe das feste Versprechen gab, dass binnen 14 Tagen ein zweimonatlicher Sold folgen werde. Jetzt erst nahmen die Soldaten die Anzahlung an, die Reiterei wählte aber gleichzeitig einen Ausschuss, der nach Prag reiste, um die Einhaltung des Versprechens zu betreiben.*)

Als diese Gesandten in Prag anlangten, hatte der Landtag eben die Absetzung Ferdinands ausgesprochen und musste nun in seinen Verhandlungen innehalten, bis die übrigen Länder der böhmischen Krone ihre Entscheidung über diesen Gegenstand getroffen hätten. Diese Pause benützten die Direktoren, um die Stände von den Forderungen des Heeres in Kenntniss zu setzen. Bohuchwal Berka entwarf als Berichterstatter ein trauriges Bild von dem Zustande der Verwahrlosung und von der Meuterei, die in Folge mangelhafter Zahlung und Verpflegung unter den Truppen ausgebrochen sei und bemerkte auch, dass die Desertion in einem schreckenerregenden Grade zugenommen habe. Anschliessend an diese Mittheilungen berichtete Berka den bestürzten Ständen am folgenden Tage, dass von Seite der Reiterei eine Deputation in Prag angelangt sei, welche binnen 10 Tagen die Auszahlung eines viermonatlichen Soldes und für die Zukunft nicht nur eine genaue Einhaltung der Zahltermine verlange, sondern auch bittere Klagen über das Verpflegswesen führe. Die Stände, die den finanziellen Fragen stets gern aus dem Wege gegangen waren, mussten jetzt Stand halten, weil ihnen die Direktoren unumwunden erklärten, dass jeder weitere Verzug verhängnissvoll sein würde.

Man ging also an die bittere Aufgabe. Einige Redner waren mit dem billigen Rathschlage bei der Hand, man solle alle Steuerreste seit dem J. 1615 einfordern und unnachsichtlich eintreiben; da jedoch nicht zu erwarten war, dass auf diesem Wege auch nur der zwanzigste Theil der betreffenden Summe eingehen würde, schlug Ruppa energischere Massregeln vor. Er machte den Vorschlag, dass die Stände ihr Gold- und Silbergeräthe dem Vaterland zum Opfer bringen sollten und war erbötig, mit gutem Beispiele voranzugehen; er verlangte

---

*) Sächs. StA. 9172, XV, Lebzelters Bericht dd. 8./18. Aug. 1619.

weiter, dass sämmtliche Krongüter bis auf zwei oder drei mit
Beschlag belegt und dass die Güter, die man einzelnen Privatpersonen oder geistlichen Corporationen konfiszirt hatte, rasch
verkauft würden, und schliesslich, dass gleiches auch mit den
rudolfinischen Kunstsammlungen, so weit sie in Prag geblieben
waren, geschehen solle. Aber auch von diesen Vorschlägen
liess sich nicht viel erwarten; einzelne Edelleute und Bürger
waren wohl erbötig, ihre Geschmeide und kostbaren Geschirre
herzugeben, allein die Majorität des Landtages wollte nichts
davon wissen und ebensowenig liess sich von der Ausdehnung
der Konfiscation auf die königlichen Güter ein besonderes
Resultat erwarten, da man ja nicht einmal für die bereits konfiszirten Güter hinreichend viele Käufer gefunden hatte. Diese
und andere Erwägungen drängten sich der Versammlung von
selbst auf und so endete auch die zweite Sitzung, ohne dass
man zu einem wirksamen Beschlusse gekommen wäre.*)

Mittlerweile hatten einige Direktoren mit der nach Prag
abgeschickten Reiterdeputation verhandelt und hiebei einen
sehr harten Stand gehabt. Die Deputirten wollten von keiner
weitern Frist hören, nur zehn Tage wollten sie zugestehen und
drohten, dass, wenn bis dahin ihren Forderungen nicht Genüge
geleistet würde, die Truppen das Lager verlassen, einige Städte
besetzen und sich selbst bezahlt machen würden. Zuletzt verglich man sich dahin, dass den Reitern ein viermonatlicher
Sold im Betrage von 600.000 (ob Gulden oder Thaler ist nicht
weiter bekannt) binnen vier Wochen (statt binnen zehn Tagen)
ausbezahlt und künftighin jeden Monat mindestens der
halbe Sold berichtigt werden solle.**) Jeder mit dem Stande
der böhmischen Finanzen Vertraute musste die Einhaltung
dieses Vergleiches für eine bare Unmöglichkeit ansehen, alles
entsetzte sich im Landtage, als eine solche furchtbare
Ziffer zur Sprache kam und man zugleich bedachte, dass diese unerfüllbaren Vorschläge nur die Reiterei betrafen und das Fussvolk auch noch befriedigt werden müsse. Als man deshalb

---

*) Skála III, 270—5.
**) Skála III, 277. Bei ihm findet sich nur die Ziffer; die Bezeichnung, ob
Thaler oder Gulden, fehlt. — Sächs. StA. 9172, XV, Lebzelters Bericht
dd. 10./20. August 1619.

im Landtage den Gesammtbetrag der Soldreste wissen wollte, erfuhr man, dass sich derselbe bereits auf 1,800.000 Gulden belaufe. Das Traurige dabei war, dass diese Summe nur durch die liederlichste Wirthschaft die bezeichnete Höhe erreicht hatte. Die Details, die jetzt über die Geldgebahrung und die Leitung des Kriegswesens zur Kenntniss gelangten, waren geradezu schandvoll. Kein Mensch hatte sich seit Jahr und Tag um die Kontrole der Einnahmen und Ausgaben bekümmert, Ruppa selbst gestand dem pfälzischen Gesandten Achaz von Dohna nach langem Drängen und nur mit Widerstreben, dass sich die Rechnungen über die Kriegsauslagen in einer unentwirrbaren Konfusion befänden und dass es nicht möglich sei, sie in Ordnung zu bringen.*) — Weit nachtheiliger als diese Unordnung war jedoch die Art und Weise, wie die Bemessung des Soldes zwischen den Direktoren und den Befehlshabern der Truppen vereinbart worden war. In Deutschland war es zu jener Zeit üblich, dass die Obersten und Hauptleute nicht bloss einen bedeutenden Sold bezogen, den sie sich von dem Fürsten, für welchen sie ihre Truppen geworben hatten, ausbedangen, sondern dass auch der Sold für die gefallenen Soldaten zwischen je zwei Musterungen in ihre Tasche floss. Wenn also z. B. durch eine Musterung festgestellt war, dass der Stand der Reiterkompagnien eines Regiments sich auf 100 Mann belief, so wurde für diese Zahl der Sold so lange voll ausbezahlt, als nicht durch eine neue Musterung ein Abgang nachgewiesen war. Im Interesse des Kriegsherrn lag es, solche Musterungen häufig vorzunehmen und wo Ordnung herrschte, geschah dies monatlich und namentlich nach jedem grössern Gefechte. So ward den Truppenführern nur ein mässiger Gewin zu Theil und diesen gönnte man ihnen in jener Zeit gern, weil die ganze Truppenwerbung ein geschäftliches Unternehmen geworden war. Den Soldaten selbst wurde nur jener Sold ausbezahlt, den der Kriegsherr im Werbepatente für sie bestimmt hatte.

Gegen diese Grundregeln des damaligen Kriegswesens

---

*) Münchner StA. 425/4, Achatz von Dohna an Anhalt dd. 14. 24. Aug. 1619, Prag.

verstiess nun die Direktorialregierung in doppelter Weise. Sie bestimmte nicht selbst die Löhnung, welche der gemeine Mann bekommen sollte, sondern zahlte den Hauptleuten für jedes Fähnlein Fussvolk von 300 Mann einen Monatssold von 3500 Gulden und kümmerte sich nicht weiter darum, wie sie sich mit ihren Soldaten wegen der Löhnung verglichen. Nach damaliger Einrichtung waren die 300 Mann eines Fähnlein eingetheilt in 24 Gefreite, 76 Doppelsöldner und 200 Musketiere. Im Durchschnitt zahlten die Hauptleute einem Gefreiten monatlich 8—9 Gulden, einem Doppelsöldner 7—8 Gulden und einem Musketier 5—6 Gulden. Thatsächlich zahlten also die Hauptleute im böhmischen Heere monatlich ihrem Fähnlein etwa 1900 Gulden und gewannen mindestens 1600 Gulden. Von einer derartigen Verschleuderung des Geldes war weder bei den Schlesiern noch bei den Mährern und Oesterreichern die Rede. Bei den ersteren war die Löhnung gesetzlich bestimmt und obwohl sie die bei den Böhmen übliche durchwegs um $1\frac{1}{2}$ bis 2 Gulden überschritt, beliefen sich die monatlichen Auslagen für ein Fähnlein sammt der Besoldung der Offiziere nur auf 3000 Gulden, bei den Oesterreichern erreichten sie gar nur die Summe von 2700 Gulden. Im Einklange mit dieser Geldverschleuderung bei den Böhmen stand es auch, dass den höhern Befehlshabern sehr bedeutende Besoldungen bewilligt wurden.

Diese Verschwendung war nicht die einzige Schattenseite der Heeresleitung, sie wurde wo möglich noch überboten durch die Nachlässigkeit, mit der die Musterungen vorgenommen wurden, welche, wie oben auseinandergesetzt worden ist, die Grundlage für die Soldberechnungen abgaben. Seit dem Beginne des Krieges waren die Musterungen nur äusserst selten angestellt worden, obgleich Kämpfe und verheerende Krankheiten eine häufige Wiederholung derselben empfahlen. Einzelne Befehlshaber waren wohl ehrlich genug, die Abgänge in der Mannschaft von Zeit zu Zeit zu ersetzen, allein dass sich auch diese Ehrenmänner damit nicht übereilten und dass sie wohl nur selten die bedungene Ziffer erreichten, ist sicher. In den Landtagsdebatten wurde jetzt sichergestellt, dass der Stand der Reiterkompagnien regelmässig um die Hälfte unter dem Stande war, der bezahlt wurde. Nicht genug also, dass man den Hauptleuten fast das doppelte von dem zahlte, was sie der Mannschaft verabfolgten, man gab ihnen das Geld zum Theil ganz umsonst. Die Folge einer solchen nichtswürdigen Verwaltung war, dass das Land über die Stärke seines Heeres in steter Täuschung begriffen war und sich dem Feinde gegenüber für gesicherter hielt, als es wirklich war und dass die Soldrückstände jene entsetzliche Höhe erreichten, die jeglichen Aufschwung der Gemüther lähmte. Wenn sich die böhmische Kriegsverwaltung von Anfang an nur jener Ordnung und Sparsamkeit beflissen hätte, die nach den damaligen Verhältnissen zulässig war, so würde die Unterhaltung der Truppen für das Land nicht jene unerschwingliche Last geworden sein, zu der sie thatsächlich angewachsen war.

Von allen Mitgliedern des Landtages wurden die Ritterschaft und die Städte am traurigsten durch diese schrecklichen Nachrichten berührt, da sie doch zuletzt die Zeche zahlen mussten. Sie gaben ihrem gerechten Unwillen Ausdruck, indem sie einen aus ihrer Mitte, den Ritter Smolik von Slawic mit einem Proteste gegen die ganze Kriegswirthschaft betrauten. Smolik wies in einer kurzen und körnigen Rede nicht bloss auf die angedeuteten Uebelstände hin, sondern klagte auch die Generale und die Unterbefehlshaber an, dass sie in schmählicher Pflichtvernachlässigung den Feind plündern liessen und selbst sich die Zeit mit Saufgelagen vertrieben. Da die gesammte Ritterschaft und die Städte dem Redner beistimmten, wurden die Direktoren nicht wenig bestürzt und forderten den anwesenden Colonna von Fels zu einer Widerlegung der Anklage auf. Der General erhob sich wohl und suchte die Anklagen, so gut es ging, zu entkräften, aber auf die Ueberzeugung seiner Zuhörer wirkte allein der Grund, mit welchem er die Unthätigkeit der Generale rechtfertigte; er gestand nämlich unverholen ein, dass dieselben bei den Truppen je länger, je weniger Gehorsam fänden und durch die Nichtzahlung des Soldes alle Disziplin gelockert sei. Eine Besserung stellte er nur in Aussicht, wenn die Stände für die nöthigen Geldmittel sorgen würden.

Das Resultat der ganzen Debatte war, dass man sich von

Neuem berict, wo man Geld herbekommen könne und zuletzt dem von Ruppa gemachten Vorschlage beistimmte, alle Steuerreste einzutreiben und gegen die säumigen Schuldner binnen drei Wochen unnachsichtlich mit der Execution vorzugehen. Niemandem fiel es dagegen ein, eine Neuorganisirung der Kriegsverwaltung zu beantragen und doch hätte diese allein bewirken können, dass die dem Lande zugemutheten Opfer die beabsichtigte Wirkung gehabt hätten.*)

III

Wir haben berichtet, dass in Folge der Berathungen Buquoy's mit Ferdinand beschlossen worden war, Dampierre mit einer eigenen Heeresabtheilung nach Mähren zu schicken, um den Kriegsschauplatz zu erweitern und die böhmische Armee zur Absendung eines Hilfscorps in das benachbarte Land zu veranlassen und so Buquoy die Bekämpfung der feindlichen Truppen zu erleichtern. Dampierre trat seinen Zug nach Mähren an der Spitze von mehr als 8000 Mann an; sie bestanden aus 1300 deutschen und 1500 ungarischen Reitern, aus 4000 Mann Fussvolk und einer Anzahl berittener Heiduken. Seine Artillerie zählte drei Geschütze. Der Einfall der königlichen Truppen in Mähren, die bei Retz über die Grenze drangen, war von fürchterlichen Grausamkeiten gegen die Einwohner des Landes begleitet. Alle Schlösser und Ortschaften wurden geplündert und die Einwohner durch die Anwendung qualvoller Tortur zur Angabe ihrer verborgenen Habseligkeiten genöthigt. Was Böhmen seit Jahr und Tag ausgestanden hatte, lernten nun die Mährer aus eigener Erfahrung kennen. So Schritt für Schritt Jammer und Elend um sich verbreitend zog Dampierre über Danowitz gegen Nikolsburg und Wisternitz und stiess hier auf das mährische Volk unter Friedrich von Tiefenbach, das kaum 4000 Mann zählte, nämlich 2700 Fussknechte und 1200 Reiter. Tiefenbach suchte Wisternitz zu halten, sah sich aber nach einer lebhaften

---

*) Skála III, 277 und flg.

Attaque von Seite Dampierre's genöthigt, vor der Uebermacht zu weichen und den Ort preiszugeben. Er zog sich eilig über die Thaya zurück, die bei Wisternitz vorbeifliesst und über welche eine Brücke führte, und brach darauf die Brücke ab. Dampierre liess sich dadurch von weiteren Angriffen nicht abschrecken, sondern suchte nach einer Furt, um über den Fluss zu setzen, und fand eine solche ungefähr 300 Schritt weit von der Brücke, durchwatete sie mit einem Theile seiner Reiterei und befahl dem Fussvolke nachzufolgen. Die Reiterei kam glücklich hinüber, statt aber am jenseitigen Ufer in dem Gehölze, welches sie dem Feinde verdeckte, stillzuhalten und die Ankunft des Fussvolkes abzuwarten, rückte sie vorwärts und traf im offenen Felde auf die Mährer. Diese begriffen nun wohl, dass nur die äusserste Entschlossenheit sie vor dem Schicksale bewahren könne, das einige Wochen zuvor Mansfeld begegnet war, und ohne erst den Angriff der königlichen Truppen abzuwarten, warfen sie sich auf dieselben, um sie gegen den Fluss zurückzudrängen. Es entspann sich ein äusserst hartnäckiger Kampf, die geordneten Reihen lösten sich beiderseits auf und in kleinen Haufen kämpfte man untermischt unter einander. Ein entsetzlicher Staub, der aus dem Acker emporwirbelte, auf dem man sich gegenseitig bekämpfte, vermehrte die Verwirrung, so dass kaum der Feind vom Freunde unterschieden werden konnte. Allmählig neigte sich jedoch der Vortheil auf die Seite der Mährer, da die Königlichen nicht so viel Streitkräfte über die Thaya bringen konnten, als nöthig war, und so dauernd in der Minderzahl blieben. Dampierre gab deshalb den Befehl zum Rückzuge, der, so gut es möglich war, durch die Furt angetreten wurde.*) Der Erfolg des

---

*) Ueber das Treffen bei Wisternitz: Ein Bericht aus dem Lager Dampierre's im Statthaltereiarchiv zu Innsbruck IX, 126. — Ein Bericht Tiefenbachs im sächs. StA. dd. 6. August, Selowitz. Diese aus ganz entgegengesetzten Federn stammenden Berichte stimmen so ziemlich überein, der beste Beweis für ihre Wahrheit. Sonst liegen uns noch mehrere andere Berichte über dieses Treffen vor, die aber an groben Fehlern und Uebertreibungen leiden. Erwähnenswerth ist nur noch Skála III, 229, d'Elvert, Beiträge, Bd. I, 24, Tiefenbach an Thurn. — Was Hurter, Ferdinand II, Bd. VII, 568, über diese Schlacht und eine andere drei Wochen später erfolgte erzählt, ist ein konfuses Untereinandermengen ganz ver-

Treffens, das vom Moment des Angriffes auf Wisternitz bis zum Rückzuge Dampierre's sechs Stunden gewährt hatte, war somit schliesslich zu Gunsten der Mährer ausgefallen. Ihr Verlust wurde auf 300 Mann berechnet, Dampierre gab den seinigen geringer an, doch dürfte er in Wahrheit ein beträchtlich höherer gewesen sein, als der mährische.*) Dafür spricht schon der Umstand, dass er sich nach Danowitz, etwa eine Meile vom Schlachtfelde, zurückzog und sonach für den Augenblick jeden weiteren Angriff aufgab. Tiefenbach begnügte sich gleichfalls mit dem erlangten Resultat und zog sich noch am selben Abend auf der Strasse nach Brünn gegen Selowitz zurück, so dass die feindlichen Heere sich rasch mehr als vier Meilen von einander entfernten.

Der immerhin ehrenvolle Erfolg der mährischen Truppen bei Wisternitz war seit langer Zeit die erste bessere Nachricht, die vom Kriegsschauplatze nach Prag und Brünn gelangte. Die Direktoren sorgten gehörig für eine weitere Verbreitung derselben; Tag für Tag gab man den Verlust des Feindes höher an und steigerte ihn allmälig von 2000 auf 4000 Mann. Überall wurden feierliche Gottesdienste zum Dank für denselben angestellt und so in etwas das Vertrauen der Bevölkerung gehoben. Seine Wirkung äusserte das Treffen auch auf den mährischen Landtag, der sich am 6. August in Brünn versammelte.

Buquoy hatte in die Trennung von Dampierre eingewilligt, weil er sich für stark genug hielt, um dem böhmischen Heere entgegenzutreten. Als er nun von den Berathungen in Wien zu seinen Truppen zurückkehrte, würde er rasch die Offensive ergriffen haben, wenn nicht auch in seinem Heere unter den ungarischen Truppen eine Meuterei ausgebrochen wäre. Die Räubereien der Ungarn hatten jedem Einzelnen von ihnen zu

---

schiedener und nicht zu einander gehöriger Daten. Von gleicher Werthlosigkeit ist die Erzählung anderer moderner Schriftsteller über den Verlauf der Kriegsereignisse: über Ort, Zeit und sonstige Daten wird in so verwirrter Weise berichtet, dass die Erzählung nur eine Karrikatur des wirklichen Verlaufs der Ereignisse bietet.

*) Von böhmischer Seite wurde der Verlust der Königlichen auf 2000, später noch höher veranschlagt, offenbar übertrieben. Tiefenbach stellt in seiner 'Relation keine Vermuthung über den feindlichen Verlust an.

reicher Beute verholfen, an deren Sicherung ihnen mehr gelegen war als an der Fortführung des Krieges. Da sie bei ihrer Raubsucht jeder Disziplin spotteten und selbst für Buquoy gefährlich wurden, glaubte dieser schärfer eingreifen zu müssen und liess drei Offiziere hinrichten. Dies war für die Ungarn das Signal zum Ausreissen; an 2000 Mann verliessen das Lager und kehrten in die Heimat zurück. Den Rest der ungarischen Reiter, etwa 500 Mann, die diesem Beispiele folgen wollten, liess Buquoy umzingeln und grösstentheils niedermachen.*)

Die Folge dieser Meuterei war, dass Buquoy die günstige Aussicht, die ihm ein Angriff des böhmischen Lagers bot, nicht benützen konnte und mit Ausnahme einiger glücklicher Streifzüge selbst bis Anfang August nichts wichtiges unternehmen konnte. Aber auch jetzt gestaltete sich für ihn die Sachlage nicht günstiger, denn die Böhmen wurden am 4. August durch 2000 Musketiere und 360 Reiter verstärkt, welche ihnen die Schlesier zu Hilfe schickten. Buquoy war nun um 4 bis 5000 Mann schwächer als der Feind und wenn auch die trostlosen Verhältnisse im böhmischen Lager diesen Nachtheil mehr als ausglichen, so hütete er sich doch, die Entscheidung durch eine Hauptschlacht herbeizuführen. Er beschloss, die bisherige Art seiner Kriegführung, durch welche die Böhmen ohnedies bereits zur Verzweiflung gebracht waren, fortzusetzen: nämlich einzelne Städte zu überfallen und zu plündern, kleine feindliche Abtheilungen abzuschneiden und das Land überhaupt zu verwüsten.

Die Aussicht zu einem solchen kleinen, aber ausgiebigen Schlag eröffnete sich ihm bald genug. Im Auftrage der Direktorialregierung und mit Bewilligung der Generalstaaten waren von dem Obersten Frenck in den Niederlanden 1000 Musketiere angeworben worden, welche Ende Juli in Böhmen eintrafen. Da sie sich in das böhmische Lager begeben sollten und Oberst Frenck hiezu die gerade Linie von Pilsen nach Lomnitz wählte, so ergab sich für Buquoy die Möglichkeit, sie

---

*) Die Nachrichten hierüber im sächs. StA. und im Archiv von Simancas 2504, 138. Oñate an Philipp III dd. 11. August 1619, Höchst.

auf dem Marsche ebenso zu überfallen und zu vernichten, wie ihm dies mit Mansfeld gelungen war. Glücklicherweise erhielt Frenck noch rechtzeitig genug Kunde von dem Angriffe, mit dem ihn der königliche Feldherr bedrohte, so dass er im Vormarsche innehalten und sich gegen Tabor wenden konnte.*) Die böhmischen Generale fanden es zweckmässig, ihr Lager bei Lomnitz abzubrechen und gegen Weseli zu rücken, bald zogen sie noch weiter gegen Norden und vereinten sich zuletzt bei Tabor mit Frenck. Das böhmische Heer hatte sich auf diese Weise im Laufe von 14 Tagen zum zweitenmale verstärkt und wäre um so mehr im Stande gewesen, offensiv vorzugehen, wenn nicht die leidigen Soldverhältnisse jede bedeutende Operation gehemmt hätten. Dagegen ging Buquoy jetzt entschlossen vorwärts, obwohl mittlerweile in seinem Heere Krankheiten ausgebrochen waren, welche zahlreiche, an manchen Tagen sogar bis 100 Opfer forderten, und er bei seinem Marsche durch die verheerten Gegenden Noth an Nahrungsmitteln litt. Dennoch rückte er vorwärts und bewirkte dadurch, dass ihm das böhmische Heer, das von dem seinigen gewöhnlich nur durch ein oder zwei Thäler getrennt war, nachfolgen musste. In der Mitte August lagerte er bei Milčin, zwei Meilen nördlich von Tabor und 10 Meilen von Prag.

So weit hatte die böhmische Armee noch nie zurückweichen müssen und die Generale gaben sich schon der Befürchtung hin, dass sie vielleicht bis Prag würden zurückgehen müssen, denn sie befahlen dem Grafen von Mansfeld, der endlich mit seinen Rüstungen fertig geworden war und neben der Besatzung von Pilsen ungefähr über 3000 Mann gebot, er solle ihnen nicht entgegenkommen, sondern mit seinen Truppen nach Prag ziehen.**) In der Hauptstadt selbst wurden die Schanzarbeiten mit aller Hast beschleunigt und die Katholiken wieder mit solchem Misstrauen betrachtet, dass die Di rektoren, vielleicht weniger aus eigenem Antriebe als um dem allgemeinen Wunsche nachzukommen, deren Entwaffnung an-

---

*) Sächs. StA. 9172, XV, Lebzelters Bericht dd. 31. Juli/10. August 1619 und die Korrespondenz während des ganzen Monats August.
**) Sächs. StA. Lebzelter dd. 8./18. August 1619.

befahlen. Gleichzeitig fand bei allen verdächtigen Personen eine Haussuchung statt, um verborgene Waffen- und Munitionsvorräthe aufzustöbern. Bei einer Wittfrau auf der Kleinseite fand man nicht weniger als 1500 vollständige Rüstungen, sie wurden konfiscirt, obwohl die Besitzerin sich mit ihrem redlichen Erwerb schlagend rechtfertigen konnte: sämmtliche Waffen waren nämlich bei ihr versetzt worden!*)

Während die Böhmen zwischen Tabor und Milčín Stand hielten und entweder einen Angriff Buquoy's oder die Nachricht von dessen weiterem Vordringen gegen Prag erwarteten, um darnach ihre eigenen Schritte zu regeln, schwenkte Buquoy plötzlich gegen Südwest ab und erschien vor Pisek. Auch hieher hatten die Gutsbesitzer von weit und breit ihr werthvolles Eigenthum sammt ihren Frauen in Sicherheit gebracht, überzeugt, dass der Feind nicht so weit vordringen könne und jedenfalls an der Besatzung einen ausreichenden Widerstand finden werde. Dieselbe bestand aus einem Fähnlein bewaffneter Bürger und zwei Fähnlein Landwehr, im Ganzen aus etwa 900 Mann. Mansfeld hatte erst vor kurzem der Stadt zur Verstärkung ihrer Besatzung zwei geworbene Fähnlein angeboten, allein seine Soldaten waren zu berüchtigt, als dass die Bürger das Anerbieten angenommen hätten. Als man nun in der Stadt von dem Heranmarsch Buquoy's hörte, verbreitete sich ein grosser Schrecken; die Edeldamen flüchteten sich mit ihren Kindern über Hals und Kopf und liessen ihr sonstiges Eigenthum im Stich, während die Besatzung sammt ihrem Kommandanten Hock wenig Kampflust zeigte. Zwar wies der letztere die Aufforderung zur Uebergabe, welche Buquoy unmittelbar nach seiner Ankunft am Abend an ihn richtete, vorläufig ab, aber schon am folgenden Morgen erklärte er sich zu Verhandlungen bereit. Bevor es jedoch zu einem Abschlusse gekommen war, überstieg der Feind die Mauern der in mittelalterlicher Weise befestigten Stadt auf vier Punkten und fand an der feigen Besatzung einen kaum nennenswerthen Widerstand. Gross war abermals die Beute, die in die Hände des königlichen Kriegsheeres geriet. — Das böh-

---

*) Ebend. Lebzelters Bericht dd. 14./24. August 1619.

mische Heer, das mittlerweile auch eine Schwenkung gegen den Westen gemacht und sich in die Nähe der Moldau begeben hatte, war von dem Angriffe Buquoy's jedenfalls am 26. Morgens in Kenntniss gesetzt worden, that aber gar nichts, um ihn hintanzuhalten. Es verhielt sich ruhig, gleichsam als ob es Wache halten müsste, damit Buquoy bei **seinem Unternehmen von Niemandem gestört** werde. Auf die Vorwürfe, welche **das** verzweifelte Land gegen die wahrhaftig nichtswürdige Leitung seines Kriegswesens erhob, hatten die Generale die erbärmliche Ausflucht, dass der Feind mit schlauer List die Brücke über die eine Meile von Pisek fliessende Moldau abgebrochen und sie dadurch verhindert habe, der bedrängten Stadt rechtzeitig zu Hilfe zu kommen.*) Als auch im Landtage die elende Kriegführung zur Sprache kam und ein gewisser Kuneš, der dem Ritterstande angehörte, in erregter Weise das Vertrauen schilderte, mit dem er und seine Standesgenossen ihr Hab und Gut und ihre Familien in Pisek untergebracht hätten und wie nun ihr Vertrauen so schmählich getäuscht worden sei, wusste Ruppa nichts mehr zur Vertheidigung der Generale zu sagen und rief selbst die Rache Gottes über die Soldaten und über jene herab, welche die Schuld an diesem Nichtsthun und den damit verbundenen Unglücksfällen trügen.**) Armselige Klagen: wie konnte er von den fremden, dem Hunger preisgegebenen Söldlingen grössere Leistungen erwarten, da die Söhne des Landes mit ihrer Opferwilligkeit und ihrem Enthusiasmus Schiffbruch gelitten hatten? Mit der liederlichen und energielosen Missgeburt einer dreissigköpfigen Regierung stand das Heerwesen im vollkommenen, wenn auch traurigen Einklange.

Buquoy hatte durch die Eroberung Piseks festen Fuss in einem Gebiete gefasst, das von ihm bisher nur durch Streifzüge heimgesucht worden war, nunmehr aber gründlich ausgebeutet und verwüstet werden konnte. Ueber das Landvolk kamen jetzt unbeschreibliche Leiden. Nachdem schon das schlesische Volk auf seinem Zuge von Glatz nach Lomnitz

---

*) Skála III, 298. — Sächs. StA. Lebzelters Bericht dd. 31. August 1619.
**) Skála III, 312.

sich mannigfache Bedrückungen erlaubt und nicht weniger als 500 Stuten gewaltsam requirirt hatte, überboten die mansfeldischen Truppen auf dem Marsche von Pilsen gegen Prag das gegebene Beispiel, indem sie überall, wo sie hinkamen, Häuser und Zimmer erbrachen und alles, was ihre Habsucht reizte, mitnahmen. Und nun kamen zu allem dem die buquoyischen Schaaren, welche die Verwüstung in ein förmliches System brachten. Als dieselben in den folgenden Tagen bereits bis Beraun streiften, begannen die Prager mehr als je für ihre Sicherheit besorgt zu sein und einzelne reiche Besitzer hielten es für angezeigt, mit ihren Schätzen gegen Norden zu flüchten. *)

Da die Aussagen der Gefangenen vermuthen liessen, dass Buquoy's Absichten nicht so sehr auf Prag als auf Pilsen gerichtet seien, nahm das böhmische Heer seine Stellung bei Mirowitz, wodurch es in gleicher Weise Prag wie Pilsen deckte. Einzelne Berichte deuteten darauf hin, dass Buquoy Pilsen angreifen werde, um nach Bewältigung dieser Stadt die Gegend zwischen Pilsen und Eger zu okkupiren und daselbst seine Winterquartiere aufzuschlagen. Er schnitt damit die Verbindung ab, welche sich zwischen den böhmischen Streitkräften und denen der Union anbahnen konnte, während zu ihm selbst die am Rheine geworbenen Truppen einen kürzern Weg zurückzulegen hatten. Der böhmische Aufstand musste dann an eigener Erschöpfung zu Grunde gehen und Prag ohne Schwierigkeit in seine Hände fallen. Für seine auf Pilsen gerichteten Absichten sprach auch noch der Umstand, dass im pilsner Kreise die katholischen Gutsbesitzer am zahlreichsten vertreten und bereit waren, offen die Regierung Ferdinands anzuerkennen, wenn sie dies mit einiger Sicherheit thun konnten.

Während das böhmische Heer bei Mirowitz lagerte, bekam es einen Besuch von seinem neuen Kommandanten, dem Fürsten von Anhalt. Derselbe war am 2. September in Prag angelangt, hatte da in Gesellschaft des Grafen Mansfeld die Befestigungsarbeiten besichtigt und war dann am folgenden Tage

---

*) Lebzelters Berichte im Juli und August im sächs. StA. und Skála III, 300.

nach Beraun abgereist, wo das mansfeldische Corps in der Stärke von 3500 Mann stand. Unter dessen Bedeckung schlug er darauf den Weg nach Mirowitz ein, wo er am 5. oder 6. September zur grossen Freude der Mannschaft eintraf, da sich diese nun eine bessere Leitung versprach.*) Buquoy, der mit seinem Heere westlich von Mirowitz lagerte und von dem Anmarsche des mansfeldischen Corps benachrichtigt worden war, wollte dasselbe auf dem Wege überfallen, erreichte aber nicht seinen Zweck, da Mansfeld nicht die vermuthete Strasse einschlug, sondern auf Waldpfaden vorrückte. Die Anwesenheit des obersten Feldherrn sowie die abermalige Verstärkung des böhmischen Heeres, das, wenn man alle Verluste in Anschlag bringt, die durch Krankheiten und Desertionen herbeigeführt worden sein mögen, jedenfalls stärker als das buquoy'sche war, machte die Erwartung rege, dass es nun gewiss zu einer Schlacht kommen würde. Schon lief in Prag die Nachricht ein, dass die feindlichen Heere sich in voller Schlachtordnung gegenüber ständen und dass jeden Augenblick eine Entscheidung zu erwarten sei; aber alle Hoffnungen und Erwartungen wurden schmählich getäuscht. Durch geschickte Manöver, in denen Buquoy je länger je mehr seine Meisterschaft bekundete, nöthigte er ohne Blutvergiessen seine Gegner zum Rückzuge nach Zalužan, wodurch das böhmische Heer Prag wohl auch ferner deckte, dagegen die Beschützung von Pilsen aufgab. Buquoy hatte jetzt den Weg dahin frei und konnte, wenn er wollte, den westlichen Theil des Landes besetzen.**) Schon hiess es allgemein, dass Eger sich vom Aufstande lossagen wolle***), und damit gewann die Möglichkeit, dass Ferdinand, trotz der eben ausgesprochenen Absetzung in einem Theile des Landes als König anerkannt werden würde, immer mehr an Wahrscheinlichkeit.

Anhalt hatte also sein Debut als Oberfeldherr nicht besonders glänzend begonnen. Er verliess übrigens schon nach wenigen Tagen die Armee; denn als die böhmischen

---

*) Sächs. StA. Lebzelters Berichte dd. 25. und 29. August a. St. 1619. — Skála III. 307 u. flg. gibt die Zeit unrichtig an.
**) Lebzelter dd. 10. Sept. a. St 1619.
***) Egrer Archiv: Fels an den egerer Stadtrath dd. 11. Sept. 1619.

Truppen nach Zalužan zurückwichen, ging er nach Prag und von dort reiste er nach Heidelberg, um den Pfalzgrafen trotz der eigenen ungünstigen Erfahrung zu bestimmen, die angebotene Krone nicht auszuschlagen.*) Das böhmische Heer sah sich somit in Zalužan wieder nur seinen armseligen Anführern gegenüber, die sich besser auf die Rolle von Verschwörern als von Soldaten verstanden. Buquoy, der das böhmische Heer hintrieb, wohin er wollte, ohne dass es seit drei Monaten auch nur einigen Widerstand versucht hätte, scheint zuletzt entschlossen gewesen zu sein, dem Kriege durch einen Schlag ein Ende zu machen. Denn statt sich, wie vermuthet wurde und wie es seiner bisherigen Kriegführung entsprach, gegen Pilsen zu wenden und sich die Winterquartiere im Westen von Böhmen zu sichern, zog er dem feindlichen Heere nach und zeigte nicht übel Lust, mit demselben anzubinden.

Wenn Buquoy den Angriff unternommmen hätte, so wäre ein vollständiger Sieg und die Niederwerfung des Aufstandes die unzweifelhafte Folge gewesen. Durch die Abreise des Fürsten von Anhalt war der lezte moralische Halt, an dem sich das böhmische Kriegsvolk aufgerichtet hatte, geschwunden. Statt an den Feind zu denken, rechneten die Soldaten jeden Tag, dass der vierwöchentliche Termin, binnen welchem ihnen ein mehrmonatlicher Sold ausbezahlt werden solle, im Anzuge sei und verzweifelten schon im vorhinein daran, dass man ihnen Wort halten werde. Was ihren Unwillen bis zur Wuth steigerte, war der Umstand, dass die schlesischen Hilfstruppen zu allen Zeiten pünktlich von Breslau aus bezahlt wurden. Die 1000 Musketiere, welche Frenck aus den Niederlanden gebracht hatte, waren nicht wenig entsetzt, als sie die Erbärmlichkeit der böhmischen Wirthschaft kennen lernten und erhoben gegen ihren Anführer bittere Vorwürfe, dass er die 60.000 Gulden, welche er den Direktoren aus Holland als ein Geschenk der Generalstaaten gebracht hatte, nicht gleich für ihre Besoldung zurückbehalten habe. Sie zogen es vor, ihre erworbenen Ansprüche aufzugeben und liefen haufenweise aus dem böhmischen

---

*) Lebzelters Bericht dd. 5./15. Sept. 1619.

Lager fort, um anderswo einem besseren Erwerb obzuliegen.*) Mit Bangen dachten die Direktoren und Generale daran, was geschehen werde, wenn am 22. September die für die Bezah- 1619 lung der Soldaten bestimmte Frist abgelaufen sein uad kein Geld im Lager ankommen würde.

In dieser für Böhmen grenzenlos demüthigenden und traurigen Lage kam plötzlich wie durch ein Wunder Hilfe und zwar von einem Manne her, über dessen Bedeutung und Werth man bis heute zu keinem klaren und begründeten Urtheil gekommen ist. Es war dies der Fürst von Siebenbürgen, Gabriel Bethlen, oder in ungarischer Ausdrucksweise Bethlen Gabor. Bevor wir über den durch diesen Mann herbeigeführten Umschwung berichten, müssen wir aber von den Verhältnissen und Umständen, unter denen die frankfurter Kaiserwahl und die böhmische Königswahl erfolgte, Kunde geben.

---

*) Sächs. StA. Lebzelters Berichte dd. 5./15., 9./19. und 16./26. September 1619.

Viertes Kapitel.

Die frankfurter Kaiserwahl.

I Abreise Ferdinands von Wien. Zusammenkunft in Salzburg mit dem englischen Gesandten Lord Doncaster. Parteinahme Jakobs für die Habsburger. Doncaster in Heidelberg. Wünsche des Pfalzgrafen und der pfälzischen Räthe. Doncaster in München. Verhandlungen in Salzburg.
II Ferdinand in München. Bemühungen des heidelberger Kabinets um die Hinausschiebung der Kaiserwahl. Berathungen, um dies auf gewaltsame Weise herbeizuführen. Instruction der pfälzischen Gesandten zum frankfurter Wahltag. Berathungen der Kurfürsten in Frankfurt. Die böhmischen Gesandten vor Frankfurt. Einzug Ferdinands. Die geistlichen Kurfürsten geben den Gesandten der weltlichen Kurfürsten eine kurze Frist zur Einholung neuer Instructionen.
III Pfälzische Versuche zur Gewinnung von Köln und Sachsen. Kur-Brandenburg. Verhandlungen Oñate's mit Doncaster. Trauttmansdorff. Abreise Doncasters. Überfall der solmsischen Reiter.
IV Beschluss des kurfürstlichen Collegiums in Angelegenheit der böhmischen. Interposition. Verhandlungen über die Wahlcapitulation. Die Vorgänge bei der Kaiserwahl in der Bartholomäuskirche. Betrachtungen über die Kaiserwahl.

I

Der Sieg bei Zablat war für Ferdinand von entscheidenden Folgen, da er die Gefahren, von denen Wien bedroht war, beseitigte und die Böhmen auf die Defensive beschränkte. Der König konnte es jetzt wagen, sich auf die Reise nach Frankfurt zu begeben und so dem Rufe des Erzbischofs von Mainz zu folgen, der alle Kurfürsten zur Vornahme der Kaiserwahl nach dieser Stadt beschieden hatte. Vor seiner Abreise berief Ferdinand die Generale Buquoy und Dampierre nach Wien, um sich mit ihnen über den weitern Kriegsplan zu berathen.*) Die Berathung hatte das bereits mitgetheilte Resultat, dass Buquoy den Auftrag bekam, wieder nach Böhmen zurück zu gehen, während Dampierre angewiesen wurde, seinen Aufenthalt in Wien zu nehmen und Vorbereitungen zu dem

---

*) Sächs. StA. Aus Wien dd. 17. und 18. Juli 1619.

Einfall in Mähren zu treffen. *) Zum Stellvertreter Ferdinands wurde Erzherzog Leopold ernannt und ihm unbeschränkte Gewalt ertheilt, alle Massregeln zu treffen, die ihm während der Abwesenheit seines Bruders als zweckmässig erscheinen würden.**) Zur Uebernahme seines Amtes langte er kurz vor Ferdinands Abreise in Wien an.

Nachdem so die nöthigen Vorkehrungen getroffen waren, trat der König am 11. Juli die Reise an. Man hatte das Gerücht verbreitet, dass er den Umweg über Gratz nehmen werde; es geschah dies aber nur um die Aufmerksamkeit der Feinde abzulenken und einen Handstreich gegen seine Person zu vereiteln, denn thatsächlich reiste Ferdinand unter der Bedeckung eines Reiterkornets über Neustadt nach Salzburg, wo er am 16. Juli eintraf. In seinem Gefolge befanden sich ungefähr 100 hochgestellte Personen, darunter sein Günstling der Freiherr von Eggenberg, der Reichshofrathspräsident Graf von Zollern, der böhmische Kanzler Herr von Lobkowitz, Freiherr von Trauttmansdorff, die Grafen von Liechtenstein, Dietrichstein und Fürstenberg, zahlreiche Geheimräthe, Kämmerer, Oberste u. s. w. Nach den Anschauungen unserer Zeit würde man das unnütze Mitschleppen so vieler Personen nur tadeln, im 17. Jahrhunderte dachte man jedoch anders und rümpfte die Nase über das angeblich geringe Gefolge und über die Eile, mit der die Reise zurückgelegt wurde. In dem Reisegepäck, das Ferdinand sich nachkommen liess, befand sich eine neue böhmische Krone, die er sich eigens hatte anfertigen lassen, da die alte und echte durch den Aufstand in den Besitz der böhmischen Stände gekommen war und er in Frankfurt bei der Ausübung der Kurrechte des königlichen Schmuckes nicht entbehren konnte.***)

In Salzburg erwartete ein Gesandter Jakobs von England, Lord Doncaster, die Ankunft des Königs. Wir haben erzählt, in welcher Weise Jakob durch die Schmeicheleien des spanischen Hofes gewonnen, alle Bitten der Böhmen um Unter-

---

*) Berichte aus Wien dd. 9. Juni im sächs. StA.
**) Das Patent für Leopold im innsbrucker Statthaltereiarchiv dd. 10. Juni 1619.
***) Bericht im sächs. StA.

stützung abgewiesen und sich bereit gezeigt hatte, zu Gunsten der Habsburger in dem böhmischen Streite zu vermitteln. *) Schon im Februar, also noch vor dem Tode des Kaisers, wollte er deshalb einen Gesandten nach Eger schicken und hier bei der Interposition eine entscheidende Rolle spielen. Sein Schwiegersohn wusste von diesem Entschlusse nichts und da er immer glaubte, dass Jakob für die Böhmen gewonnen werden könnte, so richtete er im März ein Schreiben an ihn, in dem er ihn mit aller ihm zu Gebote stehenden Beredsamkeit bat, er möge einen Gesandten nach Deutschland absenden, damit dieser die Interessen der böhmischen Stände in Eger wahre und so eine erträgliche Vereinbarung vermittle und befördere. Der Pfalzgraf hatte diesen Brief kaum abgeschickt, so bekam er die Nachricht, dass der König seiner Bitte zuvorgekommen sei und den Lord Doncaster mit der Schlichtung der böhmischen Streitigkeiten betraut habe. Friedrich mochte von diesem Entschlusse des Königs um so überraschter sein, als derselbe ihn unabhängig von seiner Bitte gefasst hatte, doch gab er sich zufrieden und bat nur, der Gesandte möge seine Schritte zuerst nach Heidelberg lenken, um da die nöthige Belehrung zu holen. Offenbar war es dem Pfalzgrafen darum zu thun, den Gesandten für sich zu gewinnen, damit er die Rolle eines Friedensstifters nicht zu ernst nehme.

Jakob benachrichtigte indessen die böhmischen Stände von der Mission Doncasters in einer Weise, die keinen Zweifel darüber aufkommen liess, dass er ihre Aussöhnung mit dem Kaiser aufrichtig betreiben wolle. „Wir wünschen", so schrieb er, „dass sich die böhmischen Stände von Niemandem weder im Kriegsruhm noch im Gehorsam gegen den Kaiser übertreffen lassen und durch ihre billige Gesinnung sich solcher Friedensbedingungen werth machen möchten, deren Bewilligung für den obersten Herrn nicht schimpflich wäre und deren Annahme die Unterthanen nicht zu bedauern hätten." Die Zusammenstellung dieses Satzes mag in der königlichen Kanzlei nicht ohne mancherlei Kopfzerbrechen und nicht ohne Ver-

---

*) Gardiner, Cottington an Carleton dd. 8./18. October 1619. — Bd. I, S. 452 u. flg.

besserungen und Umgestaltungen zu Stande gekommen sein, aber endlich zu Stande gebracht, konnte sich der königliche Briefschreiber Glück wünschen zu der Art, wie er seine Anschauungen über die unanfechtbaren Rechte eines Souverains und seine Sympathien für die böhmischen Stände zu einem harmonischen Einklang verbunden habe. *) Dieses Schreiben hatte aber in Böhmen die Wirkung eines kalten Sturzbades, da man daselbst bei den steigenden Geldverlegenheiten, verleitet durch die pfälzischen Einflüsterungen und Versprechungen, auf englisches Geld und thatsächliche Unterstützung und nicht auf ein zum Frieden mahnendes Schreiben gefasst war. So sehr hatten die auf England gegründeten Hoffnungen daselbst Wurzel gefasst, dass man einem Gerücht, Jakob hätte zur Unterstützung der Böhmen eine Geldsumme bestimmt, willig Glauben schenkte und der gesammte Landtag an den König ein Dankschreiben richtete, in dem er ihn nur ersuchte, die Absendung des Geldes zu beschleunigen**) Statt des ersehnten Geldes langte nun die Nachricht an, dass der Gesandte des Königs bereits unterwegs sei, um die Böhmen mit Ferdinand zu versöhnen! Die Härte dieses Schlages wurde noch fühlbarer, als sie von den Bedingungen Kenntniss erhielten, auf deren Grundlage die Vermittlung angebahnt werden sollte.

In der That bewies die Instruction, die Jacob seinem Gesandten mitgab, sonnenklar, dass ihm die Interessen seines Schwiegersohnes und die Wünsche der Böhmen nicht mehr am Herzen lagen, als die Wahrung der Interessen des Kaiserhauses. Die Instruction, deren Schlussredaction vom 24. April datirt ist, also unmittelbar nach der in England angelangten Nachricht von dem Tode des Kaisers, trägt dem Gesandten auf, vor Allem dafür Sorge zu tragen, dass die Kaiserwahl bald vor sich gehe und dass die Wahl auf die Person Ferdinands falle! Als Bedingungen für den Ausgleich zwischen dem Kaiser und den Böhmen wurde festgesetzt: 1. dass die Jesuiten auf ihren geistlichen Wirkungskreis in Böhmen beschränkt bleiben und

---

*) Gardiner, Letters etc. Friedrich V. an Jacob I. dd. 11./21. März und 12./22. März 1619. — Ebend. Jakob an die böhmischen Stände dd. 20./30. März 1619.

**) Gardiner, die böhmischen Stände an Jakob I. dd. 2./12. April 1619.

sich nicht in weltliche Dinge einmischen sollten; 2. dass König Ferdinand die in seinem Krönungseide gemachten Versprechungen einhalte und 3. dass die Protestanten sich ungestört der ihnen durch die Gesetze und Privilegien gewährleisteten Freiheit erfreuen sollten. Lauteten diese Bedingungen gleichsam zu Gunsten der Protestanten, so blieben auch die Katholiken in dem Vermittlungsvorschlage Jakobs nicht unberücksichtigt, denn er verlangte, dass alle bisher ausgesprochenen Confiscationen rückgängig gemacht und alle Landesofficiere in ihre früheren Aemter eingesetzt werden sollten. Wenn dadurch etwa Thurn wieder zum Burggrafenamt gelangte, so kamen auch Slawata, Martinitz, Sternberg u. s. w. in den Besitz der ihnen entrissenen Macht.*) Der Vermittlungsvorschlag Jakobs lautete sonach für Ferdinand so günstig als möglich: wenn letzterer sich mit den Böhmen aussöhnen wollte, so musste er mit beiden Händen nach ihm greifen. Dagegen hatten die Böhmen weniger Grund, mit demselben zufrieden zu sein, weil er die Streitpunkte in der religiösen Frage nicht entschied, sondern sich in jener Allgemeinheit hielt, die Ferdinand immer wieder das Betreten der alten Wege möglich gemacht hätte. Die Böhmen konnten sich mit der Vermittlung nur dann zufrieden geben, wenn die Kirchengüterfrage eine klare und unwiderrufliche Lösung durch dieselbe fand.

Als Lord Doncaster aus England abreiste, um den Auftrag seines Herrn zu vollführen, begab er sich zuerst nach Brüssel, um das erzherzogliche Paar zu begrüssen. Er wurde zuvorkommend empfangen und bekam die Versicherung, dass seine friedliche Mission alle Unterstützung finden werde; Erzherzog Albrecht gab ihm sogar einen Brief an Ferdinand mit, in dem er seinem Vetter die englische Vermittlung auf das wärmste empfahl.**) So sich den besten Hoffnungen hingebend gleich seinem Herrn, setzte Doncaster seine Reise zu Ferdinand fort und berührte auf seinem Wege die Städte Heidelberg und München. In Heidelberg traf er gerade zu der

---

*) Die Instruction bei Gardiner: Letters and other documents.
**) Viscount Doncaster to Sir Robert Naunton dd. 30. Mai/9. Juni 1619, Brüssel, bei Gardiner.

Zeit ein, als die Union in Heilbronn tagte und der Pfalzgraf sich an der Berathung betheiligte und im Begriffe war, sich mit den Böhmen auf das engste zu verbinden. Doncaster ging nicht nach Heilbronn, um da den Pfalzgrafen zu begrüssen, weil dieser Schritt bei gleichzeitiger Gegenwart der Unionsmitglieder ihm übel ausgelegt und den Absichten Jakobs widersprechend gedeutet werden konnte. Er wartete die Rückkunft des Pfalzgrafen in Heidelberg ab und war da mittlerweile der Gegenstand vielfacher Aufmerksamkeiten, deren er sich umsonst zu erwehren suchte. Als Friedrich endlich ankam, wurden zuerst die üblichen, in diesem Falle mehr als je lächerlichen Complimente und Phrasen gewechselt. Doncaster sprach dem Pfalzgrafen als Reichsvikar sein Beileid über den Tod des Kaisers aus, was natürlich dieser als eine trostreiche Versicherung annahm. Nach dieser ersten Audienz kam es jedoch zu einer vertraulichen Besprechung, in der der Pfalzgraf seine Ansichten und Wünsche unverhüllt auseinandersetzte. Er fand an Doncaster einen aufmerksamen und wohlwollenden Zuhörer, der sogar behauptete, dass er von Jakob als ein weisses Blatt nach Heidelberg geschickt worden sei, um da die nöthigen Belehrungen, Rathschläge und Weisungen in Bezug auf die böhmischen Angelegenheiten, auf die Kaiserwahl und auf das besondere Interesse des Pfalzgrafen zu empfangen. Diese Erklärung Doncasters, deren Authenticität nicht dem leisesten Zweifel unterliegt, da er selbst von ihr Nachricht gibt[*]), dürfte den Leser überraschen, da sie doch im offenbaren Widerspruche mit den Aufträgen Jakobs steht, der seinem Gesandten bestimmte Weisungen gab und ihn nicht als ein weisses Blatt in die Welt schickte. Offenbar machten sich bei Doncaster dieselben mächtigen Sympathien für die protestantische Sache geltend, zu denen sich die verschiedenen englischen Gesandten seit 15 Jahren bekannt und dadurch allerdings Hoffnungen erregt hatten, die zu erfüllen nicht in der Absicht ihres Herrn lag.

 Die vertrauliche Besprechung zwischen dem Pfalzgrafen und

---

 *) Doncaster an Sir Robert Naunton dd. Heidelberg 19./29. Juni 1619 bei Gardiner.

Doncaster drehte sich nun um die neuesten Nachrichten vom böhmischen Kriegsschauplatze; sie betrafen die Niederlage Mansfelds bei Záblat und die Anwesenheit Thurns vor Wien. Der Pfalzgraf bemerkte, dass alle Welt die Ueberzeugung habe, dass die friedliche Mission Doncasters zu keinem Resultat führen werde, da der böhmische Streit eine verzweiflungsvolle Zerrüttung zur Folge gehabt habe, die nicht mehr auf friedlichem Wege zu heilen sei. Aus diesem Grunde hätten die Mitglieder der Union einen gemeinsamen Tag zu Heilbronn verabredet, um daselbst über ihre künftige Haltung Beschluss zu fassen. Er werde Doncaster alsbald davon benachrichtigen, wenn die Berathung zu Ende sein würde und ihn bitten, seinen Herrn von den gefassten Beschlüssen in Kenntniss zu setzen. Doncaster entschuldigte sich jedoch, dass er nicht so lange in Heidelberg warten könne und bat deshalb, der Pfalzgraf möchte selbst dem Könige als dem Haupte der Union, einen umfassenden Bericht von den Unionsbeschlüssen und den sonstigen Vorkommnissen einsenden.

Das Gespräch kam jetzt auf die Kaiserwahl. Wir haben eben angedeutet, dass Jakob seinem Gesandten den Auftrag gegeben habe, für Ferdinand zu wirken. Diese Mittheilung berührte den Pfalzgrafen unangenehm, da er geglaubt hatte, dass sein Schwiegervater die Erhebung des Herzogs von Savoyen wünsche, und da Isaak Wake, der englische Gesandte in Turin bei seiner Durchreise durch Heidelberg sich für Savoyen bei ihm verwendet hatte. So sah er sich auch in dieser Beziehung von Jakob verlassen, doch gestand er offen, dass aller Wahrscheinlichkeit nach nur Ferdinand aus der Wahl hervorgehen werde und dies trotz aller Anstrengungen, denen er sich für den Herzog von Savoyen unterziehen wolle; nur ein unverhofftes Ereigniss könne die von ihm heiss ersehnte Rettung bringen. Er machte daraus kein Hehl, von welch' unangenehmen Folgen die Erhebung Ferdinands für ihn, der sich tief in die böhmischen Angelegenheiten eingelassen habe, begleitet sein würde. Doncaster, der diese 'Mittheilungen mit vieler Theilnahme entgegennahm und trotz des Auftrages seines Herrn kein Wort zu Gunsten Ferdinands über die Lippen gehen liess, besprach sich darauf auch mit den vertrautesten Räthen des

Pfalzgrafen und vernahm hier dieselben Mittheilungen und Ansichten. Alle die verschiedenen Berichte und Urtheile, die gleichwohl alle auf ein Ziel gingen, verwirrten den armen Gesandten, der sich ohnedies keines sehr hellen Kopfes erfreute und für die vernünftige Durchführung eines so konfusen Auftrags — so kann man die in der Instruction niedergelegten Befehle Jakobs bezeichnen — der am allerwenigsten taugliche Mann war.

Es tauchte nun die Frage auf, was zu thun sei, und da scheinen alle pfälzischen Räthe ihre sonstige Entschlossenheit eingebüsst zu haben. Sie widerrieten dem Gesandten die Fortsetzung seines Friedenswerkes nicht, ja sie billigten seinen Entschluss die Reise zu Ferdinand über München anzustellen und den Herzog Maximilian um seine Unterstützung bei der bevorstehenden Friedensverhandlung zu ersuchen, obgleich Doncaster nach dem Wunsche seines königlichen Herrn den Weg zu Ferdinand über Sachsen und nicht über Baiern einschlagen sollte. Als darüber berathen wurde, wie die Kaiserwahl verschoben werden und welche Dienste der Gesandte hiebei leisten könnte, verlangten die Räthe von Doncaster, er solle bei Ferdinand selbst die Verschiebung der Wahl beantragen, und glaubten hoffen zu dürfen, dass Ferdinand, weil er der Wahl doch nicht sicher sei, diese Bitte nicht abweisen werde. Bei allen Rathschlägen, Mahnungen und Weisungen machte sich unverholen das Missbehagen an den friedlichen Aufträgen Doncasters geltend. Man wünschte dieselben auf jede Weise zu vereiteln und glaubte dieses Ziel dadurch zu erreichen, dass man dem englischen Gesandten die Nichtbeachtung seiner Instruction anriet: er sollte sich also nicht blos der Erhebung Ferdinands auf den deutschen Thron widersetzen, sondern auch vor Beginn der Vermittlungsverhandlungen von Ferdinand einen Waffenstillstand und in den Verhandlungen selbst die bleibende Ausschliessung des Jesuitenordens aus Böhmen verlangen. — Das kurfürstliche Paar überhäufte den Gesandten mit mannigfachen Beweisen von Aufmerksamkeit, so dass derselbe sich dadurch geschmeichelt fühlte und gern bereit war, die pfälzische Politik nach Möglichkeit zu fördern und in den Ausgleichsverhandlungen das böhmische Interesse schärfer zu wahren, als es ihm von seinem Herrn aufgetragen worden war. Da man ihn in Heidelberg wiederholt versicherte, dass Ferdinand nie zu einer Vermittlung die Hand bieten werde, so frug er schon jetzt bei Jakob an, was er in diesem Falle für eine Haltung annehmen solle.*) Indem er seinem Wunsche nach einer thatsächlichen Unterstützung der Böhmen einen unverhüllten Ausdruck lieh, suchte er den König für diese seiner bisherigen Politik so entgegengesetzte Richtung dadurch zu gewinnen, dass er ihm ein glänzendes Bild von den Fähigkeiten seines Schwiegersohnes, von seiner Thätigkeit, von der enthusiastischen Anhänglichkeit seiner Unterthanen und von dem grossen Ansehen entwarf, dessen er sich bei allen deutschen Fürsten erfreue. Wenn der König nur die Hälfte dessen glaubte, was der Gesandte schrieb, unterstützte er vielleicht den Thatendurst seines Schwiegersohnes.

Von Heidelberg begab sich Doncaster nach München, wo er den Herzog Maximilian ebenso wie früher den Erzherzog Albrecht um die Förderung seiner Mission ersuchte. Maximilian behauptete bei dieser Gelegenheit mehr als je eine zuwartende Haltung, er hütete sich vor jeder Aeusserung, die in ihm jenen strengen und nachsichtslosen Katholiken hätte errathen lassen, als welcher er sich in den Verhandlungen über die Interposition erwiesen hatte **); ja er verstieg sich nach den glaubwürdigen Mittheilungen Doncasters so weit, dass er sich für einen Gegner der Jesuiten erklärte, die er nur dulde, aber nicht begünstige.***) Bekannt mit Jakobs eitler

---

*) Doncaster an Jacob dd. 18./28. Juni 1619, Heidelberg. — Memoir given by Frederick V to Viscount Doncaster dd. 19./29. Juni 1619. — Doncaster an Naunton dd. 19./29. Juni 1619, Heidelberg. — Alle diese Schriftstücke bei Gardiner.

**) Bd. I, 467.

***) Gardiner, S. 146: Doncaster schreibt dd. 2./12. Juli 1619, München, an Jakob über die Verhandlungen mit Maximilian: „But two things I must say: First that his Highnes (Maximilian) is exceedingly misunderstood to their shame, that have reported, him to his Majesty for a Jesuited Prince; from which imputation he is so innocent that, were it not for thet reverence of his yet living father, who brought that wermin into this countrey, they were it may be in some danger of being driven out by his Highnes, who doth now only allow and not favor them.

Einbildung versäumte Maximilian nicht, sie mit einigen starken Brocken zu füttern, so dass Doncaster rühmend nach Hause schrieb, kein Engländer könne Seine Majestät mehr ehren, als dies der Herzog thue, der in diesem Falle gegen seine sonstige Weise gesprächig geworden sei. In Bezug auf den eigentlichen Zweck von Doncasters Reise versicherte Maximilian, dass er dem Friedenswerke das beste Gedeihen wünsche. Seine Versicherung war übrigens ehrlich und aufrichtig gemeint, denn die allgemeine Verbreitung des Aufstandes über die österreichische Monarchie machte ihn so besorgt, dass er gerade in diesen Tagen Ferdinand den Rath gab, einen annehmbaren Friedensvorschlag — und das waren jedenfalls die englischen Propositionen — nicht von der Hand zu weisen.*)

So sich einiger Hoffnung hingebend reiste Doncaster nach Salzburg, um Ferdinand daselbst zu erwarten, da er erfahren hatte, dass sich derselbe bereits auf den Weg nach Frankfurt begeben habe. Der englische Gesandte erhielt hier nähere Nachrichten von der Niederlage Mansfelds bei Záblat und von den niederdrückenden Folgen derselben für die Sache der Böhmen, da deren Muth gänzlich gesunken sei. Als Ferdinand in Salzburg eintraf, ertheilte er in zuvorkommender Weise dem Lord Doncaster die gewünschte Audienz und dieser erklärte gleich im Beginne, dass er von seinem Herrn abgeschickt worden sei, um den böhmischen Streit zu einem Ausgleiche zu bringen. Ferdinand, der in den ärgsten Gefahren nie an eine Befriedigung der Böhmen gedacht hatte, war nach den Erfolgen Buquoy's in Böhmen und nach dem kläglichen Resultate von Thurns Angriff auf Wien, so voller Siegeshoffnung, dass ihm die englische Vermittlung in jeder Beziehung unbequem sein musste und so enthielt seine höfliche Antwort eine zwar verblümte, aber doch unumwundene Ablehnung derselben. Wenn, so erklärte er, Jakob die eigentliche Beschaffenheit des böhmischen Streites kennen würde, so würde er ihm nicht zu Verhandlungen in einer Zeit rathen, wo sich die Böhmen im ärgsten Gedränge befänden. Doncaster erwiederte, dass er ja eben deshalb ge-

---

*) Münchner StA. 40, 7, Maximilian an Kurköln dd. 15. Juli 1619.

kommen sei, um von Seiner Majestät die nöthigen Aufklärungen zu erhalten und darnach zu handeln, er verlangte aber zugleich eine unzweideutige Antwort, ob sich Ferdinand die angebotene Vermittlung gefallen lassen wolle oder nicht. Der letztere wollte mit der Wahrheit nicht herausrücken, sondern brach die Audienz ab und versprach dem Gesandten, dass er ihm Jemanden schicken werde, der ihn über die böhmischen Angelegenheiten aufklären werde; am nächsten Tage wolle er ihn dann wieder zur Audienz empfangen.

Nach einigen Stunden fand sich der Graf Meggau bei Doncaster ein, um ihn über das eigentliche Wesen des böhmischen Streites zu belehren. Das, was Meggau vorbrachte, war jedoch weniger eine gründliche Erörterung dieses Gegenstandes als eine heftige Anschuldigung der Böhmen, wobei er sich in einen leidenschaftlichen Eifer hineinsprach und zuletzt offen erklärte, dass die böhmischen Dinge nicht mehr darnach angethan seien, um friedlich ausgeglichen zu werden. Wenn es aber doch zum Ausgleiche käme, so müsse Ferdinand die von England angebotene Vermittlung ablehnen, da mehrere Fürsten ähnliche Anträge gemacht hätten, sein Herr sie aber nicht angenommen habe, weil er schon früher einige Kurfürsten und den Herzog von Baiern mit diesem Geschäfte betraut habe und nun seine an dieselben ergangene Einladung nicht zurücknehmen könne, ohne sie zu beleidigen. Trotz dieses abweislichen Bescheides erschöpfte sich Doncaster in Gründen für die Annahme der von seinem Herrn angebotenen Vermittlung. Der König von Spanien habe Jakob darum ersucht und sicherlich habe Ferdinand dazu seine Zustimmung gegeben; England dränge sich also nicht vor, sondern folge nur einem Rufe. Was die Fürsten betreffe, denen die Interposition übertragen worden sei, so habe keiner von ihnen etwas zu ihrer Verwirklichung gethan und könne also nicht beleidigt werden, wenn sie Jemand anderer energisch in die Hand nehme. Pfalz und Baiern, das könne er versichern, seien gern bereit, ihren Antheil an der Interposition auf England zu übertragen.

Die Hartnäckigkeit, mit der Doncaster die Rolle eines Vermittlers für seinen Herrn zu behaupten suchte, setzte Meggau in Verlegenheit, so dass er dieselbe zuletzt nicht unbedingt abwies, sondern den Gesandten auf die weitere Fortsetzung der Verhandlungen in Frankfurt vertröstete. Der letztere gab sich mit diesem scheinbaren Erfolge nicht zufrieden, sondern verlangte zu wissen, unter welchen Bedingungen Ferdinand den Böhmen einen Waffenstillstand bewilligen würde. Meggau gestand unter steigender Verlegenheit, dass von einem Waffenstillstand nicht mehr die Rede sein könne, da Ferdinand jetzt die Böhmen in seiner Macht habe, und als Doncaster nicht abliess, die Niederlegung der Waffen zu empfehlen und davor warnte, dass man dem Kriegsglücke zu viel vertraue, brach Meggau die weitere Verhandlung über diesen Gegenstand mit der Bemerkung ab, dass er keine Weisungen hierüber von Ferdinand erhalten habe. Als Doncaster sich zuletzt noch erbot, nach Böhmen zu reisen und dort die annehmbarsten Friedensbedingungen zu erwirken, versprach Meggau, dies zur Kenntniss seines Herrn zu bringen und empfahl sich damit.

Zwei Tage nach dieser Besprechung ertheilte Ferdinand dem englischen Gesandten eine zweite Audienz. Was für den Frieden in kurzer und eindringlicher Weise gesagt werden konnte, brachte Doncaster vor, allein selbstverständlich vergeblich. Alles, was er aus Ferdinand herauspresste, war das Versprechen, dass er in Frankfurt die böhmische Angelegenheit mit den zu Vermittlern gewählten Fürsten berathen werde und dass bei dieser Gelegenheit auch dem Könige von England der gebührende Antheil eingeräumt werden würde. Ferdinand drückte sich in gleicher Weise in einem Briefe aus, den er aus Salzburg an Jakob richtete und worin er ihm für seine Theilnahme und seine Bemühung dankte. Wenn Jakob, heisst es in diesem Schreiben,*) durch seinen Gesandten in Frankfurt solche Mittel und Wege zur Herstellung des Friedens vorschlagen werde, dass er (Ferdinand) sie ohne Nachtheil für sich und sein Haus zulassen könne, so wolle er dafür dankbar sein. Aber weder in diesem Schreiben noch in den Erklärungen an Doncaster stellte Ferdinand die Verhandlungen in Frankfurt in sichere Aussicht und so sah der Gesandte diese Erklärungen nur als Ausflüchte an, die den

---

*) Gardiner, Ferdinand an Jakob dd. 7./17. Juli 1619, Salzburg.

Beginn der Verhandlungen so lange verschleppen sollten, bis die Ereignisse auf dem Kriegsschauplatze jede Vermittlung überflüssig machen würden. Doncaster gab deshalb schon jetzt die Hoffnung auf, den Zweck seiner Reise zu erreichen und schrieb in diesem Sinne nach Hause. Um es jedoch an nichts ermangeln zu lassen, schickte er von Salzburg seinen Sekretär Norrey nach Prag, benachrichtigte die Direktoren von dem bisherigen Erfolg seiner Mission und bat sie, ihm die Bedingungen bekannt zu geben, unter denen sie einen Frieden abschliessen wollten, jedenfalls aber zu den Verhandlungen in Frankfurt ihre Vertreter abzusenden. Von seinem Herrn erbat er sich aber die Weisung, was er thun solle, wenn es in Frankfurt weder zu einem Waffenstillstand noch zu Unterhandlungen kommen sollte, wozu aller Anschein vorhanden sei. *)

Von Salzburg reiste Ferdinand nach München und kam daselbst am 19. Juli an. Es war das erstemal seit dem Ausbruche des böhmischen Aufstandes, dass er mit Maxmilian zusammentraf, und es versteht sich von selbst, dass das Gespräch der beiden Fürsten sich fast ununterbrochen um diesen Gegenstand und seine Consequenzen drehte. Ferdinand war es hiebei um die Gewinnung des Herzogs zu thun. Er befand sich zwar nicht in der elenden Lage, wie Mathias kurz vor seinem Ableben; dennoch glaubte er seinen Beistand nicht entbehren zu können, sobald die Union mit Böhmen in ein Bündniss treten würde. Für diesen Fall bat er Maxmilian um die Unterstützung der Liga und erhielt von seinem Jugendfreunde die tröstlichsten Versicherungen.**) Nach dem kurzen münchener Aufenthalt reiste Ferdinand ohne Unterbrechung nach Frankfurt, wo er am 28. Juli eintraf.

---

*) Ueber die Verhandlungen Doncasters dessen Bericht an Naunton dd. 9./19. Juli 1619 bei Gardiner; ferner bernburger Archiv: Joachim Ernst von Brandenburg an Anhalt dd. 16/26. Juli 1619. Ebend. Memorial für Herrn Norreys dd. 25. Juli 1619.
**) Wolf, Maxmilian von Baiern IV, 216.

II

Um die Kaiserwahl drehte sich seit Monaten die Thätigkeit der Parteien, namentlich boten die pfälzischen Diplomaten alles auf, um dieselbe hinauszuschieben oder auf einen andern Fürsten als Ferdinand zu lenken. Von ihren schon bei Mathias' Lebzeiten angestellten Bemühungen, einen andern Kandidaten aufzustellen, ist bereits ausführlich berichtet worden. Die Leiche des Kaisers war kaum kalt geworden, als das heidelberger Kabinet diesen Gegenstand abermals mit Energie aufnahm und einen Gesandten an den Erzbischof von Mainz abschickte, um durch denselben die Aufschiebung des Wahltages bis zur Beseitigung der böhmischen Wirren zu verlangen. Schweikhart von Mainz liess sich jedoch in seiner dem König Ferdinand günstigen Stimmung nicht irre machen und berief die Kurfürsten auf den 20. Juli nach Frankfurt zur Kaiserwahl. Aber 1619 da sowohl er wie die andern geistlichen Kurfürsten durch die Haltung des heidelberger Kabinets und durch die Nachricht von weitgehenden Plänen einiger protestantischen Fürsten in Schrecken versetzt wurden, so geschah es wahrscheinlich auf ihr Ansuchen, dass der päpstliche Nuntius in Köln an den König von Spanien die Bitte richtete, er möge im Nothfalle den Marques von Spinola mit den in Flandern stationirten Truppen gegen Frankfurt marschiren lassen.*)

Gleichzeitig mit dem Gesandten nach Mainz wurden aus Heidelberg auch Gesandte nach Sachsen, Baiern und Brandenburg geschickt. Nach Dresden ging der pfälzische Geheimrath Camerarius; seinem Auftrage gemäss ersuchte er den Kurfürsten Johann Georg, er möge mit den ihm befreundeten Fürsten in ein näheres Verhältniss zur Union treten, damit auf diese Weise die gesammten deutschen Protestanten einig dastünden. In Bezug auf die deutsche Thronfolge befürwortete Camerarius die Aufschiebung der Wahl bis zur Beilegung der böhmischen Streitigkeiten und die Entfernung der von den Habsburgern ins Reich berufenen fremden Truppen. Der Gesandte gab sich alle Mühe, das gewünschte Ziel zu

---

*) Simancas, Cardinal Borja a Phelipe III dd. Roma 22. April 1619.

erreichen; in wiederholten Unterredungen mit dem Kurfürsten und mit seinen Räthen, namentlich mit Kaspar von Schönberg, vertrat er energisch das protestantische Interesse, empfahl einen Bund der drei weltlichen Kurfürsten und ereiferte sich bis zu leidenschaftlichen Ausfällen. Aber was er auch immer vorbringen mochte, seine Vorstellungen verfingen nicht bei Leuten, die ihren Entschluss gefasst hatten und sich je länger je mehr zu Ferdinand hingezogen fühlten. Wenn Camerarius glaubte, dass die Schärfe seiner Gründe auf die Zuhörer eine Wirkung ausgeübt haben müsse und ängstlich ihre Zustimmung erwartete, brachen sie das Gespräch mit einigen nichtssagenden Worten ab und wichen so weiteren Erörterungen aus.*)

Nicht besser waren die Erfolge der pfälzischen Gesandten bei den übrigen Fürsten. An dem Herzoge von Baiern prallten alle Verlockungen ab, durch die ihn der Pfalzgraf abermals zur Bewerbung um die deutsche Krone zu gewinnen trachtete;**) Brandenburg war den pfälzischen Wünschen nicht abgeneigt, that aber gar nichts zu ihrer Förderung.

Die Niederlage, welche das pfälzische Cabinet auf diesem diplomatischen Feldzuge erlitt, entmuthigte dasselbe nicht, sondern reizte es nur zu dem Versuche, auf eine andere Weise zum Ziele zu gelangen. Das sächsische Kabinet hatte in seiner ausweichenden Antwort auf die pfälzischen Vorstellungen bemerkt, dass die zur Vornahme der Kaiserwahl anberaumte Kurfürstenversammlung, Gelegenheit zur Begleichung der böhmischen Unruhen bieten würde. An diese Handhabe klammerte sich nun der Kurfürst von der Pfalz und schickte an den Erzbischof von Mainz einen neuen Boten ab, um denselben zu ersuchen, er möge vor der Kaiserwahl einen Kurfürstentag zur Berathung über die böhmische Angelegenheit berufen und stellte dies so hin, als sei es der Wunsch des Kurfürsten von Sachsen. Als der Erzbischof auch davon nichts wissen wollte, beklagte sich der Pfalzgraf hierüber bei Johann Georg und bat ihn, seinen Einfluss aufzubieten, damit der Wahltag nur

---

*) Die betreffenden Akten im Archiv U. P., daselbst namentlich des Camerarius Bericht über seine Reise zu Kursachsen dd. 1./11. Mai 1619.

**) Arch. U. P. Memoriale pro H. Th. a Schönberg ad ducem Bavariae ablegando dd. 27. Mart. 1619.

etwas aufgeschoben würde. Aber sowohl diese, wie eine zweite Zuschrift wurden von dem dresdner Kabinet nicht weiter beachtet.*)

Bei diesem Stande der diplomatischen Verhandlungen war der Unionstag in Heilbronn zusammengetreten und dieser bildete die letzte Hoffnung des heidelberger Kabinets. Der Pfalzgraf legte der Versammlung die Frage vor: wie durch „nützliche und praktizirliche Mittel" der Wahltag verhindert werden könnte. Die Antwort lautete dahin, dass man Mainz und Sachsen nochmals ersuchen solle, die Wahl aufzuschieben, den Böhmen aber heimlich den Rath geben solle, gegen die Wahlstimme Ferdinands zu protestiren. Friedrich befolgte diesen Vorschlag und betrat die ausgetretenen diplomatischen Geleise in der Hoffnung, dass vielleicht die Hinweisung auf den eben versammelten Unionstag und die von demselben etwa zu beschliessenden Rüstungen sich wirksamer erweisen könnten als seine früheren Mahnungen. Allein er erreichte auch diesmal nichts, Sachsen blieb seiner schweigsamen Rolle nach wie vor treu und auch der Kurfürst von Mainz hatte auf die erneuerte Bitte des pfälzischen Gesandten nur eine abschlägige Antwort. Das kurbrandenburgische Kabinet, das sich fast gleichzeitig für die pfälzischen Wünsche in Dresden verwendete, mühte sich ebenso vergeblich ab.**)

Das Betreten der diplomatischen Wege war übrigens nicht der einzige Gegenstand, über den man sich in Heilbronn beriet; man erwog auch, ob man nicht durch Gewalt erzwingen solle, was durch friedliche Mittel nicht zu erreichen war. Die pfälzischen Diplomaten schlugen vor, dass sich die Union für eine gewaltsame Hinderung der Wahl entscheiden solle, allein dazu war die Versammlung nicht zu bewegen, sie empfahl nur militärische Demonstrationen, ohne jedoch viel von ihnen zu hoffen, da die vorzunehmenden Rüstungen bis zum Wahltag kaum genügend sein dürften. Eine grössere Wirkung erwartete sie

---

*) Die Zuschriften im Arch. U. P.
**) Arch. des Min. des Innern in Wien: Kurmainz an Ferdinand dd. 24. Juni 1619. — Münchner StA. 134, 22: Oberst von Schönburg an Pfalz dd. 25. Juni 1619. — Consiliarii Electoris Brandeb. Electori Saxoniae dd. 20. Juli 1619.

dagegen von einer Besetzung der Stadt Frankfurt, die im Einverständnisse mit der freundlich gesinnten Bürgerschaft geschehen könnte; wenn dadurch die Wahl nicht gerade vereitelt würde, so würde sie doch verzögert, denn die feindlich gesinnten Kurfürsten müssten erst über eine neue Wahlstadt verhandeln. Auch könnten, nach der Meinung der Union, die Generalstaaten einige Truppen gegen die Grenzen des kölner Stiftes vorrücken lassen und dies würde den Erzbischof nöthigen, zu Hause zu bleiben, wodurch ebenfalls die Wahl verzögert würde. Der Vorschlag zur Besetzung von Frankfurt war jedoch nicht nach dem Geschmacke aller Anwesenden, drei Städte widerrieten diesen Gewaltschritt und wollten, dass man jeden Widerstand gegen die legitim vorzunehmende Wahl aufgebe.*)

Diese Misserfolge reizten den Pfalzgrafen zu einem persönlichen Versuche, Kurmainz für seine Pläne zu gewinnen. In einer längeren Unterredung gab er sich alle Mühe, den alten Schweikhard zu der Aufschiebung der Kaiserwahl oder wenigstens zu einer dem Hause Habsburg feindlichen Kandidatur zu bereden. Eitle Arbeit! Alle die Argumente, welche der junge Mann vorbrachte, kannte der Erzbischof seit langem und er wusste, was er von ihnen zu halten habe. — Das einzige wesentliche Resultat erlangten die pfälzischen Diplomaten bei Kurbrandenburg: der Markgraf ging durch einen eigenen Vertrag zu Lichtenburg die Verpflichtung ein, seine Stimme Ferdinand nicht zu geben und im Einverständniss mit Kurpfalz bei der Wahl vorzugehen.**)

Da man Kurmainz nicht gewonnen hatte, so erwog man auf pfälzischer Seite wieder die Mittel zu einer gewaltsamen Verhinderung der Wahl. Bei einer Zusammenkunft Friedrichs mit dem Landgrafen Moriz von Hessen zu Mannheim berief man sich fast während eines ganzen Tages, ob man Ferdinand in seiner Reise gewaltsam hindern und Frankfurt besetzen solle. Die eigene Neigung empfahl diese That, die

---

*) Münchner St.A. 134, 22: Antwort der in Heilbronn versammelten Union auf die Proposition des Pfalzgrafen dd. 14./24. Juni 1619.
**) Münchner StA. 134, 22. Colloquium des Kurfürsten von der Pfalz mit Kurmainz dd. 23. Juni/3. Juli 1619.

Furcht widerriet sie.*) Auf pfälzischer Seite verhehlte man sich nicht, dass dies rasche und umfassende Rüstungen erheische und zu denselben mehr Geld nöthig sein würde, als man besass. Friedrich fing an, kleinmüthig zu werden und seine Unternehmungslust begann zu schwinden und so trennte er sich von dem Landgrafen von Hessen, ohne einen bestimmten Entschluss gefasst zu haben. — Von den auf die gewaltsame Verhinderung der Kaiserwahl bezüglichen Absichten der kurpfälzischen Partei wurde den Katholiken vorläufig nichts bekannt, dennoch bemächtigte sich einiger von ihnen und namentlich des Grafen von Trauttmansdorff, der im Auftrage Ferdinands nach Frankfurt vorausgeeilt war, ein Gefühl der Unsicherheit, das noch erhöht wurde, als Frankfurt zum Kommandanten seiner Garnison einen pfälzischen Unterthan wählte und diese Garnison um 1000 Mann verstärkte, die von Strassburg und Nürnberg beigestellt wurden.**)

Da man in Heidelberg vorläufig auf Gewaltmassregeln verzichtet hatte, so blieb nichts anderes übrig als den Wahltag, der am 20. Juli eröffnet werden sollte, gleich den anderen Kurfürsten zu beschicken. Die Instruction, die den kurfürstlichen Gesandten, dem Grosshofmeister Grafen Albrecht von Solms, dem Kanzler Volrad von Plessen und dem Geheimrath Camerarius auf den Weg gegeben wurde, war das Werk mehrtägiger Berathung. Sie empfahl den Gesandten, alle Mittel zu versuchen, um die Wahl aufzuschieben oder zu vereiteln; sie sollten dafür eintreten, dass den böhmischen Gesandten, die gegen Ferdinands Kurrecht protestiren würden, Gehör gegeben und die Beilegung des böhmischen Streites vor der Kaiserwahl versucht werde und dass, wenn trotz allem dem die letztere doch vorgenommen würde, die deutsche Krone nicht in den Besitz eines Habsburgers käme.***) Auch sollten sie bei den sächsischen Gesandten und bei Köln und Trier keine Worte sparen, um vertrauliche Beziehungen anzubahnen und so ans Ziel zu gelangen.

---

*) Münchner StA. 548/10 Camerarius an Anhalt dd. 2./12 Juli 1619.
**) Trauttmansdorff an Ferd. II. dto. 20. Juli 1619. Wiener StA.
***) Münchner StA. 134/22 Instruction für die pfälzischen Gesandten nach Frankfurt dd. 8./18. Juli. Heidelberg.

Zu dem Wahltage in Frankfurt fanden sich die drei geistlichen Kurfürsten persönlich ein. Sachsen schickte als Principalgesandten den Grafen Mansfeld und Brandenburg den Herrn von Putlitz ab, so dass von den weltlichen Kurfürsten nur Ferdinand allein persönlich erscheinen wollte. Der Kurfürst von Mainz beeilte sich, die nöthigen Verhandlungen damit einzuleiten, dass er für den 26. Juli die Erzbischöfe von Köln und Trier und die verschiedenen kurfürstlichen Gesandten zu einer Sitzung einlud, ohne die Ankunft Ferdinands, die erst in den nächsten Tagen bevorstand, abzuwarten. Bei dieser Zusammenkunft kam es zu keiner wichtigen Verhandlung, obwohl die pfälzischen Gesandten gern eine Gelegenheit benützt hätten, um schwierige Streitfragen auf die Bahn zu bringen und namentlich die Berechtigung Ferdinands zur Führung der böhmischen Kurstimme anzugreifen.

1619

1619 Wichtiger gestaltete sich die zweite Sitzung am 28. Juli. Von Böhmen waren mittlerweile Gesandte in der Nähe von Frankfurt eingetroffen, um die Rechte der böhmischen Kur in Anspruch zu nehmen und auszuüben, und hatten demgemäss an den Stadtrath die Bitte um Einlass gestellt. Da die frankfurter Bürgerschaft ihrerseits bei den Kurfürsten anfrug, was sie thun solle, so mussten die letzteren schon jetzt in der böhmischen Frage Stellung nehmen. Solms und seine Kollegen empfahlen die Zulassung der böhmischen Gesandten in dem Sinne, dass man wenigstens ihre Botschaft anhöre; sie seien an den „rechten Brunnen" gekommen, um ihre Anliegen vorzutragen und an den Kurfürsten sei es, sie zu hören. Die brandenburgischen und sächsischen Gesandten gesellten sich diesem Vorschlage bei; man dürfe, meinten sie, die Böhmen nicht gleich an der Schwelle abweisen, weil es sonst das Ansehen haben würde, als seien die Kurfürsten, denen doch schliesslich die Ausgleichsverhandlungen zwischen Ferdinand und den Böhmen zufallen würden, den letzteren von vornherein abgeneigt. Dieser Vorschlag hatte für Ferdinand eine bedenkliche Seite, denn wenn dadurch auch nicht sein Kurrecht bestritten wurde, so traten damit doch die Verhandlungen über den Aufstand in den Vordergrund und konnten eine unberechenbare Zeitversäumniss zur Folge haben. Wenn Mainz den pfälzischen Vorschlag zur Abstimmung gebracht hätte, so würden sich, da Ferdinand bei dieser Sitzung durch keinen Gesandten vertreten war, drei Stimmen (die geistlichen) für, drei gegen denselben ausgesprochen haben, ein Ergebniss, das die Zulassung der Böhmen vielleicht doch entschieden hätte. Schweikhard vermied die Gefahr einer solchen Abstimmung dadurch, dass er die Sitzung aufhob und die Entscheidung vertagte. Bevor sich die einzelnen Mitglieder entfernten, theilte er ihnen noch mit, dass Ferdinand in einem Schreiben gegen die Zulassung der böhmischen Gesandten protestirt habe und selbst im Laufe des Tages eintreffen werde.*)

In der That befand sich der König in der Nähe von Frankfurt, begleitet von einem viel stattlicheren Gefolge, als bei seiner Abreise aus Wien. Er mochte glauben es seinem Range schuldig zu sein, wenn er ohne Rücksicht auf seine unzureichenden Mittel so glänzend als möglich in Frankfurt auftrat und von der Bürgerschaft dieser Stadt für 800 Pferde und für eine entsprechende Zahl hoch und niedrig gestellter Personen Quartier verlangte. Mit Uebelwollen und Misstrauen antworteten die Frankfurter auf diese Forderung. Als nun der Kurfürst von Mainz zur Begrüssung Ferdinands einen Theil seiner Leibgarde ausrücken liess und diese, weil das Wetter über alle Massen schlecht war, unter dem Stadtthore Schutz suchte, wollten die daselbst stationirten Soldaten der frankfurter Besatzung dieses nicht dulden; vielleicht meinten sie, es handle sich für die Katholiken um die Gewinnung eines Thores. Während sich nun ein Streit entspann, kam ein Reiter des Kurfürsten von Köln herangesprengt, der ohne Kenntniss der entstandenen Irrung durch das Thor reiten wollte, von den Frankfurtern aber für einen mainzer Reiter angesehen und niedergestochen wurde. Da auch ein Bürger bei dieser Gelegenheit durch einen Schuss verwundet wurde, so drohte der Streit gewaltige Dimensionen anzunehmen. Schon verbreiteten sich in der Stadt die übertriebensten Gerüchte; selbst die Bürger griffen zu den Waffen und sperrten die Strassen durch

---

*) Münchner StA. 134/22 die pfälzischen Gesandten an ihren Herren dd. Frankfurt 13./23, 16./26, 17./27, 19./29. Juli 1619. Frankfurt.

Ketten ab. Da die Mainzer jedoch keinen Handstreich im Schilde führten und das Misstrauen der Gegner zu beschwichtigen suchten, legte sich die Aufregung wieder, die Ketten wurden von den Strassen entfernt und Ferdinand konnte, als er am Abend vor den Thoren eintraf, ungehindert seinen Einzug halten.

Die Physiognomie der Stadt trug aber durchwegs das Gepräge jener feindseligen Stimmung, mit der man einem unwillkommenen Gast begegnet. Die Freunde Ferdinands beklagten es, dass er seine Ankunft zu sehr beeilt habe, so dass sie keine Zeit gefunden hätten, ihm bei der Menge einen besseren Empfang zu bereiten.*) Den Katholiken wurde durch die offen hervortretende feindselige Gesinnung der Bürger der Aufenthalt in Frankfurt sehr verleidet und eine unbehagliche Stimmung bemächtigte sich ihrer. Auch Ferdinand blieb nicht frei von derselben und unternahm deshalb auf den Rath des Kurfürsten von Köln häufig weitere Ausflüge in die Umgebung, wo er seiner Leidenschaft für die Jagd diesmal mehr aus Berechnung als aus Bedürfniss die Zügel schiessen liess.

1619 Am 30. Juli trat das kurfürstliche Kollegium zu einer neuen Berathung zusammen, an der sich Ferdinand trotz seiner Anwesenheit nicht betheiligte. Schweikhard eröffnete die Verhandlungen, indem er die Frage, ob die böhmischen Gesandten in die Stadt einzulassen seien oder nicht, nochmals vorlegte, wobei das Stimmenverhältniss der Parteien dasselbe blieb wie bei der letzten Sitzung. Ohne dass ein Beschluss gefasst worden wäre, verhandelte man darauf die Frage, ob die Kaiserwahl unverweilt vorgenommen werden solle, oder die Herstellung des Friedens in Böhmen vorerst anzustreben sei. Die Stellung der Parteien und das Stimmenverhältniss blieb sich auch hier gleich. Man kam zu keinem Majoritätsbeschluss und Kurmainz musste die Sitzung aufheben, ohne dass irgend eine Entscheidung getroffen worden wäre.**)

Ferdinand und seine geistlichen Freunde mussten sich nun entscheiden, was sie Angesichts der Opposition der welt-

---

*) Münchner StA. 44,7 Kurköln an Max von Baiern dd. 29. Juli 1619 Frankfurt. Ebend. 502/3 Ferdinand an Max von Baiern dto. 29. Juli 1619.
**) Münchner StA. 134,22 die pfälzischen Gesandten an ihren Herren dd. 22. Juli/1. Aug. 1619.

lichen Kurfürsten thun wollten. Für den ersteren selbst bedurfte es keiner langen Erwägung: wenn er ja einige Zweifel empfand, ob er nicht die Hand zum Frieden reichen sollte, so waren sie durch die Ankunft der böhmischen Gesandten und den Inhalt ihrer Vollmacht vollends beseitigt. Diese lautete nicht auf Verhandlungen, sondern auf die Ausübung des Kurrechtes und nahm also die Absetzung Ferdinands als eine selbstverständliche Thatsache an. Er erklärte den geistlichen Kurfürsten, dass er lieber Ehre, Leib, Gut und Blut verlieren wolle, als zugeben, dass ihm seine königliche Würde streitig gemacht würde und dass die Verhandlungen unter einer solchen Voraussetzung ihren Anfang nehmen sollten. Er verwarf nicht absolut jede Friedensverhandlung; aber wenn sie ja begonnen werden sollte, so setzte er zur Bedingung, dass er als König von Böhmen und die Stände als seine Unterthanen behandelt würden. Seine Erklärungen fanden bei den geistlichen Kurfürsten volle Zustimmung, sie beschlossen, die Kaiserwahl nicht länger aufzuschieben und den übrigen Kurfürsten für die Beilegung des böhmischen Streites eine Interposition des gesammten kurfürstlichen Kollegiums vorzuschlagen.

Im Sinne dieser Vereinbarungen erklärten Köln und Trier in der folgenden Sitzung des Kurfürstenkollegiums, bei der Ferdinand ebenfalls nicht zugegen war, dass sie über den böhmischen Streit reiflich nachgedacht hätten und zur Beseitigung desselben eine Interposition des gesammten kurfürstlichen Kollegiums für das zweckmässigste hielten. Den Böhmen solle hievon eine Anzeige gemacht und ihnen Tag und Ort für die Verhandlungen bestimmt werden, wobei als Grundlage zu gelten habe, dass Ferdinands Anrecht auf die böhmische Krone nicht bestritten werden dürfe. Da diese Verhandlungen nicht unmittelbar den Anfang nehmen könnten, so solle mittlerweile nach den Vorschriften der goldenen Bulle die Kaiserwahl vorgenommen werden. Mainz gesellte sich dem Vorschlage seiner geistlichen Kollegen bei; alle drei meinten, dass sich die Böhmen bei einem solchen Vorgehen über die Ausschliessung ihrer Gesandten nicht beschweren könnten. Man habe ihre Botschaft erwogen, ertheile ihnen einen Bescheid, und ihr etwaiges Verweilen in Frankfurt wäre ohne Zweck, denn sie seien nicht gekommen, um über die Beilegung des Streites zu verhandeln, sondern ein Wahlrecht anzusprechen, das ihnen nicht gebühre.

Auf diese Erklärung ergriffen die pfälzischen Vertreter das Wort und bestanden auf der unmittelbaren Vornahme der böhmischen Interposition, die brandenburgischen Gesandten schlossen sich ihnen an, die kursächsischen behaupteten dagegen, dass sie nicht hinreichend bevollmächtigt seien und deshalb zuerst nach Hause berichten müssten. Der Erzbischof von Köln forderte darauf die pfälzischen und brandenburgischen Gesandten auf, ebenfalls nach Hause zu schreiben und um neue Weisungen zu bitten; die geistlichen Kurfürsten erklärten übereinstimmend, dass sie bereit seien, acht bis zehn Tage auf das Eintreffen der Antwort zu warten, dass sie aber dann, möge dieselbe wie immer ausfallen, mit der Wahl nicht länger zögern würden. Die sächsischen und pfälzischen Gesandten versprachen, unverweilt an ihre Fürsten zu berichten, nur die brandenburgischen verwahrten sich gegen die allzu kurz bemessene Frist.*)

III

Während die kurfürstlichen Gesandten ihre Herrn durch Eilboten von den Vorgängen in dieser Sitzung benachrichtigten und sich neue Weisungen erbaten, wiederholten die Vertreter des Pfalzgrafen noch überdiess ihre Versuche zur Umstimmung der geistlichen Kurfürsten. Plessen, der sich erst vor vier Tagen vergeblich bemüht hatte, den Erzbischof von Köln für eine Verschiebung der Wahl zu gewinnen, schlug ihm jetzt den Herzog von Baiern als Kandidaten für den Kaiserthron vor und bat ihn um seine Stimme. Obwohl Ferdinand von Köln nur zu gut wusste, dass sein Bruder allen Ansprüchen auf den Kaiserthron entsagt habe, so wies er den pfälzischen Unterhändler mit seinen Anträgen doch nicht rundweg ab, sondern unter-

---

*) Münchner StA. 134/22. Die pfälzischen Gesandten an ihren Herrn dd. 22. Juli/1. Aug. 1619.

hielt sich mit ihm einige Zeit über die Aussichten einer bairischen Kandidatur. Wie sehr sich Plessen aber auch bemühen mochte dieselbe in das glänzendste Licht zu stellen, er musste doch zugeben, dass man mit Sicherheit nur auf drei Stimmen für dieselbe rechnen könne, nämlich auf Köln, Brandenburg und die Pfalz. Nachdem der Erzbischof auf diese Weise in der Erörterung der Stimmenverhältnisse einigen guten Willen für die pfälzischen Pläne gezeigt hatte, ging er gleichsam vom Scherz zum Ernst über und mahnte, dass man doch davon ablassen möge, um jeden Preis einen Kandidaten gegen Ferdinand aufzustellen, der Pfalzgraf lade sonst den Verdacht auf sich, im Trüben fischen zu wollen.

Pfalzgraf Friedrich, von den Vorgängen in Frankfurt benachrichtigt, setzte seine letzte Hoffnung auf die Ausdauer von Kursachsen. Wenn Johann Georg bei der Entscheidung verharrte, dass der böhmische Ausgleich der Kaiserwahl vorangehen solle, so löste er dadurch sein bisheriges vertrauliches Verhältniss zu der katholischen Partei und das war schon ein grosser Gewinn für die pfälzische Politik. In der That schien es noch ungewiss, wohin der Kurfürst von Sachsen sich neigen werde, da er seine Gesandten nach Frankfurt nicht zur Vornahme der Wahl sondern vorläufig nur zu Ausgleichsverhandlungen in dem böhmischen Streite bevollmächtigt hatte. Man scheint selbst am Hofe Ferdinands keine Gewissheit über die letzte Entscheidung Johann Georgs gehabt zu haben, denn sonst könnte man sich die Besorgniss nicht erklären, mit welcher der Graf Trauttmansdorff über die beschränkten sächsischen Vollmachten an Ferdinand Berichte erstattete.*) Der Pfalzgraf schickte nun den Herrn Christoph von Dohna nach Dresden mit dem Auftrage ab, Johann Georg in seiner Opposition gegen die Vornahme der Wahl zu bestärken und wenn dieselbe schon nicht zu verhindern sei, wenigstens dahin zu wirken, dass er seine Stimme nicht für Ferdinand abgebe.

Bevor Dohna noch in Dresden angelangt war, hatte der Kurfürst seine Entscheidung getroffen, denn als er von den frankfurter Vorgängen Nachricht erhielt, hatte er

---

*) Trauttmansdorff an Ferdinand dd. 23. Juli. Frankfurt. Wiener StA.

sich nach einer Berathung mit seinen vertrauten Räthen für den Anschluss an die geistlichen Kurfürsten und so für die unmittelbare Vornahme der Wahl entschieden. Es zeigte sich somit, dass die bisherige Opposition Kursachsens nur Spiegelfechterei gewesen war und Dohna konnte sich nach seiner Ankunft davon überzeugen. Der Kurfürst ertheilte ihm wohl zweimal Audienz; aber beidemal liess er sich mit ihm in keine langen Unterhandlungen ein, sondern speiste ihn zumeist mit den Worten ab, dass Fragen so delicater Natur, wie über die Person eines Kandidaten für den Kaiserthron, nur zwischen Kurfürsten verhandelt werden könnten. Dabei trug er einen affectirten Aerger zur Schau, weil die Kurfürsten von der Pfalz und von Brandenburg ihren Gesandten in Frankfurt andere Instructionen gegeben hätten als er den seinigen und nannte dies einen ihm angethanen Schimpf. Da er in beiden Audienzen seiner Sinne nicht recht mächtig war — das erstemal war er vollständig betrunken, das zweitemal näherte er sich diesem liebenswürdigen Zustande — so kann man diese Klagen ebenso gut für blosse Aeusserungen eines umnebelten Verstandes als für Ausflüchte zur Beschönigung seiner Politik ansehen.*)

Auch bei Kurbrandenburg trat ein politischer Umschwung ein, der trotz der Verschiedenheit der Motive in seinen Folgen für den Pfalzgrafen noch empfindlicher war, wie der sächsische. Nach den Berichten der brandenburgischen Gesandten aus Frankfurt gab man in Berlin die Hoffnung auf, die Stipulationen des lichtenberger Vertrages aufrecht halten zu können; die Gesandten wurden von dem Inhalte desselben in Kenntniss gesetzt, aber ihnen zugleich die Unmöglichkeit seiner längeren Geltung angedeutet. Der Vortrag sei unter der Voraussetzung abgeschlossen worden, dass es dem Pfalzgrafen gelingen werde, Sachsen, Köln und Trier für den Herzog von Baiern zu gewinnen; da dies nicht geschehen und Ferdinand voraussichtlich ausser seiner eigenen noch über vier Stimmen

---

*) Wiener StA. Boh. XVI. Instruction für Christoph von Dohna zur Reise zum Kurfürsten von Sachsen dd. 23. Juli/2. August. — Ebend. Dohna's Relation dd. 7./17. August 1619.

verfügen werde, so könne sich der Markgraf nicht zwecklos absondern, um sich später die Feindschaft des Kaisers aufzuladen. Wenn im letzten Augenblick sich ein oder der andere geistliche Kurfürst dennoch für Maxmilian von Baiern entscheiden sollte, dann dürfe der Principalgesandte Putlitz ihm auch die Stimme geben, im anderen Falle solle er sich aber der Majorität anschliessen. *)

Der mittlerweile in den frankfurter Wahlverhandlungen eingetretene Stillstand wurde von Ferdinand dazu benützt, sich die englische Vermittlung endgiltig vom Hals zu schaffen. Viscount von Doncaster hatte sich nach der salzburger Zusammenkunft nach Hanau in der Nähe von Frankfurt begeben in der allerdings etwas herabgestimmten Hoffnung, dass Ferdinand ihm Gelegenheit geben werde, dem Auftrage seines Herrn nachzukommen. Nachdem er mehrere Tage vergeblich auf diese Gelegenheit gewartet hatte, bat er den Grafen Oñate, der Ferdinand nach Frankfurt begleitet hatte, aber sich ebenfalls ausserhalb der Stadt in Höchst niederlassen musste, um eine Unterredung. Doncaster war entschlossen, sich durch keine Ausflüchte abspeisen zu lassen und eine klare und bestimmte Antwort darauf zu verlangen, wie sich Ferdinand zu dem englischen Vermittlungsvorschlage stellen werde; aus diesem Grunde setzte er auch einen späteren Tag für die Unterredung fest, damit sich Oñate bei Ferdinand die nöthige Weisung holen könne.

Als die beiden Diplomaten zusammenkamen, stellte Doncaster gleich im Beginne der Besprechung die Frage, ob Ferdinand die englische Vermittlung zulassen wolle oder nicht. Oñate bejahte es mit der Bedingung, dass die bereits zur Betheiligung an der Interposition eingeladenen Fürsten nicht umgangen würden. Der Engländer schien sich mit dieser Bedingung zufrieden zu geben, verlangte dagegen auch seinerseits als eine unerlässliche Bedingung, dass Ferdinand den Böhmen einen Waffenstillstand gewähre. Oñate entschuldigte den König, dass er jetzt die Waffen nicht niederlegen könne, da er zu

---

*) Münchner StA. 134/22. Die pfälzischen Gesandten an Kurpfalz dd. 5./15. und 13./23. August 1619.

sehr im Vortheil sei, versprach aber, dass er nach der Kaiserwahl die Hand zum Frieden bieten und die Waffen ruhen lassen werde, wenn man ihm die Herrschaft unter denselben Bedingungen überlassen werde, wie seinen Vorgängern. Dieses Versprechen Oñate's war zu sehr einer Ausflucht ähnlich und verriet zu deutlich das Bestreben, Doncaster bis zur Beendigung der Kaiserwahl hinzuhalten. Der Gesandte sah das auch ein und verlangte, statt der eitlen Vertröstungen ein festes Versprechen von Ferdinand, dass er nach der Kaiserwahl die Waffen ruhen lassen werde, er erbot sich darauf hin augenblicklich nach Böhmen zu reisen, um die Aufständischen gleichfalls für den Frieden zu stimmen. Oñate, der nur in seinem und seines Herrn, nicht aber in Ferdinands Namen die verlangte Zusage geben wollte, fühlte sich in seiner eigenen Schlinge gefangen, entschloss sich aber zuletzt, um seinen Worten nicht alle Glaubwürdigkeit zu nehmen, das Versprechen zu geben, dass er bei Ferdinand eine bindende Erklärung wegen der künftigen Gewährung des Waffenstillstandes einholen wolle.

1619 Nach dieser Unterredung, die am 5. August stattfand, wartete Doncaster Tag für Tag auf Nachrichten, welche Oñate's Zusage bestätigen sollten. Am 13. August fand sich endlich Graf Trauttmansdorff in Hanau ein und überreichte dem englischen Gesandten zwei Schriftstücke: das eine enthielt eine Darstellung des Verlaufes des böhmischen Aufstandes, das andere eine bündige Entscheidung in der Interpositions- und Waffenstillstandsfrage. Trauttmansdorff erklärte darin im Namen Ferdinands, dass derselbe sich die Vermittlung Jakobs neben den schon früher damit betrauten Fürsten gefallen lasse, auf das Versprechen eines Waffenstillstandes aber nicht eingehen könne.*) Doncaster brach auf diese Mittheilung die Verhandlung ab, und gab nur das Versprechen, dass er über den Gegenstand nachdenken und seine Meinung Ferdinand schriftlich zukommen lassen werde.*)

---

*) Die betreffenden Schriftstücke bei Gardiner I; ferner im Wiener StA. Boh. VII, Trauttmansdorff an Ferdinand dd. 14. August 1619. Frankf.
*) Trauttmansdorff an Ferdinand dd. 14. Aug. Wiener StA.

Tags darauf fand sich Oñate in Hanau zum Gegenbesuche ein und erschöpfte sich in Entschuldigungen wegen der Verzögerungen, die Doncaster erfahren habe. Er frug ihn hierauf, wie er von der Schrift über die Ursachen und den bisherigen Verlauf des böhmischen Aufstandes, die ihm Trauttmansdorff überreicht habe, befriedigt sei. Doncaster, dem weder diese Schrift, noch die trauttmansdorffsche Ablehnung des Waffenstillstandes, auf den er nach Oñate's Versicherungen gehofft hatte, gefiel, machte dem Grafen deshalb keine Vorwürfe, sondern bemühte sich nochmals den letzteren für den Waffenstillstand zu gewinnen, indem er darauf hinwies, wie Ferdinand selbst denselben früher nicht abgelehnt habe und wie alle Friedensbemühungen Jakobs ohne Werth wären, wenn durch seine Vermittlung nicht einmal dem Kampfe ein vorläufiger Einhalt geboten würde. Alle diese Vorstellungen glitten aber wirkungslos an Oñate ab, der die Interessen Ferdinands mit demselben Eifer vertrat, wie der englische Gesandte die des Pfalzgrafen; er erklärte, — alle weitere Zurückhaltung abstreifend — es gebe jetzt nur noch zwei Wege, den Frieden in Böhmen herzustellen: entweder müssten die Stände als die im Nachtheile befindlichen selbst ihre Unterwerfung unter gewissen Bedingungen anbieten, oder Ferdinand müsste sich mit Waffengewalt des Landes bemächtigen. Er sei dazu wohl berechtigt, denn er besitze die böhmische Krone nicht auf Grund der Wahl, die ohnedies nur eine leere Form gewesen sei, sondern auf Grund einer Schenkung des Königs von Spanien, dem die böhmische und ungarische Krone durch Erbschaft gehöre. *)

Diese Erklärungen Oñate's überzeugten den Viscount von Doncaster, dass Ferdinand dem Antrag Jakobs kein williges Gehör schenken werde und er beschloss desshalb, nicht länger in Hanau zu bleiben, sondern dem Pfalzgrafen in Heidelberg

---

*) Doncaster an Naunton dd. 7./17. August 1619 bei Gardiner. Die Worte des spanischen Gesandten lauteten nach Doncaster: Ferdinand besitze die böhmische Krone nicht „by vertue of his election (which he [Oñate] saith was only for a forme), but by right of a donation from the king of Spain, on whome both that, and the other of Hungarie are hereditarily descended."

einen Besuch zu machen und dann unter dem Vorwande der Kränklichkeit nach Spaa zu reisen. Er glaubte etwas besonders Kluges damit zu thun, dass er sein Gepäck zurückliess und so den Glauben erweckte, dass seine Entfernung nur einige Tage währen solle, ohne zu bedenken, dass die Partei Ferdinands eben aus diesem Grunde auf seine baldige Rückkehr hinweisen und sich so auf ihr gutes Einvernehmen mit ihm berufen werde. Er wurde jetzt seiner gesandtschaftlichen Rolle, auf die er sich ursprünglich sehr viel eingebildet hatte, überdrüssig; zur Erfolglosigkeit seiner Sendung trug übrigens nicht blos Jakob durch das Nebelhafte seiner Pläne bei, sondern er selbst durch seine mangelhafte Sprachkenntniss und durch seine beschränkte Einsicht. Denn wie kann man seine Haltung anders beurtheilen, wenn er, als ihm die Nachricht zukam, dass der böhmische Landtag die Vornahme einer neuen Königswahl beabsichtige, diesem Gerüchte keinen Glauben schenken wollte und dasselbe als die Frucht einer zügellosen Einbildung bezeichnete, obwohl er sich erinnerte, dass ihn die böhmischen Gesandten in einer Unterredung auf das baldige Eintreten eines ausserordentlichen Ereignisses aufmerksam gemacht hatten. Sollte sich diese Bemerkung auf die Königswahl beziehen, meinte er in naiver Weise, dann allerdings sei jede weitere Vermittlung überflüssig.*) In der That endete die böhmische Königswahl, die Doncaster in seiner Kurzsichtigkeit für unglaublich gehalten hatte, jede weitere Verhandlung.

Mittlerweile war die Frist verstrichen, welche die geistlichen Kurfürsten den Vertretern ihrer weltlichen Kollegen zur Einholung neuer Instructionen zugestanden hatten, ohne dass dieselben bei allen angelangt wären. Die Partei Ferdinands war deshalb genöthigt, sich noch einige Tage einer unfreiwilligen Musse hinzugeben, die plötzlich durch eine wichtige Nachricht aufgestört wurde. Zur Unterstützung Ferdinands hatte der Graf Philipp von Solms 500 Reiter, wie es scheint, in den rheinischen Bisthümern geworben, und diese Truppen waren Anfangs August unter dem Kommando des Oberstlieu-

---

*) Gardiner, Doncaster an Naunton dd. 7./17. August. Hanau 1619 und 16./26. August 1619. Cöln.

tenant Hangsler auf dem Marsche nach Böhmen begriffen. Sie hielten eben im Bisthum Würzburg und mussten, um weiter ziehen zu können, das Gebiet der Union durchschneiden. Da beschloss der Pfalzgraf im Verein mit dem Markgrafen von Anspach den Vormarsch der Reiter zu hindern und beide liessen deshalb, nachdem sie sich über die Richtung des Marsches Gewissheit verschafft hatten, die auf keinen Angriff vorbereiteten Reiter bei dem Dorfe Raden von einer dreifach grösseren Truppenmacht überfallen.*) Der Streich gelang vollständig, ein Theil der Reiter wurde getödtet und der Rest nach allen Seiten versprengt. Es war dies der erste Dienst, den der Pfalzgraf den Böhmen leistete. In einer Zuschrift an Ferdinand gab er anstandshalber dem Überfall den Charakter eines zufälligen Ereignisses, das durch die Insolenz des Oberstlieutenants hervorgerufen worden sei; gegen alle anderen Personen rühmte er sich aber dieses im Interesse des Protestantismus ausgeführten Streiches.

Als die Nachricht von diesem Ereignisse nach Frankfurt gelangte, machte es auf Ferdinand keineswegs einen niederschlagenden Eindruck, sondern bestärkte ihn nur in seinem Entschlusse, dem Schwert die Lösung aller gegenwärtigen Streitigkeiten zu überlassen.**) Übrigens verheimlichte er seinen Groll und die geistlichen Kurfürsten thaten dasselbe, sie nahmen die pfälzischen Erklärungen ruhig hin, um die Kaiserwahl nicht zu verzögern. Sie waren des Erfolgs jetzt gewiss, da die Niederlage bei Raden an demselben Tage durch den diplomatischen Sieg in Dresden wohl hundertfach gutgemacht wurde. Der Kurfürst von Sachsen gab nämlich, wie bereits mitgetheilt wurde, seine Zustimmung zur Vornahme der Kaiserwahl vor dem böhmischen Ausgleiche und setzte seine geistlichen Kollegen hievon in Kenntniss.*) Die Kunde von

---

*) Münchner StA. 50/23 Kurpfalz an Ferdinand dd. 1./11. August 1619 Onolzbach. Ebend. 50/23 Ferdinand an Friedrich dd. 22. August 1619. — Siehe auch die betreffende Korrespondenz im Arch. U. P.

**) Münchner StA. 50/23 Ferdinand an Max von Bayern dd. 16. August 1619, Frankfurt.

***) Archiv des Minist. des Innern in Wien, Bohem. 1619. Kursachsen an die drei geistlichen Kurfürsten dd. 1./11. August 1619. — Münchner

diesem Entschlusse, die fast gleichzeitig mit der vom radner Ueberfalle nach Frankfurt gelangte, war wohl im Stande, die Stimmung der Katholiken aufzuheitern.

IV

Die Verhandlungen des kurfürstlichen Kollegiums nahmen nun einen raschen Fortgang. Zuerst wurde endgiltig beschlossen, dass die böhmischen Gesandten in Frankfurt nicht zugelassen werden sollten. Sachsen und Brandenburg gaben ihre frühere Opposition auf; nur die pfälzischen Gesandten beharrten bei ihrer bisherigen Meinung, richteten aber damit nichts aus. Da die Ausschliessung der Gesandten von den geistlichen Kurfürsten hauptsächlich damit motivirt wurde, dass die Vergleichsverhandlungen mit den Böhmen später von dem ganzen kurfürstlichen Kollegium in Angriff genommen werden würden, so ersuchten die Kurfürsten den König um eine feste Zusage bezüglich ihrer Zulassung zur Interposition. Der Kurfürst von Trier fand sich im Namen seiner Kollegen bei Ferdinand ein und stellte die Frage an ihn, ob er von allen andern Vermittlern ablassen wolle, die er ausserhalb des kurfürstlichen Kollegiums gefunden habe. Der König erwiederte, dass er sich das Anerbieten des kurfürstlichen Kollegiums gern gefallen lasse, aber daran die Bedingung knüpfe, dass der Herzog von Baiern nicht ausgeschlossen werde. Der Kurfürst erklärte jedoch diese Bedingung aus zwei Gründen für nicht zulässig, einmal weil auch von protestantischer Seite die Zulassung eines protestantischen Fürsten verlangt werden würde und zweitens weil das kurfürstliche Kollegium kaum darein willigen könnte, dass zu einer Verhandlung, welche die Kurfürsten auf sich genommen, ein einfacher Fürst zugezogen würde. Zugleich verlangte er von Ferdinand eine rasche Entscheidung, da man vor der Vornahme der Wahl über diesen Gegenstand ins reine kommen und den Böhmen Zeit und

---

St.A. 134/22 die pfälzischen Gesandten in Frankfurt an ihren Herrn dd. 5./15. und 7./17. August 1619.

Ort bestimmen wolle, wo die Verhandlungen begonnen werden sollten. Ferdinand war erbötig sich diesem Verlangen zu fügen und auf die Dienste Maximilians Verzicht zu leisten, wenn letzterer sich damit zufrieden geben würde. Es bedarf wohl kaum der Mittheilung, dass Maximilian, als er davon in Kenntniss gesetzt wurde, vollständig auf jede Theilnahme an dem Vermittlungsgeschäft verzichtete, er wünschte nicht einmal dabei genannt zu werden.*) Am selben Tage, an dem Ferdinand die Nachricht davon empfing, gab er die schriftliche Erklärung ab, dass er sich die Interposition des Kurfürstenkollegiums gefallen lasse und den Tag bestimmen werde, wann die Verhandlungen, zu denen auch die Böhmen einzuladen seien, beginnen sollten, mittlerweile aber sei er genöthigt den Krieg fortzusetzen d. h. jeden Waffenstillstand abzulehnen.**) Thatsächlich wurden die Böhmen nach einiger Zeit von dem kurfürstlichen Kollegium in Kenntniss gesetzt, dass die Vermittlung am 10. November ihren Anfang nehmen sollte. Die pfälzischen Gesandten, die stets die Vermittlung befürworteten, wenn sie nicht zu Stande kam, und zu vereiteln suchten, wenn sie eintreten sollte, bemühten sich, die vorgeschlagene Interposition des gesammten Kurfürstenkollegiums zu beseitigen; aber da sie mit ihrer Opposition nicht offen auftreten durften, richteten sie nichts aus und der Termin wurde in der angedeuteten Weise festgesetzt. ***)

1619

Nachdem diese Angelegenheiten besorgt waren, begannen die Berathungen über die Wahlkapitulation, welche der künftige Kaiser zu beschwören hatte. Da man jene Kapitulation zur Grundlage nahm, welche Mathias beschworen hatte, so hätten die Berathungen füglich bald ein Ende nehmen können, denn engere Grenzen liessen sich der kaiserlichen Macht

---

*) Münchner Staatsarchiv 50./23: Ferdinand an Maximilian dd. 22. August 1620. Ebend. Maximilian an Ferdinand dd. 27. August 1620.
**) Wiener Staatsarchiv Boh. VII. Antwort Ferdinands an die Kurfürsten dd. 27. August 1619.
***) Archiv U. P. Camerarius an Anhalt dd. 12./22. August 1619. — Münchner StA. die pfälzischen Gesandten in Frankfurt dd. 5./15., 7./17. Aug. 1619. — Ebend. 50/23 Ferdinand an Max dd. 22. Aug 1619 Frankfurt. — Wiener StA. Boh. VII. Ferdinand an die Kurfürsten dd 27. Aug. 1619.

kaum ziehen, als dies bei Mathias geschehen war. Trotzdem traten die pfälzischen Gesandten mit allerlei Verbesserungsvorschlägen auf, die keinen andern Zweck hatten, als Zeit zu gewinnen. Zu gleicher Zeit machte Camerarius noch einen Versuch bei den sächsischen und brandenburgischen Gesandten, sie gegen Ferdinands Kandidatur zu stimmen, ein Versuch, der zu nichts führen konnte, da die Gesandten von ihren Instructionen nicht abweichen durften. Der Schmerz über diese Niederlage wurde noch dadurch erhöht, dass Camerarius nach wiederholtem Andringen auch von Trier definitiv zurückgewiesen wurde. Hatten doch die Pfälzer seit jeher grosse Hoffnungen auf diesen Kurfürsten gesetzt und ihn in ihren sanguinischen Berechnungen immer als einen sicheren Einnahmsposten aufgeführt! Ein oder zwei Tage vor der Wahl machte auch Solms noch einen Versuch, um den Kurfürsten von Köln von Ferdinand abwendig zu machen, aber auch er gelangte zu keinem besseren Resultate. Als er dann erklärte, der Pfalzgraf werde dem König, falls er zum Kaiser gewählt würde, jede Hilfe zur gewaltsamen Bedrückung der Böhmen verweigern, erwiederte der Kurfürst beschwichtigend, es werde sich schon ein Ausweg finden lassen. „Sollte es aber wahr sein," fügte er hinzu, „dass die Böhmen im Begriffe ständen, Ferdinand abzusetzen und einen Gegenkönig zu wählen, so möge man sich nur gleich auf einen 20, 30 oder 40-jährigen Krieg gefasst machen. Denn Spanien und das Haus Oesterreich würden eher Alles, was sie in dieser Welt besitzen, daran setzen, als Böhmen aufgeben, ja Spanien sei selbst bereit, lieber die Niederlande fahren zu lassen als seinem Hause die Herrschaft in Böhmen so schimpflich und gewaltthätig entwinden zu lassen."*) Welche traurige Prophezeiung lag in diesen Worten und wie ist sie durch die folgenden Ereignisse erhärtet worden!

Für die Vornahme der Kaiserwahl setzte der Reichskanzler den 28. August fest. — Schon um die 7. Morgenstunde des

---

*) Wiener StA. Boh. XVI. Die pfälzischen Gesandten in Frankfurt an Kurpfalz dd. 18./28. August 1619. — Münchner StA 134—22. Dieselben an denselben dd. 13/23 und 19./29. August 1619. — Arch. U. P. Camerarius an Anhalt dd. 12./22. August 1619.

betreffenden Tages — es war ein Mittwoch — versammelten sich die Kurfürsten und die Gesandten im Rathhause, dem altberühmten Römer. Hier kleideten sich die drei Erzbischöfe in Gewänder von scharlachrothem Tuch, Ferdinand in ein solches von rothem Sammt, auf sein Haupt setzte er seine neue böhmische Krone, welche bei dieser Gelegenheit zum ersten-, aber auch zum letztenmale das Haupt eines böhmischen Königs schmückte. Nachdem dieses Geschäft beendet war, begaben sich die Wähler in feierlichem Zuge nach der Bartholomäuskirche. Als sie daselbst im Chor vor dem Hochaltar Platz genommen hatten, wurde an demselben ein Hochamt von dem mainzer Suffraganbischof celebrirt. Sobald das Kyrie eleison angestimmt wurde, entfernten sich die protestantischen Gesandten in die Wahlcapelle und verblieben daselbst bis zum Schlusse des Hochamts. Nach Beendigung desselben erschienen sie wieder vor dem Hochaltar, vor den sich jetzt der Kurfürst von Mainz stellte und auf das offene Evangelienbuch einen Eid leistete, dass er sich an der nachfolgenden Wahl nach bestem Wissen und Gewissen betheiligen werde. Einen gleichlautenden Eid schworen Köln, Trier und Ferdinand; die protestantischen Gesandten leisteten einen eigenen, im Wortlaut etwas veränderten Eid. Darauf wurde in der Kirche das Lied Veni Sancte Spiritus angestimmt und nachdem dasselbe abgesungen war, begaben sich die Wähler in die anstossende Kur- oder Wahlcapelle, jeder einzelne begleitet von drei Räthen, die bei dem nun vorzunehmenden Akt als Zeugen fungiren sollten. Ein Notar las die Wahl-capitulation ihrem ganzen Wortlaute nach vor und die Wähler mussten die Verpflichtung eingehen, dass, wofern einer aus ihrer Mitte zum Kaiser gewählt würde, er die Capitulation unverbrüchlich halten wolle. Nachdem alle ihre Zustimmung erklärt hatten, entfernten sich aus der Wahlcapelle sämmtliche Personen bis auf die sieben Wähler. Ferdinand hatte zu diesem Akt als Zeugen für Böhmen die Herren von Meggau und Trauttmansdorff und den Kanzler Zdeněk von Lobkowitz mitgenommen. *)

---

*) Sächs. StA. Actus Electionis Ferdinandi II.

Als die Wähler allein in der Kurcapelle zurückgeblieben waren, machte der Kurfürst von Mainz, wie es die goldene Bulle mit sich brachte, den Anfang der Wahlhandlung damit, dass er sich an den Kurfürsten von Trier wendete und diesen um die Abgabe seiner Stimme ersuchte. Der so aufgeforderte, entgegnete, er habe über den Gegenstand fleissig nachgedacht und mehrere „Subjecte" gefunden, welche vermöge „ihrer vortrefflichen Qualitäten dem Reiche nützlich vorstehen könnten," wie insonderheit der König von Ungarn und Böhmen, Erzherzog Albrecht von Oesterreich und Herzog Maximilian von Baiern, dass er aber nach Erwägung aller Umstände der Meinung sei, „Seiner königlichen Würden von Ungarn und Böhmen" werde am besten dem heil. römischen Reiche vorstehen und deshalb gebe er Ferdinand seine Stimme. Als Köln darauf zur Stimmenabgabe aufgefordert wurde, sprach der Kurfürst ungefähr folgendes: Er vernehme von Kurtrier „dass unterschiedliche vortreffliche Subjecte" für die deutsche Krone tauglich seien und dabei werde auch seines Bruders, des Herzogs Maximilian, Erwähnung gethan; da er aber wisse, dass sein Bruder die Krone nicht wünsche und sie herzlichst einem andern gönne, so ertheile er seine Stimme aus erheblichen Ursachen und nach Erwägung aller Umstände dem Könige von Ungarn und Böhmen.

Jetzt war die Reihe an Ferdinand, aber Schweikhard wendete sich „gleichsam in Folge eines Versehens" an den Grafen von Solms als Vertreter des Pfalzgrafen. Solms zog ein Papier hervor und erklärte, dasselbe enthalte das Votum des Pfalzgrafen, wie dieser es mit eigener Hand niedergeschrieben habe und das er bessern Verständnisses wegen seinem Wortlaute nach vorlesen wolle. *) Es begann mit den Worten: „Ich der Pfalzgraf Kurfürst habe nach Absterben der kaiserlichen Majestät Mathiä christseligen Gedächtnisses jederzeit betrachtet, was sowohl mir als auch andern meinen Mitkurfürsten Amts, Standes und Pflichten halber obliegen wolle." Weiter hiess es, dass er in Folge seiner eifrigen pflichtmässigen Betrachtung gefunden habe, dass die vorzunehmende Wahl eine freie sein und

---

*) Moser, patriotisches Archiv VII, 100.

deshalb mehrere Personen in die Wahl kommen müssten. Als solche für die deutsche Krone taugliche Personen sehe er auf evangelischer Seite den König von Dänemark, den Kurfürsten von Sachsen, auf katholischer Seite den gegenwärtigen „König von Ungarn und Böhmen Ferdinand", den Erzherzog Albrecht und die Herzoge von Baiern und Savoyen an. Da er nun wünsche, dass das Reich ein Haupt erhalten möge, das baldmöglichst den gegenwärtigen traurigen Zuständen ein Ende mache und das in keinen Krieg verwickelt sei, so finde er, dass hiezu am besten der Herzog von Baiern passe. Er mache diesen Vorschlag keineswegs geleitet von einem Uebelwollen gegen das Haus Oesterreich, das „verhoffentlich vielfältig die guten officia seines Kurhauses verspürt habe", sondern weil er dieses so nach Eid und Pflicht am besten verantworten könne. Sollte jedoch die Majorität der Wähler ihre Stimme dem König Ferdinand oder dem Erzherzog Albrecht geben, so werde er sich derselben anbequemen.

Mainz schien jetzt sein früheres Versehen gut machen zu wollen und ersuchte Ferdinand um die Abgabe seiner Stimme, der letztere bat aber, der Kurfürst möge die noch übrigen Wähler vorher befragen und so richtete Mainz seine Aufforderung an den sächsischen Gesandten, den Grafen von Mansfeld. Dieser sagte kurz und ohne Wiederholung eines der gemachten Vorschläge, sein Herr gebe dem Könige Ferdinand seine Stimme. Als nun Brandenburg zur Stimmenabgabe aufgefordert wurde, erklärte Herr von Putlitz Namens seines Herrn, dass derselbe den Herzog Maximilian, König Ferdinand und Erzherzog Albrecht für tauglich zur Krone halte, dass er aber, da Maximilian auf jede Wahl verzichte, seine Stimme dem Könige Ferdinand gebe. Abermals forderte Mainz den letzteren zur Stimmenabgabe auf, aber dieser ersuchte Schweikhard, er möge die seinige zuerst abgeben. Der Kurfürst bemerkte nun: es seien sowohl König Ferdinand, wie Erzherzog Albrecht und Herzog Maximilian tüchtig für den deutschen Thron, er (Schweikhard) gebe jedoch seine Stimme dem König Ferdinand. Jetzt zum letztenmale von dem Kurfürsten von Mainz um die Stimme befragt, erwiederte Ferdinand, er sehe, dass die Mehrheit der Wähler sich für ihn entscheide und da er nach der goldenen Bulle berechtigt sei, sich die Stimme zu geben, so wolle er „sich selbst kein ungleich thun" und gebe sich also seine Stimme. Mainz kehrte sich darauf zu dem Grafen Solms mit den Worten, er habe die Meinung der Wähler kennen gelernt und solle erklären, wie er sich derselben gegenüber verhalten wolle. Solms entgegnete, sein Herr sei nicht gewillt, sich von der Mehrheit abzusondern und da dieselbe sich für Ferdinand erklärt habe, so wolle er im Namen seines Herrn auch diesem die Stimme geben. Ferdinand dankte für die geschehene Wahl und tief ergriffen von der Wichtigkeit des Moments versprach er, dem Reiche treu und eifrig vorzustehen. *)

Die Wahlverhandlung, so kurz sie sich auch in diesem Bericht ausnimmt, erforderte wegen der längeren Erklärungen der einzelnen Kurfürsten oder ihrer Vertreter ungefähr eine halbe Stunde Zeit. Als die Entscheidung getroffen war, wurden die Räthe, welche sich beim Beginn der Wahl aus der Kurkapelle entfernen mussten, herbeigerufen und ihnen in Gegenwart von zwei Notaren von dem Kurfürsten von Mainz mitgetheilt: Es hätten die Wähler reiflich die Bedürfnisse des Reiches erwogen und in Folge dessen einstimmig Ferdinand, König von Ungarn und Böhmen, zum Kaiser gewählt. Mainz forderte darauf die Wähler einzeln auf, zu bezeugen, dass es sich so verhalte, wie er sage, was sie alle einstimmig bejahten. Jetzt folgten die üblichen Glückwünsche; zuerst trat Schweikhart und nach ihm alle übrigen Wähler zu Ferdinand heran und wünschten ihm Glück zu seiner Erhebung. Dann proclamirte der Erzbischof von Mainz in der Kurcapelle Ferdinand als römischen König und künftigen Kaiser, worauf dieser, die Hand auf einem aufgeschlagenen Evangelienbuche haltend, den Eid ablegte, dass er die Wahlcapitulation einhalten werde. In der Kirche, wohin sich Ferdinand mit den Wählern begab, wurde das Te Deum laudamus angestimmt und der versammelten Volksmenge das Resultat der Wahl durch den Domdechanten von Mainz verkündigt.

Die Niederlage, welche die pfälzische Partei bei dieser

---

*) Münchner StA. 40/7. Über die Wahl Ferdinands in Frankfurt.

Wahl erlitten hatte, kann man eine vollständige nennen; Friedrich hatte gewissermassen Himmel und Hölle in Bewegung gesetzt, um Ferdinand vom deutschen Thron auszuschliessen und zuletzt bei der Wahl so klein beigegeben, dass in das Wahlprotocoll verzeichnet werden durfte, Ferdinand sei einstimmig gewählt worden. Wäre dieses durch Einstimmigkeit bewirkte Wahlresultat den Böhmen rechtzeitig bekannt geworden, so hätte es sie begreiflicherweise nicht wenig stutzig und gegen den Pfalzgrafen misstrauisch gemacht; nun vermochte es allerdings keinen Einfluss mehr auf die Entscheidung derselben auszuüben, aber es warf jedenfalls einen Schatten auf sein Königthum.

So war Ferdinand an das ersehnte Ziel seiner Wünsche gelangt und die pfälzische Gegnerschaft hatte höchstens dazu gedient, seinem Wahlsiege einen grössern Glanz zu verleihen. Nach allen den Verhandlungen, die fast ein ganzes Jahr lang von Heidelberg aus mit Turin gepflogen worden waren und in denen mit einer gewissen Sicherheit dem Herzoge von Savoyen die Krone angeboten worden war, hätte man doch wahrlich, wenn auch nicht ein anderes Wahlresultat, so doch einen minder glatten Verlauf der Wahlhandlung erwarten sollen. Und wie gestalteten sich die Dinge in der Wirklichkeit? Der Name des Herzogs von Savoyen war kaum ein einziges Mal genannt worden! Die pfälzischen Politiker hatten nicht Unrecht, sich um jeden Preis der Kandidatur Ferdinands entgegenzustellen, wenn sie seine Niederlage in Böhmen wünschten, aber sie hätten bedenken sollen, dass sie den mit den Katholiken vereinten Habsburgern gegenüber nichts bedeuteten, wenn Frankreich sein Gewicht nicht in ihre Wagschale legte. Und das französische Kabinet liess keinen Zweifel über die Stellung aufkommen, die es einnehmen wollte: es billigte die Wahl Ferdinands auf den Kaiserthron und missbilligte den Streit in Böhmen. „Ich weiss nicht", heisst es in dem Schreiben des französischen Staatssekretärs Puysieux, „wer als Urheber dieser Rathschläge (dass man die Wahl Ferdinands auf den Kaiserthron verwehren solle) anzusehen ist; gewiss sind sie aber wenig überlegt gewesen, denn indem die unirten Fürsten gezwungen und aus Nothwendigkeit nachgaben, haben sie sich

Ferdinand zum Feinde gemacht und zugleich die eigene Schwäche blossgelegt." Unter den gegenwärtigen Verhältnissen bleibe nichts übrig, als die Bewegung in Böhmen zur Ruhe zu bringen ; der neue Kaiser werde billigen Vorschlägen zugänglich sein. Sollten aber die Böhmen nicht nachgeben wollen, dann sei gewiss, dass das Haus Österreich seine ganze Macht entfalten und dessen wahrscheinlicher Sieg den deutschen Fürsten theuer zu stehen kommen werde. Aus diesem Grunde widerriet Puysieux, der auch von der böhmischen Königswahl bereits benachrichtigt war, dem Pfalzgrafen auf das energischeste die Annahme der angebotenen Krone. *)

Wie wenig das heidelberger Kabinet diesen Warnungen zugänglich war, zeigt der Umstand, dass sich der Pfalzgraf mit dem Gedanken beschäftigte, die Kaiserwahl, auch wenn sie vor sich gegangen wäre, zu nichte zu machen. Ende August fand in Amberg, wo sich Friedrich eben befand, eine Besprechung über ein Memoire statt, das der savoyische Agent Bausse vorlegte und worin das Benehmen des Pfalzgrafen und der Union allen folgenden Eventualitäten gegenüber geregelt werden sollte. Für den Fall, dass die Wahl vorüber und auf Ferdinand gefallen sei, riet Bausse, die Krönung um jeden Preis und auf was immer für einem Wege zu hindern. Kein deutscher Fürst dürfe Ferdinand den Eid leisten, den man dem neuen Kaiser zu leisten pflege, und in diesem Sinne lauteten auch die anderen Artikel, insofern sie die Angelegenheiten Böhmens und Italiens zum Gegenstande hatten. — Die Ereignisse gingen zu rasch, als dass eine Beschlussnahme im Sinne des bausse'schen Memoire's auf dieselben einen umgestaltenden Einfluss hätten ausüben können. Ferdinand wurde am 9. September gekrönt und die üblichen Ceremonien und Eidesleistungen wurden mit musterhafter Pünktlichkeit vollzogen. **)

Ueber die Kaiserwahl berichtete Oñate an Philipp III, dass sie von allen Seiten von Hindernissen und Schwierig-

---

*) Pariser Nationalbibliothek, Puysieux an St. Catherine dd. Tours, 17. September 1619. — Ebend. dd. 30. August 1619. — Ebend. dd. 30. August 1619.
**) Münchner StA. 134/22, 364, Memoire faict à Amberg dd. 19./29. August 1619.

keiten bedroht gewesen wäre, doch seien dieselben namentlich durch Spaniens Zuthun glücklich beseitigt. Ferdinand theilte seine Erhebung seinem Vetter in einem eigenhändigen Briefe mit und dankte demselben für seine Beihilfe. Der Brief selbst war aber so kurz gehalten, die Worte des Dankes so einfach bemessen, dass das Schreiben im spanischen Staatsrath Befremden und selbst Unwillen erregte. An der Intimität der Allianz zwischen den beiden Linien des Hauses Habsburg änderte es jedoch nichts. Philipp III blieb bei dem Entschlusse, mit allen Mitteln seines Reiches Ferdinand zu unterstützen, und wie er demselben auf den Thron von Böhmen und Deutschland geholfen, ihn auch darauf zu erhalten. *)

---

*) Die Vorgänge in der Kurkapelle, also die eigentliche Wahl haben wir genau nach einem Berichte, welchen Kurfürst Ferdinand von Köln selbst niederschrieb und der sich im baierischen Staatsarchiv befindet, ge schildert. Ebend. Die pfälzischen Gesandten an Kurpfalz dd. 19./29. August 1619.

Fünftes Kapitel.

Die böhmische Königswahl.

I Die Verhandlungen über die Conföderationsakte. Inhalt und Bedeutung derselben. Verhandlungen bezüglich der Absetzung Ferdinands. Stimmung in Mähren. Verhandlungen mit Erzherzog Leopold. Streitigkeiten auf dem böhmischen Landtage. Allgemeine Annahme der Conföderation. Beschlüsse des brünner Landtags.
II Verhandlungen mit den Ober- und Niederösterreichern. Die niederösterreichische Gesandtschaft in Linz. Die Verhandlungen in Horn. Abschluss des Bündnisses in Prag. Die Verhandlungen zwischen Ferdinand und Albrecht. Die Horner beschliessen eine Gesandtschaft an Albrecht. Die niederösterreichschen Protestanten errichten eine Direktorialregierung. Gründe zur Absetzung Ferdinands. Die Absetzung wird beschlossen.
III Ruppa und Hohenlohe werden in Kenntniss gesetzt, in welcher Weise der Herzog von Savoyen die böhmische Sache unterstützt habe. Ruppa lässt den Herzog von Savoyen zur Bewerbung um die böhmische Krone zu. Anhalt und Dohna in Rivoli. Vertrag mit dem Herzog von Savoyen. Der Kurfürst von Sachsen. Die Hinneigung der Böhmen zu Sachsen. Gleichgiltige Haltung des Kurfürsten. Des Grafen Schlick Bemühungen für Sachsen.
IV. Die Wahl des Pfalzgrafen in sicherer Aussicht. Abstimmung im böhmischen Landtage. Die böhmischen Nebenländer erklären sich für den Pfalzgrafen. Eindruck, den die Wahl des Pfalzgrafen verursacht. Friedrich empfängt in Amberg die Nachricht von seiner Wahl. Der Unionstag in Rothenburg. Berathung in Heidelberg. Annahme der Wahl.
V Christoph von Dohna in England. Jakobs Ärger bei der Nachricht von der böhmischen Wahl. Sitzung des Staatsrathes am 30. Sept. und 2. October. Steigender Groll Jakobs. Bemühungen des Pfalzgrafen zur Gewinnung von Mainz, Sachsen und Baiern. Doncaster in Heidelberg. Der kais. Gesandte Graf Fürstenberg in Amberg. Liechtenstein in Berlin. Abreise Friedrichs nach Böhmen. Empfang in Waldsassen. Einzug in Prag. Vorbereitungen im Dom zur Krönung. Die Krönung. Missgünstige Urtheile über die Königin. Urtheil des Camerarius über die Verhältnisse in Böhmen. Die Ernennung der obersten Landesbeamten. Beschlüsse des Landtages.

I

Wir haben die Verhandlungen angedeutet, die von böhmischer Seite mit Mähren, Schlesien und Oesterreich angeknüpft wurden, um die Stände dieser Länder zur Beschickung des Generallandtages in Prag zu bestimmen, damit hier über eine Revision der böhmischen Verfassung sowie über das gemeinsame

Bündniss aller Länder und über die Stellung, die man Ferdinand gegenüber einhalten wollte, endgiltige Beschlüsse gefasst würden. Thurn hatte in seinen Besprechungen mit den niederösterreichischen Ständen den 15. Juni als den Tag, an dem der Generallandtag eröffnet werden solle, bezeichnet, allein da die verschiedenen Deputationen viel später in Prag erschienen, konnten die Direktoren erst am 8. Juli zur Eröffnung der Verhandlungen schreiten. Jeder einzelnen Deputation wurde in der Burg ein eigener Berathungssaal angewiesen, so dass sich der Generallandtag in ebenso viele Kammern theilte, als Länder vertreten waren. Die Proposition, die ihnen von den Direktoren zur Berathung schriftlich übermittelt wurde, enthielt als Einleitung einen Ueberblick über den bisherigen Gang der Ereignisse, in welchem der Beweis geführt wurde, dass sich Böhmen im Zustande der Nothwehr befinde und stellte schliesslich an die verbündeten Länder zwei Fragen: 1. in welcher Weise die gemeinsamen Interessen am besten gewahrt werden könnten, und 2. wie das Verhältniss zu König Ferdinand künftig geregelt werden sollte.

Die erste Frage lässt nicht sogleich erkennen, welche umfassende Bedeutung sie in sich barg. Man möchte vermuthen, dass es sich den Böhmen bei derselben zunächst nur um ein Bündniss zur Abwehr des gemeinsamen Feindes gehandelt habe; aber diese Vermuthung erschöpfte bei weitem nicht ihre Absicht. Aus den Wirren der letzten zwei Jahrzehende hatten sie die Erfahrung gewonnen, dass die Entscheidung in allen wichtigen Existenzfragen des böhmischen Staates eine strittige sei, dass man weder über das Verhältniss der einzelnen Länder zu einander noch über das der Gesammtheit zum Könige einig sei und dass die Grenzen der königlichen und landtäglichen Competenz dringend einer Regelung bedürften. Man empfand demnach das Bedürfniss nach einer Revision der Verfassung, die man durch einige Zusätze genauer bestimmen wollte. Diese Zusatzbestimmungen sollten mit dem Titel einer „Conföderationsakte" bezeichnet werden, denn durch dieselben sollte auch das Verhältniss der Länder der böhmischen Krone unter einander und zu dem befreundeten Oesterreich geregelt und zu einem dauernden Freundschaftsbunde gestaltet werden. Nach dem

Entwurf, den die Direktoren von der Conföderationsakte vorlegten, bezog sich dieselbe 1. auf die Frage, ob die böhmische Krone eine Wahl- oder Erbkrone sei, 2. auf die Regelung der religiösen Verhältnisse, 3. auf die Bestimmung der Bedeutung und des Einflusses der Kanzlei als einer die gesammten Länder der böhmischen Krone umfassenden Behörde, 4. auf das Verhältniss der böhmischen Kronländer zu anderen Ländern, 5. auf die strittigen Fragen im Staatsrecht der einzelnen Länder der böhmischen Krone, endlich 6. auf die gemeinsame Vertheidigung.

In Bezug auf die Besetzung des Thrones waren alle Länder damit einverstanden, dass die böhmische Krone für eine Wahlkrone erklärt werde, deren Verleihung fortan nicht den Böhmen allein, sondern nur dem gemeinsamen Uebereinkommen aller Länder zustehen solle. Auf diese Weise gaben die Böhmen das bisher geübte Vorrecht freiwillig auf; nur darin wurde ihnen noch ein Vorzug eingeträumt, dass sie bei der Königswahl über zwei Stimmen, Mähren, Schlesien, die Oberlausitz und die Unterlausitz dagegen über je eine Stimme verfügen sollten. Von böhmischer Seite wollte man ursprünglich den Lausitzen nur eine Stimme ertheilen, wie es wohl billig gewesen wäre, allein als sich die Lausitzer auf Veranlassung der Schlesier heftig dagegen widersetzten, gab man nach.*) Der König sollte verpflichtet werden, nach den Gesetzen und insbesondere nach den in dieser gemeinsamen Conföderation getroffenen Bestimmungen zu regieren. Nur mit Zustimmung der Länder sollte er befugt sein, einen Krieg anzufangen, Soldaten zu werben, Festungen zu bauen und ein oder das andere Land mit Schulden zu belasten. Bei der Besetzung der obersten Aemter sollte er in Böhmen und Mähren an das Gutachten der Stände gebunden sein, so dass er aus je vier ihm vorgeschlagenen Kandidaten einem derselben das Amt verleihen müsste. In Schlesien und der Lausitz sollten die bisherigen Gepflogenheiten und Privilegien Geltung haben.

Das meiste Gewicht legte die Conföderationsakte auf die Ordnung der religiösen Angelegenheiten.

---

*) Relation der Oberlausitzer Gesandten, Sächs. St. A. 9173, XXII., fol. 158 dd. 18. September 1619, und alles Uebrige zumeist nach Skála.

Schon der neue Name mit dem sich fortan die Protestanten
als Anhänger des „evangelischen Glaubensbekenntnisses" bezeichneten zeigt den Umschwung, denn bis dahin mussten sich
z. B. die Protestanten in Böhmen noch immer der alten Bezeichnung Utraquisten (pod obojí) bedienen, da dies bei der Ertheilung des Majestätsbriefes ausdrücklich bedungen worden
war. Unter den obwaltenden Umständen wird man es begreiflich finden, dass sich die Protestanten vielfache Vorrechte zutheilten, wodurch das Staatswesen vorzugsweise
ein protestantisches Gepräge bekommen sollte. Unangetastet
blieben die Katholiken einzig und allein in dem freien
Bekenntnisse ihrer Religion. Nicht so billig war man aber
in Bezug auf ihren Besitz, denn alle seit dem Aufstande
am geistlichen Gute verübten Confiscationen wurden gutgeheissen und ebenso sollten alle Kirchen, die die Protestanten
mittlerweile den Katholiken entrissen hatten, im Besitze der
ersteren bleiben. Und selbst diese Bestimmungen bildeten
keine Garantie, dass die Katholiken in Zukunft in ihrem Besitz nicht angetastet werden würden, da nach dem Abschluss der Conföderation die geistlichen Güter weiteren Confiscationen unterzogen wurden. — Durch einige Artikel der
Conföderationsurkunde wurden auch die bürgerlichen Rechte
der Katholiken beschränkt. Die wichtigsten Landesämter in
sämmtlichen Ländern der böhmischen Krone sollten nur Protestanten zugänglich sein und zwar sollte in Böhmen die Stelle
des Oberstburggrafen, des obersten Kanzlers, der beiden Burggrafen von Karlstein, des obersten Landschreibers, des Kammer- und Apellationsgerichtspräsidenten, der beiden Landesunterkämmerer, des prager Schlosshauptmannes, des obersten Münzmeisters nur von Protestanten versehen werden können. Aehnliche Bestimmungen wurden bezüglich der übrigen Länder
der böhmischen Krone getroffen. In Städten mit überwiegend
protestantischer Bevölkerung sollten die Rathsstellen nicht mit
Katholiken besetzt werden; dagegen sollte dort, wo bisher nur
Katholiken in den Rath aufgenommen wurden, fortan mindestens die Hälfte der Rathsherrn dem protestantischen Bekenntnisse angehören. Die Katholiken sollten endlich nur dann als
ein berechtigter Theil geduldet werden, wenn sie feierlich die

Conföderation in allen ihren Punkten anerkennen und eidlich geloben würden, dass sie den Satz : „man müsse Ketzern keinen Eid halten" verwerfen. Ueber die Jesuiten wurde die Verbannung für ewige Zeiten ausgesprochen.

Der politische Schwerpunkt der Conföderation lag in den Bestimmungen, durch welche die Wirksamkeit der Kanzlei abgegrenzt und das wechselseitige Verhältniss zwischen den Ländern der böhmischen Krone festgesetzt wurde. Erst wenige Jahre vordem, im Jahre 1611 und 1616, hatten die Böhmen bei den Streitigkeiten über die Königswahl und über die schlesische Kanzlei ihre bevorzugte Stellung entschieden betont und eine gewisse Oberherrlichkeit über die böhmischen Nebenländer in Anspruch genommen. Diese Ansprüche liessen sie nun gänzlich fallen und erkannten ausdrücklich an, dass kein Land vor dem andern ein Vorrecht in Anspruch nehmen dürfe, sondern ein jedes dem andern gleichberechtigt sei. Gewisse Vorrechte, die den Böhmen trotzdem zugestanden wurden : dass sie nämlich bei der Königswahl zwei Stimmen, die anderen Länder nur eine Stimme haben und dass das Haupt der gemeinsamen Kanzlei stets ein Böhme sein solle, kann man eigentlich als keine Vorrechte, sondern nur als die Folge einer billigeren wenn auch unzureichenden Würdigung Böhmens ansehen. Denn wenn die beiden Lausitze, die zusammen kaum den zehnten Theil von Böhmen ausmachten, bei der Königswahl über zwei Stimmen verfügen sollten, konnte man den Böhmen doch nicht weniger geben. Und wenn in der Kanzlei, als dem einzigen gemeinsamen Amte, die erste Stelle den Böhmen eingeräumt wurde, so wollte dies auch nicht viel sagen, da man Vorkehrungen traf, dass ihnen durch diese erste Stelle nur ein Ehrenamt und kein wirkliches Recht eingeräumt wurde. Der Wirkungskreis der Kanzlei wurde beschränkt und ihr jede Exekutive, die sie bis dahin geübt hatte, entzogen, so dass sie fortan nur den schriftlichen Verkehr zwischen dem Monarchen und den Ländern der böhmischen Krone im Sinne und Geiste der Rechte jedes einzelnen Landes besorgen sollte. Demgemäss war der Kanzler nicht viel mehr als der Sekretär des Königs und diese Stellung wurde auch dadurch angedeutet, dass demselben kein fixer Wohnort angewiesen, sondern ihm befohlen wurde, jederzeit der Person des Königs zu folgen.

Die Zeit hätte die Bedeutung und die Folgen dieser Bestimmungen erst ins rechte Licht gestellt und nachgewiesen, dass sich der böhmische Staat jetzt in fünf von einander unabhängige, fast nur durch die Personalunion zusammengehaltene Staatswesen aufgelöst habe. Die Conföderation enthält zwar einen Artikel, welcher die Entwicklung einer gemeinsamen Regierung zu begünstigen scheint, denn die Bestimmung, dass alle Angelegenheiten, welche das gemeinsame Interesse der Länder berührten, gemeinsam berathen und entschieden werden sollten, lässt nur diese Deutung zu. Gleichwohl würde im regelmässigen Lauf der Dinge der Fall einer solchen gemeinsamen Berathung nur äusserst selten eingetreten sein, da ausdrücklich jedem Lande volle Selbstständigkeit gewahrt wurde und in der Conföderationsurkunde es an jeder näheren Spezialisirung einer gemeinsamen Angelegenheit fehlt: nur die Königswahl wird ausdrücklich als eine solche bezeichnet. Alles übrige, also die Verwaltung, die Finanzen, die Gesetzgebung, die Justizpflege, ja selbst das Heerwesen gehörte ganz und gar in den Wirkungskreis jedes einzelnen Landes, keines konnte dem andern hierin etwas vorschreiben. Man darf wohl nicht bezweifeln, dass Schlesien es war, welches zumeist auf diese Zersetzung im böhmischen Staatswesen hinarbeitete, und zwar mögen die Gründe, die bewusst und unbewusst dabei mitwirkten, nationale gewesen sein. Dass sich auch Mähren an Schlesien anschloss, hatte in der alten Selbstständigkeit dieser Provinz und in einer gewissen Eifersucht auf das stammverwandte Nachbarland seinen Grund.

Einen wichtigen Theil der Conföderation machten schliesslich die Bestimmungen aus, in denen für die Aufrechthaltung der ständischen Freiheiten gesorgt wurde. Jedes Land sollte eine Anzahl von Defensoren wählen und diese sollten Acht haben, dass die Conföderation stets, namentlich vom Könige beobachtet werde. Acht Fälle werden besonders angeführt, in denen die Länder zum Widerstand gegen den König und zur gewaltsamen Abhilfe berechtigt sein sollten: wenn ihre Religionsfreiheiten verletzt würden, wenn der König willkürlich die

obersten Beamten ernennen wollte, wenn die Defensoren
in der Freiheit ihrer Berathungen gehindert würden, wenn ein
Land oder sonst jemand die Conföderation trennen wollte u.
s. w. Die Defensoren sollten alle nur möglichen Anstrengungen
machen um, im Falle ein Streit ausbrechen würde, denselben
gütlich beizulegen; falls dies aber nicht möglich wäre, so sollten
sie die Länder zur gemeinsamen Vertheidigung auffordern. Für
diesen Fall wurde mit Rücksicht auf die Grösse jedes Landes
festgestellt, wie gross sein Heerescontingent sein solle; über
das gesammte Heer sollte ein General zum obersten Anführer
ernannt werden.

Man begreift, dass bei dem wichtigen Inhalt, den man der
Conföderation gab, die Berathungen der verschiedenen Deputationen längere Zeit dauerten. Auch zeigte sich, dass es zwischen Böhmen einerseits und Mähren und Schlesien andrerseits
einige Punkte gab, die des Ausgleiches bedurften. Da man dieselben jedoch der Conföderation nicht einverleiben wollte, so
stellte man deshalb besondere Berathungen an, die ebenfalls
Zeit in Anspruch nahmen. Ohne den Inhalt dieser abseitigen
Berathungen, die ohnedies nie zu einer praktischen Geltung
gelangten, näher anzudeuten, bemerken wir nur so viel, dass
man bei denselben zu völligem Einverständnisse gelangte.

Während die Verhandlungen im vollen Zuge waren und zu
jenen Beschlüssen führten, deren Inhalt eben auseinandergesetzt
wurde, verloren die Direktoren den zweiten Theil ihrer Proposition in Betreff Ferdinands nicht aus den Augen. Es war für
sie Angesichts der immer grösseren Kriegsgefahr eine brennende Angelegenheit, dass die Absetzung Ferdinands ausgesprochen und durch ein neues Haupt Ordnung ins Kriegswesen
gebracht und Mittel zum Kampfe geschafft würden. Zu diesem
Ende wurden die sämmtlichen Deputationen von den Direktoren noch während der Verhandlungen über die Conföderation
zu einer Berathung über den zweiten Punkt der Proposition
eingeladen. Auf den Antrag der Schlesier ging man jedoch
auf die vorgeschlagene Berathung nicht ein, sondern vertagte dieselbe bis zur endgiltigen Festsetzung der Conföderation.
Die Direktoren gaben nur für kurze Zeit nach, denn schon
nach einigen Tagen richteten sie in vertraulicher Weise die-

selbe Frage an die einzelnen Deputationen, wie sich denn z. B.
Graf Albin Schlick zu diesem Zwecke bei den Oberlausitzern
einfand.*) Auch diesmal fielen die Antworten nicht zu ihrer
Zufriedenheit aus, die Oberlausitzer erklärten, für diese wichtige Angelegenheit keine Instruktion zu besitzen, ja sie fügten
sogar zu nicht geringem Schrecken der Böhmen hinzu, sie
seien bisher keiner andern Meinung gewesen, als dass man die
Conföderationsartikel Ferdinand zur Annahme vorlegen wolle
und erst, wenn er sie verwerfen würde, die Absetzung in Verhandlung ziehen werde. Der Wunsch der Böhmen, die Conföderation sammt der Neubesetzung des Thrones gleichzeitig
zu erledigen, stiess also auf Hindernisse und die Direktoren
mussten sich damit begnügen, die erstere vorläufig allein ins
reine zu bringen. Sie beeilten sich deshalb die Berathungen
über einzelne der wichtigsten Artikel, wie z. B. über die Höhe
des Contingentes, das jedes Land im Nothfalle zu stellen hätte,
sowie über die Stimmenzahl bei der Königswahl, in Plenarversammlungen mit Ausserachtlassung parlamentarischer Formen
zu Ende zu bringen und so die nothwendige Einigung über
das ganze Conföderationsprojekt zu beschleunigen. In einer
feierlichen Sitzung des böhmischen Landtages, zu der die
fremden Deputationen eingeladen wurden, sollte dieses Resultat
bekannt gegeben und hierauf die Conföderation von allen
Contrahenten beschworen werden.

Was den böhmischen Landtag betrifft, der dem Abschlusse
der Conföderation die rechte Staffage geben sollte, so war
dieser von den Direktoren erst auf den 23. Juli berufen worden; 1619
nicht der böhmische Landtag, sondern die Direktoren hatten
demnach die Verhandlungen über die Conföderation geleitet.
Den Gegenstand der Berathung für den einberufenen Landtag
bildete nicht allein die Conföderation, sondern auch andere
Angelegenheiten, die bald zu ernsten Zwistigkeiten Anlass
gaben, so dass das Schicksal der Conföderation einen Augenblick zweifelhaft schien. Es zeigte sich, dass zwischen den
Ständen die Einigkeit nur so lange herrschte, als sie über die
Beschränkung der königlichen Gewalt und die Schmälerung

---

*) Relation der Oberlausitzer dd. 18. September 1619.

der Rechte der Katholiken berieten; sie hörte aber auf, sobald ein Gegenstand zur Berathung kam, in dem sich die Interessen der Stände kreuzten. Seit mehr als einem Jahrhunderte stritten sich die königlichen Städte mit dem Adel, ob dem letzteren das Betreiben von Handel und Gewerben gestattet sein solle oder nicht. Die Städte nahmen beides als eine ihrem Stande ausschliesslich gehörige Prärogative in Anspruch, der Adel wollte sich dagegen diese Beschränkung nicht gefallen lassen. Er wollte, dass ihm in den ihm gehörigen städtischen Häusern nicht verwehrt werde, Gewerbe und Handel gleich andern Bürgern zu treiben, dass die Abhaltung von Märkten nicht ein alleiniges Vorrecht der Städte sein solle, sondern dass der Adel auch auf seinen Gütern Märkte eröffnen könne und dass es ihm endlich freigestellt bleibe, jene Handelsgüter, die er in einer Stadt zum Verkaufe angeboten habe aber nicht verkaufen konnte, ohne eine Zollabgabe wieder heimzuführen. Es wäre zu weitgehend, hier im Detail alle die zahlreichen und häufig kleinlichen Beschränkungen anzuführen, durch welche der Adel an einer rationellen Verwerthung seiner Gutserzeugnisse gehindert wurde, es genüge die Bemerkung, dass die Mehrzahl der Forderungen, welche der Adel stellte, vom modernen Standpunkte durchwegs zulässig erscheinen. Bei den Städten stiessen sie jedoch auf den äussersten Widerstand; theils war daran die beschränkte volkswirthschaftliche Einsicht schuld, die nicht begriff, dass der Vortheil des andern auch den eigenen zur Folge haben könne, theils besorgten die Bürger, und vielleicht nicht mit Unrecht, dass der Adel die Vortheile der bürgerlichen Stellung sich aneignen wolle, ohne an den städtischen Lasten in vollem Masse theilzunehmen. Als demnach der Adel mit seinen Forderungen hervortrat, waren die Städte darüber so erbittert, dass sie jede Antwort auf dieselben ablehnten. Man habe ihnen von Seite des Adels beim Ausbruche des Aufstandes auf eine Erweiterung der städtischen Gerechtsame Hoffnung gemacht und nun zeige sich das Gegentheil. Der Adel, verletzt durch diese brüske Ablehnung, wollte sich nicht so leicht bescheiden und goss dadurch Oel ins Feuer. Einer der Bürger erklärte mit sichtlicher Zustimmung des ganzen Standes, dass, wenn der Adel noch

länger auf seinen Ansprüchen beharren würde, die Städte weiter
nichts mit der Bestätigung der Conföderation zu thun haben
wollten. Diese Bemerkung, die einer Lossagung vom Aufstande
gleich kam, wirkte wie ein Donnerschlag auf die höheren
Stände; der Stein des Anstosses wurde fallen gelassen und über
die übrigen Verhandlungsgegenstände ein einiger Beschluss
erzielt. *)

Die wichtigsten Beschlüsse, über die sich die böhmischen
Stände während des Generallandtages einigten, betrafen die
definitive Regelung des Rechtes zum Kirchenbau. Dasselbe
wurde jetzt auf alle Einwohner des Landes ausgedehnt, nicht
bloss der Adel und die Bürger, auch die Bauern sollten das Recht
haben, sich Kirchen zu bauen, gleichgiltig, wer ihr Gutsherr
sei. Aber dieses Recht sollten nur die Protestanten besitzen, bei
den Katholiken sollten nach wie vor nur die höheren Stände,
nicht aber der Bauer dasselbe ausüben dürfen. Für die Landtage
wurde eine einfachere Geschäftsordnung eingeführt, die den
erweiterten Rechten Rechnung trug, deren sich jetzt die
Stände gegenüber dem König erfreuen sollten. Auch bezüglich
des untergeordneten Personals bei der böhmischen Kammer
und bei dem Apellationsgericht wurde der Grundsatz aufgestellt, dass nur Protestanten zu den verschiedenen Stellen zugelassen werden dürften.

Bezüglich der königlichen Städte wurden einige weittragende
Beschlüsse gefasst welche ihre Rechte bedeutend erweiterten
und sie in Bezug auf ihre inneren Angelegenheiten wahrhaft
autonom machten. Das Amt der königlichen Hauptleute und
der Königsrichter in Prag und in den anderen Städten sollte
ein Ende nehmen und so die Städte in allen Verwaltungs-
und Gerichtsangelegenheiten selbständig auftreten dürfen.
Den Pragern sollte das Eigenthum an den Schanzmauern eingeräumt und zu ihren Gunsten alle exceptionellen (geistlichen)
Gerichtsbarkeiten innerhalb ihrer Stadtmauern aufgehoben
werden. Die königlichen Städte sollten nicht mehr zur königlichen Kammer gerechnet, sondern ein ebenso freier Stand sein,

---

*) Prager Stadtarchiv: Chaos rerum memorabilium, M. S. fol. 430. —
Skála, III., 205 u. flg.

wie die beiden höheren Stände, die Landesordnung sollte neu umgearbeitet und alle diese Beschlüsse in ihr berücksichtigt werden. Weiter wurde bestimmt, dass die königlichen Güter, alle geistlichen Güter, namentlich aber jene, die bereits versetzt seien, die Güter der Jesuiten, die Häuser und Güter der Brüder Michna und des Sekretärs M. Fabricius verkauft, den Mönchen und Nonnen aber eine Pension in Geld ausgezahlt werden sollte.

Endlich wurden auch die wechselseitigen Ansprüche der höheren Stände, der Herren und der Ritter, auf die obersten Ämter geordnet und dem Herrnstand die einflussreichsten und ergiebigsten eingeräumt. Auch bezüglich des gesellschaftlichen Verkehrs wurden Anordnungen getroffen und den Ansprüchen der Rittersfrauen insoferne entsprochen, als ihnen der Vortritt und Vorsitz vor den Herrnfräulein eingeräumt wurde. *) Nachdem man über alle diese einzelnen Punkte sich geeinigt hatte, fand die Conföderation auch die Billigung des böhmischen Landtags.

Wie oben bemerkt, wurde beschlossen, die allgemeine Annahme der Conföderation, oder besser gesagt, der neuen Verfassung des böhmischen Staates zu einem feierlichen Akt zu gestalten. Am 31. Juli versammelten sich im Landtagssaale die böhmischen Stände, die fremden Deputationen und ausserdem fast sämmtliche höheren Anführer des Kriegsvolks: Thurn, Hohenlohe, Mansfeld, Ulrich Wchýnský, der Markgraf von Jägerndorf, die sonach ihre Anwesenheit in Prag in dieser Zeit für wichtiger hielten als auf dem Schlachtfelde. Ruppa eröffnete die Sitzung mit einer Ansprache, in der er die Bedeutung des Gegenstandes hervorhob und die Anwesenden zum Gebete aufforderte. Alles fiel auf die Kniee und über zwanzig Minuten herrschte eine lautlose Stille im Saal. Als sich Alle wieder erhoben hatten, wurde die Conföderation ihrem ganzen Inhalte nach in böhmischer und deutscher Sprache vorgelesen und als auch dieses beendet war, von sämmtlichen Anwesenden ihre Annahme und dauernde Giltigkeit eidlich zugesagt. Die Böhmen und Mährer waren die ersten, die sich

---

* Die betreffenden Beschlüsse enthalten im Generallandtag vom J. 1619.

zum Schwure erhoben und denselben in böhmischer Sprache leisteten; ihnen folgten die Schlesier und Lausitzer, die ihn in deutscher Sprache wiederholten. Als die Eidesleistung beendet war, wurden die Bewohner Prags durch Geschützsalven, Gewehrfeuer und allgemeines Glockengeläute davon verständigt, dass die Länder der böhmischen Krone ihren neuen Bund für alle Ewigkeit feierlich besiegelt hätten. *)

Das war jedoch Alles nur ein Vorspiel zu einem weit wichtigeren Akte, denn jetzt musste die Frage zur Sprache kommen, was bezüglich Ferdinands geschehen sollte und ob der Thron neu zu besetzen sei oder nicht. Die Böhmen sehnten sich nach einer Entscheidung, da auf ihnen der Krieg am meisten lastete und der unglückliche Verlauf desselben während der letzten Wochen Jedermann überzeugte, dass nur andere Männer als die bisherigen Anführer den Kampf zum gedeihlichen Abschlusse bringen könnten. Dennoch waren selbst in Böhmen die Meinungen nicht ungetheilt, ob man endgiltig mit den Habsburgern brechen solle oder nicht. Die Partei, welche einen Ausgleich wollte, hatte in den letzten Wochen eher zu- als abgenommen und zählte selbst unter den Direktoren ihre Anhänger; allein sie gelangte trotz ihrer numerischen Stärke zu keiner Bedeutung, weil sie nur schüchtern ihr Friedensprogramm vertheidigte, während sich die Gegner Ferdinands entschlossener als sonst zeigten und jedem, der für den Frieden stimmen würde, mit dem Tode drohten. Eine solche Energie behauptete den Sieg. **)

Unmittelbar also nach Abschluss der Conföderation wurden die sämmtlichen fremden Deputirten zu einer vertraulichen Besprechung mit den Direktoren eingeladen. Graf Andreas Schlick richtete an die ersteren die Frage, was sie nun bezüglich Ferdinands zu thun gedächten, ob man zu seiner Absetzung schreiten und eine Neuwahl vornehmen solle? Die

---

*) Die Quellen über die Verhandlungen bezüglich der Conförderation finden sich im sächsischen St. A., in den Berichten Lebzeltners an Schönburg dd. 11./21., 14./24., 19./29., Juli, 23., 28. und 31. Juli a. St. ferner im wiener Staatsarchiv Unterschiedl. Akten aus Prag. dd. 31. Juli, endlich bei Skála III.

**) Sächs. St. A. Lebzelter an Schönberg dd. 11./21 und 14./24. Juli 1619.

mährischen Deputirten erklärten sich nicht für bevollmächtigt, über diesen Gegenstand zu verhandeln, sie müssten sich deshalb eine neue Instruction von Hause erbitten; die Schlesier und Lausitzer zeigten sich dagegen zur unmittelbaren Fortsetzung der Verhandlungen und zum treuen Ausharren bei den Böhmen bereit. Die Haltung der Mährer erregte einiges Kopfschütteln; es liess sich aber nichts dagegen thun, man musste ihnen die zur Einholung der Instruction verlangte Frist bewilligen. Sie wurde bis zum 14. August bestimmt, weil sich der mährische Landtag erst am 6. in Brünn versammelte und dieser zur Ertheilung der Instruction allein befugt war. Auf böhmischer Seite versäumte man nicht, Gesandte nach Brünn zu schicken, um dafür zu sorgen, dass der Beschluss nach Wunsch ausfiel.*)

In Mähren hatte die Friedenspartei entschlossenere Anhänger, die sich nach der zu Ende April erlittenen Niederlage noch nicht ganz zur Ruhe begeben hatten. Der Kardinal Dietrichstein und Karl von Žerotin, die ihrer Haft entledigt worden waren, traten zwar weder so entschieden noch so massgebend auf wie früher und mussten sich darauf beschränken, in Privatgesprächen ihre Meinung auszudrücken, gleichwohl blieben sie aber nicht ganz unwirksam. Auch hatte der Enthusiasmus, der nach dem Sturze der katholischen Herrschaft aufgeflammt war, kühleren Berechnungen Platz gemacht, seit der Angriff auf Wien misslungen war und Buquoy in Böhmen vorwärts drang. Noch bedrückter wurden die Gemüther, als sich im Juli die Nachricht verbreitete, dass sich Dampierre von Buquoy getrennt habe und einen Einfall in Mähren vorbereite. Die mährischen Direktoren berichteten darüber eilig nach Prag und baten um schleunige Hilfe, widrigenfalls sie genöthigt sein würden, sich dem Feinde zu unterwerfen.**) Dieses Schreiben verursachte in Prag grossen Unwillen; Böhmen hatte bereits so masslos durch den Krieg gelitten, war mit Ausnahme der schlesischen Hilfe stets nur auf die eigenen Kräfte angewiesen gewesen, hatte soeben wieder harte Kämpfe zu bestehen und nun flehte das bisher ruhig und glücklich dahin lebende Mähren

---

*) Skála, III. 211 — Sächs. St. A. Relation der Oberlausitzer.
**) Skála, III, 197.

um Schutz und wollte sich nicht einmal mit seinem Kriegsvolk gegen die ungarischen Freibeuter Dampierre's vertheidigen. Aber in Mähren kehrte man sich nicht an diesen Unwillen, sondern machte sogar Anstalten, um mit Erzherzog Leopold, dem Vertreter Ferdinands, in Unterhandlungen zu treten, ja Karl von Žerotín wurde von einigen Direktoren in vertraulicher Weise ersucht, zu diesem Zwecke nach Wien zu reisen. Diese Unterhandlungen konnten jedoch kein Resultat haben, da die Direktoren statt mit Vorschlägen hervorzutreten, in alberner Weise über das drohende Kriegsungemach jammerten, denn in dem Briefe, den sie Žerotín mitgaben, beschwerten sie sich über den bevorstehenden Einfall Dampierre's:*) sie seien treue Unterthanen des Königs, wie könne man also wagen, ihr Land zu verwüsten und so den Besitz ihres Herrn zu entwerthen? Der Vermittlungsversuch, den Žerotín einleiten sollte, ging also ohne Resultat vorüber, da Leopold in der Sache ebenso unnachgiebig war wie sein Bruder, in der Redeweise aber noch schärfer auftrat. Denn auf das Schreiben der Direktoren erwiederte er mit der vorwurfsvollen Frage: ob der Sturz der königlichen Regierung in Mähren, die Verbindung des mährischen Volks mit Thurn zur Belagerung Wiens Beweise von unterthäniger Treue seien? Dampierre habe den Befehl, in Mähren einzurücken; nur wer wirklich zum Gehorsam zurückkehren werde, dürfe auf Schonung Anspruch machen.**)

Nachdem die herrschende Partei in Mähren mit ihrem Friedensversuch abgewiesen worden war, raffte sie ihren Muth zusammen und betrieb ihre Vertheidigungsmassregeln. Das geworbene Kriegsvolk wurde koncentrirt und vermehrt; jener Theil, der mit Thurn nach Böhmen gezogen war, zurückberufen und das für Mähren beschlossene allgemeine Aufgebot energischer betrieben. Trotz aller dieser Massregeln konnte man dem Grafen Dampierre nicht mehr als 4000 Mann entgegenstellen; was an wehrhafter Mannschaft sonst vorhanden war, diente zur Besetzung fester Orte, die man nach der Kriegs-

---

*) Raudnitzer Archiv: Michna an den Kanzler Lobkowic dd. 31. Juli 1619.
— Archiv des Minist. des Innern in Wien: Žerotín an Erzherzog Leopold dd. 3. August 1619.
**) Skála, III. 221.

weise damaliger Zeit so zahlreich als möglich angelegt hatte. Nichtsdestoweniger erlangten die mährischen Truppen, wie erzählt wurde, bei Wisternitz einen Erfolg, als sie daselbst mit Dampierre am 5. August zusammenstiessen und dieser Erfolg fachte den Muth der mährischen Stände wieder etwas an, so dass, als sie sich am 7. August in Brünn zur gemeinschaftlichen Berathung versammelten, ihre Beschlüsse davon zeugten, dass sie sich nicht mehr von Böhmen trennen wollten. Sie bestätigten nicht nur die eben in Prag abgeschlossene Conföderation, sondern beschlossen auch die Anwerbung von 1500 Mann frischer Truppen, so dass also die Gesammtstärke des mährischen Heeres auf 6500 Mann geworbener Truppen, (4500 Fussknechte und 2000 Reiter) bestimmt wurde. Gleichzeitig wurde über den ganzen geistlichen Grundbesitz, namentlich aber über die Güter des olmützer nnd brünner Kapitels und über die der Klöster die Confiscation verhängt und deren Verkauf angeordnet. In Betreff des Kardinals Dietrichstein wurde bestimmt, dass nicht nur sein Einkommen als Bischof von Olmütz mit Beschlag belegt, sondern auch sein Privatbesitz eingezogen werden solle. Die gleiche Strafe der Güterconfiscation wurde über einige notorische Gegner der jetzigen Erhebung, namentlich über die Obersten Albrecht von Waldstein und Georg von Náchod verhängt. Sämmtlichen Katholiken und sonstigen zweifelhaften Edelleuten wurde ein Termin von vier Wochen gestellt, innerhalb dessen sie ihren Beitritt zur Sache des Aufstandes kund thun sollten; würden sie den Beitritt verweigern, so sollte ihr Besitz ebenfalls mit Beschlag belegt werden.*) Schliesslich wurden einige Direktoren, die man in ihrer Pflichterfüllung als lau erkannt hatte, abgesetzt und durch andere Männer ersetzt.**) Bezüglich der Absetzung Ferdinands, wegen welcher die Böhmen eigens eine Gesandtschaft nach Brünn abgeordnet hatten, wurde nichts beschlossen, deshalb aber dieser Gegenstand nicht unerörtert gelassen. Die betreffenden Verhandlungen wurden bloss vertraulich geführt

---

*) Brünner Landesarchiv, Landtag in Brünn dd. 7. August 1619; auch abgedruckt in d'Elverts Beiträgen, Bd. I. S. 50.
**) Skála III.

und endeten mit einem völligen Eingehen auf die böhmischen Wünsche und so wurden die mährischen Gesandten in Prag zur Weiterführung der dortigen Verhandlungen bevollmächtigt.*)

II

Es ist erzählt worden, dass sich zu dem Generallandtag in Prag auch Abgeordnete aus Nieder- und Oberösterreich eingefunden hatten, die, wie aus dem bisherigen Berichte ersichtlich ist, während der Berathungen über die Conföderation nur die Rolle von Zuschauern spielten. Jetzt benützten aber die Direktoren die Unterbrechung, die in dem Generallandtag eingetreten war, als man den mährischen Deputirten eine Frist zur Einholung neuer Instructionen gewähren musste, um auch Oesterreich durch ein enges Bündniss an Böhmen zu ketten, da das steigende Zerwürfniss zwischen den österreichischen Protestanten und dem König Ferdinand diesen Plan begünstigte. Einige Angaben über die gleichzeitigen Vorgänge in Niederösterreich bis zu diesen Verhandlungen dürften hier am Platze sein.

Noch vor dem Abzuge Thurns hatten die niederösterreichischen Protestanten beschlossen, ihre Berathungen nach Horn zu verlegen und von dort aus ihre Rüstungen mit grösserer Sicherheit in Angriff zu nehmen. Graf Thurn missbilligte ihren Beschluss, Wien zu verlassen und vielleicht geschah es auf seinen Rath, dass sie denselben vorläufig noch nicht ausführten.**) Nach dem Abzuge Thurns sollten die Rüstungen begonnen werden, da es ihnen aber dabei an Opferwilligkeit gebrach, wollten sie sich das nöthige Geld durch ein Anlehen bei ihren oberösterreichischen Standesgenossen verschaffen. Hans Ludwig von Kufstein, ein Mitglied der damals in Österreich zahlreich vertretenen und reich begüterten Familie dieses Namens, der auf vielfachen Reisen sich sprachliche Kenntnisse angeeignet hatte und sich wegen seiner feinen Ma-

---

*) Skála III, 258.
**) Wiener St. A. Bericht der niederösterr. protestant. Gesandten über ihre Berathung bei Thurn.

nieren zu einem Diplomaten vorzugsweise eignete, wurde nebst dem Herrn Rauber von den niederösterreichischen Protestanten ausersehen, zu diesem Zwecke nach Linz zu reisen. Als Kufstein und Rauber in Linz anlangten, merkten sie gleich bei den ersten Besuchen, dass die Stimmung daselbst gegen Niederösterreich nicht die beste sei; Herr von Tschernembl klagte die Niederösterreicher grosser „Nachlässigkeit" und feiger Zaghaftigkeit an und noch schärfer klang die Anklage des Herrn Geimann, der die Niederösterreicher für den verunglückten Feldzug verantwortlich machte und sie beschuldigte, dass sie den Grafen Thurn zu demselben verlockt und hinterdrein die Versprechungen nicht gehalten hätten.*) Die Oberösterreicher waren deshalb zu keinen Opfern entschlossen und als Kufstein und Rauber am folgenden Tage in der Sitzung des oberösterreichischen Landtagsausschusses sich ihres Auftrages entledigten, erlangten sie nicht das gewünschte Resultat. Alles, wozu sich die Oberösterreicher herbeiliessen, war, dass sie die Bürgschaft für ein Anlehen übernehmen wollten, das vielleicht an einer andern Stelle den Niederösterreichern bewilligt werden würde.**) Als die beiden Gesandten sich auf den Rückweg begaben, erfuhren sie in der Stadt Spitz, dass ihre Standesgenossen die Berathungen in Wien geendigt und den Beschluss gefasst hätten, ihre Versammlungen fortan in Horn abzuhalten. In Wien blieb nur eine geringe Anzahl von Protestanten zurück, einige wohl als Späher, andere, weil ihnen vor der Entwicklung, welche die Dinge nahmen, bangte.

Die Ursache, um derentwillen die Niederösterreicher so plötzlich ihre Uebersiedlung durchführten, wiewohl dieselbe auch von Hans Ludwig von Kufstein und anderen angesehenen Glaubensgenossen bekämpft wurde, mag in der grössern Energie zu suchen sein, mit der Ferdinand nach dem Abzuge Thurns in Wien auftrat. Ein Befehl desselben verfügte eine allgemeine Entwaffnung der Bürgerschaft, ein anderer ordnete eine Untersuchung an, in wie weit sich einzelne Bürger an dem Au-

---

*) Wiener St. A. Diarium das Hans Ludwig von Kufstein.
**) Kufsteins Diarium. Wiener St. A. Bericht der niederösterreichischen Gesandten an ihre Mandanten dd. (?) Juli 1619. Horn.

marsche Thurns betheiligt hätten, und in der That wurden in
der zweiten Hälfte des Monates Juni einige Personen deshalb
gefänglich eingezogen. Wurden schon durch diese Verfügungen
die höheren Stände in ihrem Sicherheitsgefühl beirrt, so mussten
sie vollends schwankend werden, als Ferdinand ihre auf die
Bewaffnung ihrer Unterthanen bezüglichen Massregeln durch
ein öffentliches Patent im Namen des Erzherzogs Albrecht verbieten liess und die dawider Handelnden mit Hochverraths-
prozessen bedrohte. Ferdinand fühlte sich durch den Rückzug Thurns und durch die beträchtliche Stärke, zu der die
wiener Garnison herangewachsen war, so gehoben, dass sich
die Protestanten eines Schlags versehen durften und deshalb
zogen sie es vor, von einem sichern Orte aus die Verhandlungen weiter zu führen. *)

Als sich die Stände am 1. Juli in Horn versammelten, 1619
traf sie daselbst ein Erlass Ferdinands, der ihnen diese abseitigen Berathungen verbot und sie zur Rückkehr nach Wien
aufforderte. Dieses Verbot schreckte sie um so weniger, als
sie mittlerweile durch Werbungen über 1000 wohlberittene
Musketiere zusammengebracht hatten und so gegen einen
Handstreich gesichert waren. Nur die Bewaffnung der Unterthanen, die gleichfalls beschlossen wurde, scheinen sie in Folge
des königlichen Verbotes unterlassen zu haben, in allen übrigen
Dingen kümmerten sie sich weder um Ferdinands Befehle
noch um seine Verbote und lehnten namentlich die erneuerte
Aufforderung zur Leistung der Huldigung ab.**) Nichtsdestoweniger wollten sie nicht alle Brücken hinter sich abbrechen,
um spätere Verhandlungen nicht unmöglich zu machen, denn
nur so kann man es begreifen, wenn sie von Horn aus eine
Deputation an Ferdinand abschickten, um sich über den Schaden zu beschweren, den das Land durch die königlichen Truppen erleide, und wenn sie in einer zweiten Botschaft ihre Verbindung mit Böhmen und ihre Abreise nach Horn zu recht-

---
*) Sächs. St. A. Aus Wien dd. 26. Juni, dd. 28. Juni, dd. 29 Juni, dd. 4.,
9. und abermals 9. Juli 1619.
**) Sächs. St. A. Aus Wien dd. 4. Juli. Ebend. Aus Wien dd. 9. Juli 1619.
Ebend. Aus Wien dd. 17. Juli 1619.

fertigen suchten.*) Die Zuschriften und Klagen erreichten jedoch nicht mehr ihr Ziel, da Ferdinand bereits nach Frankfurt abgereist war. Sein Stellvertreter der Erzherzog Leopold trat gleich nach seiner (am 28. Juni erfolgten) Ankunft in Wien in der Entwaffnung der Bürgerschaft, die bis dahin nur lässig betrieben worden war, energisch auf;**) gegen die horner Stände entschlug er sich aber noch nicht aller Rücksicht, denn als dieselben um die Mitte Juli ihre Verhandlungen auf einige Wochen vertagten und ein Theil von ihnen sich nach Wien begab, rief er einige der hervorragendsten Parteiglieder vor sich und suchte sie von dem bisherigen Wege abzubringen.***) Es war das ein ebenso vergebliches Unternehmen, wie die Bemühungen der Stände, den König von der Rechtmässigkeit ihres Widerstandes zu überzeugen.

Die horner Versammlung hatte sich um die Mitte Juli aufgelöst, nachdem sie zu den Verhandlungen des prager Generallandtages und zum Abschlusse des Bündnisses mit Böhmen eine neue Deputation, bestehend aus vier Personen, darunter die Herren Graiss und Rauber gewählt hatte; es scheint sonach, dass die zwei Herren, die man Anfangs Juni nach Prag geschickt hatte, auf ihr Mandat verzichtet hatten. Man wusste in Oesterreich, dass in Prag nicht blos über das Bündniss, sondern auch über die Absetzung Ferdinands und über die Wahl eines neuen Königs verhandelt werden würde, und diesem Umstande darf man es wohl zuschreiben, dass von Oberösterreich Herr von Tschernembl zur Theilnahme an den Verhandlungen abgeordnet wurde. Tschernembl bot während seiner Anwesenheit in Prag seinen ganzen Einfluss für die Absetzung Ferdinands auf, so dass ein grosser Theil der folgenden Ereignisse auf seine Rechnung zu setzen ist.†)

In Prag nahm man bei den Berathungen über das böhmisch-österreichische Bündniss den Inhalt der böhmischen Con-

---

*) Die österreichischen Stände an Ferdinand dd. 11. Juli 1619. Bei Londorp.
**) Copia Patents Leopolds wegen Desarmirung der Wiener Bürgerschaft dd. 16. Juli 1619 bei Londorp.
***) Sächs. St. A. Aus Wien dd. 24. Juli 1619.
†) Tschernembl an Anhalt dd. 16. Juli 1619. M. S. im brünner ständischen Archiv.

föderation zum Muster. In dem Vertragsentwurfe begann man mit der Erklärung, dass man ein Defensivbündniss zur Abwehr aller jener Feinde abschliesse, welche die ständischen Gerechtsame, insbesondere aber das evangelische Bekenntniss angreifen würden. Man reservirte sich durch dieses Bündniss wechselseitig das Recht, allen Beschwerden, unter deren Druck man bisher gelitten, ein Ende zu machen und alle Einrichtungen zu treffen, die für das gemeinsame Wohl erspriesslich sein dürften, doch wurden weder die Beschwerden noch die künftigen Einrichtungen specificirt, weil solches einzeln anzugeben „fast unmöglich wäre." Auf böhmischer Seite wäre diese Spezifikation leicht gewesen, man hätte einfach die Conförderation d. i. die neue Verfassung der böhmischen Krone unter die Garantie des böhmisch-österreichischen Bündnisses stellen können, da aber von österreichischer Seite noch keine revidirte Verfassung vorgelegt werden konnte, so begnügte man sich mit jener allgemeinen Formel, deren Sinn auf nichts anderes hinausging, als auf eine wechselseitige Garantie der revidirten Verfassungen. Der böhmisch-österreichische Conförderationsentwurf hatte übrigens noch andere unklare Punkte, er bestimmte nicht die Truppenzahl, mit der man sich wechselseitig unterstützen wollte, er drückte sich auch nicht deutsch aus, ob Böhmen und Oesterreich nicht blos ihrer Verfassung, sondern auch ihrem Oberhaupte nach getrennte Staaten sein sollten; doch leuchtet die Absicht hervor, den beiden Staaten ein gemeinsames Oberhaupt zu geben. Dafür spricht zumeist jener Artikel, der zur Aufrechthaltung und Weiterbildung der für „ewige" Zeiten abgeschlossenen Conförderation in Zwischenräumen von fünf zu fünf Jahren Generalkonvente der böhmischen und österreichischen Provinzen anordnete*), was doch nicht durchführbar war, wenn beide Staaten nicht ein gemeinsames Oberhaupt hatten.

Am 15. August waren die Verhandlungen glücklich zu Ende gebracht und die Vertragsentwürfe hatten die Zustim-

---

*) Die Conförderation zwischen den böhmischen Ländern und Oberösterreich bei Londorp, die Verhandlungen hierüber in den Akten des sächs. St. A. und bei Skála und namentlich in der Relation der Oberlausitzer Deputation dd. 18. September 1619.

mung sämmtlicher Betheiligten gefunden. Die feierliche Kundgebung dieser Zustimmung fand am folgenden Tage statt. Im Landtagssaale versammelten sich sämmtliche Deputationen der böhmischen Kronländer, die österreichischen Deputirten und die Direktoren und schwuren, dass sie das Bündniss, das in seinen einzelnen Paragraphen abgelesen wurde, ewig und unverbrüchlich halten würden. Wie vierzehn Tage zuvor, so wurde auch jetzt die prager Bevölkerung durch Geschützsalven und Glockengeläute von der Bedeutung des Augenblicks in Kenntniss gesetzt.*)

Als die niederösterreichischen Stände sich Anfangs August wieder in Horn versammelten, bekamen sie aus Prag keine endgiltigen Nachrichten, weil daselbst die Verhandlungen noch nicht zu Ende gediehen waren. Da ihnen von Wien abermals der Befehl zur Leistung der Huldigung zugekommen war, so beschlossen sie, mittlerweile eine Deputation an Erzherzog Albrecht abzuschicken. Zum Verständniss dieser Angelegenheit ist es nöthig, die Verhandlungen kennen zu lernen, die gleichzeitig zwischen Albrecht und Ferdinand bezüglich Österreichs geführt wurden.

Wir haben berichtet, dass Albrecht seiner Zeit erbötig war, Österreich an Ferdinand abzutreten, dass aber dieser bei Lebzeiten des Kaisers Mathias die Abtretung ablehnte, weil er den Ständen ihre religiöse Freiheiten nicht bestätigen wollte, wie er das damals hätte thun müssen. Als nun Mathias starb, verlangte er von den österreichischen Ständen auf Grund dessen, dass er von Albrecht mit der Leitung der Regierung bevollmächtigt sei, für sich Gehorsam und für den Erzherzog Albrecht die Leistung der Huldigung und wir wissen, zu welchen Differenzen diese Forderung führte. Ferdinand bemühte sich nun, diesen Stein des Anstosses zu entfernen und schickte einen seiner vertrauten Diener, den jungen Leonhard von Harrach, nach Brüssel, um den Erzherzog Albrecht zur unverweilten Verzichtleistung zu bewegen, und so den Österreichern den hauptsächlichsten Grund, um dessentwillen sie angeblich die Huldigung verweigerten, zu entziehen. Als Harrach in

---

*) Skála, II., 234.

Brüssel anlangte, war Erzherzog Albrecht wohl bereit, Österreich abzutreten, doch verlangte er als Preis für diese Verzichtleistung die Anweisung einer Jahresrevenue von 100.000 fl., ferner die Auszahlung einer zweiten Jahresrevenue von 15.000 fl., welche Mathias in seinem Testamente für Albrecht bestimmt hatte und endlich die Zuweisung einer Herrschaft, wo er im gegebenen Falle seine Residenz aufschlagen könnte. Harrach forderte dagegen von Albrecht die unmittelbare Ausstellung der Cession und ersuchte ihn, die Befriedigung seiner Bedingungen weiteren Verhandlungen anheimzustellen, wobei er ihn von vornherein des dankbarsten Entgegenkommens von Seite Ferdinands versicherte. Der Erzherzog hatte wohl das grösste Zutrauen in die Rechtlichkeit seines Vetters, aber keines in seine Finanzgebahrung und so liess er sich trotz aller Vorstellungen Harrachs nicht zur unverweilten Verzichtleistung bewegen und ebensowenig durch einen Klagebrief Ferdinands rühren, in dem ihm dieser berichtete, dass sich die oberösterreichischen Stände der Regierung bemächtigt hätten, weil sie seine Vollmacht nicht anerkennen wollten. Alles, wozu sich Albrecht vor endgültiger Festsetzung der Cessionsbedingungen verstehen wollte, bestand darin, dass er die Österreicher zum Gehorsam und zur Leistung der Huldigung an seinen Vetter als seinen Bevollmächtigten mahnte.*) Es blieb also für Ferdinand nichts Anderes übrig, als sich zu den zeitraubenden Verhandlungen herbei zu lassen und in die Urkunde, durch welche Albrecht auf Österreich Verzicht leistete, auch die Bedingungen aufzunehmen, unter denen er dies thun wollte.

Auf diese Weise kam erst am 22. Juli ein Cessionsentwurf nach dem Wunsche Albrechts zu Stande, mit dem sich einige Wochen später auch Ferdinand einverstanden erklärte. Für Albrecht wurde in demselben eine Jahresrevenue von 115.000 Gulden (und zwar 100.000 Gulden für die Cession Österreichs an Ferdinand, und 15.000 Gulden in Folge der

1619

---

*) Harrachisches Archiv: Ferdinands Instruction für Leonhard Karl Harrach dd. 26. März 1619. Erzh. Albrecht an Ferdinand dd. 23. Mai. Leonhard von Harrach an Ferdinand II. dd. 26. Mai. Vortrag Harrachs bei Albrecht dd. 29. Mai. Ferdinand II. an Albrecht dd. 20. Juni. Albrecht an die Oberösterreicher dd. 5 Juli 1619.

letztwilligen Verfügung des Kaisers Mathias) in der Weise festgesetzt, dass die Zahlung dieser Summe auf gewisse Gefälle und Einkünfte angewiesen wurde und dass sich Ferdinand auch mit seinem Privateinkommen für die pünktliche Zahlung verpflichtete. Ferner sollte Ferdinand einer zweiten testamentarischen Verfügung des Kaisers nachkommen und dem Erzherzog ein Kleinod im Werthe von 10.000 Gulden verehren und endlich sollte der Antheil, der Albrecht an der Erbschaft in Tirol und den vorderösterreichischen Ländern gebühre, festgesetzt und ihm der Genuss der betreffenden Einkünfte zugestanden werden. Bezüglich der jährlichen Pension von 100.000 Gulden, die sich Albrecht für die Abtretung von Österreich ausbedang, wurde bestimmt, dass dieselbe im Falle seines Ablebens auch an seine Witwe auszubezahlen sei. Wann die definitive Cessionsurkunde unterzeichnet wurde, ist nicht bekannt, jedenfalls geschah dies, wenn nicht schon früher, so doch gewiss in den ersten Monaten des Jahres 1620. Wenn Albrecht aber glaubte, dass er durch die dabei gebrauchte Vorsicht sich das stipulirte Einkommen gesichert habe, so täuschte er sich; denn weder zahlte Ferdinand in diesem noch in dem folgenden Jahre die festgesetzte Pension und es ist fraglich, ob Albrecht überhaupt je in den Genuss derselben trat. Seiner Witwe mag Ferdinand durch einige Jahre die Pension gezahlt haben, jedenfalls hat auch sie vergeblich auf die rechtzeitige und ununterbrochene Zahlung gehofft.*)

Während die angedeuteten Verhandlungen zwischen Ferdinand und Albrecht ihrem Ende entgegengingen, fassten die horner Stände den oben erwähnten Beschluss, eine Gesandtschaft an den Erzherzog abzuordnen, und ersuchten den Herrn von Kufstein um die Übernahme derselben. Was sie dabei bezweckten, ist nicht klar: wollten sie den Erzherzog Albrecht veranlassen, nach Wien zu kommen, damit er selbst die Regierung übernehme, oder wollten sie ihn für ihre Friedensvermittlung in dem böhmischen Streite gewinnen? Da jedoch

---

*) Harrachisches Archiv. Bedingungen für die Cession von Oesterreich dd. 22. Juli 1619. Ebend. Ferdinand an Leonhard von Harrach dd. 3. Aug. 1619.

mittlerweile ihre Gesandten aus Prag zurückkehrten und ihnen
die Urkunde über das mit Böhmen abgeschlossene Bündniss
überbrachten und bald darauf auch die Nachricht anlangte,
dass die Böhmen zu einer neuen Königswahl geschritten seien,
so legte man der Absendung eines Gesandten nach Brüssel
ein minderes Gewicht bei und kam trotz allen Verhandlungen
damit zu keinem Schlusse.*) Auch weigerte sich Kufstein
dem ihm gewordenen Auftrage nachzukommen, weil die Horner im September ihre Rüstungen energischer als zuvor betrieben, das saldern'sche Regiment, dessen Anwerbung beendet
war, jetzt oder kurze Zeit darauf in ihre Dienste nahmen und
er (Kufstein), der bei aller seiner Opposition ein treuer Anhänger der Habsburger war, einen schlechten Empfang in
Brüssel fürchtete. Seine Bedenken konnten nur gesteigert
werden, als man in Horn in der Einrichtung einer provisorischen Regierung einen Schritt weiter that, den böhmischen
Aufstand getreu kopirte und zur Wahl von Direktoren schritt.
Zum Präsidenten der Direktorialregierung wurde Herr von
Traun gewählt, ihm zur Seite befanden sich 8 Direktoren aus
dem Herrn- und 8 aus dem Ritterstande; aus der Bürgerschaft
wurden keine Direktoren gewählt, weil sich die Städte an den
horner Berathungen nicht betheiligten. Nach der Instruction,
die der Direktorialregierung gegeben wurde, sollte sie das
nöthige Geld durch Anlehen aufbringen, Proviantmagazine für
den Unterhalt der Truppen anlegen und für den nöthigen
Bedarf an Pulver, Blei, „Röhren und Stücken" sorgen und
solches in der Nachbarschaft, namentlich in Böhmen, ankaufen.**) Ihre katholischen Landsleute, von denen sie aufge-

---

*) Wiener St. A. Diarium des Hans Ludwig von Kufstein über die projektirte Reise nach Brüssel sammt 9 Beilagen.
**) Da es manche unserer Leser interessiren dürfte, die Namen der betreffenden Direktoren kennen zu lernen, so führen wir sie hier an, bemerken aber, dass wir bezüglich zweier Namen nicht ganz sicher sind, weil sie in der Handschrift schwer leserlich waren. Es waren dies neben dem Präsidenten folgende acht Herren: Ludwig v. Starhemberg, Martin von Starhemberg, Andreas von Puchheim d. ä., Erasmus von Landau, Wilhelm von Hofkirchen, Georg Achaz Enenkel, Andreas Thonradl Hans Jakob von Kufstein, und folgende acht Ritter: Christof Leiser, Melchior Masko (?), Wolf Christoph Römer, Achaz Engelshofer, Mathias

fordert worden waren, nach Wien zu kommen und sich mit ihnen zur Abwehr des gemeinsamen Feindes zu verbinden, setzten sie von diesen Beschlüssen nicht ohne bittere Vorwürfe in Kenntniss.*) Man sieht, die Herrschaft über das Erzherzogthum war den Händen Ferdinands entwunden: in Oberösterreich herrschte Tschernembl und seine Partei ohne Widerspruch, in Niederösterreich folgte ein grosser Theil des Landes den Geboten der Horner, die jetzt ihre Regierung organisirt hatten. Der Anschluss an den böhmischen Aufstand war nun zu einer vollendeten Thatsache geworden.

Zwei Tage nach dem Abschlusse des böhmisch-österreichischen Bündnisses begannen endlich in Prag die entscheidenden Verhandlungen über die Absetzung Ferdinands und zwar zuerst im böhmischen Landtage, der nach seiner kurzen Vertagung wieder zusammengetreten war. Die Verhandlung wurde mit der Vorlesung einer Rechtsdeduction über das Wahlrecht der böhmischen Stände eröffnet: dieselbe war bemüht aus der Geschichte mehrfache Beweise für dieses beizubringen, ging darauf auf die Erhebung Ferdinands auf den böhmischen Thron über und suchte nachzuweisen, dass derselbe alle Bedingungen, unter denen dies geschehen war, verletzt habe, dass er Schritt für Schritt an dem Ruine der böhmischen Freiheiten gearbeitet, das Interesse des Landes an Fremde verrathen und sich überhaupt wie ein Tyrann und nicht wie ein König benommen habe. Ein solcher Mann könne nicht im Besitze der Krone gelassen werden, wenn man nicht alles preisgeben wolle, wofür man die Waffen ergriffen habe. Zur Bekräftigung der gegen Ferdinand erhobenen Vorwürfe wurde eine biographische Skizze vorgelesen, in der sein ganzes Thun und Lassen seit mehr als zwanzig Jahren einer eingehenden Würdigung unterzogen wurde. Es wurde darin hervorgehoben, dass er in Steiermark die härteste Gewalt gegen die Protestanten geübt habe, dass er immer und überall zu gleichen Massregeln bereit gewesen sei, dass er durch List und Dro-

---

Wo(oder a)llzogen, Zacharias Starzer, Neideg und Friedesheimb. Wiener St. A. Vollmacht der niederöusterr. Stände für ihre Direktoren dd. 17. Sept. 1619.

hungen die böhmische Krone im J. 1617 erlangt und dass er
seit dem Ausbruche des Krieges alles gethan habe, was zum
Verderben Böhmens gereichen konnte. Die Zahl der Vorwürfe, die man gegen Ferdinand erhob
und von denen wir nur die wichtigsten mitgetheilt haben, erreichte eine beträchtliche Höhe; viele ergingen sich in Nebensachen oder fussten auf unbeglaubigten Gerüchten, viele waren
auch unbillig, denn sie waren den Ereignissen seit dem Ausbruche des Aufstandes entnommen, der den König ebenso aller
Rücksichten entheben musste, wie sich die Böhmen von denselben frei machten. Man musste sich aber eines grösseren
Wortschwalles bedienen, denn der einzige Vorwurf, den man
mit vollem Recht gegen Ferdinand erheben konnte: dass seine
Absichten auf den Ruin der Protestanten abzielten und dass
sich diese auf keine Weise gegen seine Feindseligkeit sichern
könnten, klang zu nackt und zu allgemein und wirkte weniger
überzeugend, als die Masse von Einzelnvorwürfen, unter denen
Wahres und Falsches, Wichtiges und Unwichtiges unter einander gemischt war. Für das Urtheil der Nachwelt genügt
jedoch jener einzige Vorwurf, es genügt zu wissen, dass Ferdinand die Existenz der Protestanten nur dort unbeanstandet
liess, wo die Wirksamkeit seines Schwertes ihre Grenze fand.
Aus der Charakteristik, die wir über Ferdinand II geboten
haben, ist ersichtlich, dass es nicht Grausamkeit war, die
Ferdinand zu dieser aggressiven Rolle trieb, sondern tiefe, innige
Überzeugung; aber für seine Zeitgenossen, die Protestanten,
war es schliesslich einerlei, ob man sie aus frommer Überzeugung oder aus Bosheit auf die Schlachtbank führte, für sie
unterlag es keinem Zweifel, dass sie sich wehren müssten.
Diese Überzeugung leitete die Masse der rebellischen Unterthanen Ferdinands, sie allein unterhielt den grossen Kampf,
den wohl der Ehrgeiz Einzelner geschürt, aber nur das Interesse der Gesammtheit entzündet hatte.

Nachdem die der bisherigen Thätigkeit Ferdinands entnommenen Argumente zu seiner Absetzung erschöpft waren,
wurden in einer andern Schrift Gründe anderer Art zu demselben Zwecke angeführt. Es wurde betont, welche unerträgliche Schuldenlast die Böhmen auf sich wälzen würden, wenn

sie Ferdinand jetzt anerkennen wollten, denn sie müssten nicht
nur die bisher auf die eigene Vertheidigung gemachten Auslagen, sondern auch die von Ferdinand zu ihrer Bekämpfung
kontrahirten Schulden zahlen und auch für die Schulden früherer Könige einstehen, die man seit dem Ausbruche des Aufstandes nicht weiter anerkannt habe. — Am frühen Morgen
hatte man mit der Vorlesung all der verschiedenen Deduc-
tions- und Anklageschriften begonnen, fertig wurde man erst
um die zweite Nachmittagsstunde. Die Sitzung wurde jetzt
aufgehoben und die nächste Zusammenkunft für den zweitfol-
1619 genden Tag, den 19. August, festgesetzt.

An dem anberaumten Tage kamen die Stände am Morgen
zusammen und nun eröffnete Bohuchwal Berka, der erste unter
den Direktoren des Herrenstandes, die Debatte, indem er zuerst
den Herrn von Fels, der aus dem Feldlager nach Prag gekommen war, um seine Meinung bezüglich der Absetzung Ferdinands befragte.

Leonhard von Fels erhob sich und befürwortete Ferdinands
Absetzung, indem er einige von den vorgebrachten Gründen
besonders betonte. Seiner Meinung schlossen sich die Direktoren Wilhelm von Lobkowitz, Paul von Řičan und Johann
von Waldstein an, jeder von ihnen begründete dieselbe mit
einigen Bemerkungen. Nach ihnen kam die Reihe an Wenzel
Wilhelm von Ruppa, den Präsidenten der Direktorialregierung.
In wohl durchdachter und einer körnigen Beredtsamkeit nicht
entbehrenden Rede, in der es nach dem Geschmacke jener
Zeit nicht an frommen Zwischensätzen mangelte, sprach er
sich mit aller Entschiedenheit und Schärfe gegen Ferdinand
aus und mahnte zur raschen Vornahme einer neuen Königswahl.
Er fasste sich ziemlich kurz und durfte dies um so mehr thun,
als die Schriftstücke, deren Vorlesung zwei Tage vorher die
Sitzung ausgefüllt hatten, ohnedies zumeist auf seine Rechnung
zu setzen sind. — Nach dem Beispiele der vorgenannten Personen sprachen sich alle übrigen im Landtage anwesenden
Direktoren des Herrenstandes für die Absetzung Ferdinands
aus. Die Reihe kam nun an die Direktoren des Ritterstandes;
Bohuslaw von Michalowic liess sich in eine längere Begründung
seiner auf die Absetzung abzielenden Meinung ein, die übrigen

Direktoren gaben in wenigen Worten ihre Zustimmung zu erkennen. Sämmtliche übrigen im Landtage anwesenden Personen des Herren- und Ritterstandes gaben darauf eine gleichlautende Meinung ab.

Als Berka die Städte aufforderte, ihre Ansicht auszusprechen, ersuchten sie um die Erlaubniss, den Sitzungssaal verlassen zu dürfen, um sich mit den Direktoren ihres Standes zu berathen. Die Erlaubniss wurde gewährt, worauf, als sie nach ungefähr einer Stunde wieder zurückkehrten, der Direktor Martin Fruewein in ihrem Namen das Wort ergriff und ihre Beistimmung zu dem Absetzungsvorschlage erklärte. Berka schloss die wichtige Verhandlung, indem er verkündigte, dass Ferdinand von den Ständen einstimmig seiner königlichen Würde entsetzt worden sei; Gott möge diesen Beschluss segnen. Alle Anwesenden erklärten ihre Zustimmung zu seiner Rede mit den Worten: „Ja, Gott möge dazu seinen Segen geben." *)

Kaum war im böhmischen Landtage diese Entscheidung gefällt worden, so verfügte sich Graf Albin Schlick in Begleitung mehrerer Direktoren zu den schlesischen und lausitzer Deputirten, die man für diesen Tag zu einer Berathung eingeladen hatte. In seiner Ansprache erörterte er kurz und bündig, dass jetzt die Zeit gekommen sei, die Absetzung Ferdinands zu erwägen. Es lasse sich zwar nicht verhehlen, dass dieselbe mit grossen Schwierigkeiten verbunden sei, weil dadurch die Gesammtheit der katholischen Fürsten beleidigt würde, aber andererseits berge die Anerkennung Ferdinands noch grössere Gefahren, denen man weder sich selbst noch seine Nachkommen aussetzen dürfe. Die böhmischen Stände seien alle entschlossen, Ferdinand nimmer wieder zur Regierung gelangen zu lassen; es sei nun an den Vertretern der übrigen Länder, diesen Beschluss anzunehmen oder zu verwerfen und im ersteren Fall zu erklären, wem die Krone aufs Haupt gesetzt werden solle. Die Schlesier baten um Bedenk-

---

*) Skála, III., 259. — Slawata II., 299 führt die Reihenfolge der Redner etwas verschieden an und bringt auch hie und da andere Details.

zeit und da sich ihnen die Lausitzer anschlossen, wurde die Sitzung aufgehoben.*)

Während Albin Schlick mit den Schlesiern und Lausitzern verhandelte, hatte auch Ruppa eine Besprechung mit den Mährern über denselben Gegenstand. Auch sie verlangten eine Bedenkzeit bis zum folgenden Tage, nicht weil sie etwa unentschlossen waren, sondern weil sie ihre Zustimmung zu dem böhmischen Vorschlage in eine gewisse Form bringen wollten. Schon am folgenden Tage erschienen sie im Landtagssaal und erklärten in Anwesenheit der gesammten Stände ihre Zustimmung zur Absetzung Ferdinands. Tags darauf spielte sich dieselbe Scene mit den Schlesiern ab und wiederum einen Tag später mit den Ober- und Nieder-Lausitzern. So war durch einstimmigen Beschluss sämmtlicher Länder der böhmischen Krone die Absetzung Ferdinands ausgesprochen.

Dieser Beschluss war selbstverständlich in der Voraussetzung gefasst worden, dass unmittelbar darauf der böhmische Thron durch eine Neuwahl besetzt werden würde. Damit war der böhmische Aufstand an dem Punkte angelangt, an dem sich sein Schicksal unwiderruflich entscheiden musste. Schon jetzt war der Aufstand, wie sehr man sich dies auch verhehlen wollte, im höchsten Grade gefährdet; wenn man nun noch eine unglückliche Wahl traf, so war Böhmen verloren.

Was die Thronkandidaten betraf, so kamen drei Fürsten in Betracht: der Herzog Karl Emanuel von Savoyen, der Kurfürst von der Pfalz und der Kurfürst Johann Georg von Sachsen. Jeder derselben hatte seine Partei. Ueber die Vorverhandlungen, die mit jedem von ihnen stattgefunden hatten, wollen wir jetzt Bericht erstatten.

III

Wir haben erzählt,**) dass der Präsident der böhmischen Direktorialregierung, Ruppa, schon im November des J. 1618

---
*) Sächs. St. A. Relation der Oberlausitzer dd. 18. Sept. 1619.
**) Band I. S. 442 u. flg.

dem pfälzischen Vertreter in Prag, dem Freiherrn Achaz von
Dohna den Antrag bezüglich der Wahl des Pfalzgrafen zum
König von Böhmen gemacht hatte. Der Pfalzgraf war nicht
abgeneigt, diesen Antrag anzunehmen, verzichtete aber später
auf die Ehre zu Gunsten des Herzogs von Savoyen, da dieser
mit seinen ersparten Schätzen die Böhmen in ihrem Kampfe
zu unterstützen bereit war, hiefür aber die böhmische oder die
deutsche Krone verlangte und dem Pfalzgrafen den Elsass
und die vorderösterreichischen Länder zukommen lassen wollte.
Im März 1619 hatten sich in Krailsheim der Pfalzgraf, der
Fürst von Anhalt, der Markgraf von Anspach, der Graf Solms
und Camerarius zu gemeinschaftlicher Berathung eingefunden
und hatten beschlossen, an diesem neuen Plan, der hauptsächlich
von dem Herzoge von Savoyen ausging, festzuhalten,
mit den böhmischen Direktoren die nöthigen Verhandlungen
einzuleiten und sie für die savoyische Kandidatur
zu gewinnen. Sobald dies geschehen sein würde, sollte Anhalt
nach Turin reisen, um da die Sache zum Abschlusse zu
bringen.

Um die Vereinbarung mit den Böhmen zuwege zu bringen,
wollte der Fürst mit den Häuptern des Aufstandes am 10. April 1619
in Taus zusammen kommen. Der Tod des Kaisers hinderte
aber die letzteren an der Abreise von Prag und da Anhalt
wiederum nicht nach dieser Stadt reisen wollte, um jedes
Aufsehen zu vermeiden, so betraute er den Herrn Achaz
von Dohna mit der betreffenden Verhandlung. Der Gesandte
fand sich ungefähr am 11. April in Prag ein und traf daselbst 1619
die Herrn von Ruppa und Hohenlohe. Seinem Auftrage gemäss
eröffnete er ihnen, welche Verdienste sich der Herzog
von Savoyen durch die Unterhaltung der mansfeldischen
Truppen erworben habe und dass derselbe auch ferner nicht
nur zu dieser Unterstützung bereit sei, sondern auch eigens
6000 Mann zu Fuss und 1500 Reiter ausrüsten und in den
Elsass schicken wolle, um von dort aus den Zuzug frischer
Truppen zu Buquoy zu hindern, dass er ferner der Union die
Mittel zur Unterhaltung eines Heeres von 12000 Mann zu
Fuss und 3000 Reitern bieten und endlich Venedig zu einem
Angriffe auf Istrien und Friaul bestimmen wolle. Für alles

dies verlange der Herzog, dass man ihm die Krone von Böhmen antrage.*)

Als Ruppa und Hohenlohe diese Mittheilungen in Empfang nahmen, waren sie nicht wenig überrascht zu vernehmen, dass die einzige fremde Hilfe, die ihnen bisher zu Theil geworden war und die auf Rechnung des Pfalzgrafen ging, ein Verdienst Savoyens sei. Sie hatten Mühe, ihre Enttäuschung zu verbergen und wenig fehlte, so hätten sie die Art und Weise missbilligt, mit der man ohne ihr Mitwissen über sie verfügt und ihre Krone zum Gegenstand eines Handels gemacht hatte. Zudem fühlten sie auch kein rechtes Vertrauen zu den Verheissungen des Herzogs, da er mehr versprach, als mit seinen Kräften verträglich war; denn sie wussten zu ihrem eigenen Schaden nur zu gut, dass die Leistungsfähigkeit eines so umfangreichen und fruchtbaren Landes wie Böhmen, das jedenfalls den Besitz des Herzogs von Savoyen überragte, ziemlich enge Grenzen habe. Achaz von Dohna bemühte sich, ihre Skrupel zu zerstreuen und ihre Hoffnungen wach zu halten, so dass zuletzt Ruppa und Hohenlohe, mehr um dem Pfalzgrafen zu genügen, als um sich den Herzog zu verbinden, das Versprechen gaben, sie würden die savoyische Kandidatur unterstützen, vorausgesetzt, dass die angebotene Hilfe unverweilt geleistet würde. Doch wollten sie keinerlei Bürgschaft dafür übernehmen, dass ihre Bemühungen zu Gunsten des neuen Kandidaten eine durchschlagende Wirkung haben würden.**) Schliesslich übergaben sie im Namen der Direktoren dem pfälzischen Unterhändler auf seinen Wunsch zwei Schreiben für den Herzog Karl Emanuel, deren Inhalt nicht weiter bekannt ist, die aber unzweifelhaft demselben Hoffnung auf die Erreichung seiner Wünsche machten.***)

---

*) Münchner St. A. 548, 10. Anhalt an Achatz von Dohna dd. 28. März a. St. 1619. Ebend. 425, 4: Extrait des articles, qui ont esté proposé par Mr. le Baron Achatius de Dohna a ces deux confidens de Bohême. — Memorial für Achaz von Dohna. Collectio Camerariana Vol. 47 Nro. 45 in der münchner Hofbibliothek.

**) Münchner StA. 425, 4. Achatz v. Dohna an Anhalt dd. 6./16. April 1619, Amberg.

***) Nach dem Briefe Dohna's scheinen die Direktoren von der Bedeutung dieser Schreiben keine Ahnung gehabt zu haben, denn die savoyische Kandidatur blieb für Jedermann ausser dem Triumvirat ein Geheimniss.

Als der Fürst von Anhalt durch Achaz von Dohna von dem Resultate der Verhandlungen in Kenntniss gesetzt wurde, hielt er dasselbe für befriedigend und begab sich alsbald im strengsten Incognito auf die Reise in Begleitung Christophs von Dohna, mit dem er am 30. April in Rivoli, zwei Weg- 1619 stunden von Turin, eintraf. Auf die Einladung des Herzogs nahm er am folgenden Tage seinen Wohnort in einem Lustschloss in der Nähe von Turin und blieb daselbst während der ganzen Zeit, die die folgenden Verhandlungen in Anspruch nahmen. Er eröffnete dieselben damit, dass er dem Herzog die Briefe der böhmischen Direktoren und schriftlich den Wortlaut jener Erklärungen vorlegte, die Achaz von Dohna auf seine Mittheilungen von Ruppa und Hohenlohe erlangt und die derselbe den beiden Herren vorgewiesen hatte, um gewiss zu sein, dass er sie richtig verstanden habe. Diese Aufzeichnungen wurden nun dem Herzog mitgetheilt, so dass er selbst über das Mass der Hoffnungen urtheilen konnte, die man ihm von böhmischer Seite machte.*)

Karl Emanuel, der sich im Januar mit so hochfliegenden Plänen getragen hatte und bereit war, den Kampf mit dem Hause Habsburg aufzunehmen, war jetzt etwas nüchterner geworden, er war nicht nur von dem übertriebenen Vertrauen in seine Kräfte zurückgekommen, auch die etwas kühlen Aeusserungen der böhmischen Herren machten ihn bedenklich. Sein Plan ging jetzt nicht weiter, als dass er dem Hause

---

*) Ueber den Inhalt der folgenden Verhandlungen berichten wir auf Grund folgender Akten: 1. dem Diurnale tractationum, quas princeps Anhaltinus cum duce Sabaudiae habuit, das von Christoph von Dohna herrührt und in dem Archiv der Unito-Protestantium abgedruckt ist; 2. aus Anhalts eigenem Bericht über die Verhandlungen an Kurpfalz dd. 18./28. Mai, 1619, Rivoli, im Münchner St. A., 425, 4; 3. aus dem Vertrage der in Rivoli provisorisch am 18./28. Mai zwischen Savoyen und dem Fürsten nomine des Pfalzgrafen abgeschlossen wurde, der sich ebenfalls im Münchner St. A. befindet; 4. aus dem Memoire à part pour Son Altesse zu demselben Gegenstand gehörig und gleichfalls in Münchner St. A. enthalten; endlich 5. aus dem Berichte des Sir Isaac Wake an den Marquis von Buckingham dd. 5./15. Juni 1619, Turin, bei Gardiner. Wake war in das Geheimniss der Verhandlung gezogen und liefert wichtige Beiträge zur Kenntniss derselben.

Habsburg durch diplomatische Intriguen den grösstmöglichen Schaden zuzufügen gedachte; heimlich wollte er auch ein kleines Geldopfer zu diesem Zwecke bringen, aber offen mochte er sich nicht binden. Da er mit seinen veränderten Absichten nicht hervortreten wollte, bekamen die Verhandlungen mit dem Fürsten von Anhalt etwas zerfahrenes. Bald schien der Herzog an der Kandidatur um die böhmische Krone festzuhalten und hiefür zu den äussersten Anstrengungen entschlossen zu sein, bald bemerkte er, dass diese Krone besser für den Pfalzgrafen passe, und verhehlte so nicht, dass er eigentlich kein rechtes Vertrauen zu dem schliesslichen Resultate des Kampfes habe. Ab und zu zeigte er, dass ihn ein anderes Unternehmen noch weit mehr beschäftige als der ganze böhmische Streit mit allen seinen Konsequenzen, denn in seinem Innern erwog er einen Angriff auf Genua. Die reiche Bank dieser Stadt reizte seit jeher die Habsucht italienischer Fürsten; der Herzog erzählte seinem deutschen Gaste, dass dieselbe jetzt einen Schatz von 32 Millionen (wahrscheinlich Dukaten) beherberge und dass er überaus gern einen Handstreich wagen würde, wenn Frankreich sich dabei betheiligen wollte. Immer wieder kam er auf diesen Gegenstand zurück, bedauerte, dass Frankreich vorläufig nicht mitthun wolle, tröstete sich aber, dass dies später der Fall sein werde.

Neben dieser Unterhaltung über Genua und neben der Verhandlung bezüglich Böhmens, die trotz der Unschlüssigkeit des Herzogs täglich weiter gefördert wurde, besprachen die beiden Staatsmänner auch das Verhältniss zu Venedig. Karl Emanuel drang darauf, dass man Venedig zu gewinnen trachte und vermittelte zu diesem Ende eine Zusammenkunft zwischen Anhalt und den Gesandten der Republik, die damals, wie es scheint, in Turin doppelt vertreten war.*) Obwohl der Fürst und auch Christoph von Dohna, der einen sehr thätigen Antheil an allen Verhandlungen nahm, sich energisch um den Beistand der Republik bemühten und die Erfolge, welche ein Angriff gegen Friaul zur Folge haben müsste, in das glän-

---

*) Im Journal Christophs von Dohna werden beharrlich les ambassadeurs de Venise angeführt.

zendste Licht stellten, konnten sie die Gesandten doch zu
keinen besonders trostreichen Versprechungen bewegen. Sie
erboten sich wohl, die Wünsche der Union und der Böhmen
der Signoria mitzutheilen, machten aber kein Hehl aus der
geringen Hoffnung auf deren Gewährung und namentlich auf
eine Geldunterstützung; alles, was sie versprechen zu können
glaubten, war, dass die Signoria den spanischen Truppen, die zur
Bekämpfung der Böhmen aus Italien abgeschickt würden, den
Durchzug durch das venetianische Gebiet verwehren würde.

Auch das Verhältniss zu Frankreich wurde zwischen Christian von Anhalt und Karl Emanuel eingehend erörtert. Ersterer
verlangte, dass der Herzog den König von Frankreich für den
Kampf gegen Ferdinand günstig stimmen und ihn zur Aufbietung seines Einflusses bewegen solle, damit die Kaiserwahl
verschoben und nicht vor Entscheidung des böhmischen Streites vorgenommen werde, überhaupt solle Ludwig veranlasst
werden in die Fusstapfen Heinrichs IV zu treten, dem Hause
Habsburg die Kaiserkrone entreissen und die Union in dem
bevorstehenden Kampfe mit Geld und Truppen oder wenigstens
mit einem von beiden unterstützen. Karl Emanuel versprach
zu thun, was in seinen Kräften stehe, und schickte auch unverweilt einen Courier an den Prinzen von Piemont ab, um durch
diesen den französischen Hof für diese Politik zu gewinnen.
Er verhehlte jedoch nicht, wie gering seine eigenen Hoffnungen
auf einen günstigen Erfolg seien; das höchste, was er der
Union von Frankreich versprechen zu können glaubte, war
eine neutrale Haltung. Aber selbst diese schien ihm ungewiss,
weil ihn gerade in diesen Tagen der französische Agent in
Turin im Namen seines Ministers, des Herrn von Puysieux,
vor der Einmischung in die böhmischen Angelegenheiten
gewarnt habe.

Die Zurückhaltung Venedigs, die unfreundliche Stimmung
Frankreichs wären wohl genügend gewesen, den Herzog
von Savoyen zum Abbrechen der weiteren Verhandlungen mit
Anhalt zu bestimmen. Trotzdem that er es nicht, theils blendete ihn der Glanz der böhmischen Krone, theils machte er
sich daraus kein Gewissen, Versprechungen zu geben, ohne es
mit ihrer Einhaltung ernstlich zu nehmen. So kam endlich

nach vierwöchentlichen Verhandlungen, die hauptsächlich durch ein ernstliches Unwohlsein des Fürsten von Anhalt so in die Länge gezogen worden waren, ein Vertrag zwischen Savoyen und dem Pfalzgrafen, als Haupt der Union, zu Stande, der wenn er durchgeführt worden wäre, den Böhmen jedenfalls eine grosse Hilfe geboten hätte. Karl Emanuel verpflichtete sich in demselben 1. zur weiteren Unterhaltung von 4600 Mann unter dem Kommando Mansfelds, 2. zur Verhinderung spanischer Truppendurchzüge aus Italien nach Deutschland und, falls er dies thun könnte, zur Absendung einer Armee von 6600 Mann nach dem Elsass, und 3. zur monatlichen Zahlung von 100.000 Dukaten an die Union. Als Gegenleistung sollte der Pfalzgraf ein Heer von 10.000 Mann zur Unterstützung der Böhmen anwerben und seinen Einfluss in diesem Lande aufbieten, dass die Krone desselben dem Herzog übertragen werde. Durch einen zweiten, am selben Tage formulirten Vertragsentwurf wurde jedoch bestimmt, dass, wenn aus irgend welchen Gründen der Herzog von Savoyen nicht auf den böhmischen, wohl aber auf den deutschen Thron gelangen würde, er wenigstens die monatliche Subsidienzahlung von 100.000 Dukaten zur Unterstützung der Böhmen leisten wolle, vorausgesetzt, dass die letzteren eine dem gemeinsamen Interesse entsprechende Königswahl treffen würden.*) Die Ratification dieser Verträge sollte binnen zwei Monaten vor sich gehen und zwar verlangte der Herzog, dass dieselbe nicht bloss von dem Pfalzgrafen als Haupt der Union, sondern auch von dem Markgrafen von Anspach geschehe.**)

1619 Am 28. Mai berichtete Christian von Anhalt dem Pfalzgrafen, welche Mühe es ihn gekostet habe, den Abschluss des Vertrages zuwege zu bringen und die Bedenklichkeiten des Herzogs zu beseitigen. Er mag selbst gezweifelt haben, ob der Vertrag je in allen Theilen zur Geltung kommen würde; eines aber glaubte er mit demselben erzielt zu haben, nämlich eine für den Augenblick sehr erwünschte Geldhilfe für die

---

*) Dieser zweite Vertragsentwurf findet sich im turiner Archiv. Erdmannsdörfer: Herzog Karl Emanuel I. von Savoyen etc.

**) Arch. U. S. Anhalt an Savoyen dd. 10./20. Juni 1619, Heilbronn.

Böhmen, denn da Karl Emanuel sich verpflichtet hatte, 400.000 Dukaten längstens binnen zwei Monaten nach der Ratification des Vertrages in Deutschland zur Zahlung anzuweisen, so glaubte Anhalt auf diese erste Rate mit aller Sicherheit rechnen zu können und das war jedenfalls die Reisekosten nach Turin werth. So mit sich selbst zufrieden und hoffnungsvoll in die Zukunft blickend trat Anhalt die Rückreise an; gleichzeitig mit ihm oder wenig später verfügte sich im Auftrage des Herzogs von Savoyen ein Herr de Bausse nach Deutschland, um sich von da aus ausgerüstet mit Empfehlungen des heidelberger Kabinets nach Böhmen zu begeben und mit Ruppa, Hohenlohe und Thurn die Thronfrage ins reine zu bringen. Der Herzog wollte sich durch seinen eigenen Agenten Sicherheit schaffen, inwieweit seine Hoffnungen begründet seien, bevor er sich zu den im Vertrage stipulirten Opfern verstand.

Christian von Anhalt lenkte seine Schritte unmittelbar nach Heilbronn, wo sich soeben ein Unionstag versammeln sollte. Die Absicht, welche das heidelberger Kabinet bei seiner Berufung leitete, war eine doppelte: es sollte die Unterstützung berathen werden, die man den Böhmen zukommen lassen wollte, und dann, wie wir berichtet haben, die Haltung der Union gegenüber der bevorstehenden Kaiserwahl geregelt werden. Alle Mitglieder der Union waren erschienen und auch die Böhmen hatten eine Gesandtschaft abgeordnet, an deren Spitze sich der Graf Albin Schlick befand; zuletzt hatte sich auch der englische Gesandte bei der Republik Venedig, Wotton, der auf der Reise dahin begriffen war, hier eingefunden.

Die böhmische Gesandtschaft verlangte, dass die Vertröstungen, mit denen der Pfalgraf seit Jahr und Tag so wenig gekargt hatte, endlich zur Wahrheit würden und man den Böhmen mit Geld und Truppen zu Hilfe komme.*) Christian von Anhalt hatte ihnen wohl erst vor wenigen Tagen eine Truppen-

---

*) Münchner St. A. 427, 16, Bitte der böhmischen Gesandten in Heilbronn dd. 3./13. Juni 1619. — Bernburger Archiv Reg. VI., B IV, Vol. XII Zeitung aus Prag.

und Geldhilfe durch den Vertrag mit dem Herzog von Savoyen gesichert, allein dies waren vorläufig nur schöne Aussichten, mit denen die böhmische Geldnoth nicht behoben werden konnte. Die pfälzischen Politiker sahen also ein, dass für Böhmen unverweilt etwas geschehen müsse und befürworteten deshalb bei der Union mit allem Eifer deren Unterstützzung. Aber auch hierin zeigte sich, dass der Erfolg tief unter den Erwartungen stand, denen man sich in Prag hingegeben hatte. Mit 200.000 Gulden wollte die Union helfen, aber diese Summe nicht etwa selbst leihen, sondern nur die Bürgschaft für dieselbe übernehmen; die Böhmen sollten selbst zusehen, wo sie das Geld herbekämen. Wir wollen gleich hier bemerken, dass diese Bürgschaftsanerbietung ganz nutzlos war, denn die böhmischen Direktoren bekamen keinen Heller geliehen. Das waren also die heidelberger Schätze, die in den Berechnungen der böhmischen Heisssporne nur zu häufig eine wichtige Rolle gespielt hatten.

Indessen, wenn die Union auf dieser Seite die auf sie gesetzten Hoffnungen täuschte, schien sie doch auf einer andern etwas gut machen zu wollen. Sie fasste den Plan, ein Heer von 10—12.000 Mann zu Fuss und 3000 zu Ross auszurüsten, das einerseits die in Deutschland und Flandern für Buquoy geworbenen Truppen am Weitermarsche hindern, andererseits den Böhmen jede nach Umständen mögliche Hilfe leisten sollte. Ein solcher Beschluss hatte allerdings seinen besondern Werth, wenn er ausgeführt wurde. Allein es zeigte sich schon während des heilbronner Tages, dass die Union höchstens die Vorbereitungen zu diesen Rüstungen auf eigene Faust treffen wollte, ihre Durchführung aber von fremder Hilfe abhängig machte. Unmittelbar nach gefasstem Beschlusse schrieben nämlich die Unionsfürsten an Jacob von England und baten ihn um eine Geldunterstützung, da es ihnen nicht möglich sei, die Last allein zu tragen und der Fall übrigens eingetreten sei, auf Grund dessen nach dem zwischen England und der Union bestehenden Bündnisse die Hilfeleistung zu geschehen habe.*)

---

*) Gardiner, Letters and others documents. The Princes of the Union to James I. dd. 17./27. Juni 1619, Heilbronn.

Gleichzeitig bat der Pfalzgraf den englischen Gesandten in Turin, Mr. Wake, er möchte die Signoria in Venedig ersuchen, der Union die von ihr unterhaltene Kavallerie wenigstens für sechs Monate zu leihen.*) Wenn man bedenkt, dass nach dem Vertrage von Rivoli eigentlich der Herzog von Savoyen für die Unterhaltung der Unionsarmee einstehen musste, so ergibt sich, dass das pfälzische Kabinet durch die gleichzeitige Herbeiziehung Englands zu den Rüstungs- und Kriegskosten einen Gewinn für sich herausschlagen wollte. Christian von Anhalt benachrichtigte den Herzog von Savoyen aus Heilbronn von dem auf die Rüstungen bezüglichen Beschlusse und bemerkte zugleich, dass er ihm die Ratification des Vertrages von Rivoli nicht überschicken könne, weil er noch nicht Gelegenheit gehabt habe, die Verhandlungen mit Böhmen, die ja für den Herzog entscheidend seien, zu Ende zu führen. Aus diesem Grunde unterliess er es auch, denselben um eine Ratenzahlung zu ersuchen, dagegen versäumte er nicht, ihm die Unterstützung des Grafen Mansfeld, dessen Niederlage bei Zablat eben bekannt geworden war, dringend zu empfehlen.

In der That musste Anhalt zuerst die Verhandlungen mit Böhmen zu Ende bringen, weil die Anerbietungen Savoyens nicht für alle Fälle gleich lauteten, sondern bei der Kandidatur um die deutsche Krone anders bestimmt waren, als bei der um die böhmische. **) Um die Entscheidung in Böhmen zu beschleunigen gab Anhalt in Amberg, wohin er mittlerweile gereist war, dem Agenten des Herzogs, Mr. de Bausse, Instructionen und Empfehlungen nach Prag, um Ruppa und seine Partei im Sinne des rivoler Vertrages zu bindenden Erklärungen für die savoyische Kandidatur zu vermögen. Er beeilte sich um so mehr dies zu thun, als der Graf von Mansfeld eben aus Böhmen herbeigeeilt war und ihm berichtete, dass die Stimmung im Lande in Folge der langwierigen Kriegsdrangsale eine sehr gedrückte sei und man sich unerwarteter

---

*) Ebend. Friedrich V an Wake dd. 20./30. Juni 1619, Heilbronn.
**) Münchner St. A. 548/10. Anhalt an Kurpfalz dd. 5./15. Juli 1619, Amberg — Ebend. Memoire pour Mr. de Bausse dd. 3./13. Juli 1619. — Archiv U. P. Anhalt an Savoyen dd. 10./20. Juni 1619, Heilbronn und 5./15. Juli 1619, Amberg.

Beschlüsse versehen könne, wenn man den Ständen nicht unter die Arme greife. Anhalt, der die Gefahr nicht unterschätzte, weihte Mansfeld in die rivoler Verhandlungen ein und bevollmächtigte ihn und de Bausse, den Herrn von Ruppa mit denselben bekannt zu machen. Gern hätte er über die stipulirten Subsidien von 100.000 Dukaten monatlich geschwiegen, weil er fürchtete, dass die Böhmen Anspruch auf dieselben erheben würden, während er sie für die Rüstungen der Union zu verwenden gedachte, allein er durfte damit nicht hinter dem Berge halten, theils um Ruppa und seinen Freunden mehr Muth zu machen, theils um sich vor dem savoyischen Agenten keine Blösse zu geben. So in eingehender Weise instruirt eilten de Bausse und der Graf von Mansfeld nach Prag, um sich ihrer Aufträge zu entledigen.

Nachdem Anhalt auf diese Weise das Seinige gethan hatte, um die böhmischen Stände von den Vereinbarungen mit Savoyen in Kenntniss zu setzen, bemächtigte sich seiner ein gewisses Gefühl der Unbehaglichkeit. Trotz aller Verhandlungen in Rivoli hatte er nie etwas anderes gewünscht, als dass der Pfalzgraf den böhmischen Thron besteige, und nun sah er sich im Netze seiner Politik gefangen und musste gleichsam gegen sich selbst arbeiten. Seinem Unmuthe machte er dadurch Luft, dass er dem Markgrafen von Anspach die Ratification des rivoler Vertrages widerrief, „denn", so schrieb er ihm, „wenn Böhmen sich dem Herzog von Savoyen in die Arme wirft, so wird sich dieser nur um die neu gewonnene Krone und nicht um die Union kümmern und letztere wird mit ihren Rüstungen auf ihre eigenen Mittel angewiesen sein." Auch der Pfalzgraf, den Anhalt von der Absendung Mansfelds und des de Bausse in Kenntniss gesetzt hatte, *) billigte dieselbe zwar, wurde aber trotzdem etwas einsilbig und äusserte mehr Furcht als Freude darüber, dass die Böhmen mit beiden Händen nach den Anerbietungen des Herzogs von Savoyen greifen und ihm die Krone antragen könnten. Seine

---

*) Arch. U. P. Anhalt an Anspach dd. 4/14. Juli 1619. — Münchner St. A. 134/22 Auszug eines Briefes von Kurpfalz an Anhalt dd. 9./19. Juli 1619, Heidelberg. — Ebend. 548/10 Anhalt an Mansfeld dd. 14./24 Juli 1619.

stille Hoffnung bestand darin, dass der letztere nicht im Stande sein werde, seinen grossen Versprechungen nachzukommen und dass dann vielleicht nur ihm allein die reife Frucht in den Schooss fallen werde.

Bei dieser Gemüthsstimmung der zwei am meisten an dem Ausgange der böhmischen Wirren betheiligten Personen, des Pfalzgrafen und des Fürsten von Anhalt, ist es begreiflich, dass sie es bald überdrüssig wurden, ruhig zu erwarten, was de Bausse und Mansfeld in Prag ausrichten würden. Der Fürst von Anhalt wusste, dass der Generallandtag daselbst im Begriffe sei entscheidende Beschlüsse zu fassen und um diese dem Interesse des Pfalzgsafen entsprechend zu leiten, beschloss er die Absendung eines Agenten nach Prag. Allfällige Zweifel über die Zweckmässigkeit dieses Schrittes zerstreute ein Brief Tschernembls, der den Fürsten von Anhalt dringend um die schleunige Absendung einer vertrauten Persönlichkeit ersuchte, weil jetzt die wichtigsten Beschlüsse gefasst werden und man an die Wahl eines Oberhauptes der konföderirten Länder gehen würde.*) Auf diese Mahnung entschloss sich Anhalt im Einverständnisse mit dem Pfalzgrafen den Freiherrn Achaz von Dohna nach Prag zu schicken und durch diesen bei den Leitern der ständischen Bewegung offen um die Übertragung der Krone an den Pfalzgrafen zu ersuchen. Dohna traf am 2. August in Prag ein und hatte unmittelbar nach seiner Ankunft eingehende Besprechungen mit Ruppa, deren Inhalt sehr geheim gehalten wurde und die deshalb in hohem Grade den Argwohn und Aerger des sächsischen Gesandten erregten.*) Wir können über dieselben nur so viel mittheilen, dass Ruppa erbötig war, die Wahl Friedrichs auf jede Weise zu fördern wenn der letztere eine Erklärung abgeben würde, dass er die angebotene Krone annehmen wolle.')

Jedenfalls entschied sich Ruppa schon jetzt für die Kandidatur des Pfalzgrafen und beachtete nicht weiter die sä-

---

*) Bernburger Arch. Tschernembl an Anhalt dd. Prag, 16. Juli 1619.
*) Sächs. St. A. 9172, XV. Lebzelter an Schönburg dd. 28. Juli/7. Aug. 1619, Prag.
*) Achaz von Dohna an Anhalt dd. 11./21. August 1619. — Coll. Cameraniana in der münchner Hofbibliothek.

voyischen Bewerbungen, über die er von de Bausse und Mansfeld eingehend unterrichtet wurde. Schon im Monate April, als er zum erstenmal von den savoyischen Ansprüchen Kenntniss erhielt, war er von ihnen nicht entzückt, da ihm die savoyische Kandidatur mehr als eine Intrigue und nicht als eine staatsmännische Lösung der böhmischen Schwierigkeiten galt. Seit der Zeit war nichts vorgekommen, was ihn hätte anders stimmen können; der Herzog von Savoyen machte zwar grosse Versprechungen, aber wie konnte man ihnen trauen, wenn er seit mehr als einem halben Jahre keinen weitern Beitrag zur Erhaltung der mansfeldischen Truppen leistete, obwohl der Fürst von Anhalt ihn wiederholt darum ersucht und auch Mansfeld nach der Niederlage von Záblat die dringendsten Bitten nach Turin gerichtet hatte. Der Herzog antwortete darauf, dass er sich nur auf so lange zu dieser Unterstützung verpflichtet habe, bis der englische Gesandte, der von Turin nach England gereist sei, ihn nach der Rückkehr im Namen Jakobs um die Fortsetzung seiner Hilfe ersuchen würde. Nun sei dieser Gesandte zurückgekehrt, ohne diese Bitte auszusprechen. Mit dieser Erklärung verzichtete Karl Emanuel eigentlich selbst auf die weitere Bewerbung um den böhmischen Thron und zwar in dem Augenblicke, wo sich de Bausse und Mansfeld für ihn in Prag bemühten und wo man auf pfälzischer Seite die Ratification des rivoler Vertrages noch nicht definitiv aufgegeben hatte. Man kann es dem Herzog nicht verübeln, wenn er bei der gleichgiltigen Haltung Jakobs von der böhmischen Sache nichts mehr wissen wollte und wenn er die Zukunftsbilder, die Anhalt vor ihm aufrollte, für Luftgebilde nahm und keine weiteren Opfer bringen wollte.*) Man begreift aber auch, dass de Bausse und Mansfeld jetzt bei Ruppa kein Entgegenkommen fanden und dass dieser sich den pfälzischen Plänen weit geneigter zeigte.

In der That kam jetzt zwischen Ruppa und Dohna eine völlige Einigung zu Stande und der erstere war erbötig seinen Einfluss für den Pfalzgrafen aufzubieten, wenn sich derselbe

---

*) Gardiner, Wake an Buckingham dd. 29. Juni/9. Juli 1619.

zur Annahme der dargebotenen Krone verpflichten würde.
Um die gewünschte Erklärung von dem Pfalzgrafen einzuholen,
reiste Dohna nach Amberg, wo sich Friedrich um diese Zeit
eingefunden hatte, offenbar um den Ereignissen näher zu sein.
Nach den Mittheilungen, deren Ueberbringer Dohna war, sah
sich der Pfalzgraf von der Furcht befreit, dass ihm der Herzog von Savoyen in Böhmen zuvorkommen könnte, aber die
freudige Genugthuung, die ihm dies gewährte, war durch
die Eile verbittert, mit der man ihn von Prag zu einer bindenden Erklärung drängte und dies zu einer Zeit, wo die Sache
der Böhmen auf dem Kampfplatze schlecht stand und ihm selbst
bei der Kaiserwahl in Frankfurt eine zwar unblutige, aber
deshalb nicht minder bedeutsame Niederlage drohte. Der Pfalzgraf glaubte sich in dieser schwierigen Lage in einer Weise
zu helfen, die schwachen Geistern eigen ist; er betrat den
gefahrvollen Weg, suchte sich aber die Rückkehr offen zu
halten. Dohna bekam demgemäss von ihm eine mündliche Erklärung, in der er sich zwar zur Annahme der böhmischen Krone
geneigt zeigte, aber seine definitive Zusage von dem Eintreffen
gewisser Bedingungen abhängig machte und deshalb verlangte,
dass Ruppa und seine Freunde mit der Absetzung Ferdinands
und der Wahl eines Nachfolgers noch warten möchten. Aus
dem weitern Verlaufe der Verhandlungen ist ersichtlich, dass
die Bedingungen, von denen der Pfalzgraf die Annahme der
böhmischen Krone abhängig machte, darin bestanden, dass er
zuvor der Zustimmung Jakobs von England und der Hilfe
der Generalstaaten versichert sein wollte. *)

---

*) Münchner St. A. 425/4, Achaz von Dohna an Anhalt dd. 11./21. Aug.
1619. Der betreffende Brief ist zum Theil chiffrirt, die deutschen Worte
desselben sind die über den Chiffern geschriebene Erklärung. Dohna
schreibt: »...Maintenant l'on presse (in Prag) extrement neue Election.
Dona a representé aux confidens la declaration de Pfalzgraf, qui les
contente beaucoup, mais l'attente de la resolution finale et entière leur
tarde assez faisans instance, que l'on se haste." — Ueber den Inhalt
dieser Declaration haben wir eine doppelte Andeutung gefunden, die eine
in der „fürstlich Anhaltischen geheimben Cantzley," wo es S. 161 heisst:
„Er (Dohna) hab den Confidenten (Ruppa, Hohenlohe und Thurn) die
Declaration des Pfalzgrafen, von deren oben der Grosshofmaister sagt,
dass der Pfalzgraf resolviert in aigner Person zu Pferdt zu sitzen, doch

Achaz von Dohna langte mit seinen neuen Weisungen am 18. August in Prag an und verursachte durch die Mittheilung, dass der Pfalzgraf die böhmische Krone nicht zurückweise, bei Ruppa und seinem Anhange viel Freude, wiewohl andererseits der Wunsch des Pfalzgrafen, dass man die Absetzung Ferdinands und die Wahl eines Nachfolgers noch aufschieben solle, minder angenehm berührte. Die Direktoren fühlten sich ausser Stande, bei den täglich sich mehrenden Geldverlegenheiten und den Misserfolgen auf dem Kriegsschauplatze die Regierung noch länger mit Anstand zu führen und wollten sich deshalb der auf ihnen lastenden Verantwortlichkeit entledigen, indem sie dieselbe auf Jemanden andern wälzten. Ein letzter und wohl der zwingendste Grund, die Wahl nicht länger zu verschieben, bestand aber darin, dass die bevorstehende Kaiserwahl in Frankfurt unter dem Volke eine bedeutende Aufregung verursachte; es war zu befürchten, dass, im Falle Ferdinand zum Kaiser gewählt würde, die Bevölkerung von Prag seine Absetzung als König von Böhmen gewaltsam hindern könnte. Ruppa und sein Anhang konnten also um keinen Preis das Fristgesuch des Pfalzgrafen beachten und wenn sie sich auch nicht verhehlten, dass ihre Lage eine peinliche sein werde, wenn der Pfalzgraf die übereilte Wahl ablehnen würde, so wollten sie es doch darauf ankommen lassen.*) Auch war der Generallandtag ja eigens zu dem Zwecke zusammengetreten, um die Frage, ob Ferdinand ab-

---

dass man ein wenig mit der öffentlichen Wahl zuwarte, biss die resolution auss N (unzweifelhaft aus England) und von den Staden wie auch vom Gabor eingelangt, repräsentirt." — Die zweite Andeutung über den Inhalt der Declaration findet sich in einem Schreiben des Pfalzgrafen an Achaz von Dohna dd. 16./26. August 1619, Amberg (Münchner St. A. 548/10). Aus diesem Schreiben ergibt sich, dass die Declaration nur eine dem Achaz von Dohna gegebene mündliche Erklärung des Pfalzgrafen war, die dahin ging, dass er die böhmische Krone bedingungsweise annehmen wolle. Die Bedingung specialisirt der Pfalzgraf in diesem Schreiben dahin, dass er der Zustimmung Englands und der Generalstaaten gewiss sein müsse.

*) Münchener St. A. 425/4, Achaz von Dohna an Anhalt dd. 11./21. und 14./24. August 1619 und Sächs. St. A. 9172, XV. Lebzelters Schreiben dd. 10./20. August 1619, Prag.

zusetzen sei oder nicht, zu entscheiden, die böhmischen Stände sollten ihren Beschluss schon am 19. August, also am Tage 1619 nach Dohna's Ankunft, treffen. Es war unmöglich diese Sitzung aufzuschieben und die Absetzung Ferdinands hintanzuhalten, und wenn diese ausgesprochen wurde, dann liess sich auch die Neuwahl nicht aufschieben und deshalb konnte Ruppa keine Frist zugestehen. Dohna wurde demnach ersucht, den Pfalzgrafen schriftlich um eine schleunige Kundgebung seines endgiltigen Entschlusses zu bitten, da man auf die Zustimmung des englischen Königs nicht warten könne.*) Bevor der Pfalzgraf noch in den Besitz dieses Briefes kam, schrieb er selbst an Achaz von Dohna und erklärte in bestimmter Weise, dass er keinen definitiven Entschluss bezüglich der ihm angebotenen Krone fassen könne, so lange er nicht von England Nachricht habe, wie Jakob sich zu seiner Wahl stellen wolle. Er verlangte deshalb, dass die Königswahl auf einen Monat oder mindestens auf 14 Tage verschoben werde und versprach dafür, schon jetzt zu rüsten und eine kleine Armee in der Oberpfalz zu sammeln. *) Aufschub der Wahl, so lautete also das letzte Wort des Pfalzgrafen, aber noch war seine Erklärung in Prag nicht angelangt, als die Wahl daselbst bereits vollzogen war.

Ausser diesen zwei Kandidaten um die böhmische Krone, dem Pfalzgrafen und dem Herzog von Savoyen, gab es noch einen dritten, dessen Wahl man im Lande mit viel Sympathie begrüsst hätte, wiewohl er selbst sich nie um dieselbe beworben hatte; es war dies der Kurfürst von Sachsen, Johann Georg I.

Johann Georg war der Neffe jenes Moritz von Sachsen, der durch sein Bündniss mit Kaiser Karl V die Niederlage des schmalkaldischen Bundes herbeigeführt und dafür zum Lohne Kursachsen erhalten hatte, dessen Besitzer Johann Friedrich I mit Weimar entschädigt wurde. Durch den Verrath, den Moritz in der Folge an Karl V übte, hatte er sich bei den deutschen Protestanten wieder in einiges Ansehen gesetzt

---

*) Achaz von Dohna an Kurpfalz dd. 15./25. August 1619, Coll. Camer.
**) Der Pfalzgraf an Dohna dd. 16./26. August 1619, Coll. Camer.

und die Art, wie er zur Kurwürde gelangt war, in Vergessenheit gebracht. Die Erben des Kurfürsten Moritz und die Nachkommen des der Kurwürde beraubten Johann Friedrich I standen begreiflicher Weise trotz ihrer gemeinschaftlichen Abstammung in keinen freundlichen Beziehungen, da die letzteren den an ihnen begangenen Raub nicht vergessen konnten. Als der böhmische Aufstand ausbrach und Friedrich von der Pfalz die Königskrone annahm, fand er an dem Herzoge von Weimar einen eifrigen Anwalt und man glaubte, dass diese Parteinahme hauptsächlich durch den Wunsch veranlasst sei, bei dem voraussichtlichen Umsturze aller Verhältnisse die Kurwürde wieder an sich zu bringen und so das erlittene Unrecht an den Erben des Kurfürsten Moritz zu rächen. Da dem Kurfürsten Johann Georg diese feindselige Stimmung seines Vetters nicht unbekannt war, so mag sie die Veranlassung gewesen sein, dass er im Widerspruch mit der von den übrigen protestantischen Fürsten Deutschlands befolgten Politik sich beharrlich den Kaisern anschloss und jede Mahnung, sich ihren Feinden zuzugesellen, von sich wies; doch mögen dabei auch seine Ansprüche auf die jülichische Erbschaft, die von Brandenburg energisch bekämpft wurden, mit in die Wagschale gefallen sein, da er sie nur mit Hilfe der Habsburger durchsetzen konnte.

Der Leumund, dessen sich Johann Georg erfreute, war kein günstiger, überall sprach man nur von seiner Trunksucht und seinen rohen Manieren, mit denen er seine Umgebung wie ein orientalischer Despot misshandelte. Zehn Jahre vor der hier geschilderten Zeit fand sich in Dresden eine Gesandtschaft des Grossherzogs von Toskana ein und wurde zu einer Tafel gezogen, an der der damalige Kurfürst Christian II und seine beiden Brüder, der nunmehrige Kurfürst Johann Georg und der Herzog August sich betheiligten. Die Beschreibung, die die Gesandten von dem Gebahren Christians geben, passt so ziemlich auch auf Johann Georg. Christian war zu faul oder zu vornehm, um sich mit seiner Umgebung anders als in der Zeichensprache zu unterhalten, ein Schütteln des Kopfes oder eine Bewegung der Finger deutete den Dienern seinen Willen an und wenn er ja seine Umgebung einiger

Worte würdigte, so waren das obscöne Witze. Sein Gesicht trug deutliche Spuren seiner Trunksucht und gleiches wird von seinem damals erst 24 Jahre alten Bruder Johann Georg berichtet. Das Mahl dauerte sieben Stunden, stumm sass der Kurfürst da, stumm seine beiden Brüder und stumm sassen auch die Gesandten da und nur das Klirren der ungeheuren Pokale verriet, dass die Gesellschaft aus Lebenden bestehe.*) Nicht viel anders ging es später bei der Tafel Johann Georgs zu, denn auch da bildete das Trinken die einzige Unterhaltung. Dass bei dieser Lebensweise der Sinn für ernste Arbeit dahin schwand, ist begreiflich; nur eines den Trinkern eigene Laster theilte der Kurfürst nicht, er war nicht verschwenderisch, sondern hielt seine Mittel so streng zusammen, dass er den Vorwurf des Geizes auf sich lud.

Trotz seines abschreckenden Wesens erfreute sich Johann Georg in Böhmen eines bedeutenden Anhanges, da es den auf den Sturz der habsburgischen Herrschaft hinarbeitenden Politikern nicht entgehen konnte, dass dies mit Hilfe des Kurfürsten von Sachsen am leichtesten zu bewerkstelligen sei. Dieser Überzeugung entsprangen auch die vertraulichen Mittheilungen,*) die Thurn, Andreas Schlick und Wenzel Wchýnský im J. 1614 durch einen sächsischen Agenten dem Kurfürsten zukommen liessen und in denen sie ihn direkt zur Bewerbung um die böhmische Krone aufforderten. Nur die vollständige Gleichgiltigkeit, die der Kurfürst derartigen Vorschlägen entgegensetzte, bewirkte, dass dieses Thema nicht häufiger in den böhmischen Kreisen erörtert wurde. Als der Aufstand im J. 1618 ausbrach, hätte es von Seite des Kurfürsten nur einiger Versprechungen und kleiner Dienste bedurft, so hätten die Leiter des Aufstandes in ihm ihr künftiges Haupt gesucht; Thurn, Hohenlohe und Andreas Schlick liessen es an Winken und Aeusserungen in dieser Beziehung nicht fehlen. Allein der Kurfürst von Sachsen blieb gegen alle Schmeicheleien taub, nicht die geringste Handlung liess sich von ihm anführen, aus der man auf Sympathien für den Aufstand hätte schliessen

---

*) Danielis Eremitae Iter Germanicum 1609.
*) Band I, S. 93.

dürfen. Dem entgegen liefen sich die pfälzischen Agenten in Prag förmlich die Füsse ab, um zwischen dem Pfalzgrafen und den Böhmen ein Einverständniss zu erzielen, sie fütterten sie unablässig mit Versprechungen, köderten sie mit der Aussicht auf zahlreiche und mächtige Allianzen, so dass den Leitern des Aufstandes füglich nichts anderes übrig blieb, als einzig und allein ihre Hoffnungen auf den Pfalzgrafen zu setzen und in ihm ihren künftigen König zu sehen. Die Mehrzahl der Stände war indessen noch immer der Meinung, dass man bei der Thronbesetzung an keinen Kandidaten gebunden sei, sondern jenen wählen könne, der dem Lande am meisten fromme, und die öffentliche Stimme bezeichnete noch immer den Kurfürsten von Sachsen als solchen. Über diese in verschiedenen Kreisen sich geltend machenden Sympathien für Sachsen berichtete Lebzelter, der sächsische Agent in Prag, getreulich und unverdrossen nach Hause; seit dem Monate Mai schickte er keinen Brief nach Dresden, in dem er nicht eine neue, zu Gunsten Sachsens gemachte Aeusserung angeführt hätte. In der That liessen es viele Direktoren an solchen nicht fehlen; Fels, Ulrich Wchýnský und die Brüder Schlick ermüdeten nicht ihre Sympathien für Sachsen auszusprechen und ihre Erklärungen stiessen nirgends auf Widerspruch. Auch die prager Bürger scheinen nach allen Berichten keinen höhern Wunsch gekannt zu haben, als den, in Johann Georg ihren Herrn begrüssen zu dürfen.

Als nun im Juni nach der záblater Schlacht die Verhältnisse auf dem Kampfplatze eine so schlimme Wendung für Böhmen nahmen und Mangel an Geld und Kriegsbedürfnissen aller Art sich geltend machte, schickten die Direktoren den Grafen Andreas Schlick nach Dresden, um den Kurfürsten zu einiger Hilfe zu vermögen. Niemand war für diese Mission geeigneter, als der genannte Graf, seine stets zur Schau getragene unwandelbare Hinneigung zu Sachsen musste ihm am dresdner Hofe einen freundlichen Empfang sichern. Er bat den Kurfürsten um ein Darlehen und bot ihm hiefür nicht nur jene Krongüter zum Pfande an, die er sich auswählen würde, sondern auch die Freigebung des sächsischen Voigtlandes von der Lehenspflicht, in der es bis dahin zur böhmischen Krone stand. So weit ging sein offizieller Auftrag; er beschränkte sich jedoch nicht auf denselben, sondern benützte die Gelegenheit, um dem Kurfürsten anzudeuten, wie gross seine Aussichten auf die böhmische Krone seien. Es ist nicht zu bezweifeln, dass diese Andeutung von Johann Georg kalt aufgenommen wurde; dennoch bildete sich der Graf ein, dass sich der Kurfürst nicht bedenken werde, die Krone anzunehmen, wenn man sie ihm anbieten würde. Vielleicht wurde dieser Irrthum in ihm durch die wohlwollenden Aeusserungen mehrerer Würdenträger am kurfürstlichen Hofe unterhalten, die den Böhmen mehr oder weniger günstig gesinnt waren und den Kampf in diesem Lande für einen Glaubenskampf ansahen. Vielleicht hat selbst der Oberhofprediger Hoë, an dessen giftiger Feindschaft die Böhmen später schwer zu tragen hatten, die von Schlick angeregten Hoffnungen nicht ohne weiters zurückgewiesen. Auf alle Fälle wurde Schlick durch einige ihm in Dresden erwiesenen Aufmerksamkeiten so verwirrt, dass er dem völligen Scheitern seiner eigentlichen Mission nur ein untergeordnetes Gewicht beilegte. Die Antwort des Kurfürsten auf die von Schlick überbrachten Bitten der Direktoren lautete in allen Theilen ablehnend und so eisig und förmlich wie möglich. Er riet ihnen zu einem friedlichen Ausgleich und missbilligte also die Fortdauer des Aufstandes; er verweigerte das erbetene Anlehen, weil er sein Geld selbst brauche, und lehnte auch ihre Bitte um Überlassung von Pulver und Lunten ab, weil seine Vorräthe nur gering seien.*)

Die Haltung des Kurfürsten war so bezeichnend, dass sich die Eingeweihten keiner Täuschung über seine Antipathie gegen den Aufstand hingeben konnten. Würde seine Antwort allgemein bekannt geworden sein, so würden sich auch die Sympathien der Menge für Sachsen abgekühlt haben; allein man suchte das Geheimniss sorgfältig zu wahren, um die ohnehin gedrückte Stimmung nicht noch mehr herabzustimmen. So blieb

---

*) Sächs. St. A. Schlick's Mittheilung an die geheimen sächsischen Räthe dd. 16. Juni 1619. — Ebend. Kursachsen an die Direktoren dd. 15./25. Juni 1619. Münchner St. A. 425, 4. Achatius von Dohna an Anhalt dd. 11./21. August 1619, Prag.

die grosse Menge auch weiter ihrer Zuneigung für Sachsen treu und wurde darin durch die eigenthümliche Haltung Schlicks nur noch bestärkt. Der schwachsinnige Mann wollte es nicht begreifen, dass seine Mission gescheitert sei, er suchte noch immer die Hoffnungen auf Sachsen wach zu erhalten und entschuldigte die Zurückhaltung des Kurfürsten damit, dass die Länder der böhmischen Krone selbst nicht energisch genug ihre Absicht, einen neuen König zu wählen, kund gegeben hätten. Der Kurfürst, so behauptete er, sei der böhmischen Sache, „so geneigt, dass man sich dessen billig erfreuen müsse", und wer das Gegentheil davon behaupte, sage es entweder aus Unwissenheit oder lüge. Bei einer Tafel brachte er knieend einen Toast auf die Gesundheit der kurfürstlichen Familie aus und sprach den Wunsch aus, Böhmen möge doch bald einen König haben, der mit des Kurfürsten trefflichen Herrschertugenden begabt sei. An den sächsischen Gesandten Lebzelter stellte er in so bestimmter Weise die Frage, ob der Kurfürst die böhmische Krone annehmen würde, als ob er zu derselben bevollmächtigt sei. Der unverwüstliche Glaube des Grafen an Kursachsen muss selbst auf jene ansteckend gewirkt haben, die recht gut wussten, mit welchem Bescheid Schlick aus Dresden zurückgekehrt war; wenigstens wollten mehrere Direktoren bei einer Königswahl nur dem Kurfürsten ihre Stimme geben. *)

Daher kam es, dass beim Beginn der Conföderationsverhandlungen in Prag noch immer die Meinung herrschte, bei der darauf folgenden Königswahl werde Sachsen aus der Wahlurne hervorgehen. Auch der sächsische Agent glaubte dies, jedenfalls schrieb er zwei Tage vor dem Abschlusse der Conföderation, dass die vornehmsten unter den Direktoren nur für Kursachsen eingenommen seien und dass man emsig die Gründe erörtere, die diesen Fürsten zur Annahme der ihm dargebotenen Krone bestimmen müssten. **) Nach dem Abschlusse der Conföderation berichtete er, dass sich alle drei

---

*) Sächs. St. A. Lebzelter an Schönberg dd. 24. Juni a. St., 3./13. und 11./21. Juli 1619.
**) Lebzelter an Schönberg dd. 19./29. Juli 1619.

Stände gleichmässig nach der sächsischen Herrschaft sehnten und Gut und Blut für den Kurfürsten einzusetzen bereit seien. Doch verhehlte er nicht, dass gleichzeitig auch für einen andern Kandidaten intriguirt werde, und zwar für den Herzog von Savoyen, er glaube aber nicht, dass dieser Rival allzu gefährlich werden könnte.*) Die Ueberzeugung Lebzelters, dass seines Herrn Erhebung gesichert sei, erreichte den höchsten Grad, als Graf Schlick auf Befehl der Direktoren am 15. August 1619 nach Dresden reiste; man versicherte ihn von mehreren Seiten, der Graf habe den Auftrag, dem Kurfürsten die Krone anzubieten, und wie sollte er dies nicht glauben, da einer von den böhmischen Parteiführern zu ihm kam, um ihm zu sagen, der Kurfürst möge sich durch die jüngst abgeschlossene Conföderation nicht beirren lassen und nicht etwa deshalb die angebotene Krone ablehnen, weil einige Artikel der Conföderation einem König allzu beschwerlich sein dürften. Sie seien mehr deshalb verfasst worden, um einen katholischen Kandidaten abzuschrecken; zu Gunsten eines evangelischen Königs würden sie abgeändert werden und jedenfalls die Krone für immer in dessen Hause verbleiben.**)

Trotzdem beruhten alle diese Hoffnungen und Berichte Lebzelters auf Täuschung; denn was vor allem die letzte Reise Schlicks nach Dresden betrifft, so hatte sie nicht entfernt die ihr unterstellte Bedeutung, sondern war durch die bevorstehende frankfurter Kaiserwahl veranlasst. Schlick sollte den Kurfürsten zur Anerkennung des ständischen Wahlrechtes in Frankfurt vermögen so die Ausübung desselben durch Ferdinand unmöglich machen und dadurch die Pläne des letzteren durchkreuzen. Lebzelter hatte nur insofern Recht, als Schlick selbst seiner Reise die von ihm (Lebzelter) vermuthete Bedeutung beilegte, denn so wie sich der Graf über die Absichten des sächsischen Hofes täuschte, so war er über die der eigenen Landsleute im Unklaren. Überzeugt, dass die Mehrzahl seiner Standesgenossen die Erhebung des Kurfürsten wünsche, verlangte er von den Direktoren bei seiner Abreise die Vollmacht,

---
*) Derselbe an denselben dd. 28. Juli a. St. 1619. Sächs. StA.
**) Sächs. St. A. Lebzelter an Schönberg dd. 2./12, 5./15., 8./18. (zwei vom selben Tage datirte Berichte) Aug. 1619.

mit ihm über die Wahl verhandeln zu dürfen. Die Vollmacht wurde ihm nicht nur verweigert, sondern ihm geradezu verboten, diesen Gegenstand in Dresden zu berühren. Jeder Andere wäre durch dieses Verbot stutzig gemacht worden, jeder Andere hätte darauf die Mission nach Sachsen abgelehnt, um bei der bevorstehenden Wahl in Prag zu sein und sie nach seinem Willen zu lenken. Schlick that von Allem dem nichts, er entfernte sich nach Dresden, schwatzte dort von seiner unbegrenzten Bewunderung für den Kurfürsten und von seinen Hoffnungen auf ihn, und hatte keine Ahnung davon, dass mittlerweile in Prag ganz andere Absichten zur Geltung kommen würden.*)

IV

Während im Laufe von vier Tagen in den verschiedenen Abtheilungen des Generallandtages die Absetzung Ferdinands beschlossen wurde, erörterte man auch die Frage auf das eifrigste, wer zu dessen Nachfolger zu erwählen sei. Mansfeld und de Bausse bemühten sich mehr als je, für den Herzog von Savoyen Bundesgenossen zu werben und versprachen den Böhmen goldene Berge von seiner Freigebigkeit und seinem Reichthume; die 100.000 Dukaten monatlicher Subsidien, die sich im rivoler Vertrage so hübsch ausnahmen, waren jetzt in Jedermanns Munde und bewirkten in dem geldarmen Lande, dass mancher Wähler, der sonst nichts von einem katholischen Fürsten wissen wollte, andern Sinnes wurde. Schon hiess es in Prag, der Herzog sei bereits in Amberg angelangt und warte auf die Nachricht von seiner Wahl, um seine Reise fortzu-

---

*) Münchner St. A. 425, 4, Achatius von Dohna an Anhalt dd. 11./21. Aug. 1619. Die Stelle ist bezeichnend: „...Schlick est allé derechef vers Saxe, quand cela s'est publizirt parmi Stende, il y en a eu du rumor, pourquoi on n'envoioit donques vers Pfalz aussi. On a eu de la peine a les stillen par l'allegation du voiage de Dona. Or il est vray, que Schlick n'a nulle commission de parler de Election envers Saxe, encor qu'il l'ait recerché ains plutost lui en a—t—on fait defense."

setzen.*) Dohna selbst wurde stutzig und fürchtete, dass
Karl Emanuels Wahl mehr Anhänger finden dürfte, als sich
mit den pfälzischen Wünschen vertrug, er bekämpfte sie deshalb
offen und trug wohl das Seinige dazu bei, die sanguinischen
Hoffnungen auf die savoyischen Schätze herabzustimmen
und den Charakter des Herzogs nicht im besten
Lichte erscheinen zu lassen. Es passte das allerdings nicht zu
dem rivoler Bündnisse, aber dieses war nun vollständig über
Bord geworfen. Angesichts der unfreundlichen, um nicht zu
sagen feindseligen Haltung des Kurfürsten von Sachsen, konnte
auch dieser nicht weiter in Betracht gezogen werden und
musste die Kandidatur des Pfalzgrafen die meiste Aussicht
haben. Dem Triumvirat Ruppa, Thurn und Hohenlohe, das
derselben zugethan war, wurde es nicht schwer, für ihre Meinung
Anhänger zu gewinnen, denn wenn sie den Landtagsmitgliedern
über den wahren Stand der diplomatischen Beziehungen
zu Kursachsen Aufschluss gaben, so erstickten sie
damit ohne Schwierigkeiten die Sympathien für Johann Georg.
Trotzdem würde die pfälzische Partei noch immer einen schwierigen
Stand gehabt haben, wenn die Vertreter von Mähren,
Schlesien und den Lausitzen für Sachsen gewesen wären.
Allein dies war nicht der Fall, die Schlesier und ein Theil der
Lausitzer sprachen sich in der wegwerfendsten Weise über
die Person des Kurfürsten und sein Regiment aus und bezeichneten
letzteres als eine Schande und als eine Gefahr für die
Freiheiten des Landes. Dem Kurfürsten selbst wurde offen
nachgesagt, dass er ein gemeiner Trunkenbold sei, der alle
Tage seinen Rausch habe und seine Räthe und überhaupt seine
Umgebung zur Theilnahme an seinen Trinkgelagen zwinge.**)
Die schlesische Gesandtschaft, an deren Spitze sich wieder der
Herzog von Münsterberg befand, wurde auch noch von dem
Markgrafen von Jägerndorf zu Gunsten des Pfalzgrafen bearbeitet,
obwohl es eigentlich einer derartigen Bearbeitung nicht

---

*) Münchner St. A. 425/4. Achaz von Dohna an Anhalt dd. 14./24. Aug.
1619, Prag. — Extrait du protocolle original trouvé aux archives de
Heidelberg bei Villermont: Tilly II, 264. Relatio der schlesischen Gesandten
dd. 6. September 1619 bei Palm, Acta publica.

**) Sächs. St. A. Lebzelters Bericht dd. 5./15. Aug. 1619.

bedurfte. Die drei Kandidaten, Sachsen, Pfalz und Savoyen, waren übrigens nicht die einzigen, von denen in der verhängnissvollen Zeit vom 19.—26. August in Prag die Rede war. Einzelne Planmacher musterten der Reihe nach noch andere Fürsten, die für die böhmische Krone passen könnten und hefteten zuletzt ihre Aufmerksamkeit auf den König Christian IV von Dänemark und auf den Fürsten von Siebenbürgen Bethlen Gabor. Daher kam es, dass auch diese zwei Namen häufiger genannt wurden, doch kam ihre Kandidatur nicht einen Augenblick ernstlich in Betracht, es waren Seifenblasen, die ebenso rasch zerplatzten, als sie aufstiegen. Achaz von Dohna wurde mit jedem Tage siegesgewisser, einzelne Adelshäupter fanden sich schon bei ihm ein und priesen sich glücklich, dass sie einen so vortrefflichen Herrn bekommen würden, wie den jungen Pfalzgrafen. Diese Gewissheit machte aber andererseits den Gesandten bestürzt, denn er sah keine Möglichkeit vor sich, die Wahl zu verzögern, trotzdem er sich dem Wunsche seines Herrn gemäss ununterbrochen darum bemühte. Alle seine Vorstellungen wurden mit jenen Gründen zurückgewiesen, die bereits erwähnt worden sind und unter denen die Besorgniss obenan stand, dass das niedere Volk sich einer Neubesetzung des Thrones widersetzen könnte, wenn Ferdinand zum Kaiser gewählt und die Nachricht davon bei Zeiten nach Prag gelangen würde.*)

Die von den Direktoren mit solcher Energie betriebene Königswahl sollte in derselben Weise stattfinden, wie die Absetzung Ferdinands; sie sollte also zuerst von den böhmischen Ständen und zwar am 26. August vorgenommen werden und ihnen an den folgenden Tagen die Nebenländer folgen. Die pfälzisch Gesinnten bewahrten ihr Geheimniss so gut, dass man noch am 25. August in Prag die Erhebung des Kurfürsten von Sachsen für ziemlich gewiss hielt, der sächsische Gesandte hegte in dieser Beziehung keinen Zweifel.

Als sich nun am 26. Morgens in der Landtagsstube die Stände in bedeutender Zahl versammelten, wurde diese entscheidende

---

*) Münchner St. A. 425/4: Achaz von Dohna an Kurpfalz dd. 15./25. Aug 1619, Prag.

Sitzung mit einem Gebete eröffnet, worauf Bohuchwal Berka mit wenigen Worten auf den Zweck derselben, nämlich die Wahl eines Königs hinwies und dann den anwesenden Feldmarschall Colonna von Fels aufforderte, zuerst seine Meinung abzugeben. Fels, der zur sächsischen Partei gehörte, wollte die Wahl verschieben, weil er für Sachsen eine Niederlage voraussah. Aus diesem Grunde verlangte er, dass der Landtag, statt die Wahl vorzunehmen, einem feierlichen Gottesdienste in der Kirche beiwohnen solle und als er mit seiner unzeitgemässen Frömmigkeit keinen Anklang fand, verlangte er, dass die Wahl genau in der Weise vorgenommen werde, wie dies in früheren Fällen, namentlich bei Ferdinand I geschehen sei; als er auch damit nicht durchdrang, wollte er, dass nach Kurien und nicht einzeln abgestimmt werden solle. Bei allen diesen Vorschlägen war es ihm nur um die Anbahnung einer endlosen Debatte zu thun und da er keinen derselben durchsetzen konnte, verlangte er geradezu die Vertagung der Wahl, um die Ankunft jener wahlberechtigten Personen zu erwarten, die noch auf der Reise nach Prag begriffen seien. Berka brachte den Opponenten erst dadurch zur Ruhe, dass er an den Landtag die Frage stellte, ob die Wahl zu verschieben sei oder nicht. Nachdem Ruppa in leidenschaftlicher Erregtheit sich gegen jede Zeitversäumniss erklärt hatte, sprach sich der Landtag in seiner überwiegenden Majorität gegen die angetragene Vertagung aus.

Als nach Erledigung dieses Zwischenfalles Berka die Abstimmung beginnen wollte, meldeten sich die Prager zum Wort und verlangten, dass man der Feierlichkeit des Augenblicks durch eine frömmere Haltung Rechnung trage und empfahlen die Anrufung des heiligen Geistes mit einem Liede. Da dies mit keiner grossen Zeitversäumniss verbunden war, gab Ruppa der plötzlich gesteigerten Frömmigkeit seiner Landsleute nach und fasste sich in Geduld. Als der Gesang zu Ende war, richtete Berka abermals die Frage an Fels, wen er zum Könige wählen wolle. Dieser lehnte es ab, seine Stimme zuerst abzugeben, weil er der böhmischen Sprache nicht hinreichend mächtig sei und sonach seiner Meinung den präcisen Ausdruck nicht geben könne, wie das die Wichtigkeit des

Gegenstandes erheische. Als Berka diese Ausflüchte nicht gelten lassen wollte, erklärte er, dass er seine Stimme dem Kurfürsten von Sachsen gebe und motivirte diese Wahl mit den Vortheilen, welche den Böhmen in politischer und religiöser Beziehung aus derselben erwachsen würden. Karl Mracký, der ihm in der Abstimmung folgte, schloss sich ihm an und nach einiger Unterbrechung noch zwei andere Mitglieder des Herrnstandes, Graf Albin Schlick und Ulrich Wchýnský. Dagegen stimmten die sämmtlichen übrigen Mitglieder des Herrnstandes, namentlich aber Paul von Říčan, Ruppa, Wilhelm von Lobkowitz und Budowec, im Ganzen 34—36 Personen für den Pfalzgrafen;*) zwei von ihnen, Paul von Říčan und Ruppa, begründeten ihre Meinungen in längerer Rede, in der sie nicht bloss die trefflichen Eigenschaften des Pfalzgrafen rühmten, sondern auch auf seine bisherigen Verdienste um die böhmische Sache und namentlich auf den erst vor wenigen Tagen vollführten Handstreich gegen die solmsischen Reiter hinwiesen.**) Ruppa betonte die Allianzen des Pfalzgrafen mit der Union, den Generalstaaten, mit England, Savoyen und der Schweiz und rühmte auch seinen Reichthum, der ihm eine nachhaltige Unterstützung der Böhmen erlaube. Diese Rede mag im letzten Augenblicke eine bedeutende Stimmenzahl ins pfälzische Lager geführt haben. Niemand im Landtage kannte derart die auswärtigen Verhältnisse wie Ruppa, der als der damalige Minister der auswärtigen Angelegenheiten anzusehen ist; wenn er nun mit einer nahezu apodiktischen Sicherheit von den Allianzen des Pfalzgrafen sprach, als ob sie thatsächlich beständen und sammt und sonders für Böhmen nutzbringend sein würden: wer unter den Anwesenden lauschte nicht gern diesen Worten, wer gab sich nicht gern dem Glauben hin, dass das Bild, welches der Redner ausmalte, wahr sei und der Pfalzgraf der Retter in der Noth sein werde? — Als das Resultat der Abstimmung im Herrenstande eine so glänzende Majorität für Friedrich ergab, erhob sich Berka und konstatirte, dass die

---
*) Die Zahl ist in der treuherzigen Warnung S. 176 im Briefe des Achaz von Dohna angegeben.
**) Von dieser Angelegenheit ist bei Gelegenheit der Kaiserwahl näheres mitgetheilt worden.

erste Landtagskurie, der Herrenstand, den Pfalzgrafen zum
König gewählt habe. Fels protestirte gegen diese Abstimmungsweise und verlangte nun, dass derjenige als König proklamirt werde, der die Mehrheit der Landtagsmitglieder ohne
Rücksicht auf die Kurien für sich habe. Gegen diese Forderung erhoben sich aber selbst jene, die mit ihm für Kursachsen
gestimmt hatten, weil dies dem Ansehen der höhern Stände
Abbruch thue, da sie von dem zahlreichen Bürgerstand überstimmt werden könnten.

Die Abstimmung im Ritterstande ergab für die pfälzische
Partei ein noch glänzenderes Resultat: 110 Personen stimmten
für den Pfalzgrafen und nur drei gaben ihre Stimmen dem
Kurfürsten Johann Georg.*) Was den Bürgerstand betrifft, so
entschied sich dieser einstimmig für den Pfalzgrafen. Nur
sieben Stimmen hatten sich also im ganzen Landtag für Johann
Georg erklärt, die Gesammtheit der übrigen Wähler aber für
Friedrich. Kein Wähler nannte den Namen des Herzogs von
Savoyen und ebenso wenig einen von den zuletzt improvisirten
Kandidaten, Christian von Dänemark und Bethlen Gabor.**)

Am folgenden Tage wurde den Vertretern der böhmischen
Nebenländer das Resultat der Wahl mitgetheilt und sie
aufgefordert, ihre Meinung abzugeben. Ruppa und Albin
Schlick, der eine in böhmischer, der andere in deutscher
Sprache, brachten die Gründe vor, welche den Ausschlag
für den Pfalzgrafen gegeben hätten; sie waren der Rede entnommen, die der erstere Tags zuvor zu Gunsten Friedrichs
gehalten hatte. Nach kurzer Berathung erklärten die Mährer
ihre Übereinstimmung mit den Böhmen; ihnen folgten die
Schlesier, dann die Ober- und zuletzt die Niederlausitzer. Die
Oberlausitzer waren die Einzigen, welche es vorgezogen hätten,

---

*) Skála III, 297 sagt, Johann Georg habe nur eine Stimme erhalten; allein der sächsische Agent, der seinem Herrn noch am selben Tage über
das Wahlresultat berichtete, und sonach unter dem frischen Eindrucke
der Ereignisse schrieb, sagt, dass Johann Georg drei Stimmen erhalten
habe.

**) Über die Vorgänge bei der Wahl berichten wir nach Skála III, 287 u.
flg., nach Lebzelters Bericht an Herrn von Schönberg dd. 16./26. Aug.
1619, Prag, im sächs. St. A. 9172, XV. und nach Dohna's Brief an Friedrich von der Pfalz dd. 17./27. August 1619, Coll. Camer.

ihre Stimme dem Kurfürsten von Sachsen zu geben; um jedoch in den allgemeinen Einklang keinen Misston zu bringen, erklärten auch sie sich für den Pfalzgrafen. So war im Sinne der neuen Conföderation die Königswahl von allen Ländern der böhmischen Krone vorgenommen worden; an den Böhmen war es nun, ihre zweite Stimme abzugeben und dadurch die einstimmige Wahl zu konstatiren. Es geschah dies am 27. August um die Mittagszeit, worauf einige Geschützsalven der Bevölkerung von Prag die Nachricht gaben, dass die Königswahl vollzogen sei. Selbst jetzt noch war ein guter Theil der Bevölkerung nicht wenig überrascht zu hören, dass die Wähler sich für Friedrich und nicht für Johann Georg entschieden hätten.*)

1619

Die Nachricht von der Wahl verursachte bei den Gegnern der böhmischen Bewegung einen verschiedenen Eindruck. Ferdinand nahm die Kunde davon, scheinbar ruhig, um nicht zu sagen verächtlich auf, denn er bemerkte, dass die Urheber derselben nur „närrische und aberwitzige Leute" seien.**) In Sachsen, wo man sich nie um die böhmische Krone beworben und sie auch nicht angenommen hätte, empfand man doch die Wahl eines andern Fürsten um so unangenehmer, je bestimmter man selbst auf sie gehofft hatte.***) War doch der Hofprediger Hoë nach einem Zwiegespräch mit Schlick, in welchem dieser die Hoffnungen genährt haben mag, zum Kurfürsten geeilt und hatte sich mit ihm von der bevorstehenden Erhöhung als von einem sicheren Ereigniss unterhalten, er wünschte sich vermuthlich auch selbst Glück dazu. Als nun die Nachricht von der vollzogenen Königswahl anlangte und Hoë sich getäuscht sah, kannte seine Wuth keine Grenzen. Er verhöhnte den Grafen Schlick, dass er die Reise nach Dresden unternommen hatte und sich von Prag wegschicken liess, während die Kalvinisten daselbst ihre Absicht durchsetzten, und behaup-

---

*) Skála III, 297 u. flg. — Sächs. St. A. 9172, XV, Lebzelters Bericht dd. 17./27. August 1619. — Ebend. 9173, XXII, Relation der oberlausitzer Gesandten dd. 8./18. September 1619. — Relatio der schlesischen Gesandten dd. 6. September 1619 bei Palm, Acta publica.
**) Moser patriotisches Archiv, VII. 71.
***) Sächs. St. A. Lebzelter an Schönberg dd. 5./15. Aug. 1619.

tete, Schlick müsse sich gegen diese Wahl erklären und auch den Kurfürsten um Entschuldigung bitten, dass dieselbe nicht auf ihn gefallen sei, „wiewohl Seiner Kurfürstlichen Gnaden nie etwas derartiges practicirt," und sich nie um die böhmische Krone beworben habe.*) Der Groll Hoë's äusserte seine Wirkung auf Johann Georg und auf seine wichtigsten Räthe, ihre unfreundliche Haltung in Bezug auf die böhmischen Angelegenheiten begann sich zur offenen Feindseligkeit zuzuspitzen.

Nach vollzogener Wahl wurde von Seite des Generallandtages beschlossen, eine feierliche Gesandtschaft an den Pfalzgrafen abzuordnen, bestehend aus den Vertretern sämmtlicher Länder, welche sich am 29. September in Prag versammeln 1619 und dann abreisen sollten. Ein so später Termin wurde offenbar deshalb gewählt, weil man hoffte, dass der Pfalzgraf bis dahin die Zustimmung seines Schwiegervaters zur Annahme der Krone erhalten haben und demnach die Gesandtschaft auf keine weiteren Schwierigkeiten stossen würde. Anfangs September löste sich der Generallandtag auf und die verschiedenen Gesandten eilten nach Hause, um ihren Standesgenossen von den schwerwiegenden Beschlüssen Kunde zu geben.**)

Schon am 27. August schrieb Achaz von Dohna seinem 1619 Herrn unter dem Donner der Kanonen, welche den Pragern die vollzogene Königswahl ankündigten, und berichtete ihm über dieses Ereigniss, so dass der Pfalzgraf, der am selben Tage jenen Brief an Dohna geschrieben hatte, worin er so entschieden die Aufschiebung der Wahl verlangte, sich einer vollendeten Thatsache gegenüber sah. Da er sich noch immer in Amberg bei dem Fürsten von Anhalt aufhielt, so war die erste Person, mit der er sich über dieses Ereigniss besprechen konnte, gerade jener Mann, der seit mehr als einem Jahrzehend alles gethan hatte, um dasselbe herbeizuführen. Seiner ganzen Vergangenheit gemäss konnte er dem Pfalzgrafen, der nun ängstlich erwog, was er thun solle, keinen andern Rath geben

---

*) Sächs. St. A. Unruhe in Böhmen 9172 Bd. XVI. Hoë an Schlick dd. 23. Aug./2. Sept. 1619.

**) Relatio der schlesischen Gesandten dd. 6. September 1619 bei Palm, Acta publica.

als den, die dargebotene Krone anzunehmen. „Euer Liebden," so sagte er schliesslich zu Friedrich, „setzen sich nur in den Stuhl; wer wird dieselben so bald wiederum heraustreiben?" Der Markgraf von Anspach, der sich aus Anlass dieser wichtigen Vorgänge auch in Amberg eingefunden hatte und der kühnen Entschlüssen nicht abhold war, schien diesmal etwas scheu und verlegen zu sein, aber zuletzt stimmte auch er für die Annahme der Krone. Der Pfalzgraf scheint einige Tage unschlüssig gewesen zu sein, aber der eigene Ehrgeiz und die Mahnungen der ihm an Jahren und Erfahrung so überlegenen Fürsten siegten schliesslich über seine Bedenken und er erklärte sich dem Fürsten von Anhalt gegenüber bereit zur Annahme der dargebotenen Würde. Er war jedoch weit entfernt, mit kühner Thatkraft dem glänzenden Ziele zuzusteuern, das ihm entgegenschimmerte. Jene Zweifel und Seelenkämpfe, die ihn schon vor Jahresfrist erfasst hatten,[*]) als seine Verbindung mit den böhmischen Ständen eine bedenkliche Richtung zu nehmen begann, erneuerten sich jetzt in erhöhtem Grade; Christian von Anhalt traf ihn eines Morgens, wie er mit Thränen in den Augen dem Gebete oblag.[**]) Der einmal gefasste Entschluss wurde indessen festgehalten und bestimmte die weitern Schritte.

Das wichtigste Geschäft des Pfalzgrafen bestand nun darin, sich Gewissheit über die Allianzen zu verschaffen, die ihn bei der Behauptung des böhmischen Thrones stützen könnten; er musste wissen, welche Stellung fortan die Union und sein Schwiegervater einnehmen würden und was er von ihnen zu erwarten habe. Um gewiss zu sein, ob die Union die böhmische Thronfrage zu ihrer eigenen Angelegenheit machen werde, lud er von Amberg aus die Häupter derselben zu einer Berathung nach Rothenburg ein. Die Eingeladenen waren bei ihren Rathschlägen Anfangs nicht eines Sinnes, schliesslich aber bestärkten sie alle den Pfalzgrafen in der Absicht, dem

---

[*]) Bd, I, 447.
[**]) Münchner St. A. 425/4: Achaz von Dohna an Kurpfalz dd. 29. Aug./8. Sept. 1619. Amberg. — Mosers Patriotisches Archiv Bd. VII, 43.

an ihn ergangenen Rufe zu folgen.*) Inwieweit sie eine Verpflichtung auf sich nahmen, den Kurfürsten nöthigenfalls zu unterstützen, ist nicht genau bekannt. Wir wissen nur so viel, dass der Fürst von Anhalt, der mittlerweile Prag und das böhmische Heer auf einige Tage besucht hatte, und rechtzeitig wieder in Rothenburg eingetroffen war, seine Meinung dahin abgab, dass die Union dem Pfalzgrafen ihren Schutz leihen müsse, falls er wegen der Annahme der böhmischen Krone in seinen Erbländern angegriffen werden sollte.**) Seine Meinung wurde von mehreren anderen Mitgliedern der Union getheilt und dürfte wahrscheinlich zu einem gemeinsamen Beschlusse erhoben worden sein.

In Rothenburg fand sich auch ein Abgesandter aus Böhmen ein, Johann Milner — ein Bruder des gleichnamigen Mitgliedes der Directorialregierung — und überreichte dem Pfalzgrafen ein Schreiben der böhmischen Stände, in dem sie ihn von der auf ihn gefallenen Königswahl benachrichtigten. Friedrich war von dieser Eile etwas unangenehm berührt, weil er noch nicht recht wusste, welchen Bescheid er geben solle; allein da die Sache nicht mehr rückgängig gemacht werden konnte, half er sich damit, dass er den Gesandten mit sich nach Heidelberg nahm, um so für seine Antwort noch eine Frist von einigen Tagen zu gewinnen.

In Heidelberg fanden nun nochmals eingehende Berathungen über die böhmische Angelegenheit statt, die sich weniger auf die Frage, ob die dargebotene Krone anzunehmen sei oder nicht, als auf die nächsten Konsequenzen eines im Sinne der Annahme gefassten Entschlusses erstreckten. An den Verband-

---

*) Münchner St. A. 548/10, Albrecht von Solms an den Kanzler von der Grün dd. 9./19. Sept. 1619, Rothenburg. Solms behauptet in diesem Briefe, Alle hätten dem Pfalzgrafen gerathen, die böhmische Krone anzunehmen. In dem wichtigen und verlässlichen Berichte, welcher dagegen in Moser VII, enthalten ist, heisst es S. 46, dass Einstimmigkeit nicht vorhanden war. Möglich ist, dass sie ursprünglich nicht vorhanden war, sich aber zuletzt entwickelte, wie Solms berichtet. — Münchner St. A. 134/22, Solms an Grün dd. 6./16. September 1619, Rothenburg.

**) Bernburger Archiv B IV, 24. Extract des Votums des Fürsten von Anhalt.

lungen betheiligten sich Christian von Anhalt, Graf Johann von Nassau, Graf Albrecht Solms, die Herrn Achaz von Dohna, Plessen, von der Grün, Schönberg und der Rath Camerarius; durchwegs Personen, die sich des grössten Vertrauens bei dem Kurfürsten erfreuten. Auch jetzt wurden mancherlei Gründe für die Ablehnung der Krone angeführt, so namentlich der, dass Friedrich durch seine Zustimmung zur Erhebung Ferdinands auf den deutschen Kaiserthron den letzteren als König von Böhmen anerkannt habe und dass die Annahme der Wahl einen allgemeinen Religionskrieg zur Folge haben würde. Dagegen machten wieder einige der Räthe geltend, dass Friedrich im Vertrauen auf zahlreiche Allianzen den Kampf getrost aufnehmen könne und überhaupt schon aus Gewissenspflicht die Wahl nicht ablehnen dürfe.*) Nebenbei erörterte man auch die Frage, ob sich der Pfalzgraf einfach mit der dargebotenen Wahlkrone begnügen, oder ob er nicht von den Böhmen für die grossen Opfer an Geld und sonstigem Vermögen, denen er sich voraussichtlich unterziehen müsse, eine besondere Entschädigung verlangen solle. Man wollte es als eine solche ansehen, wenn die Böhmen sich verpflichten würden, die Krone ihres Landes dereinst auf den Sohn des Pfalzgrafen zu übertragen.**) Fast alle Räthe sprachen sich jedoch dahin aus, dass Friedrich jeden definitiven Schritt vermeiden müsse, so lange er keine Nachricht von Jakob erhalten habe. Im Einklange mit diesen Rathschlägen stand die Zuschrift, die er nach beendeter Berathung an die böhmischen Stände richtete. Da er, so hiess es in derselben, nie nach neuen Ehren und Würden getrachtet und sich mit dem Seinigen begnügt habe, so habe ihn die einhellige Wahl auf den böhmischen Thron, die ihn „wider alles Vermuthen" getroffen und für die er nie die mindeste „Unterbauung gethan habe," wie eine besondere Fügung der göttlichen Vorsehung angemuthet. — Nachdem er auf so grelle Weise und mehr, als selbst in einem diplomatischen Aktenstücke zulässig erscheint, der Wahrheit ins Ange-

---

*) Moser's Patriotisches Archiv VII.
**) Münchner St. A. 134/22, Beilage eines Schreibens von Solms an den Kanzler von der Grün dd. 6./16. September 1619

sicht geschlagen, erklärte er sich bereit, dem an ihn ergangenen höheren Rufe zu folgen, wenn er von seinem Schwiegervater, um dessen Rath er gebeten habe, eine zustimmende Antwort erhalten haben würde.*)

Ein solches Hinausschieben der Entscheidung war jedoch ganz und gar nicht nach dem Geschmacke des Fürsten von Anhalt. Er kannte den Charakter des englischen Königs zu gut, um nicht zu befürchten, dass er sich mit der so sehr ersehnten Antwort nicht beeilen, vielleicht gar noch um nähere Informationen ersuchen werde. Was er während seines kurzen Aufenthaltes in Böhmen von der dortigen Kriegführung gesehen hatte, zeigte ihm die Unhaltbarkeit eines längern Provisoriums, und deshalb trat er entschieden gegen jede Zögerung auf und verlangte, Friedrich solle die dargebotene Krone unbedingt annehmen, sogleich die Reise nach Böhmen antreten und sich nicht durch kleinliche Skrupeln irre machen lassen. Bei so grossen Ereignissen könne nicht Alles so glatt gehen, dass nicht auch „manches Unrecht mit unterlaufe." Man habe sich bereits so tief eingelassen, dass man nicht mehr zurück könne; wolle man die Wahl zurückweisen, so werde sich der Pfalzgraf mit Schande bedecken und mit dem Fluch „seiner Glaubensgenossen belasten." **) Die Sprache des Fürsten, der keiner der Anwesenden mit gleicher Schärfe entgegentrat, übte auf Friedrich einen überwältigenden Eindruck aus. Der unentschlossene und zaghafte junge Mann hatte plötzlich den Muth, alle Brücken hinter sich abzubrechen und wollte nicht länger sein Begehren nach der böhmischen Krone zähmen. Es war am 25. September, dass Christian von Anhalt diese kühne Entscheidung anriet; schon am 26. gab der Pfalzgraf seinem Schwiegervater, dem englischen König, hievon Kunde und bat ihn von neuem um seine Unterstützung.***) Zwei Tage später schickte er den Herrn Achaz von Dohna nach Prag und zeigte

1619

---

*) Wiener St. A. Böhmen Friedrich an die böhmischen Stände dd. 14./24. September 1619, Heidelberg.

**) Bernburger Archiv B IV, Vol. XXV. Extract Ihrer F. G. Christian von Anhalt Voti.

***) Münchner St. A. 548/11 Friedrich an Jakob dd. 16./26. September 1619, Heidelberg.

seinen Entschluss den Direktoren an, ersuchte sie aber um Geheimhaltung desselben bis zu dem Augenblicke, wo er von der feierlichen Deputation der böhmischen Kronländer begrüsst werden würde, zu welchem Zwecke er sich nach Amberg verfügen wollte.*) Sein Ersuchen um Geheimhaltung seines Entschlusses war natürlich vergeblich, denn schon am 14. Oktober verbreitete sich in Prag die Nachricht, dass er die Krone angenommen habe.

V

Wir haben bereits erzählt, dass der Pfalzgraf, als er von Prag benachrichtigt wurde, dass sich die Königswahl nicht weiter aufschieben lasse, den Herrn Christoph von Dohna nach England abgefertigt habe, um die Zustimmung seines Schwiegervaters für den Fall, dass die Wahl ihn treffen würde, einzuholen. Der Gesandte war kaum abgereist, als bereits in Amberg die Nachricht von der vollzogenen Wahl anlangte. Der Pfalzgraf, der seinen Gesandten hievon benachrichtigte, liess den König jetzt angelegentlich um seine Zustimmung zu der nicht mehr rückgängig zu machenden Wahl ersuchen und seiner Bitte schloss sich auch seine Gemahlin Elisabeth an, die ihren Gemahl zur Annahme der Krone anfeuerte und ihm erklärte, dass sie bereit sei, an seiner Seite auszuharren und im Nothfalle alle Kleinodien und was sie sonst auf der Welt hätte, einzusetzen.**) Indem sie sich den Bitten ihres Gemahls an ihren Vater zugesellte, bemerkte sie in ihrem Briefe, dass er die Unterstützung des Pfalzgrafen unter gewissen Bedingungen versprochen habe, die nun „fast erfüllt" seien. Jakob hatte eine solche Zusage für den Fall der Erledigung des böhmischen Thrones gemacht, diese Bedingung war also nicht „fast erfüllt," sondern gar nicht erfüllt; doch mochte Elisabeth hoffen,

---

*) Memorial des Pfalzgrafen für Achaz von Dohna dd. 18./28. Sept. 1619. Coll. Camer. in der münchner Hofbibliothek. — Sächs. St. A. 9172, XVI Lebzelter an Schönberg dd. 6./16. Oktober 1619, Prag. — Ebend. Bericht aus Amberg dd. 17. Oktober 1619.
**) Moser, VII, 49.

dass die väterliche Liebe über diesen Mangel hinwegsehen werde. Gleichzeitig schrieb sie auch an Buckingham und ersuchte ihn, seinen Einfluss zu Gunsten ihres Gatten aufzubieten.*)

Christoph von Dohna, den die Nachricht von der vollzogenen Königswahl mittlerweile ereilt hatte, langte mit derselben am 13. September in Bagshot an und überbrachte 1619 sie dem daselbst anwesenden König. Man darf die Vermuthung aussprechen, dass nicht einmal Ferdinand durch die Nachricht von seiner Absetzung so unangenehm berührt wurde, als Jakob von der Erhebung seines Schwiegersohnes, die er trotz vielfacher Andeutungen bisher nur in das Gebiet der Träumereien verwiesen hatte. Auf die Mittheilung Dohna's brauste Jakob heftig auf; **) er gab seinen entschiedenen Unwillen zu erkennen und wies alle Bitten und Vorstellungen, die Wahl gutzuheissen und sich seines Eidams anzunehmen, von sich ab. Vergebens stellte ihm Dohna vor, dass man von ihm nicht bloss eine günstige, sondern auch eine rasche Entscheidung verlange, auf alle flehenden und schmeichelnden Worte des Gesandten hatte Jakob nur die Erwiederung, dass er sich nicht drängen lassen wolle. Seine grösste Sorge galt nicht seinem Schwiegersohne, sondern dem Könige von Spanien. Ihn quälte die Angst, dass man in Madrid glauben könnte, er habe bei der Wahl der böhmischen Stände seine Hand im Spiele gehabt, und deshalb schrieb er schon zwei Tage nach Dohna's Ankunft an Philipp III, um ihm diesen Verdacht zu benehmen und ihn zu versichern, dass er völlig unschuldig an der Erhebung seines Schwiegersohnes sei. In der That bedurfte es dieser Eile, wenn er mit seinem Lieblingsplane, der auf den Abschluss einer innigen Allianz mit Spanien und auf die Heirat seines Sohnes mit der Infantin ausging, nicht Schiffbruch leiden

---

*) Elisabeth an Buckingham dd. 22. Aug./1. Sept. 1619 bei Gardiner. — Voigt, Dohna's Gesandtschaftsleben im Raumer'schen Taschenbuch.

**) Wir haben aus entgegengesetzten Lagern übereinstimmende Nachricht über die Haltung Jakobs in diesem Augenblicke, und zwar von Dohna selbst (Münchner St. A. Bericht über seine Gesandtschaftsbriefe) und von spanischen Agenten Sanchez de Ulloa an Philipp dd. 17./27. Septemb. 1619 bei Gardiner.

wollte und dies war unvermeidlich, wenn er in der böhmischen Frage die Interessen der Habsburger verletzte.

Durfte aber Jakob noch länger an die Durchführung dieses Planes denken, wenn seine Tochter in flehentlichen Bitten die Hände zu ihrem Vater aufhob und ihn um seine Hilfe ersuchte, wenn ihre Sache in den Herzen aller Engländer den lebhaftesten Sympathien begegnete und wenn die Generalstaaten und Savoyen zu grossen Opfern entschlossen waren, sobald Jakob die Sache seines Schwiegersohnes für die seinige erklärte? Konnte er noch zögern, sich für seinen Schwiegersohn zu erklären, als ihm einige Tage nach Dohna's Erklärung durch seinen Gesandten im Haag, Sir Dudley Carleton, die Nachricht zugeschickt wurde, dass die Generalstaaten erbötig seien, ausser den 50.000 Gulden, die sie den Böhmen monatlich an Subsidien zahlten, auch dem mit der Union geschlossenen Bündniss gerecht zu werden und derselben 4000 Mann zu Fuss und 1000 Reiter zur Verfügung zu stellen? Es sei, berichtete Carleton, viel in Haag darüber debattirt worden, ob der Pfalzgraf die böhmische Krone annehmen solle oder nicht; die Meinung der Meisten gehe aber dahin, dem Pfalzgrafen die Annahme zu empfehlen und den Kampf entschlossen aufzunehmen.*) Wenn Personen, die durch keine Familienbande an den Pfalzgrafen gekettet waren, mit solcher Opferwilligkeit sein Interesse vertraten, durfte der König mit seiner Hilfe noch länger zurückhalten?

Wenn man die Aufträge näher betrachtet, welche Jakob in diesen Tagen verschiedenen Personen ertheilte, so scheint es, als ob sich ein Umschwung in seiner bisherigen Anschauungsweise vorbereitet habe. Dohna wurde ersucht, dem Könige eine Zuschrift der böhmischen Stände an den Pfalzgrafen zuzuschicken, in der sie sich über die in ihrem Lande verübten Grausamkeiten beklagten und Doncaster wurde um die Zusendung einer Flugschrift gebeten, in der die böhmischen Stände die Gründe für die Absetzung Ferdinands erörterten. Die Hoffnungen, die man an diese Aufträge knüpfte, zeigten sich aber bald als trügerisch. Jakob wollte durch dieselben nur Zeit gewinnen; allem Drängen Dohna's

---

*) Gardiner, Carleton an Naunton dd. 3./13. Sept. Haag, 1619.

gegenüber hatte er jetzt nur die eine Antwort, dass er erst den Bericht Doncasters haben müsse, bevor er einen Entschluss fassen könne.

Vergebens bemühte sich Dohna, dem Könige wenigstens eine Aeusserung auszupressen, die zu Gunsten des Pfalzgrafen gedeutet werden könnte; die Lippen Jakobs blieben in dieser Beziehung fest geschlossen. Wenn er sie aber gegen andere Personen öffnete, so geschah dies nur, um sich über seinen Schwiegersohn zu beklagen. So äusserte er sich gegen den venetianischen und französischen Gesandten, wie es ihn besonders ärgere, dass die böhmische Königswahl in dem Momente stattgefunden habe, in dem er seinen Gesandten als Friedensvermittler abgeschickt habe; falle nicht jetzt ein Verdacht auf ihn, dass er dabei die Hand im Spiele gehabt habe? Auch gegen den spanischen Agenten machte er ähnliche Bemerkungen.*) Gleichwohl musste sich Jakob dem allseitigen Drängen seiner Umgebung fügen und sich zur Berufung des Staatsrathes entschliessen und diesem die böhmische Angelegenheit vorlegen. In der Sitzung, die am 30. September in Wanstead 1619 stattfand, wurde die diplomatische Correspondenz der Jahre 1618 und 1619, so weit sie Böhmen betraf, vorgelegt und hierüber die Debatte eröffnet. Während die einzelnen Räthe ihre Meinung abgaben, lief die Nachricht ein, dass Friedrich sich für die Annahme der böhmischen Krone erklärt habe, ohne auf die Zustimmung seines Schwiegervaters zu warten.**) Umsonst drangen die Staatsräthe in Jakob, die Sache seines Schwiegersohnes zur eigenen zu machen und durch eine öffentliche Kundgebung, wie etwa eine Illumination, das Bündniss mit Friedrich zur allgemeinen Kenntniss zu bringen; auch auf diese Forderungen antwortete er mit der stereotypen Phrase, dass

---

*) Gardiner, Sanchez de Ulloa an Philipp III. dd. 17./27. Sept. 1619. — Marioni an den Dogen dd. 17./27. Sept. 1619.

**) Wir geben den 30. und nicht den 20. September als das Datum der Sitzung an, wiewohl die von Gardiner beigebrachten Quellen auf den 20. hinweisen. Allein da sich Friedrich erst am 25. September für die Annahme der Krone entschloss und erst am 26. hievon seinem Schwiegervater Nachricht gab, so kann dieselbe nicht vor dem 30. in England eingetroffen sein, wenn sie überhaupt schon an diesem Tage anlangte.

er erst den Bericht Doncasters erwarten müsse, bevor er eine Entscheidung treffen könne.*)

Eine abermalige Sitzung des Staatsrathes, die am 2. Oktober statt fand, traf ihn nicht besser gelaunt. Er duldete nicht, dass einer der Staatsräthe seine Stimme zu Gunsten Friedrichs erhob, und wies alle Aufforderungen zu einem raschen Beschlusse damit ab, dass er vorerst über die Rechtmässigkeit der böhmischen Königswahl belehrt sein müsse und dass ohnedies der Winter vor der Thür und damit der Krieg vorläufig zu Ende sei. Als nichtsdestoweniger einige Staatsräthe ihn auf ihren Gesichtszügen die Missbilligung seiner Politik lesen liessen, hob er die Sitzung mit der Bemerkung auf, dass die Entscheidung über Krieg oder Frieden seine und nicht ihre Sache sei.**)

2. Okt. 1619 Seinen ganzen Unwillen liess er aber den Freiherrn v. Dohna fühlen, als dieser ihn am selben Tage um eine Audienz ersuchte. Jakob liess ihn lange unbeachtet in dem Garten seines Palastes stehen und unterhielt sich mittlerweile mit dem savoyischen und dem spanischen Agenten, welchem letzteren er ein neues Schreiben für seinen Herrn überreichen liess, worin er erklärte, er habe seinem Schwiegersohne von der Annahme der Krone abgerathen: da er ihm nicht gefolgt sei, so möge er seine Handlungsweise selbst verantworten. Endlich wurde Dohna gerufen und von Jakob, der von einigen seiner Rathgeber umgeben war, mit rauhen und barschen Worten empfangen. Sein Herr wurde der Unredlichkeit beschuldigt, weil er des Königs Meinung über die Annahme der Krone wohl erbeten aber nicht abgewartet, sondern die Krone angenommen habe: nun möge er sich helfen, wie er könne. Vergebens bemühte sich Dohna, seinen Herrn zu rechtfertigen, der König wollte sich nicht beruhigen lassen und entliess ihn ohne weitere Antwort.**) Von seinem Unwillen gab er wenige Tage darauf seinem Schwiegersohne unmittelbare Kunde, indem er sein Gesuch um Vermittlung eines Darlehens in Venedig ablehnte

---

*) Instruction für Doncaster dd. Sept./Oct. 1619 bei Gardiner.

**) Gardiner, Prince Charles and the Spanish Marriage 1,292.

***) Voigt, Dohna's Gesandtschaftsleben, Raumer'sches Taschenbuch 1853.

und dabei wiederholte, dass, so lange er (Jakob) sich vor der Welt nicht von dem Verdachte rein gewaschen habe, als ob er um die böhmische Königswahl gewusst und sie befördert habe, er auch nicht die verlangte Bitte an die Signoria von Venedig stellen könne, denn es vertrage sich nicht mit seiner Ehre, heimlich das Gegentheil von dem zu thun, wozu er sich öffentlich bekenne. Eben so wenig könne er der Bitte des Pfalzgrafen entsprechen und seinen Gesandten in Frankreich und Spanien den Auftrag geben, sie sollten den Krieg in Böhmen für einen politischen und nicht für einen religiösen erklären. Wie reime sich diese Forderung mit der vom Pfalzgrafen so oft wiederholten Behauptung zusammen, dass es sich ihm nur um die Sache Gottes handle und dass er nur um der Religion willen die Krone von Böhmen angenommen habe?

So lautete also die Antwort König Jakobs auf die Mittheilungen und Bitten seines Schwiegersohnes! Unglücklicherweise kam die Nachricht von der feindseligen Stimmung Jakobs zu spät zur Kenntniss des Pfalzgrafen, als dass er seine Vorbereitungen zur Abreise nach Böhmen hätte rückgängig machen können. Als der Pfalzgraf seinen Entschluss gefasst hatte, hoffte er auch noch einige deutsche Fürsten, die ihm bisher fremd ja feindlich gegenüber gestanden waren, für die Billigung desselben zu gewinnen und es wäre in der That von ausserordentlicher Wichtigkeit gewesen, wenn er die Kurfürsten von Mainz und Sachsen und den Herzog von Baiern für sich gewonnen hätte. Es zeigte aber von gänzlicher Verkennung der Sachlage, wenn man sich in Heidelberg dieser Hoffnung hingab und nicht einsah, dass das Verhalten der betreffenden Fürsten bei der Kaiserwahl jede Billigung des böhmischen Aufstandes und seiner Consequenzen ausschliesse. Der Pfalzgraf machte zuerst bei dem Kurfürsten von Mainz diese Erfahrung, als er einen Gesandten zu demselben schickte und ihn bezüglich der böhmischen Wahl ausforschen liess. Der Kurfürst missbilligte dieselbe entschieden und warnte vor der Annahme der Krone und derselben Meinung schloss sich auch der Kurfürst von Sachsen an, als er von den Pfalzgrafen befragt wurde. *) Bei dem Herzog

---

*) Copia Resolutionsschreibens von Kursachsen an den Pfalzgrafen dd. 20./30. October. Dresden, 1619. Münchner St. A.

von Baiern wollte der Pfalzgraf seine schon früher mehrfach angestellten aber immer abgewiesenen Versuche zu einer vertraulichen und freundschaftlichen Verbindung von neuem wiederholen, als Maximilian ihm zuvorkam. Der Herzog hielt es für seine Pflicht, den Pfalzgrafen vor übereilten Schritten zu warnen und richtete ein Schreiben an ihn, worin er sich auf das eingehendste gegen die Annahme der Wahl aussprach und hiefür Gründe anführte, die nicht etwa bloss aus religiöser Feindseligkeit geschöpft waren, sondern aus einer tiefen und in mancher Beziehung unanfechtbaren staatsmännischen Überzeugung. Den ganzen Brief durchwehte ein Ton inniger Überzeugung und freundschaftlicher Rücksichtnahme, wie er sonst in derartigen Aktenstücken nicht häufig anzutreffen ist.

Das Schreiben setzte den Pfalzgrafen einigermassen in Verlegenheit; er beantwortete dasselbe am 6. Oktober in höflicher Weise, liess sich aber auf eine Widerlegung der Gründe schon aus der Ursache nicht ein, weil er seinen Entschluss noch geheim hielt und ihn höchstens in einer Phrase andeutete, die wir um ihrer Verlogenheit willen hier anführen wollen. Nachdem er den Herzog Maximilian daran „erinnert" hatte, wie er sich „aufs möglichste" um die Stillung des Aufstandes in Böhmen bemüht und nie seine Privatinteressen im Auge gehabt habe, sei er wider alle seine Erwartung zum Könige von Böhmen gewählt worden; „er könne mit unverletztem fürstlichen Gewissen von sich sagen und schreiben und die böhmischen Stände zu Zeugen hiefür aufrufen, dass er nach dieser Krone niemals getrachtet oder ihretwegen eine Unterbauung gethan habe. Er müsse daher die Wahl für eine besondere Vorsehung Gottes halten und Niemand könne es ihm verdenken, wenn er diese von Gott herrührende Vocation nicht straks ausschlage, sondern darüber etwas tiefer nachdenke." — Zehn Tage später, als die Annahme der Wahl schon ziemlich bekannt geworden war, zeigte er diese Maximilian an; aber auch diesmal ging er in die Erörterung der von letzterem vorgebrachten Gründe nicht ein, sondern versicherte nur, dass er mit Maximilian die freundschaftlichsten Beziehungen unterhalten wolle. Eine Aeusserung, die auch nur entfernt als Zustimmung gedeutet werden könnte, hatte der Pfalzgraf demnach weder von Sachsen noch von Mainz noch von Baiern erhalten; er konnte im Gegentheile einige Andeutungen des bairischen Schreibens als Drohungen auffassen.*)

Da sich der Pfalzgraf durch keine Warnungen von der Annahme der böhmischen Königskrone abhalten liess, beschloss er, mit der Abreise von Heidelberg nicht länger zu zögern. Über einen Punkt war er noch im Zweifel, ob er seine Gemahlin mitnehmen solle oder nicht, und im letzteren Falle, ob er sie in Heidelberg lassen oder nach England schicken solle? Er frug deshalb den Lord Doncaster, der wieder nach Heidelberg gekommen war, um seine Meinung.

Der englische Gesandte war im Begriffe einem Auftrage seines Herrn nachzukommen und berührte bei dieser Gelegenheit Heidelberg. Jakob hatte ihm nämlich nach Lüttich, wohin er sich zuletzt verfügt hatte, den Befehl zugeschickt, sofort wieder zu Ferdinand zu reisen und ihm zu seiner Erhebung auf den Kaiserthron Glück zu wünschen. Er sollte gleichzeitig sein Bedauern darüber aussprechen, dass Ferdinand in den vorgeschlagenen Waffenstillstand nicht eingewilligt habe, weil nur dadurch die Böhmen zu so verzweifelten Entschliessungen gebracht worden seien, sollte ihn aber auch im Namen Jakobs bei dessen Ehre als König und christlicher Fürst versichern, dass er von diesen Entschliessungen nicht die mindeste vorherige Kenntniss gehabt habe.**) Sollte der Kaiser den Wunsch aussprechen, dass der König seine Friedensvermittlung fortsetze, so solle Doncaster seine volle Bereitwilligkeit hiezu erklären. Doch sei die Sachlage jetzt viel verwickelter, da sich die Böhmen den ärgsten Hochverräthern gleichgestellt hätten, falls ihre Sache keine gerechte Grundlage habe. Er (Doncaster) müsse über die Berechtigung oder Nichtberechtigung ihres Vorgehens Aufklärung in den böhmischen Gesetzen und Privilegien suchen und sich deshalb ihrem Studium un-

---

*) Sächs. St. A. Protocollum, was Reverendissimus (Kurmainz) in der Tafelstuben mit dem pfälzischen Gesandten geredet, dd. 20. Oct. 1619. — Gründliche Anzeig, was zwischen Kurpfalz und Baiern etc. Baiern an Kurpfalz dd. 24. Sept. 1619. — Kurpfalz an Baiern dd. 26. Sept./6. Oct. und 7./17. Oktober 1619.

**) Instruction für Doncaster, dd. Sept/Oct. 1619 bei Gardiner.

terziehen. Sollte jedoch der Kaiser die angebotene Vermittlung nicht annehmen, sondern nur den Wunsch hegen, dass Jakob ihm weiterhin in Freundschaft zugethan bleibe oder wenigstens sich nicht als seinen Feind erkläre, so solle Doncaster bloss versichern, dass er über dieses seinem Herrn berichten wolle. *)

Statt dem ihm gewordenen Auftrag eilig nachzukommen, verfügte sich Doncaster zum zweitenmale nach Heidelberg, wo er von dem Pfalzgrafen mit offenen Armen aufgenommen und um seinen Rath in den brennenden Tagesfragen ersucht wurde. Er lehnte zwar Anfangs jede Berathung über einen Gegenstand ab, bezüglich dessen er von seinem Herrn keine Instruction erhalten hatte. Als er jedoch einen Einblick in die mit Böhmen gepflogenen Verhandlungen gewann, und merkte, dass die Annahme der Krone eine lange vor der Wahl beschlossene Sache sei*) und Friedrich ihn bat, er möge wenigstens seine Privatansichten laut werden lassen, war der Gesandte dazu um so mehr bereit, als er die lebhaftesten Sympathien für den Pfalzgrafen hegte und von dem brennenden Wunsche beseelt war, ihm zur böhmischen Krone zu verhelfen, und dem „Reiche des Antichrists" einen Stoss zu geben. Er rieth ihm, seine Gemahlin überallhin, selbst nach Böhmen mitzunehmen und sie ja nicht nach England zu senden, weil dies dem König Jakob unbequem sein und es scheinen könnte, als ob er (Friedrich) grosse Gefahren für sich fürchte. Als ihn Friedrich darauf um seine Vermittlung ersuchte, damit Jakob ihm formell seine Zustimmung zu dem böhmischen Unternehmen gebe und gleichzeitig auch werkthätig unterstütze, suchte ihn Doncaster zu bereden seinen Entschluss weder von dieser Zustimmung noch von einer Unterstützung abhängig zu machen. Die Zustimmung werde ihm Jakob kaum geben, da er sich dem Kaiser gegenüber nicht in eine schiefe Lage bringen könne, und was die Unterstützung betreffe, so solle der Pfalzgraf nicht vergessen, wie

---

*) Gardiner: Doncaster an Naunton dd. 27. Sept./7. Oct. 1619. I could easily sel by many occurrent acts and by the complexion of the whole affaire, that they were fully resolved before.

gross die Anzahl seiner Freunde sei. Und nun begann Doncaster jene ellenlange und aus den pfälzischen Berechnungen sattsam bekannte Aufzählung aller Alliirten, auf die Friedrich rechnen könne, fügte zu ihnen noch Bethlen Gabor, sowie die Könige von Dänemark und Schweden hinzu und bemerkte zuletzt, dass er mit gutem Grunde auf die Neutralität der deutschen Bischöfe und des Kurfürsten von Sachsen rechnen könne. Ja er ging in seinen Sympathien für den Pfalzgrafen so weit, dass er zwei Bitten desselben bei dem Könige befürworten wollte, die erste betraf Venedig, dessen Regierung Jakob im Namen Friedrichs um ein Anlehen von 200000 Kronen ersuchen sollte, die zweite die neue Titulatur des Pfalzgrafen, der jetzt von Jakob den königlichen Titel begehrte. Die freundliche Zuvorkommenheit Doncasters benahm dem Pfalzgrafen den Grund zu jeder weitern Überlegung.*) Die günstigen Nachrichten, die zur selben Zeit aus Ungarn einliefen und die von dem Zuge Bethlen Gabors gegen Pressburg berichteten und gleichzeitig einen zweiten und erfolgreicheren Angriff gegen Wien in Aussicht stellten, bestärkten ihn nur noch mehr in seinem Vorhaben und er beschloss die Abreise mit seiner Frau und seinem ältesten Sohne anzutreten. Vor derselben ordnete er die Regierung für die Zeit seiner Abwesenheit in der Weise an, dass er die Leitung der militärischen Angelegenheiten dem Grafen Johann von Nassau, die Verwaltung aber dem Herzog von Zweybrücken übertrug. Da er nur seinen ältesten Sohn mitnahm, vertraute er seine übrigen Kinder der Obhut seiner Mutter Louise Juliane, der Tochter des grossen Oraniers an, die allein von bangen Ahnungen über das Unternehmen ihres Sohnes erfüllt war.**)

In Amberg langte der Pfalzgraf am 14. Oktober an und 1619 hielt sich daselbst eine Woche lang auf, um die nöthigen Vorbereitungen zu seinem Einzuge in Böhmen zu treffen. Während er hier weilte, fand sich ein kaiserlicher Gesandter bei ihm ein. Ferdinand, der vergeblich gehofft hatte, dass er mit dem

---

*) Doncaster an Naunton dd. 27. Sept./7. Oct. 1619 bei Gardiner II.

**) Gardiner, Doncaster an Naunton dd. 27. Sept./7. Oct. 1619. — Skála III, 359.

Pfalzgrafen auf seiner Rückreise von Frankfurt in München zusammentreffen und ihn hier von der ferneren Unterstützung des böhmischen Aufstandes abhalten könnte, wollte noch einen letzten Versuch machen, und schickte zu diesem Behufe den Grafen Fürstenberg an Friedrich ab. Der Gesandte traf am 1619 15. Oktober in Amberg ein und wurde am folgenden Morgen von dem Pfalzgrafen mit vielfachen Ehrenbezeugungen in Gegenwart des Fürsten von Anhalt, des Grafen Solms, des Rathes Camerarius und eines Secretärs empfangen. Fürstenberg ersuchte den Pfalzgrafen im Namen des Kaisers um die Zustimmung zur Berufung eines Reichstages, durch den allen bisherigen Misshelligkeiten ein Ende gemacht werden sollte und verlangte gleichzeitig das Versprechen, dass der Pfalzgraf die angebotene Krone nicht annehmen werde. Nach einer kurzen Berathung ward dem Grafen die Antwort zu Theil, dass der Kurfürst über die geschehene Mittheilung zuerst nachdenken müsse. Die schriftliche Antwort, die Tags darauf dem Grafen Fürstenberg durch den Grafen Solms und durch Camerarius eingehändigt wurde, lautete dahin, dass der Kurfürst von der Berufung eines Reichstages nichts gedeihliches hoffe, wenn man nicht vorher die mannigfachen Beschwerden beseitigen würde, über die man im Deutschland schon seit langem klage. Was die böhmische Wahl betreffe, so wolle der Kurfürst über diesen wichtigen Gegenstand noch mit sich zu Rathe gehen und hoffe, dass er in keinen „ungleichen Verdacht" kommen werde, wenn er sich „der so hart bedrängten Länder auf die ergangene Wahl in etwas annehmen würde." — Wenn wir diese geschraubte Sprache in einfache Worte kleiden, so wurde damit der Entschluss des Kurfürsten zur Annahme der böhmischen Wahl angedeutet, wenn gleich noch nicht als unwiderruflich festgestellt. Vergeblich liess Fürstenberg den Pfalzgrafen ersuchen, keinen endgiltigen Beschluss in dieser Angelegenheit zu fassen, so lange er über die Unterredung nicht an den Kaiser berichtet und von diesem einen neuen Auftrag erhalten haben würde. Schon nach einer Stunde erhielt er eine abschlägige Antwort und so musste er unverrichteter Dinge von Amberg abreisen, ohne den Kurfürsten

nochmals zu Gesichte bekommen zu haben.*) Wir glauben nicht,
dass Falschheit den Pfalzgrafen und seine Räthe von dem Geständniss zurückhielt, dass sie sich für die Annahme der Krone entschieden hatten, sondern eine gewisse Scheu, sich gegen denjenigen
unumwunden auszusprechen, der durch ihre Entscheidung betroffen
wurde. Denn eben an diesem Tag theilte Friedrich seinen Entschluss bezüglich der Annahme der Krone dem Herzog Maximilian
mit und verhehlte sonach seine Entscheidung nicht länger.

Die Absendung Fürstenbergs war übrigens nicht der einzige Versuch, durch den Ferdinand den Pfalzgrafen von der
Annahme der dargebotenen Königskrone abzuhalten suchte.
Wohl unterrichtet von den vertraulichen Beziehungen, in denen
der Pfalzgraf zu dem Kurfürsten von Brandenburg stand, hatte
Ferdinand gleichzeitig auch an diesen einen Gesandten in der
Person Gundakars von Liechtenstein abgeschickt und das Ansuchen gestellt, der Kurfürst möge seinen Einfluss bei dem
Pfalzgrafen im Sinne der Nichtannahme der böhmischen Krone
verwenden. Liechtenstein erfuhr aber womöglich noch eine
grössere Niederlage als Fürstenberg; denn abgesehen davon,
dass der Kurfürst Johann Sigmund von der ihm zugemutheten
Einflussnahme auf den Pfalzgrafen nichts wissen wollte, beschuldigte er den Kaiser, dass er durch die Beschleunigung
der frankfurter Wahl die Dinge zum äussersten gebracht
habe, so dass der Gefahr jetzt durch keinen Reichstag mehr
abgeholfen werden könne.**) Die protestantischen Fürsten in
Deutschland, wenn sie auch nicht zur Union gehörten, waren
demnach mit Ausnahme von Kursachsen und Hessen-Darmstadt
den kaiserlichen Bitten und Beschwörungen unzugänglich.

Ungefähr am 20. Oktober trat Friedrich die Reise von
Amberg nach Waldsassen an und traf in diesem nahe an der
böhmischen Grenze gelegenen Orte am 23. ein. Hier erschien
am folgenden Morgen eine Deputation von 20 Personen aus

---

*) Fürstenberg an Ferdinand dd. 17. October 1619 im Wiener St. A. — Ebend. Friedrich an Max dd. 7./7. October 1619. — Camerarius an von der Grün dd. 6./16. October 1619, Druck in der k. k Bibliothek in Prag.

**) Wiener St. A. Boh. 1619. Antwort Kurbrandenburg auf Lichtensteins Werbung dd. 18./28. Oct. 1619.

allen Ländern der böhmischen Krone, welche ihn im Auftrage des Wahllandtages begrüsste. Friedrich empfing sie in feierlicher Audienz in Gegenwart seines Bruders, seines ältesten Sohnes sowie des Fürsten Christian von Anhalt und der hervorragendsten Mitglieder seines Gefolges und beantwortete die deutsche Ansprache des Grafen Andreas Schlick, der das Wort führte und die Gründe der böhmischen Königswahl berührte, in ungezwungener und freier Rede. Die Deputation begab sich darauf zur Gemahlin des Pfalzgrafen und hier ergriff Ruppa das Wort, indem er der Prinzessin dafür dankte, dass sie sich den Wünschen der Böhmen freundlich gezeigt und ihren Gemahl zur Annahme der Königskrone aufgemuntert habe. Elisabeth beantwortete die französische Rede in derselben Sprache, indem sie versicherte, was sie gethan, habe sie gern und um der Religion willen gethan. Von jetzt an führte das kurfürstliche Paar den Königstitel.*)

1619 Am 25. Oktober trat Friedrich in Begleitung seines ganzen Hofstaates, der sich auf nicht weniger als auf 569 Personen belief und Bedienstete aller Art enthielt, seinen Weg über Eger nach Böhmen an. An allen grösseren Orten, die er berührte, wurde ihm ein festlicher Empfang bereitet, am glänzendsten ging es dort zu, wo er übernachtete. In der Stadt Saaz, einem dieser Haltepunkte, begrüsste ihn die Bürgerschaft durch ihren Stadtschreiber mit einer feierlichen Anrede, während für die Frauen, die sich bei der Königin zu demselben Zwecke einfanden, ein junger Schullehrer, den man in weibliche Kleidung gesteckt hatte, das Wort führte. Nach dem letzten Nachtlager, das im Schlosse Buštěhrad abgehalten wurde, langte der königliche Zug am 31. Oktober früh Morgens vor Prag in dem Thiergarten, der Stern genannt, an. Vor dem Schlosse, das diesen Thiergarten ziert, harrte des Königs ein grosser Theil des böhmischen Adels, viele Abgesandte aus den böhmischen Nebenländern und zahlreiche festlich aufgeputzte Reiterabtheilungen, welche theils aus jungen Adeligen theils aus prager Bürgern bestanden. Der erste Eindruck, den der

---

*) Münchner St. A. 425/4, Graf Albrecht Solms an Grün dd. Waldsassen den 14./24. October 1619. Ebend. Bericht über den Empfang in Waldsassen.

junge, 23jährige Mann auf die harrende Menge machte, über
die er nun die Herrschaft ausüben sollte, war ein gewinnen-
der; seine hohe, schlanke Gestalt und seine einnehmenden
Gesichtszüge fanden allgemeinen Beifall.*) Als Friedrich der
ihn erwartenden Gesellschaft ansichtig wurde, stieg er vom
Wagen herab, nahm den Hut ab und reichte den vornehmsten
Personen die Hand. Johann von Talmberg begrüsste ihn darauf
mit einer böhmischen Anrede, die Wenzel von Ruppa ins
Deutsche übersetzte. Gleiche Ehre wurde auch der Königin
erwiesen. Nachdem das Königspaar im Schlosse seine Mahlzeit
eingenommen hatte, fand der feierliche Einzug in Prag in den
ersten Nachmittagsstunden durch das Reichsthor statt. Den
Zug eröffneten berittene Banderien, ihnen folgte eine Kom-
pagnie Fussknechte in niederländischer Tracht, die den Pfalzgrafen
auf seiner Reise begleitet hatte, dann kam die königliche Dienerschaft und eine Abtheilung berittener Leibgardisten und
diesen folgte eine Anzahl reichgeschmückter Personen des
Herrn- und Ritterstandes, die sich aus Böhmen und den anderen
Ländern zur Begrüssung des neuen Königs in Prag eingefunden hatten; es waren ungefähr 400 Personen, alle prachtvoll
gekleidet und schön beritten. Dem Adel folgten Fürst Heinrich von Münsterberg und Herzog Magnus von Würtemberg,
die ebenfalls zu dieser Festlichkeit gekommen waren, ferner
Christian von Anhalt mit seinem Sohne, der sich in
dem folgenden Kriege seine Sporen verdienen sollte, endlich
der Pfalzgraf Ludwig, des Königs jüngerer Bruder, alle auf
glänzend geschmückten Rossen. Hinter ihnen erblickte man
Friedrich auf einem herrlichen Rosse, das mit einer silber-
durchwirkten Schabrake von blauem Sammt bedeckt war,
er selbst war mit einem dunkelbraunen, mit Silber gestickten
Gewande angethan. Zu seinen beiden Seiten schritten 24
weiss und blau gekleidete Trabanten einher. Die Königin folgte in
einem Wagen, der die gleiche Farbe mit der Kleidung ihres
Gatten hatte und reich mit Gold und Perlen verziert war; ihr
kleiner Sohn fuhr in Begleitung der Grosshofmeisterin

---

*) Archiv von Kuttenberg, Bericht des kuttenberger Dechants dd. 17. No-
vember 1619.

Gräfin Solms in einem zweiten, mit rothem Sammt ausgeschlagenen Wagen nach. Einige Wagen mit Leuten aus dem Gefolge und einige Kompagnien Reiterei und Fussvolk schlossen den Zug.

Als derselbe in der Nähe des Reichsthores anlangte, wurde er daselbst von verschiedenen Zünften, als den Bräuern, Zimmerleuten, Flössern und Winzern, so wie von zahlreichen Bauern empfangen. Alle waren festlich und in altböhmischer Tracht gekleidet und mit jenen Waffen versehen, die in den Husitenstürmen ihre Berühmtheit erlangt haben. An der Spitze des Haufens stand ein Diener des altstädter Rathhauses, ein gewisser Nikolaus, ebenfalls in altböhmischer Tracht und dieser bewillkommte den König in einer lateinischen Ansprache und empfahl den vierten Stand seiner Obhut. In der Stadt wurde der König von der Bürgerschaft begrüsst, die in der Stärke von ungefähr 4000 Mann in militärischer Rüstung ausgerückt war und eine festliche Reihe bildete, die vom Thor bis an die Burg reichte. In dieser selbst harrten Frauen und Mädchen aus dem Adel und dem Bürgerstande im festlichen Schmuck auf die Ankunft des Königspaares. Auch den Juden war ein Antheil an der Feierlichkeit zugewiesen, allerdings nur ein solcher, der mit ihrer sozialen Stellung im Einklang stand: an 400 rüstiger Judenburschen mussten sich mit Feuerlöschgeräthen bei einigen Wasserbehältern aufstellen, um für den Fall einer Feuersgefahr einzugreifen. Während des ganzen Festzuges, der vom Sternschloss an bis zur Burg über zwei Stunden währte, standen zwei junge Männer auf dem Thurmknopfe des Veitsdomes: der eine schwenkte unaufhörlich eine blauweisse Fahne, der andere schlug auf eine Trommel. Da die Königin hoch in Umständen war, so wurden alle Geschützsalven vermieden, um sie nicht zu erschrecken. Die Pracht des ganzen Zuges, dessen Kosten sich für die Stadt Prag allein auf 50.000 Gulden beliefen, wurde von Jedermann bewundert, wiewohl das unfreundliche Spätherbstwetter, welches sich den ganzen Tag über in unangenehmer Weise geltend machte, dem günstigen Eindrucke abträglich war. Abergläubische Leute achteten aufmerksam auf etwaige Anzeichen, aus denen man auf die Zukunft des neuen Königthums schliessen konnte; selbstverständlich fanden sie, was sie wollten, die einen freuten sich ob günstiger, die andern bangten ob ungünstiger Zeichen.*)

Dem festlichen Einzuge folgte schon nach vier Tagen die feierliche Krönung in der Domkirche. Trotz der grossen Umwälzung, welche seit Jahr und Tag in Böhmen vor sich gegangen, war diese Kirche noch vor wenigen Tagen im Besitze der Katholiken gewesen und das alteMetropolitankapitel hatte in ihr täglich den Gottesdienst versehen. Offenbar auf Verlangen desPfalzgrafen und seines Hoftheologen Scultetus bekamen die Domherrn am 17. Oktober von den Direktoren den Befehl, die Schlüssel zur Kirche abzuliefern und ihre Wohnhäuser auf dem Schlosse und auf dem Hradschin zu räumen und nach dem Emauskloster zu übersiedeln. Da gleichzeitig ihre sämmtlichen Güter mit Beschlag belegt wurden, so bot man jedem Einzelnen zur Bestreitung seiner Lebensbedürfnisse eine für jene Zeit jedenfalls beträchtliche wöchentliche Pension von acht Thalern an und schnitt alle Einwände bezüglich der Geringfügigkeit dieser Summe mit der spöttischen Bemerkung ab, die Domherrn könnten sich wöchentlich einen Thaler mehr verdienen, wenn sie an den Schanzarbeiten zur Befestigung Prags mithelfen würden. Nachdem die Domkirche von den Direktoren übernommen worden war, traf man die nöthigen Vorbereitungen, um sie für die bevorstehende Krönung zu schmücken und liess durch eine Commission sämmtliche Räume derselben, namentlich die Grüfte untersuchen, weil man eine Pulververschwörung nicht für unmöglich hielt.**) Das utraquitische Consistorium bekam gleichzeitig den Auftrag, das alte Krönungsceremoniel einer gründlichen Revision zu unterziehen.

Die Krönung selbst fand am 4. November statt. In der 1619 zehnten Morgenstunde verfügte sich Friedrich in die Wenzelskapelle und wurde daselbst mit einem prächtigen Krönungs-

---

*) Die Beschreibung des Einzuges geben wir nach den Akten des sächs. Archivs, nach Skála III, 349 u. flg., endlich nach einem Briefe des jüngern Anhalt an seine Mutter dd. 22. October/1. November 1619 im bernburger Archiv.

**) Sächs. St. A. 9172. XVI, Lebzelters Bericht dd. 10./20. October 1619.— Skála III, 369.

mantel angethan, worauf er sich in feierlichem Zuge zum Hauptaltar begab. 38 Geistliche, durchwegs dem protestantischen Clerus von Böhmen angehörig, gingen voran, ihnen folgten diejenigen Herren, welche die Functionen der Oberstlandoffiziere versahen und trugen die Krönungsinsignien, hinter ihnen kam der König entblössten Hauptes, geleitet von dem Administrator des protestantischen Consistoriums Dicastus und seinem Stellvertreter Cyrillus, einem Mitgliede der Brüderunität, die beide in veilchenblaue Sammttalare gleich Bischöfen gekleidet waren. Der Königin mit ihrem Gefolge sowie andern hochgestellten Personen war ein besonderer Platz angewiesen, von dem aus man der nun folgenden Krönungsceremonie zusehen konnte. Nach ihrer Beendigung ertheilte Friedrich fünf Personen, theils seinem Gefolge angehörig, theils Eingebornen des Landes den Ritterschlag als Wenzelsrittern, eine Auszeichnung, die nur bei Krönungen üblich war.*) Nachdem dies geschehen war, ging er angethan mit allen Krönungsinsignien auf einem eigens dazu hergerichteten höher gestellten Gange von der Kirche nach dem Schlosse, um so der Menge den Anblick seiner Person zu gestatten. Unter das Volk wurden bei dieser Gelegenheit einige Tausend Denkmünzen geworfen und seine gute Laune auch noch dadurch erhöht, dass in der Nähe der Burg ein Brunnen errichtet wurde, aus dem über eine Stunde lang weisser und rother Wein floss, der zu Jedermanns Labung bereit stand. Die Kanonen blieben an diesem Tage nicht stumm, da die Königin eine weitere Schonung ihrer Nerven nicht für nöthig hielt. Drei Tage nach der Krönung Friedrichs wurde auch sie gekrönt und hiebei die übliche Pracht mit dem Unterschied entwickelt, dass diesmal keine Münzen unter das Volk geworfen wurden.**)

Die Feier dieser Tage blieb nicht ohne Misston. Der König hatte seit dem ersten Ueberschreiten der Grenze durch zuvorkommende Freundlichkeit alle Herzen zu bezaubern gesucht und namentlich bei dem Krönungsbanket einen lauten Jubel erregt, als er stehend die Gesundheit der Stände aus-

---

*) d'Elvert, Beiträge I, 68.
**) Skála III, 382.

brachte. An ihm fand die böse Zunge der Tadelsüchtigen noch nichts, was sie hätte rügen können; dagegen blieb die Königin nicht mehr verschont. Da sie sich im Deutschen nur ganz unbeholfen ausdrücken konnte, das Böhmische gar nicht verstand und ihr unmittelbares Gefolge meist aus englischen Fräulein bestand, so war sie von den böhmischen Damen, von denen kaum eine oder die andere französisch und keine englisch sprach, wie durch eine chinesische Mauer getrennt. Sie war nicht im Stande, durch verbindliche Worte dem ersten Zusammentreffen einen freundlichen Charakter zu geben und so war sie waffenlos der Kritik ihres Geschlechtes ausgesetzt. Es waren noch nicht vier Tage seit ihrer Ankunft in Prag verflossen, so hatte man bereits ausgekundschaftet, dass sie von keiner Ordnung etwas wissen wolle und in ihrer Tageseintheilung weder für die Mahlzeit noch für den Kirchenbesuch eine bestimmte Stunde einhalte. Vollends unverzeihlich erschien die Toilette der Königin und ihres Gefolges, wenigstens fühlte sich das Schamgefühl der Pragerinnen durch die entblösste Brust, mit der sich die Königin und ihr Hofstaat in der Öffentlichkeit zeigten, auf das Äusserste verletzt. Hätte man in Prag auch noch gewusst, wie die Königin über alles, was sie sah, die Nase rümpfte, den Putz der Damen vielleicht lächerlich und armselig fand, weil sie an den englischen Reichthum gewöhnt war, so würde sie sich vollends alle Welt zu Feind gemacht haben. So blieb aber ihr abfälliges Urtheil ein Geheimniss weniger ihr nahe stehender Personen.*)

In den wenigen Tagen, die seit Friedrichs Ankunft in Böhmen bis zur Krönung verflossen waren, hatten einige seiner Begleiter, namentlich der Rath Camerarius, der an Arbeitskraft und Geschäftskenntniss über alle andern hervorragte, Gelegenheit gefunden, sich ein Urtheil über den allgemeinen Zustand zu bilden. Dass dasselbe bezüglich der finanziellen Verhältnisse sehr ungünstig lauten musste, ist nach der Lage der Dinge selbstverständlich; aber ebenso ungünstig lautete es bezüglich der ganzen übrigen Verwaltung, die als in heilloser Confusion

---

*) Münchner St. A. 548/10 Camerarius an Grün dd. 5. November 1619, Prag.

befindlich bezeichnet wurde. Camerarius wurde durch diese Wahrnehmung so niedergebeugt, dass er einer spöttischen Bemerkung des Papstes volle Berechtigung zuerkannte. Paul V hatte sich nämlich auf die Nachricht von der Annahme der böhmischen Krone durch den Pfalzgrafen dahin geäussert, dass derselbe sich in ein schmutziges Labyrinth begeben habe, und damit seine Ansicht von dem unausweichlichen Untergange desselben angedeutet.*) Leider war nicht zu erwarten, dass durch die Ankunft des Pfalzgrafen die Verhältnisse im Lande sich besser gestalten würden, da keiner von denjenigen, die bisher in so elender Weise die Regierung geführt hatten, von derselben entfernt werden durfte. Alle Rathgeber, die Friedrich mitgebracht hatte, konnten ihm wohl über die traurigen Zustände im Lande berichten, bessern durften sie sie nicht, da man streng darauf hielt, dass alle höheren und niederen Posten nur mit Eingeborenen besetzt wurden, abgesehen davon, dass die Unkenntniss der böhmischen Sprache sie von jeder Verwendung von vornherein ausschloss.

Die erste Regierungsmassregel, die Friedrich nach seiner Krönung vornahm, war die Besetzung der obersten Landesämter. Der neue König durfte dieselben nicht frei besetzen, sondern war in seiner Auswahl an die Vorschläge der Beisitzer des Landrechtes und der sonstigen obersten Behörden gebunden, die ihm für jedes Amt vier Personen empfahlen. Die vorzüglichsten Urheber des Aufstandes beuteten dies zu ihren Gunsten aus, indem sie sich allesammt zu Aemtern in Vorschlag brachten, für die wohl die wenigsten die nöthige Eignung besassen. So wurde das Amt eines Oberstburggrafen dem Herrn Bohuchwal Berka zu Theil, das des obersten Hofmeisters dem Herrn Wilhelm von Lobkowitz, Oberstlandrichter wurde Graf Joachim Andreas Schlick, oberster Kanzler Herr Wenzel Wilhelm von Ruppa und Appellations-Präsident Herr Budowec; zum Burggrafen von Karlstein wurde Graf Thurn wieder ernannt. Durch diese Verfügungen konnte man sicher sein, dass die böhmische Verwaltung aus dem Schlamme, in den sie versunken war, nicht herausgezogen werden würde.

---

*) Skála, III, 382.

Seinen Regierungsantritt gab Friedrich in einem an sämmtliche Länder der böhmischen Krone gerichteten Manifeste kund, in dem nicht ohne Geschick die Schuld aller Übel dem Kaiser in die Schuhe geschoben und die Annahme der ihm (dem Pfalzgrafen) angebotenen Krone als eine Sache der Nothwendigkeit hingestellt wurde.*) Die einfache und körnige Sprache des Manifestes konnte ihre Wirkung auf jene nicht verfehlen, die sich durch derartige Schriftstücke überhaupt beeinflussen liessen. Auch der böhmische Landtag, der zur Krönung nach Prag berufen worden war, schloss nun seine Sitzungen. Von seinen Beschlüssen sind die bemerkenswerthesten jener, der dem Könige und der Königin neben den Einkünften aus den königlichen Gütern, insoweit sie nicht verkauft worden waren, das Erträgniss einer Steuer in dem folgenden Jahre zuwies, dann jener, welcher den Staatsgläubigern ein Zahlungsmoratorium ihren Privatgläubigern gegenüber einräumte, und endlich jener, welcher die Regierung zur Kontrahirung der nöthigen Anlehen für die Bezahlung des Kriegsvolkes ermächtigte. Vor seiner Auflösung beantwortete der Landtag eine Aufforderung, die der König von Polen durch eine eigene Gesandtschaft nach Prag übermittelt hatte und die dahin ging, dass sich die Stände mit Ferdinand versöhnen und ihn als König anerkennen möchten, in ablehnender Weise.*)

---

*) Skála, III, 401 u. flg. und 398. — Münchner Staatsarchiv 548/10 Camerarius an Christoph von der Grün dd. 22. Oct./1. Nov. und 26. October/ 5. November 1619.

Sechstes Kapitel.

Bethlen Gabor.

I Der ungarische Reichstag umworben von den Parteien. Streit der Protestanten und Katholiken auf dem Reichstage. Auflösung des Reichstags. Bemühungen einiger ungarischer Edelleute, den Fürsten Bethlen für Böhmen zu gewinnen. Bethlens frühere Schicksale. Er entschliesst sich zum Bunde mit den Böhmen. Er benachrichtigt dieselben von seinem Entschlusse. Er tritt den Marsch aus Siebenbürgen an. Eroberung Kaschau's. Szechy rückt gegen Pressburg vor. Versammlung in Kaschau. Marcus Vaida in Prag. Bethlen rückt auf Pressburg los und nimmt die Stadt ein.

II Buquoy zieht aus Böhmen ab. Meuterei im böhmischen Heere. Bemühungen der Direktoren um Herbeischaffung der nöthigen Geldmittel. Einnahme von Bechin. Buquoy's Marschrichtung. Buquoy in Horn. Thurn in Neumühl. Vereinigung des böhmisch-mährischen und ungarischen Heeres. Treffen bei Ulrichskirchen. Verhandlungen in Pressburg über den weitern Angriff. Bethlens Geldforderungen und Anerbietungen und ihre Aufnahme in Prag. Operationen der verbündeten Truppen. Traurige Zustände in Wien. Das Bundesheer rückt gegen Wien. Rückzug desselben. Ursache dieses Rückzuges. Die Kosaken in Oberungarn.

I

Wir haben erzählt, dass der ungarische Reichstag zu Ende 1619 Mai eine Deputation wählte und dieselbe nach Wien schickte, um die Vermittlung in dem böhmischen Streite zu versuchen. Man wird sich erinnern, in welcher Weise der Erzbischof von Gran den König vor dieser Deputation warnte und wie sehr die Warnung wenigstens bei einem Mitgliede derselben, bei Stanislaus Thurzo gerechtfertigt war. Nachdem die Deputation über ihre Verhandlung mit Thurn an Ferdinand Bericht erstattet hatte, schien dieser Willens zu sein, sich die ungarische Vermittlung gefallen zu lassen, wenigstens schrieb er in diesem Sinne an den Reichstag nach Pressburg und forderte denselben auf, mit den Böhmen in Verhandlung zu treten und von ihnen die Bedingungen, unter denen sie zum Gehorsam zurückkehren würden, in Erfahrung zu bringen. Doch gab er die Erlaubniss hiezu nur unter der Bedingung, dass seinen Rechten als König von Böhmen nicht nahegetreten werde. Im Widerspruche mit dieser Aufforderung ersuchten dagegen die niederösterreichischen Protestanten die ungarische Deputation um ihre Vermittlung zu Gunsten der Böhmen und verlangten mit grösserer Energie als früher, dass die Ungarn keine Truppen zu Ferdinands Unterstützung abschicken möchten.*) Sie ersuchten den ungarischen Reichstag geradezu sich der gemeinsamen Sache der Böhmen anzuschliessen und baten ihn zu diesem Behufe eine Gesandtschaft nach Prag zu schicken, wo über ein Bündniss verhandelt werden sollte.

Nicht zufrieden mit diesen schriftlichen Aufforderungen suchten sowohl Ferdinand wie die niederösterreichischen Protestanten ihre Sache bei dem ungarischen Reichstag durch eigene Gesandte zu fördern und zwar schickte der erstere den (uns nicht näher bekannten) Herrn von Molart nach Pressburg, die letzteren aber einen Herrn von Starhemberg, an den sich später der mährische Oberst Friedrich von Tiefenbach anschloss. Der Reichstag zeigte sich vorläufig geneigter, dem Könige in den böhmischen Angelegenheiten zu Diensten zu sein **), einige Mitglieder beantragten sogar die Verhaftung der österreichischen und mährischen Gesandten. ***) Man wird es daher begreiflich finden, wenn die Antwort, welche den Österreichern zu Theil wurde, nicht günstig lautete: der Reichstag erklärte sich zwar bereit, die Vermittlung in dem böhmischen Streite zu versuchen, wenn dabei den Rechten des Königs nicht nahegetreten würde, aber von einer Zurückberufung der ungarischen Truppen, die im Solde Ferdinands standen, wollte er nichts wissen.†) Da auch Tiefenbach den Reichstag

---

*) Katona XXX, 63 und flgd. Der König an den ungarischen Reichstag dd. 13. Juni 1619. Die niederösterreichischen Protestanten an die ungarische Deputation Katona XXX, 57, an den ungarischen Reichstag Katona XXX, 60.

**) Der ungarische Reichstag an Ferdinand dd. 20. Juni 1619 bei Katona XXX, 70.

***) Gratzner Archiv, Jaquot an Buquoy dd. 27. Juni 1619. Sächs. StA Aus Wien dd. 26. Juni 1619.

†) Katona, XXX, 80.

zu einem rückhaltslosen Anschluss an Böhmen drängte und hiebei versicherte, dass kein Buchstabe an den Beschlüssen der böhmischen und mährischen Stände geändert werden dürfe, wurde auch ihm und den mährischen Ständen ein abweislicher Bescheid zu Theil.* In der Stimmung der Reichstagsmajorität trat auch kein Umschwung ein, als die Mährer nochmals nach Pressburg schrieben und theils mit Gründen theils mit Bitten die Ungarn um den Anschluss bestürmten; der Erzbischof Pazmann übte einen so starken Einfluss auf die Stände aus, dass keine entgegengesetzte Ansicht die Oberhand gewann.**) In Wien beglückwünschte man sich zu dieser Haltung des Reichstags und glaubte, dass die Gegner sich ihrer Niederlage bewusst seien, wenigstens wurde behauptet, dass Herr von Tiefenbach jetzt nur von Frieden rede und Reue an den Tag lege.***) Wie sollte man sich auch nicht guten Hoffnungen hingeben, da es selbst der Erzbischof von Gran für möglich hielt, dass die ungarischen Stände ihrem Könige Hilfe leisten würden, wenn die Friedensvermittlung mit Böhmen keinen Erfolg haben würde und da von Emerich Thurzo, dem Vetter Stanislaus', ein Schreiben an den Erzherzog Leopold einlief, worin er sich in der demüthigsten Weise zu jeder Dienstleistung erbot. Graf Althan, der damals durch Ungarn nach Polen reiste, erhielt gleichfalls auf seiner Reise von einzelnen Edelleuten so vielfache Versicherung der Anhänglichkeit und Treue an das Königshaus, dass er Ende Juli ganz entzückt hierüber an Erzherzog Leopold Bericht erstattete und die Versicherung gab, der König könne sich auf die Treue der Ungarn verlassen. Dennoch waren alle diese Hoffnungen auf Sand gebaut:†) von Tiefenbach ist es gewiss, dass er ununterbrochen die Ungarn gegen die königliche Dynastie hetzte und in mehrfachen Unterredungen die ungarischen Protestanten nicht ohne Erfolg für die böhmische Sache bearbeitete

---

*) Katona XXX, 91.
**) Katona, XXX, 107.
***) Gratzner Archiv, Jaquot an Buquoy dd. 1. Juli 1619.
†) Innsbrucker Statthaltereiarchiv, Emericus Thurzo ad archid. Leopoldum dd. 3. Juli 1619. — Ebend. Althan an Leopold dd. 30. Juli 1619.

und welches die wahren Gesinnungen Emerich Thurzo's waren, wurde einige Wochen später klar. *)

Bald sollte übrigens auch in Wien die vertrauensselige Stimmung einer anderen Anschauung weichen, als der Palatin den Reichstag zur Eröffnung der Verhandlungen über die königlichen Propositionen drängte. Ferdinand hatte die Bewilligung einer Steuer verlangt, die hauptsächlich zur bessern Instandhaltung der Grenzfestungen und zur Beschaffung der nothwendigen Vertheidigungsmittel gegen einen allfälligen türkischen Angriff dienen sollte. Diesen Augenblick ersahen die Protestanten, um aus ihrer bisherigen Zurückhaltung herauszutreten. Sie erklärten, dass sie die Verhandlungen nicht eher beginnen würden, als bis ihren verschiedenen Wünschen und Beschwerden Rechnung getragen werden würde. Jeder dieser Wünsche war aber so beschaffen, dass die Verhandlung über dieselben sich ins endlose fortspinnen konnte, so z. B. der erste, nach welchem der König das absolut freie Wahlrecht der ungarischen Stände bei der Besetzung des Thrones anerkennen**) und so zweifellos sicherstellen sollte, was durch die Verhandlungen des vorigen Jahres fraglich geworden war; so der dritte, nach welchem mit dem Kommando in den festen Plätzen nur Eingeborene betraut werden sollten, und ebenso der vierte, nach dem die Protestanten um rechtliche Gleichstellung bei der Besetzung aller Aemter und Gerichtsstellen ersuchten. Bei dieser Gelegenheit erhoben dieselben vielfache Klagen, dass die religiöse Freiheit, wie sie durch den wiener Frieden und die von Mathias und Ferdinand eingegangenen Verpflichtungen gewährleistet wurde, verletzt worden sei und dass einzelne Edelleute die protestantischen Kirchen geschändet, ihre Geistlichen verjagt und ihre Anhänger zum katholischen Glauben gezwungen hätten. An die Aufzählung dieser Beschwerden schloss sich der Antrag, dass man die Jesuiten aus Ungarn vertreiben und keinen, der bei ihnen erzogen worden sei, zu einem Beneficium

---

*) Sächs. StA. Lebzelter an Schönberg dd. 7./17. Juli 1619. — Katona XXX, 183.

**) Katona, XXX, 119. Der König sollte bestätigen: „regnum hoc eligendorum principum sive regum suorum absoluta et perpetua gaudere potestate atque facultate."

zulassen solle, welcher Antrag vornehmlich gegen den graner Erzbischof und Jesuitenzögling Pazman gerichtet war. Auch in den böhmischen Angelegenheiten gaben sie ihre bisherige Reserve auf und fanden die Klagen der Oesterreicher und Böhmen gegen die Herbeiziehung des in Ungarn angeworbenen Kriegsvolkes, das sich die grössten Räubereien auf dem Marsch durch das eigene Land erlaube, begründet und wünschten, dass dasselbe zu Hause gelassen und statt seiner die fremden Soldaten aus sämmtlichen festen Plätzen entfernt werden möchten. Sie beschwerten sich ferner über allerlei Uebelstände in der ungarischen Finanzverwaltung und über den Einfluss, den die österreichische Hofkammer auf dieselbe übe, indem sie vielfache Einkünfte unmittelbar an sich heranziehe; sie klagten über die Bedrückungen der einzelnen Festungskommandanten gegen die benachbarten Gutsbesitzer, über die tausendfachen Ausschreitungen, die sich die räuberischen Heiduken zu Schulden kommen liessen, über die Gewaltthätigkeiten, durch die sich der von uns bereits genannte Propst von Pressburg Balasfi gebrandmarkt haben sollte, endlich über das Unrecht, das der Familie Chyoron zugefügt worden sei, indem ihr gewisse Zahlungen widerrechtlich verweigert würden. Diese Klagen und zahlreiche andere Beschwerden zeugen allerdings zur Genüge von der elenden Beschaffenheit des ungarischen Staatswesens.*) Wie viel Schuld daran die jämmerliche Regierungsweise der letzten Jahrzehende, der Mangel eines nationalen Herrschers, die Unbotmässigkeit, Schlemmerei und Arbeitsscheu des ungarischen Adels trugen, wollen wir hier unerörtert lassen.

Da sich der Palatin vergebens bemüht hatte, die Protestanten von der Einbringung ihrer Beschwerden abzuhalten und zur Berathung über die königlichen Propositionen zu veranlassen, mussten die Katholiken den hingeworfenen Fehdehandschuh aufnehmen und eine Widerlegung der ihnen gemachten Vorwürfe versuchen. Wenn nur die Hälfte der von ihnen gebrachten Angaben und Gegenklagen wahr ist, so hatten sich die Protestanten gegen sie zehnfach grösserer Unbilden

---

*) Katona, XXX, 128—162.

schuldig gemacht. Sie hinderten nicht nur die Katholiken wie und wo sie konnten in der freien Glaubensübung, sondern sie vergriffen sich auch in zahlreichen Fällen an ihren Priestern, indem sie dieselben halb todt prügelten und überhaupt in schmächlicher Weise behandelten. In Bezug auf die Beschwerden, welche die Protestanten gegen die politische sowie gegen die Finanz- und Justizverwaltung erhoben hatten, liessen sich die Katholiken in keine Widerlegung ein, weil, wie es scheint, die vorgebrachten Thatsachen keine Widerlegung gestatteten.

Wir wissen nicht, in welcher Weise der Streit zwischen den religiösen Parteien auf dem Reichstag weiter geführt wurde, nur so viel ist uns bekannt, dass der letztere am 13. August aufgelöst wurde, nachdem es sich herausgestellt hatte, dass man vergeblich auf die Aufbietung der Insurrection zur Bekämpfung der Feinde Ferdinands gehofft hatte. Auf katholischer Seite hatte man keine Ahnung davon, welcher Umsturz sich gerade in diesem Augenblicke von Siebenbürgen aus vorbereitete und dass der Fürst dieses Landes, Bethlen Gabor, eben Vorbereitungen treffe, um auf den Kampfplatz zu treten und sich den Feinden Ferdinands anzuschliessen.*)

Aus den uns zugänglichen Nachrichten**) ist ersichtlich,

---

*) Über die unmittelbaren Ursachen, durch welche der genannte Fürst von Siebenbürgen zu diesem entscheidenden Schritte vermocht wurde, haben wir in den uns zugänglichen ungarischen Geschichtsbüchern keine näheren Andeutungen gefunden, und eben so wenig ist der weitere Verlauf des Kampfes zwischen Bethlen und Ferdinand ins klare gestellt, wohl deshalb, weil das Aufschluss gebende Material an zu vielen und zu weit von einander entlegenen Orten zerstreut ist und man seiner nur habhaft werden konnte, wenn man über die Gesammtgeschichte der Zeit Forschungen anstellte. Auch uns sind gewiss viele mehr oder weniger wichtige und Aufschlüsse bietende Papiere verborgen geblieben; dennoch glauben wir von dem Verlaufe der Ereignisse eine eingehende und verlässliche Kunde zu besitzen und an die Geschichte des böhmischen Aufstandes die des mit ihm im innigen Zusammenhange stehenden ungarischen knüpfen und so unsere Erzählung vervollständigen zu können.

**) Bei Katona XXX und Münchner StA. 50/23 Bethlen ad comitatum Soproniensem dd. 12. Sept. 1619 und in andern Briefen. Archiv von Innsbruck Gratiani's Schreiben an Bethlen dd. 6./16. Juli 1619. Ebend. Andreas Doczy an Ferdinand dd. 20./30. Juli 1619.

dass Bethlen sich ursprünglich dem Kaiser zur Hilfeleistung gegen die Böhmen angeboten habe, doch mögen diese Anerbietungen nicht besonders ernstlich gelautet haben, da sie in Wien nie in Erwägung gezogen wurden. Dagegen setzten die Freunde der böhmischen Bewegung frühzeitig auf ihn ihre Hoffnungen, obwohl er keinerlei Anknüpfung an sie gesucht hatte. Als Stanislaus Thurzo jene heimliche Unterredung mit dem Grafen Thurn vor Wien hatte und hiebei die Art und Weise besprochen wurde, wie man Ungarn zum Bündniss mit Böhmen heranziehen könnte, dürften diese beiden Männer ihre Aufmerksamkeit auf Bethlen gerichtet haben. Wenn der Fürst seine Macht aufbot und in Ungarn einfiel, dann konnte man hoffen, dass sich der protestantische Adel um ihn schaaren, die katholische Herrschaft, die ohnedies nur in den reichen Kirchenfürsten wurzelte, über den Haufen werfen und sich für die überstandene Mühe an dem Kirchengute entschädigen würde. Gewiss geschah es demnach im Einverständniss mit Thurn, dass Thurzo die Reise nach Siebenbürgen antrat und den Fürsten in diesem Sinne bearbeitete. Als sich einige Tage später Friedrich von Tiefenbach bei dem pressburger Reichstag um die Gewinnung des protestantischen Adels bemühte, wurde auch hier allseitig die Nothwendigkeit anerkannt, dass man sich an Bethlen wenden und unter seiner Aegide den Kampf beginnen müsse. Es werden uns die Familien Rákoczi, Thurzo, Széchy und Preni genannt,*) die für den Anschluss an Böhmen thätig waren und einen gewissen Herrn Zmeskal an Bethlen abschickten, um ihn zu gewinnen und diesem Boten wird das Hauptverdienst an dem spätern Anschlusse Bethlens zugeschrieben. **)

---
*) Katona XXX, 185.
**) Bei Katona XXX, 185 wird dieser Bote „generosus dominus Zmeskal" genannt, über die Art und Weise, wie er seinem Auftrage nachgekommen sei, aber nichts berichtet. Dagegen heisst es in einem Briefe Ludwigs von Starhemberg an den Fürsten von Anhalt dd. 7. Juni 1620 (Münchner RA. VI, Fol. 305): „Herr Miscal (ist) des Fürsten vertrautester Rath und alter Soldat, der meistens Ursach, dass der Fürst sich aus Siebenbürgen gelassen." — Wir glauben nicht zweifeln zu dürfen, dass Zmeskal und Miskal dieselbe Person sei. Da die erstere Schreibweise die richtige ist, so bedienen wir uns derselben.

Für Bethlen war ein Moment von entscheidender Bedeutung gekommen: sollte er dem Rufe folgen und den Kampf mit Ferdinand aufnehmen, oder sich mit der bereits erworbenen Macht begnügen? In einem vertraulichen Gespräche mit einigen böhmischen Gesandten, das er ein Jahr später halbberauscht bei einem Banket führte, erzählte er mit einem Anstrich hingebenden Vertrauens, dass er die Gefahren, die ihn bei seiner Entscheidung bedrohten, nicht unterschätzt habe: in Ungarn sei tiefer Friede gewesen, als er gegen den Kaiser gezogen sei, er habe nicht mit Gewissheit darauf rechnen können, dass sich ihm das Land nicht widersetzen werde, dennoch aber habe er den Kampf gewagt. *) Wir glauben indessen nicht, dass ihn die Sorge vor einem allfälligen Widerstand der Ungarn quälte, da er als Magyar und Protestant der Sympathien der meisten Einwohner gewiss war; was ihn besorgt machte, waren die Türken, die gewiss nicht ohne Nutzen für sich den Wechsel in der ungarischen Herrschaft zugegeben hätten, und wie konnte er hoffen, ihnen einen nachhaltigeren und besseren Widerstand leisten zu können, als das habsburgische Haus mit seinen reichen Hilfsquellen? Ehrgeiz und Kriegslust bewirkten aber, dass er alle Besorgnisse unterdrückte und sich zum Kampfe gegen Ferdinand entschloss.

Von seinen Zeitgenossen wurde Bethlen verschieden beurtheilt. Dass die Katholiken in ihm die Verkörperung alles Bösen sahen, ist selbstverständlich, aber auch unter den Protestanten, namentlich in Deutschland und England hatte er gewichtige Gegner; sie hielten ihn für einen Mann, der mit den Türken eng verbunden und halb und halb selbst ein Mohammedaner sei, so dass man ihn gar nicht den christlichen Fürsten beizählen könne. Zu dieser Anschauung mag der Umstand beigetragen haben, dass Bethlen in seiner Jugend einige Jahre in Constantinopel zugebracht hatte und dass man von ihm erzählte, er habe sich dort beschneiden lassen. Der pedantische König Jacob hatte eine so wegwerfende Meinung von ihm, dass er ihn nie mit einem Schreiben beehrte, wie sehr ihn auch sein Schwiegersohn, Friedrich von der Pfalz, darum

---

*) Skála, IV.

ersuchen mochte. Auf dem Wege, den Bethlen zurücklegte, um zu seiner hohen Stellung zu gelangen, konnte er allerdings nicht den Tugendpfad einhalten, wie dies ein vom Schicksal im vorhinein zur Fürstenwürde bestimmter Mann thun kann und doch nicht thut.

Dem niedern Adel angehörig, hatte sich Bethlen schon seit seinem 17. Jahre dem Kriegshandwerk hingegeben und im Laufe seines Lebens an nicht weniger als 42 grösseren und kleineren Schlachten theilgenommen. Sein Vermögen war ursprünglich so gering, dass er in seinen zeitweisen Bedrängnissen Gläubigern nicht die nöthigen Garantien zu bieten schien und deshalb einmal einen Kaufmann in Kaschau vergeblich um ein Darlehen von 100 Gulden ersuchte. Man rühmte an ihm, als er zur Fürstenwürde gelangt war, dass er ein ebenso treffliches Gedächtniss als Urtheil besitze und für die wissenschaftlichen Bestrebungen eine Vorliebe zeige. Von seinen sprachlichen Kenntnissen weiss man, dass er nur magyarisch und lateinisch sprach, die letztere Sprache war ja ohnediess allen Ungarn mehr oder weniger geläufig. Er war ein eifriger Kalviner und liebte es, sich in Religionsgespräche einzulassen und seine Partei gegen alle Angriffe zu vertheidigen. In seinem Aeussern wird er als ein Mann von mittlerer Grösse und nicht unbedeutender Körperfülle geschildert, sein längliches Antlitz, das von einem dichten schwarzen Bart umrahmt war, wies eine breite Stirn aber eine hässliche, zurückgebogene und am Ende dicke Nase und einen breiten Mund auf, in dem die Zähne ziemlich weit von einander abstanden. Sein Aeusseres konnte daher nicht auf Schönheit Anspruch machen, es deutete aber auf Kraft und Energie und in der That machte er sich durch eine grosse Strenge gegen seine Untergebenen bemerklich, so dass er mitunter eines tyrannischen Gebahrens beschuldigt wurde. Dem Weingenuss ergab er sich mit grosser Leidenschaft, über Staatsgeschäfte konnte man mit ihm nur am Morgen verhandeln, weil er am Ende des Vormittags sich stets schon einen halben Rausch angetrunken hatte. Seiner ersten Frau Susanna Karolyi, die um diese Zeit noch lebte, wurde Frömmigkeit und häuslicher Sinn nachgerühmt; wenigstens wird von ihr erzählt, dass sie sich trotz ihrer fürstlichen Stellung an den Küchenarbeiten betheiligt habe.*)

Wenn Stanislaus Thurzo gleich nach seinem Abschied von Thurn zu Bethlen reiste, so konnte er noch vor Ende Juni bei ihm eingetroffen sein und vielleicht dürfte sich auch Zmeskal nicht viel später bei dem Fürsten eingefunden haben. Schon im Juli muss Bethlen seinen Entschluss gefasst haben, denn wie anders wäre das Gerücht von seinem Auszug aus Siebenbürgen erklärlich, das sich am 20. August in Prag verbreitete.**) Den Anlass zu diesem Gerücht mögen Mittheilungen gegeben haben, die Thurn einigen Mitgliedern der Directorialregierung in geheimnissvoller Weise zukommen liess. Bethlen Gabor hatte, nachdem er sich entschlossen hatte, sein Geschick mit dem der Böhmen zu verknüpfen, den ehemaligen Wojwoden der Walachei, der in den Korrespondenzen jener Zeit insgemein Marcus „Waida" genannt wird, vielleicht schon im Juli an Thurn abgeschickt, ihn von seinen kriegerischen Absichten in Kenntniss gesetzt und seine Unterstützung angeboten, aber vorläufig noch um die Geheimhaltung dieses Entschlusses ersucht. Thurn war davon auf das angenehmste überrascht, er sah sich am Ziele seiner Träume und eine Coalition verwirklicht, die über Ferdinand den Sieg davontragen musste. Er stellte nur zur Bedingung, dass er den Entschluss Bethlens dreien von den Direktoren mittheilen dürfe, in welche Bedingung der Gesandte nur schwer einwilligte, da der Erfolg gesicherter schien, wenn Bethlens Absichten Niemandem früher bekannt wurden. Doch willigte er ein, und wie sehr seine Sorge begründet war, zeigte eben das Gerücht, das in Prag entstand und das wahrscheinlich nur den Mittheilungen Thurns seine Entstehung dankte.***)

---

*) Innsbrucker Statthaltereiarchiv, Charakteristik Bethlen Gabors. Katona XXX, 482. Sächs. StA Lebzelters Schreiben dd. 21. Aug./10. September 1619.

**) Skála III, 271.

***) StA. in Wien, Thurn an eine unbekannte Person sine dato. Thurn berichtet über die Unterhandlungen mit Marcus Waida ohne Angabe von Daten und es ist demnach nur unsere Vermuthung, dass Marcus Ende Juli oder Anfangs August sich mit Thurn besprochen habe, aber jeden-

Die Verwirklichung seiner kriegerischen Absichten leitete Bethlen damit ein, dass er sich bemühte das Misstrauen abzulenken, das seine nun in Angriff genommenen Rüstungen bei den Katholiken erregen mussten; er gab sie deshalb als gegen die Türken gerichtet aus. Ungefähr Mitte Juli schrieb er an Georg Doczi, den Kommandanten über eine Abtheilung der in Ungarn stationirten königlichen Truppen und benachrichtigte ihn, dass die Pforte schlimme Anschläge im Schilde führe, um derentwillen er Vorbereitungen treffen müsse. Diesen Nachrichten fügte er zugleich die Versicherung seiner unterthänigen Ergebenheit gegen Ferdinand hinzu, bot sich an, ihm entweder selbst zu Hilfe zu ziehen oder eine andere Person mit dem Kommando über seine Streitkräfte zu betrauen. Die Versicherungen klangen so aufrichtig, dass sich Doczi durch dieselben täuschen liess und bei Ferdinand anfrug, ob er den Fürsten nicht gegen die Türken unterstützen und vielleicht die Insurrection einiger Comitate aufbieten solle.*) Bethlen brachte seine Rüstungen in dem Augenblicke zu Ende, als der ungarische Reichstag sich auflöste. Er durfte nach der Richtung, welche die Verhandlungen gegen den Schluss genommen hatten, gewiss sein, dass er, sobald er die Maske abwarf, in Ungarn keinem besondern Widerstande begegnen werde.

1619 Am 18. August glaubte er das Geheimniss nicht länger wahren zu müssen: er benachrichtigte die böhmischen Direktoren, dass er mit seinen Truppen im September in Mähren einrücken werde und ersuchte sie ihre Operationspläne damit in Einklang zu bringen und vorläufig jedem grösseren Gefechte auszuweichen.**) Wenige Tage später folgten diesem Schreiben zwei Gesandte, welche den Direktoren die Versicherung überbrachten, dass Bethlen mit 40.000 Mann von Klausenburg her im Anzuge sei***) und dass er mindestens 20.000 Mann den Böhmen zu Hilfe

---

falls glauben wir nicht, dass Bethlen früher einen Boten an Thurn abgeschickt habe, so lange er nicht von Thurzo und Zmeskal im böhmischen Sinne bearbeitet worden war.

*) Innsbrucker Statth. A. Doczi an Ferdinand dd. 20. Juli 1619. Szathmar.
**) Skála, III, 337. Münchner StA. Albrecht von Solms an v. d. Grün dd. 6./16. September 1619.
***) Skála, III, 338. Antwort der böhmischen Direktoren an Bethlen dd. 9. September 1619 im sächs. StA.

schicken werde. In Prag jubelte man bei dieser Nachricht laut auf, doch gab es auch unter den Protestanten viele, welche über den bevorstehenden Zuzug der ungarischen Schaaren nicht besonders erfreut waren und fürchteten, dass derselbe die Ausbreitung der türkischen Herrschaft zur Folge haben werde. Diese Angst vor der Zukunft beirrte jedoch die Direktoren nicht und sie erwiederten dem Fürsten von Siebenbürgen auf sein Anerbieten mit den Versicherungen unbegrenzter Dankbarkeit.*) Bei der jämmerlichen Lage, in der sich ihr Heerwesen damals befand, konnten sie auch nichts anderes thun.

An welchem Tage Bethlen seinen Marsch aus Siebenbürgen antrat und wie gross die Truppenzahl war, über die er beim Auszuge verfügte, ist uns nicht genau bekannt. Seine Unterkommandanten Rákoczi und Széchy eilten ihm voraus; der erstere sollte Kaschau angreifen, der letztere seinen Marsch nach Pressburg richten. Rákoczi langte am 3. September mit 5000 Reitern vor Kaschau an und wäre kaum im Stande gewesen, die Stadt einzunehmen, wenn der königliche Kommandant Andreas Doczi, der nur über eine kleine Besatzung, aber über hinreichende Artillerie verfügte, von der Bürgerschaft unterstützt worden wäre. Allein die Bürgerschaft, mit der Rákoczi ein Einverständniss angeknüpft hatte, wollte nichts von einem Widerstande wissen, und da sich auch die Besatzung für den Feind erklärte, so sah sich Doczi von allen Seiten verlassen. Rákoczi hielt am 5. September seinen Einzug in die Stadt und nahm Doczi gefangen. Da Kaschau fast ausschliesslich protestantisch war, so durften sich die einziehenden Truppen keine Excesse erlauben und begnügten sich deshalb mit der Ermordung dreier katholischer Geistlichen, die mit Doczi in ihre Hände gefallen waren **)

Während dieser Vorgänge in Kaschau zog Széchy nach Pressburg, um den Zuzug ungarischer Truppen, die im Auftrage des Palatins zur Vertheidigung der Stadt geworben wurden, zu verhindern. Bethlen suchte Széchy's Zug dadurch

---

*) Skála, III, und Sächs. StA. Lebzelters Brief dd. 31.Aug./10. Sept. 1619.
**) Sächs. StA. Bericht über die Einnahme von Kaschau dd. 12. September 1619. — Ebend. dd. 19. September 1619. — Ebend. Bethlen an Thurn dd. 18. Sept. 1619.

zu fördern, dass er von Debreczin aus, wo er mittlerweile angelangt war, an einzelne Comitate und an hervorragende Parteimänner Schreiben richtete, in denen er erklärte, dass er nur aus Sorge für die gefährdeten protestantischen Interessen und zur Bestrafung von Gewaltthaten, die an den Ungarn verübt worden seien, mit seinem Heere herangezogen komme *) Auch an den Palatin sandte er ein Schreiben, aber Forgach blieb seinem König treu, obwohl ihn die raschen Erfolge des Fürsten von Siebenbürgen stutzig machen konnten. Seine Treue zeigte er in der Art und Weise, wie er Bethlens Brief beantwortete, indem er die angeblichen Gründe seines Einmarsches in Ungarn Punkt für Punkt widerlegte und ihn als einen Heuchler hinstellte, dem es nur um die Befriedigung seiner Eroberungsgelüste zu thun sei, unbekümmert darum, welchen Gefahren er sein Vaterland den Türken gegenüber preisgebe.**)

Bethlen liess sich durch dieses Schreiben von seinem Vorhaben ebensowenig abhalten, wie durch ein anderes, das er gleichzeitig von dem Könige von Polen empfangen haben dürfte. Er hatte rasch, um nicht zu sagen plötzlich, seine Partei gewählt und nun war er entschlossen auszuharren. Schon vor Empfang dieser beiden Warnungsschreiben hatte er sich deshalb entschlossen, Széchy's Operationen auch noch dadurch zu unterstützen, dass er ihm eine starke, an 12—13.000 Mann zählende Truppenabtheilung unter Redey's Kommando nachschickte. Um den Marsch zu beschleunigen, liess er die Truppen ohne Gepäck abziehen und folgte nun selbst mit demselben in langsamen Tagesmärschen nach. Zugleich liess er dem Obersten Friedrich von Tiefenbach, der das Kommando über das mährische Volk führte, von allen diesen Bewegungen Nachricht zukommen und ihn auffordern, im Einverständnisse mit Széchy und Redey vorzugehen, um Dampierre und Bosniak, den Anführer der im Auftrage des Palatin geworbenen Truppen, schlagen

---
*) Münchner StA. Bethlen an das pressburger Comitat dd. 12. September 1619. — Ebend. Bethlen an Nadasdy dd. 12. September 1619. — Wiener StA, Bethlen an Stanislaus Thurzo dd. 12. September 1619.
**) Wiener St. Der Palatin an Bethlen dd. 23. Sept. 1619. Hatvan S. 148.

zu können. Dem Grafen Thurn, dem er ebenfalls von seinen Verfügungen Nachricht gab, versprach er, dass er mit seinem ganzen Heere längstens bis zum 10. oder 12. Oktober in Tyrnau einrücken werde.*)

Nicht das Gepäck war übrigens die einzige Ursache, um derentwillen Bethlen nicht so schnell vorwärts kam, auch andere und sehr gewichtige Gründe nöthigten ihn, einige Tage in Kaschau Halt zu machen. Es handelte sich für ihn darum, seinem Unternehmen die Sanction der öffentlichen Meinung zu verschaffen, und da dies durch einen Reichstag nicht möglich war, so lange Pressburg nicht in seiner Gewalt war, so wollte er sich dieselbe durch eine Art improvisirter ständischer Versammlung geben lassen. Er lud deshalb die Vertreter der oberungarischen Städte und die Magnaten von Oberungarn nach Kaschau ein, um ihre Zustimmung zu seinem gegen Ferdinand gerichteten Unternehmen zu erlangen.**) Die protestantischen Städte und der gleichgesinnte Adel folgten seiner Einladung, er erzielte mit ihnen ein inniges Einverständniss und erhielt dadurch die nachträgliche Billigung seines Unternehmens. Als die Nachricht von seinen Fortschritten nach Wien gelangte, war man überzeugt, dass ganz Ungarn sich an dem Aufstande betheiligen werde und für Ferdinand verloren sei. Nur bezüglich der ungarischen Festungen, die zum grössern Theile mit deutschen Truppen besetzt waren, glaubte man nicht das ärgste befürchten zu müssen und traf, so weit dies möglich war, Anstalten, um die wichtigsten Plätze, namentlich Raab, Comorn, Pressburg, Güns, Neuhäusel und Waizen halten zu können.***) Bezüglich Filcks kam jede Vorsorge zu spät, dieses fiel gleich im Beginne der Bewegung in die Hände Bethlens und wenige Tage später war dies auch mit Neuhäusel der Fall, da die zumeist aus Ungarn bestehende Besatzung, die noch vor wenigen Tagen Ferdinand Treue gelobt hatte, Bethlen die Unterwerfung anbot und ihren Obersten Kohary auslieferte.†)

---

*) Sächs. StA. Bethlen an Thurn dd. 18. Sept. 1619.
**) Katona.
***) Sächs. StA. Leopold an Kursachsen dd. 25. Sept. 1619. — Ebend. Aus Wien dd. 25. und 26. Sept. 1619.
†) Sächs. StA. Leopold an Kursachsen dd. 2. Okt. 1619. -- Münchner StA. der Palatin an Erzh. Leopold dd. 30. Sept. 1619.

Noch ehe der Monat September vorüber war, schickte Bethlen Gabor eine zweite Gesandtschaft nach Prag, an deren Spitze Marcus Waida stand. Es handelte sich ihm diesmal darum, den Preis zu bestimmen, um dessentwillen er den Böhmen zu Diensten stehen wollte. In der Audienz, welche die Direktoren dem Gesandten ertheilten, berichtete der letztere von den Leistungen seines Herrn: wie derselbe sich in kurzer Zeit ganz Ober- und Niederungarn unterworfen und wie er fast sein ganzes Vermögen zur Ausrüstung und vorläufigen Besoldung seines Heeres verwendet habe. An diese Auseinandersetzung knüpfte er im Namen Bethlens die Hoffnung, Böhmen werde seine Zustimmung dazu geben, dass sich derselbe zur Vervollständigung seines Sieges und zur vollen Niederwerfung des Feindes auch Steiermarks und der dazu gehörigen Länder bemächtige, da sie ohnedies schon einmal zu Ungarn gehört hätten. Zuletzt, und dies fiel seinen Zuhörern schwer aufs Herz, stellte er die Forderung, dass sie seinem Herrn mit einer ausgiebigen und ansehnlichen Summe Geldes unter die Arme greifen möchten, da derselbe nicht im Stande sei, die weiteren Soldzahlungen zu leisten.*) Uns ist die Antwort der Direktoren nicht bekannt, wir wissen nicht, ob sie ihre Zustimmung zu der von Bethlen beabsichtigten Eroberung gegeben haben oder nicht; bezüglich seiner Geldforderung kann ihre Antwort jedenfalls nichts anderes als eine leere Vertröstung enthalten haben.

Noch bevor Bethlen in Erfahrung brachte, mit welcher Münze man in Böhmen seine Bundesgenossenschaft bezahlen wollte, setzte er seinen Marsch gegen die österreichische Grenze fort. Am 5. Oktober berührte er den in der Nähe vom Kremnitz gelegenen Ort Tóth Prona und richtete von hier aus ein Schreiben an Erzherzog Leopold. Seitdem er den Kriegszug angetreten hatte, war dieses die erste Wiederanknüpfung der Beziehungen zur herrschenden Dynastie, er beantwortete damit einen Brief, den der Erzherzog auf die Nachricht von seinem Einfalle in Ungarn an ihn gerichtet hatte. Das Schreiben sollte eine Rechtfertigung seines Unternehmens enthalten, die-

---

*) Sächs. StA. Lebzelters Bericht dd. 3./13. Okt. 1619. — Wiener StA. Aus Prag dd. 13. Okt. 1619.

selbe bestand aber hauptsächlich aus einer Reihe erdichteter Behauptungen zur Beschönigung des Angriffes. Dahin ist z. B. die Angabe zu rechnen, dass Bethlen nur auf die dringenden Bitten und Beschwörungen des ungarischen Volkes sich zu dem Zuge entschlossen habe, eine Behauptung, deren Unrichtigkeit sich aus der oben erwähnten eigenen Erklärung des Fürsten an die böhmischen Gesandten ergibt. In die Reihe solcher gleich werthlosen Erfindungen gehört auch die Versicherung, dass der Sultan ihm zu seinem Angriffe die Erlaubniss gegeben habe, denn die Beziehungen Bethlens zur Pforte waren, wie später erzählt werden wird, um diese Zeit keineswegs so freundschaftlicher Natur.

Als Bethlen am 9. Oktober in Tyrnau eintraf, theilte er 1619 von dort aus dem Grafen Thurn und den böhmischen Ständen mit, dass er ihnen Redey mit 10.000 Mann nach Mähren zu Hilfe geschickt habe, machte aber die Fortsetzung dieser Hilfeleistung sowie weitere Anstrengungen von der Gewährung seiner Forderungen abhängig, die er durch Marcus Waida in Prag gestellt hatte.*)

Von Tyrnau aus bemühte sich Bethlen, Pressburg, den Schlüssel zu Mähren und Oesterreich, in seine Gewalt zu bekommen. Sein Kriegsvolk streifte in der ersten Hälfte des Monats Oktober längs des rechten Donauufers bis Haimburg und Petronell und verbreitete Schrecken unter der Einwohnerschaft, die, ob katholisch oder protestantisch, gleiches zu leiden hatte. Am 14. Oktober entschloss sich Bethlen zum Angriffe auf Pressburg. Der Palatin hatte den Erzherzog Leopold einige Tage vorher auf das dringendste um eine ausgiebige Verstärkung der pressburger Garnison und um die Zusendung Dampierre's mit allen seinen Truppen ersucht.**) Auf königlicher Seite kam man nur den Wünschen nach Verstärkung der Garnison nach, indem man 1500 Mann zu Fuss und 500

---

*) Sächs. StA. Bethlen an Thurn dd. 9. Okt. 1619. Tyrnau. — Ebend. Bethlen an die böhmischen Stände dd. 10. Okt. 1619.

**) Forgach an Erzh. Leopold dd. 5. Okt. 1619. Bei Firnhaber in den Sitzungsberichten der kais. Akademie 1858. Münchner StA. Forgach an . Erzh. Leopold dd. 6. Okt. 1619.

Reiter nach Pressburg abschickte,*) mit deren Commando Rudolf von Tiefenbach, ein Bruder des mährischen Obersten, betraut wurde. Wie geringfügig die Bedeutung der undisziplinirten und meistens aus Reitern bestehenden ungarischen Truppen auch war, diese Zahl genügte nicht gegen den zehnfach überlegenen Feind. Als Bethlen die königlichen Truppen in der Vorstadt von Pressburg angriff, schlug er sie vollständig, so dass sich Tiefenbach nur mit 800 Mann retten konnte, indem er eilig auf das rechte Donauufer übersetzte und nach Bruck zog, seine Geschütze aber in den Fluss versenkte.**) Die Stadt Pressburg wehrte dem Sieger den Einzug in ihre Mauern nicht; nur in dem Schlosse, wo die Krone aufbewahrt wurde, behauptete sich der Palatin noch einige Zeit, da er aber an eine erfolgreiche Vertheidigung nicht denken konnte, so übergab er Schloss und Krone nach kurzer Verhandlung an den Fürsten von Siebenbürgen. Jetzt willigte auch Forgach trotz seiner Anhänglichkeit an Ferdinand in die Wünsche Bethlens und schrieb einen Reichstag auf den 11. November aus, wiewohl er hiezu ohne vorher eingeholte Zustimmung des Königs nicht berechtigt war.***)

Die Nachricht von der Einnahme von Pressburg verursachte in Wien einen grossen Schrecken, der durch die zahlreichen Flüchtlinge aus Ungarn, namentlich Mönche und Nonnen, noch vermehrt wurde. Ihre Ankunft scheuchte diejenigen, die sich vor dem Aufstand aus Böhmen und Mähren nach Wien wie nach einem sichern Zufluchtsorte gerettet hatten, aus ihrer Sicherheit auf und nun begann eine neue Auswanderung. Der Fürst von Liechtenstein floh mit Weib und Kind nach Oberösterreich, der Kardinal Dietrichstein und noch viele andere Personen geistlichen Standes suchten gleichfalls ihr Heil in weiterer Flucht. Selbst der Kaiser, der eben von

---

*) Forgach an Leopold dd. 10. und 11. Okt. 1619. Bei Firnhaber.
**) Sächs. StA. Aus Wien dd. 16. Oktober 1619. Hatvan S. 160. Rudolf von Tiefenbach an Leopold, ohne Datum.
***) Innsbrucker Statth. A. Ausschreibung des ungarischen Reichstages dd. 20. Okt. 1619. — Ebend. Patent Bethlens, vom selben Datum. — Hatvan S. 162. Ferdinand an Leopold dd. 22. Nov. 1619. — Sächs. StA. Aus Wien dd. 20. Okt. 1619. Ebendaselbst Thurn an die Direktoren dd. 18. Okt. 1619.

Frankfurt nach Hause zurückgekehrt war, glaubte in Wien
keinen sichern Aufenthalt zu finden und lenkte seine Schritte
nach Graz, wohin ihm einige hundert Flüchtlinge vorausgeeilt
waren, die im dortigen Jesuitenkollegium Pflege und Unterkunft
fanden.*) So war Wien sich selbst überlassen und der Jammer der armen Bevölkerung, die keine Mittel zur Abreise und
nur unzureichende zu ihrem Unterhalte fand, war grenzenlos.

II

Wir haben die elende Lage geschildert, in der sich das
böhmische Heer im Monat September befand, und gezeigt, wie
dasselbe den Angriffen Buquoy's keinen ausreichenden Widerstand entgegensetzten konnte und im fortwährenden Rückzuge
gegen Prag begriffen war. Eine vollständige Niederlage schien
unausweichlich. Da kam die Nachricht von dem Marsche Bethlens gegen Pressburg, die den kaiserlichen Feldherrn zum
schnellen Rückzug nach Oesterreich nöthigte, weil er den Grafen
Dampierre nicht den überlegenen Streitkräften der Mährer und
Ungarn aussetzen durfte und Wien gegen einen neuen Angriff
schützen musste. Ob er nicht besser gethan hätte den vorbereiteten Schlag gegen das böhmische Heer zu führen und erst
dann seine Waffen gegen Bethlen zu kehren, wollen wir nicht
weiter untersuchen, jedenfalls waren rasche Entschlossenheit
und kühnes Vorgehen gegen den Feind nicht seine Sache, er
liebte es nach Art der damaligen Kriegführung mehr in defensiver als offensiver Weise vorzugehen und glaubte schon
aus diesem Grunde sich nach Oesterreich zurückziehen zu
müssen. Am 19. September brach er sein Lager bei Mirowitz 1619
ab und trat den Marsch nach Oesterreich an.

Wäre das böhmische Heer nicht völlig demoralisirt gewesen
und hätten seine Anführer ihr Handwerk verstanden oder
wenigstens ihre Pflicht begriffen, so hätten sie jetzt die Gelegenheit benützen und das kaiserliche Heer auf dem Rückzuge
ununterbrochen belästigen müssen. Jeder Angriff versprach

---

*) Lamormains Briefwechsel, herausgegeben von Dudík.

einen Erfolg, da Buquoy's Heer mit einem grossen Tross belastet war, der ausgedehnte Schutzlinien in Anspruch nahm, und zahlreiche Kranke mitgeschleppt wurden, die den Rückzug noch mehr erschwerten. Aber der Fluch, der auf dem böhmischen Aufstande wegen der Unfähigheit seiner Führer und ihrer liederlichen Wirthschaft lastete, machte sich jetzt in entscheidender Weise geltend. Da Thurn schon am 18. September nach Mähren abgereist war, um den ihm angetragenen Oberbefehl über die dortige Armee zu übernehmen, so führte, da sich Anhalt noch nicht bei dem Heere eingefunden hatte, Hohenlohe den Oberbefehl über die böhmische Armee und dieser wollte in der That die günstige Gelegenheit benützen, dem Feinde nacheilen und ihn angreifen. In diesem vielverheissenden Augenblicke sagten ihm aber die sämmtlichen Truppen den Gehorsam auf und erklärten nicht früher ihre Stellungen verlassen zu wollen, als bis ihnen der versprochene dreimonatliche Sold ausbezahlt werden würde. Statt den Feind zu bedrohen, bedrohten die Truppen das eigene Land! Oberstlieutenant Schlammersdorf eilte nach Prag und beschwor die Direktoren, ihre Pflicht zu thun; Hohenlohe liess ihnen sagen, wenn man die Truppen noch länger mit leeren Worten hinhalten würde, so möge man nicht nur auf einen Angriff von ihnen gefasst, sondern auch sicher sein, dass sich das zur Verzweiflung getriebene Landvolk zu gleicher Zeit erheben würde. *)

Man muss es zur Schande der Directorial-Regierung sagen, dass immer nur Drohungen und die unmittelbare Gefahr sie an ihre Pflicht erinnerten, für die nöthigen Geldmittel zu sorgen. Wenn die im August gefassten Steuerbeschlüsse nur zu einem Theil durchgeführt worden wären, so wäre jedenfalls eine ausreichende Summe verfügbar gewesen, da sich mittlerweile auch mehrere ausserordentliche Einnahmsquellen eröffnet hatten. Die an die Generalstaaten abgeordnete Gesandtschaft hatte so viel bewirkt, dass sich dieselben bereit erklärten, Böhmen mit 50.000 Gulden monatlich vom Mai 1619 angefangen

---

*) Skala III, 343. — Lebzelters Berichte dd. 12./22. und 16./26. September 1619. Prag.

zu unterstützen und Oberst Frank hatte, wie bereits erzählt wurde, die erste Rate mitgebracht und den Direktoren zugeschickt. Ferner waren in Nürnberg jene 200.000 Gulden ausgeliehen worden, für welche die Union die Bürgschaft übernommen hatte, und diese waren ebenfalls in Prag angelangt, *) endlich ergaben die Einkünfte aus Strafgeldern und willkürlichen Beschlagnahmen gleichfalls eine beträchtliche Summe. So war vor vier Wochen Christoph Karl von Ruppa, ein Vetter des oftgenannten Mitgliedes der Direktorial-Regierung wegen einer unpatriotischen Aeusserung zu einer Geldstrafe von 10.000 Thalern verurtheilt worden, welche Strafe später nur insofern gemildert wurde, als sie in ein unverzinsliches Zwangsanlehen von gleicher Höhe verwandelt wurde. **) Auch die Beschlagnahmen trugen täglich etwas ein. Es sind damit nicht die Güterconfiscationen gemeint, die bei dem Mangel an zahlungsfähigen Käufern jetzt keinen Vortheil brachten, sondern die Beschlagnahmen von Erbschaftsmassen. Starb irgendwo Jemand, der im Rufe des Reichthums stand, so wurden die Kapitalien, die sich in seinem Nachlasse befanden, mit Beschlag belegt und den Erben Schuldscheine zahlbar in unbestimmter Zeit

---

*) Lebzelters Bericht dd. 9./19. September 1619.

**) Während nämlich im Landtage auf Berka's Antrag über die zur Besoldung der Truppen herbeizuschaffenden Geldmittel berathen wurde und viele über die elende Kriegführung der böhmischen Generale ihren Unwillen ausdrückten, äusserte sich Christoph von Ruppa gegen einige Standesgenossen, dass er sich, wenn Buquoy in den pilsner Kreis einrücken würde, vom Aufstande lossagen und Ferdinand anerkennen würde. Diese, wie es scheint, mehr im Ärger als mit Vorbedacht ausgesprochenen Worte wurden ruchtbar und der Sprecher im Landtage deshalb zur Rede gestellt. Christoph von Ruppa läugnete keineswegs, bemerkte aber, man könne ihm unmöglich daraus einen Vorwurf machen, wenn er in der Noth und falls Buquoy seine Güter überschwemmen sollte, sich nach Möglichkeit zu helfen suche. Diese Rechtfertigung rief allgemeinen Unwillen hervor und hatte den Beschluss zur Folge, dass dem schlechten Patrioten eine Geldstrafe von 10.000 Reichsthalern auferlegt wurde. Dieser Beschluss zeugte deutlich von dem Wunsche der Stände, Geld auf jede Weise aufzutreiben. Sie gaben zuletzt den Bitten und Verwünschungen des Gestraften in so weit Gehör, als sie die ihm auferlegte Busse in ein zwangweises unverzinsliches Darlehen verwandelten, zu dem sich Christoph von Ruppa für die Dauer von vier Jahren verstehen musste.

ausgefolgt. Diese räuberische Massregel war seit einigen Wochen im Schwunge und rief eine um so grössere Erbitterung hervor, als selbstverständlich die Mitglieder der Regierung von ihr nie betroffen wurden. Zu allem dem gesellte sich endlich die Confiscation aller in einzelnen Klöstern in Prag, namentlich auf dem Strahow, aufbewahrten silbernen und goldenen Gefässe, die unter dem Vorwand verfügt wurde, dass man die Verschleppung derselben in die Fremde verhindern und sie deshalb besser aufbewahren wolle.*)

Zu diesen verschiedenen Einkünften, welche sich die Regierung in solcher Weise eröffnet hatte, kam zuletzt noch die Münzverschlechterung. Im Auftrage der Direktoren wurde eine beträchtliche Masse kleiner Münze nicht mit jenem Silbergehalt ausgeprägt, den sie gesetzlich haben sollte. Diese Massregel hätte vielleicht geheim gehalten werden können und hätte dadurch wenigstens für einige Zeit den gewünschten Erfolg gehabt, da aber die Direktoren zu gleicher Zeit den älteren Münzen einen höhern Kurs zuerkannten, kam alle Welt hinter das Geheimniss der vorgenommenen Finanzoperation, die natürlich fruchtlos blieb, weil alle Waaren im Preise aufschlugen.**) Durch die ausserordentlichen Einkünfte und durch diese Operation war die Regierung im September in den Besitz einer Geldsumme gelangt, welche man vielleicht auf 400.000 Gulden schätzen kann und die, wenn vor dem bestimmten Termin ins Lager geschickt, jedenfalls die Truppen freundlicher gestimmt hätte, obwohl sie die Höhe des dreimonatlichen Soldes nicht erreichte. Die Soldaten hatten mittlerweile nach Schlammersdorfs Abreise nach Prag den inständigen Bitten ihrer Generale nachgegeben und den Marsch nach Tabor angetreten, um dem

---

*) Lebzelters Bericht dd. 16./26. Sept. 1619. Er sagt: Ein Aufstand unter dem Volk ist ziemlich wahrscheinlich, sinthemal nicht allein die armen Leut mit grossen unerschwinglichen Contributionen und anderen Auflagen ufs euserste beschwert, sondern auch sonsten mit ihnen ganz tyrannisch verfahren will werden. Dann wan jemand stirbt, bei dem man etwas zu bekommen vermeint, fährt man ohne alle rechtmässige Ursach zu und sperrt den Erben die Verlassenschaft, ist etwas von bar Gold und Silbergeschirre vorhanden, so nimmt man daselbst zwar uf vertröste Wiedererstattung gewaltthätiger Weiss hinweg.

**) Skála III, 344.

Feinde den Weg zu verlegen. Die Wahrscheinlichkeit des Erfolgs war allerdings eine geringe, da Buquoy durch die meuterischen Vorgänge bei Zalužan einen Vorsprung von drei Tagen gewonnen hatte. Als nun die böhmischen Soldaten bei Tabor erfuhren, dass ihnen auf den versprochenen dreimonatlichen Sold nur eine Anzahlung geleistet werden solle, kannte ihre Wuth keine Grenzen. Sie kündigten ihren Generalen zum zweitenmale den Gehorsam auf und erklärten auf die Güter der Direktoren ziehen und sie so lange besetzt halten zu wollen, bis sie sich bezahlt gemacht hätten. Wiederum bedurfte es zweier Tage, ehe sie den Bitten der Generale Fels, Hohenlohe und ihrer übrigen Anführer nachgaben, das dargebotene Geld annahmen und zum Gehorsam zurückkehrten. Hohenlohe und Fels mussten aber hoch und theuer schwören, dass binnen acht Tagen der Rest des Geldes nachfolgen werde.*)

Durch diese Versprechungen etwas beruhigt und durch das Zurückweichen des Feindes ermuthigt zogen die Soldaten nun weiter gegen Süden und erreichten am 27. Sept. Weseli. Tags vorher hatte Hohenlohe 500 Musketiere und 500 Reiter unter des Generalwachtmeisters Bubna Kommando gegen das feste Schloss Bechin abgeschickt, das von einer kleinen kaiserlichen Besatzung von etwa 50 Mann vertheidigt wurde. Unterstützt durch das heimliche Einverständniss mit einem Thorhüter drang Bubna ohne Schwierigkeit in das Schloss ein und nahm den grösseren Theil der Besatzung gefangen.**) Die Freude an diesem Erfolg wurde aber sehr vergällt, als man fast gleichzeitig erfuhr, dass Buquoy auf seinem Rückzuge Zeit gefunden hatte, das Schloss Rosenberg anzugreifen und die Besatzung gegen freien Abzug zur Capitulation zu nöthigen. Er hatte auf diese Weise in Böhmen die Plätze Pisek, Budweis, Krummau, Gratzen und Rosenberg inne und beherrschte damit den südlichen Theil des Landes.

Indem Buquoy seinen Marsch nach Rosenberg einschlug, wählte er jedenfalls nicht die kürzeste Linie, um sich mit

---

*) Sächs. St. A. Fels und Hohenlohe an die Direktoren dd. Weseli den 27. Sept. 1619.

**) Sächs. St. 172, XVI. Relation über die Eroberung des Schlosses Bechin dd. 27. Sept. 1619.

Dampierre, der bei Lundenburg stand, zu vereinigen und den allfälligen Anschlägen der Ungarn zu begegnen Er lief Gefahr, dass ihm die böhmischen Truppen, die sich Weseli näherten, während er in Rosenberg stand, und die dadurch eine beträchtlich kürzere Strecke nach Lundenburg zurückzulegen hatten, zuvorkommen und an der so wichtigen Vereinigung hindern würden. Jeder andern Armee gegenüber hätte er sich wohl dieser Gefahr nicht ausgesetzt, nur bei seinen bisherigen Gegnern durfte er es wagen, zuerst seine böhmischen Positionen zu sichern und dann erst sich nach Lundenburg zu wenden. Seine übermüthige Zuversicht wurde nicht bestraft, denn Hohenlohe hatte eben so wenig einen Begriff von der Kostbarkeit der Zeit, wie von der Art und Weise dem Gegner beizukommen. Von Weseli aus wäre er wohl gern Buquoy nachgefolgt, aber er nahm Anstand längs des Moldauthales nach Rosenberg vorzurücken, weil Budweis und Krummau im feindlichen Besitze waren und er dadurch gefährlichen Angriffen ausgesetzt war. Andererseits fürchtete er sich auch über Neuhaus den Marsch gegen die mährische Grenze anzutreten und sich Buquoy entgegen zu stellen, wenn derselbe den Weg nach Lundenburg einschlagen würde. Er beschränkte sich darauf nach Neuhaus vorzurücken und zu warten, bis ihm der Gegner den Weg weisen würde, denn er wollte ihm wohl folgen, aber keineswegs zuvorkommen.

Die Nachricht von dem Anschlusse Bethlens an den böhmischen Aufstand hatte in Oesterreich viel Freude verursacht und die dortigen Protestanten in ihrem Widerstande gegen Ferdinand nur bestärkt. Als demnach Erzherzog Leopold auf die Kunde von der vollzogenen Wahl der Direktoren die horner Stände durch scharfe Drohungen einzuschüchtern suchte und ihnen ein Schreiben zukommen liess, worin er nicht nur die weiteren Zusammenkünfte verbot, sondern auch bei Strafe des Hochverraths die Abdankung aller geworbenen Mannschaft anbefahl *) und gleichzeitig in offenen Mandaten anordnete, dass man das ständische Kriegsvolk, wo man es betrete, niederschlagen oder gefangen nehmen solle, machten alle diese

---

*) Sächs. St. A. Aus Wien dd. 4. Okt. Ebend. dd. 13. Oktober.

Befehle auf die Bedrohten keinen Eindruck mehr. Nichtsdestoweniger wurde den Hornern eine unangenehme Ueberraschung zu Theil, als Buquoy auf dem Rückzuge nach Oesterreich Horn berührte und sich dieser Stadt vorübergehend bemächtigte.*) Die Stände verliessen dieselbe bei seinem Anzuge in eiliger Flucht und dachten nicht daran, sich mit ihren neugeworbenen Truppen zur Wehr zu setzen, denn zu diesem entscheidenden Beschluss hatten sie sich noch nicht aufgerafft.

Nicht ohne Interesse liest man einen Bericht über die Art und Weise, wie Buquoy und sein Gefolge sich in Horn geberdeten, weil er ein deutliches Licht auf den Hass wirft, der die feindlichen Parteien trennte. Als der Oberfeldherr mit seinem Gefolge, in welchem sich auch Albrecht von Waldstein als Oberst des neugeworbenen wallonischen Reiterregiments befand, in der Stadt herumging und sich darauf bei dem Schlosse, das dem Herrn Reinhard von Buchheim gehörte, aufstellte, ging gerade ein gewisser Sax, eine mit den ständischen Verhältnissen genau bekannte Persönlichkeit vorüber. Buquoy liess denselben anhalten und durch Waldstein über die Absichten der Stände befragen. Zu diesem Verhöre gesellte sich auch Buchheim und bald nahm die Unterhaltung eine heftige Wendung, als der letztere der niederösterreichischen Direktoren erwähnte und Buquoy ihre Wahl als einen revolutionären Schritt bezeichnete. Jetzt griff auch Waldstein selbständig und nicht als blosser Dolmetscher Buquoy's in das Gespräch ein. Die mährischen Stände hatten seine Güter mit Beschlag belegt und da ihn dies auf das äusserste erbittert hatte, so verstieg er sich zu den heftigsten Drohungen gegen die österreichischen Stände: durch ihre Schuld seien er und seine Gesinnungsgenossen um ihr Hab und Gut gekommen, aber man werde sich blutig zu rächen wissen und sie nach der spanischen Pfeife tanzen lehren. Als Buchheim den Oesterreichern die Schuld an diesem Kriege nicht aufbürden lassen wollte und die Böhmen als die Hauptanstifter bezeichnete, wollte Waldstein dies nicht zugeben und beschuldigte namentlich die Oberösterreicher, dass sie die Urheber

---

*) Diarium Kufsteins im Wiener St. A.

alles Uebels seien. Ihre beabsichtigte Gesandtschaft zu Erzherzog Albrecht und ihre Einladung, dass er die Regierung antreten solle, sei nichts als Heuchelei, da sie wohl wüssten, dass der Erzherzog Brüssel nie verlassen werde. Auch der Oberst Marradas mischte sich in die Unterredung und stiess in italienischer Sprache gegen die österreichischen Direktoren mancherlei Beschimpfungen aus, doch erreichte seine Heftigkeit weitaus nicht die Waldsteins. Buquoy allein sprach in massvoller und würdiger Weise. *)

1619 Nach einer dreitägigen in Horn zugebrachten Rast schlug Buquoy am 6. Oktober den Weg nach Znaim ein und gab so deutlich kund, dass er sich mit Dampierre verbinden wolle. Auf dem Marsche wollte er sich der Stadt Znaim durch einen Handstreich bemächtigen, allein da dieselbe von den Bürgern und von der mährischen Landwehr tapfer vertheidigt wurde, gab er seine Absicht auf und zog nach Taswiz. Das böhmische Heer, das bisher nutzlos viel Zeit vertrödelt hatte, beeilte sich den Fehler gutzumachen und den kaiserlichen Feldherrn zu erreichen. In der That wurde Buquoy seit seinem Abmarsch aus Horn von Hohenlohe, der über Weidhofen in Oesterreich eingerückt war, fast täglich in seiner Nachhut angegriffen. Als Buquoy jedoch bei Taswiz einige Tage Halt machte, setzte auch Hohenlohe seinen Zug nicht weiter fort, sondern schlug sein Lager in der Umgebung von Znaim auf und beschränkte sich nur auf unbedeutende Plänkeleien. In den zahlreichen Scharmützeln während der darauffolgenden Woche schrieben sich die Böhmen den Sieg zu und es scheint, dass ihnen das Glück etwas günstiger war und Buquoy namhafte Verluste erlitt. **) Jedenfalls hatte aber der kaiserliche Feldherr seine Vereinigung mit Dampierre gesichert, da Hohenlohe ihm den Weg nach Lundenburg nicht mehr verlegen konnte.

Wir haben erzählt, dass Thurn Böhmen am 18. September verlassen und sich nach Mähren in das Lager der dortigen Truppen verfügt hatte. Nach seiner eigenen Versicherung war

---

*) Sächs. St. A. 9172 XVI. Aus dem böhmischen Lager dd. 9. Okt.
**) Sächs. St. A. Aus dem böhmischen Lager dd. bei Znaym den 17. Okt. 1619.

er von den mährischen Ständen mit dem Oberkommando über ihre Truppen betraut worden; wann dies geschah, wissen wir nicht genau anzugeben, jedenfalls führte er den Oberbefehl über dieselben seit seinem Eintreffen bei Neumühl. Seine Reise dahin trat er in Begleitung von 200 Reitern an, die seine Leibcompagnie bildeten. Als er mit dieser unbedeutenden Verstärkung im mährischen Lager eintraf, mag das Gerücht sie wohl verzehnfacht haben und dies den Grafen Dampierre, der gerade bei Neumühl stand und einen Angriff gegen die Mährer vorbereitete, zum eiligen Rückzug bewogen haben.*) Die Gefahr, die von Dampierre drohte, war also vorläufig beseitigt, dagegen glaubte Thurn vor Buquoy nicht sicher zu sein, weil er besorgte, dass dieser auf seinem Rückzuge ihn vielleicht im Lager von Neumühl angreifen und durch seine Uebermacht vernichten könnte. Seine einzige Hoffnung beruhte jetzt auf Bethlen, von dem er erwartete, dass er die versprochene Reiterschaar rechtzeitig zu Hilfe schicken werde. Als er am 5. Oktober die Nachricht von ihrem Anmarsche 1619 erhielt,**) glaubte er sich bereits von aller Sorge erlöst und feierte die frohe Botschaft mit einem „Saufgelage." Allein es verging doch noch eine Woche, bevor die ungarischen Hilfstruppen unter Redei's Kommando 12.000 Mann stark, durchwegs Reiterei, bei Neumühl anlangten. Thurn zog ihnen mit seinem sämmtlichen Volk eine kurze Strecke entgegen und begrüsste die erschnte Hilfe mit enthusiastischer Freude, die nicht wenig erhöht wurde, als Redei erklärte, er habe von seinem Fürsten den Befehl erhalten sich dem Kommando Thurns zu fügen.***) Der Graf, der wohl selbst an seinen Fähigkeiten zum Feldherrn gezweifelt haben mag, überzeugte sich dadurch, dass sein Ruf noch nicht so gefährdet sei, wie er vernünftiger Weise befürchten musste.

Nach Ankunft der ungarischen Hilfstruppen war auch für Dampierre keines Bleibens mehr, doch beeilte er sich keineswegs, sondern wartete bis Buquoy, der seinen Rückzug von

---

*) Wiener St. A. Thurns Schreiben an? Der Brief ist undatirt.
**) Sächs. St. A. 9172, 16 Thurn an die Direktoren dd. 5. Okt. 1619.
***) Ebend. Thurn an die Direktoren 13. Okt. 1619 Neumühl.

Taswiz über Laa gegen Wien fortsetzte, ihm näher gekommen war, damit sich der Feind nicht zwischen die kaiserlichen Truppen einschieben könnte und so geschah es, dass Mähren erst am 20. Okt. von den letzteren geräumt war. Da sich Dampierre und Buquoy in der Richtung über Mistelbach nach Wien zurückzogen, stand der Vereinigung des böhmischen und des mährisch-ungarischen Heeres nichts mehr im Wege und sie erfolgte auch am 23. in der Nähe von Wülfersdorf. Das gesammte Heer zählte jetzt gegen 35.000 Mann, darunter allerdings 12.000 ungarische Reiter, deren Verwendbarkeit stets eine ungewisse war. Dieser bedeutenden Truppenmasse gegenüber verfügten die kaiserlichen Feldherrn kaum über mehr als 20.000 Mann und waren so beträchtlich im Nachtheile. Thurn, der jetzt eine Schlacht herbeisehnte, wollte deren Ausgang dadurch sicherstellen, dass er Bethlen, der sich bereits Pressburgs bemächtigt hatte, dringend bat, nach Marchegg vorzurücken und den Feind auf seiner Flanke zu bedrängen.*)

Es schien, als ob das vereinigte böhmisch-mährisch-ungarische Heer, das wir mit dem Namen Bundesheer bezeichnen wollen, dem kaiserlichen noch vor dem ersehnten Zuzug Bethlens eine Schlacht liefern würde, denn am 24. Oktober kamen die feindlichen Heere bei Ulrichskirchen einander auf Schussweite nahe und beide Theile schienen kampflustig zu sein. In der That beschlossen Thurn und Hohenlohe, nachdem sie den Tag mit unnützen Tändeleien vertrödelt hatten, um drei Uhr Nachmittags zum Angriff überzugehen und eröffneten denselben mit einem Artilleriefeuer, das der Feind erwiederte und das bis zum Einbruche der Nacht dauerte. Das ganze Resultat dieses Kampfes bestand darin, dass auf jeder Seite etwa 100 Mann kampfunfähig wurden. Im Einverständnisse mit Erzherzog Leopold, der während des Kampfes aus Wien herbeigeeilt war und sich mit Buquoy berathen hatte, trat der letztere am fol-

---

*) Sächs. St. A. 9172, XVII Thurn an die Direktoren dd. 23. Okt. 1619 Wülfersdorf. — Ebend. Aus dem Lager bei Ebersdorf dd. 24. Okt. 1619. — Ebend. Aus dem Lager bei Riegersdorf dd. 27. Okt. 1619. — Die Zahl der mährischen Truppen wird in diesem Bericht auf 8000 Mann angegeben.

genden Tage den Rückzug über die Donau an. Da seine
Bagage jedoch von so riesiger Grösse war, wie man „deren
nimmermehr gesehen" — so berichtete wenigstens Leopold an
den Kaiser — so nahm der Uebergang über die Donau viel
Zeit in Anspruch, obgleich man nicht bloss die Schiffbrücke,
sondern auch Transportschiffe benützte. Gegen die Schanze,
die am linken Donauufer vor der Brücke aufgeworfen war
und den Uebergang sicherte, richtete nun das Bundesheer seine
Angriffe, die von solchem Erfolge begleitet waren, dass die
kaiserlichen Obersten mit Buquoy an der Spitze ihre ganze
Energie aufbieten mussten, um den Verlust derselben hintanzuhalten; bei dieser Gelegenheit erhielt der Obergeneral einen
Streifschuss in den Arm. Da man mittlerweile den Uebergang
über die Donau bewerkstelligt hatte, befahl der Erzherzog die
Schanze zu räumen und den Rest der Truppen zurückzuziehen.
Der Befehl wurde ausgeführt und gleichzeitig die Brücke am
linken Ufer abgebrochen.*)

Buquoy hatte sich durch den Rückzug nach Wien und
durch das Abbrechen der Donaubrücke vorläufig weiteren Angriffen entzogen und es den feindlichen Generalen überlassen
nach Mitteln zu suchen, wie sie den Uebergang über die Donau
bewerkstelligen könnten. Bethlen hatte auf die Nachricht von
dem über Buquoy erlangten Erfolge die böhmischen Generale
beglückwünscht und ihnen die Zusendung seiner gesammten
Streitkräfte in Aussicht gestellt. Eine Besprechung über die
Art und Weise, wie dies geschehen sollte, schien nothwendig,

---

*) Münchner St. A. Leopold an Ferdinand dd. 26. Okt. 1619. Wir sind in
Verlegenheit, wie wir über den Ausgang des Kampfes um die Schanze
berichten sollen. Die Erzählung im Text geben wir nach dem
Berichte Leopolds an seinen Bruder, der uns auf Authenticität Anspruch
zu machen scheint. Dagegen enthält ein anderer im münchner St. A.
befindlicher Bericht ganz entgegengesetzte Daten. Darnach hätte das
Bundesheer die Schanze erstürmt und das buquoysche Heer zur eiligen
Flucht über die Donau gezwungen und selbst die Brücke am linken
Ufer abgebrochen. Diese Angabe erregt in uns einigen Zweifel in die
Glaubwürdigkeit dieses Berichtes, denn weshalb hätten die Sieger die
Brücke abgebrochen und sich so des einzigen Angriffsmittels beraubt? —
Ausserdem berichten über die Kämpfe an der Donau: Sächs. St. A. Bericht aus Riegersdorf dd. 27. Okt. 1619, Ebend. Aus Wien dd. 27. Okt.
1619. — Ebd. Bericht aus Wien dd. 3. Nov. Skála III. 362 u. flg.

und aus diesem Grunde verliessen Thurn und Hohenlohe (ungefähr am 27. Oktober) ihr Heer und eilten nach Pressburg, um mit Bethlen die nöthigen Unterhandlungen einzuleiten. Der Fürst war erfreut die beiden Herrn bei sich zu sehen und erbötig die nothwendigen Berathungen alsbald zu beginnen, gleichwohl verflossen die ersten Tage mehr in politischen Gesprächen, als in der Entwerfung von Operationsplänen. Zu solchen politischen Erörterungen gehörte zum Beispiel die Bemerkung Bethlens, das Reich um die Aufnahme Ungarns als Kurfürstenthum ersuchen zu wollen. Er mag hiebei darauf hingewiesen haben, dass er keine Nachkommenschaft besitze und die Ungarn nach seinem Tode zu einer neuen Königswahl schreiten würden. Durften sich da die Anhänger des Pfalzgrafen nicht der Hoffnung hingeben, dass Friedrich auch die ungarische Krone erlangen könnte und mit ihr die Herrschaft über das gesammte österreichische Reich, wie es noch Mathias besessen hatte? Hohenlohe, der die Mittheilungen Bethlens und die Hoffnungen, die sie in ihm erweckten, sofort nach Prag berichtete, knüpfte daran die Mahnung, man möge sich ja beeilen die Verhandlungen mit Bethlen zum Abschlusse zu bringen.*) Auf Anhalt machte die Zuschrift jedenfalls den von Hohenlohe gewünschten Eindruck, denn mit leidenschaftlichem Eifer klammerte er sich an die in Aussicht gestellte Erwerbung der ungarischen Krone an und riet dem Pfalzgrafen dieselbe fortan nicht aus den Augen zu lassen.**)

Welcher Art waren nun die Verhandlungen, um deren raschen Abschluss Hohenlohe so dringend bat? Sie betrafen selbstverständlich die Geldunterstützung, um welche Bethlen die Direktoren vor einigen Wochen hatte ersuchen lassen und da ihm die damaligen offenbar leeren Vertröstungen nicht genügten, hatte er jetzt eine neue Gesandtschaft nach Prag abgeordnet. Bethlen machte vor den böhmischen Generalen kein Hehl daraus, dass er nicht im Stande sein würde, den Angriff gegen den Kaiser länger fortzusetzen, wenn er

---

*) Münchner St. A. Hohenlohe an Solms oder Friedrich dd. 4./14. Nov. 1619. Pressburg.
**) Münchner St. A. Anhalt an Solms dd. 20./30. Nov. 1619.

nicht in ausgiebiger Weise mit Geld unterstützt würde. So schickte
er also zwei oder drei Tage nach der Ankunft Thurns und Hohenlohe's in Pressburg diese neue Gesandtschaft mit Franz
Redej (nicht dem General gleichen Namens) an der Spitze nach
Prag, die bei ihrer am 11. November erfolgten Ankunft in 1619
dieser Stadt bereits den neugewählten König antraf. Bethlen
liess durch Redej erklären, dass er erbötig sei, den Krieg gegen
Ferdinand bis zu dessen vollständiger Niederwerfung zu führen;
da er aber die hiezu erforderlichen Geldmittel nicht besitze, verlange er einen Ersatz von 100.000 Gulden für die bereits auf-
gewendeten Kosten und zugleich eine Zusicherung, dass die
Verbündeten ihn auch in Zukunft mit Geld unterstützen würden.
Erschien schon diese Forderung bei den finanziellen Verhältnissen Böhmens unerfüllbar, um wie viel mehr eine zweite, in
der Bethlen um die Auszahlung von 300.000 Gulden ersuchte,
weil er die Grenzfestungen gegen die Türken nicht anders
würde halten können. An diese beiden Forderungen knüpfte
er abermals die Bitte, dass Böhmen seine Zustimmung zu der
Vereinigung von Oesterreich, Steiermark, Kärnthen und Krain
mit der Krone von Ungarn gebe, sobald er diese Länder den
Händen Ferdinands entrissen haben würde. Schliesslich verlangte er, dass Böhmen in Gemeinschaft mit ihm Gesandte nach
Konstantinopel absende, um daselbst jeden Verdacht bezüglich
ihres gemeinsamen Vorgehens abzuwenden.

Als diese Forderungen in Prag bekannt wurden, erhoben
sich von allen Seiten Einwürfe und Klagen gegen dieselben.
Weder fühlte man sich im Stande Geld herzugeben, noch gönnte
man Bethlen die Erwerbung von Ländern, nach deren Besitz
man auf pfälzischer Seite selbst lüstern war. Auch fürchtete
man, dass es in Oesterreich einen sehr üblen Eindruck machen
werde, wenn es bekannt würde, dass über die Vereinigung der
österreichischen Alpenländer mit Ungarn verhandelt werde und
man sie so einem Regiment unterwerfen wolle, das wenig
besser schien als das türkische. Der König oder vielmehr
seine Rathgeber brüteten tagelang über eine passende Antwort
und verschoben deshalb die Reise nach Nürnberg, wo sie sich
zu dem dahin ausgeschriebenen Unionstage schon am 12. November hätten einfinden sollen; aber wie sehr sie auch ihren

Witz anstrengen mochten, sie konnten doch keine Antwort ersinnen, die den Fürsten von Siebenbürgen befriedigt hätte, sie konnten ihn nur mit Ausflüchten hinhalten. Anders kann man es wenigstens nicht deuten, wenn Friedrich Bethlens Ansprüche auf den Besitz der österreichischen Alpenländer dahin beantwortete, dass er ohne eingeholten Rath und Zustimmung des nürnberger Unionstages ihm seine Ansicht nicht mittheilen könne und wenn er auf die Geldforderungen Bethlens nur die Mittheilung machte, dass er den Grafen Hohenlohe mit den weiteren darauf bezüglichen Verhandlungen betraut habe. Von Seite des böhmischen Landtages, der eben in Prag versammelt war, bekam Bethlen die Antwort, dass dessen Mitglieder zur Erledigung von hochwichtigen Angelegenheiten nicht genugsam bevollmächtigt seien und erst in späterer Zeit im Stande sein würden, ihm ihren Beschluss kundzugeben.*)

Während die ungarische Gesandtschaft auf dem Wege nach Prag war, von wo sie später eine so wenig zusagende Antwort bringen sollte, begannen in Pressburg die Besprechungen über die weitere Kriegführung. Es scheint, dass Thurn und Hohenlohe nicht mit dem von Bethlen vorgeschlagenen Kriegsplane, der das gesammte Bundesheer bei Pressburg über die Donau setzen lassen wollte, einverstanden waren. Ihre Ansicht ging dahin, dass nur die ungarischen und mährischen Truppen abwärts von Wien über die Donau setzen, das böhmische Heer aber vor Wien am linken Ufer Wache halten sollte, um ein allfälliges Ueberschreiten Buquoy's über die Donau zu hindern. Die Ansicht Bethlens fand aber zuletzt allgemeine Zustimmung und ein Theil seines Planes wurde alsbald durchgeführt, indem Redej mit seinen Truppen nach Pressburg zurückmarschirte, daselbst die Donau übersetzte und darauf gegen Bruck vorrückte, wo er am 9. November von Buquoy angegriffen wurde. Die Ungarn, die Anfangs in Unordnung gerathen waren, erlitten dabei eine kleine Schlappe, aber sie rafften sich wieder auf, ergriffen die Offensive und brachten den Kaiserlichen schwere

---

*) Skála III. 392 und folg. Sächs. St. A.: Lebzelters Berichte dd. 3./13. u. 6. 16 Novemb. 1619. Weimarer St. A.: Rüppels Bericht dd. 13. Nov. 1619. Münchner St. A. Camerarius an von der Grün dd. 26. Okt./5. Nov. 1619.

Verluste bei und nur ihr Mangel an Disciplin bewahrte die Truppen Ferdinands vor einer völligen Niederlage.*) Mittlerweile hatte Bethlen bei Pressburg eine Schiffbrücke geschlagen, und da damit eine sichere Gelegenheit zur Ueberschreitung des Flusses gegeben war, so rückte Hohenlohe mit dem böhmischen Heere nach Pressburg vor und übersetzte daselbst die Donau am 21. November und in den folgenden Tagen. 1619 Thurn und Hohenlohe gaben dem Fürsten von Anhalt hievon Nachricht **) und verursachten demselben dadurch nicht geringe Besorgnisse, denn er verhehlte sich keineswegs die grosse Gefahr, die eine Niederlage der Alliirten im Gefolge haben konnte, da sie durch die Donau von einem sicheren Rückzuge abgeschnitten waren und Böhmen dem italienischen Kriegsvolke, das gegen Passau im Anzuge war, völlig preisgegeben wurde.

Aber nicht allein diese Gründe widersetzten sich dem nun ins Werk gesetzten Feldzugsplan, sondern auch die Mängel, an denen die böhmische Armee litt, und die wieder grell zu Tage traten. Schon waren zwei Monate seit der mit so unendlicher Schwierigkeit geleisteten Zahlung verflossen, die Soldaten begannen wieder bedrohliche Reden zu führen, die keine siegreiche Laufbahn verhiessen. Eben so wenig wurde das von neuem verwendete Aufgebot von jenen, denen es zukam, mit dem nöthigen Sold versehen. Noth und Elend machten sich auf allen Seiten geltend und zeigten sich in der erschreckenden Zunahme von Krankheiten und Sterbefällen, die die Armee mehr als decimirten. Thurn, der über diese grellen Uebelstände nach Hause berichtete ***) und die rasche Zusendung frisch geworbener Truppen auf das dringendste empfahl, liess sich gleichwohl nicht von dem einmal gefassten Kriegsplane abbringen und beschleunigte die Concentration des ganzen Bundesheeres, das sich auf 30.000 Mann — 18.000 Mann böhmischer, schlesischer und mährischer

---

*) Skála III, 367 u. 392. — Münchner St. A. Böhmen. Thurn an die böhmischen Stände dd. 10. Nov. 1619.

**) Münchner Reichsarchiv: Thurn und Hohenlohe an Anhalt dd. 20. Nov. 1619. Anhalt an Thurn u. Hohenlohe dd. 20./30. Nov. 1619.

***) Sächs. St. A.: Thurn und Hohenlohe an die königlichen Statthalter dd. 20. Nov. 1619, Pressburg.

Truppen und 12.000 Mann ungarischer Hilfstruppen — belief, ungerechnet die Truppenzahl, die unter Bethlens eigenem Kommando stand und die eine allerdings übertriebene Nachricht bis auf 40.000 Mann angibt. Mit dem Bundesheere von 30.000 Mann, dem sich auch Bethlen durch einige Tage mit einem Theil seiner Truppen anschloss, rückte Thurn am 26. November auf Bruck an der Leitha vor. Buquoy, der in der Nähe davon sein Lager aufgeschlagen hatte, wurde noch am selben Abend angegriffen und zum Rückzuge nach Wien gezwungen.

Tags vorher hatte sich Ferdinand, der es für seine Pflicht halten mochte, durch seine Anwesenheit den gesunkenen Muth der Wiener aufzurichten, in dieser Stadt eingefunden. Nach seiner Wahl auf den deutschen Thron war er nach kurzer Anwesenheit von Wien nach Gratz gereist, wo ihn vielleicht Landtagsverhandlungen oder die Krankheit seines ältesten Sohnes Johann Karl, der einige Wochen später starb, bis jetzt zurückgehalten hatten.*) Der winterlichen Jahreszeit wegen war die Reise von Gratz nach Wien äusserst langsam vor sich gegangen, im Kloster zu Schottwien musste wegen Unbill der Witterung ein mehrtägiger Halt gemacht werden und was die Reise noch unangenehmer machte, das waren die Klagen, die Ferdinand von seiner Umgebung zu hören bekam. Alles jammerte über Mangel an Geld, Kleidung und Wäsche; flüchtige Mönche und Nonnen vertraten dem Kaiser den Weg und nun sollte er nach Wien gehen, wo die Noth noch grösser war, wo an 2000 Verwundete durch ihren Jammer die Gesunden zur Verzweiflung brachten, wo alles im Preise gestiegen und so „werth geworden war, wie das Auge im Kopf."**) — Als Buquoy sich nach Wien zurückgezogen hatte, quartierte er den grössten Theil seiner Truppen bei den Bürgern ein, so dass mancher von ihnen 20—30 Mann beherbergen musste.***) Da es an Zufuhr gebrach, so wurde der Mangel an Lebensmitteln täglich grösser und wenn ja noch Bauern einiges zu Markt bringen wollten,

---

*) Müncher StA. Brief Ferdinands II an Maxm. von Baiern dd. 17. und 18. Okt. 1619. Gratz.
**) Wiener Staats-Archiv: Leopold an Ferdinand dd. 25. Okt. 1619.
***) Sächs. St. A.: Spanisches Schreiben dd, Schottrien 21. Nov. 1619. Ebend.: Aus Wien dd. 24. Nov. 1619.

so wurden sie von den kaiserlichen Soldaten vor den Thoren der Stadt ausgeplündert. Die Soldaten wetteiferten mit dem Feinde in der Aussaugung des Landes, in Wien beraubten sie am hellen Tage Frauenspersonen ihrer Mäntel und Hüte und ihrer silbernen Gürtel; sie glaubten sich zu allen Missethaten berechtigt, weil man auch bei ihnen mit der Soldzahlung im Rückstande war.

Das Bundesheer, das mittlerweile von Bruck aus gegen Wien herangezogen kam und Ende November vor den Thoren dieser Stadt anlangte, hatte auf dem Marsche meilenweit alle Städte und Dörfer geplündert und einige auch niedergebrannt. Vor allen anderen waren es die Ungarn, die überall nach Geld und Geldeswerth suchten und diejenigen, die sie im Verdacht hatten, welches zu besitzen, qualvollen Martern unterwarfen. Dem weiblichen Geschlechte wurde jegliche Gewalt angethan. Ferdinand, der dem Kurfürsten von Sachsen und dem Herzoge von Baiern über die Drangsale berichtete, unter denen Oesterreich in dieser Zeit litt, fand nicht Worte genug, um all' den Jammer zu beschreiben, den er nun mit erlebte. Er selbst wollte Wien wieder verlassen, weil er nicht Zeuge dieser qualvollen Zustände sein mochte, allein er musste bleiben, weil die ungarischen Reiter die Umgebung von Wien unsicher und ihm so die Abreise unmöglich machten.* In Wien war er vorläufig vor jeder Gefahr sicher, da die Feinde über kein Belagerungsgeschütz verfügten und deshalb nicht zum Angriffe schreiten konnten. Wie lange ihm das aber helfen würde, war ungewiss, da die zahlreiche ungarische Reiterei die Verproviantirung der Stadt hinderte und so der Hunger das bewirken konnte, was die Waffen nicht zu Stande brachten, nämlich den Kaiser mit seinen Truppen zum Preisgeben von Wien zu veranlassen.

1619

Schwer mag diese Sorge auf Ferdinand gelastet haben, wie gross musste demnach seine Ueberraschung und Freude sein, als er sich plötzlich vom Feinde befreit sah und eine

---

*) Sächs. St. A.: Aus Wien dd. 4. Dezember 1619. Ebend : Ferdinand an Kursachsen dd. 5. Dezember 1619. Münchner St. A.: Ferdinand an Maximilian von Baiern dd. 5. Dezemb. 1619.

jener unerwarteten Wendungen eintrat, an denen dieser Krieg, so reich war. Am 5. Dezember hatte er jene Briefe voll Klagen an Sachsen und Baiern gerichtet und gerade an diesem Tage hatten seine Gegner den Rückzug angetreten, und so konnte er schon am 6. Dezember* dem Herzoge von Baiern die Nachricht davon mittheilen. Er durfte wieder aufathmen und hoffen, dass er nicht zu Grunde gehen werde, bevor seine Freunde ihm neue Hilfstruppen zugeschickt haben würden.

Der Urheber dieser überraschenden Wendung war ein katholischer Edelmann in Oberungarn, der Graf Georg Drugeth de Homonna, ein Mann, der von seinen Glaubensgenossen ausserordentlich gerühmt wird, bezüglich dessen wir aber nicht im Stande sind zu sagen, wie weit eigener Ehrgeiz, wie weit bessere Einsicht seine Schritte lenkten. Ebenso entziehen sich die Gründe, um derentwillen er seinen Glauben wechselte und von dem Protestantismus, dem er ursprünglich angehörte, zur katholischen Kirche übertrat, unserer Beurtheilung. Jedenfalls stand er in den engsten Beziehungen zur katholischen Partei, was ihn jedoch nicht hinderte, auch Unterhandlungen mit der Pforte anzuknüpfen, um sich mit ihrer Hilfe der Herrschaft über Siebenbürgen zu bemächtigen und Bethlen zu stürzen. Seine Bemühungen blieben erfolglos und er musste vorläufig auf seinem Schlosse Homonna auf eine günstigere Zeit harren. Als Ferdinand nach dem Tode des Kaisers Mathias seinen ersten Reichstag nach Pressburg berief, entschuldigte Drugeth sein Nichterscheinen, weil er seine Anwesenheit auf seinem Schlosse für nöthiger hielt,**) denn schon Anfangs Juni fürchtete er den Ausbruch einer gegen Ferdinand gerichteten Bewegung in Oberungarn.

Als Bethlen seinen Zug antrat, sammelte Drugeth gegen ihn eine Truppenschaar von 8000 Mann, erlitt aber von einem der Unteranführer Bethlens eine Niederlage, die ihn zur Flucht nach Polen zwang. In Polen bemühte er sich durch Anwerbung eines Kosakenheeres die Mittel zu einem Einfalle in Ungarn in die Hand zu bekommen und seine Anstrengun-

---

*) Münchner St. A.: Ferdinand an Max von Baiern dd, 6. Dezember 1619.
**) Drugeth an Ferdinand dd. 11. Juni 1619. Bei Firnhaber.

gen wurden durch zwei Gesandte, die Ferdinand zu gleichem
Zwecke nach Warschau abgeschickt hatte, wesentlich gefördert. Der erste derselben war der Graf Althan, der den König
Sigmund und einzelne polnischen Edelleute für Ferdinand zu
gewinnen suchte und als Entlohnung auf die Güter in Böhmen
hinwies, die nach erlangtem Siege den bisherigen Besitzern
weggenommen und unter die Freunde des Kaisers vertheilt werden würden. Seinem Auftrage kam dieser Gesandte
mit um so grösserem Eifer nach, als er selbst schon seit dem
Ausbruche des Aufstandes die Anwerbung polnischer Truppen
angerathen und seine Dienste hiebei angeboten hatte. Der andere Gesandte, der wahrscheinlich erst im Oktober in Warschau 1619
anlangte, als es die Bekämpfung Bethlens galt, war der Erzherzog
Karl, des Kaisers Bruder, der als Bischof von Breslau durch
den böhmischen Aufstand mit dem Verluste seiner gesammten
Einkünfte bedroht war. Die beiden kaiserlichen Gesandten,
sowie Homonna fanden in Warschau eine freundliche Aufnahme.
Nicht blos das gleiche Glaubensbekenntniss machte den König
geneigt, den Wünschen Ferdinands zu entsprechen, auch verwandtschaftliche Bande erhöhten seine Opferwilligkeit, denn
seine Frau war eine Schwester des Kaisers, und bei der
Liebe, die die Geschwister verband, gab die Königin ununterbrochen den Anwalt ihres Bruders ab, was der Graf Althan
in seinem Berichte rühmend hervorhebt. Der König wäre
gern erbötig gewesen, die gesammten polnischen Kräfte aufzubieten, allein dazu hätte es der Berufung eines Reichstages
bedurft und bei diesem wäre er jedenfalls mit seinem Antrage
nicht durchgedrungen. Es blieb sonach kein anderer Ausweg
übrig, als dass Sigmund mit seinen Privatmitteln seinem
Schwager zu Hilfe eilte und so erbot er sich 7000 Kosaken
durch drei Monate zu unterhalten und dem Kaiser zur Verfügung zu stellen. Gleichzeitig wurden einige Edelleute aufgefordert, auf Kosten Ferdinands Werbungen anzustellen und
mit der geworbenen Mannschaft dem Kaiser zu Hilfe zu
eilen. Derartige, gleichsam private Hilfeleistungen waren nach
den Gesetzen des Königreiches gestattet und so sammelte sich
im Laufe des Monates November eine Armee von ungefähr
11000 Kosaken an, an deren Spitze Homonna am 21. No-

vember seinen Marsch über die Karpathen antrat und in Oberungarn einfiel.*) Als sich seinem weiteren Vorrücken Rákoczi mit einer Heeresabtheilung bei dem Schlosse Ztropko entgegenstellte, brachte Homanna ihm eine solche Niederlage bei, dass der geschlagene Führer nur von fünf Mann begleitet sein Heil in der Flucht suchen musste.**) Die Nachricht von diesem Schlage brachte eine entscheidende Wendung: Bethlen wurde durch dieselbe so bestürzt, dass er von der weiteren Bedrängung Wiens abliess und einen Theil seiner Truppen unter Szechy's Kommando nach Ungarn zurückschickte, um den weiteren Fortschritten Hommona's Einhalt zu thun. Den Rest seiner Truppen beschloss er vorläufig in der Umgebung von Pressburg einzuquartieren, wo sich mittlerweile der Reichstag versammelt hatte.

Bethlen hatte zu dem Angriffe gegen Ferdinand seine meisten Ersparnisse verbraucht und war doch nicht zum Ziele gekommen. Es war fortan mit Gewissheit zu erwarten, dass er den Kampf nur dann fortsetzen würde, wenn ihm ausreichende Geldmittel zur Verfügung gestellt würden. Die Allianz mit Böhmen hing von der Erfüllung dieser Bedingung ab.

---

*) Statthalterei-Archiv von Innsbruck. Erzh. Karl an Leopold dd. 3. Nov. 1619. Warschau. — Münchner St. A. Erzh. Karl an Leopold dd. 29. Nov. 1619.
**) Katona XXX, 253.

Siebentes Kapitel.

Der Unionstag in Nürnberg und die ständischen Verhandlungen in Brünn und Breslau.

I Streitigkeiten zwischen der Union und Friedrich von der Pfalz. Die Theilnehmer an dem nürnberger Tage. Absichten Friedrichs von der Pfalz bezüglich des nürnberger Correspondenztages. Minder freundliche Stellung des letztern zu den pfälzischen Wünschen. Beschluss, zu den Waffen zu greifen und dessen Consequenzen. Der kaiserliche Gesandte Graf von Zollern in Nürnberg. Sein Empfang. Antwort der Union auf die kaiserliche Botschaft.
II Instruction für den Gesandten nach München. Antwort Maximilians. Replik und Duplik. Die österreichischen Gesandten in Nürnberg. Resultat des nürnberger Tages. Doncaster. Seine Reise nach Wien, Graz, Pontebba; seine Rückkehr nach England über Wien und Nürnberg.
III Bemühungen Friedrichs von der Pfalz zur Erlangung der nöthigen Geldmittel. Die Reformation der Domkirche. Übler Eindruck dieses Vorganges. Abschätzige Bemerkungen über den pfälzischen Hofstaat. Friedrichs Reise nach Brünn. Die Katastrophe von Gitschin. Friedrichs Reise nach Olmütz. Sarkander. Friedrich in Breslau.

I

Man konnte sich in Böhmen nicht verhehlen, dass nur der unerwartete Anschluss Bethlens die drohende Niederlage abgewendet und die kaiserlichen Truppen vorläufig zurückgedrängt hatte. Da man schon vor dem Einfall Homanna's wusste, dass auf eine längere Dauer der ungarischen Hilfe nur unter der Bedingung zu rechnen war, wenn man sie bezahlte, so musste man entweder auf die Beischaffung der nöthigen Geldmittel oder wenn dies nicht möglich war und man auf Bethlen verzichten musste, auf die Gewinnung der Union zur Leistung von Hilfstruppen bedacht sein. Das erstere konnte nur durch Anknüpfung auswärtiger Verhandlungen, das letztere nur durch die Berufung eines Unionstages erreicht werden. Man war schon auf dem Tage in Rothenburg übereingekommen, eine neue Versammlung in Nürnberg, und zwar zu Anfang November abzuhalten; was damals nur vorsichtsweise beschlossen worden war, erwies sich jetzt als ein Gebot dringender Nothwendigkeit, wenn man den Gefahren nicht leichtsinnig entgegengehen wollte. Es handelte sich also vor allem darum, die Union zu bestimmen, dass sie ihre Streitkräfte nicht bloss zur Vertheidigung der Pfalz verwende, wie sie sich dazu in Rothenburg verpflichtet hatte, sondern dass sie auch in die Vertheidigung Böhmens gegen den Kaiser eingreife. Friedrich hatte diese Unterstützung schon auf eigene Faust anticipirt, indem er sich bei der Abreise nach Böhmen von einem Theil der auf Kosten der Union geworbenen Truppen begleiten liess und dieselben zum Angriffe gegen die kaiserlichen Besatzungen einiger böhmischen Städte verwendete. *)

Von Seite der Union wurde die Benützung dieser Truppen mit Unlust vermerkt und der Markgraf von Anspach gab dem Fürsten von Anhalt seine Unzufriedenheit zu erkennen.**) Der letztere war aber nicht geneigt, die Entlassung dieser Truppen anzurathen, da Böhmen gerade in diesem Augenblicke fast ganz von Soldaten entblösst war und gegen einen allfälligen Angriff von Passau, wo sich die dem Kaiser aus Deutschland und Italien zu Hilfe ziehenden Truppen koncentriren sollten, keinen Widerstand hätte leisten können. Friedrich und Anhalt hofften auf dem nürnberger Tage die nachträgliche Zustimmung der Union für die eigenmächtige Verwendung ihrer Truppen zu gewinnen, beide waren deshalb entschlossen die Reise dahin anzutreten und die Vertretung ihrer Interessen nicht einigen untergeordneten Personen zu überlassen. Die Versammlung sollte übrigens nicht bloss von den Unionsmitgliedern besucht werden: man wollte sie von Seite des Pfalzgrafen zu einer möglichst glänzenden machen und lud schon einige Wochen vorher alle protestantischen Fürsten Deutschlands sowie den König von Dänemark zur Betheiligung an derselben ein und gab sich der Hoffnung hin, dass alle der Einladung folgen und auch einige fremden Mächte sich in Nürnberg vertreten lassen würden.***)

---
*) Es waren dies zwei Leibkompagnien und wohl an 1000—2000 Mann sonstiger Truppen.
**) Anspach an Anhalt dd. 12. 22. Oktober und 27. Oktober/6. November 1619 im Appendix.
***) Wiener St. A. Kufstein an die niederösterreichischen Stände dd. 13. November. 1619.

Diese Erwartung wurde getäuscht, da sich ausser den Unionsmitgliedern wenige Gäste einstellten und namentlich Kursachsen jede Betheiligung ablehnte. Es erschienen persönlich Mitte November nur der Pfalzgraf Friedrich von Neuburg, der Herzog Johann Ernst von Sachsen-Weimar mit seinen zwei jüngeren Brüdern, der Markgraf Joachim Ernst von Anspach mit seinem Bruder Sigismund, der Herzog Johann Friedrich von Würtenberg mit zwei Brüdern, der Landgraf Moritz von Hessen und der Markgraf Friedrich von Baden. Durch Gesandte liessen sich vertreten: der Kurfürst von Brandenburg, der Pfalzgraf Johann von Zweibrücken, der Herzog von Lüneburg, der Herzog von Braunschweig, der zweite Markgraf von Baden, die wetterauischen und fränkischen Reichsgrafen, der Graf von Öttingen, die fränkische Reichsritterschaft und die Unionsstädte Strassburg, Frankfurt am Main, Nürnberg, Worms, Ulm, Speier, Rothenburg, Schwäbisch-Hall, Nördlingen, Schweinfurt, Landau und Wimpfen. Wenn wir weiter bemerken, dass sich im Laufe des Unionstages Gesandte der ober- und niederösterreichischen Stände einfanden und dass auch der englische Gesandte Lord Doncaster seine Schritte hieher lenkte, so haben wir sämmtliche Theilnehmer dieser Versammlung genannt**), die von ihren Mitgliedern als „Korrespondenztag" bezeichnet wurde, und bei ihrem Zusammentritt ein gewaltiges Aufsehen erregte.

Der König von Böhmen kam seiner Würde entsprechend zuletzt nach Nürnberg und hielt daselbst umgeben von allen obengenannten Fürsten die ihm entgegen geeilt waren, am 19. November seinen Einzug. In seiner Begleitung befanden sich der oberste Kanzler von Böhmen Herr von Ruppa, der Grosshofmeister Herr von Solms und Herr von Plessen. Der Fürst von Anhalt, dessen Anwesenheit dringend nöthig war, wenn die Berathung einen für den Pfalzgrafen gewünschten Ausgang nehmen und die Widerspänstigkeit einzelner Mitglieder be-

---

*) Paul Skala: MS. im böhm. Museum.

seitigt werden sollte, war nur bis Amberg gekommen und da durch einen Podagraanfall zurückgehalten worden. Wiewohl er auf diese Weise von Nürnberg fern bleiben musste, so äusserte er doch daselbst seinen Einfluss, denn sobald ihn die Schmerzen seiner Krankheit nur etwas in Ruhe liessen, so eilte er seinen Freunden mit Rathschlägen zu Hilfe und lenkte so zum Theile die dortigen Verhandlungen. Seiner Absicht nach sollte zwischen der Union und Böhmen ein inniges Bündniss abgeschlossen werden, so dass Böhmen, ohne dass dies ausdrücklich gesagt zu werden brauchte, in den Verband der Union aufgenommen werden sollte. Der Kurfürst von der Pfalz sollte auch als König von Böhmen das Haupt der Union und General über ihre Truppen bleiben und deren Verwendung im Interesse und zu Gunsten Böhmens geschehen. Anhalt wollte also nichts von einem Zurückziehen der Unionstruppen aus Böhmen wissen: nicht in unfruchtbaren Wünschen für das Gedeihen des böhmischen Aufstandes sondern in thatsächlicher Hilfe sollte die Union ihre Sympathien für den böhmischen Aufstand beweisen. *)

Die ersten Besprechungen der Unionsmitglieder deuteten auf keine durchwegs günstige Stimmung für die Sache des Pfalzgrafen: einige bemerkten, dass es ihnen ohne den Beitritt anderer Bundesgenossen nicht möglich sein würde, die geworbenen Truppen länger zu unterhalten geschweige zu vermehren, andern war das Bündniss mit Böhmen nicht genehm, weil sie die daraus folgenden Verwicklungen fürchteten. Gleichwohl machten sich diese Bedenken und Besorgnisse nicht besonders geltend, als am 21. November die Berathungen ihren Anfang nahmen und hauptsächlich den von Anhalt angedeuteten Punkt betrafen, welche Stellung die Union zur böhmischen Sache nehmen solle: man war bereit unter dem Vorwande, dass die „Gravamina" im Reiche eine unerträgliche Höhe erreicht hätten, zu den Waffen zu greifen **), ohne dass jedoch das Wie und Wo näher bestimmt worden wäre.

---

*) Münchner Staatsarchiv, 548: Anhalt an Solms dd. 18./28. Nov. 1619. Münchner Reichsarchiv, Tom V., fol. 141. Anhaltische Geheimbe Cantzley Seite 197.
**) Solms an Anhalt dd. 13./23. Nov. 1619. im Appendix.

Dieser Beschluss zeigte Entschlossenheit und die pfälzische Partei konnte sich darüber freuen, aber die Freude wurde sehr verbittert, als zwei oder drei Tage später, gleichfalls in Folge eines Unionsbeschlusses, eine Untersuchung über die bisherige Verwendung der für die Unterhaltung des Heeres eingezahlten Gelder angestellt wurde. Der Obersthofmeister Graf von Solms theilte dem Fürsten von Anhalt mit schwerem Kummer im Herzen diesen Beschluss mit und er hatte allerdings guten Grund dazu, da auch die Frage erörtert werden sollte, mit welchem Recht der Pfalzgraf Truppen, die aus der Unionskassa gezahlt wurden, nach Böhmen mitgenommen hätte. Die Mehrzahl der Unionsmitglieder bekämpfte jetzt offen jede Verwendung des Unionsheeres in Böhmen und verlangte vom Pfalzgrafen die Zurücksendung desselben oder die Anwerbung einer gleichen Truppenzahl auf seine Kosten, die nur in Deutschland stationiren sollten. Ebenso wenig wollten sie etwas davon wissen, dass der Pfalzgraf den monatlichen Gehalt von 6000 Gulden, den ihm die Union als ihrem General zugestanden hatte, noch weiter empfange, ja sie verlangten die Rückzahlung dieser Summe von der Zeit an, wo er die böhmische Krone angenommen hatte. Tag für Tag verlangten sie mit steigender Heftigkeit von dem Pfalzgrafen eine bestimmte Antwort auf diese Beschwerden und setzten ihn und seine Rathgeber in immer grössere Verlegenheit, da dieselben auf diese Mahnungen nur mit Ausflüchten antworten konnten, weil sie weder die Unionstruppen in Böhmen entbehren, noch sich bei ihrem gänzlichen Geldmangel zur Anwerbung neuer verstehen konnten. Auch warnte sie Anhalt gerade in diesen Tagen auf die Wünsche der Union einzugehen, weil von Passau her italienische Truppen gegen Böhmen im Anzuge seien.*)

Vielleicht wäre es dem Ansehen und der Beredsamkeit des Fürsten gelungen, die Widerspänstigkeit der Unionsmitglieder zu brechen, wenn er in Nürnberg gewesen wäre, er war aber nicht da und Niemand vertrat würdig seine Stelle. Der Pfalzgraf verlegte sich bei einigen Fürsten aufs Bitten, man solle ihm die Benützung der Truppen, natürlich

---

*) Münchner Staatsarchiv 548: Anhalt an Solms dd. 26. Nov. 6. Dec. 1619.

auf Kosten der Union, wenigstens so lange gestatten, bis ein Reiterregiment, mit dessen Anwerbung ein gewisser Obentraut beauftragt worden war, seinen Zug nach Böhmen angetreten haben würde. *) Aber die Union und namentlich die Reichsstädte wollten auch davon nichts wissen und schickten am 10. Dezember den Markgrafen von Anspach und den Herzog von Würtemberg an den Pfalzgrafen mit der bestimmten Forderung ab, dass er erstens auf den Gehalt von 6000 Gulden monatlich verzichte und zweitens die Unionstruppen allsogleich aus Böhmen zurückschicke oder für dieselben die unmittelbare Anwerbung neuer auf seine Kosten gestatte. Wieder legte man sich von pfälzischer Seite aufs Bitten und erlangte zuletzt so viel, dass die Union auf die Zurücksendung ihrer Truppen bis zur Ankunft der obertrautischen Reiter warten wollte; aber dafür verlangten die Reichsstädte nur um so heftiger, dass der Pfalzgraf den seit seiner Königswahl bezogenen Gehalt zurückerstatte und dass er die Union von der Unterhaltung der beiden Leibkompagnien entlaste. Der Oberstthofmeister Graf von Solms sass schon im Wagen, um nach Prag zurückzureisen, als ihm der Markgraf von Anspach diese neuen Beschwerden mit dem Bemerken mittheilte, man sehe es mit Unwillen, dass der König die Entscheidung auf diese und andere Beschwerden nicht in Nürnberg treffen wolle, sondern auf Prag verschiebe. Da die Unzufriedenheit der Unionsmitglieder bedenkliche Dimensionen annahm, bequemte sich der Pfalzgraf endlich dazu noch vor seiner Abreise auch dieser an ihn gestellten Forderung nachzukommen und sowohl die Unterhaltung der Leibkompagnien auf eigene Kosten zu übernehmen, als auch in Bezug auf die Gehaltsfrage sich der Entscheidung der Union zu fügen. **)

Diese hier geschilderten Streitigkeiten zogen sich durch die ganzen Verhandlungen des nürnberger Unionstages hin, waren aber weder der einzige noch der wichtigste Gegenstand

---

*) Münchner Staatsarchiv. 425/4: Memorial Anhalts für Mons. Erlach dd. 29. Nov. 9. Dec. 1619. Ebendaselbst: Anhalt an Solms dd. 26. Nov./ 6. December 1619.

**) Anhaltische Gehaimbe Cantzley.

der gemeinsamen Berathungen. Vor allem wurde der am
22. November gefasste Beschluss zu den Waffen zu greifen 1619
nach allen Seiten hin erwogen und es bedurfte allerdings der
Erwägung, da man ja noch nicht bestimmt hatte, gegen wen
man dieselben gebrauchen wolle.

Man zauderte den Beschluss zu vervollständigen und zum
wirklichen Angriffe überzugehen, der, sobald man sich nicht
an dem böhmischen Kriege betheiligen wollte, nur gegen die
Bischöfe und allenfalls gegen Maximilian von Baiern gerichtet sein
konnte. Man dachte den Angriff dadurch einzuleiten, dass man
die Unionstruppen, deren Unterhaltung zu schwer auf den
eigenen Schultern lastete, auf den geistlichen Besitzungen
einquartieren wollte. Dieser Beschluss, der keine geringere
Tragweite hatte, als dass er die geistlichen Fürsten für rechts-
und schutzlos erklärte und sie der Beraubung und Plünderung
preisgab, sollte die weitere Säkularisation des geistlichen Besitzes anbahnen, auf den mehrere Unionsfürsten schon seit
Jahr und Tag ihre Hand legen wollten. Schon seit dem
J. 1618 war es ein Gegenstand häufiger Berathungen im pfälzischen Kabinete, in welcher Weise ein Angriff gegen die benachbarten Bischöfe durchgeführt werden könnte, jetzt wo sich
die Aussichten für den böhmischen Aufstand durch den Anschluss Bethlens besserten, hielt man den Moment für geeignet,
diesen Plan zur Ausführung zu bringen. Man einigte sich zuletzt in
Nürnberg dahin, dass der Kurfürst von der Pfalz und der
Markgraf von Anspach das Zeichen geben sollten, wann die
Unionstruppen in die geistlichen Güter einzurücken hätten.*)

Machte sich die Union auf keinen Widerstand gefasst,
wenn sie der katholischen Geistlichkeit das Messer an die
Kehle setzte, bedachte sie nicht, dass sich daraus ein wahrer
Religionskrieg entspinnen würde, der Frankreich den Habsburgern in die Arme treiben würde? Diese und ähnliche Erwägungen scheinen den Pfalzgrafen nicht sehr belästigt zu
haben, er schlug den geistlichen Widerstand gering an und
glaubte, dass nur Maximilian von Baiern sich zum Schutze
seiner Glaubensgenossen aufraffen würde. Man erörterte des-

---

*) Anhaltische Gehaimbe Cantzley Seite 201.

halb in Nürnberg die Frage, ob die von Baiern drohende Gefahr nicht durch die Absendung einer Gesandtschaft an den Herzog abgewendet werden und ob man unter dem Vorwand einer treuherzigen Annäherung von ihm nicht das Versprechen erlangen könnte, dass er sowohl Böhmen wie der Union gegenüber die Neutralität bewahren werde: man konnte sich dann viel sicherer in den weiteren Kampf mit dem Kaiser einlassen und zum Angriff gegen die Bischöfe schreiten. Da man sich jedoch gestehen musste, dass sich der Herzog zu einem so unbedingten und weitreichenden Versprechen der Neutralität kaum verstehen würde, so war man erbötig, etwas in den Forderungen nachzulassen und wollte sich begnügen, wenn man Mainz, Würzburg, Eichstätt und das Stift Ellwangen angreifen könnte und wenn der Herzog von Baiern seine schützende Hand bloss über die ihm benachbarten Bischöfe von Augsburg, Freising und Regensburg halten würde.*) Man war so sehr zu einem Angriffe entschlossen, dass man die Gegenvorstellungen bewährter Freunde wie Deplessis-Mornay's und Aerssens' nicht beachtete. Vergeblich warnten beide die Union vor einem übereilten Angriffe der geistlichen Besitzungen; ihr Rath ging dahin zuerst die böhmische Angelegenheit zum Abschlusse zu bringen und dann erst weiter zu greifen.**) Aber diese Zurückhaltung war nicht nach dem Geschmacke der Tonangeber des Unionstages; die Absendung einer Gesandtschaft nach München wurde beschlossen, um mit dem Herzoge über die Neutralitätsfrage zu verhandeln und darnach die weiteren Schritte zu bestimmen.

Bevor diese Gesandtschaft abgeschickt wurde, musste die Union die Botschaft des Reichshofrathspräsidenten Grafen von Zollern entgegennehmen. Als der Kaiser von der nürnberger Zusammenkunft in Kenntniss gesetzt worden war, hielt er es für seine Pflicht eine hervorragende Person an diese Versammlung abzusenden und bestimmte hiefür den Grafen von Zollern. Er sollte die in Nürnberg versammelten Reichsstände vor der Theilnahme an den böhmischen Händeln warnen und sie der

---

*) Anhaltische Geheimbe Cantzley, 2. Aufl. Seite 206.
**) Die näheren Daten in der Anhaltischen Geheimben Cantzley.

friedfertigen Gesinnung des Kaisers versichern. Diese Instruction hatte man entworfen, bevor die Nachricht von der Krönung Friedrichs nach Wien gelangt war. Zollern empfing dieselbe erst auf der Reise und wusste nicht, ob er weiter reisen oder zurückkehren solle, glaubte aber zuletzt seinem Auftrag nachkommen zu müssen und setzte seinen Weg fort. Als er in Nürnberg anlangte, wurde er am folgenden Tage von den daselbst versammelten Fürsten und Ständen in feierlicher Audienz empfangen. Der Pfalzgraf ging ihm in die Mitte des Saales entgegen, begrüsste ihn und verfügte sich darauf an die Spitze eines langen Tisches, wo für ihn ein höherer Stuhl hergerichtet war, während für die übrigen Theilnehmer der Versammlung niedrigere Stühle an den Langseiten des Tisches aufgestellt waren. Man erwartete, dass der Graf von Zollern an einer der Langseiten Platz nehmen werde, da er jedoch den Kurfürsten nicht als König von Böhmen anerkannte und sich als kaiserlicher Gesandter höher gestellt glaubte, so vereitelte er die ihm zugedachte Demüthigung, indem er nicht Platz nahm, sondern sich auf die rechte Seite des Kurfürsten stellte und in dieser Stellung seine Ansprache hielt und dadurch auch seine Zuhörer zum Stehen nöthigte. Wohl suchte der Kurfürst auch jetzt eine höhere Stellung einzunehmen, indem er weiter zurückging und dort allein stehen blieb, allein der Graf von Zollern hatte, obwohl er ihm nicht weiter folgte, doch durch seine Geistesgegenwart der dem Kaiser zugedachten Herabsetzung die Spitze abgebrochen. In seiner Ansprache, in der er den Kurfürsten von der Pfalz nur als solchen bezeichnete, warnte er die Versammlung vor der Theilnahme an den böhmischen Händeln. *)

^{4. Dec. 1619}

---

*) Hurter theilt nach Slawata mit, dass der Graf von Zollern viel weiter gegangen sei, als wir berichten und dass er den für den Pfalzgrafen vorbereiteten Sitz eingenommen habe. Dies ist aber nach einem Schreiben Solms an Anhalt dd. 25. Nov. 5. Dec. 1619 Münchner Staatsarchiv, und nach der Relation, die Zollern an den Kaiser dd. 11. Dec. 1619 (Münchner Hofbibliothek Collectio Camerariana) richtete, nicht der Fall gewesen, sondern der Gesandte benahm sich so, wie wir erzählen. Offenbar wurde über

Vier Tage lang beriet sich die Union über die Antwort, welche sie dem Kaiser auf seine Botschft ertheilen sollte. Man war auf pfälzischer Seite besorgt, dass das Erscheinen des Grafen von Zollern einigen Eindruck machen und in der Union Zerwürfnisse zur Folge haben könnte, doch erwiesen sich diese Besorgnisse als unbegründet. Der Herzog von Würtemberg vertrat in den Berathungen über die dem kaiserlichen Gesandten zu ertheilende Antwort die Sache des Pfalzgrafen und seinem Eifer war es wohl zu danken, dass völlige Übereinstimmung zu Stande kam*). Die Union gab in ihrer Antwort, zu deren Empfangnahme sich der Graf von Zollern wieder eingefunden hatte, ihre Unzufriedenheit damit kund, dass den zahlreichen Reichsbeschwerden seit Jahrzehenden nicht abgeholfen werde und rechtfertigte ihre Rüstungen mit den Gegenrüstungen, die von katholischer Seite angestellt würden und deren Rückgängigmachung sie verlangte, wenn auch sie abrüsten sollte. Bezüglich Böhmens bedauerte sie, dass alle Vermittlungsversuche fehlgeschlagen seien und mahnte den Kaiser dieses Land „durch offene Gewalt und beharrliche Kriegsmacht" nicht weiter in Ungelegenheit zu setzen. Wenn um dieses Streites willen oder aus was immer für einem Grunde der König von Böhmen — so wurde der Pfalzgraf in dieser Antwort stets bezeichnet — oder ein anderes Unionsglied in seinen ererbten Besitzungen beunruhigt werden würde, so werde die Union treu zu ihm stehen und diesen Angriff abschlagen**). Die Union machte also die Sache des Pfalzgrafen insofern zur eigenen, als sie ihn auf alle Fälle gegen jeden Angriff in seinen deutschen Besitzungen vertheidigen wollte. Dieser Beschluss wurde zwei Tage später dadurch vervollständigt, dass sich sämmtliche Unionsmitglieder

---

den geschickten Streich des Reichshofrathspräsidenten in den folgenden Tagen viel gesprochen und derselbe allmällig immer mehr ausgeschmückt und einen solchen ausgeschmückten aber nicht mehr wahren Bericht enthält Slawata's Erzählung. — Auch Khevenhiller berichtet in seinen Annalen, dass der Graf von Zollern den obersten Platz eingenommen habe; doch auch dieser macht sich nur zum Echo eines falschen Gerüchtes.

*) Anhaltische Geheimbe Cantzley, 2. Aufl. Seite 226.
**) Die Antwort bei Londorp.

verpflichteten, keine dem Pfalzgrafen feindlichen Truppendurchzüge zu gestatten.*)

Der Graf von Zollern, der aus dieser Antwort ersehen konnte, dass seine Mission gescheitert sei, erwiederte mit einigen allgemeinen Versicherungen von der Friedensliebe des Kaisers und erklärte, dass man es demselben hoffentlich nicht verdenken werde, wenn er auf jegliche Weise seine aufrührerischen Unterthanen zum Gehorsam nöthigen würde. Nach diesen Worten verabschiedete er sich von der Versammlung blieb aber noch einige Tage in Nürnberg, um auf vertraulichem Wege einige Kunde über die nächsten Beschlüsse der Union zu erlangen. Nach den ihm von einigen Unionsfürsten gewordenen Mittheilungen glaubte er dem Kaiser die Versicherung geben zu können, dass die Union dem Pfalzgrafen bei dem Kampfe um die böhmische Krone keine direkte Unterstützung leisten, also ihre Truppen nicht nach Böhmen schicken werde.**)

II

Gleichzeitig mit der an den Kaiser abgegebenen Erklärung fanden Berathungen über die Instruktion statt, welche den Gesandten nach München gegeben werden sollte. Man wollte ursprünglich bloss den Herrn von Plessen mit dieser Gesandtschaft betrauen, aber auf seine Bitte wurde ihm der Graf Friedrich von Solms beigegeben und diesen schlossen sich dann noch zwei weitere Gesandte an. Ihre Sendung leitete der Pfalzgraf durch ein Schreiben ein, welches er von Nürnberg schon im Monate November an den Herzog von Baiern ab- 24.Nov. 1619 schickte und in dem er ihn um die Verhinderung von Truppendurchzügen ersuchte, die gegen Böhmen gerichtet seien.***) Die Gesandten selbst traten den Weg nach München erst nach Schluss des Unionstages am 21. Dezember an und überreichten dem 1619

---

*) Münchner Staatsarchiv: Nürnberger Unionsabschied dd. 30. November/10 Dezember. 1619,
**) Zollerns Bericht an den Kaiser dd. 11. Dec. 1619. Coll. Camer. in der Münchner Hofbibliothek. —
***) Das Schreiben bei Londorp dd. 14./24. Nov. 1619.

Herzog im Namen der Union eine Schrift, in welcher zuerst von den Reichsgravaminen und dann von den katholischen Rüstungen die Rede war, die als die Ursache angegeben wurden, weshalb auch die Union Rüstungen angestellt habe. Die letztere verlangte deshalb von den katholischen Fürsten, dass sie zuerst abrüsten sollten und knüpfte an dieses Begehren die Forderung, dass den Protestanten fortan volle Gleichberechtigung in der Besetzung der Stellen des Reichshofrathes und Reichskammergerichtes zugestanden und sie bei allen ihren ehemals geistlichen Besitzungen unangefochten gelassen werden sollten. Bezüglich dieser und einiger anderer nicht weiter hier anzuführenden Forderungen erklärten die Gesandten, dass sich die Union in keine Verhandlungen einlassen, sondern nur mit der vollen Gewährung derselben begnügen wolle; bezüglich einiger anderen Beschwerden sei sie jedoch erbötig, die betreffenden Verhandlungen einzuleiten. Binnen zwei Monaten vom Tage der Ueberreichung dieser Schrift sollten die Katholiken eine klare und bestimmte Antwort abgeben, ob sie die Waffen niederlegen und die gestellten Forderungen befriedigen wollten; sei dies nicht der Fall, so würde man die „Gelegenheit und Nothdurft" in Acht nehmen d. h. zum Angriffe gegen die katholischen Stände übergehen. *)

Noch nie hatte die Union in ihren für die Gegenpartei bestimmten Erklärungen eine so drohende Sprache geführt, wie diesmal; der momentane Erfolg vor Wien hatte das Zutrauen des Pfalzgrafen dermassen erhöht, dass er sich zu derselben erkühnte und die Union mit sich fortriss. Wenn man aber den Herzog von Baiern einzuschüchtern glaubte, so irrte man sich; er kannte genau die Kräfte der streitenden Parteien und wusste von der grossen sich gegen Böhmen vorbereitenden Coalition: spann er ja selbst eifrig die einzelnen Fäden zu dem Netze, das sich über Böhmen zusammenziehen sollte. Er liess sich also nicht einschüchtern, sondern antwortete der Union in einer Weise, die dem von ihr angeschlagenen Ton in nichts nachgab. Er tadelte zuerst ihren Entschluss zu den Waffen zu greifen, wenn binnen zwei Monaten nicht alle ihre Forde-

---

*) Die Erklärung der Unionsgesandten bei Londorp 11./21. Dez. 1619.

rungen befriedigt würden. Nicht die Protestanten, wohl aber die
Katholiken hätten das Recht sich zu beschweren, oder zum
mindesten seien die wechselseitigen Beschwerden der Katholiken
und Protestanten nicht so klar, dass darüber nicht verhandelt
werden müsste: würde da durch plötzliche Anwendung der
Waffengewalt das Übel nicht noch verschlimmert werden? Er
erklärte, dass er einen Angriff gegen die Katholiken nicht
dulden würde, und vernichtete auf diese Weise die Hoffnung,
die man auf seine Neutralität gesetzt hatte. Auf den Vorwurf
der Union, dass die Katholiken in verschiedenen Druckschriften sich manigfache Bedrohungen und Beschimpfungen
gegen die Protestanten erlaubten, entgegnete der Herzog, dass
die Katholiken noch mehr Grund zur Klage hätten, da man
nach den Angaben der gegnerischen Schriftsteller auf protestantischer Seite schon übereingekommen sei, wem die geistlichen Besitzungen zufallen sollten, schon sei diesem General oder jenem Obersten eine Anweisung auf dieses oder
jenes geistliche Gut gegeben worden. Auch hätten die Katholiken bis jetzt den Protestanten keinen Grund zur Klage gegeben, da sie die Union durch keine Einquartierungen und
Truppendurchzüge belästigt hätten, dagegen sei ihr Gebiet seit
dem Beginne des böhmischen Krieges vielfach ausgenützt
worden, ohne Bezahlung hätten sich Truppen zu Fuss und zu
Ross einquartiert und alle mögliche Bedrückung ausgeübt. Es
könne Niemanden Wunder nehmen, dass die Bischöfe sich derartige Drangsale nicht weiter gefallen lassen wollen und ebenfalls Werbungen anstellen, obwohl sie eigentlich friedlich seien
und augenblicklich abrüsten würden, wenn keine Gefahr sie
bedrohte. Mit Rücksicht auf das pfalzgräfliche Schreiben aus
Nürnberg erklärte der Herzog, dass er dem Kaiser Truppendurchzüge durch sein Land eben so wenig verwehren könne,
wie er dieses bisher der Union und sogar den Böhmen und
Österreichern verwehrt habe. Er hoffe, dass auch die
Union seinen Truppen, die er an verschiedenen Stellen anwerben
lasse, den Durchzug gestatten werde, da er zur Ersetzung
jeglichen Schadens erbötig sei. Weiter könne er sich nicht
enthalten, die Union zu tadeln, dass sie allein an ihn
eine Botschaft abgefertigt und ihn allein von ihrem Be-

schlusse, sich mit den Waffen Recht schaffen zu wollen, in Kenntniss gesetzt habe. Er habe keinen solchen Einfluss auf die katholischen Stände, um sie binnen zwei Monaten zu einer gemeinsamen Erklärung veranlassen zu können; besser wäre es gewesen, wenn die Union ihre Zuschrift an sämmtliche katholischen Fürsten oder an den eben versammelten Convent von Würzburg gerichtet hätte. Er sei überzeugt, dass nicht alle Protestanten und namentlich nicht die Bekenner der augsburger Confession eine so bedrohliche Sprache guthiessen und dass sie die Katholiken unangefeindet lassen würden, wenn diese nicht zum Angriff übergingen. Er gebe diese Antwort nur in seinem Namen und nicht in dem der katholischen Stände und warne die Union vor dem voreilig gefassten Beschlusse, denn „das Kriegsglück sei zweifelhaft und ziehe oft derjenige, der es nicht vermeint, den kürzern." — Obwohl die Union ihn in ihrer Zuschrift nicht wegen der Besetzung von Donauwörth tadelte, sondern über diesen Gegenstand schwieg, glaubte der Herzog sich dennoch ihretwegen vertheidigen zu müssen, indem er erklärte, dass er augenblicklich diese Stadt freigeben würde, wenn ihm die Executionskosten erstattet würden. *)

So lautete die Antwort Maximilians, die der herausfordernden Sprache der Union in nichts nachgab, sondern sie an Entschlossenheit noch überbot. Die Unionsgesandten hielten es für ihre Pflicht, eine Gegenantwort zu verfassen und übergaben 1619 dieselbe am 29. Dezember. Sie bedankten sich darin für die Anerbietung des Herzogs, die katholischen Stände von der Botschaft der Union in Kenntniss setzen zu wollen und drückten trotz seiner abweislichen Aeusserungen die Erwartung aus, dass binnen der anberaumten zwei Monate die Katholiken die Waffen niederlegen und den Unionsbeschwerden gerecht werden würden. Auf die Bemerkungen des Herzoges wollten sie nicht näher eingehen, sondern über dieselben an ihre Auftraggeber berichten, mit der deutlichen Verwahrung, dass sie dadurch nichts präjudicirliches einräumen und im Hauptwerk ihren gnädigsten Herren freie und ungebundene Hände jederzeit ihr Bestes zu suchen vorbehalten haben wollen." Sie wieder-

---

*) Die Antwort Maximilians bei Londorp.

hielten also nochmals die Kriegsandrohung und verschärften dieselbe mit dem Zusatze: „der Herzog von Baiern werde dem Unheil, welches ihm nothwendig hieraus erwachsen würde, bei Zeiten zuvorkommen und sich die Abwendung der so vielfach angedrohten Extremitäten angelegen sein lassen." Diese Worte in besseres deutsch übersetzt drückten die Hoffnung aus, der Herzog von Baiern werde der Union bei ihren Angriffen nicht entgegentreten, sondern denselben ruhig zusehen.

Auch auf diese Replik blieb der Herzog die Duplik nicht schuldig, doch brachte er nichts wesentlich Neues darin vor und verwahrte sich nur abermals gegen die Kriegsandrohung der Union, wenn ihren Forderungen binnen zwei Monaten nicht genügt würde. Die Absicht des nürnberger Unionstages, ihn durch die Gesandtschaft vor weitern Rüstungen abzuschrecken und zum Versprechen der Ruhe zu nöthigen, wurde also nicht erreicht, im Gegentheile wurden bei ihm durch das herausfordernde Auftreten der Gegner die letzten Bedenken niedergeschlagen, sich mit seiner ganzen Kraft auf die Seite des Kaisers zu stellen. Er sah ein, dass der beginnende Krieg ein Glaubenskrieg sein werde und beachtete nicht weiter, wie viel Veranlassung zu demselben der Kaiser selbst durch seine Massregeln in Böhmen gegeben hatte, er beachtete jetzt nur den Angriff, der von der Union drohte und hielt diese für den wahren Ruhestörer.

Während der nürnberger Berathungen beschloss die Union sich schriftlich an mehrere Fürsten zu wenden und dieselben um Beistand anzugehen. Dieser Beschluss wurde offenbar unter dem Einflusse der pfalzgräflichen Partei gefasst, die sich auf diesem Wege die Geldmittel verschaffen wollte, die sie zur Befriedigung Bethlens und zur weitern Fortführung des Kampfes benöthigte. Solche Bittschreiben gingen an England, Holland, Venedig, Frankreich und Lothringen ab.*) Auch an Sachsen beschloss man die Bitte zu richten, der Kurfürst möge sich der Union anschliessen oder wenigstens die gegen Böhmen feindlichen Truppendurchzüge verhüten. Man wollte durch diese Bitte und das in derselben ausgesprochene Vertrauen

---

*) Münchner Staatsarchiv 548/10: dd. 1./11. Dec. 1619.

eigentlich nur den Kurfürsten vor dem Anschlusse an die
Gegner zurück halten, denn man gab sich schon Besorgnissen
bezüglich seiner künftiger Haltung hin. Wenigstens äusserte
sich Herr von Ruppa gegen den niederösterreichischen Gesandten
in dieser Weise und setzte hinzu, man werde an Johann Georg
zwei Fürsten abschicken und ihm Krieg oder Frieden
anbieten. *)

Auch die Stände von Ober- und Niederösterreich hatten
sich zur Beschickung des nürnberger Korrespondenztages entschlossen, um sich des Schutzes der Union zu versichern, da
sie mehr durch fremde Hilfe als durch eigene Anstrengung
zum Ziele kommen wollten. Die Bewegung in Österreich
hatte seit der Wahl der Direktoren in Horn keine solche
Richtung genommen, wie man auf böhmischer Seite zu erwarten
berechtigt war. Anstatt die Rüstungen zum Abschluss zu
bringen und mit den gesammten Streitkräften eine Verbindung
mit den böhmischen Truppen anzustreben, scheute man sich
vor diesem entscheidenden Schritte. In Oberösterreich verlegte
man die Truppen an die Grenze, um den Durchmarsch der
dem Kaiser zu Hilfe ziehenden Söldner zu hindern und
bewirkte damit nur, dass dieselben den Weg von Passau
durch den Böhmerwald nach Budweis einschlugen; in Niederösterreich quartierten die Stände ihre Truppen so ein, dass
sie dadurch jeden Zusammenstoss mit der kaiserlichen Armee
vermieden. Was konnte dies anderes zur Folge haben, als
dass die niederösterreichischen Katholiken durch die furcht-
same Haltung ihrer Gegner zu Anstrengungen für die kaiserliche Sache angespornt wurden. In einer Conferenz, die im
Hause des Fürsten von Liechtenstein abgehalten wurde, beschlos-
29.Sep. sen sie die Anwerbung von 500 Reitern und einem Regiment
1619 Fussknechte**) und leisteten damit ihrer Sache jedenfalls einigen
Vorschub, denn sie schickten die geworbenen Truppen alsbald
auf den Kampfplatz, während die Protestanten ihr weniges
Geld unnütz für die in Unthätigkeit herumlungernden Söldner
vertrödelten.

---

*) Kufsteins Relation im wiener Staatsarchiv.
**) Sächs. StA. Aus Wien dd. 3. October 1619.

Vielleicht trug zu dieser verkehrten Haltung der Horner ein Schreiben bei, das Ferdinand auf seiner Rückreise von Frankfurt an die Stände beider Religionsparteien richtete. Er hatte damals Nachricht von dem Unwetter erhalten, das gegen ihn von Ungarn her im Anzuge war und er hielt es deshalb für erspriesslich, die Stände beider Glaubensparteien nach Wien 11. Oct. einzuladen und ihnen in einem sehr versöhnlichen Schreiben 1619 solche Versprechungen zu machen, dass jeder Unbefangene aus denselben zwar eine Missbilligung des Bündnisses mit Böhmen, dagegen ein Versprechen der Beilegung des religiösen Streites im protestantischen Sinne herausgelesen hätte. *) Die Horner wussten diese Sprache allerdings zu deuten und liessen sich durch dieselbe nicht täuschen, dennoch ward sie eine Waffe in der Hand derjenigen, welche vor dem Bruche mit dem Kaiser warnten. Den Ausschlag bei dieser zuwartenden Haltung der Niederösterreicher gab aber das Gerücht, dass Bethlen die Herrschaft über Oesterreich an sich reissen wolle. Thatsächlich war dies der Plan Bethlens und als die Horner hievon Wind bekamen, waren sie im Zweifel, ob der kaiserliche Druck nicht der ungarischen Befreiung vorzuziehen sei. Sie entschlossen sich deshalb zur Absendung einer Gesandtschaft an den Unionstag, um zu ersehen, welche Hilfe ihnen von dort aus sowohl gegen Ferdinand wie gegen die magyarischen Annexionsgelüste zu Theil werden würde; erst dann sollte das letzte Wort gesprochen werden. Mit der Vertretung ihrer Interessen in Nürnberg betrauten die Niederösterreicher den Herrn Hans Ludwig von Kufstein, *) die Oberösterreicher den Dr. Langjar.

Das Tagebuch **), in welchem Kufstein, der Principalgesandte sorgfältig die täglichen Ereignisse während seiner Reise verzeichnete, gibt uns einen Begriff von der Schwierigkeit des Reisens in jener Zeit, da er, trotzdem er mit Geld reichlich versehen war und überall die besten Pferde für seinen Wagen erhielt, doch zwölf Tage brauchte, um von Buchberg in Nie-

---

*) Raupach, Evangelisches Österreich.
**) Münchner St. A. 425/4 Secretär Moriz an den pfälzischen Kanzler in Heidelberg dd. 20./30. Dec. 1619.
***) Kufsteins Tagebuch. Das Tagebuch befindet sich im wiener Staatsarchiv.

derösterreich bis Nürnberg zu gelangen, d. h. eine Strecke von 58 Meilen zurückzulegen. Als er in letzterer Stadt ankam, hatte er zunächst eine Unterredung mit dem Herrn von Ruppa, wobei die Absichten Bethlen Gabors auf Österreich zur Sprache kamen. Kufstein bemerkte mit Unwillen, dass derselbe sich auf Kosten des Erzherzogthums vergrössern wolle, dass aber die Österreicher nie vom Reiche ablassen würden. Ruppa, der in dem begonnenen Kampfe zu jeder Verbindung bereit war, wenn er seiner Sache dadurch zum Siege verhelfen konnte, und der nur insoferne den Vergrösserungsgelüsten Bethlens abgeneigt war, als er seinem eigenen König den Besitz von Österreich wünschte, bemühte sich, den Freiherrn von Kufstein zu beruhigen. Er versicherte, man werde von böhmischer Seite nicht dulden, dass Bethlen Gabor nach dem Erzherzogthum greife und ihm nur andere Eroberungen gegen Ferdinand gestatten, eine Erklärung, die auf Steiermark, Kärnthen und Krain gedeutet werden konnte.*)

25.Nov. 1619   Einige Tage später wurde Kufstein von dem Pfalzgrafen zur Audienz vorgelassen. Er trat in Begleitung des Herrn von Ruppa und des Obersthofmeisters Grafen von Solms in das königliche Gemach ein und stellte die Bitte an Friedrich er möge bei den verbündeten Fürsten dahin wirken, dass einige Räthe ausersehen würden, mit denen er bezüglich des Ansuchens der österreichischen Stände in Verhandlung treten könnte. Friedrich, der den Gesandten höflich begrüsst hatte, antwortete ihm in einer Weise, die deutlich zeigte, dass die Antwort früher niedergeschrieben und von ihm memorirt worden war, denn sie entsprach nicht der Ansprache Kufsteins. Letzterer blickte Ruppa und Solms mit fragender Miene an, weil er erwartete, dass sie das Wort ergreifen und das Versehen des Königs gutmachen würden, allein da beide schwiegen, empfahl Kufstein nochmals sein Anliegen dem Könige und nahm darauf seinen Abschied. Dem Herrn von Ruppa, der ihn hinaus begleitete und ihn fragte, in welcher Weise den österreichischen Ständen gedient werden könne, erwiederte Kufstein, sie würden zufrieden sein, wenn die Mitglieder des nürn-

---

*) Kufsteins Tagebuch.

berger Correspondenztages in einem Schreiben das bisherige Vorgehen der österreichischen Stände billigen und ihnen für den Nothfall Hilfe verheissen würden. *)

Als ein Tag nach dem andern verging, ohne dass Kufstein zu den gewünschten Verhandlungen eingeladen wurde, klagte er sein Leid den Herzogen von Sachsen-Weimar und von Würtemberg, sowie dem Markgraf von Anspach, die ihn mit der Mittheilung überraschten, dass sie von Friedrich keinerlei Nachricht bezüglich des österreichischen Begehrens erhalten hätten. Aus diesem, sowie aus mancherlei anderen Äusserungen des Herrn von Ruppa glaubte Kufstein den Schluss ziehen zu müssen, dass man es von pfälzischer und böhmischer Seite nicht gern sehe, dass die österreichischen Stände mit dem Korrespondenztage in Verhandlung treten wollten, statt mit König Friedrich allein. Er kam jetzt selbst zu der Ueberzeugung, dass diesem Vorgehen die Absicht zu Grunde liege, die Herrschaft Friedrichs auch auf Österreich auszudehnen. Da er dieselbe nicht unterstützen wollte und den Herrn Ruppa zum Beginn der betreffenden Verhandlungen drängte, blieb diesem und seinem Könige nichts anderes übrig, als dem Wunsche nachzugeben.

Am 1. Dezember wurde Kufstein eingeladen sich in die Wohnung Ruppa's zu verfügen, woselbst er ausser diesen mehrere fürstliche Räthe und drei reichsstädtische Vertreter antraf. In seiner Ansprache brachte er hauptsächlich zwei Bitten vor: er ersuchte im Namen seiner Auftraggeber um die Billigung aller Schritte, die sie bisher zur Vertheidigung ihrer Rechte und Freiheiten gethan hätten und dem entsprechend um die thatsächliche Unterstützung, wenn dies die Noth erheischen sollte.

Seine Bitten fanden allgemeine Billigung und alle Anwesenden versprachen ihm, dass sie dieselben bei den übrigen Unionsmitgliedern befürworten würden. Die Antwort jedoch, die dem Herrn von Kufstein und seinem Kollegen, dem Dr. Langjahr am 5. Dezember zu Theil wurde, scheint nicht nach ihrem Wunsche ausgefallen zu sein. Wir wissen von derselben nur so viel, dass

---

*) Kufsteins Tagebuch.

der Markgraf von Anspach ihren ungünstigen Inhalt gegen Kufstein damit entschuldigte, dass dieselbe von der Majorität des Correspondenztages beschlossen worden sei, dass aber er und ein Theil der Fürsten für einen günstigeren Bescheid gewesen seien. Wir vermuthen, dass die Unzufriedenheit Kufsteins mit dieser Antwort dadurch hervorgerufen wurde, dass dieselbe die Bitte um eventuelle Unterstützung der österreichischen Stände im Kampfe gegen Ferdinand ablehnte. Die Ablehnung stand übrigens im Einklange mit der sonstigen Haltung des Korrespondenztages. Da man sich nicht in den böhmischen Krieg einmischen wollte, sondern auf die Abrufung der Unionstruppen aus Böhmen drang, so durfte man auch die Erweiterung des Bündnisses auf Österreich nicht zugeben. Auch die kühle Haltung, welche der Pfalzgraf und seine Rathgeber gegenüber dem österreichischen Ansuchen beobachteten, da sie ihre besonderen Pläne auf dieses Land gerichtet hatten, und deshalb jede Unterstützung nur als ihr eigenes Verdienst angesehen wissen wollten, trug zu dem abweislichen Bescheide bei. Wie sehr sich demnach dieser oder jener Fürst für die Erhörung der österreichischen Bitten bemühen mochte, mehr als allgemeine Theilnahmsversicherungen nahm Herr von Kufstein nicht mit sich.

Betrachtet man das Resultat der Nürnberger Verhandlungen, so muss man gestehen, dass sie den Hoffnungen der pfälzischen Partei nicht entsprachen. Man hatte erwartet, dass sich auf die Einladung des Pfalzgrafen der grösste Theil der protestantischen Fürsten Deutschlands in Nürnberg versammeln werde, und dass sich die Union über dieselben erweitern und neue Freunde im Kampfe wider Ferdinand gwonnen würden. Statt dessen fanden sich fast nur die Mitglieder der Union ein und diese wollten nicht den Streit in Böhmen zu ihrem eigenen machen, sondern sich nur auf die Vertheidigung des Pfalzgrafen in seinem ererbten Besitze beschränken. Für den Kampf in Böhmen gewann also Friedrich in Nürnberg nicht die geringste Stütze ja noch weniger als dies, da die österreichischen Stände, auf deren engeren Anschluss er mit Recht gehofft, durch die in Nürnberg zum Theil durch seine Schuld ertheilte Antwort nur abgeschreckt und zu Verhandlungen mit Ferdinand hingeleitet werden konnten.

Truppen- und Geldhilfe that aber jetzt dringender Noth als je. Wie wollte man mit den zusammengeschmolzenen Regimentern dem Angriff Buquoy's begegnen, wenn Bethlen durch die polnischen Schaaren genöthigt wurde sich innerhalb der ungarischen Grenzen zu halten? wie wollte man den gemachten Versprechungen nachkommen und den eigenen Truppen den rückständigen Sold auszahlen, und vor allem wie den Bitten Bethlens um Auszahlung einer grösseren Geldsumme genügen?

Auf dem nürnberger Korrespondenztage war auch Lord Doncaster erschienen, nachdem er fast zwei Monate vorher sich vom Pfalzgrafen verabschiedet hatte und dem Kaiser nachgereist war, um sich seines Auftrages zu entledigen. Hatte er schon früher, entgegen der Instruction seines Herrn, die Interessen des Pfalzgrafen warm vertreten, so kannte er hierin später weder Mass noch Grenze und gab damit allerdings nur den Gefühlen Ausdruck, von denen damals alle Engländer beseelt waren. Als er im Oktober in Wien anlangte, traf er 1619 den Kaiser daselbst nicht an, da derselbe mittlerweile nach Graz gereist war und so musste er sich damit begnügen, vom Erzherzog Leopold empfangen zu werden, der ihn in ausgezeichneter Weise behandelte.

Doncaster benutzte die kurze Zeit seiner Anwesenheit zum Besuche des venetianischen Gesandten Giustiniani. In dem Zwiegespräch mit demselben bemühte er sich ihn für die Sache des Pfalzgrafen zu gewinnen und scheute selbst nicht vor Lügen zurück, wenn er dadurch dem Pfalzgrafen einen Dienst zu erweisen vermeinte. Anders kann man seine Rede nicht bezeichnen wenn er die Behauptung aufstellte, er sei von seinem Herrn mit der Friedensvermittlung und zu diesem Behufe mit der Verschiebung der Kaiserwahl auf zwei bis drei Monate beauftragt worden, während doch in seiner Instruction von keiner solchen Verschiebung die Rede war, sondern ihm einfach die Unterstützung Ferdinands bei der Bewerbung um die Kaiserkrone aufgetragen wurde. Indem er alle Schuld der misslungenen Vermittlung auf Ferdinand wälzte, erging er sich in einem feurigen Lobe des Pfalzgrafen, seines scharfen Geistes und seiner grossen Klugheit, die ihm eine hervorragende Stellung in Deutschland verschafften. Er behauptete, dass der

Pfalzgraf in der Oberpfalz 18000 Mann Infanterie und 3000 Reiter aufgestellt habe und in der Unterpfalz 20.000 Mann unterhalte und dass die Union in Rothenburg beschlossen habe, ihn mit allen ihren Kräften zu unterstützen; auch die Generalstaaten hätten denselben Entschluss gefasst und der König von England werde ihn gewiss nicht verlassen. Von der Niederlage des Kaisers und der mit ihm verbundenen Spanier hänge das gemeinsame Beste ab, auch die Republik Venedig habe deshalb das grösste Interesse an dem Siege des Pfalzgrafen.

Als Giustiniani diese Mittheilungen mit einiger Verwunderung aufnahm, da er jedenfalls von der neutralen Haltung Jakobs Kunde hatte und somit nicht begreifen konnte, wie sein Gesandter mit einer so leidenschaftlichen Feindseligkeit die Interressen der Habsburger bekämpfen konnte, nahm Doncaster zu einer neuen Lüge Zuflucht. Man habe, so erzählte er, allerdings verbreitet, dass sein König diese Gesandtschaft auf Bitten Spaniens und zu dem Zwecke angeordnet habe, um die Interessen des Hauses Habsburg zu wahren, aber dies sei nicht wahr, die Absicht seines Königs sei gerade die entgegengesetzte. Und nun folgten Versicherungen von treuer Freundschaft und Liebe, die der König von England für Venedig hege und die der Gesandte theile, so dass Giustiniani Mühe hatte, sich dieser Liebe zu erwehren und Worte zu finden, die im Vergleich zu den feurigen Versicherungen nicht zu kalt klangen.*)

Doncaster machte sich schliesslich auf den Weg nach Graz und traf dort mit dem Kaiser zusammen. Über den Verlauf des Zwiegespräches besitzen wir keine Nachricht, wenngleich über den Inhalt desselben keine Zweifel zulässig sind. Ferdinand nahm gewiss die Glückwünsche Jakobs mit Freundlichkeit auf, lehnte aber die angebotene weitere Vermittlung definitiv ab. Von Graz trat Doncaster die Reise nach Venedig

---

*) Die schwere Anklage, die wir hier gegen Doncaster ausgesprochen, dass er zu Gunsten des Pfalzgrafen selbst vor Lügen nicht zurückscheute, erheben wir auf Grund des Berichtes des venetianischen Gesandten Giustianini an den Dogen dd. 23. Oct./2. November 1619, bei Gardiner.

an und setzte dadurch der eigenmächtigen Auffassung seiner
Instruction die Krone auf, da er ohne hiezu beauftragt zu sein,
die Signorie für den Pfalzgrafen freundlich stimmen und ihm
die Unterstützung derselben verschaffen wollte. Seine Reise
nach Venedig scheiterte aber an einem unvorhergesehenen und
für den, von der hohen Bedeutung seines Herrn und seiner
selbst nicht wenig erfüllten Gesandten demüthigenden Ereigniss.
Als er in Pontebba anlangte und hier die Grenze des venetianischen Gebietes überschreiten wollte, wurde ihm die Weiterreise von den Grenzbeamten verwehrt, angeblich weil pestartige
Krankheiten die Communication mit dem österreichischen Gebiete
unsicher machten. Alle Proteste des Gesandten halfen nichts,
er musste mit seinem Gefolge umkehren und die Absicht, nach
Venedig zu reisen, aufgeben. Offenbar handelte der Grenz-
beamte nach dem Auftrage des Dogen, der durch den Bericht
Giustiniani's über die Intentionen Doncasters aufgeklärt sich
von ihm nicht belästigen lassen wollte.*) Die Republik Venedig
wollte sich nicht dazu hergeben, die Sache eines Fürsten zu
stützen, den sein eigener Schwiegervater im Stiche liess.

Nach seinem verunglückten Versuch, über die venetianische
Grenze zu dringen, schlug Doncaster seinen Rückweg über Wien
ein und besuchte daselbst den Grafen Oñate. Es fehlte nicht
an Sticheleien zwischen den beiden Diplomaten. Oñate bemerkte, der Pfalzgraf habe sich sehr beeilt, die böhmische
Krone anzunehmen, er habe einen „pas chaud" gethan, worauf
Doncaster die Antwort nicht schuldig blieb und von Ferdinand
behauptete, er sei an Eile dem Pfalzgrafen nicht nachgeblieben,
da er auf der Post nach Frankfurt gefahren sei, um die Kaiserkrone an sich zu bringen.**)

Von Wien lenkte Doncaster seine Schritte nach Nürnberg,
wo die Union eben ihre Zusammenkunft abhielt. Auch hier
hatte der Gesandte nichts zu schaffen und wenn er den Weisungen seines Herrn nachgekommen wäre, würde er ohne
weitern Aufenthalt nach Hause gereist sein; so aber wollte er
der Sache des Pfalzgrafen durch seine Anwesenheit in Nürnberg

---

*) Doncaster to Giustniani dd. 7./17. Nov. und 9./19. Nov. 1619.
**) Advertissements from Worms 26. Nov./6. Dec. 1619, bei Gardiner.

einen Dienst erweisen, denn diese konnte man nicht anders deuten, als dass Jacob in den besten Beziehungen zu seinem Schwiegersohne stehe. Als er über Haag*) nach England zurückkehrte, war Jakob mittlerweile von spanischer Seite von den Eigenmächtigkeiten seines Gesandten in Kenntniss gesetzt worden, er empfing ihn deshalb nicht sehr gnädig und entzog ihm fortan sein Vertrauen, so dass er unter den diplomatischen Persönlichkeiten der folgenden Zeit nicht weiter genannt wird. Selten hat wohl ein Diplomat seine Instructionen so eigenmächtig überschritten, wie Doncaster, aber noch seltener hat ein Fürst so sehr alle jene Rücksichten verläugnet, die ihm der Wunsch seines Volkes und das eigene Familieninteresse auferlegten, wie dies Jakob gethan hat.

III

Da man in Prag die Hoffnung aufgeben musste, das für Bethlen nöthige Geld aufzubringen, so beschloss man wenigstens die Landtage von Mähren und Schlesien um eine ausgiebige Hilfe zu ersuchen und von ihnen die Mittel zur Anwerbung und Unterhaltung neuer Truppen zu verlangen. Die Gelegenheit zur Berufung dieser Landtage bot sich von selbst, da die Stände von Mähren und Schlesien ihrem König noch nicht gehuldigt hatten und dieses nothwendig war, wenn er auch in diesen Ländern die Regierung antreten wollte. Unzweifelhaft wollte Friedrich sich schon Anfangs Januar auf den Weg machen, allein verschiedene Gründe verzögerten seine Abreise und auch den Ständen von Mähren mag ein späterer Termin für ihre Einberufung genehmer gewesen sein, so dass der Landtag erst im Februar zusammentrat. Die Zwischenzeit benützte Friedrich in Prag zu einer kalvinischen Reformation und reizte durch diesen unklugen Schritt nicht bloss die Katholiken, die nicht zu gewinnen waren, sondern auch die protestantische Bevölkerung von Böhmen, die in ihren Anschauungen zwischen dem Katholicismus und dem Lutherthum die Mitte hielt. Die Räthe Friedrichs bedachten nicht, dass die äusseren Gefahren nicht durch

---

*) Gardiner, Proposition made to the states general by Viscount Doncaster dd. 18./28. Dec. 1619.

innere Schwierigkeiten erhöht werden dürften und stiessen ihren Gebieter auf der abschüssigen Bahn weiter, statt ihn zurückzuhalten.

Anlass zu der angedeuteten Reformation gaben die Beobachtungen, die die kalvinischen Begleiter des Pfalzgrafen seit seinem Einzuge in Böhmen gemacht hatten. Sie fanden, dass der Gottesdienst der böhmischen Protestanten noch vielfache Anklänge an die katholische Kirche enthalte und betonten die Nothwendigkeit weiterer kirchlicher Reformen. Die Äusserungen dieses unklugen Eifers waren vorläufig noch das Geheimniss gleichgesinnter böhmischer Kreise, im Volke war davon wenig oder gar nichts bekannt geworden, so dass dasselbe den König als einen Anhänger seines Glaubens ansah. Dieser Meinung wurde nun plötzlich ein Ende gemacht, als der König mit dem Hofstaate am ersten Weihnachtsfeiertage das Abendmal empfangen wollte und zu diesem Ende den Befehl gab, die Domkirche von allen „Zeichen der Abgötterei" zu reinigen. Wer die unmittelbare Ursache dieses Beschlusses war, ist nicht hinreichend sichergestellt. Dürfte man einer Nachricht, die in katholischen Kreisen kursirte, Glauben schenken, so soll Friedrich selbst den Anlass zur Ausräumung der Domkirche gegeben haben. Indessen gibt es noch eine andere Erklärung dieses Vorganges und diese scheint uns bei der passiven Natur des Königs viel wahrscheinlicher. Der Graf Thurn, der wegen Erkrankung seiner Gemahlin in Prag anwesend war, soll dem Könige Vorwürfe wegen der Beraubung des Domes gemacht und dieser darauf geantwortet haben, er habe nur gethan, wozu ihn seine böhmischen Rathgeber gedrängt hätten. Die Schuld würde demnach auf Ruppa und Budowec lasten, jedenfalls aber mögen sie sich mit dem Hofprediger Scultetus und einigen Räthen des Pfalzgrafen auf halbem Wege begegnet sein. Sei dem, wie ihm wolle, die Erlaubniss oder der Befehl des Königs, die Domkirche alles inneren Schmuckes zu entkleiden, sollte mit grösstem Eifer in Ausführung gebracht werden und der 21. Dezember 1619 wurde bestimmt, um mit dem „Reinigungswerk" den Anfang zu machen. *)

---

*) Die Berichte über diese Vorgänge im wiener Staatsarchive: Unterschiedliche Akten V: Ganzer Verlauf wegen Ausräumung der Kirchen; im

An dem genannten Tage fanden sich Berka, Ruppa, Budowec, Berbisdorf, Scultetus und einige andere Personen in der Domkirche ein, um das Werk der Zerstörung unter ihrer Aufsicht vollziehen zu lassen. Als die Arbeiter bei der Abnahme der Altarbilder und Crucifixe vorsichtig zu Werke gingen, um diese Gegenstände nicht zu beschädigen, war diese Rücksicht nicht nach dem Geschmacke der vornehmen Zuschauer und sie befahlen das grosse Crucifix, das über dem Hauptaltar stand, einfach herunterzuwerfen. Als dies geschehen war, trat Herr von Berbisdorf zu demselben, stiess mit dem Fusse an die Gestalt des Heilands und sagte: „Da liegst du, Armer, hilf dir selbst." Andere höhnische und gemeine Bemerkungen wurden bei einzelnen Marienbildern ausgestossen. Nachdem man so die anfängliche Scheu überwunden hatte, ging man daran, den Hochaltar und die Stühle aus dem Chorraum zu entfernen und den Marienaltar, der sich vor dem kaiserlichen Grabmonument befand, dem Boden gleich zu machen. Gleichzeitig wurden die prachtvoll ausgeschmückten Gräber einiger Heiligen ihres Schmuckes entblösst und beraubt. Der Maler Hans von Feld, ein wehmüthiger Zeuge dieser Verwüstung, bat die Herren von Berka und Ruppa, sie möchten ihm das schöne Crucifix, das Kaiser Rudolf II in Mailand oder nach anderen Nachrichten in Brüssel zum Schmucke für das Grabdenkmal seines Vaters und Grossvaters angekauft hatte, mit zwei werthvollen Bildern, die hinter dem Hochaltar standen, schenken. Man bewilligte sein Gesuch; da aber Herr

---

Dresdner Staatsarchiv: Unruhen in Böhmen 9173. Lebzelter an Schönberg dd. 13./23. December 1619; ebend. derselbe an denseben dd. 18./28. December 1619 und 26. Dec. 1619/5. Januar 1620 und 1./11. Januar 1620. — MS. des Klosters Strahow in Prag G. 18 Bericht des Bauschreibers. — Skála III, 419 und flg. — Pragerische Reformation, Druck in der k. k. Universitätsbibliothek zu Prag. — Münchner StA. Secretär Moriz an von der Grün dd. 20./30. Dec. 1619, Prag. — Hurter (Bd. VIII S. 109 Anmerkung) meint, dass die Verwüstung in der Domkirche am 31. Dec. und nicht am 21. begonnen habe und am 3. Januar fortgesetzt worden sei. Zur Widerlegung dieser Angabe verweisen wir auf die Berichte des sächsischen Gesandten der bereits am 13/.23. Dec. von den Vorgängen in der Domkirche berichtet.

Wilhelm von Lobkowitz das Crucifix für sich in Anspruch nahm, musste ihm der Maler weichen und er erhielt nur die Bilder, aber auch diese übel zugerichtet, da einer der Arbeitsleute dieselben muthwillig mit einer Stange herabgestossen hatte.

An einem Samstag Nachmittag hatte man mit dieser Umwandlung des Doms begonnen und die Arbeit bis zum späten Abend fortgesetzt; am darauf folgenden Montag wurde sie neu aufgenommen. Man ging jetzt an die Fortschaffung aller Reliquien, an denen die Kirche seit mehr als 200 Jahren einen gewaltigen Schatz aufgespeichert hatte. Unter der Leitung und Aufsicht des Hofpredigers Scultetus wurden Altäre und Gräber erbrochen und die daselbst aufbewahrten Gebeine auf den Boden geworfen. Zwei Dienstmädchen des Hofpredigers kamen herbei und luden die zahlreichen Köpfe, Beine und Arme in ihre Körbe und trugen dieselben in die Behausung ihres Herrn, der sie daselbst verbrennen liess. Ein Diener der Frau von Slawata, der dieser Szene beiwohnte, bemühte sich heimlich eine oder die andere Reliquie zu retten; es war ihm dies aber nicht möglich, da man ihm auf die Finger sah und er sich zuletzt um seiner Sicherheit willen entfernen musste.

Als man zur Sigismundskapelle kam, wo sich das Grabmal des Herrn von Pernstein, des hochverdienten Kanzlers unter Wladislaw II befand, bat der schon genannte Maler Hans von Feld den Hofprediger um die Schonung der daselbst befindlichen Gemälde und liess es hiebei selbst an Vorwürfen nicht fehlen. Allein Scultetus war ebenso taub gegen Vorwürfe wie gegen vernünftige Vorstellungen, er fühlte sich nur als Vertreter eines Princips und hatte deshalb gegen jeden Widerspruch nur die Antwort im Munde: „Ihr Lutheraner stinkt nach dem Papstthum." Feld erwiederte auf diese und andere Worte nur als Maler, indem er bedauerte, dass es jetzt mit der Kunst in Prag zu Ende sei und er sein Bündel schnüren müsse. Trotzdem bemühte er sich, so weit es ging, einige Kunstwerke vor der Vernichtung zu bewahren, indem er sie in eine der Seitenkapellen bringen und daselbst verschliessen liess. Aber auch diese Vorsorge erwies sich als vergeblich. Scultetus ging in seiner Rohheit so weit, dass er sich den

Schlüssel zu der Kapelle verschaffte und bei Nacht sämmtliche
darin aufbewahrte Bilder und sonstiges Tafelwerk in seine
Wohnung tragen und daselbst verbrennen liess. Glücklicher-
weise traf diese Zerstörungswuth nur einen kleinen Theil der
Domschätze. Den Bemühungen Wilhelms von Lobkowitz und
Prokops von Olbramowic ist es zu danken, dass viele von den
Kunstsachen, die nicht unmittelbar bei der Ausräumung der
Domkirche zu Grunde gingen, dadurch gerettet wurden, dass
sie dieselben für die Ausschmückung zweier prager Kirchen
erbaten und das, was von ihnen nicht in Anspruch genommen
wurde, wurde nach dem Berichte des Historikers Skála zum
Theile in einer über der Kirche gelegenen Kammer, zum Theil
an einem ausserhalb derselben gelegenen Orte aufbewahrt und
diente nach der Schlacht am weissen Berge zur neuerlichen
Ausschmückung des Domes.

  Den Tag, nach dem die Zerstörung ihren Anfang genom-
22.Dec.men hatte, bestieg Scultetus die Kanzel der Domkirche, setzte
1619 den erstaunten Zuhörern, die sich ziemlich zahlreich eingefunden hatten, die Gründe auseinander, die zu diesem gottgefälli-
gen Werke Veranlassung gegeben hätten, und lud sie schliesslich zur Theilnahme am Abendmale ein, das am ersten Weihnachtsfeiertage ausgetheilt werden würde. Nachdem auch am
23. und 24. December die Reinigung der Domkirche fortgesetzt wurde und dieselbe sich endlich in nackter Gestalt präsen-
tirte, traf man die nöthigen Vorbereitungen zur Vornahme
jenes feierlichen Aktes, an dem sich der König betheiligen
sollte. In den Chorraum wurde ein Tisch mit 12 Stühlen
hingestellt, auf denen sich am Christtage der König und einige
böhmische Herren, obenan natürlich Budowec und Ruppa,
niederliessen, um das Abendmal zu empfangen. Auch an zahlreichen Zuschauern mangelte es nicht, bei denen die einfache
und nie gesehene Art, mit der sich der König selbst vom
Brode einen Theil abbrach, während für die Anderen eigene
Schnitte gemacht wurden, zum Theil Staunen und Verwunderung, zum Theil aber auch Aergerniss erregte. Die alte utra-
quistische Anschauung hatte zu starke Wurzeln gefasst, als
dass sie durch die Vorgänge der letzten 10 Jahre weggewischt
worden wäre, und so kann es uns nicht Wunder nehmen,

wenn viele unter den Zuschauern das Auftreten des Königs
als gotteslästerlich bezeichneten.

Noch standen die meisten Altäre, wenn auch ihres Schmuckes
entkleidet, unverletzt da; nach den Weihnachtsfeiertagen wurden
alle beseitigt. Nicht einmal so viel Schonung beobachtete man,
um die Malerei bei dem Mutter-Gottesaltar in der Sigismundskapelle, die Kaiser Ferdinand und sein Sohn Maximilian von
Lucas Kranach hatten anfertigen lassen, vor Verletzung zu bewahren. Man beriet nun, ob man das Monument von der Grab-
stätte der drei habsburgischen Kaiser, das allerdings ungeschickt
angebracht ist, da es einen sehr bedeutenden Raum in der Mitte
der Kirche einnimmt, entfernen solle. Ruppa, Budowec und
Müller waren für die ungesäumte Entfernung, aber Herr von
Berka widerriet dieselbe als zu viel Aufsehen erregend und
seine Einsprache hatte für diesesmal Erfolg. Dagegen wurden
alle Epitaphien, die an den Wänden angebracht waren, abgeschlagen.

Als sich die Kenntniss von den Vorgängen in der Schloss-
kirche durch die Stadt verbreitete, erhob sich ein allgemeiner
Schrei des Unwillens. *) Das Volk fühlte sich in seinen ererbten Anschauungen verletzt, da es trotz des Majestätsbriefes
an der Ausschmückung seiner Kirchen festgehalten hatte, es
verwünschte das Vorgehen der neuen Regierung und fühlte
sich zum erstenmale derselben gegenüber fremd. Der Gebil-
dete musste über das rohe Vorgehen gegen die künstlerischen
Leistungen berühmter Meister eine Erbitterung empfinden, die
er vielleicht in seiner Brust verschloss, die ihn aber dem
neuen Regiment jedenfalls nicht geneigter machte. Vor allem
aber musste die Wuth, mit der das Bild des gekreuzigten Erlösers verfolgt wurde, den Zweifel wachrufen, ob die Duld-
samkeit des neuen Königs grösser sein dürfte, als die Ferdinands II. Dieser Zweifel wurde fast zur Gewissheit, als der
König an den altstädter Stadtrath den Befehl erliess, das grosse
Crucifix, mit dem die prager Brücke seit Jahrhunderten ge-
schmückt war, zu entfernen. Die allgemeine Missbilligung

---

*) Münchner St. A. 425/4 Secretär Moriz an den pfälzischen Kanzler in
  Heidelberg dd. 20./30. Dec. 1619.

reifte jetzt zum Widerstande, die Rathsherren antworteten, dass sie dies nicht thun würden und liessen selbst eine Drohung des Königs unbeachtet. Vergebens suchte Scultetus in Wort und Schrift das Verfahren seines Herrn zu rechtfertigen. Man nahm von beiden nur insofern Kenntniss, als man sich erzählte, dass der Druck einer Gegenschrift, die des Scultetus Behauptungen widerlegen sollte, und die man für um so gründlicher hielt, je weniger sie bekannt wurde, verboten sei.

Die abschätzigen Reden im Volke steigerten sich bis zur Feindseligkeit, als der König seine Übereinstimmung mit der Verwüstung der Domkirche wenige Tage darauf durch die gleiche Behandlung der altstädter Jesuitenkirche kund gab. In vollem königlichem Glanze fuhr er zu diesem Zwecke in Gesellschaft seines Bruders und des Fürsten von Anhalt, begleitet von 24 Trabanten und zahlreichen Lakaien, die entblössten Hauptes vor und hinter dem Wagen gingen, nach der Jesuitenkirche und ertheilte daselbst den Befehl zur Ausräumung des kirchlichen Gebäudes. Hämische Bemerkungen wurden jetzt allgemein über das Gebahren des Königs laut; man verglich die Einfachheit, die man den habsburgischen Fürsten nachrühmen zu dürfen glaubte, mit diesem Glanze, der bei der Fahrt nach einer Kirche durch nichts gerechtfertigt schien. Andererseits erzählte man sich, wie knauserig die königliche Hofhaltung sei, wie man sich bei Hof damit beschäftige, eine eigene Schlächterei und Bäckerei so wie ein eigenes Bräuhaus zu errichten, um die Gewerbsleute nichts verdienen zu lassen, wie man die Gehalte der böhmischen Beamten reducire und ähnliches mehr. Man vergass bei diesen hämischen Bemerkungen, dass der König, ob er nun viel oder wenig brauchte, doch alles mit seinen pfälzischen Geldmitteln bestreiten musste und dass er bisher dem Lande nur Geld geliehen aber keines bekommen habe. Aber man wollte die eigenen Fehler nicht sehen, sondern übte seine Zunge an dem jungen Fürsten, an dem man im Anfange alles vortrefflich gefunden hatte. Man hatte jetzt kein Verständniss mehr für gewisse einfache Manieren oder für die liebenswürdige Freundlichkeit, mit der Friedrich seine neuen Unterthanen zu gewinnen suchte. Wenn er in Begleitung eines einzigen Dieners nach dem Sternthiergarten ging, um da der Jagdlust obzuliegen, so tadelte man dieses kleine Gefolge; wenn er vor jedem Audienzsuchenden den Hut zog und fast alle aus dem Zimmer hinaus begleitete, so hatte man nur spöttische Bemerkungen über diese unerhörte Höflichkeit; wenn er lustig in der Burg oder in einem der adeligen Paläste dem Tanzvergnügen huldigte und hiebei die Mädchen und Frauen küssen wollte, oder wenn er in einem Schlitten Abends ausfuhr und bei einem der böhmischen Herren als Gast das Nachtmal einnahm, so hielt man sich auch darüber auf. Seine Feinde nannten ihn den Winterkönig, da sie mit Sicherheit erwarteten, dass seine Herrlichkeit den Winter nicht überdauern würde.*)

Die Vorwürfe, die man gegen Friedrich mit Recht erheben konnte, betrafen natürlich nicht diese kleinlichen Angelegenheiten und keine einzige seiner einzelnen Handlungen wohl aber sein ganzes Wesen. Es zeigte sich, dass er der übernommenen Aufgabe nicht gewachsen sei, denn von tüchtiger Arbeitskraft oder von einem Verständnisse seiner Stellung und seiner Pflichten war bei ihm keine Rede. Wenn er Audienzen ertheilte, wusste er nicht, was er reden sollte, und wandte sich desshalb stets an den mitanwesenden Kanzler Ruppa um Rath. Seine Unselbständigkeit wurde bald allgemein bekannt und verspottet. Er war ein gutmüthiger Prinz, dessen Handlungsweise zum Theil an das kaum überschrittene Knabenalter mahnte, der sich nur in Unterhaltungen oder pompösen Aufzügen gefiel und der die meiste Zeit in Gesellschaft seiner heissgeliebten Frau zubrachte, statt in die Rathsstube zu gehen oder auf das Schlachtfeld zu eilen. Als ihm seine Frau am 27. Dezember um die zehnte Abendstunde einen Sohn gebar, 1619 hatte seine Freude keine Grenzen; er wollte dieses Ereigniss noch in der Nacht den Bewohnern Prags durch Kanonenschüsse und das Geläute sämmtlicher Kirchenglocken anzeigen und liess sich nur schwer überreden, diese Allarmsignale auf

---

*) Anmerkung. Die Bezeichnung „Winterkönig" findet sich in einem sächsischen Aktenstücke vom Januar 1620 und in einem bairischen von ziemlich derselben Zeit vor. Der Name, unter dem also der Pfalzgraf weltbekannt geworden ist, wurde ihm lange vor seinem Falle gegeben.

den folgenden Morgen zu verschieben.*) In der Pfalz konnte der Fürst seinen Pflichten genügen, wenn er ein tüchtiger Familienvater war, in Böhmen genügte das nicht einmal in friedlichen Zeiten.

Mittlerweile waren die Vorbereitungen zur Reise nach Mähren zu Ende gediehen und der König trat dieselbe am 27. Januar in Begleitung mehrerer Fürsten, zahlreicher Edelleute, Räthe und sonstiger Diener an; nur seine Frau blieb zurück, da ihre vor kurzem erfolgte Niederkunft einen Wechsel des Aufenthaltes nicht gestattete. Bis zur mährischen Grenze gaben dem Könige seine zwei Leibkompagnien das Geleite, von da an wurden sie durch zwei mährische Reiterkompagnien abgelöst. Es war eine an Selbstmord streifende Vergeudung des königlichen Schatzes, die mit dieser Reise verbunden war; gleichzeitig wurden auch alle Edelleute, auf deren Schlössern der König mit seiner Begleitung die Mahlzeit hielt oder übernachtete, zu Auslagen verleitet, die Angesichts der Noth im Heere unverantwortlich waren.**) Allein solchen vernünftigen Erwägungen war der Pfalzgraf nicht zugänglich, er freute sich im voraus mit kindischem Behagen auf den festlichen Einzug, der ihm in Brünn bereitet werden würde und seine Erwartung wurde durch die Wirklichkeit noch übertroffen. In der Nähe der Stadt hatten sich die mährischen Edelleute prachtvoll beritten aufgestellt, um den herannahenden König zu begrüssen, der, als er ihrer ansichtig wurde, den Wagen verliess, ein Pferd bestieg und so ihre Begrüssungsrede entgegennahm. Als der Zug weiter ging und man sich dem Stadtthore näherte, stieg der gesammte Adel vom Pferde, der Landeshauptmann Herr Welen von Žerotín ergriff die Zügel des königlichen Rosses und geleitete den König zur Jesuitenkirche, deren Benützung seit einigen Monaten der Brüderunität eingeräumt worden war. Nach einem feierlichen Dankgottesdienst begab sich der König

---

*) Greuel der Verwüstung. 1619. Druck der kais. Universitäts-Bibliothek in Prag. Pragerische-Reformation ebendaselbst.

**) Die Nachrichten über die Reise Friedrichs und über den festlichen Empfang, der ihm überall bereitet wurde, schöpfen wir theils aus verschiedenen Archiven, theils aus der gedruckten Korrespondenz Friedrichs mit seiner Frau.

in das Haus des Kardinals Dietrichstein, wo er fortan seine Wohnung aufschlug.*)

Zwei Tage später, am 6. Februar, fand die feierliche Huldigung der mährischen Stände statt, bei der auf Seite der Protestanten nur Karl von Žerotín fehlte. Seine Abwesenheit war um so auffälliger, als er sich zu dieser Zeit in Brünn befand; der Pfalzgraf fühlte sich deshalb doppelt gekränkt, doch beobachtete er gegen den einst von den Protestanten so hoch gehaltenen Mann einige Rücksicht und bedrohte ihn nicht mit der Confiscation seiner Güter, sondern bestimmte ihm vorläufig einen Termin, bis zu welchem er die Huldigung leisten müsse. Diese Rücksicht des Pfalzgrafen war um so anerkennenswerther, als sie von den mährischen Ständen nicht gewürdigt wurde, denn diese wollten sich der Güter Žerotíns bemächtigen. Auch von den wenigen Katholiken, die sich unter den mährischen Ständen befanden, hatten einige dem Pfalzgrafen ihre Huldigung versagt, so unter andern der Fürst von Liechtenstein; alle Eidverweigerer hatten sich aber vorsichtsweise aus dem Lande entfernt, um einem schlimmeren Loose zu entgehen. 1620

Die mährischen Stände setzten nun in Gegenwart des Königs die Verhandlungen fort, die eigentlich schon auf dem am 9. Dezember 1619 berufenen Landtage begonnen hatten, dann unterbrochen worden waren und nun auf dem am 27. Januar 1620 neu eröffneten Landtage wieder aufgenommen wurden. Auf dem Dezemberlandtage waren die Direktoren aus ihrem Amte entlassen, der Oberst Welen von Žerotín zum Landeshauptmann gewählt und sonst Vorkehrungen für einzelne Aemter getroffen worden, so dass man mit diesen Angelegenheiten nicht bis zur Ankunft des Königs gewartet hatte. Gleichzeitig wurde auch ein Beschluss von grosser Tragweite gefasst, der eine Umgestaltung der bisherigen Ständeverhältnisse zur Folge haben sollte. In Mähren hatte nämlich die Geistlichkeit durch die Husitenstürme ihre bevorzugte Stellung nicht eingebüsst, wie dies in Böhmen der Fall war, sondern galt noch immer als der erste Stand, der auf dem Landtage seine Vertretung fand. Jetzt wo die mährischen Stände einen guten Theil des

---

*) Skála III, 443 und flg.

geistlichen Besitzes konfiszirt hatten und überhaupt die Stellung der Katholiken niederdrückten, waren sie auch nicht länger gesonnen, der katholischen Geistlichkeit ein Vorrecht einzuräumen, das sie ihrer eigenen (der protestantischen) nicht gönnten und so wurde auf dem Landtage beschlossen, dass die Geistlichkeit fortan keinen Stand bilden und nicht mehr zum Landtage Zutritt haben solle.*)

Während der König in Brünn weilte, drehten sich die Verhandlungen zumeist um die Aufbringung der weiteren Kriegsmittel. Um diese Zeit war das Bundesheer über die Donau bei Pressburg zurückgegangen und hatte in Folge der Strapazen und mangelhafter Nahrung und Kleidung ganz enorme Verluste erlitten. Anhalt, Thurn und Hohenlohe, der Kanzler von Böhmen und die von den protestantischen Ständen Ober- und Niederösterreichs gewählten „Landesobersten" waren nach Brünn gekommen, um über die Mittel und Wege zu berathen, wie dem Verfall des Heerwesens abzuhelfen sei,**) und ihre Vorstellungen mögen jedenfalls die mährischen Stände zu grösserer Opferwilligkeit bewogen haben. Man einte sich auf dem Landtage dahin, ausser dem bereits geworbenen Volke, dessen Verluste ergänzt werden sollten, noch 500 Reiter und 2000 Musketiere frisch zu werben, und wollte also den Sollstand des mährischen Heeres auf 7500 Mann bringen. Die sonstigen Beschlüsse betrafen den Beitrag, den Mähren zur gemeinsamen Civilliste des Königs leisten sollte oder sie bezogen sich auf einige abzuordnende Gesandtschaften. Friedrich hatte als Beisteuer zu seiner Civilliste von den mährischen Ständen die Bewilligung einer Biersteuer verlangt, war aber mit diesem Verlangen abgewiesen worden; dagegen wurden ihm drei Güter geschenkt, die man den bisherigen Eigenthümern weggenommen hatte.***) Bezüglich der Gesandtschaften wurde beschlossen, dass eine an den demnächst in Prag zusammentretenden Generallandtag, eine zweite an den nach Neusohl einberufenen ungarischen Reichsstag und eine dritte

---

*) d'Elvert, Beiträge zur Geschichte der böhm. Länder, III. Band S. 268 und flg.
**) Münchner St. A. Camerarius an von der Grün dd. 8. Febr. 1620.
***) Brünner Archiv: Sněmy. Der Landtag in Brünn dd. 27. Januar 1620.

in Gemeinschaft mit den Vertretern der übrigen Länder an den Sultan abgeordnet worden solle.

Aus Brünn schrieb Friedrich fleissig an seine Gemahlin, um ihr von den täglichen Vorkommnissen Bericht zu erstatten und sie mit der Erzählung von den ihm widerfahrenen Ehrenbezeugungen zu erfreuen oder um ihr Nachricht zu geben, welche Güter ihm die Mährer bei Gelegenheit der Huldigung geschenkt hätten. Elisabeth war um diese Zeit sehr traurig, sie fing an zu fürchten, dass der böhmische Königstraum sich verflüchtigen und mit dem Ruin ihres Gatten endigen werde, es bemächtigte sich ihrer eine so tiefe Melancholie, dass ihr Gatte sich alle Mühe geben musste, durch fröhliche und zärtliche Briefe dieselbe zu bekämpfen und er that dieses mit der Sorgfalt eines Liebhabers. *) Die trübe Stimmung Elisabeths mag durch ein furchtbares Ereigniss, das sich zu Anfang Februar in 1620 Böhmen zutrug und das selbst auf den in Brünn weilenden König einen erschütternden Eindruck ausübte, noch besonders erhöht worden sein. Da dieses Ereigniss mit der Geschichte Waldsteins, des späteren Herzogs von Friedland, und mit der Begründung seines riesigen Vermögens im engsten Zusammenhange steht, so nimmt es schon um seiner Folgen willen in hervorragender Weise die Aufmerksamkeit in Anspruch. Es hatte seinen Grund in Zerwürfnissen, die in der smiřicky'schen Familie entstanden waren und die sich zuletzt so zuspitzten, dass eine dieser Familie angehörige Frau wahrscheinlich in bewusster Absicht das Schloss von Gitschin in die Luft sprengte und sich und seine Bedränger dem Tode weihte. **)

Die Selbstmörderin war eine Tochter des Herrn Sigmund Smiřický, der im J. 1614 gestorben war und damals für den reichsten Edelmann Böhmens galt; wenigstens berichtet ein sachkundiger Zeitgenosse von ihm, dass er nach Bestreitung

---

*) Die betreffenden von Brünn datirten Briefe Friedrichs an Elisabeth in Aretins Beiträgen Bd. VII.

**) Die Quellen, aus denen wir die nachfolgende Geschichte schöpfen, sind: Skála III, 437 u. flg. — Sächs. St. A. 9174, XXV, fol. 76, 104 146 und 179. — Ferner Böhm. Statth. A. Die Fascikel unter den Signaturen Wartenberg, Jičín und C 225, S 24. Die sächsischen Berichte ergänzen in den wichtigsten Theilen die böhmischen Quellen.

sämmtlicher Kosten seines grossen Haushaltes jährlich an 100000 Thaler erspart habe. Bei seinem Tode besass er 17 Güter, die zu den ausgedehntesten in Böhmen gezählt wurden und von denen einige jetzt den beneidenswerten Besitz der Fürsten von Liechtenstein ausmachen. Sigmund hatte fünf Kinder: drei Söhne und zwei Töchter. In seinem Testamente, das er im J. 1605 anfertigte, vermachte er seinen Grundbesitz den Söhnen, für die Töchter bestimmte er nur Geldlegate, substituirte sie aber als Erbinnen des Grundbesitzes, wenn ausser den Söhnen auch noch ein Oheim, Albrecht Wenzel Smiřický, ohne Hinterlassung von Erben sterben sollte. In diesem Falle sollten beide Töchter sich in den Besitz theilen.

Nun geschah es, dass kurze Zeit nach Abfassung des Testamentes die ältere Tochter Elisabeth Katharina in den Verdacht eines unehrenhaften Liebesverhältnisses geriet. Ein junger Mann bäuerlichen Standes, wie es heisst ein Schmied, soll den Weg zum Herzen der jungen Edeldame gefunden und sich ihrer Gunst erfreut haben; erwiesen war jedoch die Beschuldigung ihrem ganzen Umfange nach nicht, denn es gab stets viele Personen, welche behaupteten, dass die Anschuldigung weiter gereicht habe als das Vergehen. Der Vater jedoch glaubte von der Schuld der Tochter überzeugt zu sein und brachte sie in einem seiner Schlösser in Gewahrsam. Weiter ging sein Groll nicht, denn an den Testamentsbestimmungen änderte er nichts und liess dasselbe ganz in der Weise gelten, wie er es im J. 1605 abgefasst hatte. Es scheint, dass das eingekerkerte Mädchen in ihrer Familie noch härtere Gegner gehabt habe als den Vater, denn als er im J. 1614 starb, dachte Niemand daran, ihr Loos zu mildern und so blieb sie nach wie vor in Haft. — Von den Söhnen Sigmunds war der älteste noch vor dem Tode des Vaters gestorben; der zweite Heinrich Georg, der ihm in dem Besitze hätte folgen sollen, war blöde und so gelangte jetzt der jüngste, Albrecht Johann Smiřický, in dessen Hause später die letzten Verabredungen für den Fenstersturz geschehen waren, zum ungetheilten Genuss der gesammten Güter. Albrecht Johann starb in Folge von Kriegsstrapatzen am 18. November 1618 und da vor ihm auch sein Oheim Albrecht Wenzel gestorben war, so war bei dem unheilbaren Blödsinn des Heinrich Georg die Verwirklichung der weiblichen Erbfolge in sichere Aussicht gestellt. Wir sagen nur in sichere Aussicht gestellt, denn da Heinrich Georg, so lange er am Leben war, als rechtmässiger Inhaber der Erbschaft angesehen werden musste, so konnten vorläufig die Schwestern nur den Nutzgenuss derselben und zwar unter dem Titel als Vormünderinnen des blöden Bruders antreten. Die ältere Schwester, die noch immer von der herzlosen Familie gefangen gehalten wurde, hatte zu dieser Vormundschaft das meiste, wenn nicht das ausschliessliche Recht; ihre jüngere Schwester Margarethe entledigte sich jedoch der unbequemen Rivalin dadurch, dass sie sie auch weiter in Gewahrsam hielt und durch den Einfluss ihres Gemahls Heinrich Slawata, eines der Häupter der Bewegung, auf gerichtlichem Wege durchsetzte, dass ihr allein die Vormundschaft über den Bruder sowie die Verwaltung der Güter übertragen wurde.

Die rasche und günstige Erledigung der Ansprüche Margaretha Slawata's von Seite des Gerichts erregte nicht geringes Aufsehen und man vermuthete, dass es dabei nicht mit rechten Dingen zugegangen sei. Dass Bestechung eine Rolle gespielt habe, unterliegt wohl keinem Zweifel, da Wenzel von Ruppa, das Haupt der Directorialregierung, die Gelegenheit zu einer ergiebigen Geldspeculation ausbeutete. Er behauptete nämlich, Albrecht Johann Smiřický habe ihm vor seinem Tode mündlich die sämmtlichen Mobilien seiner Güter vermacht und verlangte deshalb ihre Auslieferung oder eine Entschädigung von 75000 Thalern. Margaretha Slawata focht die Ansprüche Ruppa's nicht an, wie sie wohl hätte thun können, sondern verhandelte mit ihm nur über eine Herabminderung derselben und zahlte ihm zuletzt die Summe von 50000 Thalern aus. Dieses Geld muss als der Preis angesehen werden, um welchen Ruppa seinen ganzen Einfluss zu Gunsten des slawatischen Ehepaares aufbot. Dass die beiden Eheleute sich aus schnöder Habgier in solche Machinationen einliessen, um ein fürstliches Vermögen nicht theilen zu müssen, könnte fast unglaublich erscheinen, aber die Nachrichten, die sich über sie erhalten haben, lauten so, dass ihnen eine derartige That zuzutrauen ist. Heinrich Slawata war am 23. Mai bei dem Fenstersturze zugegen und machte damals auch nicht den leisesten Versuch zur Rettung seines Bruders. Margaretha wurde von vielen nach dem Tode ihres Bruders Albrecht beschuldigt, ihn vergiftet zu haben, um in den Besitz der väterlichen Güter zu gelangen. Diese Beschuldigung ist jedenfalls unbegründet, aber sie ist doch ein Beweis, dass man sie der schlimmsten Dinge für fähig hielt.

So verlief ein grosser Theil des J. 1619, ohne dass die Sieger in dieser schmutzigen Erbschaftsgeschichte in ihrer Ruhe aufgescheucht worden wären. Da fasste der jüngere Sprössling eines alten Herrngeschlechtes, Otto Heinrich von Wartenberg, den Plan, die Verhältnisse für sich auszubeuten und einen Theil des Erbes an sich zu bringen. Nachdem er Mittel und Wege gefunden hatte, mit dem gefangenen Edelfräulein in Verbindung zu treten, bot er sich an, sie zu befreien und alsbald zu heiraten. Das Mädchen begrüsste dieses Anerbieten wie eine wahre Erlösung und nahm auch keinen Anstoss daran, dass ihr Freier hinkte, sondern entfloh mit seiner Hilfe aus ihrem Gefängnisse und heiratete ihn unmittelbar darauf. Wartenberg ging hierauf mit seiner Frau nach Gitschin, um sich dieses zu dem Nachlasse seines Schwiegervaters gehörigen Gutes zu bemächtigen. Die Stadt selbst kam bereitwillig der Aufforderung nach, seiner Frau die Treue zu geloben und den Slawata's den Gehorsam aufzukündigen. Um sich gegen jede Besitzstörung zu sichern, befestigte er das Schloss von Gitschin und warb zu seiner Vertheidigung eine Besatzung, die er theils in der Stadt theils im Schlosse unterbrachte und an deren Spitze er mehrere kriegstüchtige Offiziere stellte. Alles dies geschah in möglichst kurzer Zeit und zwar zu Ende des Sommers 1619.

Elisabeth und ihr Gemahl hatten so rasch gehandelt, dass Margaretha Slawata sie an der eigenmächtigen Selbsthilfe nicht verhindern konnte und deshalb klagbar auftreten musste. Mittlerweile hatte Friedrich von der Pfalz den böhmischen Thron bestiegen und die ganze Angelegenheit bildete nun einen der wichtigsten Gegenstände der Kanzleiverhandlungen. Dieselben Personen, die früher zu Gunsten der Slawata's ent-

schieden und ihnen die Vormundschaft und die Verwaltung
der smiřicky'schen Güter übertragen hatten, sprachen sich
jetzt um so mehr für sie aus, als das formale Recht an Frau
von Slawata verletzt worden war und so bekam Frau von
Wartenberg die Weisung, sich wegen ihrer Eigenmächtigkeit in
der Kanzlei einzufinden und daselbst zu verantworten, gleichzeitig aber auch Gitschin an ihre Schwester als die Vormün-
derin des Bruders abzutreten. Elisabeth appellirte wider dieses
Urtheil an den König und erbot sich, Gitschin einem gerichtlich
bestimmten Sequestor zu übergeben, falls ihre Schwester gleiches
bezüglich der übrigen smiřicky'schen Güter thäte, damit dann
die Frage wegen der Vormundschaft und der Administration
der Güter ordentlich entschieden werde. Bei der parteiischen
Hast, mit der früher zu Gunsten Margaretha's vorgegangen
worden war, schien diese Bitte nicht unbillig, aber wie konnte
Friedrich der besseren Überzeugung zugänglich sein, wenn
sich seine wichtigsten Rathgeber gegen jede Sühnung der begangenen Ungerechtigkeit aussprachen, und so wurde Elisabeth
mit ihren wiederholten Bittgesuchen abgewiesen. Otto von
Wartenberg, der gleich seiner Gemahlin als der Miturheber
der begangenen Selbsthilfe mehrmal zur Verantwortung vor-
geladen worden war, und sich zuletzt in der prager Burg Jäner
eingefunden hatte, um den König zur Milde zu stimmen, wurde 1620
nicht einmal zur Audienz vorgelassen, sondern insofern in
Haft genommen, als er versprechen musste, die Hauptstadt
nicht zu verlassen.

Im königlichen Rathe wurde nun die Abordnung einer
Commission mit Heinrich Slawata an der Spitze beschlossen
und dieser Commission der Auftrag gegeben, die Frau von
Wartenberg gefangen zu nehmen und die Verwaltung der
Herrschaft Gitschin für Frau von Slawata zu übernehmen.
Die Commission kam am 1. Februar in Gitschin an und ver- 1620
fügte sich auf das Rathhaus, um die Bürger zum Gehorsam
aufzufordern. Die Bürgerschaft gehorchte, obwohl sie erst
vor kurzem der Frau von Wartenberg das Versprechen gegeben
hatte, bei ihr auszuharren. Die Commission verfügte sich nun
auf das Schloss, konnte aber keinen Zutritt finden, da alle
Thore geschlossen waren, bis Slawata eines derselben mit

einem mitgebrachten Schlüssel öffnete. Als die Commissäre darauf mit der Inventarisirung des ganzen Mobiliars begannen, kam Elisabeth aus ihrem Gemache heraus, machte den zerstreut herumstehenden Soldaten, die ihr Gatte angeworben hatte, Vorwürfe über ihre passive Haltung und forderte sie dann auf, in ihr Zimmer zu kommen, wo sie ihnen reichlich zu trinken gab. Die Kommissäre, die es an Warnungen vor etwaiger Gewaltanwendung nicht fehlen liessen, verfügten sich mittlerweile in den Marstall, um den Bestand desselben sicher zu stellen. Die Aufregung Elisabeths steigerte sich bei diesem Vorgange auf das höchste, sie vergriff sich persönlich an einem gewissen Bukovský, der bei ihrem Vater in der Verwaltung der Güter eine hohe Stelle eingenommen hatte und den sie aus nicht näher bekannten Gründen als ihren bittersten Feind ansehen zu müssen glaubte. Slawata kam hinzu und suchte sie dadurch zu beschwichtigen, dass er Bukovský aus dem Schlosse wegschickte. Frau von Wartenberg wollte nun selber nicht länger im Schlosse verweilen sondern wegfahren und befahl zu dem Ende, die Pferde anzuspannen, wurde aber daran gehindert, da Slawata nicht dulden wollte, dass die schönen Pferde entfernt würden, die er mit Beschlag belegen wollte. Als ihr dieser Schimpf angethan wurde, rief sie aus, sie wolle lieber sterben als in solcher Schmach weiter leben. Die Commission kümmerte sich nicht um diese Rede, sondern setzte die Inventarisirung fort, während sich Elisabeth in Begleitung ihrer Soldaten in ihr Zimmer zurückzog.

Was nun folgte, ist nicht sicher zu stellen. Die meisten Berichte erzählen, dass die erbitterte Edeldame den Soldaten, die durch reichlichen Weingenuss aufgeregt immer kampflustiger wurden, Pulver austheilen wollte und deshalb in die Vorrathskammer gegangen sei. Ob nun durch irgend eine Unvorsichtigkeit die Pulvervorräthe Feuer fingen oder ob sie dieselben in ihrer Verzweiflung absichtlich anzündete, bleibt ungewiss, sicher ist nur, dass das Schloss plötzlich in die Luft gesprengt wurde. Die Katastrophe war entsetzlich. Von den Personen, die im Schlosse anwesend waren, fanden 41 augenblicklich oder im Verlaufe von wenigen Stunden ihren Tod, 14 wurden schwer verwundet aufgefunden und nur etwa 10 kamen mit leichten Verletzungen davon. Unter den Todten befanden sich sämmtliche Mitglieder der Commission, darunter auch Slawata. Frau von Wartenberg, die sich in gesegneten Umständen befand, wurde bei einem Fenster bis zur Hälfte verschüttet aufgefunden, sie war an den Händen und Füssen verbrannt, sonst aber unverletzt. Sie flehte laut, dass man ihr zu trinken gebe, allein statt ihrem Wunsche zu willfahren, scheint sie ein Opfer der rohesten Gewaltthaten geworden zu sein, denen sie in den darauffolgenden Stunden erlag. Bukowský, der zu seinem Glücke aus dem Schlosse rechtzeitig ausgewiesen worden war und jetzt herbeieilte, mag an ihr durch Helfershelfer seinen Hass gekühlt haben. Man behauptete, dass der Unglücklichen noch bei Lebzeiten die Ohrgehänge abgerissen worden seien und gleiches sei mit den Fingerringen geschehen. Während Bukowský dafür sorgte, dass die Leichen der Commissäre in feierlicher Weise in ihre Familiengrabstätten überführt wurden, behandelte er die Tochter seines ehemaligen Gutsherrn schlechter als ein Bettelweib. Ihr Leichnam wurde fast nackt zu einem Bürger getragen, der aus Mitleid ein Leichenhemd und einen einfachen Sarg für sie anfertigen und sie dann in einer Vorstadtkirche beisetzen liess, da Bukowský nicht duldete, dass dies in der Stadtkirche geschehe.

Das gitschiner Ereigniss erregte überall in Böhmen das grösstes Aufsehen, die Urtheile über die Haltung der Regierung lauteten nicht besonders günstig und hafteten fortan wie ein Flecken auf ihrem Rufe. Der Streit selbst nahm vorläufig ein Ende, da die Rechte der verwittweten Frau Slawata keinen Gegner mehr fanden. Um so härter traf sie später das Schicksal. Nach der Niederwerfung des böhmischen Aufstandes war ihr Besitz zu beneidenswerth, als dass die Habgier denselben nicht angefeindet hätte. Albrecht von Waldstein, dessen Mutter eine geborene Smiřický war, wusste es bei Ferdinand durchzusetzen, dass er zuerst zum Vormund des blöden Smiřický und später zu dessen Erben ernannt wurde. So büsste Margaretha auf gleich schmähliche Weise, wie sie an ihrer Schwester gehandelt, alle ihre Rechtsansprüche ein und musste unter bitteren Entbehrungen dreissig Jahre ihres Lebens im Auslande zubringen.

Hatte das gitschiner Ereigniss den König ergriffen, so musste er vollends bestürzt werden durch die Nachricht von den furchtbaren Räubereien einer Kosakentruppe, die gerade in jenen Tagen in Mähren eingefallen war, in denen er seinen Einzug in dieses Land gehalten hatte. Tag für Tag langten in Brünn neue Berichte von haarsträubenden Gewaltthätigkeiten an und verdüsterten dort die Stimmung. Wie sollte man sich nicht entsetzen, wenn man hörte, dass die bei 4000 Mann zählende Rotte auf ihrem Wege alle Schlösser und Städte plünderte, wie dies z. B. in Meseritsch der Fall war, wo die Kosaken einbrachen, als daselbst ein adeliges Brautpaar sein Hochzeitsfest feierte und den Hochzeitsgästen unbeschreiblichen Jammer zufügten. Alles, was Gold und Goldeswerth hatte, wurde von ihnen geraubt, die Männer wurden niedergemacht, die Frauen geschändet und ihnen die Kleider ausgezogen, die Braut selbst wurde von den entmenschten Wütherichen fortgeschleppt und durfte jene als glücklich beneiden, die ermordet worden waren. Von Meseritsch zogen die Kosaken weiter durch das Land und benützten jede Gelegenheit, um ähnliche Schandthaten zu begehen. So überfielen sie das Gut eines der Familie Žerotín angehörigen Herrn, der gichtkrank im Bette lag, warfen ihn ohne Mitleid aus demselben hinaus und thaten seiner Frau und seiner Muhme Gewalt an.*) Solche Nachrichten übten auf den König und die Stände in Brünn keine gute Wirkung aus, noch schlimmer war aber die Wirkung auf die Königin, deren krankhafte Aengstlichkeit sich steigerte und die nun fürchtete, ihr Gemahl könnte einer streifenden Kosakentruppe in die Hände fallen.

Diese Sorge Elisabeths war jedenfalls überflüssig, da sich Friedrich auf der Reise von Brünn nach Breslau von einem zahlreichen und bewaffneten Gefolge begleiten liess. Auf der Reise traf er am 15. Februar in Olmütz ein. Diese Stadt, in

---

*) So berichtet Friedrich in einem Schreiben an Elisabeth dd. 1./11. Febr. 1620 in Aretins Beiträgen Bd. VII. S. 151.

der das reiche Domkapitel und einige Klöster einen massgebenden Einfluss ausübten, wollte ursprünglich von dem Anschlusse an den Aufstand nichts wissen; allein nachdem man die Mönche grösstentheils verjagt, die Domherrn beraubt und die Katholiken jeglichem Druck ausgesetzt und hohe Contributionen von ihnen eingefordert hatte, brach der Widerstand.*) Da man aber trotzdem den Bürgern nicht traute, so berief man das benachbarte Bauernvolk in die Stadt und als sich Friedrich den Tag nach seiner Ankunft auf dem Balkon eines Hauses der versammelten Menge zeigte, so erhoben alle Anwesenden auf die Aufforderung des Landeshauptmanns die Finger der rechten Hand empor und deuteten durch dieses Schwurzeichen an, dass sie treu bei ihrem König ausharren wollten. Olmütz schien so für den Aufstand gewonnen.

In den Tagen, in denen sich Friedrich in dieser Stadt aufhielt, wurde daselbst der Pfarrer von Holeschau Johann Sarkander gefangen gehalten und grausamen Folterqualen ausgesetzt. Durch seine innige Verbindung mit den katholischen Häuptern in Mähren hatte er schon seit langem den Hass der Gegner auf sich herabbeschworen und da man wusste, dass er das Jahr vorher nach Polen gereist war, fasste man den Verdacht, dass er den Kosakeneinfall veranlasst habe. Dieser Verdacht war unbegründet, da ganz andere Personen mit der Anwerbung der Kosaken zu thun hatten und Sarkander nur deshalb nach Polen gereist war, um an dem berühmten Wallfahrtsorte Czenstochau seine Andacht zu verrichten. Da er keine Aussicht hatte, seine frühere Thätigkeit in Mähren fortzusetzen, bewarb er sich in Krakau um eine andere Verwendung. Als ihm eine solche nicht zu Theil wurde, kehrte er nach Holeschau zurück und hielt sich da bei einem Gesinnungsgenossen verborgen auf, weil mittlerweile die Pfarrkirche von einem Protestanten in Besitz genommen worden war. Als die Kosaken herangezogen kamen, trat Sarkander aus seinem Versteck hervor, erhob aus der Kirche die Monstranz, legte die geweihte Hostie in dieselbe und erwartete mit den Holeschauern, die sich ängstlich um ihn schaarten, die feind-

---

*) Dudik die Chronik von Olmütz.

lichen Plünderer. Sobald die Kosaken herankamen und die Versammelten als Katholiken erkannten, stiegen sie vom Pferde, knieten nieder und zogen dann ab, ohne sich einer Räuberei schuldig zu machen. Vielleicht hatte nicht bloss das religiöse Gefühl diesmal ihre Handlungsweise geleitet, sondern auch der Umstand, dass sie nur eine ärmliche Bevölkerung vor sich sahen, bei der keine grosse Beute zu holen war.

Kaum hatte sich die Nachricht verbreitet, dass Sarkander auf diese Weise seine Gemeinde vor Beraubung bewahrt habe, wurde er des geheimen Einverständnisses mit den Polen beschuldigt und gefänglich eingezogen und schon am 13. Februar zu Olmütz über seine angebliche Verbindung mit Polen und über den früheren Landeshauptmann von Mähren Herrn Ladislaw von Lobkowitz, dessen Beichtvater er war, in peinlicher Weise verhört. Friedrich kümmerte sich während seines Aufenthaltes in Olmütz nicht um das Loos dieses damals allgemein bekannten Mannes und so ging derselbe, als das Verhör am 18. Februar unter Anwendung furchtbarer Qualen mit ihm fortgesetzt wurde, an den Folgen der erlittenen Misshandlung vier Wochen später zu Grunde.*)

Von Olmütz ging die Reise des Königs nach Breslau, wo er am 23. Februar anlangte und wo sein Empfang wo möglich noch festlicher und prachtvoller war als in Brünn. Die Fürsten und Stände Schlesiens, Katholiken und Protestanten, waren sammt und sonders gegenwärtig mit Ausnahme zweier Personen, des Erzherzogs Karl, Bischofs von Breslau, der selbstverständlich dem Feinde seines kaiserlichen Bruders die Huldigung nicht leisten wollte, und des Fürsten von Liechtenstein, der in Mähren und Schlesien begütert war, in beiden Ländern aber die Huldigung verweigerte. Die Huldigung selbst wurde von den Ständen am 27. Februar geleistet, und zwar in der Weise, dass Friedrich zuerst stehend einen Eid ablegte, in dem er gelobte, dass er die Fürsten und Stände bei ihren hergebrachten Freiheiten schützen und erhalten werde, worauf er sich dann in den Thronsessel niederliess und die Fürsten und übrigen Stände herantraten und knieend den Huldigungs-

---

*) Beschreibung der Marter Sarkander's bei d'Elvert a. a. O. Bd. I, 112. Volny Kirchliche Topographie von Mähren Bd. III. I. Abtheilung.

eid leisteten. Am folgenden Tage wurde das breslauer Kapitel und einige Aebte zur Huldigung zugelassen.*)

Da die Stände von Schlesien sich gleichzeitig zu einem Landtag oder, wie er in Schlesien hiess, zu einem Fürstentage versammelt hatten, so stellte Friedrich an sie dieselben Bitten wie in Brünn: sie sollten für einen Beitrag zu seiner Civilliste Sorge tragen, die nöthigen Geldmittel zu neuen Rüstungen schaffen und aus ihrer Mitte jene Personen wählen, die sich zu dem auf den 25. März nach Prag einberufenen General- 1620 landtag einfinden sollten, um da das gemeinschaftliche Defensionswerk zu berathen, desgleichen sollten sie diejenigen Personen bezeichnen, welche an den neusohler Reichstag und an den Sultan abgeschickt werden sollten.**)

Die Fürsten und Stände gingen mit Eifer an die Berathung der königlichen Proposition und einigten sich nach kurzer Zeit in der Bewilligung der an sie gestellten Forderungen. So boten sie dem König ein Geschenk von 80.000 Thalern an***) und ausserdem einen jährlichen Beitrag von 40.000 Thalern zur Erhaltung seines königlichen Hofstaates und waren auch erbötig, für die verschiedenen Gesandtschaften entsprechende Personen zu wählen. Um dem Wunsche des Königs nach möglichster Anspannung der eigenen Kräfte zur Bekämpfung des kaiserlichen Kriegsvolkes zu entsprechen, entschloss sich der Fürstentag zur Anstellung neuer Werbungen und zur Absendung der verfügbaren Kräfte: es sollten zu diesem Zwecke 1500 Reiter und 2000 Mann zu Fuss angeworben und Böhmen zu Hilfe geschickt, ausserdem aber das Landesaufgebot gegen allfällige polnische Angriffe in Bereitschaft gehalten werden. Von den im Lande befindlichen Truppen wollte man den Böhmen unverweilt einen Theil zuschicken, und zwar sollten sich 2000 Mann zu Fuss und 500 Reiter auf den Marsch begeben und den Böhmen bei der Be-

---

*) Sächs. St. A. Aus Breslau dd. 26. Febr. 1620. — Skála III, 447 u. flg.—
Sächs. St. A. Aus Breslau dd. 4. März 1620.
**) Böhm. Statth. Arch. I. 34. Proposition am Fürstentage in Breslau, geschehen 27. Febr. 1620.
***) Nach Palm Acta publica bewilligten die Stände nur 60000 Thaler aus eigenem und 20000 Steuerreste, die von dem Fürstenthum Teschen erhoben werden sollten.

kämpfung des kaiserlichen Kriegsvolkes die nöthige Hilfe leisten. Diese Hilfe war um so dringender, da die Schlesier nach dem Rückzuge Bethlens von Wien ihr Volk nach Hause berufen hatten und sonach die böhmische Armee auf sich allein angewiesen war. Die nothwendigen Auslagen sollten theils aus der Biersteuer, theils aus einer neu bewilligten hohen Vermögenssteuer und einer neuen Mahlsteuer bestritten werden, und da dies nicht genügte, so wurde noch ein doppeltes Anlehen beschlossen, eines, das unter die einzelnen Fürstenthümer nach Massgabe ihres Vermögens vertheilt und ein zweites, das von den Gütern der katholischen Geistlichkeit zwangsweise erhoben werden sollte. Das erste Anlehen sollte 162.500 Thaler betragen und so hoffte man für alle Eventualitäten gerüstet zu sein.*) In der Kanzleifrage fanden auch einige Verhandlungen auf dem Fürstentage statt, allein sie betrafen hauptsächlich die Ernennung des Vicekanzlers, welcher Posten mit einem Einkommen von 1500 Gulden dem pfälzischen Rathe Camerarius übertragen wurde. Man hatte durch diese Wahl einen sehr fleissigen und fähigen Mann gewonnen und konnte versichert sein, dass er in den unausbleiblichen spätern Streitigkeiten mit Böhmen das schlesische und damit das deutsche Interesse wahren werde. — Friedrich hätte nach Empfangnahme der schlesischen Huldigung zu demselben Zwecke nach der Lausitz reisen sollen, allein er that es nicht, sondern reiste direkt von Breslau nach Prag. Ob ihn hiezu die Sehnsucht nach seiner traurig gestimmten Frau oder der Mangel an dem nöthigen Reisegeld oder endlich die unaufschiebbaren Geschäfte nöthigten, bleibt dahingestellt; gegenüber den Lausitzern, an die er Commissäre zur Empfangnahme der Huldigung abschickte, entschuldigte er sich mit dem letztgenannten Grunde.**)

Aus den Mittheilungen über den Verlauf des nürnberger Unionstages, des mährischen Land- und des schlesischen Fürstentages ist ersichtlich, das Friedrich das Geld, das zur Befriedigung Bethlens nöthig war, nicht bekam, und dass alle Bewilli-

---

*) Skála III, S. 468 u. flg. — Palm, Acta publica 1620.
**) Memorial für die königlichen Gesandten, was sie in Budissin thun sollen, Böhm. Statth. Arch. dd. 11. März 1620. — Ebend. Instruction für die Gesandten nach der Nieder-Lausitz.

gungen sich nur auf die bewaffnete Hilfe und auf die Bestreitung der laufenden Bedürfnisse bezogen. Bethlen wartete übrigens nicht erst das Resultat der Berathungen von Brünn und Breslau ab, er verlangte schon im Dezember (1619), also nach dem nürnberger Tage, von Friedrich eine unumwundene Antwort auf seine Geldforderungen und als ihm diese nicht zu Theil wurde, entschloss er sich auf die vom Kaiser angebotenen Verhandlungen einzugehen. Die ungarisch-böhmische Allianz geriet dadurch in die höchste Gefahr.

Achtes Kapitel.

Die Verhandlungen in Pressburg und ihre Folgen.

I Hohenlohe in Pressburg. Die böhmischen Gesandten bei Bethlen. Bündniss zwischen Ungarn und Böhmen. Verhandlungen Bethlens mit dem Kaiser. Wahl Bethlens zum Fürsten von Ungarn. Der Kaiser ist zu grossen Zugeständnissen an Bethlen erbötig. Abschluss des Waffenstillstandes. Auflösung des Reichstags.
II Gründe der Abreise Bethlens von Pressburg. Der Kaiser verweigert die bedingungslose Unterzeichnung der Verträge und theilt Bethlen die Bedingungen mit, unter denen er es thun würde. Der Kanzler Pechy. Bemühungen Bethlens, den Kaiser für die Gewährung des Waffenstillstandes in Böhmen zu gewinnen. Dohna und Wild in Kaschau. Der Kaiser weist die Forderungen Bethlens zurück. Bethlens Schreiben an Ferdinand. Bethlen entschliesst sich zur Wiederaufnahme der Feindseligkeiten gegen den Kaiser. Laminger in Kaschau.

I

Seit dem Rückzuge der ungarischen Truppen von Wien, dem sich auch das böhmische und mährische Heer und die schlesischen Hilfstruppen anschlossen, hatte der Kampf ein Ende, da Buquoy und Dampierre wegen der winterlichen Jahreszeit nicht an die Verfolgung des Feindes dachten und der Kaiser sich durch Verhandlungen mit Bethlen zu einigen suchte. Den Entschluss hiezu hatte Ferdinand schon im Monat November gefasst; er war zu grossen Opfern bereit, wenn Bethlen zur Ruhe gebracht werden könnte, weil nur dann ein Erfolg gegen Böhmen möglich war. Da er auch von einigen seiner Anhänger in Ungarn, namentlich vom Palatin, dringend gebeten wurde, den Streit mit Bethlen durch friedliche Mittel zu Ende zu bringen, so liess er dem letzteren
1619 (am 7. Dezember) die Nachricht zukommen, er werde zu diesem Zwecke einige seiner Räthe nach Pressburg schicken. Als der Fürst von Siebenbürgen diese Mittheilung erhielt, war auch er erbötig in die Verhandlungen einzugehen. Vor Anfang des

nächsten Monats konnten dieselben nicht beginnen, weil mancherlei Vorfragen gelöst werden mussten; die Zeit bis dahin wollte Bethlen dazu benützen, um in Erfahrung zu bringen, auf welche Unterstützung von Böhmen er mit Gewissheit rechnen könne und darnach schliesslich sein Verhalten gegen die kaiserlichen Anerbietungen regeln.*)

Gleich die ersten Nachrichten, die Bethlen nach seiner Rückkehr in Pressburg erhielt, waren so geartet, dass sie seinen Hoffnungen auf Böhmen einen Stoss gaben. Hohenlohe, der von Friedrich den Befehl erhalten hatte, die Verhandlungen mit den ungarischen Ständen einzuleiten und sie zu einem engen Bündnisse aufzufordern, hatte sich dieses Auftrages in einer Audienz erledigt, die ihm der Reichstag in voller Sitzung gewährte und in der er die Stände zur Absendung von Gesandten nach Prag einlud, damit dort das Bündniss zu Ende berathen werden könnte. Da er keine Geldhilfe in Aussicht stellte, sondern nur die Absendung der Gesandten begehrte, machte seine Ansprache auf die versammelten Stände keinen besonders günstigen Eindruck; sie fühlten sich in ihrer Eitelkeit beleidigt, dass man von ihnen die Absendung von Gesandten verlangte und erwiederten unter Hinweisung auf den höheren Rang, den die ungarische Krone einnehme, dass es an den Böhmen sei, ihre Gesandten nach Pressburg abzuordnen. Bethlen, der Hohenlohe am selben Tage empfieng, schien diesen Unwillen zu theilen und beklagte sich auch darüber, dass Hohenlohe nur im Auftrage seines Königs mit ihm spreche, dass aber weder von den böhmischen noch mährischen und schlesischen Ständen ein Gesandter erschienen sei. In seiner gereizten Stimmung theilte er dem Grafen die Bedingungen mit, unter denen er ein Bündniss Ungarns mit Böhmen zulassen wollte; sie stimmten so ziemlich mit jenen überein, die er einen Monat zuvor in Prag gestellt hatte. Während sich Hohenlohe damit beschäftigte, über dieselben nach Hause zu berichten, erhielt er von Bethlen eine Einladung ihn zu

5. Dez. 1619

---

*) Innsbruker Statth. Archiv. Ferd. an den Palatin dd. 7. Dez. 1619. Münchner St. A. Ferdinand an Max dd. 10. Dec. 1619. Ebend. Ferdinand an Max dd. 16 Dec. 1619.

besuchen, der er in Begleitung des Grafen Thurn nachkam. Diesmal war der Fürst eitel Sanftmuth und Wohlwollen; nur aus Rücksicht auf Böhmen habe er sich aus Siebenbürgen erhoben und habe so den Abzug Buquoy's aus Böhmen und den Dampierre's aus Mähren bewirkt und den Feind auf das rechte Donauufer gedrängt. Wie habe man ihm dies alles vergolten? Habe man sich beeilt seine Wünsche zu erfüllen und ihm, dem innigsten Freunde Friedrichs, eine entsprechende Antwort gegeben? Die Rührung der Generale über diese Ansprache wurde durch die abermalige Mittheilung, dass er gewillt sei mit Ungarn dem Reiche beizutreten und sich mit der Union zu verbinden,*) wo möglich noch erhöht.

Als Hohenlohe's Schreiben mit diesen Nachrichten in Prag eintraf, war Friedrich mit seinen Rathgebern gerade von Nürnberg zurückgekommen und da die Finanzlage sich in nichts gebessert hatte, so konnte man sich auch jetzt zu keinen Geldanerbietungen in Prag entschliessen. Um jedoch wenigstens in etwas dem Wunsche Bethlens nachzukommen, beeilte man sich Gesandte mit den nöthigen Vollmachten von Seite der böhmischen Stände an ihn abzuschicken und eine gleiche Aufforderung an die böhmischen Nebenländer ergehen zu lassen. Offenbar der Eile wegen geschah es, dass man mit der Gesandtschaft einige bei der böhmischen Armee vor Pressburg befindlichen Herren betraute und zwar den Grafen Thurn, den Freiherrn von Fels, die Herrn von Bubna, Kaplíř von Sulewic und Paul Ješín. Sie wurden ermächtigt mit der Krone Ungarn ein Offensiv- und Defensivbündniss abzuschliessen und über die Summe zu verhandeln, die Böhmen jährlich zu den ungarischen Grenzfestungen beitragen soll**). Von den böhmischen, für die Vornahme dieser Verhandlungen ernannten Gesandten blieben übrigens nur zwei in Pressburg, Kaplíř von Sulewic

---
*) Münchner St. A. Hohenlohe an Friedrich dd. 8. Dec. 1619. — Skála III, 413 gibt falsch das Datum der Audienz als den 1. Dez. an.
**) Wiener St. A. Boh. 1619 Friedrich an Bethlen dd. 18. Dez 1619. Münchner Reichs-Archiv. V. Instruction für die böhmischen Gesandten dd. 18. Dez. 1619. Ebend. III. Hohenlohe an Anhalt dd. 31. Dezember 1619. Skala III, 415.

und Ješín, da die andern drei durch ihre militärische Stellung bei der Armee festgehalten wurden. Hohenlohe, der auch in Pressburg weilte, obwohl seine Anwesenheit bei der Armee dringend nothwendig war, blieb daselbst, um als Vertrauensmann Friedrichs die Unterhandlungen zu fördern.

Bethlen hatte es bis zu diesem Augenblicke, ob er nun grollte oder schmeichelte, mit Böhmen aufrichtig gemeint und dasselbe in der Bekämpfung Ferdinands entschlossen unterstützt. Als jedoch gegen Ende Dezember die kaiserlichen Gesandten in Pressburg ankamen und dem Fürsten die glänzendsten Anerbietungen machten, wurde er unschlüssig, ob er sein Loos an das der Böhmen ketten oder ob er den vom Kaiser angebotenen Lohn einheimsen solle. In einer Unterredung, die er mit den böhmischen Gesandten Anfangs Januar hatte, traten 1620 diese Zweifel und die Hinneigung Bethlens zu den kaiserlichen Anerbietungen bereits klar hervor.*) Indem er sie von den letzteren in Kenntniss setzte, erklärte er zwar, dass derartige Anerbietungen nichts verlockendes für ihn hätten, dass er aber in Folge einer Berathung mit einigen seiner angesehensten Anhänger die Verhandlungen mit dem Kaiser nicht ablehnen konnte und deshalb an die kaiserlichen Gesandten die Frage gerichtet habe, ob sie bevollmächtigt seien, in den etwaigen Frieden nicht bloss ihn, sondern auch die Krone von Ungarn und Böhmen einzuschliessen. Die Gesandten hätten entgegnet der Kaiser wolle nur mit ihm allein verhandeln, da es sich für ihn nicht zieme, mit den Ständen von Ungarn und Böhmen, seinen Unterthanen, sich in Verhandlungen einzulassen. Doch würde er sich die Dienste Bethlens gefallen lassen, wenn dieser bei den genannten Ständen etwas erspriessliches zu Wege bringen könnte. Nach dieser Einleitung richtete Bethlen an Hohenlohe und seine Genossen die Frage, ob sie nicht Mittel und Wege wüssten, wie der Friede mit dem Kaiser zu erreichen wäre, erging sich dabei in Lobpreisungen der

---

*) Von den zahlreichen Korrespondenzen, die uns über die Verhandlungen zwischen Bethlen, dem Kaiser und den Böhmen zu Gebote stehen, citiren wir nur wenige; sie sind ausser in den wiener Archiven noch im dresdener Staatsarchive und in den Statthalterciarchiven zu Prag und Innsbruck enthalten.

Segnungen des Friedens und versicherte, wie er seinen letzten Blutstropfen nicht sparen würde, um denselben herzustellen.

Wenn Bethlen nicht bloss in den Wind sprach, so konnte seine Rede keinen anderen Sinn haben, als den, dass er wissen wollte, ob Böhmen unter irgend welcher Bedingung zum Gehorsam unter den Kaiser zurückkehren würde. Hohenlohe fasste die Worte des Fürsten nicht anders auf und ohne direkt auf den eigentlichen Sinn der Ansprache zu antworten, erwiederte er, er sehe keinen anderen Weg zum Frieden, als wenn Ferdinand von der weiteren Bekämpfung von Böhmen ablassen und sein Kriegsvolk verabschieden würde. Die Antwort, die Bethlen jetzt gab, zeigt, wie er die Rückkehr Böhmens unter die kaiserliche Herssehaft in das Bereich seiner Combinationen gezogen hatte; er erklärte es nämlich für eine eitle Hoffnung zu glauben, dass Ferdinand — und sollte es sein Leben kosten — seinen Ansprüchen auf Böhmen entsagen würde. Der Kaiser habe das auch nicht nöthig, denn schon ziehe ihm aus Italien und Frankreich frisch geworbenes Volk zu Hilfe, der König von Spanien unterstütze ihn mit allen Kräften, der Herzog von Baiern und der Kurfürst von Sachsen würden desgleichen thun; der Papst sei auch sein Freund und es habe sich demnach eine furchtbare Coalition zu Gunsten Ferdinands gebildet. Er (Bethlen) wolle deshalb wissen, was Böhmen dagegen aufbieten werde und worauf er sich stützen könne. Der Fürst von Siebenbürgen entwarf von den sich zu Gunsten Ferdinands vorbereitenden Allianzen, ohne es selbst zu ahnen, eine ganz zutreffende Schilderung, der Hohenlohe nur dadurch zu begegnen wusste, dass er sie für eine Dichtung und Ferdinand aller Geldmittel bar erklärte. Nachdem Bethlen aus der weiteren Unterredung in Erfahrung gebracht hatte, dass ihm vorläufig von Böhmen keine Geldmittel zur Verfügung gestellt werden würden, entliess er die Gesandten. *)

Wir zweifeln nicht, dass das Resultat dieser Unterredung entscheidend für das nächste Verhalten des Fürsten war, denn als er sich überzeugte, dass seine Geldforderungen nicht befriedigt werden würden, nahm er die Verhandlungen

---

*) Skála III, 426 und folg.

mit dem Kaiser mit Entschiedenheit auf. Für die böhmischen Gesandten, ja selbst für den ungarischen Reichstag blieb dies vorläufig noch ein Geheimniss, denn sonst könnte man sich die Thatsache nicht erklären, dass der Reichstag die Friedensanträge der kaiserlichen Gesandten nicht nur abwies, sondern auch das Beispiel Böhmens befolgen, Ferdinand absetzen und eine Neuwahl vornehmen wollte.*) Nur aus dem Umstande, dass weder die böhmischen Gesandten noch der Reichstag von Bethlens jetzigen Absichten unterrichtet war, lässt sich auch die Thatsache erklären, dass zwischen beiden die Verhandlungen über den Abschluss eines Bündnisses begannen und schon am 15. Januar zu Ende geführt wurden, trotzdem dass dasselbe keinen Sinn hatte, wenn sich Bethlen nicht daran betheiligte. Der Inhalt der Bundesurkunde lautete dahin, dass fortan ein ewiges Bündniss zwischen den Kronen von Ungarn und Böhmen bestehen und kein Theil ohne Zustimmung des andern einen Krieg beginnen oder Frieden schliessen dürfe und wenn er dies thäte, mit Gewalt daran verhindert werden sollte.**) Wie gleichgiltig sich Bethlen diesen Verhandlungen gegenüber verhielt, ergibt sich am meisten daraus, dass in dem Bundesvertrage von keinen Zahlungen die Rede war, zu denen Böhmen an Ungarn bezüglich der Grenzfestungen verpflichtet sein sollte: nur die Ueberzeugung, dass er von Böhmen in dieser Beziehung nichts zu hoffen habe und dass er sich deshalb mit dem Kaiser vergleichen müsse, konnte den Fürsten zu dieser Haltung bestimmen. Aber in Prag hatte man vorerst keine Ahnung davon, dass die Bündnissurkunde nichts als ein werthloses Stück Papier sei und feierte den Abschluss des Bündnisses in geräuschvoller Weise. ***)

Die Verhandlungen zwischen Ferdinand und Bethlen, auf die das Hauptgewicht zu legen ist, begannen damit, dass sich Ferdinand in einer Zuschrift an den Palatin zu denselben bereit erklärte†) und zugleich verlangte, dass aus Ungarn

8. Jäner 1620

1620

---

*) Nach Katona XXX wurde Bethlen am 8. Jänner 1620 „in principem et caput regni Ungariae" vom Reichstag erklärt.
**) Londorp Bündniss zwischen Ungarn und Böhmen dd. 15. Januar 1620.
***) Skala III.
†) Innsbrucker Statthaltereiarchiv: Ferdinand an den Palatin dd. 7. Dez. 1619.

ebenso viele angesehene Personen als Geisseln nach Wien abgeschickt werden sollten, als kaiserliche Gesandte nach Pressburg abreisen würden. Nichts charakterisirt die Barbarei jener Zeit mehr, als dass derartige Forderungen gestellt werden mussten und dass darüber langwierige Verhandlungen geführt werden konnten. Als diese Vorfrage gelöst war und Graf von
1619 Meggau und Freiherr von Breuner am 25. Dezember nach Pressburg abreisten, trafen sie in Fischament auf die ungarischen Geisseln, die gegen sie ausgewechselt und nach Wien geschickt wurden, während sie selbst die Reise nach Pressburg fortsetzten. Ursprünglich wollte Ferdinand den Fürsten von Liechtenstein und den Freiherrn von Eggenberg dahin absenden, beide wurden aber durch einen Podagraanfall an der Reise gehindert und so traf die Wahl des Kaisers die oben genannten Herren.*)

Die kaiserlichen Gesandten wurden bei ihrer Ankunft in Pressburg mit allerhand Artigkeiten überschüttet, allein dieselben waren ein zu durchsichtiger Schleier, als dass sie nicht klar erkannt hätten, mit welchen Schwierigkeiten sie zu kämpfen haben würden. Da die Prälaten und Bischöfe sich in Pressburg nicht eingefunden hatten, so bestanden fast alle Mitglieder des Reichstages aus erklärten Gegnern Ferdinands und diese machten aus ihrer Feindseligkeit gegen den König kein Hehl. Sie wollten nichts mehr von einer Anerkennung desselben hören, verweigerten ihm den königlichen Titel und trafen in geräuschvoller Weise Vorbereitungen zur Wahl und Krönung eines neuen Königs. Fahnen wurden angeschafft, die Kirche zur Krönungsfeierlichkeit hergerichtet, Krönungsmünzen geprägt und sogar für das Krönungsmahl schon Vorsorge getragen. Etwas Muth und frische Hoffnung konnten die Gesandten nur aus dem Verkehre mit den wenigen in Pressburg befindlichen Anhängern Ferdinands schöpfen. Dieselben versicherten die Gesandten ihrer unverbrüchlichen Treue und tadelten nur, dass der König keine Heeresabtheilung nach Pressburg abgeschickt habe, als sich Bethlen von Wien dahin zurückzog; er sei so bestürzt gewesen,

---

*) Innsbrucker Statthaltereiarchiv. Ferdinand an den Palatin dd. 12. Dez. 1619. Der Palatin an Ferdinand dd. 19. Dez. 1619. Ebend. Die kaiserlichen Gesandten an Ferdinand dd. 27. Dez. 1619.

dass er augenblicklick den Rückzug nach dem innern Ungarn
angetreten haben würde.*)

Der eigentliche Beginn der Verhandlungen verzögerte
sich bis zum 30. Dezember, weil der Erzbischof von Calosca, 1619
Valentin Lepes, den Ferdinand nebst den ebengenannten Gesandten und dem Herrn Thomas Nadasdy auch zu den Verhandlungen abgeordnet hatte, erst um diese Zeit in Pressburg
anlangte. Die Verhandlungen wurden sowohl mit Bethlen wie
mit dem ungarischen Reichstage eingeleitet. Die kaiserlichen
Gesandten fuhren an dem genannten Tage in das Haus, wo
Bethlen seine Wohnung genommen hatte und trafen daselbst ausser
dem Fürsten auch den Palatin, die Mitglieder des Reichstages
und die angesehensten Personen aus dem Gefolge Bethlens.
Sie übergaben mit einer Ansprache, die den Verhältnissen
entsprechend war, ein Schriftstück, welches sich über die
Mittel zur Herstellung des Friedens ausliess; dasselbe wurde
vorgelesen, worauf der Palatin erklärte, dass der Reichstag
hierüber verhandeln und den Gesandten eine Antwort zukommen lassen werde. Weder dieses Aktenstück noch die
darauf ertheilte Antwort ist uns bekannt, wir wissen nur so
viel, dass die Anerbietungen Ferdinands dem Reichstage nicht
genügten und dass er von den Gesandten bessere und günstigere
verlangte und dies mit einer Heftigkeit, dass die Gesandten kaum
Zeit hatten ihre Antwort zu Papier zu bringen.**) Selbstverständlich genügte auch diese dem Reichstage nicht, da sie unserer
Vermuthung nach ebensowenig aufrichtig eine eingehende Lösung der Streitfragen versuchte, als der Reichstag an eine Versöhnung mit Ferdinand dachte. Die Verhandlungen nahmen einen tumultuarischen Charakter an; man bedrohte jeden, der es
nur anzudeuten wagte, dass man die Antwort der Gesandten
erwägen und ihnen eine Erwiederung zukommen lassen müsse,
mit dem berühmt gewordenen Fenstersturz. Die Mehrzahl
der Reichstagsmitglieder wollte alle Verhandlung abbrechen
und zur Erhebung Bethlens auf den Königsthron schreiten;

---

*) Finalrelation der kais. Gesandten in Fiedlers Sammlung. Hatvan S. 171.
Forgach an Ferdinand II. dd. 9. Dec. 1619. Ebend S. 173. Ferdinand II
an Forgach dd. 12. Dec. 1619.

**) Finalrelation der kaiserl. Gesandten in Fiedlers Sammlung.

sollte er zögern die angebotene Krone anzunehmen, so sei man bereit den Pfalzgrafen zu wählen oder sich unter die türkische Herrschaft zu begeben. Die kaiserlichen Gesandten konnten sich der Einsicht nicht verschliessen, dass bei dieser im Reichstage vorherrschenden Stimmung ihre Verhandlungen aussichtslos seien und deshalb befolgten sie den Rath des Palatins und begannen ihre besonderen Unterhandlungen mit Bethlen, weil dieser allein im Stande war, die Königswahl zu hintertreiben. Dieser Entschluss wurde am 4. oder 5. Januar gefasst und rasch ins Werk gesetzt. Anfangs schien auch dieser Weg wenig verheissend zu sein, da Bethlen theils geblendet von dem Glanze der angebotenen Krone, theils besorgt vor dem Unwillen der ungarischen Stände, wenn er sich von ihnen trennen würde, auf die Unterhandlungen nicht eingehen wollte. Vor allem quälte ihn jedoch die Angst vor den Türken, deren Angriffen er zum Opfer fallen musste, wenn er nicht eine Stütze an Böhmen oder an dem Kaiser fand. Da sich die auf Böhmen gestellten Hoffnungen als eitel erwiesen, so glaubte er die dargebotene Hand Ferdinands erfassen zu müssen. Die kaiserlichen Gesandten schrieben jedoch in selbstgefälliger Täuschung seine Nachgiebigkeit theils dem Eindrucke ihrer häufigen Unterredungen und Vorstellungen theils der Vermittlung des Kanzlers Pechy zu, den sie auf irgend eine Weise, wahrscheinlich durch Geld und Versprechungen, gewonnen hatten. Dass der ungarische Reichstag vorläufig auf diese Verhandlungen kein Gewicht legte und den Fürsten von Siebenbürgen sogar am 8. Januar *) zum Fürsten (nicht König) von Ungarn wählte, brachte dieselben nicht zum Stillstande.

Die Besprechungen zwichen Bethlen und den kaiserlichen Gesandten drehten sich um zwei Fragen: die erste betraf den Preis, für den er von seiner Feindseligkeit gegen den Kaiser ablassen würde, die zweite die Bedingungen des Waffenstillstandes, der zwischen ihm und dem Kaiser abgeschlossen werden sollte. Man sollte wohl denken, dass beide Fragen eng zusammenhingen und nur gemeinsam verhandelt werden

---

*) Katona XXX.

konnten; nach dem Berichte der kaiserlichen Gesandten war dem aber nicht so, sie mussten das Hauptgewicht auf die persönliche Befriedigung Bethlens legen und zuerst diese Sache ins reine bringen. Bethlen stellte als Gegenpreis für seine Verzichtleistung auf die ungarische Krone ganz ausserordentliche Forderungen an Geld und Gut. Wir sind über dieselben zwar nicht genau unterrichtet, aber jedenfalls sind sie nicht geringer gewesen, als jene Zugeständnisse, zu denen Ferdinand sich schliesslich verstand. Darnach war Ferdinand erbötig an Bethlen und seine Nachfolger für ewige Zeiten vier ungarische Comitate und das Schloss Munkacs sammt dem dazu gehörigen Gebiete und überdies noch an Bethlen auf Lebenszeit neun ungarische Comitate abzutreten. Nicht genug mit diesen Abtretungen, die der Verzichtleistung auf fast zwei Drittel seiner bisherigen Herrschaft in Ungarn gleichkamen, wollte Ferdinand den Fürsten von Siebenburgen in den Reichsfürstenstand erheben und ihm die Fürstenthümer Oppeln und Ratibor überlassen, sobald er wieder in ihren Besitz gekommen sein würde und ausserdem Güter in Böhmen im Werthe von 200.000 Gulden, wenn Bethlen bei den kommenden Ausgleichsverhandlungen mit diesem Lande seine guten Dienste geleistet haben würde. Wir vermuthen, dass die zwei letzten Bedingungen auf das Andringen der kaiserlichen Commissäre eingeschaltet und damit andere Forderungen Bethlens abgekauft wurden; sie mochten sich schmeicheln, dass er durch dieselben an die Sache des Kaisers geknüpft und von der weiteren Begünstigung des böhmischen Aufstandes zurückgehalten werden würde.*)

Kaum hatten sich die Gesandten mit Bethlen über die ihm einzuräumenden persönlichen Zugeständnisse geeinigt, so verhandelte man über die Bedingungen, unter denen zwischen dem Kaiser und dem Fürsten ein Waffenstillstand abgeschlosssen werden und der endgiltige Friede auf einem bald zu berufenden neuen Reichstage zu Stande kommen sollte. Hier spannte Bethlen seine Forderungen noch höher, so dass die Gesandten

---

*) Der Vertragsentwurf bei Firnhaber in den Sitzungsberichten der kaiserl. Akademie der Wissenschaften, 1858.

nicht bloss die Verhandlung sondern sogar die Vorlesung des detaillirten Entwurfs ablehnten. Der Artikel, der hauptsächlich ihren Unwillen erregt haben mag, war unzweifelhaft derjenige, der Bethlen die Verwaltung aller Theile von Ungarn, in deren Besitze er sich augenblicklich befand, bis zum künftigen Reichstage übertrug, also seine Herrschaft noch über die oben erwähnten dreizehn Komitate hinaus erweitern sollte. Aber ihr Widerstand musste bald ein Ende nehmen, da sie wohl wussten, dass der Kaiser im Augenblick nicht über die Mittel gebot, um von Ungarn nur einen Fussbreit Landes mehr an sich zu reissen, als ihm Bethlen bewilligte, und da sie fürchten mussten, dass der Fürst den Böhmen in die Arme getrieben würde, im Falle man ihm jenes Zugeständniss nicht machte. Zudem langten ungünstige Nachrichten aus Oberungarn ein: der Einfall Homonnas, der eine glänzende Diversion für die Sache des Kaisers verheissen hatte, blieb ohne die gehofften Resultate, da von allen Seiten ungarische Truppen herbeigeeilt waren und die Polen zum Rückzuge genöthigt hatten. Auch die Nachrichten von der dem Kaiser feindlichen Gesinnung der Türken, die in Pressburg verbreitet wurden, waren derart beschaffen, dass sie die Gesandten besorgt machen mussten; sie kamen ihnen nicht etwa von Bethlens Seite zu, der Palatin selbst versicherte, er habe Beweise, dass die Pforte die Ungarn im Falle der Noth mit Geld, Kriegsvorräthen und Truppen unterstützen werde.*) Mussten die Gesandten nicht befürchten, dass bei längerer Zögerung der Angriff gegen den Kaiser erneuert und sich auch auf Steiermark und die südlichen Provinzen ausdehnen würde? Wie wenig tröstlich die Aussichten auf eine bessere Zukunft waren, die Gesandten hofften zum mindesten durch die Nachgiebigkeit, die Ferdinand in der Annahme der Waffenstillstandsbedingungen zeigen würde, der Feindseligkeit in Ungarn die Spitze abzubrechen. Auch die Bemühung der böhmischen Gesandten, die Verhandlungen zwischen dem Kaiser und Bethlen zum Abbruch zu bringen, war für die kaiserlichen Boten ein Grund mehr,

---

*) Alles dies nach der schon citirten Finalrelation.

zuletzt die harten Waffenstillstandsbedingungen annehmbar zu finden.

So kam denn am 16. Januar ein Entwurf zu Stande, in 1620 dem bestimmt wurde, dass Bethlen Gabor vorläufig im Besitze alles dessen verbleiben sollte, was er inne habe und dass Homonna sich mit den polnischen Kosaken zurückziehen und falls er dies nicht thue, mit Waffengewalt hiezu verhalten werden sollte. Bezüglich Böhmens enthielt der Vertrag folgende eigenthümliche und wie wir sehen werden, doppelter Deutung unterliegende Bestimmung: „Seine kaiserliche königliche Majestät wird, wenn er darum ersucht wird, gegen die Böhmen und nach Zustand und Gelegenheit auch gegen die Ober- und Niederösterreicher unter gerechten und billigen Bedingungen die Waffen ruhen lassen.*) Nachdem Bethlen die Gesandten zur Annahme beider Verträge, desjenigen, der ihn persönlich betraf, und der Waffenstillstandsbedingungen vermocht hatte, reiste er am 17. Januar**) nach Kaschau ab 1620 und nahm die Hoffnung mit sich, dass der Kaiser beide Verträge ratificiren werde.

Fast gleichzeitig mit der Beendigung dieser Verhandlungen kam auch der Reichstag zum Schlusse, da seine Sitzungen am 18. Januar ein Ende nahmen. Seine Beschlüsse sind von Anfang bis zu Ende von der Feindseligkeit gegen Ferdinand und dessen Anhänger durchdrungen, wovon gleich die einleitenden Worte zu den Reichstagsartikeln Zeugniss geben. In diesen wird berichtet, dass die Stände Bethlen zu ihrem „Fürsten" erwählt und ihm die Herrschaft über Ungarn aufgetragen hätten: mit keiner Silbe wird dabei Ferdinands gedacht, dessen Absetzung gewissermassen als eine selbstverständliche Sache angesehen wird. Gleiche Behandlung wie der König mussten sich auch seine hervorragendsten Anhänger gefallen

---

*) Innsbrucker Statthalterei Archiv. Conditiones pro suspensione armorum dd. 16. Jan. 1619. Darin heisst es: ...... Easdem inducias similiter post requisitionem Sua Majestas Caes. ac Reg. Bohemis etiam et aliis incorporatis provinciis sicut et secundum statum eorum utriusque Austriae justis et aequis conditionibus concedere dignabitur.

**) Dies Datum geht aus einem Schreiben Ferdinands an Erzherzog Leopold dd. 29. Jan. 1620 im innsbrucker Statthaltereiarchiv hervor.

lassen: der Erzbischof von Gran Pater Pazman, Georg Drugeth von Homonna und mehrere andere namentlich angeführte Personen wurden aus dem Lande verwiesen und sollten durch den künftigen Reichstag für alle Zeiten aus Ungarn verbannt werden. Indem die Stände mit diesen harten Strafbestimmungen gegen die Vertheidiger der königlichen Rechte auftraten, gaben sie offenbar den Einflüsterungen Bethlens nach und lieferten damit den Beweis, dass die künftigen Friedensverhandlungen an ihnen mindestens keine Förderer finden würden.

II

Was Bethlen dazu vermocht hatte, fast gleichzeitig mit dem Schluss der Reichstagsverhandlungen von Pressburg abzureisen und nicht die kaiserliche Ratification der mit den Gesandten abgeschlossenen Verträge abzuwarten, wissen wir nicht anzugeben; jedenfalls drängte ihn der homonna'sche Zug nicht dazu, da derselbe mittlerweile zurückgeschlagen worden war. Vielleicht wollte er durch seine Abreise den weiteren Unterhandlungen ein Ende machen und so allfälligen Forderungen nach einer Aenderung des Böhmen betreffenden und oben wörtlich angeführten Artikels ausweichen: er mochte hoffen, dass der Kaiser zwischen der Wahl der Waffenstillstandsbedingungen und der Erneuerung des Krieges gestellt, sich für die erstern entscheiden werde. Wenn dies die Hoffnung Bethlens bildete, so täuschte er sich, da den wiener Staatsmännern, die nichts anderes im Sinne hatten als die Bezwingung Böhmens, nichts ferner lag, als sich die ungarische Waffenruhe mit der Preisgebung von Böhmen zu erkaufen.*) Auch erhoben die ungarischen Räthe, die bei Ferdinand in Wien weilten, schon während der pressburger Verhandlungen zahlreiche Einwände gegen dieselben und sie verstummten nicht, als die pressburger Verträge ihnen im Entwurf mitgetheilt wurden. Denn als, wahrscheinlich im Beginne der zweiten

---

*) Innsbrucker Stathaltereiarchiv. Harrach an Erzherzog Leopold dd. 21. Jan. 1620.

Januarwoche, die Herrn von Breuner und Nadasdy und später
auch der Erzbischof von Calosca nach Wien reisten, um den
Kaiser zur Annahme der Bedingungen zu vermögen, erreichten
sie nur so viel, dass Herr von Trauttmansdorff nach Pressburg
gesendet wurde, um da eine Erklärung abzugeben, welchen
Sinn man in Wien den einzelnen Artikeln beilegen wolle.

 Als nun die fertigen Verträge am 16. Januar von
Pressburg nach Wien abgeschickt und die königlich-ungarischen Räthe um ihr Gutachten bezüglich der Ratification
ersucht wurden, überreichten sie dem Kaiser am 22. Januar
ein neues Gutachten, in dem sie zuerst den für die persönliche
Befriedigung Bethlens abgefassten Vertrag angriffen und dem
Kaiser als König von Ungarn das Recht zu den verschiedenen
Zugeständnissen und Gebietsabtretungen an Bethlen absprachen, da er hiezu die Zustimmung des ungarischen Reichstages
nicht eingeholt habe. Auf diesen Einwand hätte Ferdinandt
allerdings erwiedern können, dass, wenn er dem pressburger
Reichstage diese Angelegenheit zur Entscheidung vorgelegt
hätte, dieser ihm wahrscheinlich gerathen haben würde ganz
Ungarn an Bethlen abzutreten. Die andern Einwürfe des
königlichen Rathes waren dagegen stichhaltiger: so tadelten
sie, dass er Munkacz und die dazu gehörigen Güter an Bethlen
abtreten wolle und sie zu diesem Zwecke von dem gegenwärtigen Besitzer um 300.000 ungarische Thaler ablösen müsse,
während doch dieses Geld viel vortheilhafter zur Bekämpfung
Bethlens verwendet werden könnte; so waren sie in hohem
Grade unzufrieden, dass die Sicherheit des geistlichen Besitzes
mit keiner Silbe ausbedungen und dieser nun rettungslos
dem Raube preisgegeben sei; so fanden sie es auch unwürdig,
dass in dem Vertrage dem Fürsten Bethlen alle Gnaden und
Gebietsabtretungen als Lohn für seine Bemühungen zur Herstellung des Friedens und zur Dämpfung der aufständischen
Bewegungen zugewiesen würden, während es doch weltbekannt
sei, dass er allein der Störer des Friedens und die Ursache
der Rebellion gewesen sei; so gaben sie endlich dem Kaiser
zu bedenken, welchen Eindruck es in Ungarn machen werde,
wenn mit seiner Zustimmung bewährte Anhänger des Königshauses wie Homonna und Eszterhazy preisgegeben würden.

Aus diesen Einwürfen gelangte demnach der königliche Rath zum Schlusse, dass der Vertrag mit Bethlen unbedingt zu verwerfen und die Gesandten zurückzurufen und gegen die Geisseln auszuwechseln seien. Auch von der Annahme der Waffenstillstandsbedingungen wollte er nichts wissen. Er machte Ferdinand auf den Umstand aufmerksam, dass der künftige Reichstag kraft des Waffenstillstandes und nicht in Folge königlicher Berufung zusammentreten und dass die königliche Auktorität in jeglicher Beziehung missachtet werde. Bewillige Ferdinand den Waffenstillstand, so gebe er seinen Feinden Zeit, sich zu stärken, er selbst aber werde um so ohnmächtiger sein.*) Ein Gutachten, welches einige der deutschen Minister dem Kaiser in derselben Angelegenheit abgaben, wollte ebensowenig von der Annahme der beiden Verträge etwas wissen und begründete die Abweisung hauptsächlich damit, dass man auf Bethlen kein Vertrauen setzen könne und durch den Abschluss des Waffenstillstandes die eigenen Freunde stutzig machen werde.**)

Trotz aller dieser Einwürfe entschloss sich der Kaiser am 23. Januar zur Unterzeichnung des den Fürsten von Siebenbürgen persönlich betreffenden Vertrages, weil ihm die Gesandten, die er nach Pressburg geschickt hatte, von dem künftigen Reichstage eine bessere Wahrung seiner Interessen versprachen und weil auch der Palatin mit dem ganzen Gewichte seines Ansehens für die vorläufige Unterzeichnung dieses Vertrages eintrat. Aber kaum hatte Ferdinand dies gethan, so schrak er vor den Folgen zurück und schickte das Document nicht ab, sondern forderte noch am selben oder am folgenden Tage ein neues Gutachten von seinen ungarischen Räthen ein. Sie empfahlen dem König die Anwendung gewisser Vorsichtsmassregeln, falls er beschlossen habe, Bethlen die angedeuteten Zugeständnisse zu machen: dieser müsse vor dem Kanzler Pechy die Erklärung abgeben, dass er jene Gebiets-

---

*) Gutachten des königl. ungar. Rathes dd. 22. Januar 1620 in der Fiedlerschen Sammlung.
**) Harrachisches Archiv. Considerationes und Bedenken, ob aus dem zu Pressburg geschlossenen Waffenstillstand mehreres Nutz oder Schaden zu gewarten sein möcht.

abtretungen an Bethlen nur dann vollzogen wissen wolle, wenn der ungarische Reichstag dazu seine Zustimmung gebe, eben so müsse er die Zurückstellung aller seit dem bethlen'schen Zuge der Geistlichkeit entrissenen Güter verlangen und schliesslich darauf beharren, dass er auf dem künftigen Reichstage als König anerkannt werde und dass der Fürst von Siebenbürgen ihm gegen jeden Schädiger seiner Auktorität beistehe.*) Der Erzbischof von Gran beschwor den Kaiser, wenigstens diese Einwendungen zu berücksichtigen, weil sonst der katholische Clerus und sein Besitzstand dem Verderben preisgegeben seien. **)

Während der Kaiser mit sich zu Rathe gieng, wie er diesen Einwürfen Rechnung tragen solle, musste er sich auch über die Waffenstillstandsfrage entscheiden. Er war erbötig, denselben unter den von Bethlen verlangten Bedingungen anzunehmen, aber auf Böhmen und Oesterreich wollte er ihn nicht ausdehnen. Da Bethlen an dem Tage, an welchem in Pressburg die Vertragsentwürfe vereinbart worden waren, an den Kaiser geschrieben und ihn ersucht hatte, er möchte auch in Böhmen und Oesterreich die Waffen durch einige Wochen ruhen lassen und mittlerweile die Friedensverhandlungen mit diesen Ländern einleiten, so glaubte der Kaiser seine Meinung hierüber unverholen kundgeben zu müssen, selbst auf die Gefahr hin, dass der Fürst den bloss ihm zugestandenen Waffenstillstand nicht annehmen würde. Am 1. Februar schrieb er 1620 deshalb an ihn, dass er den Böhmen keinen Waffenstillstand gewähren könne und nur ihren Gesandten freies

---

*) Das Gutachten des ung. Rathes bei Firnhaber a. a. O. Das Gutachten ist vom 4. Januar 1620 datirt, was unmöglich richtig sein kann, da es das letzte Gutachten des königlichen Rathes in dieser Angelegenheit ist und darin wiederholt von dem Gutachten vom 22. Januar und vom Reichstagsschlusse vom 18. Januar die Rede ist. Firnhaber glaubt deshalb, dass statt „4. Januar" eigentlich 4. Februar zu lesen und so der Schreibfehler zu korrigiren sei. Was an die Stelle des offenbar irrthümlichen Datums zu setzen sei, wissen wir nicht mit Bestimmtheit anzugeben, jedenfalls ist aber der 4. Februar zu spät, da Ferdinand die in dem Gutachten ertheilten Rathschläge in einem Schreiben an Bethlen dd. 4. Febr. verwerthet.

**) Patzmann an den Kaiser d d. 4. Febr. 1620 bei Firnhaber.

Geleite ertheilen würde, wenn sie über den Frieden mit ihm unterhandeln wollten. Seine endgiltige Meinung gab er einige Tage später kund und zwar wahrscheinlich an dem Tage, an dem er sich auch zur Unterzeichnung des Waffenstillstandsvertrags in der pressburger Fassung entschloss und diesen mit dem schon am 23. Januar unterzeichneten den Fürsten Bethlen persönlich betreffenden Vertrage abschickte. Beiden Verträgen fügte er nämlich ein Begleitschreiben an Bethlen bei und setzte in demselben die Bedingungen auseinander, unter denen er sich zu ihrer Aufrechthaltung verbindlich machen wollte. Das Begleitschreiben hat auf diese Weise eine hohe Bedeutung und nimmt neben den Verträgen eine ergänzende Stellung ein. Ferdinand erklärte in demselben, dass er die versprochenen Gebiete nur dann an Bethlen abtreten werde, wenn der ungarische Reichstag hiezu die Zustimmung geben würde, und sprach zugleich die Erwartung aus, dass seine Anhänger, worunter zunächst die katholischen Prälaten und Homonna gemeint waren, während des Waffenstillstandes nicht in ihrem Besitze gestört werden würden. Der Waffenstillstand solle sich nur auf Ungarn beziehen, den Böhmen (nicht ihrem Könige) wolle er denselben nur dann bewilligen, wenn er von ihnen darum ersucht würde.*) Ungarn also, aber nur dieses allein wollte Ferdinand Bethlen preisgeben, da er ihm vorläufig die Regierung daselbst zugestand und dem künftigen Reichstage eine entscheidende Rolle einräumte. In einem Schreiben, das er in diesen Tagen an seinen Bruder Leopold richtete, rechtfertigte er diese Nachgiebigkeit mit seiner

---

*) Münchner St. A. Ferdinand an Bethlen dd. 1. Februar 1620. Schreiben an Bethlen dd. 4. Feb. 1620 bei Firnhaber. Einige wichtige Schriftstücke über diese Verhandlung sind auch bei Hatvan abgedruckt, so Ferdinands Brief an Erzh. Albrecht dd. 8. Febr. 1620, der einen Gesammtbericht enthält, dann eine Erklärung Ferdinands unter welchen Bedingungen er den Waffenstillstand annehme und die so ziemlich mit dem Schreiben an Bethlen übereinstimmt. Diese Erklärung ist vom 16. Januar datirt, was nach unserer Ansicht nur eine willkürliche Zurückdatirung ist, da man diese Bedingungen jedenfalls nicht vor Ende Januar formulirt hatte. Ferner ein Schreiben Pechy's an Ferd. dd. 3 Febr. und des Palatin Forgach an Ferd. dd 3. Febr. 1620.

Ohnmacht und fand sogar das Auftreten Bethlens genügsam, da er sich nicht den königlichen Titel anmasse, wie er dies hätte thun können, und sich erboten habe, auf dem künftigen Reichstage ihm (dem Kaiser) zu Diensten zu sein und sich zu „seinen Füssen zu erniedrigen." *)

Bei der Abreise nach Kaschau liess Bethlen seinen Kanzler Pechy in Pressburg zurück, damit dieser die kaiserlichen Ratificationen daselbst erwarte. Als die von Kaiser unterzeichneten Verträge sammt den beiden Schreiben (vom 1. und 4. Febr.) anlangten, glaubte sich Pechy berechtigt, dieselben zu erbrechen und lernte so die Bedingungen kennen, die man in Wien an die Einhaltung beider Verträge knüpfte. Er benachrichtigte alsbald die böhmischen Stände, dass der Kaiser nicht gesonnen sei auch ihnen einen Waffenstillstand zu bewilligen, indem er ihnen wörtlich die bezügliche Stelle aus dem Briefe vom 1. Februar mittheilte und sie aufforderte, die Verhandlungen einzuleiten. **) Er glaubte also an die Bereitwilligkeit Ferdinands zu denselben, zeigte aber damit nur, dass er den Brief des Kaisers nicht richtig verstanden habe. Wohl war Ferdinand erbötig mit den Böhmen in Verhandlungen zutreten, aber nur mit ihnen allein und nicht mit ihrem neuen König; sie hätten sich zuvor von Friedrich lossagen müssen, wenn sie ihren Gesandten Zutritt bei dem Kaiser verschaffen wollten.

Konnte schon Pechy's Brief falsche Hoffnungen in Böhmen erregen, so war dies mit einem Schreiben Hohenlohe's noch mehr der Fall, in dem dieser geradezu behauptete, dass der Waffenstillstand sich nicht bloss auf Ungarn, sondern auch auf Böhmen erstrecke, jedoch vorsichtig hinzufügte, dass er nicht an denselben glaube. Wir wissen diese absichtliche Täuschung Hohenlohe's nicht anders zu erklären, als dass er sich zu derselben durch eine Unterredung verleiten liess, die er in Mähren mit dem Pfalzgrafen und dem Kanzler Ruppa hatte, als diese nach Brünn zur Huldigung reisten, und dass mit

---

*) Insbrucker Statthaltereiarchiv. Ferdinand an Leopold dd. 12. Febr. 1620.
**) Münchner St. A. Pechy an die böhmischen Stände dd. 6. Febr. 1620. Sächsisches St. A. Hohenlohe an die böhmischen Landesoffiziere dd. 2. Febr. 1620. Ebendaselbst Lebzelter an Schönberg dd. 9. Februar 1620.

diesem Briefe vorläufig nur die ängstlichen Gemüther in Böhmen beschwichtigt werden sollten.

Als Bethlen die vom Kaiser unterzeichneten Verträge sammt dem Begleitschreiben erhielt, sah er ein, dass dasselbe die Giltigkeit der Verträge in wichtigen Punkten einschränke. Es lag in seiner Hand alle bisherigen Verhandlungen für ungiltig zu erklären und von neuem zum Schwerte zu greifen. Da ihm aber hiezu die Mittel fehlten und er es für wichtiger hielt, seine Stellung in Ungarn zu kräftigen, so begnügte er sich vorläufig mit dem, was der Kaiser bot und that so, als ob er die Bedingungen, die der Kaiser für den böhmischen Waffenstillstand stellte, nicht verstehe oder sie wenigstens nicht für unabänderlich halte. Den Böhmen gegenüber gab er sich die Miene, als ob er nicht merke, dass der Kaiser den Pfalzgrafen von jeder Friedensverhandlung ausgeschlossen habe, denn nur so ist es begreiflich, dass er dem Pfalzgrafen von Kaschau aus schrieb und ihm Vorwürfe machte, dass der Kaiser von den Böhmen noch immer nicht um die Gewährung eines Waffenstillstandes ersucht worden sei.[*] Gegen den Kaiser äusserte er dagegen die Hoffnung, dass derselbe den Böhmen den Waffenstillstand unter Anerkennung des Status quo bewilligen werde und suchte dieses Ziel durch die Absendung eines eigenen Gesandten an den kaiserlichen Hof, des Grafen Stephan Haller, zu erreichen.

Bei dem Pfalzgrafen und seinen Anhängern hatte die Nachricht von dem zwischen dem Kaiser und Bethlen abgeschlossenen Waffenstillstande die grössten Besorgnisse wachgerufen, da man sich über die Folgen keinen Täuschungen hingab und wusste dass der Kaiser denselben nicht auf Böhmen ausdehnen werde. Um jeden Preis musste man deshalb den abgeschlossenen Waffenstillstand durchkreuzen und schickte zu diesem Zwecke den Freiherrn Christoph von Dohna nach Kaschau ab, der daselbst wenige Stunden vor der anberaumten Abreise des Grafen von Haller eintraf. Dohna war beauftragt Bethlen vor den Friedensversicherungen Ferdinands zu warnen und zu verlangen, dass er wieder zu den Waffen greife. Da

---

[*] Münchner Staats-Archiv: Bethlen an Ferdinand Kaschau dd. 20. Febr. 1620.

der Fürst vorläufig Frieden halten wollte, so machten die Vorstellungen Dohna's auf ihn keinen Eindruck und ebenso wenig zeigte sich Pechy geneigt, die böhmische Sache zu fördern. Von allen Seiten wurde dem Gesandten die Nothwendigkeit nahegelegt, dass zwischen Ferdinand und Böhmen über die Waffenruhe verhandelt werde, „selbst wenn der Pfalzgraf etwas von seinen Präeminentien und Würden remittiren" müsste*), ja einzelne Personen aus Bethlens Umgebung gingen so weit, den Böhmen die Annahme des Waffenstillstandes unter jeder Bedingung anzurathen. Dohna begegnete diesen Vorstellungen in einer Weise, die zeigte, dass der Pfalzgraf und seine Räthe den Sinn des kaiserlichen Briefes richtig aufgefasst hatten: er erklärte nämlich schon deshalb jede Waffenstillstandsverhandlung mit Ferdinand für unmöglich, weil der Pfalzgraf nur als König von Böhmen um denselben ansuchen könne, der Kaiser ihn aber als solchen nicht anerkennen wolle. Pechy schlug zur Vermeidung dieser Schwierigkeit vor, dass Bethlen um den Waffenstillstand ansuchen solle, er könne hiebei dem Kaiser den königlichen Titel ohne besondere Bezeichnung des Landes zugestehen und so dessen vorläufigen Ansprüchen auf Böhmen genügen. Es scheint, als ob Pechy diesmal den Vortheil des Kaisers energisch gewahrt habe, wenn wir einem Schreiben, in dem er über die Verhandlungen Dohna's an die Herrn von Meggau und Breuner berichtet, aufs Wort glauben sollen. Er behauptet wenigstens die Anschauung vertreten zu haben, dass der Pfalzgraf im Falle es zu ernstlichen Friedensverhandlungen kommen sollte, sich aus Böhmen entfernen müsse, um die schliessliche Beilegung der Streitigkeiten jenen zu überlassen, die zunächst dabei betheiligt seien. Wir können uns nicht des Zweifels an der Wahrheit dieser Behauptung erwehren, weil Dohna in seinem Berichte über die kaschauer Verhandlungen ihrer nicht erwähnt, obwohl er zugibt, dass sich in der Umgebung Bethlens feindliche Stimmungen geltend machten. Lauteten aber die Aeusserungen Pechy's in der That so, wie

---

*) Münchner St. A. Christoph von Dohna an Friedrich dd. Bitsch. 29. Febr. 1620. Ebendas. Dohna an Anhalt dd. Brünn 15. März 1620.

er über sie nach Wien berichtete,*) dann kann man nicht zweifeln, dass das Mittel, durch das ihn die kaiserlichen Gesandten in Pressburg gewonnen hatten, nur Geld gewesen sei.

Dohna hatte also das Ziel nicht erreicht, um dessentwillen er nach Kaschau geschickt worden war, nämlich den Wiederanschluss Bethlens an Friedrich zur gemeinsamen Bekämpfung des Kaisers, und so musste er sich damit begnügen, dass Bethlen die Einleitung der Waffenstillstandsverhandlungen auf sich zu nehmen versprach. Er beeilte sich diese Nachricht dem Pfalzgrafen zu überbringen und reiste deshalb noch am selben Tage, an dem er in Kaschau angekommen war, in Begleitung des Grafen Haller zurück.

Kaum hatte der Fürst von Siebenbürgen diesen Angriff auf seine vorläufig friedliche Politik abgeschlagen, so stand ihm schon ein zweiter durch einen Agenten des Fürsten von Anhalt bevor. Anhalt, der seit Ende Februar das Kommando über die böhmische Armee angetreten hatte und mit derselben, wie erzählt werden wird, in Niederösterreich bei Eggenburg stand und nicht ohne Besorgniss den buquoischen Angriffen entgegensah, war durch die Nachricht vom Waffenstillstande unangenehm berührt und suchte deshalb den Fürsten von Siebenbürgen auf dem betretenen Wege zurückzuhalten, indem er zu diesem Zwecke seinen Sekretär Wild an ihn abschickte. Wenn sachkundige Vorstellungen Bethlen anderen Sinnes hätten machen können, so würde Wild seinen Zweck erreicht haben: er sollte die Kurzsichtigkeit des Fürsten tadeln, da der Kaiser die ihm bewilligte Waffenruhe nur dazu benützen werde, um desto wuchtigere Schläge gegen Böhmen zu führen, Bethlen solle rasch wieder zu den Waffen greifen, 3000—4000 Husaren der böhmischen Armee zu Hilfe schicken und selbst in Oesterreich und Steiermark einfallen. Ein Vorwand sei dafür leicht zu finden, auch könne er erklären, dass er sich zurückziehen werde, wenn Ferdinand thatsächlich einen allgemeinen Waffenstillstand bewilligen würde.**) So wenig aber Dohna's Vorstellungen bei Bethlen gefruchtet hatten, so wenig brachte

---

*) Pechy an Meggau und Breuner, Kaschau dd. 23. Febr. 1620. Bei Firnhaber a. a. O.
**) Münchner Staats-Archiv: Instruction für Wild dd. 14. 24. Febr. 1620.

Wild einen Wechsel in seinen Absichten zu Wege und auch
ein dritter Gesandter, ein gewisser Andreas Pogner, den vermuthlich die Stände von Oesterreich nach Kaschau abgeschickt
hatten, konnte sich keines grösseren Erfolges rühmen. Der
Kanzler Pechy führte diesem letzeren gegenüber eine Sprache,
die so sonderbar klang, dass über seine Bestechung kein
Zweifel mehr bestehen konnte. Und in der That, was sollte
es heissen, wenn Pechy sich in Vorwürfen gegen die Stände
von Oesterreich, Böhmen und Mähren ergoss und sie beschuldigte, dass sie dem Frieden mit dem Kaiser abgeneigt seien;
was sollte diese Sprache in dem Munde eines Mannes, der in
den Diensten Bethlens stand, der selbst am grimmigsten und
gewiss nicht mit grösserem Rechte den Kaiser befehdet hatte?*)

Graf Haller, durch den Bethlen die Friedensverhandlungen
mit dem Kaiser einleiten wollte, langte indessen in Wien an
und brachte nicht bloss die Schreiben seines Herrn mit, sondern
auch einen Brief des Palatins Forgach, in dem derselbe dem
Kaiser auf das inständigste den Abschluss des Waffenstillstandes mit Böhmen anrieth. Haller suchte den Kaiser zur Gewährung desselben auf die Dauer eines Monates zu bewegen,
aber was er auch immer vorbringen mochte, er gelangte nicht
zu seinem Ziele. In zwei nach einander an Bethlen gerichteten 9. März
Briefen erklärte der Kaiser den Böhmen keinen Waffenstillstand 1620
bewilligen zu können, er sei nur bereit mit ihnen in Unterhandlung zu treten und zu diesem Zwecke ihren Gesandten
freies Geleite zu bewilligen. Einen Waffenstillstand wollte er
nur dann gewähren, wenn die Böhmen ihm beim Beginne der
Verhandlungen passende Friedensbedingungen vorschlügen,
unter welchen er vor allem ihre Unterwerfung verstand.**) Mit
dem letzteren der beiden Schreiben schickte Ferdinand den
Reichshofrath Laminger nach Kaschau ab, damit er durch
mündliche Erläuterungen dem abweislichen Bescheid den Stachel
benehme und wo möglich Bethlen von feindlichen Schritten
zurückhalte. Denn auf einen Friedensbruch von Seite Ungarns

---

*) Münchner Staats-Archiv; Pogner's Brief an? dd. 7. März 1620. Ebenda-
selbst: Die niederösterreichischen Stände an Bethlen Gabor dd. 10.
März 1620.

**) Münchner Reichs-Archiv: Ferdinand an Bethlen dd. 9. März 1620.

musste Ferdinand gefasst sein, da Bethlen durch seinen Gesandten die Erklärung abgegeben hatte, dass er es nicht verhindern könnte, wenn der ungarische Adel im Falle der längeren Befehdung Böhmens den befreundeten Nachbarn zu Hilfe eilen würde. Auf diese Gefahr wollte es Ferdinand ankommen lassen, da jener grosse Bund zu seinen Gunsten dem Abschlusse nahe war, auf den Bethlen zu Pressburg hingedeutet hatte.*)

Die Entschlossenheit, mit der der Kaiser bezüglich Böhmens auftrat, legte dem Fürsten von Siebenbürgen die Erwägung nahe, ob er sich nicht zu einem neuen Angriffe vorbereiten müsse, zumal beruhigende Nachrichten aus Konstantinopel einliefen, die ihn von dort aus keine Durchkreuzung seiner Pläne befürchten liessen. Als ihm das erste kaiserliche Schreiben zukam, schrieb er von Kaschau, wo er jetzt bleibend seine Residenz aufgeschlagen hatte, an den Kaiser einen Brief, der als eine Art Verwarnung aufgefasst werden muss. In demselben warf er einen Rückblick auf die pressburger Verhandlungen und erinnerte daran, dass ein Punkt des mit ihm abgeschlossenen Vertrags dahin gelautet habe, dass den Böhmen ein Waffenstillstand bewilligt werden solle. Er (Bethlen) würde sich einer schlimmen Beurtheilung aussetzen, wenn er die Nichteinhaltung dieses Punktes zugäbe, zumal die ungarischen Stände mit den böhmischen ein inniges Bündniss zur wechselseitigen Unterstützung geschlossen hätten und nicht die fernere Bedrückung der Böhmen zugeben würden.**) Bethlen beachtete bei diesen Vorwürfen nicht den Umstand, dass der Kaiser bei der Ratificirung der pressburger Verträge kein Hehl daraus gemacht hatte, dass er in den böhmischen Waffenstillstand nicht einwilligen wolle, und man muss sich deshalb wundern, wie Bethlen die Stirn haben konnte gegen den Kaiser eine Sprache zu führen, als ob dieser sich eines Wortbruches schuldig gemacht hätte. Aber wie es sich ihm in Pressburg nur um die Wahrung seines Vortheils, ob nun mit Hilfe der Böhmen oder des Kaisers, gehandelt hatte, so wollte

---

*) Innsbrucker Statthalterei-Archiv: Ferdinand an Erzherzog Leopold dd. Wien 18. März 1620.
**) Münchner Staats-Archiv: Bethlen an Ferdinand dd. 15. März 1620.

er durch seine auf bewusster Lüge beruhenden Behauptungen
denselben auch jetzt wahren und seinen bevorstehenden Bruch
rechtfertigen.

Seine auf die Bekämpfung des Kaisers gerichteten Absichten fanden bei den ungarischen Würdenträgern und Magnaten, die bei ihm in Kaschau weilten, vielfachen Anklang und wahrscheinlich führte jetzt auch Pechy eine andere Sprache. Welche Meinungen in der Umgebung Bethlens die Oberhand gewannen, davon gibt ein Gutachten des Palatins, der sich im Monate März bei dem Fürsten aufhielt, das beste Zeugniss. Er beschwor den Kaiser in demselben den Böhmen den Waffenstillstand zu gewähren und nicht einer unüberlegten Rachgier zu fröhnen, weil sonst der Friede auch von Ungarn gebrochen würde.*) Ob Forgach so wenig Einsicht hatte, nicht zu wissen, dass für den Kaiser die Waffenruhe mit dem Verluste von Böhmen verknüpft sei oder ob er Böhmen für verloren hielt und deshalb ihm diesen Rath gab, können wir nicht entscheiden, wir führen nur seine Meinung an, um zu zeigen, dass jetzt Niemand in Kaschau den Frieden mit dem Kaiser zu vertheidigen sich getraute, wenn dieser nicht die Waffen gegen Böhmen ruhen liess.

So geschah es, dass zwei Tage, nachdem Bethlen das Schreiben an den Kaiser abgeschickt hatte, in seinem Rathe die Wiederaufnahme der Feindseligkeiten beschlossen wurde, wofern nicht binnen kürzester Frist den Böhmen der Waffenstillstand bewilligt werden würde.**) Gleichzeitig wurde der Graf Emerich Thurzo, der nach Prag reisen sollte, um daselbst die Stelle Bethlens bei der Taufe des neugeborenen Prinzen zu versehen, beauftragt, die Bedingungen des Bündnisses zwischen Böhmen und Ungarn, das zu Pressburg blos im allgemeinen abgeschlossen worden war, genau festzustellen und namentlich die für Ungarn brennende Frage der Beitragsleistung zur Erhaltung der ungarischen Festungen ins reine zu bringen. Zwar sollte der Graf in Prag auch jetzt dem Frieden das Wort reden und die Böhmen zur weitgehendsten Nachgiebigkeit

---

*) Forgach an den Kaiser dd. 16. März 1620 bei Firnhaber.
**) Pechy an die österreichen Stände dd. 17. März. 1620.

in allen Formfragen auffordern, aber er sollte feste Vereinbarungen über die Truppenstärke treffen, mit der sich Böhmen und Ungarn im Falle des weiteren Krieges gegen Ferdinand unterstützen sollten.*) Am selben Tagen theilte Pechy dem Fürsten von Anhalt mit, dass Bethlen in Voraussicht der Unnachgiebigkeit des Kaisers entschlossen sei, den Krieg wieder aufzunehmen und mit einem Heere gegen die österreichische Grenze zu rücken. Er riet aus diesem Grunde jedes voreilige Losschlagen ab, man solle mit dem Angriffe warten, bis man sich verbunden haben würde und dem Feinde mittlerweile kleinere Erfolge nicht wehren.**)

17 März 1620

Solche Beschlüsse waren in Kaschau gefasst worden, als der Reichshofrath Laminger daselbst anlangte und mündlich die Erklärung abgab, dass der Kaiser sich in keine Unterhandlungen mit Böhmen einlassen könne, so lange der Pfalzgraf das Land nicht verlassen habe und seine Rechte auf dasselbe nicht anerkannt seien. Laminger sollte diese Antwort dem Fürsten mit der Versicherung überbringen, dass Ferdinand ihm die versprochenen Besitzungen im Gebiete der böhmischen Krone einräumen werde, sobald er zum Siege gelangt sein würde. Da in Wien eine Klage von Homonna eingelaufen war, dass Bethlen seine Burg Homonna belagere und auf diese Weise die vom Kaiser beim Abschlusse des Waffenstillstandes gestellte Bedingung, seine Anhänger in ihrem Besitze nicht zu stören, verletze, so sollte Laminger dagegen protestiren und vom Fürsten auch verlangen, dass er sich keine Willkürlichkeit in der Verwaltung der königlichen Einkünfte erlaube.***) Einem Theile seiner Aufträge kam Laminger gleich in der ersten Audienz nach, die ihm Bethlen, umgeben von allen in Kaschau anwesenden Würdenträgern, ertheilte. Er erklärte, dass sein Herr in den bedingungslosen Waffenstillstand mit Böhmen schon deshalb nicht einwilligen könne, weil die Zahl seiner Freunde und mit ihr sein Heer täglich wachse und er sich mit nichts

---

*) Katona XXX 301 und folg.
**) Münchner Staats-Archiv: Pechy an Anhalt dd. Kaschau 17. März 1620.
***) Instruction für Laminger; bei Firnhaber a. a. O.

anderem als mit der vollen Wiederherstellung seiner Rechte
in Böhmen begnügen könne. Auf Bethlen setze der Kaiser die
Hoffnung, dass die Waffenruhe in Ungarn nicht gestört werden
würde, wiewohl dieselbe durch mancherlei Uebergriffe von
Seite des Fürsten dem Bruche nahegebracht werde. *)

Weder die öffentliche Anrede Lamingers noch seine darauf folgende Verhandlung brachten bei Bethlen die gewünschte Wirkung zuwege; einige Genugthuung hätte der
Fürst dem Kaiser in den böhmischen Angelegenheiten gegönnt,
aber nimmermehr den vollen Sieg. Er zeigte dies, indem er
dem Kaiser ein Schriftstück übermittelte, das ihm aus Prag
zugekommen war und in dem die Bedingungen erörtert wurden,
unter denen die Böhmen einen Waffenstillstand und später
einen definitiven Frieden abzuschliessen bereit seien. Für den
Waffenstillstand verlangten sie, dass der Kaiser seine Truppen
nach Steiermark und Kärnthen zurückziehe und alle Plätze,
die er in Böhmen besetzt halte, räume; dafür war der Pfalzgraf erbötig seine Truppen aus Oesterreich zurückzuziehen.
Als Bedingung des definitiven Friedens wurde vom Kaiser
verlangt, dass er auf Böhmen zu Gunsten des Palzgrafen verzichte und sich mit dem königlichen Titel und einer lebenslänglichen Pension von 300,000 Gulden begnüge. Für diese
Concession war der Pfalzgraf erbötig die böhmischen Katholiken ihrer ungefährdeten Existenz zu versichern und eine
Wechselheirat mit dem Hause Habsburg abzuschliessen. **)
Seine nunmehr entschiedene Parteinahme für die Sache des
Aufstandes zeigte Bethlen nicht bloss dadurch, dass er die
böhmischen Forderungen dem Kaiser ohne eine Bemerkung
übermittelte und ihm sonach ihre unverkürzte Annahme
zumuthete, sondern auch durch die Drohung die er seinem 31 März
in diesen Tagen an den Kaiser abgeschickten Briefe zufügte. Er erklärte nämlich offen, dass er der Bekriegung
der Böhmen nicht weiter zusehen könne und dem Kaiser nur
die Frist von 25 Tagen zugestehe, innerhalb welcher er sich
entscheiden müsse, ob er die Waffen ruhen lassen wolle oder

---

*) Münchner Reichsarchiv: Lamingers Ansprache.
**) Münchner Reichsarchiv: Bethlen an Ferdinand dd. 31. März, 1620.

nicht. Dem Fürsten von Anhalt theilte er drei Tage später den Inhalt der an den Kaiser gerichteten Zuschrift mit und in gleicher Weise kündete er den niederösterreichischen Ständen seinen Beistand an, wenn Ferdinand sich nicht zur friedlichen Beilegung der Streitigkeiten entschliessen sollte. Da er den grössten Theil seines Heeres entlassen hatte, ordnete er die Anwerbung einiger Tausend Mann an, um dieselben ins Feld zu schicken, sobald die Frist von 25 Tagen nutzlos verstrichen sein würde. Alle Illusionen, die man auf kaiserlicher Seite hegen mochte, dass man Bethlen von der Unterstützung der Böhmen abhalten würde, mussten somit bald ein Ende nehmen. *)

---

*) Münchner Reichsarchiv: Bethlen an Anhalt Kaschau dd. 3. April 1620. Sächsisches Staatsarchiv: Bethlen an die niederösterreichischen Stände 16. April 1620.

Neuntes Kapitel.

Die Entwicklung der kaiserlichen Allianzen.

I Die societas christianae defensionis oder der christliche Vertheidigungsbund. Spanien. Der Zuzug der Truppen aus Italien. Oñate's und Erzherzog Albrechts Schreiben nach Spanien. Philipps III Schwäche. Reformplan des spanischen Staatsrathes. Reise Philipps nach Lissabon. Seine Erkrankung. Khevenhiller und Fray Luis de Aliaga. Khevenhiller beim König. Entschlüsse Philipps III.
II Verhandlungen wegen Wiederaufrichtung der Liga. Bruneau's und Erzherzog Leopolds Reise zu den deutschen Fürsten. Konvent von Oberwesel. Verhandlungen Ferdinands mit Maximilian von Baiern. Die Zusammenkunft in Eichstädt. Maximilian sagt dem Kaiser Hülfe zu und schliesst mit ihm den Vertrag zu München am 8. Oktober 1619. Der Konvent von Würzburg.
III Bemühungen, den Papst zur Hilfeleistung heranzuziehen. Versprechungen und Leistungen Pauls V. Sigismund von Polen und die polnische Hilfe. Leukers Sendung nach Madrid. Sein Urtheil über die spanischen Verhältnisse.
IV Der Grossherzog von Florenz. Wake in Turin. Der Herzog von Savoyen sucht Venedig für den Pfalzgrafen zu gewinnen. Der Herzog sucht sich Spanien zu nähern und wünscht auch mit Ferdinand in Unterhandlungen zu treten. Spanien verlangt vom Herzog den Durchzug für seine Truppen. Der Herzog bewilligt denselben. Er sieht sich in seinen Erwartungen bezüglich Ferdinands getäuscht. Vergebliche Reise der ligistischen Gesandten nach Turin.

I

Als Bethlen Gabor im Monate November gegen Wien im 1619 Anzuge war und die Aussichten Ferdinands trotz der erlangten Kaiserwürde sich immer schlechter zu gestalten schienen, beschäftigten sich einige seiner Anhänger mit dem Gedanken, ob nicht durch einen, die ganze katholische Christenheit umfassenden Bund die Mittel herbeigeschafft werden könnten, die ihn in den Stand setzen möchten, seiner Gegner Herr zu werden. Man wollte die staatlichen Auktoritäten nicht zu diesem Bunde heranziehen, sondern nur verlangen, dass sie demselben nicht hindernd entgegentreten sollten und glaubte in diesem Falle gewiss zu sein, dass die ganze katholische Christenheit sich zu freiwilligen Beiträgen verstehen würde, so dass man nur nöthig haben werde in Deutschland, Italien und Frankreich Sammelkassen aufzustellen, um die einlaufenden Summen einzukassiren und zur weiteren Verwendung bereit zu halten. Man gab sich der Erwartung hin, dass jeder reichere Beneficiat und jedes noch so arme Kloster die Unterhaltung und Ausrüstung eines oder mehrerer Kriegsleute auf sich nehmen würde und dass auch auf diese Weise das kaiserliche Heer beträchtlich verstärkt werden könnte. Diesen von verschiedenen Personen gehegten Plänen gab der kaiserliche Hofkammersekretär Arnoldinus von Klarstein einen bestimmten Ausdruck, indem er dem Kaiser die Statuten eines Bundes vorlegte, der den Namen des christlichen Vertheidigungsbundes (societas christianae defensionis) führen sollte.*) Derselbe sollte sich in allen Ländern die Vertheidigung der katholischen Interessen angelegen sein lassen und da diese jetzt in Böhmen gefährdet waren, so sollte er dem Kaiser bei der Wiedereroberung dieses Landes behülflich sein.

Nov. 1619

Wenn Arnoldin und seine Freunde bedachten, zu welchen Opfern und Anstrengungen die Christenheit zur Zeit der Kreuzzüge bereit gewesen war, so mochten sie sich mit der Hoffnung schmeicheln, dass wenigstens ein Theil dieser Opferwilligkeit noch vorhanden sei. Als der Plan dem Kaiser vorgelegt und seine Zustimmung zur Errichtung der verschiedenen Sammelkassen verlangt wurde, scheint auch er sich in Illusionen gewiegt zu haben, denn er bestätigte nicht nur die Gesellschaft und den ihm vorgelegten Plan, sondern gab dem Sekretär Arnoldin zugleich den Auftrag, zu den einzelnen deutschen Bischöfen und Fürsten zu reisen und sie um ihre Erlaubniss zu ersuchen, dass der Bund auf ihrem Gebiete Filialen errichten dürfe. Anfangs Februar trat Arnoldin seine Reise an versehen mit einer Menge kaiserlicher Empfehlungsschreiben, durch die der Zweck seiner gesandtschaftlichen Mission gefördert werden sollte. Gleich im Beginn derselben konnte er sich jedoch überzeugen, dass sein Plan keine Aussicht habe sich zu verwirklichen und dass man durch freiwillige Beiträge kein Heer werde unterhalten können. Denn als er von

1620

---

*) Arnoldinus an den Kaiser im November 1619, Wiener St. A. Böhm. Statth. A. Statuta societatis christianae defensionis.

Aschaffenburg aus dem Kaiser über seine bisherigen Erfolge 24 März 1620 berichtete, war er offen genug, das Fehlschlagen derselben einzugestehen und sich einem Rathschlag beizugesellen, den ihm einer der von ihm besuchten Fürsten gegeben hatte und der dahin lautete, dass der Kaiser vorerst nicht freiwillige Gaben erwarten, sondern suchen solle, seine Feinde mit seinen eigenen Mitteln und denen seiner Freunde zu bekämpfen und dann eilig ins Reich ziehen und daselbst die Katholiken nicht bloss mit guten Worten, sondern selbst mit Drohungen zur Hilfeleistung zwingen solle. Der christliche Vertheidigungsbund zeigte sich gleich bei seiner Geburt als lebensunfähig und erfüllte nicht die geringste Hoffnung, die man an ihn geknüpft hatte.*) Gleichwohl setzte Arnoldin seine Reise zur Begründung dieser Gesellschaft noch einige Monate fort, aber selbstverständlich ohne jedes greifbare Resultat.**)

Schon lange, bevor Arnoldin mit seinem christlichen Vertheidigungsbund auftrat, hatte man sich von Wien aus um die Allianz sämmtlicher katholischer Fürsten bemüht und diese Anstrengungen waren von besserem Erfolge gekrönt. Denn wiewohl Ferdinand zur Zeit der arnoldinischen Rundreise nur über die bisherigen Bundesgenossen verfügte, so hatte er doch bereits zu Ende des J. 1619 die Gewissheit erlangt, dass er im Laufe des folgenden Jahres mit Sicherheit auf die Hilfe einer furchtbaren Coalition zählen könne. Bei Gelegenheit der pressburger Verhandlungen sprach Bethlen Gabor die Behauptung aus, dass sich die gesammte katholische Welt zur Unterstützung des Kaisers rüste und dass Spanien, der Papst und die deutschen Katholiken, ja selbst Frankreich und Kursachsen zu seiner Hilfe bereit seien. Wir können nicht glauben dass der Fürst das Zustandekommen einer solchen Coalition vermuthet oder gar für gewiss gehalten habe, uns scheint es, dass er in der Unterhandlung mit den böhmischen Gesandten nur ein Schreckgespenst an die Wand malen wollte, um dieselben zu grösserer Nachgiebigkeit gegen seine Wünsche zu

---

*) Wiener St.-A. Bohem. Ferdinand an Kurmainz dd. 13. Februar 1620. — Ebend. Arnoldinus an Ferdinand dd. 24. März 1620.

**) Albertus et Elisabeth Hispaniarum infans approbant institutum de sodalitate christianae defensionis dd. 20. Mai 1620.

veranlassen. Denn dass sich auch Frankreich für Ferdinand
erklären und so der ererbten Feindschaft gegen die Habsburger entsagen werde, und dass Sachsen so weit den Protestantismus verläugnen würde, um denselben in Böhmen zu
bekämpfen, das konnte Bethlen, der von den treibenden Kräften
in den europäischen Kabineten keine nähere Kenntniss hatte,
sondern nur nach den bisherigen Vorkommnissen urtheilte, nicht
vermuthen. Und doch trat das Unglaubliche und Ungeahnte
ein: im Winter 1619/20 bereitete sich eine Coalition in dem
oben angedeuteten Umfange vor, durch die Ferdinand zum
vollen Siege gelangen sollte. Vorbereitet wurde dieselbe schon
im Jahre 1619, doch erst im Sommer 1620 war sie so weit
gediehen, dass sie den Kaiser mit ihren Streitkräften unterstützen konnte.

Unter den Mitgliedern der Coalition müssen wir in erster
Reihe Spanien nennen, wiewohl dies überflüssig scheint, da
sich ja die spanische Hilfe für Ferdinand von selbst verstand.
Und doch muss Spanien immer wieder zuerst genannt werden,
da sich Philipp zu Ende des J. 1619 für den Kaiser zu neuen
Opfern entschloss, die alles, was er bis dahin geleistet hatte,
überboten. Wir müssen deshalb vor allem darüber berichten,
was Philipp für seinen Vetter zu thun beabsichtigte und später
thatsächlich leistete.

Unter den Truppen, die im Frühjahr 1619 auf Kosten
Spaniens ausgerüstet wurden, und Ferdinand II zu Hilfe ziehen
sollten, wurden auch 15000 Italiener angeführt, deren raschen
Zuzug Oñate in Aussicht stellte. Der Gesandte hatte jedoch
die verschiedenen Hindernisse nicht in Anschlag gebracht, die
sich dem Anmarsche dieser Truppen entgegenstellten, denn
thatsächlich traten nicht 15000, sondern nur 7000 Mann ihren
Weg aus Italien nach Deutschland an und auch diese langten
nicht schon im Frühjahre daselbst an, sondern hielten erst im
Spätherbst, am 15. November, ihren Einzug in Innsbruck.
Bezüglich dieser 7000 Mann traf im Dezember ein Befehl ein,
nach welchem nur 3000 Mann ihren Marsch nach Österreich
fortsetzen, 4000 Mann aber nach dem Elsass gehen und dort
Winterquartiere nehmen sollten, um dann das Heer in Flandern
zu verstärken. Da dieser Befehl zu spät eintraf, um ausgeführt

zu werden, indem die Italiener der österreichiscchen Grenze viel zu nahe gekommen waren, als dass jetzt eine Theilung hätte vorgenommen werden können, so bat Oñate, man möchte dieselben sammt und sonders Ferdinand zur Verfügung stellen, da ohnedies in der Truppenzahl, die ihm vor einiger Zeit von Flandern zugeschickt worden war, äusserst beträchtliche Lücken eingerissen seien. Thatsächlich zogen die Italiener nach Passau, und langten daselbst im Dezember an. Eine Abtheilung von ihnen trat im Monat Januar den Marsch nach Böhmen an, zog über den goldenen Steig nach Budweis und Krummau und langte um den 15. bis 20. Januar an; der Rest blieb in Passau und hielt sich da noch einige Monate auf.*)

Im November 1619 verfügte sonach Ferdinand über keinen Mann dieses italienischen Zuzugs und doch bedurfte er gerade jetzt einer ausgiebigen Hilfe, denn Thurn war im Verein mit den ungarischen Truppen vor Wien gerückt: des Kaisers Lage war dadurch in den Monaten November und Dezember 1619 ebenso gefährdet, wie sie es im Monate Mai 26 Nov. desselben Jahres gewesen war. Oñate berichtete über diese 1619 Zustände in verzweifelter Weise nach Spanien; man dringe in den Kaiser, er möge auf Böhmen und Ungarn Verzicht leisten und in allen seinen Erbländern die Religionsfreiheit gewähren und er werde vielleicht diesen Forderungen Gehör geben, um sich Ruhe zu schaffen. Man habe den Herzog von Baiern dringend um Hilfe ersucht und ihn gebeten sein Volk mit den herankommenden Italienern zu vereinen und gegen Oberösterreich zu ziehen; nach seiner (Oñate's) Meinung könne aber nur ein Angriff auf die Niederpfalz, von Flandern aus unternommen, dem Kaiser Lust schaffen und demgemäss forderte er den König auf, sein früher gegebenes Versprechen einzulösen. In der That hatte Philipp

---

*) Gardiner Letters: Philipp III an Erzherzog Albrecht dd. 5. Nov. 1619. Dieser Brief ist etwas dunkel gehalten und bekommt erst Licht durch Oñate's Schreiben vom 24. December 1619 im Archiv von Simanias 2327. Nachrichten hierüber auch im Münchner Reichsarchiv: Tom. III Fol. 311. Thurn an Anhalt dd. 21. Januar 1620. Ebendaselbst: Thurn an Fels dd. 22. Januar 1620.

ein derartiges Versprechen unmittelbar nach der böhmischen Königswahl gegeben, denn Ferdinand theilte dasselbe dem Herzog Maximilian bei seiner Rückreise von Frankfurt mit.

Der Eindruck von Oñate's verzweifelndem Briefe wurde durch zwei Schreiben verstärkt, die Erzherzog Albrecht zur selben Zeit an Philipp III abschickte. In dem ersten erklärte auch er, dass er für Ferdinand keine andere Rettung sehe, als wenn der König von Spanien von Flandern aus einen Angriff auf die Niederpfalz anordne, der aber mindestens mit 30.000 Mann Infanterie und 8000 Mann Kavallerie unternommen werden müsse. In einem zweiten Schreiben suchte er die Hoffnungen, die man auf die Mithilfe Baierns und der Liga gesetzt hatte, auf das tiefste herabzustimmen: der Herzog von Baiern habe seine Mithilfe von so vielen Bedingungen abhängig gemacht, dass man daran zweifeln dürfe, ob sie je geleistet werden würde, und sollte dies dennoch der Fall sein, so würde das Haus Oesterreich nur den grössten Nachtheil davon haben, da sich der Herzog an den erblichen Besitzungen dieses Hauses schadlos halten wolle. Es bleibe also nichts anderes übrig, als dass sich der König zu dem Angriff auf die Niederpfalz entschliesse, wenn er Ferdinand gründlich helfen wolle.*)

Die Vorstellungen des Erzherzogs Albrecht und des Grafen von Oñate waren zu sehr begründet, als dass sie bei Philipp III ohne Eindruck geblieben wären; er war gern bereit zu helfen, handelte es sich doch um die Rettung seines Hauses und die Sicherheit der Kirche, also um die theuersten Interessen seines Lebens, aber unter seiner mehr als 20jährigen Regierung war die Macht und Bedeutung Spaniens in einen tiefen Verfall gerathen und dasselbe zu ausserordentlichen Anstrengungen unfähig. Die Schuld lag ebenso sehr in den ererbten Uebelständen, als in der Unfähigkeit des Königs. Er war ein frommer Christ, gutmüthigen Herzens, aber ein Feind jeglicher Arbeit und Anstrengung, die er gern auf die Schultern

---
*) Simancas: El Consejo de Estado al Rey dd. 28. Decemb. 1619. — Gardiner Letters etc. Erzherzog Albrecht an Philipp III dd. 21. November 1619. — Münchner Staatsarchiv: Ferdinand an Maximilian, ohne Datum. Die Münchner Kanzlei bemerkte hiezu: fortassis 10. Decemb. 1619.

seiner Günstlinge abwälzte, die jedoch das Beispiel ihres Herrn allzusehr befolgten. Seine Gutmüthigkeit wusste er nicht anders zu bethätigen, als indem er Geld und Gut an seine Umgebung verschleuderte, von der er ohne Unterlass angebettelt wurde. Es hatte unter diesen Umständen für Spanien wenig Werth, dass der König jede Sünde scheute und nicht ruhig schlafen zu können erklärte, wenn er sein Gewissen von einer solchen bedrückt fühlte: machte er sich doch durch sein ganzes Thun und Lassen der ärgsten Unterlassungssünde an seinem Lande schuldig.

Es kann daher nicht Wunder nehmen, dass bei dieser Unfähigkeit Philipps III im Anfang des Jahres 1618 eine furchtbare Ebbe im spanischen Staatsschatze eintrat, nirgends reichte das Geld für die tausendfachen Auslagen, so dass sich der König zuletzt entschloss, den obersten Rath von Castilien um ein Gutachten zu ersuchen, wie der steigenden Noth abzuhelfen sei.

Ein Billet, datirt vom 6. Juni 1618, machte denselben mit dem königlichen Auftrage bekannt und veranlasste damit eingehende Berathungen, die endlich am 1. Februar des folgenden Jahres ihren Abschluss in der Ueberreichung des verlangten Gutachtens fanden.*) Dasselbe ist zwar arm an nutzbringenden Ideen, wie das bei der Bildung der Betheiligten nicht anders zu erwarten war, aber es ist insofern nicht ohne Interesse, als es den ganzen Jammer der spanischen Misswirthschaft blosslegt und einzelne Heilmittel vorschlägt, auf die man in Spanien nicht gefasst sein mochte. Die Räthe warfen dem Könige vor, dass er mit seinen Mitteln nie Haus zu halten verstanden und sein Einkommen, sowie seine Güter in nutzlosen Geschenken verschleudert habe. Habe er doch seit seinem Regierungsantritte Güter im Werthe von 54 Millionen Thalern und ausserdem über 100 Millionen in barem Gelde an Bittsteller und Günstlinge verschwendet. Seine Pflicht sei es diese Schenkungen nach dem Beispiele anderer Könige zu widerrufen und so seine Kasse zu füllen statt das Volk durch weitere übermässige Steuern von Haus und Hof zu treiben.

---

*) Lafuente historia de España, tom. XV und Khevenhillers Annalen.

Auch seinen Hofstaat müsse er einschränken, denn die Auslagen für denselben seien um zwei Dritttheile höher, als die für den Hofstaat Philipps II bei dessen Ableben. — Von grösserem Interesse sind die Stellen des Gutachtens, wo von dem Bauernstand und von den Mitteln die Rede ist, wie diesem in seiner gedrückten Lage aufgeholfen werden könne. Es wird ein Schuldengesetz vorgeschlagen, welches mannigfache Vergünstigungen enthält, vor Allem aber wird die Steuerfreiheit des Adels und des Klerus verworfen und dem Könige gerathen, Niemanden dieses Privilegium zu gewähren. Wenn man bedenkt, mit welch' unsinniger Hartnäckigkeit der spanische Klerus im 19. Jahrhundert unter Ferdinand VII seine Steuerfreiheit zu behaupten suchte, so wird man von Bewunderung für jene Rathgeber erfüllt, die entschlossen ein Privilegium angriffen, bei dessen Abschaffung sie selbst gewiss mitbetroffen worden wären.

Nach diesen Proben, die wir von dem Gutachten gegeben, wird es auch nicht Wunder nehmen, dass sich dasselbe energisch gegen die weitere Vermehrung der Klöster als der Hauptursache der steigenden Verarmung und Entvölkerung ausspracht. Allerdings hatte damals die Zahl der Klöster und ihrer Bewohner, sowie der Kleriker überhaupt eine Höhe erreicht, die jede Vermuthung übertrifft. Wenn wir hören, dass der Herzog von Lerma allein zwanzig Klöster und eine Kollegiatkirche begründete, so werden wir es begreiflich finden, dass zu seiner Zeit der Domikaner- und der Franziskanerorden in Spanien allein an 32.000 Mitglieder zählten und dass die Zahl der Kleriker in den Diöcesen Calahorra und Pampelona sich auf 24.000 Mann belief.*) Um so natürlicher ist es, dass der Rath von Castilien den innigen Zusammenhang erkannte, in welchem die Entvölkerung von Spanien, der Verfall der Gewerbe und des Handels und die immer spärlicher einlaufenden Steuern mit der Zunahme einer Bevölkerungsklasse standen, die von allen Lasten befreit war, nichts arbeitete und

---

*) Der Geschichtschreiber Philipps III Gil. Gonzalez Davila, der diese Zahlen angibt, sagt in richtiger Einsicht der Ungeheuerlichkeit derselben: „Ich bin auch ein Priester, ich muss aber gestehen, dass wir ihrer mehr sind, als nothwendig ist."

wenig oder keine Nachkommenschaft zeugte, und dass er sich daher trotz seiner unzweifelhaft kirchlichen Gesinnung energisch für die Verminderung dieser Bevölkerungsklasse aussprach. Minder erleuchtet zeigte sich der Rath von Castilien in seinen Ansichten von der Volksbildung. Die Schulmeister sollten nur in Städten gehalten, in den Dörfern aber abgeschafft werden, denn der Bauersmann wolle, wenn er gelehrt sei, den Pflug nicht mehr führen, sondern nur „ein Pfaffe oder Advokat sein." Von gleicher Beschränktheit zeugen die Rathschläge, die zur Einschränkung des Luxus ertheilt werden: man solle den prächtigen Kleidern und kostbaren Hausgeräthen aus der Fremde den Zugang nach Spanien versperren und jene Handwerke, die nur für den Luxus bestimmt seien, gewaltsam einschränken.

Auch darin zeigte das Gutachten einen empfindlichen Mangel an gereifter Einsicht, dass es nicht auf die Uebelstände hinwies, die in Folge der vollständigen Abwesenheit einer ordentlichen Rechtspflege um sich griffen. Ein Beispiel, das die traurigen Verhältnisse grell beleuchtet, mag hier Platz finden. Zu Anfang des Jahres 1620 wurde auf königlichen Befehl in Madrid öffentlich ausgerufen, dass Niemand nach zehn Uhr Abends durch die Stadt zu Pferde reiten, Niemand Pistolen, Panzer und Koller tragen und kein Handwerker diese Gegenstände anfertigen dürfe. Dem Verkehre und dem redlichen Erwerb wurde dadurch eine empfindliche Wunde geschlagen, und was war die Veranlassung dazu? Der Almirante von Castilien hatte bei Nacht einen seiner vertrauten Diener meuchlings erschiessen lassen, weil er ihn als seinen Nebenbuhler in der Gunst einer Dame erkannt hatte. Da der Almirante seines Verbrechens überführt worden war, wurde er mit seinen Dienern gefänglich eingezogen und nach Coca geführt, allein schon nach wenigen Tagen begnadigt, und nur insofern noch in seiner Freiheit beschränkt, als er Coca nicht verlassen, sondern dem Jagdvergnügen nur innerhalb eines Umkreises von zwei Meilen obliegen durfte. *) Statt also den

---

*) Khevenhillers Bericht dd. 21. März 1620, Wiener Staatsarchiv. Spanien/1620.

Almirante für sein Verbrechen zu bestrafen, strafte der König die Handwerker, indem er sie in ihrem Erwerbe hemmte, und statt den Mörder, der wahrscheinlich den Mord zu Ross verübt hatte und dann entflohen war, zur Rechenschaft zu ziehen, verbot der König, dass man sich zu einer bestimmten Zeit des einzigen Verkehrsmittels, dessen man sich in Spanien erfreute, des Reitpferdes bediene. Eine derartige Misshandlung der Justitz war damals in Frankreich nicht selten; aber so zur Regel geworden, wie in Spanien, war sie es nur in Polen, Ungarn und in einzelnen italienischen Gebieten.

So mangelhaft das Gutachten auch war, es deutete doch in einzelnen Punkten die gewichtigsten Gebrechen an, unter denen Spanien litt, und wenn man nur diese entschlossen entfernt hätte, so würde ein entscheidender Besserungsprocess eingeleitet worden sein. Aber das Gutachten verstiess zu sehr gegen alle bisherigen Lebensgewohnheiten in Spanien: es störte den König in seiner sorglosen Vergeudung, es tastete die Privilegien des Adels und der Geistlichkeit an, und wollte für den Bauer Fürsorge treffen; welche andere Folgen konnte es haben, als dass es nach der ersten Aufregung, die es verursachte, bei Seite gelegt wurde? Der König zeigte selbst am deutlichsten, wie wenig er sich um die Rathschläge kümmere, die ihm ertheilt wurden, indem er einige Wochen nach Empfang des Gutachtens eine Reise nach Portugal antrat, obwohl sich die Räthe gegen die königlichen Reisen erklärt hatten, weil sie mit übermässigen Auslagen verbunden seien. In Gesellschaft seines Sohnes und späteren Nachfolgers und seiner Tochter Maria trat er mit einem ebenso glänzenden als zahlreichen Gefolge diese Reise an und entfaltete eine königliche Pracht in allen Orten, wo er seinen Einzug hielt. Kann es da Wunder nehmen, dass diese Reise, die sich bis Lissabon ausdehnte und mehrere Monate in Anspruch nahm, den königlichen Schatz vollends leerte? — Als Philipp auf der Rückreise wieder in die Nähe von Madrid gelangte, wurde er plötzlich krank und musste sich in dem Orte Casarrubios niederlassen. Man fürchtete für sein Leben, überall wurden Gebete für ihn angeordnet, aus Madrid brachte man den Körper des h. Isidor, damit der König aus dem Anblick und der Berührung des Heiligen neue Kraft schöpfe. Die Krankheit nahm etwas ab und am 4. Dezember setzte er seine Reise 1619 nach Madrid fort; diesmal bewegte sich der königliche Zug im Gefolge des kostbaren h. Leichnams, der in Begleitung von 1000 Windlichtern auf einer Bahre von rothem Sammt vorangetragen wurde.

Körperlich und geistig tief herabgestimmt brachte Phlilipp die Monate Dezember und Januar zu. Von Reformplänen, zu denen eine tiefere Einsicht und jugendliche Kraft gehört hätte war jetzt nicht die Rede, desto mehr aber von den Bedrängnissen, unter denen Ferdinand litt und von der Pflicht Philipps III ihm in denselben beizustehen. Ende Dezember 1619 waren jene Briefe von Oñate und dem Erzherzog Albrecht angelangt, die von der Noth des Kaisers berichteten und als einzigen Weg der Rettung den Angriff auf die Niederpfalz empfahlen. Auch der kaiserliche Gesandte in Madrid, der Graf Khevenhiller, strengte alle seine Kräfte an, um den König zu einer energischen Hilfeleistung zu vermögen, er bemühte sich die einflussreichsten Mitglieder des Staatsrathes zu gewinnen, fand aber nur an dem ehemaligen Gesandten Spaniens am kaiserlichen Hofe, Don Balthasar Zuñiga, einen warmen Freund und Anhänger. Auch den Eifer der Erzherzogin Margaretha uchte er von neuem zu wecken, damit diese ihren Einfluss bei dem Könige zu Gunsten Ferdinands aufbiete: aber für alle diese Bitten und Mahnungen hatte Philipp diesmal nur taube Ohren, er erklärte, dass es ihm nicht möglich sei, Ferdinand mit mehr Truppen zu unterstützen, als er bisher gethan; die 15.000 Mann, die er theils aus Flandern, theils aus Italien ihm zu Hilfe geschickt, seien das Aeusserste, was er leisten könne. *)

Obwohl der König durch den traurigen Stand seiner Finanzen zu dieser Weigerung berechtigt war, so glaubte Khevenhiller doch, dass dieselbe vornehmlich durch den königlichen Günstling, den Herzog von Uzeda und den königlichen Beichtvater und Grossinquisitor Fray Luis von Aliaga veranlasst

---

*) Münchner Staatsarchiv: Kopie von Khevenhiller's Schreiben an Ferdinand II dd. 20. Februar 1620.

werde. Er legte nun Alles darauf an, den Beichtvater zu gewinnen, allein es gelang ihm nicht einmal Zutritt bei dem Mönche zu erhalten, obwohl er sich wiederholt in dessen Wohnung einfand und lange Zeit unter den Lakaien und anderen Bittstellern auf die gnädige Erlaubniss harrte, vor dem mächtigen Gebieter zu erscheinen. Aliaga war ein gemeiner Mensch. Als einfachen Dominikanermönch hatte ihn der Herzog von Lerma zu seinem Beichtvater gewählt und ihm darauf zu demselben Posten bei dem Könige verholfen, worauf Aliaga nichts eiligeres zu thun hatte, als an dem Sturze seines Wohlthäters zu arbeiten und zu diesem Behufe dem Sohne desselben, dem Herzog von Uzeda die Hand zu reichen. Beide gelangten zu ihrem Ziele, *) der König war ein Spielball in ihren Händen; was Wunder, wenn der Hochmuth des ehemaligen Dominikaners täglich zunahm und sich in auffälliger Weise bei der Behandlung des kaiserlichen Gesandten äusserte.

Nicht Stolz war es, der Khevenhiller zuletzt antrieb, dieser Behandlung ein Ende zu machen, denn wie konnte von Stolz bei einem Gesandten die Rede sein, der die spanischen Minister im Namen seines Herrn stets mit neuen Bitten bedrängte und der sich, da er seit Jahr und Tag keine Besoldung mehr empfangen hatte, in solcher Noth befand, dass er durch seine Diener einen bairischen Agenten um Hafer für seine Pferde ersuchen lassen musste, weil kein Real im Hause war, wofür er denselben hätte kaufen können.**) Nicht Stolz also war es, wohl aber die (allerdings anfechtbare) Ueberzeugung, dass die Interessen seines Herrn mit denen Spaniens identisch seien, die ihn endlich antrieb, sich mit Gewalt Zutritt bei Aliaga zu verschaffen, nachdem er abermals vergeblich in dem Vorzimmer desselben gewartet hatte. Vor den erstaunten Grossinquisitor tretend, hielt er ihm eine Vorlesung über die Verpflichtung des Königs, dem Kaiser zu helfen: wenn er sich dazu nicht aus verwandtschaftlichen Rücksichten bewogen fühle, so sei er dazu im Interesse der katholischen Kirche verpflichtet und seine (des Beichtvaters) Pflicht sei es, den König ohne Unter-

---

*) Latuente historia de España.
**) Münchner Staatsarchiv: Leuker an Maximilian dd. 26. Mai 1620. Madrid.

lass zu mahnen, wenn er säumig sei. Ferdinand habe im Vertrauen auf spanische Hilfe jeden Ausgleich abgelehnt, werde ihm diese nicht zu Theil und erfolge kein Angriff auf die Niederpfalz, so bleibe ihm (Khevenhiller) nichts anderes übrig, als sich auf die Post zu setzen, nach Hause zu reisen und seinem Herrn zu rathen, mit seinen Feinden auf irgend eine Weise Frieden zu schliessen. Spanien werde die üblen Folgen zu tragen haben, Flandern und die italienischen Besitzungen würden verloren gehen und der König auf einen Winkel von Spanien beschränkt bleiben. Als Aliaga auf diese Ansprache ablehnend antwortete und erklärte, dass der König nicht mehr thun könne, als er bisher gethan, frug Khevenhiller, ob dies seine eigene Meinung oder die des Königs sei. Der Beichtvater, durch diese Bemerkung nicht wenig befremdet, forderte eine Erläuterung und erhielt sie von Khevenhiller in noch heftigerem Tone. Wenn dies, so erklärte er, die Meinung des Königs sei, so betrachte er denselben als den gefährlichsten Feind des Kaisers, weil er diesen trotz aller Zusagen in der ärgsten Noth stecken lasse, er werde dem Kaiser rathen, sich auf jede Weise mit seinen Feinden auszugleichen und sich mit ihnen zum gemeinsamen Angriff gegen den König zu verbinden. Aliaga lachte zu dieser Drohung und meinte, wie könne der Kaiser, der sich nicht selbst zu vertheidigen vermöge, dem Könige das Seine nehmen wollen? Khevenhiller antwortete auf diese höhnische Bemerkung, indem er vor dem erstaunten Beichtvater alsbald einen Angriffsplan erörterte: der Kaiser brauche nur Böhmen an den Pfalzgrafen und Ungarn an Bethlen Gabor abzutreten, den Herzog von Savoyen zum Reichsvikar in Italien zu ernennen und könne dann gewiss auf allseitige Hilfe rechnen, wenn er dem Könige von Spanien die italienischen und niederländischen Besitzungen entreissen wolle, die indische Silberflotte würde dann ihre Schätze nicht mehr in Spanien, sondern in Amsterdam oder Antwerpen ausladen. Aliaga erwiederte darauf mit der Miene eines Grossinquisitors: Sehet zu, dass ihr euch nicht um den Hals redet, worauf Khevenhiller entgegnete, er wolle sein Leben gern im Dienste der Wahrheit und des Erzhauses verlieren, aber mit dem Beichtvater möchte er nicht tauschen, da dessen Sitz in der Hölle noch tiefer sein würde, als der Luthers und Calvins.

Die Unterredung nahm zu beiderseitiger Unzufriedenheit ein Ende und Khevenhiller schien seinem Ziele ferner als je zu stehen. Ueberzeugt, dass er die Sache nicht auf sich beruhen lassen dürfe, wenn er nicht ganz scheitern wolle, machte er sich augenblicklich auf den Weg zum Könige und theilte ihm die gehabte Unterredung mit. Es war in der ersten Hälfte des Monats Jäner 1620, der König litt noch immer an den Folgen der Krankheit, die ihn im November befallen hatte, und düstere Todesgedanken, die sein Gemüth bedrückten, machten ihn empfänglich für die Bitten und Vorstellungen Khevenhillers, der unzweifelhaft die Unterstützung des Kaisers für die frömmste That erklärte, die der König vollführen könne, für eine That, die bei dem jenseitigen Gericht die Wagschale zu seinen Gunsten zu lenken im Stande sei. Der König, durch diese Bitten und Vorstellungen nicht wenig erschüttert, bat den Gesandten, sich bis zum folgenden Tage zu gedulden, er werde ihm dann Antwort geben.

Am folgenden Tage fand sich Khevenhiller wieder im königlichen Palaste ein, wurde abermals vor den König gelassen und erörterte von neuem die Verpflichtung desselben, dem Kaiser zu helfen. Es blute ihm das Herz, wenn er sehe, wie so stattliche Königreiche und Länder in feindliche Hände fallen und was noch schlimmer sei, in den höllischen Rachen gesteckt würden und dies nicht wegen einer verlorenen Schlacht, sondern wegen der Nachlässigkeit der Minister seiner königlichen Majestät. Philipp III begehe durch diese von seinen Dienern verschuldete Nachlässigkeit die schwerste Sünde, für die er sich an dem allgemeinen Gerichtstage kaum werde verantworten können: Tausend und aber Tausend Menschen würden den Allmächtigen wider ihn um Rache anflehen, weil er trotz reicher Mittel nichts gethan, um ihre Seelen in diesem Kampf vor Verderbniss zu retten. Aufmerksam horchte Philipp auf die Rede des Grafen, der mit eben so viel gläubiger Aufrichtigkeit als diplomatischer Schlauheit dem Könige die Schrecken des jüngsten Gerichtes vorzumalen wusste. Doch

enthielt sich Philipp auch jetzt einer zustimmenden Antwort, und beschied den Gesandten abermals auf den folgenden Tag.*)
Bei welchen Personen sich der König nun Raths erholte, ist nicht genau bekannt, aus den Mittheilungen Khevenhillers geht nur so viel hervor, dass neben der Erzherzogin Margaretha und neben Zuñiga diesmal auch der Graf von Benevente, der Herzog von Infantado und der Kardinal Çapata sich auf die Seite des Kaisers schlugen, der Herzog von Uzeda aber und der Grossinquisitor Aliaga auch jetzt in ihrer kühlen, um nicht zu sagen feindlichen Haltung verharrten. Viel scheint in diesen Tagen über die Bedrängnisse und Wünsche des Kaisers in Madrid gesprochen worden zu sein und die Ueberzeugung sich allgemein Bahn gebrochen zu haben, dass der Kampf in Deutschland kein politischer, sondern ein religiöser und dass demnach die Haltung des Königs vorgezeichnet sei. Ob diese Erwägungen oder seine eigene Gemüthsstimmung bei dem Könige den Ausschlag gab, bleibt sich gleich, gewiss ist, dass er endlich dem Kaiser die gewünschte Hilfe zu leisten versprach. Am 12. Jäner 1620 unterzeichnete er ein Schreiben an den Erzherzog Albrecht, in dem er ihn benachrichtigte, dass er ihm die nöthigen Mittel zur Verfügung stellen werde, damit ein Angriff gegen die Niederpfalz unternommen werden könne, er werde zu diesem Zwecke aus Italien 6000 Mann, aus Portugal und Sardinien je ein Regiment Infanterie nach Flandern schicken, zugleich ertheile er die Erlaubniss zu weiteren Werbungen. Zur Unterhaltung der Truppen werde er dem Erzherzog monatlich 230.000 Dukaten anweisen. Zu gleicher Zeit wurde der Graf Oñate in Wien davon benachrichtigt, dass der König sich zu dem Angriff gegen die Niederpfalz entschlossen habe und auch ferner in Oesterreich 12.000 Mann Infanterie und 4000 Reiter unterhalten und ausserdem den Sold für 3000 polnische Kosaken bestreiten wolle.**) Man glaubte, dass dafür eine Million Dukaten ausreichen würden.

---

*) Annales Ferdinandei von Khevenhiller.
**) Münchner Reichsarchiv: Oñate an Maximilian dd. 14. Febr. 1620.
Münchner Staatsarchiv: Khevenhiller an Ferdinand dd. 24. Febr. 1620.
Gardiner Letters: Philipp III an Erzherzog Albrecht dd. 12. Januar 1620.

Die Nachricht von diesen Entschliessungen langte in Wien am 13. Februar an und verursachte daselbst die grösste Freude, Ferdinand theilte sie sogleich dem Herzog Maximilian mit. Erzherzog Albrecht vernahm mit Genugthuung, dass Philipp auf seinen Vorschlag eingegangen sei und sich zum Angriffe auf die Niederpfalz entschlossen habe; allein die Million Dukaten, die Philipp hergeben wollte, genügte ihm nicht. Der Erzherzog verlangte zum mindesten 1,600.000 Dukaten, weil er die Auslagen für die Ausrüstung des Heeres und für den Unterhalt desselben auf mindestens 300.000 Dukaten monatlich berechnete, selbst wenn er nur für eine Truppenzahl von 21.000 Mann Infanterie und nicht, wie er ursprünglich bestimmt hatte, für 30.000 Mann zu sorgen hätte. *) Seine Berechnung überstieg den in Spanien gemachten monatlichen Voranschlag um 70.000 Dukaten. Da der Erzherzog in wiederholten Briefen auseinandersetzte, dass entweder Philipp III sich zur Auszahlung von 1,600,000 Dukaten entschliessen oder den Angriff auf die Niederpfalz fallen lassen müsse, so verstand sich der König zuletzt auch zu dieser erhöhten Ausgabe und theilte dies dem Erzherzog von Aranjuez aus mit. Noch im Laufe desselben Monats werde Albrecht aus Mailand eine Million Dukaten erhalten, und im Juli aus Neapel den Rest von 600.000 Dukaten. Jetzt war der Erzherzog zufrieden und erklärte, dass er den Angriff auf die Niederpfalz im Monate August beginnen werde.**)

Nicht ohne Interesse belehrt man sich aus den betreffenden Depeschen über die Pläne, welche man an den Angriff auf die Niederpfalz knüpfte. Man erörterte, was gethan werden solle, wenn der Pfalzgraf wegen dieses Angriffs Böhmen aufgäbe. Sollte man sich dann auch zurückziehen oder die gemachten Eroberungen ausnützen? Der Erzherzog Albrecht riet zu dem letzteren und war nur darüber im Zweifel, ob Spanien die eroberte Niederpfalz einfach behalten oder sie an den Pfalzgrafen von Neuburg abtreten und dessen Ansprüche auf Jülich dagegen in den Tausch nehmen solle. Von Seite Philipps III

---

*) Gardiner Letters: Erzherzog Albrecht an Philipp III dd. 31. Januar 1620
**) Archiv von Brüssel: Erzherzog Albrecht an Philipp III dd. 14. Apr. 1620. Ebenda: Philipp III an Erzherzog Albrecht dd. 9. Mai 1620.

erfolgte auf diese Mittheilungen vorläufig keine Antwort, wiewohl man im spanischen Staatsrathe die Sache eifrig erörterte und sich auch die Frage stellte, ob der Pfalzgraf nicht seiner Kurstimme entkleidet und dieselbe an den Herzog von Baiern übertragen werden sollte.

II

Neben der spanischen Hilfe war es hauptsächlich die Hilfe der deutschen Liga, die für den Kaiser von höchster Bedeutung war, da durch sie der böhmische Aufstand direkt zum Falle gebracht werden konnte. Die kaiserlichen Diplomaten mussten ein langes und schweres Stück Arbeit überwinden, ehe sie alle Schwierigkeiten, welche sich dieser Hilfeleistung entgegenstellten, beseitigt hatten. Gehen wir etwas näher auf diesen Gegenstand ein.

Nachdem man sich im Herbst 1618 in Wien überzeugt hatte, dass alle Bitten um Hilfe bei den einzelnen katholischen Fürsten und Bischöfen vergeblich seien, machte sich unter den vertrauten Räthen Ferdinands die Meinung geltend, dass man auf die Wiedererrichtung der im J. 1609 begründeten katholischen Union, die damals im Gegensatz zur protestantischen Union abgeschlossen, später aber, nicht ohne kaiserliche Einwirkung, aufgelöst worden war, hinarbeiten müsse. Man gab sich der Erwartung hin, dass man von der Gesammtheit der Katholiken erlangen könne, was man bisher bei den einzelnen vergeblich gesucht hatte. Um dieselben zur Wiederanknüpfung des alten Bundes zu vermögen, beschloss man in Wien, an einige der wichtigsten Fürsten und Bischöfe einen Gesandten abzuschicken, und durch diesen die nöthigen Verhandlungen einzuleiten. Mit dieser Aufgabe betraute man den Sekretär der spanischen Botschaft in Wien, Bruneau, einen Belgier von Geburt, der seitdem in den deutschen Angelegenheiten durch viele Jahre eine wichtige diplomatische Stellung einnehmen sollte. Er bekam von König Ferdinand eine Instruction und von Oñate die nöthigen Empfehlungen, so dass er seine Reise in der doppelten Eigenschaft eines österreichischen und spanischen Agenten antrat.

Bruneau, der zuerst seine Schritte nach München lenkte, bat daselbst den Herzog um seine guten Dienste bei der Neubegründung der Liga (mit welchem Namen wir fortan die katholische Union bezeichnen wollen, obwohl sie denselben erst später annahm) und forderte ihn auf, die Leitung derselben zu übernehmen. Obwohl letzterer sehr zurückhaltend war und wiederholt betonte, dass er mit den böhmischen Angelegenheiten nichts zu thun haben wolle — er lehnte um diese Zeit sogar die Betheiligung an der Interposition ab — so liess er doch die Möglichkeit einer Hilfeleistung durchblicken, wollte aber nicht das Haupt der Liga sein, sondern nur ein einfaches Mitglied derselben. Indem er die Mittel und Wege zur Reorganisation der Liga erörterte, meinte er, dass es am besten wäre, wenn sie aus zwei Theilen, einem unter der Leitung des Erzherzogs Albrecht und des Kurfürsten von Mainz, und einem süddeutschen bestehen würde. Er hielt hiezu den Zusammentritt eines Konvents für nöthig, fürchtete aber, dass der Kurfürst von Mainz aus Scheu vor dem Palzgrafen nicht wagen würde, denselben zu berufen. Anfangs machte der Herzog dem Gesandten Hoffnung, dass er sich zu dem Konvente einfinden würde, später wollte er jedoch von einer persönlichen Betheiligung nichts wissen und sprach nur davon, dass er sich dem allgemeinen Beschlusse fügen und seine Beisteuer nicht versagen werde. Bruneau erfuhr jedoch aus anderweitigen Mittheilungen in München, dass der Herzog, nachdem er einmal aus seiner zuwartenden Rolle herausgetreten sei, auch die Direction über den oberländischen Theil der Liga übernehmen werde, wenn man ihn inständig darum ersuchen würde.

In Wien hatte man gleichfalls eingesehen, dass die Liga nicht wieder von den Todten auferweckt werden könne, wenn die Bedingungen nicht auf einem katholischen Konvent besprochen würden. Deshalb hielt man daselbst die Berufung des Konvents für ebenso nöthig wie in München und Bruneau erhielt den Auftrag, bei dem Kurfürsten von Mainz darauf zu dringen. Zur Unterstützung seiner Vorstellungen schrieb Ferdinand selbst an den letzteren und bat ihn, diese unerlässliche Zusammenkunft baldmöglichst zu berufen. Bruneau hatte jedoch keinen leichten Stand, als er in Aschaffenburg, der Residenz des Kurfürsten, ankam. Der letztere war für seine Person von der Nothwendigkeit des Konventes überzeugt, aber er scheute sich, wie der Herzog von Baiern richtig bemerkt hatte, vor dem Palzgrafen und dessen Anhang und wollte sich nicht einem Gewaltstreich aussetzen. Um seine Angst zu maskiren, schob er die Pflicht der Berufung auf andere Schultern, da er ja nicht das Haupt der Liga werden wolle und so musste Bruneau Aschaffenburg verlassen, ohne eine bestimmte Zusage erhalten zu haben. Er besuchte darauf den Bischof von Speier, einen Mann, der an den politischen Händeln der Zeit Geschmack fand, sich gern in sie hineinmengte und für die spanisch-österreichischen Interessen theils aus Ueberzeugung, theils als Pensionär Philipps III gewonnen war. Von ihm bekam er eingehende Nachrichten über die Stimmung der Katholiken und über die rechte Art, sie zu behandeln und verwerthete dieselben schon einige Tage später bei dem Bischofe von Würzburg, so dass er diesen für die entschiedene Unterstützung der österreichischen Interessen gewann.*)

Um die bessere Stimmung, die Bruneau's Erscheinen überall geweckt hatte, nicht erkalten zu lassen und sie in weitern Kreisen zu verbreiten, wurde die Absendung einer zweiten, glänzenderen Gesandtschaft in Wien beschlossen und mit derselben Erzherzog Leopold betraut. Das Unglück seines Hauses hatte diesen egoistischen Prinzen etwas zahmer gemacht und statt Schwierigkeiten zu bereiten, leistete er jetzt demselben nach Kräften gute Dienste. Er bekam einen dreifachen Auftrag: er sollte bei sämmtlichen Katholiken um eine ausserordentliche Beisteuer ansuchen, bei den geistlichen Kurfürsten die Berufung eines Kurfürstenkonventes wegen Bestimmung der deutschen Nachfolge betreiben und endlich den

---

*) Simancas 2504/16. Lo negociado por Bruneau en los meses de Noviembre y Diziembre 1618. — Ebendaselbst 2305/255: Oñate an Philipp dd. 28. Novbr. 1618.

Kurfürsten von Mainz und den Herzog von Baiern zur Theilnahme an der böhmischen Vermittlung verpflichten. Dass er auch nebenbei für die Berufung des ligistischen Konvents wirken sollte, ist selbstverständlich. Leopold begann seine Rundreise, die ihn zu fast allen deutschen Bischöfen führte, mit dem Besuche des salzburger Erzbischofs. Es bedarf wohl keiner erneuerten Versicherung, dass auch der erzherzogliche Lockvogel keinen Thaler aus der Kasse des Prälaten hervorzulocken vermochte und dass sich die chevaleresken Manieren des neuen Diplomaten ebenso unwirksam erwiesen, wie die sachkundigen Vorstellungen bewährter Geschäftsmänner.*) Bei Maximilian, den Leopold hierauf besuchte, setzte es zuerst einige Vorwürfe ab. Der Herzog beklagte sich, dass man ihm von Seite des Hauses Oesterreich mit Misstrauen begegne, als ob er nach der deutschen Krone strebe, er verdiene diese Verdächtigung nicht. Aus unseren Mittheilungen kann man ersehen, dass Maximilians Versicherungen lauter waren wie Gold und dass nichts unbegründeter war, als wenn man ihn der Sucht nach der Kaiserkrone beschuldigte. Nachdem Leopold ihn beschwichtigt hatte, nahmen die Verhandlungen einen bessern Verlauf. Eine ausserordentliche Beisteuer erlangte der Erzherzog zwar nicht, aber er nahm die Gewissheit mit, dass sich der Herzog an der Liga betheiligen und dass er einen Kreistag berufen und die von demselben für den Kaiser votirten Beisteuern leisten würde. Maximilian hielt seine Versprechungen,
3. Dez. denn er berief in der That einen Kreistag im Monat Dezember,
1618 und bewog denselben zu einer ansehnlichen Beitragsleistung für den Kaiser, auch verkaufte er diesem gegen spätere Zahlung von 80000 Gulden in Folge eines erneuerten Ansuchens einen Theil seiner Kriegsvorräthe, was er früher beharrlich verweigert hatte.**)

Auf seiner Weiterreise nach Mainz besuchte der Erzherzog ausser andern Reichsständen die Bischöfe von Eichstätt,

---

*) Band I S. 411.
**) Wiener StA. Boh. V. Erklärung Maximilians von Baiern an Martinitz dd. 26. Dezember 1618.

Augsburg und Regensburg und den Pfalzgrafen von Neuburg. Ueberall fühlte man die Nothwendigkeit einer engeren Vereinigung der Katholiken, überall wünschte man die Neubegründung der Liga und verlangte die schleunigste Berufung eines Katholikenkonventes. Von Opfern und Beisteuern für den Kaiser wollte sich Niemand ausschliessen, aber doch nur das zahlen, was der einzuberufende Konvent bewilligt haben würde. Alles kam also auf den Kurfürsten von Mainz an, dessen Initiative bei der Konventberufung als unerlässlich angesehen wurde. Leopold, der sich nun zu ihm verfügte, hatte in Bezug auf die drei obenangedeuteten Punkte seiner Mission keine Schwierigkeiten zu bestehen, als aber die Sprache auf die Berufung des Konventes kam, da predigte er tauben Ohren. Der Kurfürst war dem Kaiser geneigt, er bewies es, indem er kurz vor Leopolds Ankunft demselben mit einer freiwilligen Beisteuer von 10 Römermonaten unter die Arme griff, aber er konnte seine Angst vor der pfälzischen Partei nicht verwinden und fürchtete, dass die Berufung des Konvents das Signal für die Gegner sein würde, über ihn und den getheilten und schlecht vertheidigten geistlichen Besitz herzufallen. In der Berufung des Katholikenkonventes sah er gleichzeitig den Beginn einer Zweitheilung Deutschlands; die Protestanten würden sich gleichfalls verbinden und der Krieg aus Böhmen in das Reich getragen werden.

Durch diese Bedenken Schweikhards wurde das Zusammentreten eines Konventes in unabsehbare Ferne gerückt. Die allfällige Berufung von Kreistagen konnte in Mitteldeutschland keine Hilfe schaffen wie in Baiern, denn auf den Kreistagen würden, wie der Kurfürst richtig bemerkte, die protestantischen Stände jede Hilfeleistung vereitelt haben. Da jedoch die übrigen Katholikenhäupter die Bedenken des Kurfürsten nicht theilten oder sich wenigstens durch dieselben nicht einschüchtern liessen, da sie ferner alle dem Kaiser helfen wollten und dies sich nur durch einen Konvent thun liess, so wurde Schweikhard nach der Abreise des Erzherzogs von dem Herzoge von Baiern bestürmt, einen beherzten Entschluss zu fassen. Dieses Drängen siegte endlich über alle seine Bedenken und er benachrichtigte

1618 Mitte Dezember den Kaiser, dass er den Konvent berufen wolle. *)

In der That trat der Konvent, an dem sich die geistlichen Kurfürsten und einige Bischöfe betheiligten, mehrere Wochen später in Oberwesel zusammen und einigte sich über die Wiedererrichtung der Liga. Dieselbe sollte sich in einen rheinischen und in einen oberländischen Bezirk theilen, die Direktion des Kriegswesens im rheinischen Bezirk sollte der Herzog von Vaudemont im Namen des Kurfürsten von Mainz führen, im oberländischen dagegen der Herzog von Baiern, der im Kriegsfall zugleich der oberste Anführer der gesammten Streitkräfte sein sollte. Als Zweck der Liga wurde die Erhaltung und Vertheidigung der katholischen Religion angegeben; zu diesem Ende wollten sich die Mitglieder nicht bloss zu Beiträgen entschliessen, um für den Kriegsfall vorbereitet zu sein, sondern auch die Könige von Frankreich und Spanien und den Papst um ihre Unterstützung ersuchen. Von den Beschlüssen wurde der Herzog Maximilian durch den Bischof von Bamberg in Kenntniss gesetzt, der eigens zu diesem Zwecke nach München reiste. Maximilian war erbötig den oberweseler Vereinbarungen beizutreten und das Obercommando über die ligistischen Streitkräfte zu übernehmen, machte aber zur Bedingung, dass die Rüstungen in einer Weise stattfinden müssten, die den Erfolg verbürge. Man darf nicht übersehen, dass in Oberwesel nur im allgemeinen die Vertheidigung der katholischen Kirche beschlossen wurde, davon dass die Rüstungen schon jetzt in Angriff genommen und dass dieselben zur Unterstützung des Kaisers verwendet werden sollten, war noch nicht die Rede; dieses wurde um so mehr weiteren Verhandlungen vorbehalten, als man noch immer

---

*) Simancas 2504/17: Relatio Serenissimi Arch. Leopoldi ad Caesarem super commissione sua ad catholicos et ecclesiasticos electores et principes imperii data Zavernae 9. Dec. 1618. — Wiener StA. Boh. V. Recommandationsbriefe Ferdinands an jene Fürsten und Bischöfe, die Leopold besuchen sollte, dd. 30. Okt. 1618. - Ebend. Leopold an den Kaiser dd. 16. Nov. 1618. — Ebend. Mainz an den Kaiser dd. 17. Novbr. und dd. 29. Nov. 1618. — Ebend. die Bischöfe von Eichstätt, Augsburg und Regensburg jeder für sich dd. 26. Novbr. 1618 an den Kaiser.

hoffte, dass die egerer Vermittlung, die erst im April beginnen sollte, den Frieden herstellen würde.

Nun starb der Kaiser am 20. März 1619 und mit ihm die Hoffnung auf eine friedliche Beilegung des böhmischen Streites. Ferdinand wandte sich mit den dringendsten Bitten an Maximilian, die definitive Organisation der Liga in die Hand zu nehmen; zugleich mahnte er den Erzherzog Leopold zur Ruhe, weil dieser mit seinen Ansprüchen auf ein drittes Directorium über die Liga, das sich über die schwäbischen Stände erstrecken sollte, den Herzog von Baiern verletzte. In der That berief der letztere nun die Stände, die seinem oberländischen Directorium unterthan sein sollten, zu einer Berathung nach München, aber auch hier kam es mehr zu einigenden Besprechungen als zu folgenreichen Beschlüssen, da man noch immer nicht die Bewaffnung in Angriff nehmen wollte. Gleichwohl hoffte Ferdinand auf eine baldige Hilfe der Liga, wobei er allerdings das meiste Zutrauen in die Freundschaft Maximilians setzte. Dieses Zutrauen veranlasste ihn, den Herzog Anfangs Juni durch den Freiherrn von Ulm zu ersuchen, er möchte seine Streitkräfte schon jetzt mit denen Buquoy's vereinigen und so die Gefahr, mit der ihn damals Thurn bedrohte, abwenden helfen. Dieser Bitte wollte Maximilian jedoch nicht nachgeben,*) er war entschlossen erst dann Hilfe zu leisten, wenn die Liga wieder hergestellt und das Haus Habsburg selbst seine Schuldigkeit gethan, d. h. wenn der König von Spanien seine Kräfte auch in die Wagschale gelegt haben würde. Als ihn bald darauf der spanische Agent Bruneau im Auftrage Ferdinands um sein schliessliches Gutachten ersuchte, ob der Krieg in Böhmen durch einen Vergleich beendet oder weiter geführt werden solle, riet Maximilian nur in dem Falle zur Fortsetzung des Krieges, wenn der König von Spanien seine Macht Ferdinand zur Disposition stellen würde, im anderen Falle empfahl er den Abschluss eines Friedens unter halbwegs annehmbaren Bedingungen.**)

31. Mai 1619

6. Juni 1619

---

*) Münchner Staatsarchiv 50/23: Antwort des Herzogs Maximilian an den Herrn von Ulm dd. 6. Juni 1619.
**) Münchner Staatsarchiv 40/7: Maximilian an Kurköln dd. 15. Juli 1619.

Wenige Tage nach dieser Unterredung Maximilians mit
Bruneau traf Ferdinand auf seiner Reise von Wien nach Frankfurt in München *) ein und erfreute sich des Wiedersehens
mit dem zwar vorsichtigen und zu Opfern nicht sehr geneigten
aber jedenfalls aufrichtigen und lauteren Fürsten. Trotz der Zuvorkommenheit, mit der Maximilian seinen Gast empfing, beeilte er sich auch jetzt nicht mit den Rüstungen oder mit der
Einholung der nöthigen Beschlüsse von Seite der Liga, theils
deshalb, weil die Noth Ferdinands durch den Schlag, den die
böhmische Armee bei Zablat erlitten hatte, für den Augenblick gelindert war, theils wohl auch deshalb, weil das Nebelgebilde der Vermittlung wieder am Horizonte auftauchte und
davon gesprochen wurde, dass die Kurfürsten in Frankfurt
nach der Kaiserwahl sich dieselbe angelegen sein lassen würden.
Maximilian, der von seinem Bruder dem Kurfürsten von Köln
hievon benachrichtigt wurde mit dem Zusatze, dass er sich
an der Vermittlung nur in seiner Gesellschaft betheiligen wolle,
widerriet ihm dies; er wollte um keinen Preis durch die
Rücksichtnahme auf seine Person einen Zwiespalt herbeiführen,
so sehr ihm auch der Ausgleich mit Böhmen antipathisch war.
So lange es aber eine entfernte Möglichkeit des Friedens gab,
wollte er sich nicht durch voreilige Rüstungen in unnütze Auslagen stürzen. **)

Man wird sich nicht darüber wundern, dass während dieser
Zwischenzeit auch die rheinischen Bischöfe und sonstigen Anhänger der Liga ihre Rüstungen nicht eifriger betrieben als
der Herzog von Baiern, besonders da man zu Oberwesel
bloss die Bereitwilligkeit hiezu erklärt, die Durchführung derselben aber von weiteren Verhandlungen abhängig gemacht
hatte. Vielleicht würde noch längere Zeit verflossen sein, ehe
sich die katholischen Fürsten zu den unvermeidlichen Auslagen entschlossen hätten, wenn der Pfalzgraf nicht durch
den Angriff auf die solmsischen Reiter, über den wir berichtet

---

*) Wir schöpfen die Nachricht von dieser Zusammenkunft aus Ferdinands zweitem Schreiben an Maximilian dd. 3. Aug. 1619 in münchner Staatsarchiv 50/23.

**) Münchner StA. 40/7 Kurköln an Maximilian dd. 29. Juli 1619. — Ebend. Maximilian von Baiern an Kurköln dd. 5 Aug. 1619.

haben, selbst dazu Veranlassung gegeben hätte. Die pfalzgräfliche Partei schlug aus diesem Angriffe Capital und rühmte die Entschlossenheit des jungen Kurfürsten, der sich so der Vermehrung der Streitkräfte, die zur Unterdrückung Böhmens bestimmt gewesen seien, entgegenstellt habe; aber der Nutzen, der sich hieraus für Böhmen ergab, stand in keinem Verhältnisse zu dem schweren Nachtheil, den er für den Pfalzgrafen und seine Sache in Deutschland im Gefolge hatte. Die Bischöfe waren erbittert über den Friedensbruch und besorgt für ihre eigene Sicherheit, wenn dem Anwachsen der protestantischen Macht nicht bei Zeiten Einhalt gethan würde. Als sich der Bischof von Eichstätt, auf dessen Grund und Boden die solmsischen Reiter überfallen worden waren, über das ihm widerfahrene Unrecht bei Maximilian beklagte, war dieser erbötig eine Versammlung der oberländischen Stände nach Eichstätt auszuschreiben, die auch am 25. August 1619 stattfand. Es erschienen neben den Gesandten des Herzogs von Baiern und des Erzbischofs von Mainz die Bischöfe von Bamberg, Würzburg, Eichstätt, Augsburg und der Abt von Ellwangen.

Zum erstenmale nahmen hier die Berathungen der deutschen Katholiken eine Richtung, die von mehr als von blossen Wünschen für das Wohlergehen Ferdinands zeugte. Nachdem man zur Abwehr weiterer Vergewaltigung das Anerbieten des Herzogs von Baiern, mit einem Truppencorps von 2000 Mann zu Fuss und 200 Reitern den verwandten Ständen beizustehen, angenommen hatte, kam die Frage zur Verhandlung, ob und wie man Ferdinand in der Bewältigung des böhmischen Aufstandes unterstützen solle. Sich für ihn zu erklären und ihm offen Hilfe anzubieten oder zu gewähren davor scheute man sich noch, weil man die Protestanten nicht zu sehr reizen wollte, aber man war erbötig, sich zu rüsten, um dadurch die Union zu hindern sich zum Nachtheile Ferdinands in den böhmischen Streit einzumengen. Wenn sich sonst noch eine Gelegenheit ergeben würde Ferdinand einen Dienst zu erweisen, wollte man dieselbe nicht vorübergehen lassen, Zeit und Umstände sollten das Nöthige bestimmen. Die Hauptsache war geschehen, die Rüstungen wurden jetzt in Angriff genommen.

Diese Beschlüsse betrafen zunächst nur die oberländischen Stände, aber auch die rheinischen Stände blieben nicht lange im Rückstande. Die Ereignisse übernahmen die Aufgabe, die diplomatische Schwerfälligkeit, die sich in jener Zeit so ziemlich bei allen Parteien in gleicher Weise geltend macht, in einen schnellern Trab zu versetzen. Kaum war man in Frankfurt von der böhmischen Königswahl benachrichtigt worden, so lief auch schon aus München die Nachricht daselbst ein, dass der Pfalzgraf die angebotene Krone anzunehmen Willens sei und seine Wahl als eine besondere Schikkung Gottes ansehe. Der Kurfürst von Köln, unter den geistlichen Fürsten immer der eifrigste, erachtete es jetzt als ein Gebot der dringendsten Nothwendigkeit, dass man gegen die Uebergriffe des Pfalzgrafen ernstliche Vorkehrungen treffe und unter seiner Einwirkung ist unzweifelhaft von den rheinischen Ständen d. i. von den geistlichen Kurfürsten in ihrem Namen und in dem ihrer unmittelbaren bischöflichen Nachbarn der Beschluss gefasst worden, 6000 Mann zu Fuss und 1000 Reiter auszurüsten und mit denselben Ferdinand im nächsten Frühjahre zu Hilfe zu eilen. Die geistlichen Kurfürsten benachrichtigten den Herzog von Baiern von diesem Beschlusse; die oberländischen Stände der Liga sollten gleichfalls aus ihrer zuwartenden Haltung heraustreten und offen die Unterstützung Ferdinands auf ihre Fahne schreiben.*)

Der entscheidende Moment für Maximilian nahte heran, er musste sich nun entscheiden, ob er in seiner bisherigen Zurückhaltung verharren und dem neuen Kaiser keine andere Hilfe angedeihen lassen wolle, als etwa die, dass er die deutsche Union an der Unterstützung der Böhmen verhindern würde oder ob er entschlossen auftreten und seine Waffen mit denen des Kaisers vereinen wolle. Maximilian war ein klarer und nüchterner Kopf, der sich nicht in Illusionen wiegte, er unterschätzte die Gefahr nicht, die diese Verbindung für ihn haben konnte,

---

*) Münchner Staatsarchiv: Churkölnische Correspondenz. Ebenda 50/29: Maximilian an Ferdinand dd. 13. Dzb. 1619.

aber auf der anderen Seite zeigte ihm die richtige Erwägung
der politischen Verhältnisse in Europa, dass sich die Wagschale
auf Ferdinands Seite neige, da Spanien und der Papst
zu Opfern entschlossen waren, der deutsche Klerus Ferdinand
unterstützen wollte und Frankreich mindestens in einer günstigen
Neutralität verharren würde. Das katholische Europa
konnte es diesmal mit dem protestantischen um so cher aufnehmen,
als es bei dem letztern an einer entsprechenden
Einigkeit und Opferwilligkeit gebrach. Die äussern Verhältnisse
zeigten sich sonach dem Anschlusse Maximilians an Ferdinand
nicht ungünstig; er durfte als Vertheidiger der katholischen
Interessen auftreten und musste nicht länger mit verschränkten
Armen zusehen, wie sie täglich mehr und mehr
gefährdet wurden. Indem er damit einem Herzenswunsche
nachkam, half er zugleich seinem Vetter und Gesinnungsgenossen
dem Kaiser. Umsonst wollte er sich jedoch zu dieser
Hilfe nicht verstehen, noch weniger aber jene Opfer bringen,
zu denen die übrigen Mitglieder der Liga erbötig waren.
Wenn Ferdinand an ihn die Bitte um Unterstützung richtete,
so wollte er sich gleich von vornherein die Entschädigung
sicher stellen, er wollte klare Rechnung haben und
sich nicht mit blossen Versprechungen begnügen, da ihm die
Fürsten des Hauses Österreich als schlechte Finanzmänner bekannt
waren und Ferdinand nicht darnach angethan schien, diesen
Ruf zu berichtigen.

Als Ferdinand auf seiner Rückreise von Frankfurt Anfangs
Oktober in Begleitung des Herrn von Eggenberg, des 1619
spanischen Gesandten Grafen Oñate und des kurkölnischen
Obersthofmeisters Grafen Eitel Friedrich von Zollern in
München eintraf, wurde er von Maximilian mit allen Zeichen
der Ehrerbietung empfangen, die seiner kaiserlichen Würde gebührte.
Bis jetzt hatten sich beide Vettern wie Brüder geduzt,
von nun an machte Maximilian nicht mehr von diesem Freundschaftsrechte
Gebrauch, verlangte aber, dass der Kaiser ihn
in alter Weise anspreche. Die Bitte des letzteren um Unterstützung
fand Gehör, doch bedurfte es von Seite Oñate's der
formellen Versicherung, dass sein Herr die Liga mit 1000
Reitern unterstützen und von Flandern aus einen Angriff

gegen die Niederpfalz unternehmen werde, bevor Maximilian alle seine Bedenken aufgab. Jetzt endlich machten sich die beiderseitigen Diplomaten an die Ausarbeitung eines Vertragsentwurfs, der am 8. Oktober von Ferdinand und Maximilian unterzeichnet wurde.

1619

Nach diesem Vertrage erklärte Maximilian dem Wunsche des Kaisers und der geislichen Kurfürsten entsprechend die oberste Leitung der Liga übernehmen, ein Heer mit Hilfe der gemeinschaftlichen Beiträge der Bundesglieder anwerben und mit demselben, so weit dies die eigene Vertheidigung und die seiner Bundesgenossen gestatten würde, dem Kaiser zu Hilfe eilen zu wollen. Auch jetzt erhielt also Ferdinand keine unbedingte Zusage der Hilfeleistung, doch war die Bedingung diesmal keine Ausflucht, da Maximilian versicherte, dass er alles thun werde, um die gewünschte Hilfe zu leisten. Für die Auslagen und den Schaden, den der Herzog bei der Unterstützung des Kaisers erleiden würde, setzte der letztere seine und seines Hauses gesammte Besitzungen zum Pfand ein, aus ihnen sollte Maximilian sowohl vollen Schadenersatz, wie die Wiedererstattung seiner Auslagen erheben dürfen und zwar sollte er, sobald er irgend einen Theil der österreichischen Provinzen den Feinden entrissen und in seine Gewalt gebracht haben würde, in diesem Theile so lange als Pfandbesitzer alle Rechte eines Landesfürsten (mit einigen Einschränkungen) ausüben und Truppen in ihnen unterhalten dürfen, so lange er nicht volle Entschädigung erhalten haben würde. Zum Schlusse wurde bestimmt, dass wenn der Herzog von Baiern aus Anlass der dem Kaiser geleisteten Hilfe seine Besitzungen oder einen Theil derselben verlieren würde, das Haus Oesterreich ihm einen vollständigen Ersatz bieten müsse.

Dies waren die Bedingungen des niedergeschriebenen Vertrags, doch waren sie nicht die einzigen, zu denen sich Ferdinand verpflichten musste. Noch zwei Bedingungen wurden verabredet aber nur mündlich, da man wegen ihrer grossen Wichtigkeit das Geheimniss aufrecht erhalten wollte: sie betrafen den Lohn, auf den Maximilian neben der Entschädigung für seine Dienste Anspruch machte.

Es war ein alter Schmerz der bairischen Linie der Wittelsbacher, dass die Kurstimme durch die goldene Bulle der pfälzischen Linie zugetheilt und sie sonach seit dritthalb hundert Jahren von den Ehren und Vortheilen der Kaiserwahlen ausgeschlossen war. Maximilian hatte schon wiederholt angedeutet, dass er diese Zurücksetzung nicht minder schmerzlich empfinde als seine Vorfahren und dass er eine Gelegenheit mit Freuden begrüssen würde, durch die er das Ziel seiner Wünsche erreichen könnte. Er sollte sich diesem Ziele jetzt nahe gerückt sehen: Ferdinand gab ihm das Versprechen, dass er ihm die Kurwürde ertheilen werde, sobald sich der Pfalzgraf durch die Annahme der böhmischen Krone die Aechtung und damit den Verlust der Kurwürde zuziehen würde. Dies war die erste mündlich vereinbarte Bedingung, die zweite bezog sich auf den ererbten Besitz des Pfalzgrafen, von dem der Kaiser dem Herzoge von Baiern jenen Theil zu überlassen versprach, dessen er sich im Laufe des Krieges bemächtigen würde.*) — Ob dem Herzoge diese Besitzungen als freies Eigenthum oder nur als Pfandschaften versprochen wurden, darüber entstand im folgenden Jahr zwischen ihm und dem Kaiser ein Streit, auf den wir im vorhinein verweisen.

Der Kaiser entfernte sich aus München und überliess es dem Herzoge für die Erfüllung seiner Versprechungen Sorge zu tragen. Nach unsern Anschauungen, die wir von der Kostbarkeit der Zeit andere Begriffe haben als unsere Vorfahren, entwickelte der Herzog keine fieberhafte Hast und keinen unermüdlichen Fleiss in seiner Thätigkeit, allein er übertraf darin jedenfalls seine Feinde und seine Freunde. Zunächst beeilte er sich den König von Spanien und den Papst durch eigene Boten um die Anspannung ihrer Kräfte zu ersuchen, dann traf er alle Vorbereitungen, um einen Gesammtkonvent der Liga nach Würzberg zu berufen, in dem die Frage der Beitragsleistungen zur Werbung und Ausrüstung des Heeres endgiltig

---

*) Münchner Reichsarchiv lit 59: Instruction für Herrn von Preising dd. 8. Apr. 1620. Der Vertrag, sowie die betreffende Correspondenz zwischen Ferdinand und Maximilian in den Beilagen bei Breyer IV.

gelöst werden sollte. Die schlimmen Nachrichten, die Ende Oktober vom Kriegsschauplatze einliefen — es war dies zur Zeit, als sich Bethlen mit seinen Truppen Wien näherte — veranlassten den Herzog Maximilian die dringende Bitte an seinen Bruder zu richten, sein geworbenes Volk sobald als möglich dem Kaiser zur Verfügung zu stellen und nicht den Zuzug der andern Bischöfe abzuwarten. Der Kurfürst von Köln kam diesem Wunsche nach *), indem er sein Contingent nach Baiern abschickte, trotz der Gefahr die ihm von Holland drohte. In der That schien es einige Zeit, als ob die rheinischen Bischöfe aus Furcht vor Holland den gemachten Zusagen untreu werden würden. Im November steigerte sich die Furcht vor Holland in einem solchen Grade, dass sich der Kurfürst von Trier sogar scheute Werbepatente auf seinen Namen zu ertheilen und den Kurfürsten von Köln ersuchte seinen Namen dafür herzuleihen und von der gleichen Angst wurde auch der Kurfürst von Mainz gefoltert. **) Maximilian benachrichtigte den Kaiser von den verschiedenen auftauchenden Schwierigkeiten und erschreckte ihn damit nicht wenig. In seiner Antwort an den Herzog beklagte er sich bitter, dass die geistlichen Kurfürsten und namentlich Mainz so säumig in der Erfüllung der frankfurter Versprechungen seien, und fügte am Schlusse verzweiflungsvoll hinzu: „Wenn man mir nicht unter die Achsel greift, so werde ich mich nicht erhalten können." ***)

Maximilian, der treu an dem münchner Vertrag festhielt, bemühte sich die Furcht der Bischöfe zu zerstreuen und sie zu der Erfüllung ihrer Versprechungen zu treiben. Von seiner eigenen Furcht gab er nur dem Papste Kunde, dem er eine lebendige Schilderung der Gefahren entwarf, von denen die

---

*) Münchner Staatsarchiv 40/7: Maximilian an Kurköln dd. 5. Nov. 1619. Ebend. 311/8: Maximilian an den Papst dd. 1. Nov. 1619. Ebend. 40 7· Kurköln an Maximilian dd. 14. Nov. 1619.

**) Münchner Staatsarchiv 40/7: Trier an Köln dd. 7. Nov. 1619.
Münchner Reichsarchiv. XXIII/1: Nebenmemorial für die bairischen Gesandten zum Convente in Würzburg.

***) Münchner Staatsarchiv 50/29: Maximilian an Ferdinand dd. 22. Nov. 1619. Ebenda: Ferdinand an Maximilian dd. Schottwien 22. Nov. 1619.

katholische Kirche bedroht sei. Er gab hiebei zu verstehen, dass jetzt der Augenblick gekommen sei, wo der Papst nicht bloss das Patrimonium angreifen, sondern durch Kollekten, Besteurung der Kirchenpfründen und andere ausserordentliche Massregeln den Katholiken zu Hilfe kommen müsse.*)

Mittlerweile war der Tag herangekommen, an dem der Konvent der katholischen Stände in Würzburg eröffnet wurde. Ursprünglich war der 17. November dafür bestimmt 1619 gewesen, allein die leidige Saumseligkeit jener Zeit machte, dass die Verhandlungen erst Anfangs Dezember begannen. Maximilian, der wie die meisten Mitglieder der Liga durch Gesandte vertreten war, liess durch dieselben **) den Vorschlag machen, man solle eine Armee von 21.000 Mann zu Fuss und 4000 Reitern anwerben und zu ihrer Erhaltung die katholischen Stände nach Verhältniss ihrer Einkünfte verpflichten. Gleichzeitig sollten alle Anstrengungen darauf gerichtet sein, den Bund durch Gewinnung neuer Mitglieder zu erweitern; er sollte sich nicht auf Deutschland allein beschränken, sondern die Könige von Spanien, Frankreich und Polen, den Papst und die italienischen Fürsten zu gewinnen suchen und sich mit einem Worte zu einem Bunde der gesammten katholischen Staaten erweitern. Da zu befürchten war, dass die nöthigen Geldmittel durch die säumigen Einzahlungen der Bundesmitglieder viel zu langsam einlaufen würden, so liess Maximilian durch seine Gesandten auch die Contrahirung eines Anlehens von 2—3 Millionen vorschlagen. Man möge sich nach Genua oder sonst wohin wenden und mit Hilfe des Königs von Spanien, der die Bürgschaft übernehmen könnte, das Anlehen zu Stande bringen. Die sämmtlichen Anträge des

---

*) Münchner Staatsarchiv 311: Maximilian an den Papst dd. 20. Nov. 1619.
**) Münchner Reichsarchiv XXIII: Instruction für die bairischen Gesandten Oberst von Haslang, Ulrich von Elsenheim und Hofkanzler Brugglacher dd. 27. Novemb. 1619.
Ebenda: Nebenmemorial für die Gesandten.
Ebenda: Böhmen literaria 59: Instruction für die Gesandten dd. 6. Nov. 1619.
Wiener StA. Böhmen XII: Instruction für Freiherrn von Fugger dd. 17. Nov. 1619. — Antwort des Conventes dem kaiserl. Gesandten gegeben, bei Breyer IV, Beilage S. 23.

Herzogs wurden fast unverändert angenommen und strenge Massregeln zur Eintreibung der Beiträge säumiger oder gar, renitenter Bundesmitglieder beschlossen. Dem Herzog wurde die oberste Leitung des Bundesheeres, die Anstellung der hohen Offiziere, die Fürsorge für das Proviant- und Artilleriewesen und die Unterhandlungen mit den auswärtigen Staaten übertragen. Zu den Verhandlungen hatte auch der Kaiser einen Gesandten in der Person des Freiherrn Fugger von Kirchberg geschickt.*)

Nach dem Tage von Würzburg wurde die Anwerbung der Truppen und die Anlegung der nöthigen Magazine sowie der Ankauf der Kriegsbedürfnisse von Maximilian energisch betrieben, aber zugleich sorgte er dafür, dass die Hoffnung auf die Hilfe der Liga das Haus Oesterreich nicht allzu sicher mache. Den Erzherzog Albrecht mahnte er zur äussersten Anspannung seiner Kräfte und gab, um seinen Eifer anzuspornen, das künftige Heer der Liga um 7—8000 Mann geringer an und verdoppelte andererseits in seinem Berichte das Heer, welches die Union aufstellte.**) Er mochte denken, dass die Verdrehung der Wahrheit demjenigen gegenüber gestattet sei, dessen Haus von allen diesen Anstrengungen den meisten Vortheil ziehe und dessen Lässigkeit sich auf keine andere Weise in den erwünschten Eifer umwandeln lasse. In gleicher Weise drängte er den Kaiser zur grösseren Ausnützung seiner eigenen Hilfsmittel, indem er dessen wiederholte Bitte um Hilfe mit dem Bemerken zurückwies, dass er dieselbe erst nach Vollendung seiner Rüstungen leisten könne.***) Die einzige Unterstützung, die er dem Kaiser zu Theil

---

*) Wiener Staatsarchiv: Böhmen XII. Instruction für Freiherrn von Fugger dd. 17. Nov. 1619. Antwort des Conventes dem kaiserl. Gesandten gegeben; bei Breyer IV. Beilage Seite 23.

**) Münchner Reichsarchiv, Böhmen lit. 59: Instruction für den bairischen Gesandten zu seiner Reise zu Erzh. Albrecht dd. 4. Dezember 1619. — Münchner Staatsarchiv: 40/7: Maximilian an Kurköln dd. 5. Nov. 1619. Ebend. Albrecht an Kurköln dd. 23. Nov. 1619. Ebend. Maximilian an Kurköln dd. 28. Nov. 1619. Ebend. Maximilian an Kurköln dd. 9. Dez. 1619.

***) Münchner Staatsarchiv 50/29: Maximilian an Ferdinand dd. 13. Dez. 1619.

werden liess, bestand darin, dass er den Truppen, die ihm aus Italien zu Hilfe zogen, den Durchzug durch sein Land gestattete. *)

III

Während Maximilian dem münchner Vertrag ertsprechend rüstete, aber sich hütete, die geworbenen Streitkräfte zu zersplittern, so lange das ligistische Heer nicht vollzählig beisammen war, bemühte er sich auch den Papst zu einer entsprechenden Hilfeleistung zu vermögen.

Aehnliche Bitten waren schon früher von Mathias und jetzt von Ferdinand an Paul V gerichtet worden. Die Bitten des Kaisers Mathias waren von dem spanischen Gesandten in Rom, dem Kardinal Borja, auf das eifrigste befürwortet worden. Borja fühlte sich durch seinen geistlichen Charakter nicht im mindesten beengt, dem Papste gegenüber eine eindringliche Sprache zu führen, vielleicht fand er gerade in demselben die nöthige Unerschrockenheit. Die vereinigten Vorstellungen der habsburgischen Vertreter hatten den Erfolg, dass der Papst dem Kaiser monatlich 10.000 Gulden**) Subsidien zahlte und mit dieser Zahlung wahrscheinlich in dem Monat September oder Oktober 1618 den Anfang machte. Borja nahm bald darauf auch den Einfluss des Papstes in Anspruch, indem er durch ihn die Wiedererrichtung der katholischen Liga in Deutschland zu beschleunigen suchte. Paul V leistete die von ihm verlangten Dienste mit Freuden und mag zu dem Zustandekommen des Katholikenkonvents das seinige beigetragen haben. Er versprach auch aus freien Stücken, dass er der Liga mit 200000 Gulden, zahlbar binnen drei Jahren, unter die Arme greifen und ausserdem ihr einige kirchlichen Zehnten zuweisen wolle. Für diese Versprechungen, denen vorläufig noch keine Thaten folgten, erntete er bei

---

*) Münchner Staatsarchiv 50/29: Maximilian an Ferdinand dd. 17. Dez. 1619.
Münchner Staatsarchiv 50/29: Ferdinand an Maximilian dd. 28. Dez. 1619.
**) In den spanischen Korrespondenzen ist von Dukaten die Rede, aus dem deutschen Aktenstück ist jedoch ersichtlich, dass es nur Gulden waren.

Spanien keinen Dank, weil man ihn im Verdachte hatte, dass er von dem Momente an, in dem er die Liga unterstützen würde, die dem Kaiser bisher geleisteten Subsidien nicht weiter zahlen, also eigentlich nur billiger wegkommen wolle.*)

Wenige Tage nach diesem Vorgang bekam Borja von seinem Könige den Auftrag, den Papst um eine Erhöhung der an den Kaiser geleisteten Zahlung zu ersuchen. Der Kardinal kam dem Auftrage mit gewohntem Eifer nach und geriet hiebei mit Paul in einen fast leidenschaftlichen Streit. Der Papst behauptete, nichts mehr geben zu können und bat, indem er sich gegen das Bild des Erlösers kehrte, Gott um Geduld bei diesen steten Geldforderungen. Er betheuerte, dass man ihm das Leben mit diesem Drängen verkürze, aber der Kardinal liess sich durch alle diese Versicherungen nicht abschrecken, sondern berief sich auf die Frömmigkeit Philipps III, der nur aus Eifer für die Kirche sich an den gemeinsamen Vater derselben wende und ihn immer wieder bitte, in einer so hochwichtigen Sache seine Hilfe nicht versagen zu wollen. Da Paul trotzdem seine Armuth betheuerte, so erinnerte ihn Borja an den in der Engelsburg niedergelegten Kirchenschatz, der in einer Sache, von der das Wohl der Religion so sehr abhänge, angegriffen werden dürfe. Paul wies auch diesen Angriff ab, weil der gegenwärtige Fall keiner von jenen sei, für die der Schatz verwendet werden dürfe. Auch in den folgenden Monaten blieb der Papst gegen alle weiteren Bitten Spaniens und Oesterreichs taub, er glaubte allen Pflichten genügt zu haben, wenn er Ferdinand mit jenen 10000 Gulden monatlich unterstütze, und war zugleich erfreut, dass er sein der Liga gegebenes Versprechen nicht einhalten musste, weil dieselbe noch nicht zu Stande gekommen war.

In dieser egoistischen Ruhe wurde Paul V von dem Herzoge von Baiern aufgestört und zwar zu der Zeit, als noch die egerer Interposition im Zuge war, da Maximilian seine Theilnahme an derselben von der Vornahme umfassender Rüstungen auf kaiserlicher Seite abhängig machte und deshalb den Papst dringend zu grössern Beitragsleistun-

---

*) Simancas 1867, Borja an Philipp III dd. 24. Dezember 1618.

gen als bisher aufforderte.*) Auch diese Mahnung schlug der Papst in den Wind und erhöhte die bisher gezahlte Summe um keinen Heller. Als jedoch der Aufstand immer grössere Dimensionen annahm und die Böhmen zuletzt zu einer neuen Königswahl schritten, konnte sich Paul nicht mehr hinter die Ausrede flüchten, dass der Streit in Böhmen ein habsburgisches und nicht ein vorzugsweise kirchliches Interesse antaste. Da auch Maximilian von Baiern, der gerade im Begriffe stand, mit Ferdinand jenen münchner Vertrag abzuschliessen, sich von neuem an den Papst wandte und ihn in energischen Worten an seine Verpflichtung zur Hilfeleistung mahnte**) und diese Mahnung wenige Wochen darauf mit den Worten wiederholte, dass, wenn die deutschen Fürsten bereitwillig seien, zur Unterstützung Ferdinands jegliches Opfer zu bringen, auch der Papst mehr als bisher thun müsse, gab endlich der letztere dem Andringen des kaiserlichen Gesandten Grafen Trauttmannsdorff um Erhöhung der bisher geleisteten Subsidien nach. Mitte November erklärte er, dass er dem Kaiser fortan die doppelte Summe, also 20000 Gulden monatlich zahlen wolle, doch beschränkte er seine Freigebigkeit dadurch, dass er den Termin, von welchem an er diese Zahlung leisten wollte, auf den März des folgenden Jahres verschob.***)

Noch bevor Maximilian von diesem Entschlusse Kunde erhielt, richtete er ein Schreiben an den Papst, worin er ihn aufforderte, sich an die Spitze eines Bundes zu stellen, der alle katholischen Könige umfassen sollte. †) Es zeigt, wie das katholische Bewusstsein durch die Vorgänge in Böhmen aufgeregt war, wenn ein so kluger und nüchterner Fürst, wie Maximilian von Baiern, die Errichtung eines solchen Bundes für möglich hielt, wenn er glauben konnte, dass Frankreich seine ererbte Feindseligkeit gegen die Habsburger aufgeben

---

*) Bd. II.
**) Münchner StA. Maximilian an den Papst dd. 4. Oktober 1619.
***) Ebend. Max an den Papst dd. 1. November 1619.
†) Archiv von Simancas, El Cardinal Borja an? dd. 19. November Rom. Münchner StA. 311/8 Max an den Papst dd. 20. Nov. 1619.

und zur Rettung dieses Hauses alles aufbieten würde. Paul gab diesem Wunsche insofern nach, als er seinem Nuncius in Frankreich den Auftrag gab, den König für die Unterstützung des Kaisers zu gewinnen.

In Spanien hatte der Geiz des Papstes vielfachen Anstoss erregt und man wurde auch nicht freundlicher gestimmt, als man daselbst von der erhöhten Beitragsleistung Kunde bekam, weil sie in keinem Verhältniss zu seinem Einkommen stand. Man sprach davon, dass es angezeigt wäre, wenn König Philipp die päpstlichen Einkünfte aus Spanien mit Beschlag belegen und zur Unterstützung des Kaisers verwenden würde.*) Auch in Spanien beschäftigte man sich mit demselben Plane, dem Maximilian in seiner Zuschrift an den Papst Ausdruck gegeben hatte, nämlich mit der Begründung einer allgemeinen Liga der katholischen Fürsten unter der Aegide des Papstes; ob man aber ein ähnliches Ansuchen an denselben stellte wie Maximilian, ist uns weiter nicht bekannt. Wahrscheinlich hielt man es dort für zweckmässiger, wenn Paul den französischen Hof günstig zu stimmen suchte und so derselbe Zweck erreicht würde, ohne dass von einem allgemeinen Bunde die Rede war.

Während der Papst von spanischer und österreichischer Seite um grössere Beitragsleistungen ersucht wurde, traf auch ein Gesandter des Kurfürsten von Mainz in Rom ein, der ihn an die Erfüllung des vor mehr als Jahresfrist gegebenen Versprechens bezüglich der 200000 Gulden mahnen sollte, da die Liga jetzt mit Eifer rüstete und hiezu dringend des versprochenen Geldes bedurfte. Paul konnte, wie gern er auch gewollt hätte, dieses Gesuch nicht abweisen, aber er wollte nicht gleich zahlen, sondern erst, wenn der Zehent, mit dem er alle geistlichen Beneficien in Italien belegt habe, eingegangen sei.*) Wir vermuthen, dass alle Bitten um eine schleunige Auszahlung der versprochenen Summe aus seinen eigenen Mitteln, von ihm abschlägig beschieden wurden, wenigstens konnte der mainzische Gesandte von keinem Erfolge berichten. Als der Kaiser hörte, dass der Papst in

---

*) Münchner StA. 292,16, Khevenhiller an Max dd. 12. Jan. 1620.

Italien einen Zehent zu Gunsten der deutschen Liga erheben lasse, ersuchte er den Kurfürsten von Köln um die Ueberlassung desselben, so dass also ihm (dem Kaiser) allein die päpstlichen Hilfeleistungen zu Gute kommen sollten. Der Kurfürst war erbötig, diesen Wunsch zu erfüllen*), aber die übrigen Mitglieder der Liga und namentlich der Herzog von Baiern theilten diese Opferwilligkeit keineswegs und wiesen den Kaiser mit seiner Bitte ab. Wie langsam es übrigens trotz der Bitten und Mahnungen des Kurfürsten von Mainz mit der Einzahlung des Zehents vor sich ging, sehen wir aus einem Schreiben Maximilians an den Papst, worin sich derselbe noch am 1. Juli beklagt, dass der Liga 1620 kein Geld zugekommen sei. **)

Wie mässig die Beiträge des Papstes auch waren und wie tief sie unter den an seine Schätze gemachten Ansprüchen standen, sie waren immerhin eine erkleckliche Hilfe für den Kaiser und verschafften ihm einen um so entscheidenderen Sieg, als sein Gegner, der Pfalzgraf, nur von Holland mit Geld unterstützt wurde, alle übrigen Freunde aber im Augenblicke der Noth es zumeist bei leeren Vertröstungen bewenden liessen.

Neben der päpstlichen Hilfe fiel auch die Hilfe, die der König Sigismund III von Polen der Kaiser leistete, bedeutend in die Wagschale und trug das ihrige zur Entscheidung bei.

Bezüglich des Königs Sigismund ist bereits angedeutet worden, wie er den Fürsten Bethlen von dem Angriff gegen Ferdinand zurückhalten wollte und wie er als ihm dies nicht gelang, den Grafen Drugeth de Homonna in seinen Werbungen unterstützte. Da er seine Sympathien dem Kaiser stets bewahrte, so gab er auch seine Zustimmung, dass sich dasselbe Kosaken- 1620 heer, das in Ungarn über die bethlenschen Truppen einen Sieg erfochten hatte, später aber zurückgeschlagen worden war, nach Oesterreich begeben durfte. Als die Kosaken vor Wien anlangten, wurde ein Vertrag mit ihnen abgeschlossen, dem

---

*) Münchner StA. 33/5, der mainzische Gesandte an Schweikhard dd. 22. Februar 1620.

**) Münchner StA. Kurköln an Maximilian von Baiern dd. 8. März 1620.

gemäss ihnen monatlich 50000 Gulden gezahlt und das Eigenthum an aller Beute, die sie machen würden, zuerkannt wurde.*) Bei Gelegenheit der pressburger Verhandlungen hatte Ferdinand behauptet, dass er um den Einfall der Kosaken in Oberungarn nichts gewusst habe und dass Bethlen sich bei dem Könige von Polen deshalb beschweren müsse. Sigismund fühlte sich dadurch verletzt; er konnte nicht begreifen, weshalb Ferdinand nicht offen bekannte, dass die Kosaken mit seiner Zustimmung geworben waren und in Ungarn eingebrochen seien und weshalb er sich einer Lüge bediene, die ihm ohnedies Niemand glaubte.**) Gleichwohl liess er den Kaiser die erlittene Kränkung nicht empfinden, sondern schickte demselben um die Osterzeit des Jahres 1620 abermals einige Tausend Mann zu. Als dann im Mai der ungarische Reichstag in Neusohl zusammentrat und hier darüber verhandelt werden sollte, ob Ferdinands Rechte auf Ungarn anerkannt oder endgiltig beseitigt werden sollten, ordnete Sigismund auch dahin eine Gesandschaft ab, um die ungarischen Stände zur Nachgiebigkeit gegen Ferdinand zu stimmen.

Da dem Kaiser jedoch weder diese Fürsprache noch jene Hilfeleistungen genügten, so schickte er einen gewissen Fuchs nach Warschau und liess durch diesen die Aufforderung an Sigismund stellen, dass er die Kräfte Polens aufbieten und Schlesien angreifen solle, wofür er ihm alle Fürstenthümer in Schlesien antrug, deren Besitzer wegen Treubruchs geächtet werden sollten. Der König von Polen war geneigt, auf dieses Anerbieten einzugehen, er hoffte die Zustimmung des Reichstages zu einer derartigen Hilfeleistung zu erlangen, da ein wichtiger Gewinn in fast sicherer Aussicht stand. Denn wenn auch der Kaiser den Besitz der schlesischen Fürstenthümer nicht unbedingt anbot, sondern dieselben nur als Lehen abtreten wollte, so war damit schon viel gewonnen und die Möglichkeit, dass Schlesien wieder mit Polen vereint würde, um so mehr

---

*) Innsbrucker Statthaltereiarchiv: Drach an Erzherzog Leopold dd. 12. Februar 1620.

**) Brüsseler Archiv: Secret d'etat Allem. Carton 165. Vischer an Erzherzog Albrecht dd. 17. Juli 1620.

gegeben, als das deutsche Reich dem tiefsten Verfalle zuwankte. Sigismund verlangte deshalb, dass der Kaiser seine weitgehenden Zusagen in einer von ihm selbst unterzeichneten Urkunde wiederhole und zugleich dahin erweitere, dass er auch den Besitz der einfachen Adelsleute konfisciren und den Polen überlassen werde. Man versicherte in Warschau den Agenten des Erzherzogs Albrecht, Vischer, 11.Juni 1620 dass, wenn der Kaiser auf die Forderungen des Königs eingehen werde, die Zustimmung des Reichstags zu der gewünschten Unterstützung gewiss sei. Ferdinand würde wohl keinen Anstand genommen haben, seine Versprechungen in der gewünschten Form auszustellen und zu erweitern, da aber die Polen mittlerweile von einem Angriffe der Türken bedroht wurden, so nahmen die Verhandlungen mit dem Kaiser ein Ende und derselbe musste sich mit den ihm zu Hilfe gezogenen Kosaken begnügen.*)

Bei Gelegenheit der münchner Verhandlungen zwischen Ferdinand und Maximilian gab, wie erzählt wurde, der Graf Oñate im Namen seines Herrn das Versprechen ab, dass Spanien die Unterhaltung eines im Dienste der Liga zu werbenden Reiterregiments von 1000 Mann auf sich nehmen werde. Der Herzog von Baiern hielt es für nöthig, einen eigenen Gesandten nach Spanien zu schicken, um die Zahlungsmodalitäten festzusetzen und sich der Zustimmung Spaniens zu der ihm verheissenen Kur zu versichern. Er betraute mit dieser Mission einen seiner fleissigsten und unterrichtetsten Diener, den Dr. Leuker, der nach seiner Ankunft in Madrid (im Monate März) durch sein bescheidenes 1620 Auftreten und seine gründliche Bildung einige unter den spanischen Grossen, darunter den Herzog von Infantado und den Cardinal Çapata für sich gewann. Wie sehr die Absendung des Gesandten nothwendig war, zeigte sich bald, denn einige der hervorragendsten Räthe der Krone wollten nichts von der Zahlung der verlangten Subsidien wissen und das von Oñate

---

*) Responsum Regiae Mtis Polonorum Petro de Vischero. Mon. Hung. IV. pag. 228. — Vischer an Erzherzog Albrecht dd. 17. Juli 1620. Brüssler Staatsarchiv.

gegebene Versprechen nicht einhalten. An der Spitze dieser Partei befand sich neben dem Herzog von Uzeda selbstverständlich auch der Generalinquisitor und Beichtvater Aliaga. Beide erklärten, dass sich der König von Spanien durch die Unterhaltung des kaiserlichen Heeres und durch den beabsichtigten Angriff auf die Niederpfalz zu den äussersten Opfern entschlossen habe. Aliaga ging in seiner Abneigung gegen die Einmischung Spaniens in die deutschen Angelegenheiten so weit, dass er wiederholt erklärte, der König thäte besser, wenn er Deutschland und das Haus Oesterreich sich selbst überlassen und sich mit seinen Besitzungen in Italien und in Ost- und Westindien begnügen würde.*) Wir haben bereits angedeutet, dass wir seine auffallenden Reden weniger als Beweise eines tiefen politischen Verstandes ansehen, sondern zum Theil auf ähnliche Ursachen wie bei dem Herzog von Uzeda zurückführen, den nur Faulheit und eigene Verschwendung von einer energischen Unterstützung des Kaisers zurückhielten. Wie dem nun sei, Leuker wusste den Gegnern seines Herrn in ähnlicher Weise wie Khevenhiller zu begegnen, er besuchte wiederholt die Erzherzogin Margaretha und bat sie um ihre Verwendung, die ihm auch zu Theil wurde,**) und so brachte er es in einer Audienz, die ihm der König bewilligte, zuwege, dass Philipp die Unterhaltung des Reiterregimentes durch sechs Monate versprach und hiefür monatlich 24.000 Gulden bestimmte.

Neben dieser Geldangelegenheit bemühte sich Leuker seinem Auftrage gemäss die spanischen Minister dafür zu gewinnen, dass sie der Uebertragung der Kur von dem Pfalzgrafen auf den Herzog von Baiern ihre Zustimmung geben möchten. Leuker fand lange keine Gelegenheit diesen zart zu behandelnden Punkt zu berühren, bis er von dem Sohne des spanischen Gesandten in Wien, dem jungen Grafen von Oñate zu einem Besuche bei dem Herzog von Infantado aufgefordert wurde. Gerade war jener Brief des Erzherzogs Albrecht aus Brüssel angelangt, worin er seine Ansichten auseinandersetzte, was

---

*) Münchner Staatsarchiv: Leuker an Maximilian dd. 29. März 1620.
**) Münchner Staatsarchiv: Leuker an Maximilian dd. 30. März 1620

mit den Ländern des Pfalzgrafen im Falle seiner Besiegung geschehen solle. Die Frage, wie über die Kur und das Kurland verfügt werden sollte, trat in den Vordergrund und der Herzog von Infantado bekam wahrscheinlich den Auftrag, von Leuker nähere Nachrichten einzuholen. Er empfing den bairischen Agenten in schmeichelhafter Weise und stellte die Frage an ihn, ob Pfalzneuburg die nächsten Rechte an die kurpfälzischen Besitzungen habe, im Falle sie erobert würden? Leuker bemühte sich nachzuweisen, dass Pfalzneuburg nicht das mindeste Recht auf diese Länder habe und sich mit dem zufrieden geben müsste, was ihm der Kaiser etwa zusprechen würde; alles übrige werde aber der letztere dem Herzog Maximilian gönnen. Der Herzog von Infantado verlangte nun eine schriftliche Deduction der Ansprüche Maximilians, welchem Wunsche Leuker in den folgenden Tagen nachkam. Er wurde darauf von dem spanischen Juristen Noguera besucht, der sich mit ihm im Auftrage seiner Regierung über denselben Gegenstand unterhielt und von den Mittheilungen Leukers so befriedigt war, dass er das Recht Maximilians auf die Kur für unbestreitbar erklärte.*)

Es ist nicht ohne Interesse das Urtheil zu vernehmen, welches Leuker über die Regierung von Spanien fällte. Er selbst war der Diener eines sparsamen, tüchtigen und fleissigen Fürsten, der eben so streng gegen sich war, wie gegen seine Umgebung und der nicht die leiseste Pflichtverletzung duldete. Wie verächtlich musste ihm also die Bequemlichkeit und Faulheit erscheinen, die sich bei fast allen Mitgliedern der spanischen Regierung kund gab, wie sehr musste ihm die Verschleuderung des öffentlichen Einkommens und die stete Leere in den königlichen Kassen auffallen? Welchen kläglichen Eindruck musste es auf ihn machen, wenn er sah, wie die Entscheidung der wichtigsten Angelegenheiten des Landes in der Hand zweier Männer lag, von denen der eine, der Herzog von Uzeda, ebenso genusssüchtig als notorisch unfähig war, der andere, der Beichtvater Aliaga wohl theologische Kenntnisse haben mochte, aber keine, die zur Regierung eines so

---

*) Münchner Staatsarchiv: Leuker an Maximilian dd. 21. Mai 1620.

unendlich grossen Staats gehörten. „Es ist" so schliesst Leuker einmal seine Betrachtungen über Spanien, „ein seltsames Regiment, wenn man es der menschlichen Vernunft nach ausrechnen will. Wenn man aber das Effectum ansieht, findet sich, dass diese Monarchie mehr durch ein Wunder und durch besondere göttliche Disposition als durch Vernunft regiert und erhalten wird." — Wohl hatten viele Spanier ein ähnliches Urtheil über die Lage der Dinge in ihrer Heimat, wenn gleich sie sich über die Ursachen in mehr oder weniger seltsamen Täuschungen bewegten und deshalb die Heilung nicht in der Beseitigung der tausendfachen Uebelstände, an denen das Land krankte, sondern in der Bestrafung einiger ungetreuen Beamten suchten. So erlaubten sich gerade in diesen Tagen zwei Priester in ihrer Predigt den anwesenden König aufzufordern, gegen alle, die an den von dem ehemaligen Günstling Calderon verübten Betrügereien betheiligt gewesen, mit Strenge aufzutreten. „Gott würde selbst an dem König Rache nehmen, wenn er diesem Rufe nicht nachkomme, es sei nicht genug, wenn er bete und faste, ihm liege ob, das Schwert und nicht den Rosenkranz zu handhaben". Es hatte diese energische Aufforderung keine andere Wirkung, als dass beide Prediger von Madrid verbannt wurden und so ihr kühner Mund zum Schweigen verurtheilt ward.*)

IV

Unter den italienischen Fürsten, die man zur Hilfeleistung für den Kaiser gewinnen wollte, befand sich auch der Grossherzog von Florenz. Da er mit Ferdinands Schwester verheiratet war, so stand er zu letzterem in demselben Verhältnisse, wie der König von Polen und zeigte sich in gleicher Weise zur Hilfe erbötig. Über seine wirklichen Leistungen sind die Nachrichten nicht genug sichergestellt, doch scheint er die

---

*) Münchner Staatsarchiv: Leuker an Maximilian dd. 22. März 1620. Ebendaselbst: Leuker an Maximilian dd. 21. April 1620.

Kosten für die Unterhaltung eines Kürassierregiments auf sich genommen zu haben. *)

Auch auf Savoyen, so sonderbar es scheinen mag, richtete die Liga ihre Aufmerksamkeit und wollte den Herzog für den Kaiser gewinnen. Welcher Umschwung muss bei Karl Emanuel eingetreten sein, dass er sich mit den Gegnern der pfälzischen Partei in Unterhandlungen einliess und dass diese sogar einen Augenblick auf seinen Anschluss hoffen konnten?

Wir kennen den Inhalt der Unterhandlungen, die der Herzog im Monat Mai 1619 mit Anhalt begonnen hatte. Da er sich des Zweifels an dem Gelingen der projektirten Unternehmung nicht erwehren konnte, wenn der König von England dieselbe nicht in jeglicher Weise unterstützen würde, so ersuchte er den englischen Gesandten an seinem Hofe Sir Isaak Wake, deshalb nach London zu reisen. Er stellte an Jakob die Forderung, dass ihn derselbe um seine Unterstützung für die pfalzgräflichen Pläne ersuchen solle, weil er voraussetzte, dass der König dies nicht thun werde, wenn er nicht selbst seinem Schwiegersohn mit allen verfügbaren Mitteln zu Hilfe kommen wolle. Aber Jakob lehnte die Aufforderungen des Herzogs ab und schickte Wake ohne die gewünschten Aufträge zurück. Dieses Schweigen machte den Herzog stutzig, er bewegte sich trotz des eben abgeschlossenen rivoler Vertrags mit grösserer Vorsicht und lehnte vorläufig jede Unterstützung Böhmens ab, wie dringend er auch von Mansfeld um Geld gemahnt wurde.

Bald nach seiner Rückkunft nach Turin empfing der englische Gesandte einen Brief des Pfalzgrafen, worin ihn dieser 30.Juni 1619 bat, er möge den Herzog von Savoyen um seine Vermittlung ersuchen, auf dass die Republik Venedig ihre deutsche Kavallerie der Union zur Hilfe schicken und ihren Unterhalt durch sechs Monate bestreiten möge.**) Wake hätte gern diesem Wunsche

---

*) Wir schliessen das aus Hurter VII, 557, wo berichtet wird, dass das Kürassierregiment, welches Ferdinand zu Hilfe eilte, als er in Wien von den protestantischen Ständen bedrängt wurde, auf Kosten des Grossherzogs schon früher geworben worden sei. Jedenfalls sind die Nachrichten über die florentinische Hilfeleistung nicht klar genug.

**) Friedrich an Wake dd. 20./30. Juni 1619, Heilbronn, bei Gardiner.

unverweilt entsprochen, allein er zögerte, da er den Zorn seines
Herrn fürchtete, wenn er sich der Interessen des Pfalzgrafen
annahm. Zuletzt entschloss er sich aber doch, das Gesuch
nicht unerhört zu lassen, indem er seine Angst damit be-
schwichtigte, dass der Pfalzgraf das Gesuch im Namen
der Union gestellt habe und der König von England das
Haupt der Union sei.

Als er den Herzog um seine Vermittlung bei der Signo-
ria von Venedig ersuchte, fand er die beste Aufnahme; der
Herzog war gern bereit, dem Pfalzgrafen uneigennützigere
Freunde zu erwerben, als er selbst war, und lud deshalb
Wake und den venetianischen Gesandten zu einer Unterredung
ein. Mit einem wahren Feuereifer suchte er dem Vertreter der
Republik begreiflich zu machen, wie unnütz dieselbe die
deutsche Kavallerie auf ihrem Gebiete unterhalte, da Spanien
an die Störung der Ruhe in Italien nicht denke, sondern seine
Streitkräfte über die Alpen zur Unterstützung Ferdinands
schicken wolle und wie es deshalb auch für die Republik am
vortheilhaftesten sei, ihre Streitkräfte nach Deutschland zu
schicken, um Spanien fern von dem eigenen Herde zu bekämpfen. Um die Venetianer von jeder Besorgniss zu befreien,
bot er sich an, im Falle es ihre Sicherheit verlangen solle, sie
binnen 15 Tagen mit einer so zahlreichen und guten Kavallerie
zu versehen, dass sie für alle Bedürfnisse ausreichen würde.
Er wandte sich hierauf an Wake und bat ihn, die gleiche Bitte
an den venetianischen Gesandten zu stellen, damit man in Venedig wisse, dass die Unterstützung nur im Interesse der Union
und nicht zur Beförderung irgend eines persönlichen Vortheils
des Herzogs gewünscht werde. Wake kam dieser Aufforderung
nach, hütete sich aber in dem Schreiben, welches er noch
eigens in dieser Angelegenheit an den venetianischen Gesandten richtete, den Namen Jakobs anzuführen. In den wiederholten Gesprächen, die Karl Emanuel mit Wake über diesen
Gegenstand hatte, schien er trotz der schweigsamen Haltung
Jakobs zur Unterstützung des Pfalzgrafen bereit zu sein, denn er
erklärte, er würde, wenn Venedig die Absendung der Kavallerie
nicht auf sich nehmen würde, dies auf seine Kosten thun. Er
knüpfte keine Bedingung an dieses Anerbieten und schien

nichts als eitel Opferwilligkeit zu sein. Es waren dies aber nichts als leere Versicherungen, denn der Herzog war nicht der Mann, der ohne eigenen Vortheil einen Thaler hergab, aber gewiss deuteten sie seinen aufrichtigen Wunsch nach einem innigen Bündnisse mit dem Pfalzgrafen an, wenn der König von England einen Theil der voraussichtlichen Kosten auf sich nehmen würde.*)

Als diese Nachrichten in England einliefen, bewirkte der Eifer des Herzogs von Savoyen und die wahrscheinliche Bereitwilligkeit Venedigs so viel, dass sich Jakob zu einigen Erklärungen verlocken liess, die mit seiner sonstigen neutralen Haltung nicht im Einklange standen. Allerdings hatte er um diese Zeit noch nichts von der böhmischen Königswahl und von der Annahme derselben durch den Pfalzgrafen erfahren und war sonach noch nicht die bittere Entfremdung zwischen Schwiegervater und Schwiegersohn eingetreten. In seinem Auftrage schrieb der Staatssekretär Sir Robert Naunton an Wake und belobte ihn wegen seines Eifers, mit dem er das Gesuch der Union bei dem Herzog von Savoyen und bei dem venetianischen Gesandten befürwortet habe. Er solle in ähnlichen Fällen mit gleichem Eifer fortfahren, des Königs Namen dürfe er jedoch nur dann brauchen, wenn er die spezielle Erlaubniss hiezu erhalten habe.**)

Der Herzog von Savoyen war indessen ein zu geriebener Fuchs, um sich durch die verschämten Bitten Wake's in die Falle locken zu lassen und da Opfer zu bringen, wo der König von England die Tasche zuhielt. Gegen Wake äusserte er zwar unverholen seine Freude, als die Nachricht von der Erhebung Friedrichs auf den böhmischen Thron in Turin anlangte, nur darüber zeigte er sich gekränkt, dass bei der Kaiserwahl in Frankfurt seiner nur so nebenbei gedacht worden sei und für ihn nicht einmal so viel Anstrengungen geschahen, als für Maximilian von Baiern. In dieser Missstimmung bekam er einen Besuch des französischen Gesandten in Turin, der ihn im Auftrage seines Königs von der weiteren Unter-

---

*) Gardiner, Wake an Naunton dd 18./28. Juli 1619.
**) Gardiner, Naunton an Wake dd. 27. August/6. September 1619.

stützung des Pfalzgrafen abmahnen sollte. Da der Herzog entschlossen war, nichts mehr für den Pfalzgrafen zu thun, so war dieser Wunsch für ihn eine vollgiltige Ausrede, wenn er fortan die Bitten des Pfalzgrafen nicht beachtete. Der letztere hatte, als er sich zur Annahme der böhmischen Königskrone entschloss, um die weitere Unterhaltung der mansfeldischen Truppen und nochmals um die guten Dienste des Herzogs bei Venedig ersuchen lassen, aber jede derartige Bitte war nunmehr vergeblich. *)

Für den Herzog war jetzt die Zeit gekommen, wo er seinem Verhältniss zu Spanien, das sich durch seine Beziehungen zum Pfalzgrafen immer schlechter gestaltete, eine Wendung zum bessern geben musste. Das sah er ein, dass die grossen Pläne des Pfalzgrafen bei der Haltung Englands und Frankreichs nur Seifenblasen seien und dass er sich durch weitere Betheiligung an ihnen nur auf das ärgste kompromittiren könne. Konnte er also seine Kräfte nicht für die Union verwerthen, so wollte er dieses jetzt für Spanien thun und da seinen Lohn haben.

Entsprechend diesem neuen und seiner bisherigen Haltung allerdings ganz entgegengesetzten Standpunkte trug er zu Ende 1619 seinem Gesandten am spanischen Hofe auf, sich dem Grafen Khevenhiller zu nähern und freundliche Beziehungen anzuknüpfen. Durch den Gesandten liess er auch dem Kaiser, der noch immer im Wittwerstande verharrte, die Hand seiner Tochter anbieten. Gern wolle er alsdann demselben in dem „gerechten Kriege", zu dem er jetzt gezwungen sei, als General dienen, ihm Bundesgenossen, namentlich Venedig gewinnen und ein schönes Kriegsheer zusammenbringen, mit dem die verlorenen Länder wieder gewonnen werden könnten, nur müsse man ein rechtes Vertrauen zu ihm fassen. Mit denselben Anerbietungen fand sich der savoyische Gesandte auch bei der alten Erzherzogin Margaretha ein, die von der in Aussicht gestellten Hilfeleistung so gewonnen wurde, dass sie die savoyischen Anträge dem Könige Philipp III und dem Herzog von Uzeda zur Beachtung

---

*) Gardiner: Letters. Friedrich an Wake dd. 18./28. September 1619; Wake an Naunton dd. 20. 30. September 1619.

empfahl. In Spanien erfreute sich jedoch der plötzliche Diensteifer Karl Emanuels keiner besonderen Würdigung; man hielt den Herzog jeder Falschheit für fähig und wollte nichts davon wissen, dass ihm die Ausrüstung und das Kommando über ein Heer übertragen würde, das er möglicherweise statt im Dienste des Kaisers zum Angriff gegen die spanischen Besitzungen in Italien verwenden könnte.*) Doch gab es auch einige Staatsmänner, welche die Verhandlungen mit Karl Emanuel weiter führen wollten und ihre Meinung fand einen eifrigen Verfechter an dem Herzog von Baiern, der auf die Nachricht von den savoyischen Anerbietungen eilig nach Madrid schrieb und verlangte, man solle um keinen Preis die Verhandlungen abbrechen. Dennoch ging man von spanischer Seite auf diese Rathschläge nicht ein.

Karl Emanuel gab sich mit dieser ablehnenden Haltung nicht zufrieden, sondern entwickelte nun erst recht einen grossen Eifer, um in die sich bildende katholische Coalition aufgenommen zu werden. Er beschloss, die Verhandlungen mit Ferdinand selbst zu beginnen und schickte einen eigenen Gesandten an ihn unter dem Vorwande ab, als wolle er ihm zu seiner Erhebung auf den Kaiserthron Glück wünschen; thatsächlich suchte er aber durch neue und glänzende Anerbietungen die Freundschaft Ferdinands zu gewinnen. Er bot sich an, für ihn 10.000 Mann zu Fuss und 2000 Reiter zu werben und die Unterhaltung derselben auf die eigenen Schultern zu nehmen und verlangte als Gegenleistung die Ertheilung des königlichen Titels, oder nach anderen Nachrichten die Abtretung einer ihm gut gelegenen Besitzung, wenn das mantuanische Erbe frei sein würde. Die neue Freundschaft wollte er dadurch fester knüpfen, dass er abermals seine Tochter dem Kaiser zur Frau anbot, indem er behauptete, dass über diese

---

*) Brüssler Archiv Secret. d. Et. All. Carton 159 Khevenhiller an ? dd. 12. Januar 1620. — Khevenhiller an Erzherzog Albrecht dd. 12. Jan 1620. — Ebend. dd. 24. Februar 1620. — Münchner Staatsarchiv: Khevenhiller an Max dd. 1. Februar 1620. — Ebend. Max an Khevenhiller dd. 3. März 1620. — Ambassade extraordinaire, Instruction für den französischen Gesandten dd. 8. April 1620. — Innsbrucker Statthaltereiarchiv: Khevenhiller an Maximilian dd. 25. Januar 1620.

Heirat in beifälliger Weise in Madrid zwischen der Erzherzogin Margaretha, seinem Sohne, dem Prinzen Philibert, und dem Grafen Khevenhiller verhandelt worden sei. Wiewohl Ferdinand nichts von den engen Beziehungen wusste, in welchen der Herzog von Savoyen bisher zu dem böhmischen Aufstande gestanden war, so traute er ihm doch nicht und seine Allianzanerbietungen und Heiratsanträge waren ihm gleichmässig zuwider, weil schlechte Gerüchte über die Prinzessin nach Wien
Anfang gedrungen waren. Er erwiederte demnach dem savoyischen
April
1620 Gesandten, dass er weder die Erzherzogin Margaretha noch sonst Jemanden beauftragt habe, ihm eine Braut zu suchen; auch in Bezug auf die Ertheilung des Königstitels machte er ihm wenig Hoffnung. Es bedurfte der Intervention des Grafen Oñate, dass Ferdinand nicht gleich alle Verhandlungen mit dem savoyischen Gesandten abbrach, sondern den Beschluss fasste, dieselben vorläufig in die Länge zu ziehen. *)

Bei den Beziehungen, die Karl Emanuel mit dem Hause Habsburg anzuknüpfen suchte, musste er den in dieser Zeit an ihn herantretenden spanischen Forderungen ein freundliches Gehör schenken, um den etwaigen Erfolg seiner Verhandlungen nicht zu durchkreuzen. Und Spanien trat in der That mit Forderungen auf, wie sie nicht unangenehmer für den Herzog sein konnten; Philipp III verlangte für die Truppen, die er aus Italien nach Flandern schicken wollte, den freien Durchgang durch das savoyische Gebiet. Bevor noch diese Forderung gestellt wurde, drang das Gerücht von ihr nach Prag und Friedrich hatte nichts eiligeres zu thun, als den englischen Gesandten in Turin zu bitten, doch ja seinen Einfluss aufzubieten, um den Herzog zur Nichtbewilligung des Durchzuges zu vermögen. Karl Emanuel erwiederte, dass er durch Verträge zur Bewilligung desselben verpflichtet sei, dass er sich aber hierin nach dem Rathe des Königs von England richten wolle. **) Wenige Tage nach diesem Zwiegespräch
1620 (gegen Ende Februar) erging an den Herzog von Savoyen von

---

*) Simancas 2505,98: Oñate an Philipp III dd. 26. April 1620. — Ebend. Oñate an Philipp III dd. 18. Juli 1620.

**) Gardiner: Letters etc. Wake an Naunton dd. 8./18. Februar 1620.

spanischer Seite die kategorische Aufforderung, sich zu erklären, ob er den Durchzug gestatten wolle oder nicht. Er rief Wake zu sich, theilte ihm dies mit und schilderte ihm die schwierige Lage, in der er sich befinde. Trotzdem wolle er den Durchzug versagen, sich mit gewaffneter Hand ihm widersetzen und sich offen für den König von Böhmen erklären, wenn der König von England ihm dies befehlen und ihn vor der spanischen Rache beschützen wolle. Dieses kühne und vielleicht ehrlich gemeinte Anerbieten fand aber bei Wake nicht die gewünschte Aufnahme. Er dankte wohl im Namen seines Königs, wollte jedoch weder eine Bitte stellen, noch einen Befehl ertheilen. Dieses Versteckenspiel des englischen Königs konnte keine andere Wirkung haben, als dass Karl Emanuel am 5. Mai zu Turin mit dem spanischen Unterhändler 1620 den Vertrag abschloss, der den spanischen Truppen den Durchzug nach Flandern gestattete. *) Seiner Sympathie für die Sache des Pfalzgrafen konnte er jetzt keinen anderen Ausdruck geben, als dass er immer von neuem erklärte, er würde sich dem Pfalzgrafen anschliessen und ihn mit seiner ganzen Macht stützen, wenn der König von England ein gleiches thäte; so lange aber dies nicht der Fall sei, verbiete ihm die Klugheit, sich dem Angriffe Spaniens auszusetzen. In der Durchzugsfrage konnte er dem König von Böhmen keinen andern Dienst leisten, als dass er nichts versäumte, was den Durchzug verzögerte. **)

Kurze Zeit, nachdem er die Erlaubniss zum Durchzuge gegeben und somit einen schwarzen Schatten auf die glänzenden Versprechungen geworfen hatte, mit denen er ehedem den Pfalzgrafen und die Böhmen überhäuft, machte er die bittere Erfahrung, dass alle seine Anstrengungen um die Gunst Ferdinands vergeblich seien. Nachdem sein Gesandter länger als zwei Monate in Wien verweilt hatte und nach dem Rathe Oñate's von Tag zu Tag auf eine definitive Antwort vertröstet worden

---

*) Traités publics de la Royale maison de Savoye avec les puissances etrangères.
**) Gardiner, State papers. Wake an Naunton dd. Turin 2./12. und 15./25. Mai 1620; Münchner Staatsarchiv: Wake an den Pfalzgrafen dd. 9. Mai 1620, Turin.

1620 war, wurde ihm dieselbe um die Mitte Juni durch den Herrn von Eggenberg zu Theil. Wenn wir bedenken, dass die Bundesgenossen Ferdinands um diese Zeit ihre Rüstungen beendet hatten und jeden Tag ins Feld rücken konnten, dass Frankreich in seiner dem Kaiser freundlichen Haltung verharrte, so begreifen wir, dass für letzteren jetzt der Augenblick gekommen war, in dem er des Herzogs von Savoyen nicht schonen zu müssen glaubte. Herr von Eggenberg dankte also dem Gesandten für die Anerbietungen seines Herrn und namentlich für die Hand seiner Tochter: der Kaiser gedenke noch nicht zu heiraten und falls er es thun werde, so hoffe er, der Herzog werde sich mit seinem etwaigen Entschluss zufrieden geben. Ebenso wenig könne er ihm den königlichen Titel ertheilen; dazu bedürfe es der Zustimmung der Kur- und anderer Reichsfürsten, man müsste davon auch den Papst und die anderen Könige der Christenheit in Kenntniss setzen. Seine Dienstleistung werde der Kaiser übrigens gern annehmen, der Herzog möge nur angeben, gegen welchen der kaiserlichen Feinde er die Execution übernehmen wolle.

Auf diesen theils abweislichen theils höhnischen Bescheid erwiederte der Gesandte, dass sein Herr sich zu einer Execution wegen der weiten Entfernung seiner Besitzungen nicht werde hergeben können und entschuldigte ihn auch bezüglich seines Verlangens nach dem Königstitel. Der Herzog habe gedacht, dass eine ähnliche Forderung auch von anderen Fürsten gestellt worden sei; da dies aber nicht der Fall zu sein scheine, so ziehe er seine Bitte zurück. *)

Da Karl Emanuel mit seinen Allianzanträgen von dem Kaiser abgewiesen worden war, so wies er seinerseits ohne Umschweife ein Gesuch der Liga ab, das dieselbe an ihn richtete, um ihn zu einer Hilfeleistung zu vermögen, die wahrscheinlich in Geld bestehen sollte. Die Liga hatte sich auf Andringen des Kurfürsten von Mainz zu diesem Gesuch herbeigelassen**) und dasselbe durch zwei Gesandte, den Dechant

---

*) Simancas 2508: Oñate an Philipp III dd. 18. Juni 1620.
**) Brief an Max dd. 19. April 1620. Münchner Staatsarchiv.

von Augsburg Freiherrn von Fortenbach und den Freiherrn von Crivelli, die im Monate September in Turin anlangten, an ihn gerichtet. Beide Gesandten rühmten in ihrer Ansprache den religiösen Eifer des Herzogs, der ihm gewiss nicht gestatten werde, seine Glaubensgenossen in den schweren Kämpfen in Deutschland ohne Unterstützung zu lassen und versicherten ihn dabei, dass sobald die Liga zum Siege gelangen werde, sie ihn bei seinem allfälligen Angriffe auf Genf unterstützen wolle. Wenn man durch diese Lockspeise den Herzog zu ködern meinte, so hatte man sich verrechnet; er schlug ohne weiteres Zögern die Bitten und Anerbietungen der ligistischen Gesandten ab und war entschlossen an dem weitern Kampfe vorläufig keinen Antheil zu nehmen. *)

Savoyen schloss sich also dem Kaiser nicht an, allein es war schon viel gewonnen, wenn der Herzog den Gegnern Ferdinands keine Hilfe leistete.

---

*) Archiv von Weimar. Bericht über die Anwesenheit der ligistischen Gesandten in Turin dd. 30. Sept. 1620.

Zehntes Kapitel.

Kursachsen und der Konvent von Mühlhausen.

I Bemühungen Ferdinands um die Bundesgenossenschaft Kursachsens. Hoë von Hoënegg und seine Parteinahme. Kurfürst Johann Georg. Zusammenkunft in Würzburg. Antwort der Liga an die Union. Verhandlungen zwischen dem Kaiser und Johann Georg. Zusammentritt des Konvents von Mühlhausen. Die ersten Begrüssungen. Beginn der Verhandlungen. Sie beziehen sich hauptsächlich auf den Besitz der geistlichen Güter. Unterzeichnung der Bundesurkunde am 22. März 1620. Die Verhandlungen über die Achtserklärung.

II Preising in Wien. Streit zwischen Wien und München über ein mündlich gegebenes Versprechen des Kaisers. Beilegung des Zerwürfnisses. Ferdinand betraut den Kurfürsten von Sachsen mit der Execution gegen die Lausitz und gegen Schlesien. Verhandlungen über den Inhalt der Vollmacht. Die Achtserklärung wird über den Pfalzgrafen nicht verhängt.

I

Indem Maximilian auf die Erweiterung der Liga über möglichst zahlreiche Bundesgenossen bedacht war, bemühte er sich auch, den Kurfürsten von Sachsen der kaiserlichen Sache geneigt zu machen und ein Bündniss zwischen ihm und der Liga anzubahnen, in der That kam dieses Meisterstück der kaiserlich-bairischen Diplomatie im Monat März 1620 zu Stande.

Ferdinand fasste nach seiner Erhebung auf den deutschen Kaiserthron naiv genug die Hoffnung, dass man in Deutschland die Bekämpfung Böhmens als eine Reichssache ansehen werde und schickte deshalb nach allen Richtungen Gesandte

aus: an Dänemark, Brandenburg, Braunschweig, Oldenburg, an
die Reichsstädte, an die Reichsritterschaft in Süddeutschland
und bat sie um ihre Hilfe oder ihre Zustimmung zur Berufung
eines Reichstages oder eines Kurfürstenkonvents, erhielt aber
überall nur abweisliche Bescheide. So entschloss er sich,
die weiteren Verhandlungen nur mit jenen Fürsten fortzusetzen, die von Anfang an eine freundliche Haltung gegen ihn
eingenommen hatten und theilte diesen seinen Entschluss dem
Kurfürsten von Sachsen mit, indem er ihn aufforderte, sich an
einer Versammlung wohlgesinnter Fürsten zu betheiligen, die er 13. Jan.
zu diesem Behufe berufen werde.*) Katholiken und Prote- 1620
stanten sollten sich da begegnen und die Beschlüsse des
würzburger Konvents eine neue Auflage erleben.

Die Forderung, die Ferdinand an Sachsen stellte, begegnete daselbst aus mancherlei Gründen einer freundlichen Aufnahme. Wie wenig sich auch der Kurfürst um die Krone von
Böhmen beworben hatte, so empfand er doch den Sieg der
pfalzgräflichen Partei als eine persönliche Niederlage und er
grollte deshalb den Böhmen und ihrem neuen Könige. Sein
Groll steigerte sich zum Hass, als er davon Kunde bekam, dass
sein weimarer Vetter sich mit Friedrich von der Pfalz verband,
um wenn der Sieg sich für Böhmen entschieden haben würde,
die Kurwürde heimzufordern, die seinen Ahnen von Karl V
entrissen worden war. Zu allem dem kam, dass der Hofprediger Hoë von Hoënegg diesen Hass mit leidenschaftlichem Eifer
schürte, weil er einmal persönlich in Prag beleidigt
worden war und die ihm angethane Schmach nie vergessen
hatte. Nach der Ertheilung des Majestätsbriefes hatte er sich
nämlich in der Hauptstadt Böhmens als Prediger niedergelas-
sen und daselbst eine kleine Gemeinde, die zumeist aus Aus-
ländern und einigen deutschen Bürgern bestand, um sich versammelt. Da er ein entschiedener Anhänger der augsburger
Confession war, wurde er bald ein Gegenstand der Abneigung
für die heimische Bevölkerung, die, wie wir wiederholt be-

---

*) Wiener Staatsarchiv: Bohemica 1620, Ferdinand an Kursachsen, dd.
13. Januar 1620.

merkt haben, eine gewisse Mitte zwischen dem Calvinismus und dem Lutherthum einhielt und deshalb die Ausfälle, die sich Hoë in seinen Predigten erlaubte, nicht vertrug. Eines der hervorragenden böhmischen Häupter, dessen Name uns nicht bekannt ist, suchte den Prediger in seiner Wohnung auf, schimpfte ihn da einen Verräther, Schelm und Aufrührer, verwies ihm seine Angriffe und erreichte damit soviel, dass Hoë hierüber nicht wenig bestürzt aus Prag wegzuziehen beschloss. An dem Tage, an dem er seine Abreise antrat, wurde sein Bildniss auf dem altstädter Hochgericht und auf zwei anderen nicht minder schimpflichen Orten aufgehängt und mit Zuschriften versehen, die die Beleidigung noch empfindlicher machten.*) Er zog nach Sachsen und fand da am kurfürstlichen Hofe eine weit glänzendere Stellung als jene war, die er aufgegeben hatte; in seinem Innern grollte er aber stets denjenigen, die ihn zu diesem Wechsel seines Aufenthaltsortes gezwungen hatten und lauerte begierig auf die Gelegenheit, sich an ihnen zu rächen. Jetzt bot sich ihm dieselbe dar und er erfasste sie mit allem Eifer: täglich lag er dem Kurfürsten mit Beschuldigungen und Anklagen gegen die Böhmen in den Ohren, er predigte und schrieb ohne Unterlass, man müsse dem Kaiser geben, was des Kaisers sei, er malte die Calvinisten und die böhmischen Rebellen mit den schwärzesten Farben, ja nicht zufrieden damit, legte er in einem eigenen Promemoria dem Kurfürsten die Pflicht ans Herz, dem Kaiser zu Hilfe zu eilen.**) Ob man schon jetzt von kaiserlicher Seite auf die Dienste Hoë's ein grosses Gewicht legte und ihm durch Zwischenhändler irgend eine Entlohnung in Aussicht stellte, ist uns nicht bekannt; im Laufe des Sommers 1620 überbot man sich jedoch in zarten Anfmerksamkeiten, die Hoë's Abneigung gegen Böhmen nur steigerten.

Groll gegen die Böhmen, Angst vor dem weimarer Vetter und die giftigen Einflüsterungen Hoë's machten also den Kur-

---

*) Wir erzählen dies nach einem gleichzeitigen Schreiben des bairischen Gesandten Viepeckh an Maximilian von Baiern dd. Prag 21. April 1613.
**) Wiener Staatsarchiv, Bohemica XI: Elvern an Ferdinand II dd. 22. Feb. 1620.

fürsten von Sachsen für die Wünsche des Kaisers geneigt, noch bevor der letztere ihnen Ausdruck gegeben. Denn schon Anfangs Januar erklärte er dem Landgrafen Ludwig von Darmstadt, einem der wenigen gleichfalls für den Kaiser gewonnenen protestantischen Fürsten, dass er von der Gerechtigkeit der kaiserlichen Sache vollständig überzeugt sei, dass er es für eine Pflicht der deutschen Fürsten halte, ihm zu helfen und dass er zu diesem Behufe die Stände des obersächsischen Kreises berufen habe und die des niedersächsischen Kreises berufen werde, damit sie sich an dieser Hilfeleistung betheiligten. Nach seiner Meinung bestand die einzige Schwierigkeit darin, dass die Stände vom Kaiser den ungestörten Besitz der chemaligen katholischen Stifter und Klöster gesichert haben wollten, bevor sie sich zu seinen Gunsten erklärten. Er wolle deshalb mit den Häuptern der Liga zusammenkommen, um diesen Punkt ins reine zu bringen; sei dies geschehen, dann wolle er dem Kaiser zu allen Diensten bereit sein. Der Landgraf eilte nach dieser Unterredung nach Aschaffenburg, wo sich der Kurfürst von Mainz aufhielt und erstattete ihm von den Wünschen und Absichten Kursachsens Bericht. Schweikhard von Mainz erklärte sich zu einer Zusammenkunft mit Kursachsen bereit und setzte für dieselbe den 11. März fest, indem er zugleich die betreffenden Fürsten hievon benachrichtigte*) und Mühlhausen als Versammlungsort bestimmte.

Bevor diese Zusammenkunft stattfand, versammelten sich die Mitglieder der Liga am 18. Februar in Würzburg um über die Haltung zu berathen, die sie den sächsischen Forderungen gegenüber einnehmen sollten. Maximilian war damit einverstanden, dass den Ständen des niedersächsischen Kreises die Stifts- und Klostergüter weder mit Waffengewalt noch im Processwege entrissen und sie deshalb beruhigt werden sollten, nur wollte er ihnen die mit diesem Besitze sonst verbundenen Rechte, als z. B. Sitz und Stimme im Reichstage, nicht einräumen und hierin auch nicht nachgeben, wenn die geistlichen

---

*) Münchner Staatsarchiv 33/5: Mainz an Maximilian dd. 23. Jan. 1620. Sächs. StA. Protokoll der Verhandlungen mit dem Landgrafen Ludwig.

Fürsten zur Nachgiebigkeit entschlossen wären.*) Diese Sorge Maximilians, dass die Geistlichen nachgiebiger sein würden, als er selbst, erwies sich als überflüssig. Die Bischöfe wollten nicht einmal so weit gehen wie Maximilian, sie waren nur zu dem Versprechen bereit, keine Waffengewalt gegen die faktischen Inhaber der geistlichen Güter in Niedersachsen anwenden zu wollen, aber den Processweg wollten sie sich nicht abschneiden lassen, höchstens für eine Anzahl Jahre auf denselben verzichten. Als Gegenleistung verlangten sie, dass der Kurfürst von Sachsen fortan den geistlichen Vorbehalt als rechtsgiltig anerkennen und jeden Angriff gegen geistliches Gut als verwerflich und unerlaubt erklären solle und dass er den Reichsfrieden als nur auf die katholischen und augsburger Religionsverwandten bezüglich anerkenne.**) Dass die Bischöfe den faktischen Besitzern der geistlichen Güter Sitz und Stimme auf dem Reichstage nicht zugestehen wollten, ist nach diesen Bestimmungen selbstverständlich.

Neben der Kirchengüterfrage, die in dem angedeuteten Sinne in Würzburg gelöst wurde, kam noch ein zweiter Gegenstand daselbst zur Verhandlung, nämlich die Antwort, die dem nürnberger Correspondenztage auf sein Anbringen bei dem Herzog von Baiern zu geben sei. Mehr als zwei Monate waren seit der Ankunft der Unionsgesandten in München verflossen und demnach der Zeitpunkt verstrichen, bis zu welchem die Union Frieden halten wollte. Sie konnte aus der Antwort, welche ihr von Würzburg zukam, ersehen, dass den Geistlichen der Schrecken nicht in die Glieder gefahren war, wie sie gehofft hatte. Zwar schlug die würzburger Versammlung nicht wie der Herzog Maximilian einen herausfordernden Ton an; ihre Antwort war sanfter und friedlicher, lehnte aber gleich-

5. März falls entschieden die Forderung zuerst abzurüsten ab, indem
1620 sie an zahlreichen Beispielen den Beweis führte, welchen Be-

---

*) Münchner Reichsarchiv Böhmen lit. 59: Instruction für die bairischen Gesandten dd. 9. Feb. 1620.

**) Münchner Reichsarchiv Böhmen lit. 59: Beschluss des würzburger Conventes dd. 27. Feb. 1620.

drückungen und Beraubungen ihre Unterthanen durch das Volk der Unionsfürsten ausgesetzt gewesen seien. Sie erklärte sich auch nicht gegen die protestantischen Beschwerden, verwies dieselben aber auf den Reichstag und andere gesetzliche Versammlungen und protestirte dagegen, dass deren Abstellung binnen einer gemessenen Frist begehrt werde. Wollten die Protestanten den Krieg, so würden ihn die Katholiken ohne Furcht aufnehmen.*)

Mittlerweile nahte der 11. März heran, an dem die Zusammenkunft mit Kursachsen stattfinden sollte. Kaiser Ferdinand hatte noch vor diesem Tage den Herrn von Elvern an den Herzog Heinrich Julius von Lauenburg und an den Herzog Philipp von Sachsen - Altenburg abgeschickt und sie um ihre guten Dienste bei Johann Georg ersucht: beide Fürsten waren erbötig den kaiserlichen Wünschen zu entsprechen und reisten in Begleitung Elverns zum Kurfürsten von Sachsen nach Torgau. Elvern konnte die Gesinnung des Kurfürsten und seiner Räthe nicht genug rühmen; derselbe veründe es den katholischen Ständen höchlich, dass sie dem Kaiser bisher noch keine Hilfe geleistet hätten, sie müssten voran gehen und dann wolle auch er das seinige thun. Von Hoë und seiner Haltung schrieb Elvern in den überschwenglichsten Ausdrükken: er sei über den Hass, den der Hofprediger gegen die böhmischen Rebellen und die Calviner hege, in Verwunderung gerathen und hätte es nie gedacht, dass er in so hohem Grade den Katholiken zugethan sein könne. Elvern war vom Kaiser mit einem Geschenke betraut worden, das er dem Hoë für seine Kinder überreichen sollte. Wenn damit die Gewissensskrupel des Hofpredigers beschwichtigt werden sollten, so wurde dies vollkommen erreicht, Hoë bedankte sich in den feurigsten Versicherungen für die seinen Söhnen erwiesene Gnade und vesicherte, dass er bis an seinen Tod in seinem bisherigen Diensteifer verharren werde.**) — Elvern scheint für das Geschäft, zu dem ihn Ferdinand verwendete, ein ganz geeigneter Mann gewesen zu sein; den kurfürstlichen Räthen

---

*) Die Antwort bei Londorp.
**) Wiener Staatsarchiv, Boh. XI: Elvern an Ferdinand dd. 23. Feb. 1620. Ebenda: Hoë an Ferdinand dd. 24. Feb. 1620.

suchte er die Erbrechte Ferdinands auf die Krone von Böhmen klar zu machen und führte zur Unterstützung seiner Behauptungen mit ziemlicher Sachkenntniss die entscheidenden böhmischen Dokumente an. Als er darauf nach Magdeburg reiste, um daselbst den Administrator, den Bruder des verstorbenen Kurfürsten von Brandenburg, für den Kaiser zu gewinnen, war seine Bemühung auch diesmal von Erfolg begleitet; er bekam die Versicherung, dass der Administrator dem Kaiser treu bleiben wolle, so lange ein Tropfen warmes Blut in seinen Adern fliesse." *)

Da der Kurfürst von Sachsen entschlossen war dem Kaiser zu helfen, so begnügte er sich nicht mit den Verhandlungen, zu denen er sich gegen Kurmainz erboten hatte, sondern beschloss dieselben Fragen, die er bei der Zusammenkunft in Mühlhausen an die katholischen Fürsten stellten wollte, auch in Wien zu stellen und nebenbei noch andere Punkte daselbst zur Entscheidung zu bringen. Er schickte zu diesem Zwecke den Freiherrn Hannibal von Dohna nach Wien und liess durch ihn die Bedingungen bekannt geben, unter denen er erbötig sei, dem Kaiser zu helfen. Die erste betraf die ehemaligen Stifter und Klöster im sächsischen Kreise, bezüglich deren der Kurfürst verlangte, dass die gegenwärtigen Besitzer in ihrem Besitze nicht gestört werden sollten. Wir wollen gleich hier anführen, in welcher Weise der Kaiser diesen und anderen Bedingungen entsprechen wollte, und bemerken, dass Ferdinand der Forderung Sachsens nachzukommen bereit war, aber die Entscheidung über diese Angelegenheit auf den mühlhauser Convent verschob. Als zweite Bedingung verlangte Johann Georg vom Kaiser das Versprechen, die Lutheraner in seinen Ländern nicht zu verfolgen. In dieser Beziehung erklärte Ferdinand den Majestätsbrief gegen jene beobachten zu wollen, die sich ihm unterwerfen würden, allerdings meinte er dies in der Weise, wie er ihn verstand. Mit diesem Versprechen ging Ferdinand gar keine Verpflichtung ein; denn wenn er den Majestätsbrief nur gegen jene beobachten wollte, die sich ihm freiwillig unterwarfen und nicht gegen jene, die er mit Waffengewalt be-

---

*) Ebenda: Elvern an Ferdinand dd. 1. März 1620.

zwang, so konnte er leicht die gesammte Einwohnerschaft von Böhmen zu der letzteren Kategorie rechnen und da er den Majestätsbrief nur in der Weise beobachten wollte, wie er ihn verstand, so musste auch dies zu den mannigfachsten Ausflüchten Gelegenheit bieten. Man sollte zwar meinen, dass die spitzfindigste Interpretationskunst in dem Majestätsbrief das freie Glaubensbekenntniss nicht hätte antasten können, allein wir ersehen aus dem Briefe eines der wichtigsten Rathgeber Ferdinands, dass die Spitzfindigkeit noch weiter reichen konnte: derselbe versprach nämlich dem Kaiser, wenn es darauf ankommen würde, dem Majestätsbrief eine solche Erklärung zu geben, dass Ferdinand unfehlbar damit zufrieden sein würde. *) — Die dritte Bedingung des Kurfürsten lautete dahin, dass ihm die Ober- und Niederlausitz für die Kriegskosten verpfändet und die Auslösung nicht früher verlangt werde, als bis die Kosten ersetzt seien. Mit dieser Forderung war Ferdinand einverstanden. Als vierte und letzte Bedingung verlangte der Kurfürst, dass ihm der Kaiser irgend ein deutsches Fürstenthum, das erledigt werden würde, gebe und er bezeichnete als solches das Fürstenthum Anhalt; er setzte also voraus, dass der Kaiser die Fürsten von Anhalt wegen ihres Anschlusses an den Pfalzgrafen ächten und ihres Besitzes verlustig erklären würde. Auf diese Bedingung antwortete Ferdinand, dass er nach Zeit und Umständen dem Kurfürsten gern ein Fürstenthum einräumen werde; er verlangte aber, dass der Kurfürst augenblicklich waffnen und mit seinen Truppen dorthin ziehen solle, wohin er ihm die Weisung geben werde.**)

Als demnach der Tag herankam, auf welchen die Zusammenkunft des Kurfürsten von Sachsen mit den ligistischen Fürsten anberaumt war, war die Verbindung zwischen ihm und dem Kaiser schon fest geschlossen, da er dem letzteren bereits eine sichere Zusage der Hilfe gegeben hatte. Am 11. März trafen in Mühlhausen neben Kursachsen die Kurfürsten von Mainz und

---

*) Wiener Staatsarchiv Boh. 1620: Der Brief zur Zeit des mühlhauser Convents geschrieben ist ohne Unterschrift; er dürfte entweder von dem Reichsvicekanzler von Ulm oder von Hannibal von Dohna herrühren.

**) Simancas 2505/20: Oñate an Philipp III dd. 4. März sammt Beilage.

Köln, der Landgraf Ludwig von Hessen und die wichtigsten Rathgeber der betreffenden Fürsten ein. Es befanden sich in der Begleitung von Kurmainz die Herren von Metternich und Hohenegg und in Begleitung Kursachsens die Herren von Schönberg, Brandenstein, zwei Herren von Loss und der Hofprediger Hoë. Kurtrier hatte sich aus uns unbekannten Gründen nicht eingefunden, auch der Herzog von Baiern fehlte bei der Versammlung, liess sich aber bei derselben durch die Herren von Preising und Brugglacher vertreten. Er hatte ihnen eingeschärft, in Bezug auf die religiöse Frage keine andere Verhandlung zuzulassen, als die sich auf die niedersächsischen Stifter bezog, bei jeder andern Berührung des religiösen Thema's aber sich mit mangelnder Vollmacht zu entschuldigen. *)

Die ersten Tage nach der Ankunft der genannten Persönlichkeiten vergingen unter wechselseitigen Besuchen, Aufwartungen, Gastereien und Complimenten. Der Kurfürst von Sachsen drückte den bairischen Gesandten sein Bedauern darüber aus, dass er mit ihrem Herrn noch nicht persönlich bekannt geworden sei, gern wäre er zu diesem Behufe noch weiter gereist. Aus seiner dem Kaiser freundlichen Gesinnung machte er kein Hehl, er tadelte den Herzog von Baiern, dass er die Unirten nicht angegriffen habe, als diese jüngsthin einem ligistischen Regiment den Durchzug nicht gestatten wollten. Wenn Maximilian dies aus Rücksicht für ihn (Kursachsen) unterlassen habe, so sei die Rücksicht nicht am Platze gewesen, er hätte herzlich dazu gelacht, wenn die Unirten einen „Schmus" bekommen hätten und wenn er es hätte heimlich thun können, gern dazu geholfen. Eine solche Sprache verscheuchte das Gefühl des Fremdseins, das in jener Zeit die Katholiken und Protestanten erfasste, wenn sie sich irgendwo in Gesellschaft begegneten. Mussten die Katholiken bei solchen Äusserungen den Kurfürsten von Sachsen nicht für einen Gesinnungsgenossen ansehen? Jedes Misstrauen schwand vollends, als sich der Hofprediger Hoë, dessen Anwesenheit bei den

---

*) Münchner Reichsarchiv lit. 59: Instruction für die bairischen Gesandten dd. 5. März 1620.

Uneingeweihten Kopfschütteln und Ärgerniss erregte, den rheinischen Kurfürsten und ihren geistlichen Begleitern so angenehm als möglich zu machen suchte; der Kurfürst von Köln war so bezaubert von dem treuherzigen Auftreten der sächsischen Lutheraner, dass er zum Theil aus Politik, zum Theil aber aufrichtig am Schlusse der mühlhauser Conferenzen Hoë und seine Religionsverwandten der Liebe der Katholiken versicherte: sie schätzten sie wie das eigene Fleisch und Blut. *)

Um so bestürzter war die pfälzische Partei als sie die Nachricht von der Reise Johann Georgs nach Mühlhausen erhielt und sonach annehmen konnte, dass sich ein Bündniss zwischen ihm und den Katholiken vorbereite. Moriz von Hessen-Kassel wollte einen Versuch machen, um den Kurfürsten von dieser Verbindung zurückzuhalten und schickte noch vor Beginn der Verhandlungen seinen Hofmarschall von der Werder nach Mühlhausen und richtete durch diesen die beweglichsten Vorstellungen an den Kurfürsten, dass er die protestantische Sache doch nicht preisgeben möge. Die Wirkung davon war nur, dass der Kurfürst noch gereizter gegen die Union wurde. In seiner Antwort erklärte er, er habe geglaubt, dass er mit so „harten und bedrohlichen Erinnerungen füglich hätte verschont und nicht molestirt werden" sollen. Von gleicher Erfolglosigkeit waren auch die Bemühungen des Königs von Dänemark, der nach dem Ende der mühlhauser Berathungen den Kurfürsten von Sachsen beschwor, er möchte um des Evangeliums willen von dem Bündnisse mit dem Kaiser ablassen: Johann Georg hatte seine Entscheidung getroffen und war von derselben nicht mehr abzubringen. **)

Die eigentlichen Verhandlungen nahmen am 16. März im mühlhauser Rathhaus ihren Anfang, nachdem sich zwei Tage vorher Mainz und Köln mit den bairischen Gesandten über die Art und Weise der Fragestellung geeinigt hatten. Man sprach zuerst ein Langes und Breites über die böhmischen Unruhen

---

*) Londorp I 635: Hoë an den Fürsten von Lichtenstein dd. 27. Nov. 1622.
**) Münchner Staatsarchiv 40,9: Dänemark an Kursachsen dd. 20, 30. März 1620. — Werders Botschaft und Kursachsens Antwort bei Londorp.

und ob sie in Güte gestillt werden könnten und nachdem alle Anwesenden dies verneint, aber sich doch vor dem Vorschlage, die Unruhen mit Gewalt niederzuschlagen gescheut hatten, ergriff Kurköln hierin die Initiative und erklärte, dass kein anderer Weg zum Ziele führe, als wenn man den Kaiser mit den Waffen unterstütze. Sein Vorschlag, der ohnedies auf aller Lippen lag, fand allgemeinen Beifall, doch wurde bemerkt, dass man sich zur Anwendung der Waffengewalt nur dann entschliessen könne, wenn sich alle gehorsamen Stände des deutschen Reiches hiezu verpflichten würden. Der Kurfürst von Sachsen erklärte nun, dass er die Stände des ober- und niedersächsischen Kreises nur mit Mühe vor dem Anschlusse an die Union zurückgehalten habe, weil sie sich durch die Haltung der Katholiken im Besitze der ehemaligen Stifter und Klöster nicht sicher fühlten. Ein Anschluss an den Kaiser sei erst dann zu hoffen, wenn ihre Sorge in dieser Beziehung vollständig beschwichtigt sein werde, *) man müsse deshalb den Ständen für ihren Besitz die nöthige Sicherheit geben und so die Schwierigkeit hinwegräumen, welche sich ihrem Anschlusse an den Kaiser in den Weg stelle. Damit war die Erörterung jener Bedingung in den Vordergrund getreten, von deren Annahme Kursachsen in den geheimen Verhandlungen mit dem Kaiser seinen Beistand abhängig gemacht hatte. Johann Georg dehnte jetzt seine an den Kaiser gestellte Forderung noch weiter aus, denn er verlangte, dass den Ständen des niedersächsischen Kreises nicht nur der Besitz der Stifter und Klöster zugestanden, sondern ihnen auch hiefür Sitz und Stimme im Reichstag eingeräumt werde.

Die katholischen Fürsten waren, wie aus unseren Mittheilungen hervorgeht, auf die sächsischen Forderungen vorbereitet, dennoch erschraken sie, als Johann Georg dieselben in dem angedeuteten Umfange aufstellte. Sie empfanden die Säcularisirung jener geistlichen Güter als die bitterste Kränkung ihrer Rechte, ihr Schmerz war durch die alles heilende Zeit nicht gemildert worden. Da die Umstände jedoch

---

*) Münchner Reichsarchiv lit 59: Preising an Maximilian dd. 21. März 1620. Ebenda: Bericht über den Mühlhauser Convent.

gebieterisch eine gewisse Nachgiebigkeit forderten, musste man
darüber schlüssig werden, in welchem Grade man sich den sächsischen Wünschen fügen wolle. Der Kurfürst von Köln berief sich
hierüber wiederholt mit seinen Theologen, die er nach Mühlhausen mitgenommen hatte *) und selbstverständlich verhandelte
er über denselben Gegenstand auch mit Kurmainz.

Das Resultat dieser Berathungen bestand darin, dass man
den niedersächsischen Ständen bloss die Zusicherung geben
wollte, sie nicht mit Waffengewalt aus ihrem Besitz zu verdrängen und dass man sich damit einverstanden erklärte, wenn
der Kaiser den niedersächsischen Ständen eine dem entsprechende Versicherung ertheilen würde. Diese Vergünstigung
sollte aber nur so lange dauern, als die niedersächsichen Stände
im Lutherthum verharren, sich gegen den Kaiser als gehorsame Stände benehmen und nicht Ansprüche auf Sitz und
Stimme im Reichstag erheben würden. Da sich die geistlichen
Kurfürsten neben allen diesen Einschränkungen noch das
Klagrecht reservirt wissen, also — wenn wir es recht verstehen — in einzelnen Fällen Urtheile gegen diesen und jenen
Besitzer erwirken wollten, welches ihn zur Rückgabe des betreffenden Besitzes verurtheilte, so kann man sich billig darüber
wundern, dass sich Johann Georg mit diesen eingeschränkten
und zu tausendfachen Streitigkeiten Anlass gebenden Anerbietungen zufrieden gab. Und doch war dies der Fall, Schritt
für Schritt liess er von seinen ursprünglichen Forderungen ab
und begnügte sich mit dem Anbote der geistlichen Kurfürsten.
Die bairischen Gesandten konnten triumphirend ihrem Herrn
berichten, dass man dem Kurfürsten von Sachsen weniger bewilligt habe, als Maximilian selbst zu geben entschlossen war.
Ob Johann Georg zu dieser Nachgiebigkeit durch seine Räthe
oder durch die Einflüsterungen Hoë's bewogen wurde, ist uns
nicht bekannt, allein die letztere Vermuthung drängt sich
von selbst auf. Als man nämlich in Wien aus Elverns Bericht
und aus Hoë's eigenem Schreiben ersah, welch' innigen Freund
man in ihm am sächsichen Hofe besitze, suchte man ihn durch

---

*) Münchner Staatsarchiv 40/8: Briefe Kurkölns an Maximilian vom mühlhauser Konvent.

neue Gnadenbezeugungen noch mehr zu fesseln und scheint damit zum Ziele gelangt zu sein, wenigstens dankte Hoë dem Kaiser für die neuen Gunstbezeigungen in den überschwenglichsten Ausdrücken und versicherte ihn seiner treuesten Anhänglichkeit.*) Kann man es demnach für eine unbegründete Vermuthung ansehen, wenn wir ihm einen entscheidenden Antheil an dem Verlaufe der mühlhauser Verhandlungen zuweisen?

1620 Am 21. März wurden die Berathungen geschlossen, nachdem von den anwesenden Fürsten eine Bundesurkunde unterzeichnet worden war, in der sie sich zur Unterstützung des Kaisers verpflichteten, da — wie sie erklärten — alle Anstrengungen zur friedlichen Beilegung des böhmischen Streites gescheitert seien. Johann Georg verpflichtete sich insbesondere die Stände des ober- und niedersächsischen Kreises für dieses Bündniss zu gewinnen, was hoffentlich gelingen würde, da — nach dem Wortlaut der Bundesurkunde — die katholischen Fürsten die Besorgnisse der genannten Stände in Betreff ihres ehemals geistlichen Besitzes durch „eine Assecuration zerstreut hätten, die ihnen verhoffentlich wohlbegnicgig sein werde." Die „Assecuration" selbst versprach im Namen der Katholiken den Ständen des ober- und niedersächsischen Kreises Schutz gegen jeden gewaltsamen und faktischen Angriff auf die von ihnen okkupirten ehemals geistlichen Güter, knüpfte aber diesen Schutz ausdrücklich an zwei Bedingungen: 1. dass die Stände fortan kein geistliches Gut angreifen und sonach den geistlichen Vorbehalt anerkennen, und 2. dass sie dem Kaiser in seinem Kampfe gegen Böhmen thatsächlich Hilfe leisten würden. **)

Die Einigung, die sich zu Mühlhausen zwischen Kursachsen und der kaiserlichen Partei vollzog, erregte selbst bei den Katholiken, die an den Verhandlungen nicht Theil genommen hatten, Kopfschütteln und Zweifel. Der Erzherzog

---

*) Wiener Staatsarchiv, 30jährige Kriegsacten 13: Hoë an Ferdinand dd. 21/31 März 1620.

**) Die betreffenden wichtigen Urkunden und Verhandlungen im sächsischen Staatsarchiv.

Albrecht und der Marques von Spinola wollten dieser freudigen Nachricht keinen Glauben schenken, obschon sie ihnen von dem kurkölnischen Oberstbofmeister dem Grafen Eitel von Hohenzollern hinterbracht wurde. Es bedurfte wiederholter Versicherungen desselben, ehe jene beiden glauben konnten, dass Kursachsen seine Waffen mit denen des Kaisers verbinden würde.*)

Noch eine Angelegenheit kam in Mühlhausen zur Sprache, ohne dass derselben in der eben geschilderten Bundesurkunde Erwähnung geschehen wäre. Sie betraf die Frage, ob der Kaiser gegen den Pfalzgrafen und die mit den Böhmen verbündeten Fürsten mit der Achtserklärung vorschreiten solle oder nicht. Diese Frage war schon seit Monaten ein Gegenstand sorgfältiger Erwägung im kaiserlichen Kabinete; schon im November (1619) hatte der Kaiser seinen Reichshofrath aufgefordert ihm darüber ein Gutachten zu geben, ob er über den Palzgrafen, der sich für die Annahme der böhmischen Krone entschieden habe, die Acht verhängen solle. Einige seiner Reichshofräthe darunter Strahlendorf, Nostitz und Elvern widerrieten ihm die sofortige Verhängung der Acht, weil er durch die Wahlcapitulation an die Zustimmung der Kurfürsten gebunden und die Rebellion von den Böhmen und nicht von dem Pfalzgrafen ausgegangen sei. Sie meinten der Kaiser könne vorläufig nichts anderes thun, als durch öffentliche Patente die Reichsstände von der Unterstützung der Böhmen abmahnen. **)

Zur Erläuterung dieses Gegenstandes bemerken wir, dass die Wahlcapitulation dem Kaiser die Vornahme mehrerer ausdrücklich angeführter Handlungen ohne vorher eingeholte Erlaubniss der Kurfürsten verbot, dass darunter aber nicht die Aechtung eines Reichsstandes begriffen war. Bezüglich derselben wird bestimmt, dass kein Reichsstand ungehört geächtet und die Aechtung überhaupt nur nach einem ordentlichen

---

*) Münchner Staatsarchiv: Kurköln an Maximilian dd. 26. April 1620. — Über die Verhandlungen zu Mühlhausen bietet einen Gesammtüberblick Ulms Bericht, den er nach den Mittheilungen Preisings verfasst hatte. Im wiener Staatsarchiv Boh. 1620/April.

**) Wiener Staatsarchiv Boh. 1620: Gutachten an den Kaiser dd. 28. Nov. 1619.

Process verhängt werden dürfe. *) Trotzdem trat der Kaiser der ablehnenden Ansicht der Reichhofsräthe bei und verzichtete vorläufig auf die Achtsverhängung. Als die Liga sich jedoch auf dem würzburger Konvent auf seine Seite stellte, das Bündniss mit Sachsen dem Abschlusse nahe war und der Tag von Mühlhausen sich näherte, erbat sich Ferdinand neuerdings ein Gutachten in Angelegenheit der Achtserklärung. Der Verfasser desselben war diesmal der Reichsvicekanzler Freiherr von Ulm und dieser entschied sich ohne weiteres Zögern für die unmittelbare Verhängung der Acht. Das Bedenken, dass die Wahlcapitulation ein einseitiges Vorgehen des Kaisers verbiete und ihm die Verhängung der Acht nur mit Zustimmung der Kurfürsten erlaube, theilte er nicht und bemerkte, dass die Wahlcapitulation bloss dafür Sorge trage, dass Niemand ungehört und ohne ordentlichen Process geächtet werde, in dem gegenwärtigen Falle aber, wo es sich um eine notorische und permanente Rebellion handle, hätten jene Bestimmungen ihre Giltigkeit verloren.

Noch bevor Ulm sein Gutachten dem Kaiser überreicht hatte, entschied sich dieser für den vom Reichskanzler vorgeschlagenen Weg, doch wünschte er zuerst die Zustimmung des Herzogs von Baiern und des mühlhauser Konvents einzuholen. **) In dieser Absicht schickte er seinen Geheimrath den Herrn von Trauttmansdorff nach München, der hier einen für die Wünsche seines Herrn günstigen Boden fand. Maximilian war von Anfang an der Meinung,

---

*) Der betreffende Artikel der Wahlcapitulation ist der 26ste und lautet folgendermassen: „Wir sollen und wollen auch fürkommen und keineswegs gestatten, dass man hiefür niemandt hohes oder niedriges Standts, Churfürst, Fürst oder anderer ohn Ursach ach unerhört in die Acht und Oberacht gethan, bracht oder erklärt werde, sondern in solchem ordentlichem Process und des heil. Römischen Reichs vorausgesetzte Satzung nach Answeise des heil. Reichs im gemeldeten 55. Jahre formirten Kammergerichts-Ordnung und darauf erfolgten Reichs-Abschied in dem gehalten und vollzogen werde. Doch dem beschädigten seine Gegenwehr vermög des Landfriedes unabbrüchig."

**) Münchner Staatsarchiv 2/26: Ferdinand an Maximilian dd. 8. März 1620. Breyer: IV Beilage Seite 30.

dass gegen den Pfalzgrafen mit der Verhängung der Acht vorgeschritten werden müsse, er hatte dafür allerdings einen guten Grund, denn nur auf diese Weise konnte er des ihm von Ferdinand mündlich versprochenen und von ihm so heiss begehrten Lohnes theilhaftig werden, des Kurhutes nämlich und eines Theiles der pfälzischen Besitzungen. Statt dass also Trauttmanstorff sich hätte bemühen müssen, die Bedenken Maximilians gegen die Aechtung zu zerstreuen, brachte vielmehr der letztere Gründe vor, die den Kaiser zur raschen Verhängung der Acht vermögen sollten. Er habe, so bemerkte er, die Capitulation des Kaisers gelesen und nicht gefunden, dass derselbe nicht berechtigt sei, ohne Zustimmung der Kurfürsten die Acht auszusprechen.*) Der Kaiser war ausserordentlich erfreut, als er von Maximilians Zustimmung in Kenntniss gesetzt wurde und versicherte ihn, dass er mit der Achtserklärung nicht weiter säumen werde.

Seine Freude und sein Eifer wurden jedoch durch die Haltung des mühlhauser Konvents einigermassen gezügelt. Er hatte an denselben keinen eigenen Gesandten geschickt, wohl aber den Kurfürsten von Mainz ersucht die Zustimmung der Fürsten, die sich in Mühlhausen versammeln würden, für die Achtserklärung zu erwirken.**) Schweikhard kam der Aufforderung nach, allein der Wunsch des Kaisers wurde nicht erfüllt, trotzdem sich die bairischen Gesandten viel Mühe gaben, die Fürsten zu der Meinung ihres Herrn zu bekehren: weder gab Kursachsen seine Zustimmung, noch scheint es, dass die beiden geistlichen Kurfürsten besonders eifrig auf Ferdinands Wünsche eingegangen wären. Sie gaben dem Kaiser den Rath, mit der Verhängung der Acht über den Pfalzgrafen und seine Anhänger zu warten und sich vorläufig mit der Publication von Patenten zu begnügen, in denen diese Schädiger seiner Rechte unter Androhung der sonst zu verhängenden Acht zum Ge-

---

*) Wiener Staatsarchiv, Böh. 1620: Trauttmannsdorf an Ferdinand dd. 22. März 1620.

**) Wiener Staatsarchiv, Boh. 1620: Ferdinand an Maximilian dd. 24. März 1620.

horsam vermahnt werden sollten.*) Wenn der Konvent von Mühlhausen auf diese Weise den Wunsch des Kaisers nicht erfüllte, so suchte er der angedrohten Acht wenigstens dadurch mehr Wirkung zu geben, dass er sich selbst in einem eigenen Schreiben an den Pfalzgrafen wandte und diesen aufforderte freiwillig auf die Krone Böhmens zu verzichten. Brachte auch diese Aufforderung nicht das gewünschte Resultat, ohne Wirkung blieb sie doch nicht, denn sie lähmte die Entschlossenheit des Pfalzgrafen um so mehr, als der mühlhauser Convent in gleicher Weise die Union von jeder Unterstützung des böhmischen Aufstandes abmahnte und die Stände der verschiedenen gegen Ferdinand aufständischen Länder zum Gehorsam gegen den Kaiser aufforderte.**) Derartige Mahnungen, hinter denen sich wie ein drohendes Gespenst die Intervention zu Gunsten des Kaisers erhob, drückten den ohnedies nur noch schwach glimmenden Enthusiasmus der Böhmen zur Vertheidigung ihrer Heimat nieder und bereiteten die folgende Niederlage vor.

II

Von den gefassten Beschlüssen hatte der mühlhauser Konvent dem Kaiser nur eine stückweise und unvollständige Nachricht zugeschickt, er beauftragte aber den Herzog von Baiern, Ferdinand über den Gang der Verhandlungen sowie über die getroffenen Vereinbarungen in nähere Kenntniss zu setzen. Maximilian unterzog sich diesem Verlangen, indem er den Herrn von Preising, der den mühlhauser Verhandlungen beigewohnt hatte, als Berichterstatter nach Wien schickte, nicht ohne ihm einige Aufträge zu geben, die seinen speciellen Wünschen entsprachen. Der Herzog bedauerte es jetzt, dass er sich von dem Kaiser während seiner Anwesenheit in München nicht schriftlich das Versprechen hatte geben lassen, dass ihm alle Besitzun-

---

*) Wiener Staatsarchiv Boh. 1620: Der Mühlhauser Konvent an den Kaiser dd. 12./22. März 1620.
**) Die verschiedenen Abmahnungsschreiben bei Londorp.

gen des Pfalzgrafen, die er erobern würde, mit allen Rechten so lange gehören sollten, bis ihm die Kriegskosten erstattet würden. Herr von Preising sollte nun dahin wirken, dass er in dieser Beziehung vom Kaiser „etwas schriftliches herausbringe." Die Hoffnung lag für Maximilian nahe, dass die pfalzgräflichen Besitzungen nie ausgelöst werden würden und dass er somit an ihnen eine bleibende Erwerbung machen könnte. Um zu diesem Ziele zu gelangen bedurfte es aber der Ächtung des Pfalzgrafen und deshalb trug Maximilian dem Herrn von Preising auf, Ferdinands Eifer auch in dieser Beziehung anzuspornen. Zwar wollte er sich dem mühlhauser Beschlusse fügen und damit zufrieden geben, dass der Pfalzgraf und seine Anhänger bloss unter Androhung der Acht zum Gehorsam gegen den Kaiser aufgefordert würden, aber er verlangte, dass ein Zeitpunkt und zwar ein kurz bemessener von 38 oder 27 Tagen bestimmt würde. *) Maximilian fürchtete nicht, dass durch diese Fristerstreckung ein Schaden für ihn erwachsen würde; denn einestheils brauchte er noch Zeit um seine Rüstungen zu Ende zu bringen und anderntheils glaubte er eine so schnelle Nachgiebigkeit von Seite des Pfalzgrafen nicht erwarten zu dürfen.

Herr von Preising fand bei seiner Ankunft in Wien die günstigste Aufnahme; der Kaiser nahm seine Mittheilungen über den Verlauf des mühlhauser Konventes freundlich entgegen und liess ihm schon nach acht Tagen durch den Reichsvicekanzler Ulm eine eingehende Antwort auf alle Punkte seines Anbringens ertheilen. Der Kaiser erklärte in derselben seine besondere Befriedigung über die mühlhauser Beschlüsse, die er mit den Reichsgesetzen und mit seiner kaiserlichen Auctorität im Einklange stehend fand. Er war damit einverstanden, dass Kursachsen und Baiern zu Direktoren des Kriegswesens erwählt wurden und erbot sich zugleich, den Ständen des ober- und niedersächsischen Kreises den Besitz der ehemals geistlichen Güter zu garantiren, allerdings in der beschränkenden

---

*) Münchner Staatsarchiv: Maximilian au Ferd. dd. 8. April 1620.
Münchner Reichsarchiv lit. 59: Instruction für Herrn von Preising dd. 8. April 1620.

Weise, wie dies in Mühlhausen beschlossen worden war. In Bezug auf die Frage, ob gegen Kurpfalz mit der Androhung der Acht oder mit der Ächtung selbst vorgegangen werden solle, schloss sich der Kaiser der Ansicht des mühlhauser Konvents und den Rathschlägen Maximilians an. *) In der That liess er einige Tage später, am 30. April ein Abmahnungsschreiben an den Pfalzgrafen publiciren, worin er denselben unter sonst unmittelbarer Verhängung der Acht aufforderte binnen Monatsfrist das Königreich Böhmen zu räumen. Aehnliche Patente wurden am selben Tage gegen die mit dem Pfalzgrafen verbundenen Reichsfürsten, Reichsstädte und die militärischen Befehlshaber publicirt.**)

Wie aus diesen Mittheilungen ersichtlich ist, liess die Antwort, die Herr von Ulm dem bairischen Gesandten im Namen des Kaisers ertheilte, jenes mündliche, die erblichen Besitzungen des Pfalzgrafen betreffende Versprechen unerörtert. Da aber gerade dies sein wichtigster Auftrag war, so ruhte Preising nicht und drang sowohl bei dem Kaiser wie bei Herrn von Eggenberg auf eine entsprechende Erklärung. Er erreichte sein Ziel, indem Ferdinand selbst in einem Schreiben an Maximilian die münchner Versprechungen erneuerte. Alles das, was Maximilian von den pfalzgräflichen Besitzungen erobern würde, sollte er „als Pfand bis zur Wiedererstattung der Unkosten behalten dürfen. ***) Aber Maximilian fühlte sich durch diese schriftlich gegebene Zusage nicht befriedigt und behauptete jetzt mit einemmale, dass sie den münchner Abmachungen nicht entspreche. In München sei ihm der volle und bleibende Besitz der gegen den Pfalzgrafen gemachten Eroberungen versprochen worden und von einer Rückgabe oder Auslösung derselben nicht die Rede gewesen; er berief sich

---

*) Münchner Reichsarchiv lit. 59: Antwort dem Herrn von Preising gegeben dd. 21. April 1620.
Innsbrucker Statthaltereiarchiv: Harrach an Erzherzog Leopold dd. 24. April 1620.

**) Londorp II 28 folg.

***) Münchner Staatsarchiv 21.,26: Ferdinand an Maximilian dd. 21. April 1620.

hiebei auf das Zeugniss des Herrn von Eggenberg, der diesen Verhandlungen beigewohnt habe. *)

So sehr wir auch sonst den Angaben des Herzogs Glauben schenken, so meinen wir doch, dass er es diesmal mit der Wahrheit nicht ganz genau nahm. Als er den Herrn von Preising nach Wien sandte und eine Instruction für ihn entwarf, in der er ihm auftrug, von Ferdinand eine schriftliche Bestätigung des münchner Versprechens zu erwirken, erklärte er in derselben: es sei in München vereinbart worden, dass er alles, was er im Reiche erobern würde, bis zur Erstattung der Unkosten besitzen solle. Gewiss sprach Maximilian zu seinem vertrauten Rathgeber die Wahrheit: wie kam er nun dazu, an den Kaiser im Mai grössere Forderungen zu erheben und die münchener Abmachungen absichtlich zu entstellen?**) Maximilian bietet uns selbst die Handhabe zur Lösung dieses Räthsels; in dem Schreiben an den Kaiser, worin er auf den bleibenden Besitz der Eroberungen dringt, beruft er sich auf

---

*) Münchner Staatsarchiv 2/26: Maximilian an Ferdinand dd. 5. Mai 1620.
**) In der Instruction, die Maximilian dem Herrn von Preising gab (dd. 8. April 1620) erklärte er, „es sei damals in München pro indubitato gehalten worden, dass ihm alle Besitzungen des Pfalzgrafen, deren er sich bemächtigen würde cum omnibus regalibus juribus et emolumentis verbleiben sollten;" und an einer andern Stelle derselben Instruction, wo er Preising aufträgt dahin zu arbeiten, dass er von Ferdinand eine schriftliche Bestätigung dieses Versprechens erwirke, sagt er: „es sei bei der münchner Verhandlung für unzweifenlich gehalten worden, wann wir im Reiche etwas, es sei was es wolle, erobern würden, dasselb uns aller mit Hoheit und Genuss bis zur Abstattung der Unkosten verbleiben solle und auch ihre Majestät uns darin handhaben wolle." Man sieht, Maximilian selbst gesteht ein, dass die Erwerbungen im Reiche nur so lange in seinem Besitze bleiben sollten, als sie nicht ausgelöst würden. Als nun Ferdinand dem Wunsche Maximilians entsprechend an ihn schrieb, dass ihm die Erwerbungen im Reich als Hypothek so lange gehören sollten, bis ihm die Kriegskosten erstattet werden würden, war Maximilian mit diesen Anerbietungen unzufrieden und schrieb an Ferdinand, (Münchner Staatsarchiv 2,26 dd. 5. Mai 1620) dass er die künftigen Erwerbungen im Reiche nicht bloss hypothecae nomine, sondern jure proprio besitzen und sonach von einer Wiederauslösung nichts wissen wollte; „denn" so schreibt er „ich erinnere mich, dass alhir zu München zwischen beiderseits Räthen abgeredet worden und verglichen, dass sich nicht pro

die Versprechungen, die Ferdinand dem Kurfürsten von Sachsen gemacht hatte und die mittlerweile zu seiner Kenntniss gelangt waren. Er wollte nicht schlechter behandelt sein als Johann Georg: wenn Ferdinand diesem den Besitz eines deutschen Fürstenthums versprechen konnte, so wollte auch er ein derartiges Versprechen haben und nicht in seiner Erwerbung durch die stete Angst vor einer Auslösung gestört werden. Seine Vorstellungen fanden bei dem Kaiser freundliche Aufnahme. Ohne sich erst in einen Streit einzulassen, welche Bedeutung die münchner Verhandlungen gehabt hätten, erklärte Ferdinand, dass er nie anderer Meinung gewesen wäre, als dass die Eroberungen, die Maximilian im Reiche machen würde, ihm auch verbleiben sollten, es sei denn, dass sie ihm durch gleiche Gebietsabtretungen abgelöst würden. *) So hatte Maximilian sein Ziel erreicht.

Die letzte Angelegenheit, die Herr von Preising in Wien betreiben sollte, betraf den Kurfürsten von Sachsen. Da der Angriff gegen die Niederpfalz bei dem Fortgang, den die spanischen Rüstungen genommen hatten, bald erfolgen konnte, so riet Maximilian, dass man den Kurfürsten von Sachsen von diesem Angriffe vertraulich in Kenntniss setzte, damit er nicht, wenn derselbe erfolge, stutzig würde, sondern sich geschmeichelt fühle, dass er von den wichtigsten Beschlüssen des Kaiserhauses informirt worden sei. **) Ob der Kaiser diesem Wunsche nachkam, ist uns nicht bekannt, scheint aber um so

---

hypotheca, sondern jure proprio behalten möge, wie ich mich dessentwegen auf den von Eggenberg will bezogen haben und sonsten wohl sein kann, auch die Exempla im Reich solches mit sich bringen, was durante banno einer eingenommen, ihm auch post restitutionem banniti nicht mehr genommen, sondern für eigen gelassen werden, gestaltsam ich auch glaublich berichtet wurde, dass es mit Ihrer Liebden aus Sachsen, soviel die Reichsgüter belangt, anderen Verstand auch nicht haben soll und ausser dessen schwer fallen möchte, was einer mit höchster Sorg, Mühe, Gefahr und baaren Unkosten erobert, von langer Hand soll bezahlt und volgends mit leeren Hand abtreten soll."

*) Münchner Staatsarchiv 2/26: Ferdinand an Maximilian dd. 17. Mai 1620. Ferdinand sagt nicht: „gleiche Gebietsabtretungen" sondern per aequivalentia, was wir im obigen Sinne verstehen.

**) Münchner RA. lit. 59 Instruction für Herrn von Preising dd. 8. April 1620.

weniger zweifelhaft, als er schon früher die Absicht hatte, die betreffende Mittheilung an Kursachsen gelangen zu lassen.

Nachdem Ferdinand von den Beschlüssen des mühlhauser Konvents in Kenntniss gesetzt worden war, beeilte er sich den Kurfürsten von Sachsen mit der Execution gegen Schlesien und die Lausitz zu betrauen. Ihm, dem protestantischen Fürsten gab er also zuerst und noch vor der Liga und vor dem Herzog Maximilian die Vollmacht mit Gewalt in einen Theil des böhmischen Gebietes einzubrechen. Ferdinand hatte mit gutem Vorbedacht beschlossen zuerst Kursachsen ins Feuer zu schicken, denn wenn ein protestantischer Fürst aus altberühmtem Hause sich zum Vertheidiger der kaiserlichen Rechte hergab, konnte in manchen Kreisen die Überzeugung Raum gewinnen, dass der böhmische Streit in politischen und nicht in religiösen Gründen wurzle und dies musste die Widersacher des Kaisers in ihrem Widerstande lähmen.

Über den Inhalt und Umfang der dem Kurfürsten zu ertheilenden Vollmacht fanden in Wien vielfache Berathungen statt. Man einigte sich zuletzt dahin, dass man ihn ermächtigen solle, in die Lausitz und in Schlesien einzufallen, jeden Widerstand niederzuschlagen und die Güter der Rädelsführer zu confisciren. In Bezug auf das Gnadenrecht, das dem Kurfürsten zur Erleichterung seiner Mission eingeräumt werden sollte, gestattete der Kaiser, dass er Verhandlungen mit dem Herzoge von Liegnitz und dem Fürsten von Öls anknüpfen dürfe, um sie gegen das Versprechen völliger Begnadigung zum Gehorsam zu vermögen; auch stellte er ihm frei, andere Personen und einzelne Städte in Gnaden aufzunehmen, wenn dadurch die Execution befördert würde. In Bezug auf die Religionsfrage enthielt die Vollmacht keine Weisungen, weder Versprechungen für die Protestanten noch Drohungen. In welcher Weise man am kaiserlichen Hofe die religiöse Frage in diesen Tagen auffasste, ergibt sich aus zwei vertraulichen Schreiben Ferdinands an Hannibal von Dohna, der dem Kurfürsten von Sachsen bei der Durchführung der Execution an die Hand gehen sollte. Ferdinand verlangte, dass die Rechte der Katholiken in Schlesien und der Lausitz gewahrt, sie fortan keinerlei Bedrückungen ausgesetzt und in den Besitz aller in der letzten Zeit entzogenen Güter wieder eingesetzt werden möchten.*) In Bezug auf die Protestanten findet sich in den erwähnten Schreiben keine Andeutung, die darauf schliessen liesse, dass man ihnen das freie Religionsbekenntniss hätte schmälern wollen, dennoch trug man sich in Wien schon mit dieser Absicht und verriet dieselbe dadurch, dass man in der dem Kurfürsten von Sachsen ertheilten Executionsvollmacht des Majestätsbriefes nicht gedachte.

Als das kaiserliche Executionspatent in Dresden anlangte und man dessen Inhalt kennen lernte, war man unzufrieden damit, dass der Kaiser den Kurfürsten von der Theilnahme an der Execution in Böhmen ausschliesse, und verlangte, dass die eben ertheilte Vollmacht auch auf die drei nördlichen Kreise von Böhmen ausgedehnt werde. Noch schwerer empfand man es jedoch, dass in dem Patente von dem Majestätsbriefe keine Rede war und wünschte auch in dieser Beziehung eine Korrektur. Die Verlegenheit, in die Ferdinand dadurch geriet, dass Sachsen klar und unumwunden über seine künftige Haltung gegen die Protestanten in den Ländern der böhmischen Krone belehrt sein wollte, wurde gleichzeitig durch die Verhandlungen erhöht, die mit den österreichischen Protestanten geführt wurden. Auch diese stellten an den Kaiser die Bitte, eine offene Sprache zu führen und sich nicht hinter zweideutige und nichtssagende Phrasen zu flüchten. Es war eine bittere Folge des Bündnisses mit Sachsen, dass der Kaiser in dem Augenblicke, wo die Feindseligkeit seiner Unterthanen alle Schranken überstiegen und er genug Freunde gefunden hatte, um sie niederzuwerfen, Verpflichtungen zur Aufrechthaltung der Glaubensfreiheit — nach seiner Überzeugung der einzigen Ursache seiner gegenwärtigen Leiden — eingehen sollte. Er durfte weder die Bitten der österreichischen Stände noch die Forderung Kursachsens um Klarlegung seiner Absichten abweisen, wenn er nicht den Beweis liefern wollte,

---

*) Münchner Reichsarchiv lit. 59: Ferdinands II Vollmacht für Kursachsen dd. 22. Apr. 1620. Ebenda: Ferdinand an Maximilian dd. 22. April 1620. Ebenda: Ferdinand an Hannibal von Dohna dd. 22. April 1620. Zwei Briefe vom selben Tage.

dass der Kampf in Böhmen nichts anderes sei als ein Glaubenskampf. In diesen martervollen Zweifeln, ob und wie weit er den protestantischen Forderungen nachgeben, wie weit dem Bündnisse mit Kursachsen Rechnung tragen solle, ersuchte er einige hervorragende Mitglieder des Jesuitenordens um ihr Gutachten. Er forderte sie auf sich dabei durch keinerlei weltliche Rücksichten beirren zu lassen: sollte er durch ihren Urtheilsspruch „Land und Leute ja sein eigenes Leben verlieren, so wolle er dies lieber hinnehmen, als gegen Gott handeln und sein Gewissen im mindesten beschweren." Die Theologen, unter denen sich auch der damalige kaiserliche Beichtvater P. Beccanus befand, glaubten dem Kaiser zur Anerkennung der von Maximilian II ertheilten Concession, die sich vor allem auf die augsburger Confession bezog, rathen zu dürfen. Unter den Räthen des Kaisers rief dieses Gutachten zum Theil Überraschung zum Theil Unwillen hervor. Einer der hervorragendsten von ihnen, der Präsident des Reichshofrathes, der Graf von Zollern machte aus seiner Missbilligung kein Hehl, aber man beschloss dennoch sich vorläufig nach diesem Gutachten zu richten.*) Ferdinand versicherte also den Kurfürsten, dass ihm jede Verfolgung der Bekenner der augsburger Confession fern liege und wenn er in jenem Patente des Majestätsbriefes nicht gedacht habe, so sei es geschehen, um den „blutdürstigen Kalvinern den Deckmantel" wegzunehmen, unter welchem sie nichts als Aufruhr geplant hätten. Eben so wenig wie die Lutheraner denke er die Husiten in Böhmen — allerdings in der alten Gestalt der Utraquisten — zu verfolgen. Dieser Brief, der einen aufrichtigen Ton zu athmen schien, schlug die Bedenken Johann Georgs nieder, so dass er keinen Einwand mehr gegen das umgearbeitete Executionsmandat erhob, welches gleichfalls des Majestätsbriefes nicht gedachte, dagegen seinen andern Wünschen nachkam und ihn mit der Execution in Böhmen betraute.**) Am selben Tage dem 6. Juni stellte Fer-

6. Juni 1620

1620

---

*) Münchner Reichsarchiv XXIII/1.: Zollern an? dd. 7. Juni 1620.
**) Collectio Camer. in München. Ferdinand an Kursachsen dd. 6. Juni 1620.

dinand auch für Maximilian ein Executionsmandat aus und bevollmächtigte ihn zum Einmarsch in Böhmen. *)

Dennoch gab es noch einen Stein des Anstosses, der erst beseitigt werden musste, wenn volle Uebereinstimmung zwischen dem Kaiser und Kursachsen herrschen sollte.

Wir haben erzählt, dass in Mühlhausen mit Zustimmung Sachsens dem Kaiser der Rath ertheilt wurde, abmahnende Schreiben an den Pfalzgrafen und seine Anhänger zu richten, in denen sie im Falle des Ungehorsams mit der Acht bedroht werden sollten. Der Kaiser war diesem Rathe nachgekommen, hatte aber hiebei auch den Rath des Herzogs von Baiern, der eine bestimmte Frist für das wirkliche Eintreten der Acht angesetzt wissen wollte, verwerthet. Jetzt bereute der Kurfürst von Sachsen, dass er in Mühlhausen seine Zustimmung zur eventuellen Ächtung gegeben hatte und verlangte, dass sich der Kaiser mit der blossen Androhung der Acht begnüge und sie erst verhänge, wenn er hiezu auch die Zustimmung Kurbrandenburgs erhalten hätte.**)

Als der Monat Mai und damit die dem Pfalzgrafen ertheilte Frist zu Ende ging, ohne dass derselbe Miene machte, den Befehlen des Kaisers Gehorsam zu leisten, versammelte sich in Wien der Reichshofrath unter dem Vorsitze des Grafen von Zollern und berief, ob die angedrohte Acht zu verhängen sei oder nicht. Die Mehrzahl der Räthe war der Meinung, dass der Kaiser die Acht verhängen solle, da jedoch eine Minderheit die entgegengesetzte Ansicht hartnäckig vertrat, so einigte man sich zuletzt dahin, dass man den Herzog von Baiern um seine Meinung befragen wolle. Ferdinand theilte ihm seine Zweifel in Form verschiedener Vorschläge mit: sollte er einen Kurfürstentag berufen und im Verein mit diesem

---

*) Münchner Staatsarchiv 2/16 und 50/28: Vollmacht für Maximilian dd. 6. Juni 1620. Münchner Reichsarchiv tom. VI Vollmacht für Maximilian und Johann Georg dd. 6. Juni 1620. Münchner Staatsarchiv 2/16: Ferdinand an Kursachsen dd. 6. Juni 1620.

**) Wiener Staatsarchiv Boh. 1620: Kursachsen an Maximilian dd. 14/24 Mai 1620.

Münchner Staatsarchiv 53/6: Wensin an Maximilian dd. 4. Juni 1620

den Pfalzgrafen ächten? — dann verging aber der Sommer mit blossem Hin- und Herreden — oder sollte er den Pfalzgrafen ächten selbst auf die Gefahr hin, dass der Kurfürst von Sachsen sich vom Bündnisse zurückziehe? oder sollte er endlich abwarten bis die Execution ihren Anfang genommen hatte in der Erwartung, dass Kursachsen, wenn es sich an ihr betheiligt haben würde, gegen die darauf folgende Achtserklärung keine Einwendung machen werde? Der letztere Ausweg empfahl sich scheinbar, hatte aber auch seine Schwierigkeiten, denn wie durfte man die erblichen Besitzungen des Pfalzgrafen angreifen, wenn die Acht nicht über ihn verhängt war, *) und gerade um diesen Angriff handelte es sich dem Kaiser und dem Herzog von Baiern.

Als diese Fragen an Maximilian gelangten, würdigte er mehr als je die Schwierigkeiten einer unmittelbaren Achtserklärung und glaubte nun auch selbst, dass man mit derselben und mit dem Angriff gegen die Pfalz zögern müsse, bis der Kampf in Böhmen einen glücklichen Ausgang genommen haben würde. Er ertheilte also dem Kaiser den Rath, die Acht ohne Sachsens Zustimmung nicht einmal nach dem Beginne des Krieges auszusprechen, denn man könne ebenso wenig wissen, ob der Kurfürst sich die Achtserklärung gefallen lassen oder ob er durch sie gereizt werden und Frieden mit Böhmen schliessen würde. Auch würde die unmittelbare Ächtung des Pfalzgrafen keinen Nutzen bringen, da er (Maximilian) und die Liga durch den mit der Union eben zu Ulm abgeschlossenen Vertrag — von dem bald die Rede sein wird — von dem Angriffe gegen die Besitzungen sämmtlicher Unionsfürsten also auch des Pfalzgrafen zurückgehalten würden, für Erzherzog Albrecht aber die Schranke nicht bestehe und er auch ohne die ausgesprochene Ächtung zum Angriffe schreiten könne. Vor allem müsse der Krieg gegen Böhmen einen guten Fort-

---

*) Münchner Reichsarchiv XXIII. 1: Der Reichshofrath an den Kaiser dd. 1. Juni 1620.

**) Münchner Staatsarchiv 2 15: Ferdinand an Maximilian dd. 1. Juli 1620. Wiener Staatsarchiv Boh. 1620: Zollerns Concept über die Ächtungsverhandlungen. Münchner Staatsarchiv 292/11: Oñate an Maximilian dd. 2. Juli 1620.

gang nehmen: sei man da zum Ziele gelangt, dann möge der Kaiser die Acht aussprechen und dann werde auch er (Maximilian) sich nicht durch den ulmer Vertrag hindern lassen die Execution gegen die erblichen Besitzungen des Pfalzgrafen durchzuführen.

Die Ansicht des Herzogs von Baiern hatte zu viel für sich, als dass sich Ferdinand ihr nicht angeschlossen hätte; sie verhinderte nicht eine energische Aufnahme des Krieges und verschob nur die Achtserklärung bis zu dem Zeitpunkte, wo sie thatsächlich durchgeführt werden konnte. Sonach war man in Wien erbötig dem Wunsche des Kurfürsten von Sachsen Rechnung zu tragen und vorläufig von der Achtserklärung abzusehen. Die Einigkeit zwischen Ferdinand und Johann Georg liess jetzt nichts zu wünschen übrig.

---

*) Wiener Staatsarchiv Bohemica 1620: Maximilian an Ferdinand dd. 8. Juli 1620.

www.ingramcontent.com/pod-product-compliance
Lightning Source LLC
Chambersburg PA
CBHW032000300426
44117CB00008B/841